モダン日本 朝鮮版 1939

| 解題 |

『モダン日本』は、日本の代表的出版社である文藝春秋社が1930年10月に創刊した月刊誌である。創刊号で同社社長の菊池寛が、「刻々に変化して行く現代日本を表現していけばいい…常に最も尖端的な智識と趣味とは代表して進んで行きたい」(「『モダン日本』に就て」)と雑誌の趣旨を述べ、主に生活、科学、娯楽、趣味の記事とともに都市文化など、当時のモダニズムを紹介する大衆的教養雑誌としてスタートした。そして通巻第3巻第1号(1932年8月)からは、モダン日本社に出版元を変え(しかし実際には文藝春秋社の系列誌)、刊行された大衆文化の一翼を担った雑誌である(戦後は出版元を新太陽社に変え、1950年まで刊行)。

今回、復刻される『モダン日本』朝鮮版は、その『モダン日本』が1939年11月、1940年8月の二度にわたり朝鮮を特集した臨時増刊号である。この二つの「朝鮮版」は一部の研究者には知られていたが、資料として広く活用されることはなかった。それはこれを所蔵する機関が極めて少なかったからである。日本では、関西大学図書館、日本大学図書館や日本近代文学館など数箇所にしかなく、韓国でも国立中央図書館に両号所蔵されるが、資料の損傷がひどく一般には閲覧されていない。この『モダン日本』朝鮮版は大きな反響を呼んだ。当時の記録によれば1939年の最初の増刊号は30万部を売り切り、追加刊行も行われるという異例の売上を見せ、「朝鮮ブーム」ともいえる現象を引き起こした。ここから翌年、第二弾の朝鮮特集号が組まれた。その予告には「到着されると直ちに売り切れが予想されるのですぐに書店で予約を」とある。『モダン日本』が朝鮮特集号を刊行した理由として、モダン日本社の社長が、韓国人の馬海松であったことが大きく関係している。

馬海松(1905~1966)は開城出身である。16歳のときに渡日し、日本大学芸術科で学び、菊池寛の推薦で文藝春秋社に初代編集長として入社、『文藝春秋』誌の編集で頭角を現した。そしてやがて菊池からその実力を見込まれて、リニューアルした『モダン日本』を任されたのである。彼はまた童話作家としても知られ、ハングル文字で童話や小説等を発表、7冊の童話集も出している。太平洋戦争中に朝鮮半島に帰り、韓国独立後は、大韓民国子供憲章(1957年)の制定に貢献したことでも知られている。

馬は、『モダン日本』を当時の大衆娯楽有力誌の一角にまで成長させたが、もっとも当時のジャーナリズムにインパクトを与えた企画がこの「朝鮮版」であった。要するにこの『モダン日本』朝鮮版は、朝鮮に対して無理解で「日本人が朝鮮に対して分かることとは芸者と金剛山」という千篇一律の日本人の朝鮮認識を批判しつつ(1939年臨時増刊号より)、日本本土の人々に、幅広い朝鮮理解を促すために発案されたものであった。

朝鮮が日本の植民地となって、一世代が経った当時の日本人がどのような眼差しで「朝鮮」を見ていたか、『モダン日本』朝鮮版は、それを明らかにする興味深い歴史資料である。

1. 写真と朝鮮人の文学

表紙を含め写真グラビアが27ページにわたって多用され、読者に視覚的に朝鮮を印象付けようとする編集方針がうかがえる。1939年朝鮮版の表紙の写真を飾るのは当時、映画『国境』の主役を務め人気の高かった女優の金素英である。花模様の鮮やかなチマチョゴリを着け上半身を起こして横たえ、スカートから足先を見せるその姿は、朝鮮の伝統美とともに、朝鮮を「女性的」イメージで訴える効果をもたらしている。

このことは続く巻頭のグラビアにも受継がれ、平壌の芸者や女優、女性舞踏家など「朝鮮美人」が配されている。平壌の観光名所で「秋風裳をなぶる」というタイトルの下で平壌の芸者がポーズをとり、「朝鮮に咲く女優達」にも当代の有名女優が並ぶ。

当時朝鮮を代表する舞踏家の崔承喜の活躍する様子も写し取られ、また「妓生(キーセン)」たちの座談会なども登場する。

濱本浩、大佛次郎、加藤武雄などの当時の人気作家が開城、平壌を旅行し、朝鮮の風景を写真と文章で紹介するコーナーもある。大佛は平壌の玄武門、開城の満月台と裏通り情景や道行く女性たちの写真とともにその光景から平安時代の日本人を連想し、玄武門攻略に活躍した日清戦争の「勇士」原田重吉を思い起こす文章を掲載している。また濱本は「朝鮮のところどころ」と題して、開城を訪れている。開城は高麗の首都で有名な商業都市、朝鮮人参の生産地として知られるが、自分にとっては馬海松の出身地であることの方に意味があるとし、その生家や親戚を紹介、馬に係る場所を写真に収めている。他に朝鮮のために献身的に働く日本人の姿を撮影している点も興味深い。それから一般の朝鮮人を見る日本人の「眼」も浮き彫りにされている。ただ乗りをしては眠ってしまった朝鮮の子供たちを咎めない様子を「嬉しくて楽しい情景」と言い、洋服姿の商人たちを「躍進開城の面目がある」として、近代化に機敏なその姿を伝えている。

朝鮮の風土に根ざした「朝鮮の家々」「農村風景」「家庭生活をのぞく」「半島風物詩」では、宅地開発で失われる朝鮮特有の美しい屋根について、朝鮮の裏通り風景や農村の昔ながらの婦人や子供たちの姿、家庭日常、南部地方の綿畑と朝鮮の甕、高麗陶磁器の製造、朝鮮の代表的漁業のいわし、りんご栽培なども活写される。

朝鮮の古跡名勝地では扶余の落花岩、論山の恩津弥勒、京城の徳寿宮石造殿など、そして金剛山の雄大な姿が誌面に登場する。また朝鮮における戦時体制も写し出されている。日中戦争勃発後、出征する兵士を送り出す光景、「愛国婦人会京城部分会」の節米献納、志願兵を志願した血書、朝鮮婦女子が慰問袋に慰問品を入れる姿、朝鮮神宮を掃除する愛国婦人会員など、「熱誠的に皇国臣民化と内鮮一体が先に進んでいる」という国策宣伝の強い写真も並んでいる。

また、39年版には当時朝鮮の有名作家たちの詩、小説、紀行文、エッセイなどが多彩に網羅されている。詩は、朱耀翰の「鳳仙花」、白石の「焚火」(詩集『鹿』1936年1月)、鄭芝溶の「白鹿潭」(『文章』3号、1939年4月)、金起林の「海と蝶」(『女性』1939年4月)、毛允淑の「薔薇」、金素月の「うたごゑ」(『開闢』32号、1923年2月)の6編。小説は、1936年10月『朝光』12号に掲載された李孝石の「蕎麥の花の頃」と李泰俊の「鴉」(『朝光』1935年)、李光洙の「無明」(『文章』創刊号、1939年2月)3編。詩と小説は既作品を金素雲、朴元俊、金史良などが日本語訳を引き受けている。

詩、小説以外のエッセイは4編。それから張赫宙の「金剛山雑感」、金来成の「鐘路の吊鍾」、金晋燮の「立飲屋のこと」、李軒求の「寸旅小感」、韓植の「差異と理解」がある。張赫宙(1905~1998)は、1932年「餓鬼道」が『改造』の文学賞に当選以後、本格的に日本の文壇に進出して日本語で執筆し、村山知義演出のシナリオ「春香伝」も書いた作家である。彼は「金剛山雑感」で、朝鮮人や外国人たちの間で絶賛されている金剛山が、実際は少し誇張され宣伝されていると書き、直接金剛山を接したときの失望感を披歴している。

金来成(1909~1958)は、「鐘路の吊鍾」で推理作家らしく、古色蒼然とする普信閣の鐘の、真っ暗な鐘突き堂に対して抱く薄気味悪い雰囲気を彷彿とさせながら、後半でこの鐘に絡んだ朝鮮時代の滑稽な話を紹介することでタッチを反転させる絶妙な筆致の冴えを発揮している。金晋燮(1903~?)は、「立飲屋のこと」で朝鮮庶民たちの素朴な居酒屋風景を描き、これを朝鮮の知識人たちがどんな風に楽しんでいるかを紹介することで、朝鮮を旅する日本の知識人が、朝鮮文化を理解するためには必ず立ち寄らなければならない場所と説明する。李軒求(1905~1983)は、「寸旅小感」で都市の日常生活からしばし離れた都会人が仁川行列車に乗って想像の羽を広げた話を心静かに語る。そして越北詩人の韓植(1907~?)は、「差異と理解」という作品で言語や文化の淵源にまで踏み込み、朝鮮と日本はお互いに理解して尊重しなければならないと指摘する。また金史良は、「朝鮮の作家を語る」で当代の朝鮮文壇の活動状況を詳らかに紹介した。そして古典文学は「伝説」というコーナーで「春香伝」と「沈清伝」を簡単に要約紹介する。

最後に39年版で特記すべき企画として、「朝鮮芸術賞」の創設が挙げられる。これは『モダン日本』の社告で「朝鮮芸術振興のため此度菊池寛氏より毎年資金呈出の申出」があったのを受け、設定されたとし、その設定目的を「我国文化のために朝鮮内に於て為されたる各方面の芸術活動を表彰すること」と述べている。

金 希 貞(キム ヒジョン)

2. 日本作家の小説と文芸欄

1939年『モダン日本』朝鮮版には日本作家の小説三篇の外に芸術関連記事が多数掲載されている。小説を見れば、選定においては少し大衆的傾向の強い中堅作家の作品が掲載されている点が特徴的である。「朝鮮版」というタイトルにふさわしく三作品とも、朝鮮を背景にしている点が注目される。日帝時代、1942年以後、日本語だけ許可された所謂「国語専用時代」には、『国民文学』に掲載された朝鮮居住日本人作家のいくつかの作品を除き、朝鮮を背景にした作品があまり見当たらない点を考慮すれば、一冊の雑誌に朝鮮を背景にした小説が3作品並ぶのは、注目に値する。

各作品の内容を見れば、「旅愁」の濱本浩(1890~1959)は、明治時代の代表的な出版社、博文館の雑誌『中学世界』の訪問記者と改造社の京都支局長を経て、1932年作家生活を始め、1937年に「浅草の灯」で、新潮社の第一回大衆文芸賞を受賞している大衆小説家である。「旅愁」は、登場人物「私(=河野)」が、朝鮮を旅行しながら旅行記形式で綴る短いエッセイ風の小説である。金剛山—ソウル(鐘路)—平壌(牡丹台)に移動する間に会った人々の姿、朝鮮の風景などを敍情的な筆遣いで描いている。小説は日本から来た作家「私」が、偶然に朝鮮の芸者と出会う場面から始まって「私」の彼女に向ける恋愛感情などが細密に描写され、最後まで大きな事件なしに穏かな日常の姿を淡々と描かれる。結局、小説は妻を失って失意にある日本人作家が朝鮮旅行を通じて心身が回復して帰るという内容で「癒しの場」という朝鮮のモチーフが鮮明に現われる内容である。

一方、「平壌」の加藤武雄は、教師生活の中で新潮社発行『文章倶楽部』の編集など携わり、文学活動を開始、1919年初創作短編集『郷愁』を発表して新進作家として文壇に知られた。当時彼は故郷の田園風景を、農民の姿と敍情的な描写、素朴なヒューマニズムで描き、その作風から「郷土芸術家」と呼ばれ、農民文学作家として注目されていた。しかし後には通俗作家に転向、1925年、朝鮮の作家李無影を書生に置いたことから当時の朝鮮とも関係していた。『モダン日本』に「平壌」を発表した1939年頃には、『少年倶楽部』『キング』などの多くの雑誌に小説を発表し、流行作家として安定的な地位にあった。このころ「文芸銃後運動」の巡回講演など積極的に体制に協力した作家でもあった。短編小説「平壌」は、彼のこのような特徴が現れた小説であり、朝鮮を旅する日本の知識人の「私」を通じて、朝鮮を建設する日本人の姿を積極的に美化しながら描写、小説に登場する朝鮮の案内者、芸者などの人物によって、平壌の風景を描写するスタイルを用いている。

また「物影」の大佛次郎(1897~1973)は、本名野尻清彦。横浜市出身、東京大学を卒業して、『鞍馬天狗』シリーズ、『赤穂浪士』『帰郷』『パリ燃ゆ』で著名な、リベラルでバランス感覚に富んだ作家として知られる。小説「面影」は、友達に独白するような書簡体小説である。主人公「私」は、最近妻を失って不安感と空虚さに苦しみ、朝鮮旅行に出るという内容で、「旅愁」に登場する「私」と同じ境遇にある。しかし小説の敍情性と登場人物の心理的動きを緻密に描く筆遣いは、大佛次郎の名にふさわしく他の2篇と比べても卓越している。

ところで朝鮮を背景にした小説を書いた三名の作家たちに共通しているのは、同じ時期に朝鮮を旅行している点である。39年版で濱本浩は「朝鮮のところどころ」、そして大佛次郎は「旅のアルバムより」で朝鮮の各地を旅行しながら撮った写真と旅行記を書いている。大佛の「旅のアルバムより」中には開城満月台で加藤武雄を撮った写真と文が掲載されている。三人の作家が同時期に朝鮮を旅行し、それをモチーフに小説を書いたことがうかがえる。

他にも、文芸欄で朝鮮の映画と芸術に関する注目すべき内容を紹介している。石井漠の交友録「崔承喜その他」で、姜弘植、崔承喜、趙澤元を紹介し、村山知義は「朝鮮の友人達」という記事で劇作家柳致真、民俗学者宋錫夏、李王職雅楽部の李鐘泰、演劇人の安英一などに言及している。特に村山とともに活動した安英一に対する文章は格別である。安英一は村山が演出を引き受けた春香伝のアシスタントディレクターであり、彼の日本での演劇活動に対して高く評価している。その他にも村山が文学、演劇、音楽など朝鮮の芸術系統の人士と深い交流があったことがうかがえる。

筈見恒夫の「朝鮮映画を語る」は、朝鮮映画を日本の「国策」的観点で論じた文章でありながら、1939年当時の朝鮮映画を取り囲んだ状況を日本の映画評論家の時点で整理して日本に紹介したという点で注目される。

最後に「新しき朝鮮を語る座談会」は、モダン日本社社長の馬海松が主宰して、その外8人の日本知識人たちが集まって「新しい」朝鮮を語り、司会は濱本浩が務めている。朝鮮と縁のある日本の代表的な知識人たちが座談会に参加して同時期の「京城」を含めた朝鮮各地の変化する姿をいきいきと伝えているという点で興味深い。

洪 善 英(ホン ソンヨン)

3. 広告、女性そしてマンガ

1939年『モダン日本』朝鮮版の広告は、当時の人々の生活ぶりをよく伝える、豊かな視覚的言語的テキストを提供している。

広告商品の内訳は割合的におおよそ、健康医薬品(16例)、美容化粧品(7例)、出版物(4例)、食料品(2例)、生活用品(2例)、文具類(2例)、デパート(2例)などに分類される。これら広告の中で最も多いパーセントを占めている健康医薬品類を見れば、結核と性病、消化剤、栄養剤など、薬の広告が大部分である。嗜好品と大衆文化関連広告もあるが、薬の広告が多くの部分を占めていることを見れば、この時期健康に対する関心が高くなっていたことが分かる。これは日中戦争直後戦時体制下で「銃後国民」の総力を発揮するため、人的資源の確保という方針の下に朝鮮総督府が国民総力連盟と結核予防会朝鮮本部などと連携して病菌予防運動を広げた時代相を反映していることと理解できる。

この時期の健康談論の対象が乳児、児童、女性であるのは注目に値する。実際に広告に登場するモデルを見れば女性と子供達がほとんどである。まさに大衆消費社会が成立し、彼らが消費の主体として注目されはじめた状況が読みとれる。またこれら薬の広告には各種専門用語とそれぞれの栄養素、細菌名等、具体的な数値が提示されていて民間信仰と漢方医学的治療法に慣れていた朝鮮人たちに科学的思考、すなわち「文明」という啓蒙の役目まで果たしていたことが垣間見える。このように科学的かつ分析的な薬の広告は、朝鮮人たちの日常にも浸透していったのであるが、こうした広告を通じて当時の朝鮮の人々が日常生活の中で疾病にどんなイメージを抱いていたかを見てみるのも興味深いであろう。

また、日中戦争が激しくなるこの時期、広告には当時の状況を反映する戦闘的で煽動的な表現が、広告文やデザインの随所に現れる。『モダン日本』朝鮮版の薬の広告においても例外ではない。事毎に戦争と連関され、戦争と関係ない日常語を軍事用語で表現し、国民を軍人精神で「武装」しようとする広告が頻出する。

次に目立つ広告が、養毛クリームなどを含める化粧品関連広告である。いわゆる「近代的な化粧法」を紹介する一方、クリーム類もレオン洗顔クリーム、バニシングクリームに分けて説明している。特に香水と化粧品の広告には、「西欧」という文脈を広告中に導入し、洋装を着た女性を通じて商品の品質を西欧的イメージに結びつける場合が多かった。

一方、広告形態を見れば敍述型ではなく広告に登場する人物の対話で処理されている例もある。マンガで表現された広告は、登場人物どうし対話を取り交わすようにして消費者は観察者の立場におくことで「口コミ」で伝えられるような効果を与えている。

身体の内部に係わる医薬品と身体の外部に係わる化粧品を含

めた嗜好品は、当時の疾病と流行、価値観などを如実に反映しているように、『モダン日本』朝鮮版に見える広告文とその形式を分析することから、時代の社会像、生活ぶり、あるいは広告の表記法の変遷、広告文案のレトリックなどが浮き彫りとなる。

終りに1939年『モダン日本』朝鮮版からは、消費の主体として台頭した女性の姿もうかがうことができる。例えば田熙福の「朝鮮家庭婦人の生活ぶり」には舅姑と主人、家族のために献身する「きれいな心」の朝鮮家庭婦人を取りあげ、料理と洗濯を含めた手に負えない家事労動はもちろん大家族制の下で気苦労をしながらも「不平一つ言わずに力の限り尽す」朝鮮女性が紹介されている。また逆に「平壌妓生内地名士を語る座談会」では当代「超一流」妓生たちを集めて、日本の名士に対する印象と彼らに絡んだエピソードを「率直で遠慮なく」話す座談会が用意された。彼女たちが一席に集まって、日本の有名人士の行為を暴露するという珍しい設定である。その他にも1939年『モダン日本』朝鮮版に紹介されている朝鮮女性の姿は多彩で、その多様な生活の姿をも見つけることができる。

また日本で流行する漫画も誌面に登場し、絵とマンガという独特の形式で描かれた朝鮮文化に対する関心をうかがうこともできる点がユニークなところである。

朴　美　京(パク　ミギョン)

4.「エッセイ」欄に現われた朝鮮に対する視線

1939年『モダン日本』朝鮮版が出た当時の時代的状況は、1931年の満州事変、1937年の日中戦争を前後し、いわゆる「戦時体制」の下に「内鮮一体」政策が強行された時期だった。

特に日中戦争勃発以後、朝鮮が独自に兵站基地になることができるように各種軍需産業育成と農工併進政策が推進され、そのなか1938年朝鮮教育令改訂で、教育現場で日本語使用原則が適用されて朝鮮語禁止、朝鮮歴史教授禁止が強行される一方、陸軍特別志願兵制度が実施されて朝鮮の青年の応分の支援が奨励された。他方で神詣、宮城遥拝、皇国臣民の提唱を生活化することから出発した戦時体制国民精神総動員運動が開始された。

このような状況を反映するように『モダン日本』朝鮮版の誌面には、当時の朝鮮総督南次郎が力説した「内鮮一体」の論理とその現況を紹介するのに多くの記事が設けられている。「朝鮮版へのことば」の冒頭には近衛文麿が、「新東亜建設を目指して大陸進出の目覚しい今日…「朝鮮版」刊行…現下の時局に相応しい計画」と述べている。次に南総督は「今次事変を契機として『朝鮮』の全貌は、未曾有の重要さを以て、全国民の眼前に展開され…斯の時に当り『朝鮮版』刊行の挙は寔に時宜を得たものであり且内鮮一体の実を挙げる上にも、寄与するところ多々ある」と語った。引き続き「内鮮一体」運動を主導する民間の御用団体、中央協和会理事長の関屋貞三郎は、朝鮮版発刊を「時代的潮流の具体的表現」と賛辞を惜しまなかった。

このような総督府の政策「内鮮一体」の現況を広報する文章に、関屋貞三郎「内鮮一体と協和事業」、御手洗辰雄「内鮮一体論」がある。また1930年代日本の重化学機械工業の朝鮮進出によって朝鮮の工業化が旺盛に展開されていることを紹介した阿部留太「朝鮮経済界の展望」、野崎竜七「朝鮮の工業的躍進」、「朝鮮読本」などがある。特に「朝鮮読本」の中には、模範的な朝鮮の志願兵、72才の年寄りが臨終を控えて皇国臣民の敍事記念塔まで来て天皇を向けてお辞儀をして死んだというエピソードを紹介し、あたかも皇国臣民化政策が朝鮮で結実を見ているかのように宣伝した。このような例は他にも多くみられる。

しかしこのような官辺の政策意図を反映した記事だけではなく39年版には、朝鮮と縁があった日本知識人のエッセイも多数掲載され、当時彼らが朝鮮をどう見ていたか注目される。1919年から1924年まで総督府警務局長として在職した丸山鶴吉は、3・1運動の時期に朝鮮に勤めたが、今でも朝鮮には自分と親しみを深くする人々が多いと述べ、朝鮮での自らの勤務を誇らしく打ち明けている。彼は他にも在職中の回顧談『在鮮四年有余半』(1924年)と『五十年ところどころ』(1934年)などを残している。

東京帝大法学部教授である鈴木武雄は、「朝鮮の認識」で、内地人が北海道より京城転勤を忌避する現象を批判し、朝鮮は物心両面で「内鮮一体」になった地域だと力説して朝鮮は植民地ではない、日本と見なければならないと強調する。京城帝大教授辛島驍も「内地人として」で、同様なことを強調する。

一方、政治性が全面に現われないものに、菊池寛のエッセイがある。彼は早稲田大学に留学した貧しい朝鮮の学生に対する思い出を寄稿している。自分はその学生は文才がないと卑下していたが、実は漢学に詳しくきわめて有能な学生だったと驚歎した経験を綴っている。日本の代表的ミュージシャンが朝鮮で作曲のインスピレーションを得た逸話や言語学者で東京帝大教授の小倉進平が朝鮮語と日本語の類似性に対する研究成果をテーマに論考を寄せ、言語の共通点から国境を越えた共通文化の存在に注目している。下村海南は、日本の氏姓の起源に高麗人が存在することを力説している。

一方海外で活動している朝鮮人に対する紹介はこの時期植民地的状況にもかかわらず海外で頭角を現わした人物たちを列挙し、興味深い。特に韓国であまり広く知られない人物が推挙されている。独立運動家の安昌浩の息子である映画俳優フイリップ安の活動状況、ドイツで活動する画家裴雲成、イギリス商船の船長として活動した申性模、外に化学者李泰圭、李升基などは日本軍需産業発展に貢献した人物として紹介されている。舞踊家崔承喜のヨーロッパでの活動状況も詳らかに報告され、「海外で名を挙げた人々」というタイトルにふさわしい人々が連なっている。

この特輯号の白眉は「朝鮮百人物」であろう。モダン日本社は、朝鮮の百人の人物を選定するために募集をかけ、その結果数万人の応募から朝鮮の代表的人物百人を選定した。「公平なる現代朝鮮文化を代表する人傑と確信する」と誇り、略歴とともに紹介した。これらの構成は学者(26人)、宗教(9人)、官僚・外交官・弁護士(13人)、実業(9人)、言論(10人)、文学(8人)、芸術(12人)、芸者(2人)、軍人(3人)、体育(5人)、その外(2人)、1939年現在、朝鮮で、どんな人々が有名人と思われていたか、彼らの活動分野にはどんな特徴があるのかなども見どころである。

このように1939年『モダン日本』朝鮮版は、朝鮮を紹介するため、多くの写真と絵を活用している。妓生と朝鮮の伝統女性の姿、観光名所等が写真などを通じて、朝鮮の郷土色とともに表現されている。そして朝鮮の代表的文学者の小説とエッセイ、詩の紹介と同時に日本の中堅大衆作家の朝鮮を主題にした小説を配置することで、朝鮮に対する多様な視線を提示している。特に朝鮮の日常生活と生の断面を、写真と広告、マンガ、日常談を通じて伝えることで大衆雑誌としての要素を満たすことも忘れなかった。

一方、「内鮮一体」という政治的イデオロギーと同時代の軍国主義的雰囲気で、自由ではなかった当時の知識人たちの姿も映し出している。特に植民地化して一世代が経った、1939年時点で朝鮮がいかに「内地化」したかを明らかにしようと努め、朝鮮の人々が「大日本帝国の臣民」として、それぞれの分野で目覚ましい活動を見せている事実、「内鮮一体」に先行する韓国と日本の知識人たちの体制迎合的な側面にも接することができる。

　また、この雑誌で名前が挙げられている朝鮮と日本の人々は、大部分が各分野の専門家であるという点、また日本人と朝鮮人が文化的に相互交流と相互影響を及ぼした多くの事例が紹介されているという点も珍しく興味深い。

尹 素 英(ユン ソ ヨン)

モダン日本
朝鮮版
朝鮮百人物發表
朝鮮藝術賞設定
臨時大增刊

ビクターラヂオ
北海
イギリス
大西洋
フランス
スペイン
海
ポーランド
ソヴエート
ロシア
ドイツ
ハンガリー
ルーマニヤ
ユーゴスラビヤ
ブルガリヤ
イタリー
地
ニユースに集る
世界の耳！
最も優れた
性能と「音」！
ラヂオは
ビクターの
スーパー
"HIS MASTER'S VOICE"
5R—70型
5球・スーパーヘテロダイン
¥155.—

胃腸戰線

……異状《いじやう》あり。食慾《しよくよく》、消化《せうくわ》、便通《べんつう》どの一角が崩《くづ》れても健康《けんかう》から總退却《そうたいきやく》を餘儀《よぎ》なくされます。

明日《あす》といはず今日からエビオス錠で胃腸の補強工作《ほきやうこうさく》を始《はじ》めること……

卽《すなは》ち、この錠劑《ぢやうざい》に含《ふく》まれる濃厚《のうこう》なビタミンB複合體《コンプレックス》の作用《さよう》で胃腸《ゐちやう》の機能《はたらき》を補強更生《ほきやうかうせい》して食慾《しよくよく》を取り戻《もど》します。食物《しよくもつ》の吸收同化《きふしうどうくわ》を促進《そくしん》し、殘渣《ざんさ》を速《すみや》かに排泄《はいせつ》して便秘《べんぴ》や下痢《げり》を防《ふせ》ぐからです。

三〇〇錠…一圓六十錢

エビオス錠

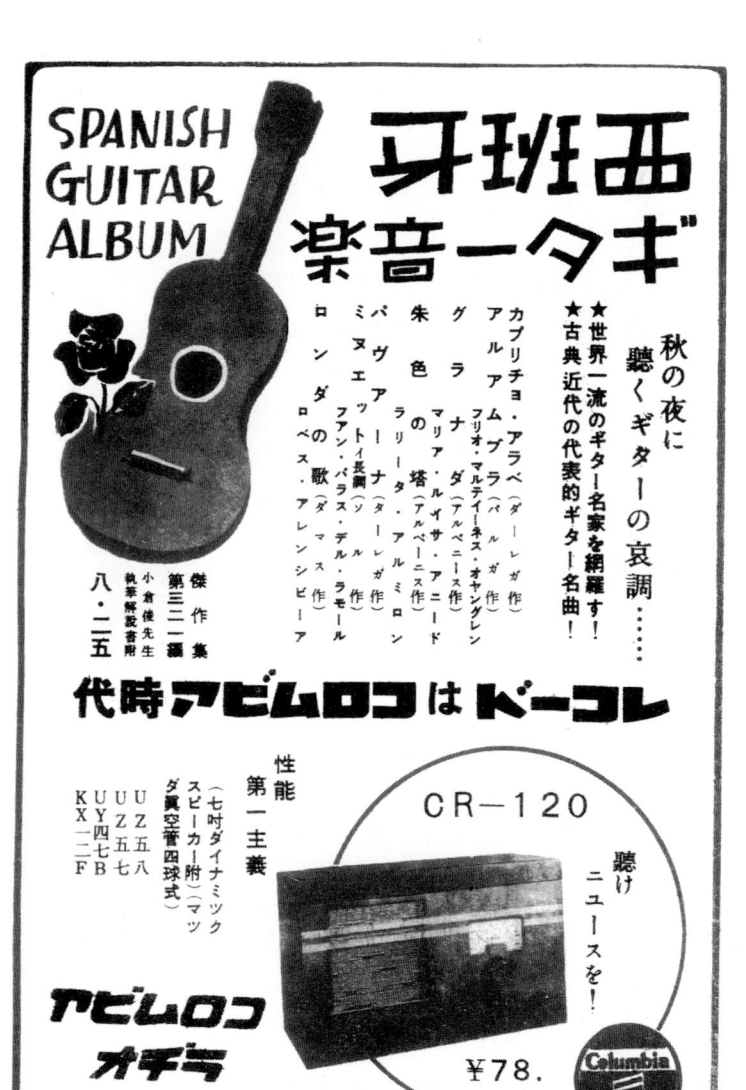

西班牙ギター音楽
SPANISH GUITAR ALBUM
秋の夜に聴くギターの哀調……
★世界一流のギター名家を網羅す！
★古典近代の代表的ギター名曲！
カプリチョ・アラベ（ダーレガ作）
アルアムブラ（バルガ作）
フリオ・マルティーネス・オヤングレン
グラナダ（アルベニース作）
マリア・ルイサ・アニード
朱色の塔（アルベニス作）
ラリータ・アルミロン
パヴァーナ（ターレガ作）
ミヌエット イ長調（ソル作）
ファン・パラス・デル・ラモール
ロンダの歌（ダマス作）
ロペス・アレンシビーア
傑作集 第三二一編
小倉俊先生執筆解説書附
八・二五
レコードはコロムビア時代
性能第一主義
（七吋ダイナミックスピーカー附）（マツダ真空管四球式）
UZ五八
UZ五七
UY四七B
KX一二F
CR—120
聴けニュースを！
¥78.
Columbia
コロムビアラヂオ

王様クレィヨン
王様クレィヨンダカラ
スバラシイ
ケッサクヲ
カイテクルヨ
CRAYONS
ゑのぐは
王様
キング水彩
キング水彩
ナラ
ウマクカケルワ
王様ノ
パッセルニ
カギルネー
新描画材料
王様パッセル
OSAMA PASSEL
荷造用木材チヨーク
OSA
MA
王様製図用繪具
東京・大阪・名古屋・大連・臺灣
王様商會

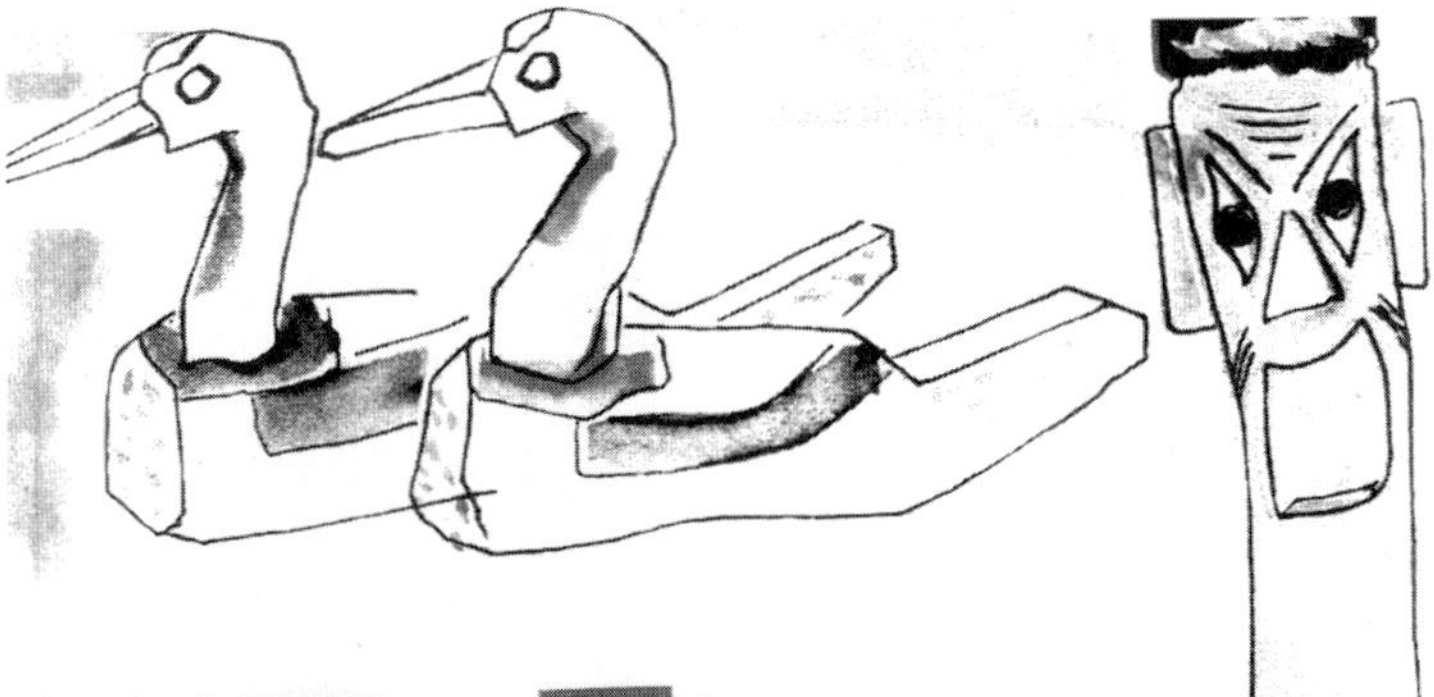

モダン日本・臨時大増刊・「朝鮮版」・目次

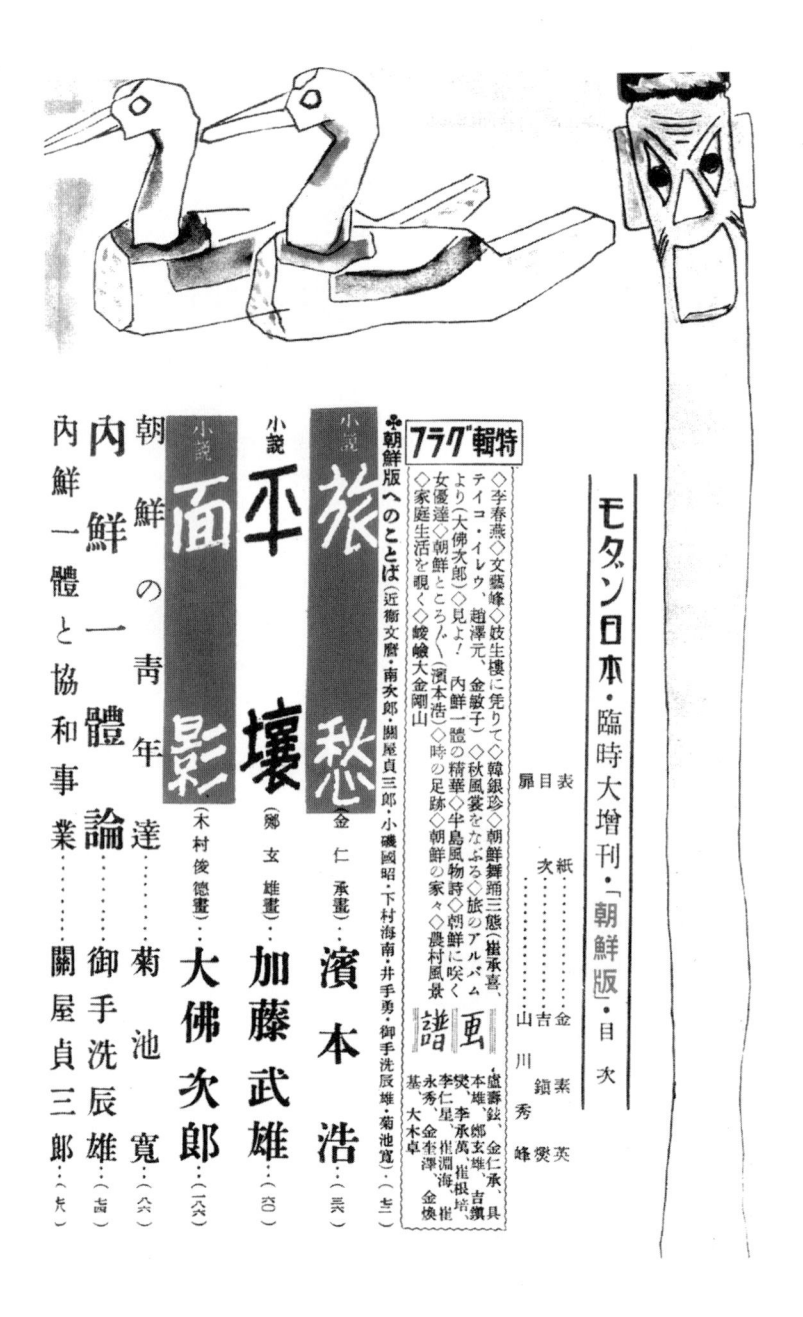

隨筆

新しき朝鮮を語る座談會

ハガキ回答 朝鮮と私

コント 内地見せたや

誌上回答
◆内地人に知って貰ひたい事
◆内地人に言ひたい事
◆モダン日本についての感想及び希望

朝鮮讀本

いろやーぢ セクシヨン

平壤妓生・内地名士を語る座談會

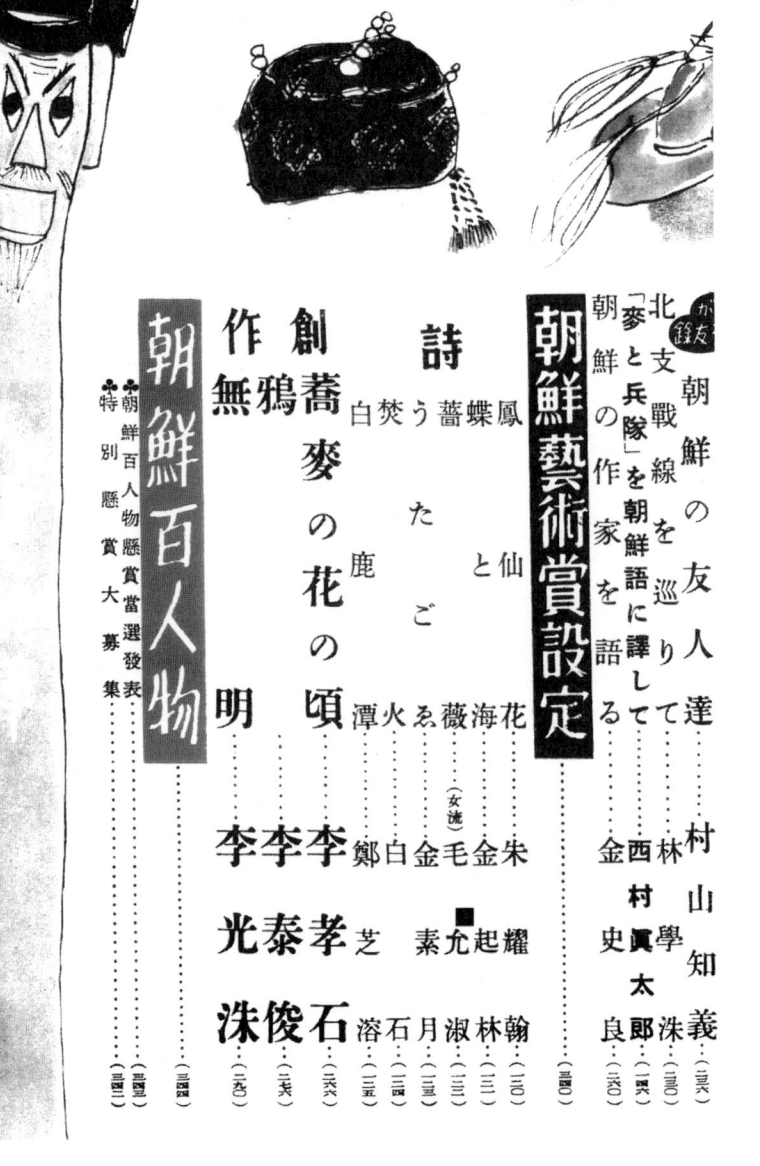

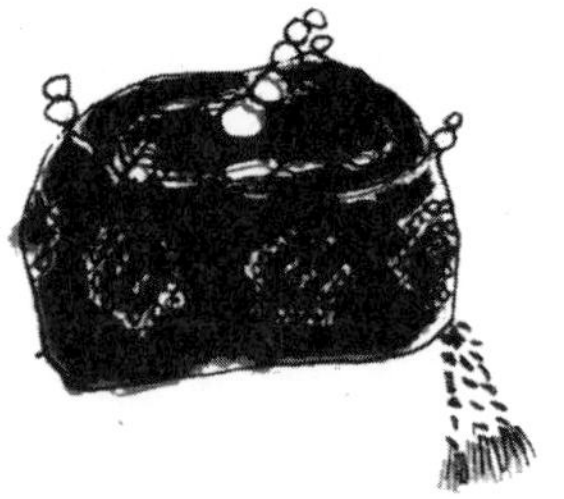

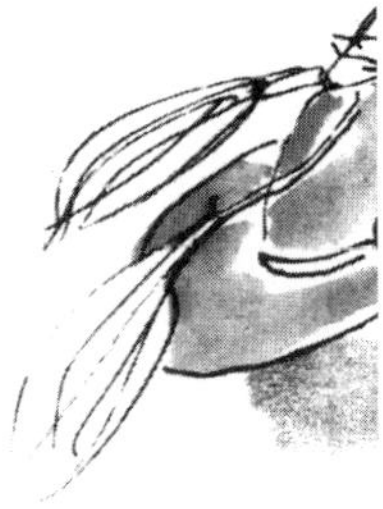

朝鮮藝術賞設定……（二四〇）

詩

創作

朝鮮百人物……（三四四）

青空の下《もと》で愉《たの》しい味《あじ》
明治の罐詰
品質も風味も卓越の
いづれも新鮮品揃ひ
色とりどり四十數種
明治製菓株式會社

モダン日本
李春

物さびて寂とした古き御堂、午後のうすれ陽を浴びて圓柱にひとり凭れ、君よ何を想へる。
（朝鮮映畫の明星・文藝峰）

浮碧樓に美女あり、大同江の翠擀を臨む——平壤の妓生二人、物靜かに語られ長き裳の何と嫋やかなる。

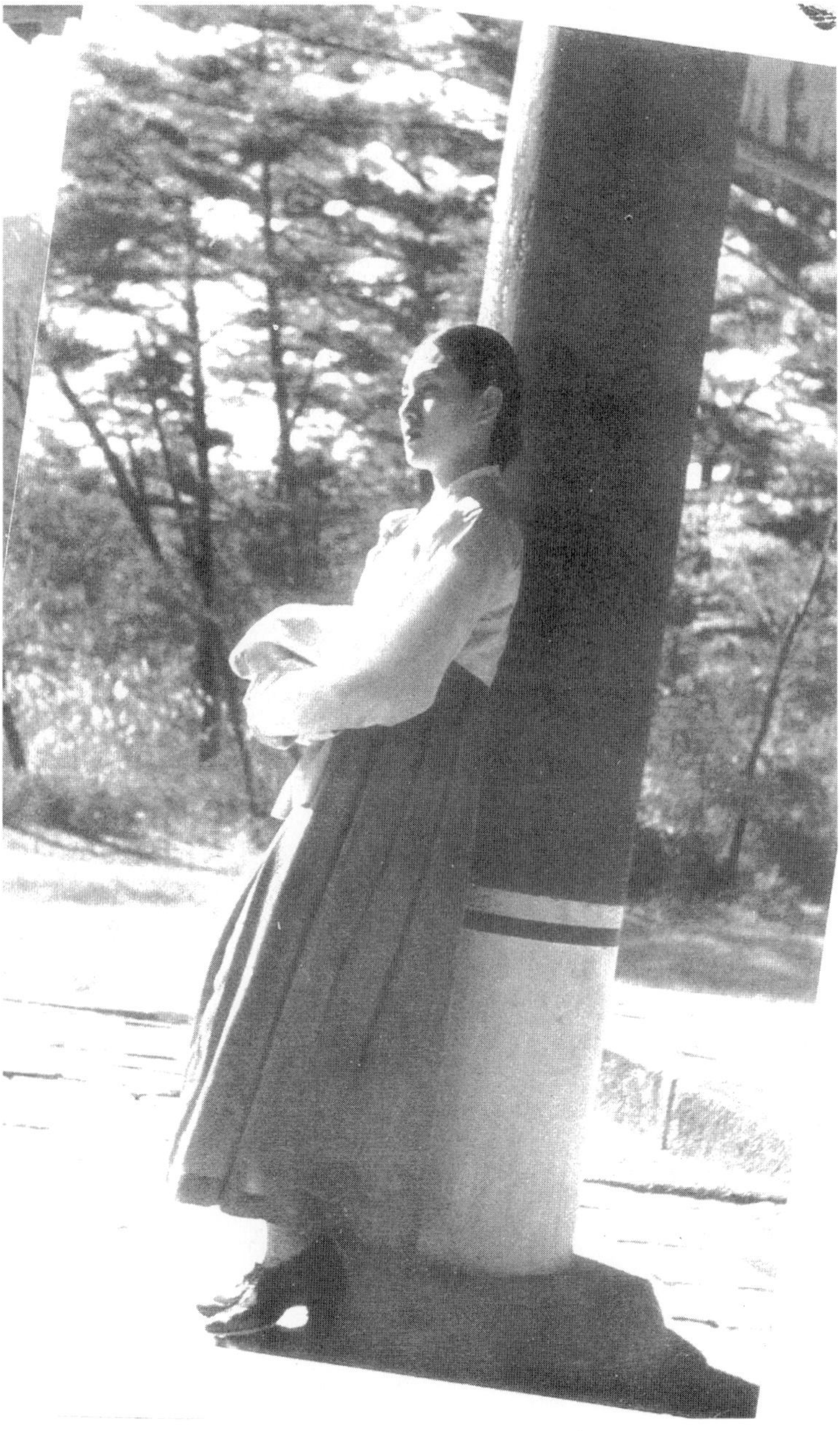

この一匙一匙が赤ちゃんをまる／＼ふとらすのですよ

母乳は變る！

赤坊審査會などで調べると三、四ケ月頃までは非常に榮養狀態がよいが、六ケ月頃の離乳期に入つて急にやせて來る赤ちゃんが多い

なぜか

この頃はもう母乳の質量共どん／＼墜ちて來るからだ、蛋白質など五分の一にもなつてしまふ

母乳だけでは榮養不足となり抵抗力が弱つてしまふ、その時離乳を初めたのでは少しのことで病氣になるわけ

六、七ケ月頃からはどうしても消化の一番よい最高級の育兒榮養森永ドライミルクを併用する混合榮養法に移らねばならない

卽ち森永ドライミルクを重湯《おもゆ》で溶《と》いて與へ、その重湯を漸次、おまじり、お粥《かゆ》と濃くしてゆく…そして森永ドライミルクを濃い目に溶いて赤ちゃんの胃腸をまもり、母乳の回數を減らしてゆくと知らず／＼のうちに離乳は完成してしまふ

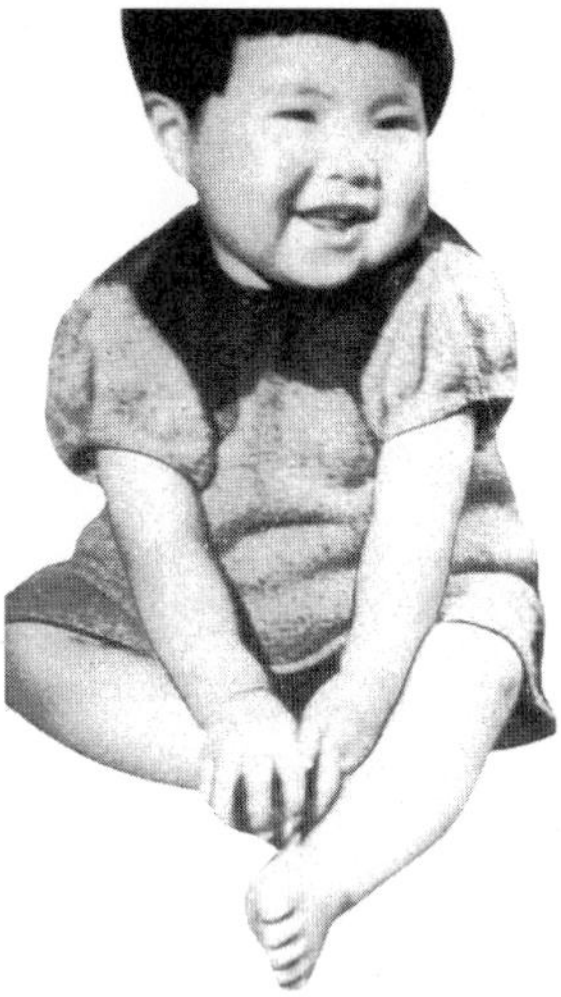

まあ！

よくお肥りになつて……と何處へ行つても褒められる兒は大抵森永ドライミルク育ちの元氣な健康兒です

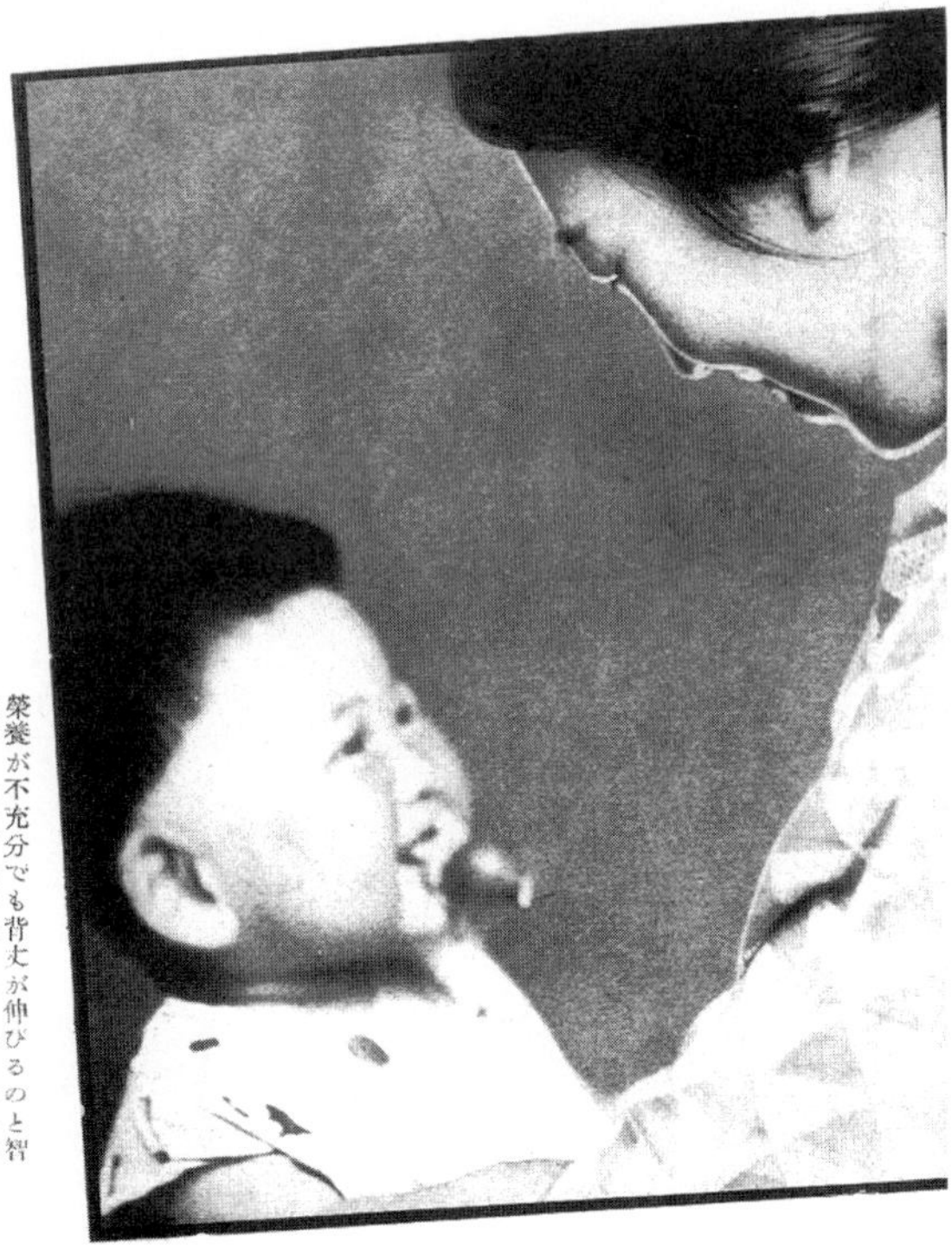

榮養が不充分でも背丈が伸びるのと智惠づくので、親の慾目から赤ちゃんが大きくなるやうに見え、お乳不足に氣づかずに發育を遲らしてしまふことが多い

森永ドライミルクなら急速に發育を助けるから一日平均五匁（約二〇瓦）づゝの體重增加があり、おどろいてしまふ程健やかにまる／＼ふとらしてしまふ

發育榮量が消化がよいばかりでなくビタミンや酵素が一番多く含まれてゐる

韓銀珍

朝鮮舞踊・三態

春鶯舞のコスチユームに
てテイコイトウ

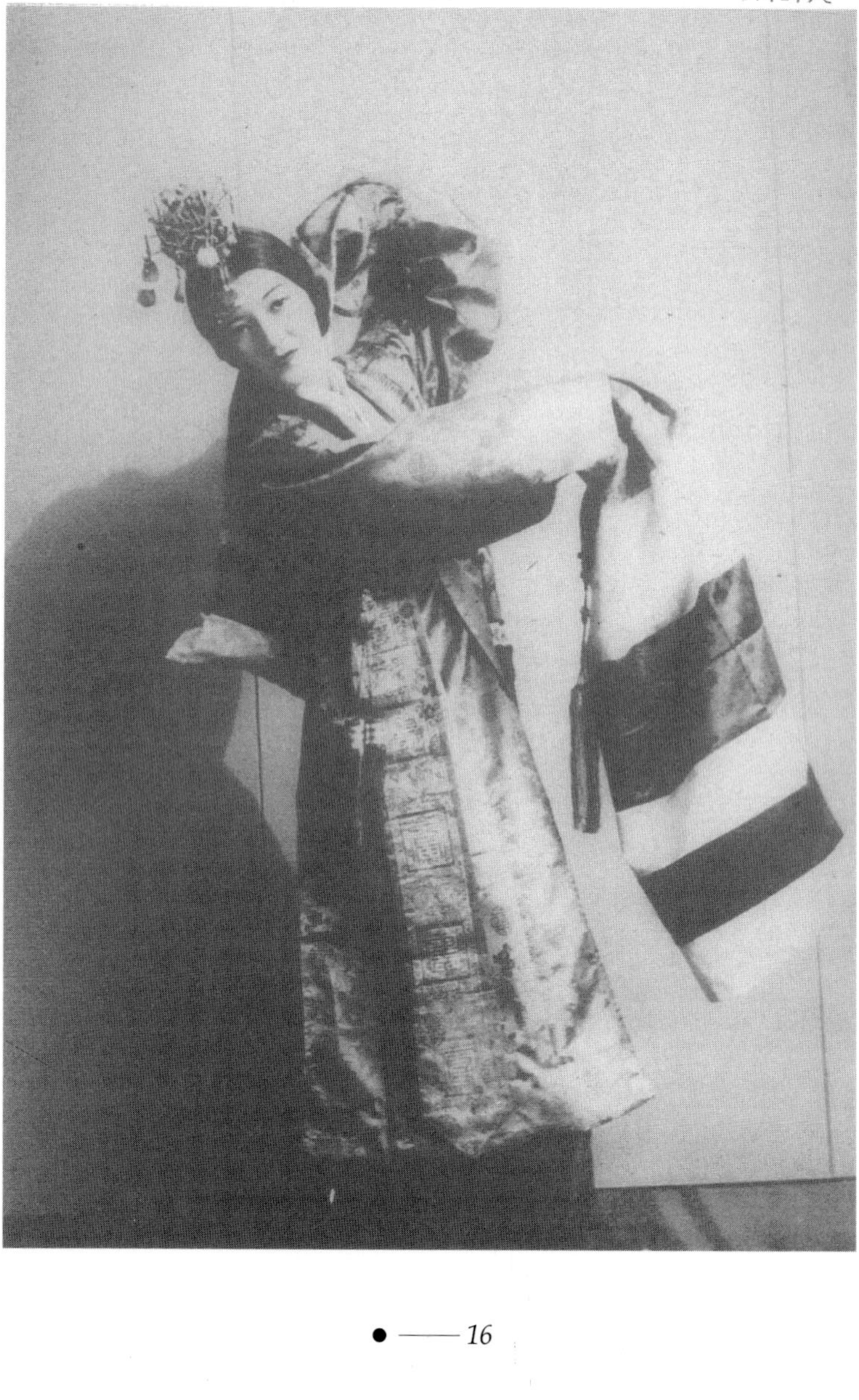

幽幻な寧山調を舞ふ
崔承喜。

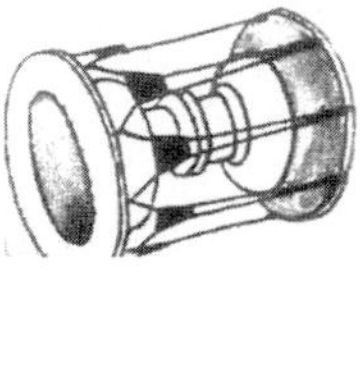

淡い悲恋の想を寄せて「ファンタジー・コリアン」を踊る趙澤元と金敏子のデユエツト。

秋風裳《チマ》を

大同江畔に秋風爽々と吹き靡き、牡丹臺に秋草千々に亂れ咲く。何れも秋一色。

日傘に光をよけて野邊を行けば、長き裳のをのづと輕く、足下にすだく蟲の音のかそけさ。

古き御寺の樓上に佇みて遠く眺むれば[illegible]

平壤牡丹臺最勝臺上より平壤郊外の展望
妓生　金銀紅と李花仙

平壤牡丹臺最勝臺上より乙密臺の展望
妓生　金銀紅と李花仙

なぶる

は躍る。
秋日麗かにして秋衣輕し、
妓生の眉涼ろに瞳若く燃へて
明日を思へる。

平壌大同江畔手を上げて「オーイ」と呼ぶ
李福花、　妓生　趙仙女、李福花

日清の役原田重吉一番乗りで名高い平壌玄武門
妓生　朴雪中月と張壽福

平壌牡丹臺下掲翠閣にて。
妓生　金明梧

平壌牡丹臺下轉錦門楼上にて
妓生　崔鎔株と金仁淑

の旅
大
開城滿月臺
1
2
3

①玄武門と云へばその昔日清役の一番乗りの話と結びついて勇ましい。しかし現實の玄武門は實に小さくて簡單にタックル出來さうに可愛らしい。この玩具のやうな城門は子供芝居の和藤内にくれてやりませう。

②開城滿月臺。昔の王城の址である。なだらかな山の斜面に榮華の跡を青草の中に抱いてゐる。人物は加藤武雄さんと寺田映氏。

③僕はこの灰色の草屋根の見事さに見惚れた。シルヴアフオックスのさし毛を揃えたやうに沈んで輝く美しい灰色である。

④開城の裏町である。お内儀さん達は買物に行く途中らしい。彼女たちの好きな洗濯ものと、壁には榮養劑の廣告。この電信柱は、その内に芽をふき枝を繁らせ、朝鮮鴉が巣を作るでせう。

⑤妓生、朴雪中月と李一枝花。いゝ名前でせう。彼女たちは平安朝のひとのやうに優雅でゐて、毎月のレコードの流行歌の虜になつてゐます。

朝鮮婦人と黒髪美
張赫宙
朝鮮を旅行した人で、朝鮮婦人の髪の毛は實にきれいだつた、といふ人に、よく出逢ふが、この頭髪の手入れは、想像以上に入念にされる。
朝起きると顔を洗ふよりも先づ髪の毛の手入れをする。あの齒の細かい朝鮮櫛で、雲脂をとり、油をぬる。そして少くとも一週に一度は必ず髪を洗ひ、拔毛を防ぐために、和布《わかめ》を愛食する。
むかしは洗髪には麥のとぎ水などを沸かして使ひ、油は椿油を最上とするが、手に入れ難く、毛髪を傷め、悪臭の出るのを承知で、蓖麻子《ひまし》油《ゆ》を用いたものである。
けれど今は**ヨウモトニック**のやうな良質の養毛料で、この悩みは簡單に解消し、手數もはぶけたことと思ふ。
正しい養毛料
ヨウモトニック
製造發賣元・東京室町 三共株式會社・總販賣元 東京室町 （三共直系） 泰昌製藥株式會社
（定價）￥1.45 ￥2.45 ￥6.30 外にデパート型あり（内地は勿論全鮮・滿支の有名デパート・藥店・化粧品店にあり）

頭臭《くさみ》を消《け》す
痒味《かゆみ》を去《さ》る
雲脂《ふけ》を止《と》める
脱毛《ぬけげ》を制《おさ》へて
毛生力《まうせいりよく》を促《うな》がす
この一瓶が「頭髮の健康」を
一手に引受ける!!
唯一の
止
禿ケ毛
若フ拔

見よ！
皇國臣民ノ誓詞
一、我等ハ皇國臣民ナリ忠誠以テ君國ニ報ゼン
二、我等皇國臣民ハ互ニ信愛協力シ以テ團結ヲ固クセン
三、我等皇國臣民ハ忍苦鍛錬力ヲ養ヒ以テ皇道ヲ宣揚セン

①支那事變勃發するや我が朝鮮同胞の熱誠は到る處内鮮一體の感激的場面を展開してゐるが、これは京城驛頭に於ける皇軍征途を歡迎する感激溢るゝ一シーンである。
②熱誠をこめた愛國婦人會員の節米献納。
③街頭に立つた朝鮮の一學生。千人力を行人に乞へば、行人又赤誠を一筆にこめて武運を祈る
④訓練所に於て南總督の閲兵を受ける朝鮮志願兵。
⑤一死報恩の赤誠の念止め得ず血書を以て志願兵を志した者も數知れず
⑥皇軍凱旋に大童の朝鮮婦女部隊。慰問袋に女性らしい想ひをこめて。
⑦愛國婦人會員の朝鮮神宮清掃奉仕。箒の一はきに赤誠がにじ

愛國婦人會
京城府分會
鍾路六丁目

一死報恩
私ヲ志願兵ニ
取ツテ下サイ

半島風物詩

↑南鮮の綿

↑並んだ甕々

←高麗燒製造

↑豐饒な林檎

北鮮の鰯←

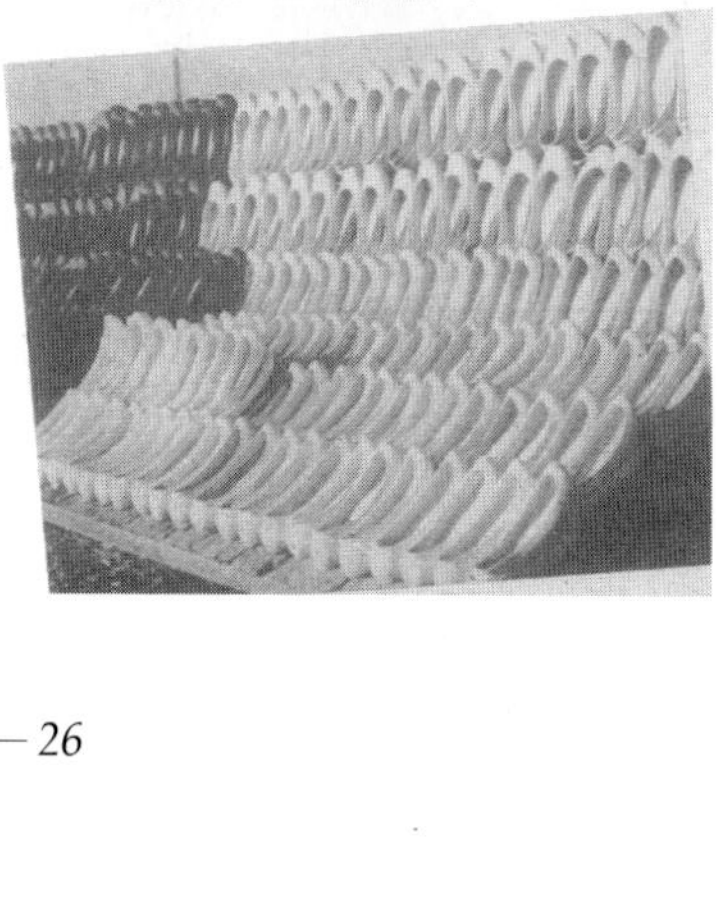

朝鮮靴→

結核
ビタミンB₂複合體の榮養として特異な點は結核菌毒素に對する優秀な解毒作用を有することであります
結核患者に特有の頑固な食欲不振、胃腸障碍、或は神經亢奮、不眠、發熱などは、いづれも結核菌毒素の中毒から起るものでありますが、患者はビタミンB₂複合體の補給によつてこの中毒症狀から免れ、食欲囘復し、胃腸障碍を輕快し、神經鎭靜し睡眠を正化し得られ、發熱も漸次消退します。したがつて患者の體力と自然治癒力は增し且增强を示すのを常とします。
理研ビタス錠は理化學研究所製のビタミンB₂複合體でその優秀な効果は既に三年餘の臨床實驗で立派に證明されて居ります。
一〇〇錠・二圓五〇錢 藥店にあり
總代理店 東京市日本橋本町 株式會社 玉置商店 振替東京七二番
理研ビタス錠

朝鮮に咲

上右　池京順さんは北鮮咸興出身の女優さんで、現在では悲劇的性格女優として大へん人氣を博してゐます。文學に趣味を持ち、毎月内地の文藝雑誌を通讀することで有名ださうです。

中右　車紅女さんは朝鮮の戀人と云はれる位、愛らしい方で、藝熱心で眞面目で、彼女が純な田舎娘に扮するときは、どんな男でも戀心を覺えると云ひます。

中左　鮮于一扇さんは美妓の本場、平壌出の麗人で、現在京城の鶯名妓としてもてはやされてゐます。彼女の美聲はポリドールレコードで廣く内地にも紹介されて

右下　文藝峰——彼女はよく朝鮮の入江たか子と云はれます。しとやかで淋しげな目は輝き、心持ち重たい脣は全く清楚な感じです。朝鮮きつてのスターながら、一度も艶聞を散らしたことがない眞面目な女優。「旅路」でデヴューし、近くは「軍用列車」「無情」等で名をうつてゐます。

中下　金素英——近頃「國境」のヒロインとして名演技を謳はれてゐます。名前の如く楚々として利發さうだが、人一倍なまめかしい感じです。みつちり藝を諳みながら精進すれば大成する素地が十分あるやうです。

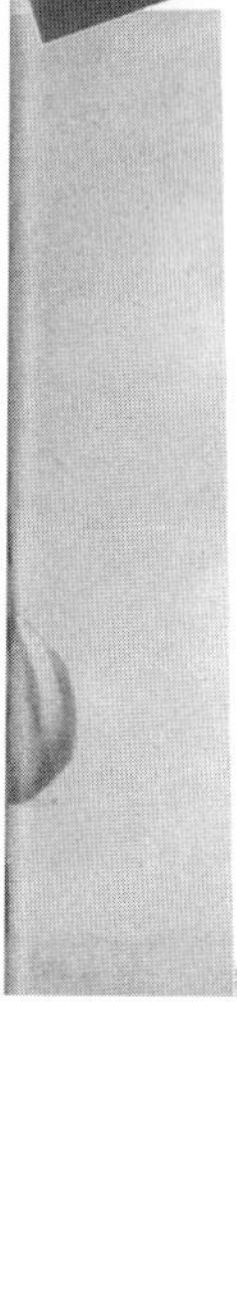

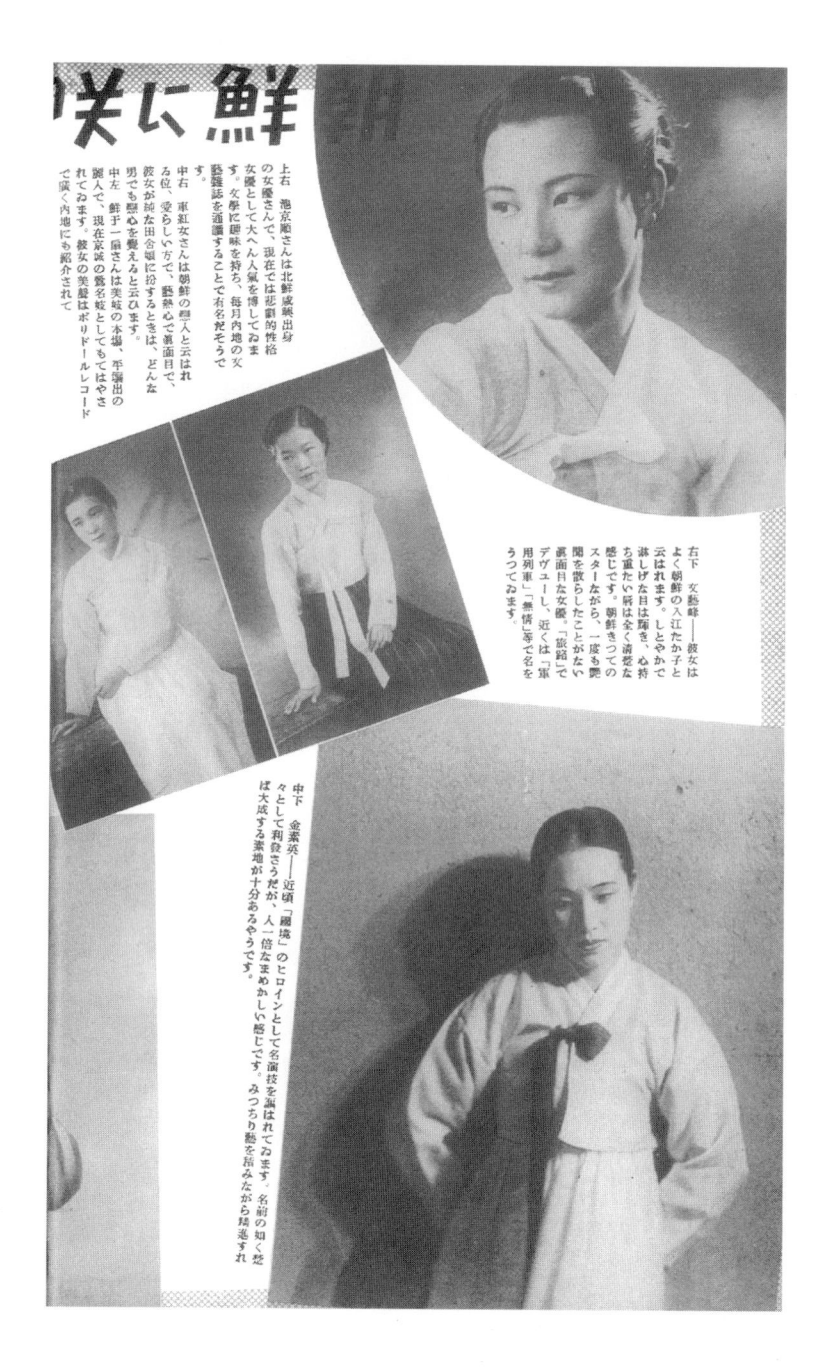

く女優達

上左　韓銀珍さんは青春座で見習女優を募集したとき選ばれたのがきつかけで二年目には東亜日報主催の演劇コンクールで早くも多数の先輩同輩を抜いて個人一等賞の榮冠を獲得、三年目に映畫界に轉身李光洙原作「無情」のヒロインとなつたスピード女優です。

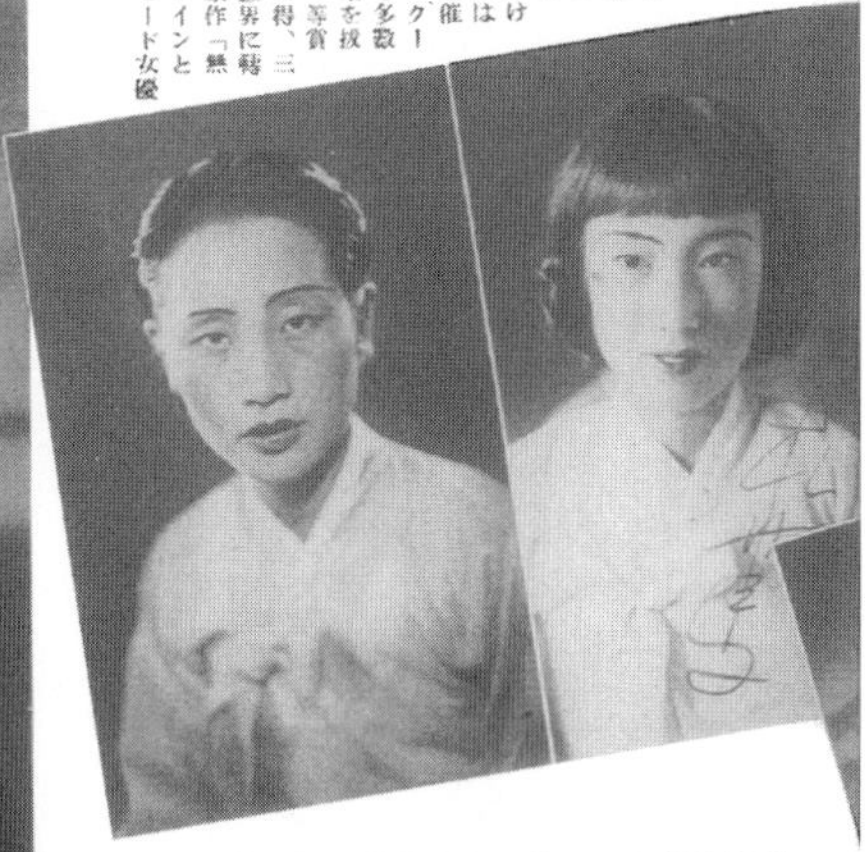

右　朴丹馬さん、この人は非常に貴族的な品のいゝお嬢さんです。彼女の魅惑的な美聲はビクターレコードで紹介されてゐます。

左　李蘭影さん、ＯＫレコードのプリマドンナです　大へんもの靜かな方で、心も優しく、東京出演の時、白衣の勇士を慰問して、感極つて泣き出したといふ美しい挿話の持主です　彼女程朝鮮大衆の魂にぴたりとふれる聲はないと云はれてゐます

圓內申カナリヤさんは朝鮮の三益愛子です。お芝居も出來、唄もよし、踊りも上手といふ器用な人で、現在漫笑座といふ喜劇一座の人氣スターです。

朝鮮ところ

カメラと文 濱本浩

①先輩加藤武雄と共に北鮮の貿易港城津を訪ねた。そこで私達は鰯もまた、マグネサイトやモリブデンの如く、工業用にも國防用にも重大な資源であることを知つた。そして、高周波精錬の工場を見學し、吾が國の重工業に新らしき光明を感じた。②地方線の旅で屢々見受ける風景である。離村者達は、家財道具を荷造りもせず、プラツトホームに持ち込む。その餘裕がないのであるか、必要がないのか、また何處に行くのか、何もかも私には解らん。③子供達は無賃乘車をする。線路傳ひに來て、客の少い二等車にもぐり込む。發見せられるのも忘れて無邪氣に寢込んでしまふ。若い車掌は、これを見ても敢て咎めず、勞はるやうに微笑して行きすぎる。この車掌にも、やはり、同じ經驗があつたのかも知れぬ。微笑ましくまた樂しい情景である。④平壤附近では最近、高句麗時代の史蹟がさかんに發掘され、三千年前の古文化が新らしく世に紹介されて居る。これはすべて平壤博物館長小泉顯夫學士の功績に歸すべきである。小泉館長は炎天下の曠原に、泥まみれになつて人夫と共に働いて居る。貴い文化の戰士は、いま大同江岸に出て汗を拭ひ、愛用のコダツクを出して江上の畫舫を寫して居る學者らしい風格のある紳士である。⑤水原の八達門下に立つて、戰爭のための城壁にまで、美術的な關心が拂はれて居ることを感じた

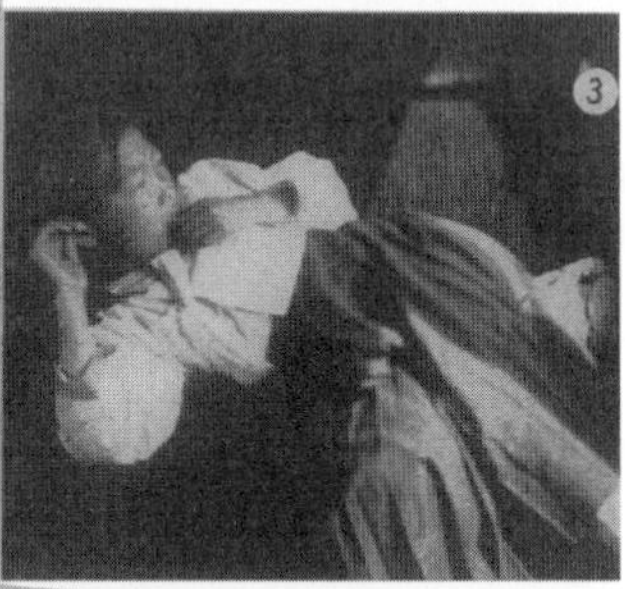

ところ

開城の記

開城が高麗朝の王都であることも、鮮内有數の商業都市であることも、不老長壽の人蔘の産地であることも正直に云ふと私には大した興味ではなかつた。この舊都が、吾が友馬海松の生れ故郷でなかつたなら、私はこの都を訪ねなかつたかも知れぬ。①は、彼の生れた池町の家、詳細は本號の座談會中に述べて置いた。②は、彼の家から程ちかい南大門、昨年の大晦日、私はラヂオを通じ、東京に居ながらこの梵鐘の音を聞いたことがある。③は名勝の善竹橋、忠臣鄭夢周の血痕と稱するものが今なほ橋石に殘つて居るが、眞僞はともかくとし、低徊去るに忍びないものがあることは事實である。④は馬海松の近親馬鍾泰氏の別莊内に湧く藥水、私は二日醉の翌日これを飲んで心氣俄然爽快を感じた經驗がある。⑤は滿月臺の宮殿趾、スカートの短い女學生達が讚美歌を合唱して欣然と步いて居る。美しい彼女等は私達が近寄ると傳說の姬君のやうに蒼惶として外へ去つた。⑥は觀德亭の弓場で、市の紳士達が、朝鮮古有の弓術を練つて居るところ。現代の紳商は、もはや衣冠束帶の兩班ではない。いかなる老人も、流行の背廣を着て颯爽と弓矢をとるところに、躍進開城の面目がある。先輩加藤武雄の說に從ふと、鮮內の各舊都中、もつとも印象に殘るのは開城であり、殊に滿月臺上の感懷に至つては、忘れんとして忘れ得ざるものがあると云ふのである。

朝鮮ところどころ

カメラと文・濱本 浩

國境の町滿浦鎭にて

最初にはバラツクの部落が生れる。バラツクがペンキ塗の装飾をする。斯くて幾年かの後、市街にまで發展する。この寫眞は、やがて國際都市ともならん滿浦鎭新地區の芽生である。

鐵道の測量隊が密林、猛獸、匪賊、瘴癘、あらゆる危險と困難を征服し、漸く鴨綠江の彼岸に滿領の山々

町が發達すると匪賊が侵入する。今日の匪賊は掠奪のみが目的ではない　共產匪は吾が領土に侵入し、後方攪亂を使命として居る。彼等は訓練されし軍隊的匪賊で新鋭の武器を使用する。國境警備の我が警官隊は屢々激戰を重ねて、數百名の犧牲者を出して居る。殉職勇士の忠魂は、國境の空に停り、生前所屬した警察署の構内、白樺の葉蔭に永久に眠つて居る。

對岸の滿領は荒涼として居る。滿洲人は江を渡り、鮮側の町に入り込み得意の商賣を始める。これは移

ヘチマコロン
コロンの素肌で行きませう。はち切れる若さ靭《つよ》さを素肌に盛つて颯爽《さつそう》と行く姿こそ興亞日本《こうあにつぽん》女性の象徴《シンボル》である！
コロンは素肌の爲の化粧水、お肌の分泌《ぶんぴ》を調節し清浄《きれい》にして、氣品《きひん》と魅力《みりよく》あふるゝ素肌を生みます
Kimura
本舗・東京 株式會社 近源商店

古跡

平壌大同江の畫舫《ファバン》

此方に綾羅島あり、彼方に牡丹臺あり、浮碧樓あり。大同江の清流に畫舫を浮べる佳人の想ひは遠く〳〵悲願の時の彼方へ遡るであらう。

扶餘

白馬江に臨む此の岩は落花岩と呼ばれて古來詩文に作られてゐ

恩津彌勒

論山にある石佛で

水原の烽火臺（左）

李朝時代まで、事あるごとに燃えた烽火臺である。京城の急變を地方に傳へる爲に、此の水原の烽火臺は第一の中繼を務めたのである。現在ではもはやその必要もなく、風雨に曝され乍らその古を偲ぶよすがとなつてゐる

慶州佛國寺（下）

慶州附近一帶は新羅王朝時代の古都の跡であり、佛國寺もその遺跡の一つである。現在では朝鮮八景の中に數へられ、附近の陵墓・城跡等と共に屈指の遊覽地となつてゐる

時の足跡

て、百濟が新羅の大軍に襲撃された時、その宮女達が敵の捕虜となるのを潔しとせず、此の岩より花の散るが如く流に身を投げてより斯く稱ばれてゐる。
現在此の扶餘一帶を内鮮一體の聖地とすべく豫定されてゐる。

ある全身只一個の石で作られてゐる。李朝時代に成つたものである。

京城

德壽宮石造殿（上）は李王朝の離宮である。
慶會樓（下）は總督府の後苑に在つて、李朝時代の華麗な面影を窺ふことが出來る。

僕らがこんなに・・丈夫なのは・・
輝ける眼《め》……ガッチリした齒牙・骨骼……林檎《りんご》のやうな頬……これこそ健康兒童《けんかうじどう》のシンボルです……
腺病體質を强化
それは太陽《たいやう》の紫外線《しぐわいせん》・新鮮《しんせん》な空氣《くうき》・適度《てきど》の睡眠《すいみん》・榮養《えいやう》の補給《ほきふ》とによって培《つちか》はれます。特に肝油《かんゆ》＝ハリバでビタミンADを蓄積《ちくせき》すると腺病質兒童《せんびやうしつじどう》も抵抗力《ていかうりよく》が强化《きやうくわ》され、皮膚《ひふ》は艶々《つやつや》しく丈夫《ぢやうぶ》になります。
健康向上に・・ハ

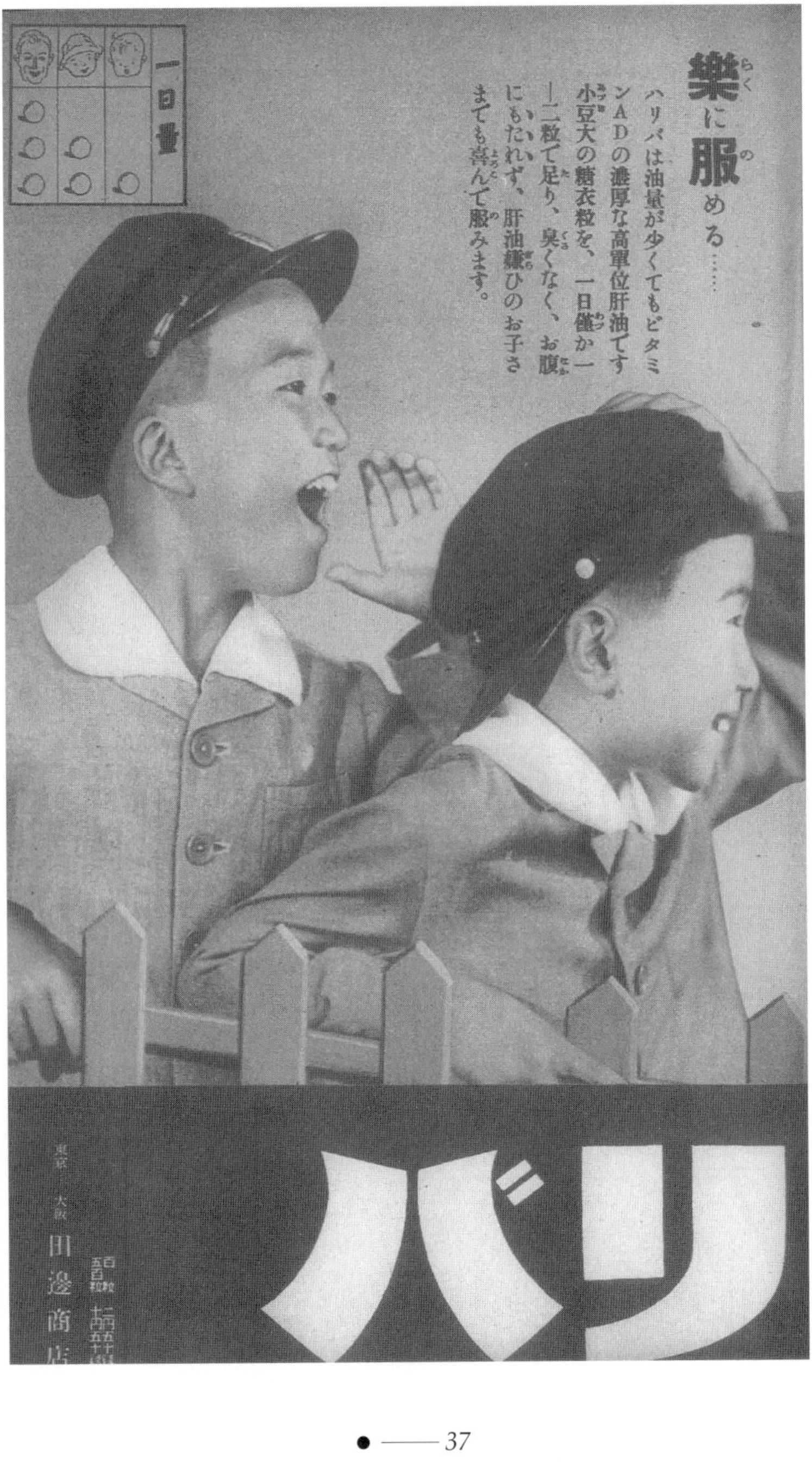

楽《らく》に服《の》める……
ハリバは油量《さ》が少くてもビタミンADの濃厚な高單位肝油です小豆《あづき》大の糖衣粒を、一日僅《わづ》か一―二粒で足《た》り、臭《くさ》くなく、お腹《なか》にもたれず、肝油嫌《きら》ひのお子さまでも喜《よろこ》んで服《の》みます。
一日量
ハリバ
東京・大阪
田邊商店

朝鮮の家々

京城も今や發展に發展を重ね、丘陵といふ丘陵は住宅地として切り開かれ始めた。そして、そこに建てられた家はどれも南向きで並んでゐる。近頃、市街では朝鮮獨特の美しい屋根の線を見る事は出來ない。だが、一寸都心を離れた高い石山のスロープには、階段を作つて並び立つてゐる瓦屋根と白壁が、大陸的な酷しい陽斜を受けて鱗の樣に光つてゐる風景は矢張り特別な味を持つてゐるものだ。

裏街の小路を歩いてみるのも面白い。殊に京城の街の小路はどこをどう通れば拔け出られるかまごつかされる。地に這ふやうな屋根などに突き當つて、見上げると、右手に赤や白や黑の煉瓦と石で築いた美事な壁の上に檐の線がすらりと走つてゐる。人々が路地の角に佇んでゐる所を、物賣が奇妙な聲を張り上げて縫ふやうに歩いて行くのだ。

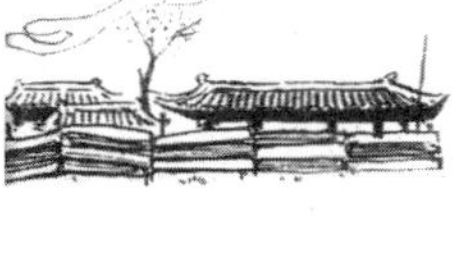

胃痛・腹痛・月経痛に
ストマツケル
キリ／＼と痛んでくる痙攣性刺痛を起した時は、何よりも先に
ストマツケルをお服み下さい。一回一球――痛みを忽ち
止める薬効と服用の簡便さにキット喜んで頂けます。
全國有名藥店にあり
［藥價］廿錢・卌錢
五十錢・一圓
東京神田鍛冶町 大木合名會社

家路をたどる↑

秋の陽差しうらゝな小春日のひとゝき、落葉を踏んで家路を急ぐ農女の頭上で、美味しい水が冷々と揺れてゐる。

↓とりいれ

ほうれ獲れたぞ、實りの秋だ、俺達の長い勞働の貴い結實だ！

←夕日に語る

今日の仕事もやつと濟んだ。夕陽の壁に倚つて待ち兼ねた坊やに乳房をふくませ、閑かな話に花を咲かせたが、夕餉を急ぐヤンチャ坊主が膝にまつはつて騒いでゐる。

家庭生活をのぞく

娘子には嬉しい板飛び、がつたん、ごつとん、前の家の庭が見える。隣の家に桃が咲いてゐる。お節句などに色とりどりの美しい着物をきて、鞦韆に乗つて仙女とまがふばかりに高い所を飛び交ふ光景も、朝鮮獨特な風物である。

だがおかみさん達は毎日洗濯のことで忙がしい。白い着物は清楚で、すがすがしいがそのかはりによくよごれる。小川のせゝらぎや又は井戸端などで彼女達はあたゝかい陽射を愉しみ乍ら日長の洗濯にいそしむ。手もあいて主人の歸りを待つ宵など、遠くに砧打つ音に耳を傾けながら、伽倻琴の幽玄な調べを彈くのもゆかしい。眞珠貝をちりばめた美しい衣欄はまばゆくゆらめき夜はしんしんと更けて行く。

峻嶮大金剛山
奇木空に聳して
清新なる冷気の身に迫る
金剛山麓の海岸に
叢石亭は千古の
夢を秘む
正に峻嶮！
天下の奇峰大金剛
苔蒸す巖石に、
足下に湧く白雲に
其の雄大を知る！

ビールはニユー・トーキヨーチエンで
NEW TOKYO
NEW TOKYO 別館
スキヤバシ 電話銀座(57)924
ニユートーキヨー淺草池ノ端支店
淺草公園 池ノ端
淺草ニユー・トーキヨー
雷門ちんや横電話淺草(84)3233
丸ビルビヤースタンド
丸ビル 地下街
三宮ビヤホール
神戸 三宮 阪急樂天地
銀座ミユンヘン
銀座天金横電話銀座(57)991
澁谷ミユンヘン
澁谷驛前 電話澁谷(46)1366
ミユンヘンビヤガーデン
澁谷驛前 ミユンヘン隣
新宿ヱビス生ビヤホール
新宿驛前 電話四谷(35)1340
澁谷ヱビス生ビヤホール
澁谷驛前 電話澁谷(46)2056
ニユー・キヨート
京都 四條 河原町角
東洋最大のビヤホール
ニユー・トーキヨー
東京 スキヤバシ 電話銀座(57)5281—3

ホルモン配合
榮養クリーム
クラブ美身クリーム
肌の榮養に…
効力の強いホルモンやヴィタミンが肌にしみ込んで強い榮養作用をしますから、小じわが消えて血色のよい若肌になると共にシミ、ソバカスも薬効的に分解されます。
アレ止めに…
お肌の脅威・冬がせまつてゐます。しかし今からクラブ美身クリームをつけておけば絶對安心！ 皮下に豊富な榮養を蓄へ抵抗力を増しますからお顔や手が決してアレません。

モダン日本

創刊十周年記念

臨時増大刊

朝鮮版

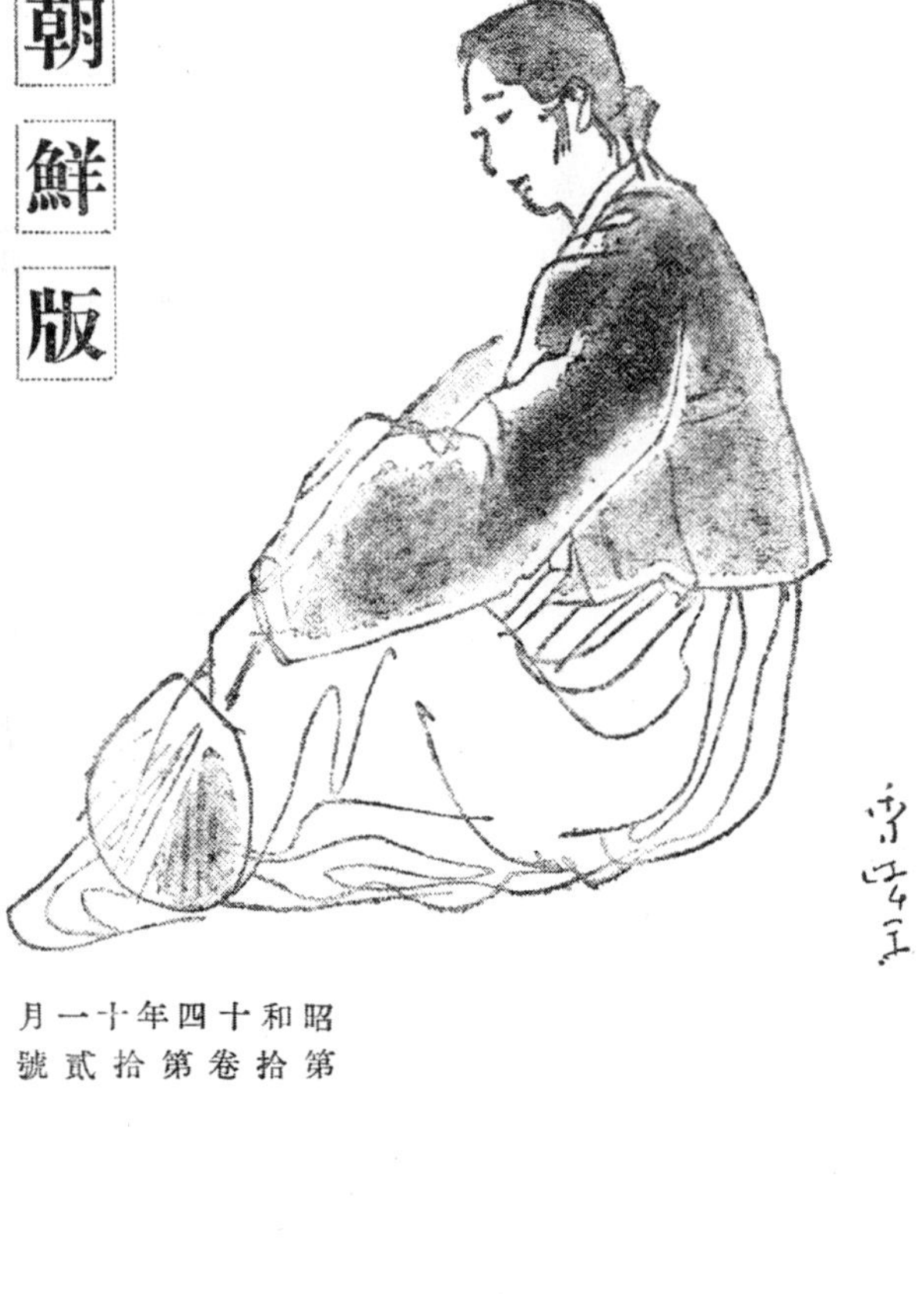

昭和十四年十一月

第拾巻第拾弐號

旅愁《りよしう》

濱本浩
金仁承畫

一

土曜日《どえうび》の夜《よる》の十一時《じ》に京城《けいじやう》を立《た》つ、寢臺仕立《しんだいしたて》の登山列車《とざんれつしや》は、夜《よ》が明《あ》けると、もう終點《しうてん》の内金剛驛《うちこんがうえき》に到着《たうちやく》して居《ゐ》た。

途中《とちう》の、車窓《しやそう》に迫《せま》る山々《やまやま》には、冷《つめた》い靄《もや》が濛々《もうもう》と立《た》ち罩《こ》めて居《ゐ》たのに、驛長《えきちやう》の斡旋《あつせん》で手《て》に入《い》れた、古風《こふう》なフオードのオープンで、長安寺村《ちやうあんじむら》の内金剛《うちこんがう》ホテルへ着《つ》いた頃《ころ》には、不思議《ふしぎ》に天候《てんこう》も恢復《くわいふく》し、前栽《ぜんさい》の樅《もみ》の木立《こだち》にすがすがしい朝《あさ》の日影《ひかげ》が流《なが》れ、四十雀《がら》は囀《さへづ》りながら、飛礫《つぶて》のやうに、枝《えだ》から枝《えだ》へと群《む》れ飛《と》んで居《ゐ》た。

よくこそ來《き》たものであると私《わたし》は、嬉《うれ》しかつた。底知《そこし》れず澄《す》んだ青空《あをぞら》、シヤンペンよりも輕《かる》く明《あか》るい雰圍氣《ふんゐき》、幽幻《ゆうげん》な山《やま》の姿《すがた》とそ、傷《きず》ついた私《わたし》の身心《しんしん》を癒《い》やしてくれるフレイムにちがひないと思《おも》つた。

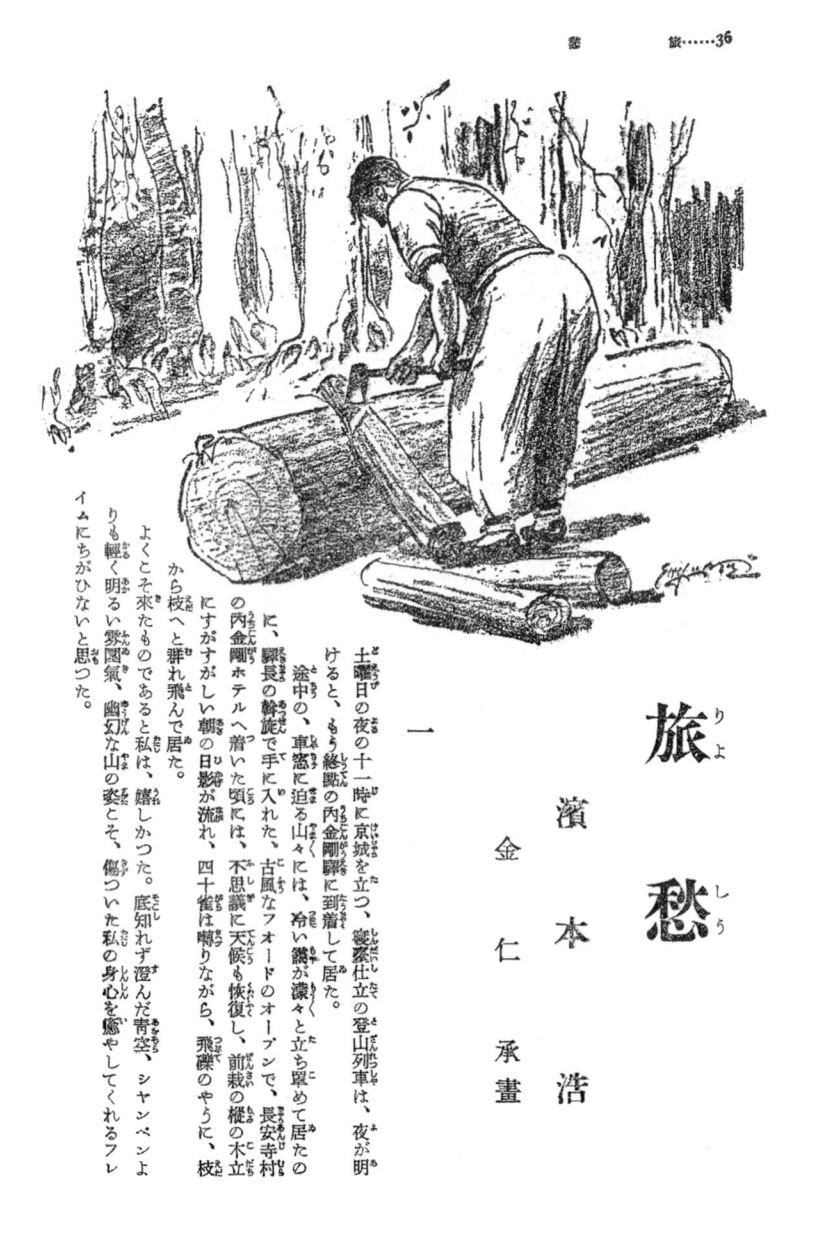

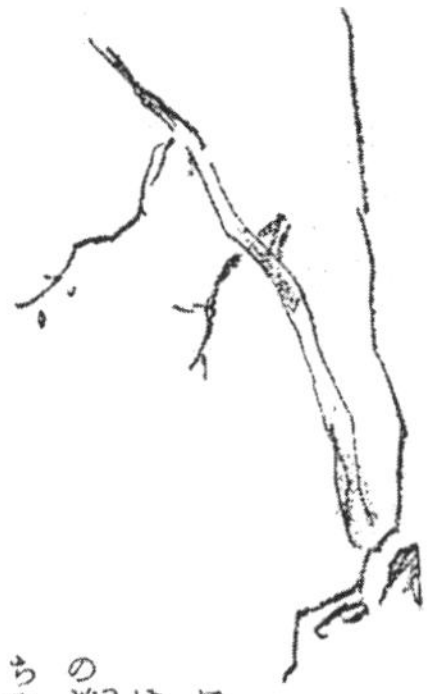

私《わたし》が妻《つま》を失《うしな》つてから、もう半年《はんとし》にもなるのに、私《わたし》は未《いま》だに、亡妻《ばうさい》への追慕《つゐぼ》と後悔《こうくわい》で、ぺちゃんこになつて居《ゐ》る。遙《はる》かな朝鮮《てうせん》の旅《たび》に出《で》たのも、亡妻《ばうさい》の記憶《きおく》にみちみちた東京《とうきやう》を離《はな》れ、眼新《めあた》らしい風物《ふうぶつ》に心《こゝろ》を紛《まぎ》らして、忘《わす》れんとして忘《わす》れ難《がた》い、心《こゝろ》の痛傷《つういう》を癒《いや》し、新《あた》らしい生活《せいくわつ》へと立《た》ち直《なほ》る準備《じゆんび》のためであつた。

そのために、めちやくちやに見物《けんぶつ》をしたり、いろいろな人《ひと》に會《あ》つたりして、却《かへ》つてへとへとに疲《つか》れてしまつたので、この別天地《べつてんち》の金剛《こんがう》山《ざん》に來《き》て、暫《しばら》く身心《しんしん》の休息《きうそく》をはからうと思《おも》つたのである。

このバンガロオ風《ふう》のホテルでは、廣《ひろ》い明《あか》るい廊下《らうか》の兩側《りやうがは》に、簡素《かんそ》な客室《きやくしつ》が同《おな》じやうなドアを並《なら》べて居《ゐ》た。

五坪《つぼ》にも足《た》らぬ部屋《へや》の内《うち》には、清流《せいりう》を引《ひ》いた白《しろ》いタイルの洗面場《せんめんぢやう》と、簡單《かんたん》な洋服棚《やうふくだな》、木造《もくざう》の寢臺《しんだい》と、板壁《いたかべ》にかかつた八號《はつ》ばかりの風《ふう》景畫《けいぐわ》以外《いぐわい》は、家具《かぐ》も装飾《さうしよく》も何《なに》もなかつたが、部屋《へや》の外側《そとがは》には、モンゴリ楢《なら》の丸木《まるき》で組《く》んだランダにあつて、ほどよい、籐椅子《とういす》のセットが据《す》へられて居《ゐ》た。

そこから、撫子《なでしこ》の咲《さ》いた白《しろ》い砂地《すなぢ》を股《また》ぐと、ずつと後山《うしろやま》の絶壁《ぜつぺき》にまで續《つゞ》く、松《まつ》と樅《もみ》の針葉樹林《しんえふじゆりん》が、もりもりと繁《しげ》つて居《ゐ》た。その森《もり》の中《なか》を、金剛川《こんがうがは》の溪流《けいりう》が馳《はし》つて居《ゐ》るらしく、赤《あか》い崖《がけ》が、木《こ》の間《ま》がくれに光《ひか》り、水音《みづおと》がはげしく鳴《な》つて居《ゐ》るのだつた。

仰向《あふむ》けになつて、溪《たに》の音《おと》に耳《みゝ》を傾《かたむ》けて居《ゐ》ると、ふと何處《どこ》かで、磬《けい》を叩《たゝ》くやうな、鋭《するど》い音《おと》が、續《つゞ》けざまに聞《きこ》へて來《き》た。

ひよつとすると、閑古鳥《かんこどり》の聲《こゑ》ではなからうかと私《わたし》は思《おも》ふた。閑古《かんこ》鳥《どり》の聲《こゑ》を、聞《き》いたことがないので、さう思《おも》つたのかも知《し》れぬ。

もちろん、それが、閑古鳥《かんこどり》の聲《こゑ》でなかつたことは、間《ま》もなく知《し》れた。そのとき、若《わか》い男《をとこ》であらう、張《はり》のある高《たか》い聲《こゑ》で、謠《うた》ふ歌調《かてう》が聞《きこ》へて來《き》たからである。

私《わたし》は、京城滯在中《けいじやうたいざいちう》に、民謠《みんえう》の研究《けんきう》で知《し》られた友人《いうじん》から、この國《くに》の數々《かずかず》の民謠《みんえう》を聞《き》く便宜《べんぎ》を與《あた》へられたが、いまうたはれて居《ゐ》る歌《うた》は、感傷《かんしやう》に過《す》ぎぬアリラングや、絶望的《ぜつばうてき》な愁心歌《しうしんか》の類《るゐ》ではなく、素朴《そぼく》の奔放《ほんぱう》な、恐《おそ》ろしく、迸《ほとばし》り出《いづ》る歡喜《くわんき》の歌《うた》でもあらう、初《はじ》めて聞《き》くメロデーであつた。

さつき私《わたし》が、閑古鳥《かんこどり》の聲《こゑ》かと怪《あや》しんだのは、その歌謠《かえう》の拍子《ひやうし》に合《あ》はせて、敲《たゝ》く物音《ものおと》であることが知《し》れた。あるひは、この歌《うた》は、北鮮獨《ほくせんどく》特《とく》の山歌《やまうた》か何《なに》かで、物音《ものおと》は、歌《うた》に合《あ》はせて木《き》を伐《き》る、樵夫の斧《をの》の音《おと》かも知《し》れぬと考《かんが》へたのだつた。

そのうち、いつかしら、深《ふか》い眠《ねむ》りに陷《おちい》つてしまつたらしい。扉《ドア》を叩《たゝ》くボーイの聲《こゑ》に眼《め》をさまして、腕《うで》の時計《とけい》を見《み》ると、もう二時《じ》を廻《まは》つて居《ゐ》る。一寢入《ねい》りしたつもりだつたのが、もう五時間《じかん》も寢《ね》すごしたものと見《み》える。

冷《つめた》い水《みづ》で、措氣《なしげ》もなく、顔《かほ》を洗《あら》ひ口《くち》を嗽《すゝ》ぎ、寢衣《しんい》の儘《まゝ》で、食堂《しよくだう》に出《で》た。

もう、食事《しよくじ》の時間《じかん》はすぎて居《ゐ》たので、食堂《しよくだう》には客《きやく》の姿《すがた》もなく、たつた、一人《ひとり》、ずつと離《はな》れた窓《まど》の下《した》に、坐《ざ》を占《し》めた、若《わか》い女客《をんなきやく》が居《ゐ》る、きりであつた。空色《そらいろ》の薄絹《うすきぬ》に、珊瑚色《さんごいろ》のコルムを結《むす》んだ赤衫(註《ちう》1)に、葡萄色《ぶだういろ》の短《みじか》い裳《ちま》(註《ちう》2)を穿《は》いた若《わか》い女《をんな》である。裳《ちま》の裾《すそ》からちらと白絹《しらきぬ》の足袋《ぽせん》をのぞかし、コルムと同《おな》じ珊瑚珠色《さんごじゆいろ》に刺繍《しう》した、細《ほそ》い靴《しん》を穿《は》いて居《ゐ》るのだつた。

女《をんな》は、白《しろ》い嫋かな指《ゆび》を、卓子《テーブル》の上《うへ》に重《かさ》ね、屈托《くつたく》のない姿《すがた》で、じつと窓《まど》の外《そと》をながめて居《ゐ》た。開《あ》け放《はな》した窓《まど》の外《そと》には、モンゴリ楢《なら》の茂《しげ》つた枝《えだ》が垂《た》れて居《ゐ》たので、反射《はんしや》する青《あを》い光《ひかり》が、美《うつく》しく瘦《や》せたその頬《ほゝ》を、ほのぼのと染《そ》め、舊《ふる》い時代《じだい》の繪《ゑ》の中《なか》から、拔《ぬ》け出《だ》しでもしたやうな姿《すがた》なのである。

その卓子《テーブル》から斜《はす》に離《はな》れて、煖爐《ファイアプレイス》の上《うへ》に、鏡《かゞみ》がのつて居《ゐ》る。それに映《うつ》る、反對側《はんたいがは》の横顔《よこがほ》までが、私《わたくし》の位置《ゐち》から、樂々《らくらく》と見《み》へる角《かく》度《ど》になつて居《ゐ》た。

何《なん》と云《い》ふ美《うつく》しい女《をんな》であらう、私《わたし》は恍惚《くわうこつ》として、その姿《すがた》に見恍《みと》れたのである。それにしても、いつたい如何《いか》なる家庭《かてい》の女《をんな》であらうか。女學生《ぢよがくせい》であらうか、妓生《きーさん》であらうか、兩班《やんばん》の若夫人《わかふじん》であらうか、髮《かみ》は眼立《めだ》たぬほどのパーマネントをかけ、細《ほそ》い頸《うなじ》のあたりで輕《かる》く結《むす》んで居《ゐ》る、齢《とし》も、もう二十歳《はたち》をすぎて居《ゐ》るであらうか、それさへも判《はん》じかねるほどであつた。

『素晴《すば》らしい、女《をんな》ぢやないか。』

料理《れうり》を運《はこ》んで來《き》たボ!イに私《わたし》は訊《き》いた。

この、簡素《かんそ》なホテルでは、部屋附《へやつき》のボーイが食堂《しよくだう》の給仕《きふじ》もして居《ゐ》る。ずつと以前《いぜん》に、東京《とうきやう》で見《み》たことのある支那《しな》の俳優《はいいう》の梅蘭芳《めいらんふぁん》に優《すぐ》れた顔立《かほだ》ちの似通《にかよ》ふた、このボーイは、言葉《ことば》の樣子《やうす》で、この土地《とち》の人《ひと》だと云《い》ふことを、私《わたし》は初《はじ》めから知《し》つて居《ゐ》た。

『何《なん》だらうね？　あの女《ひと》は。』

『解《わか》りません。』

ボーイは、何《なに》か意味《いみ》ありげな笑顔《ゑがほ》を見《み》せた。

『滯在客《たいざいきやく》なの？』

『えゝ、二三日前《にさんにちまへ》からです。』

『獨《ひと》りなのか？』

ボーイは、私《わたし》の質問《しつもん》に、首《くび》を振《ふ》つて、獨《ひと》りではないと答《こた》へた。餘《あま》り廣《ひろ》くもない食堂《しよくだう》である。少《すこ》し大《おほ》きな聲《こゑ》を出《だ》したら、そつくり對手《あひて》に聞《きこ》へるかも知《し》れぬ。ボーイは、それに氣付《きつ》いて居《ゐ》るのか、女《をんな》のことに就《つい》て、對手《あひて》になるのを好《この》まぬ樣子《やうす》に見《み》へた。

どの食卓《しよくたく》にも、この山《やま》に咲《さ》く季節《きせつ》ものゝ、大山蓮花《おほやまれんげ》の枝《えだ》が、挿《さ》してあつた。白椿《しろつばき》にも、白木蘭《しろもくれん》にも似《に》て、更《さら》に和《なご》やかな花《はな》である。牛乳色《いろ》の六つの花瓣《くわべん》に、海老茶色《えびちやいろ》の雄蕊《をしべ》と、橙色《だいくいろ》の雌蕊《めしべ》と、勞《いた》はるやうに包《つゝ》んだ、大輪《たいりん》の花《はな》である。清楚《せいそ》な深山乙女《みやまをとめ》にも、また新妻《にひづま》の羞《はじ》らふ姿《すがた》にも似《に》たその花《はな》を、じつと見詰《みつ》めて居《ゐ》る彼女《かのぢよ》は、ひよつとしたら、この花《はな》の精《せい》かも知《し》れぬ、或《あるひ》は、卓上《たくじやう》の大山蓮花《おほやまれんげ》の花《はな》が、彼女《かのぢよ》の分身《ぶんしん》かも知《し》れぬと思《おも》ふのであつた。

食事《しよくじ》が終《をは》つたので、私《わたし》は彼女《かのぢよ》に心《こゝろ》を殘《のこ》しながら部屋《へや》に歸《かへ》つた。間《ま》もなく、このホテルを立《た》つ自動車《じどうしや》に、途中《とちう》まで乘《の》り、徒歩《とほ》で溫井嶺《をんせいれい》を越《こ》して、今日《けふ》のうちに、溫泉場《をんせんば》の外金剛《そとこんがう》ホテルまで行《い》つて、滯在《たいざい》することにしたからである。

部屋《へや》に歸《かへ》つて、荷物《にもつ》を纏《まと》めて居《ゐ》ると、さつきのボーイが、氷紅茶《アイスティー》を入《い》れた魔法瓶《まはふびん》を持《も》つて、はいつて來《き》た。

『ねえ君《きみ》、さつき訊《き》かうと思《おも》つたんだが。』

さう云《い》つて、私《わたし》は、對手《あひて》の話《はなし》を引《ひ》き出《だ》すやうに笑《わら》つて見《み》せた。

『あの、女《をんな》のお客《きやく》さんですか。』

ボーイは、手提鞄《てさげかばん》を纏《まと》めながら、あけすけと答《こた》へた。

『あれは駄目《だめ》です。好《す》きな人《ひと》が來《き》て居《ゐ》るんです。』

『じやあ、何《なに》かい、旦那《だんな》さんだけが、山《やま》へ登《のぼ》つたので、奧《おく》さんが待《ま》つて居《ゐ》ると云《い》ふわけだね。何《ど》んな旦那《だんな》さんだ？』

私《わたし》は、京城《けいじやう》の市內《しない》で、巴里《パリー》好《ごの》みの、流行《りうかう》の尖端《せんたん》を身《み》に飾《かざ》つたやうな、典雅《てんが》な容貌《ようばう》の若紳士《わかしんし》に、幾人《いくにん》か會《あ》つて居《ゐ》る。あの女客《をんなきやく》の連《つ》れと云《い》ふのも、恐《おそ》らく、さう云《い》つた、富豪《ふがう》の若主人《わかしゆじん》か何《なに》かであらうと、訊《たづ》ねたのだが、それに就《つ》いて、ボーイは意外《いぐわい》な事實《じじつ》を答《こた》へた。

『それが、をかしいですよ。旦那《だんな》だか何《なん》だか解《わか》らないが、對手《あひて》は、長安寺《ちやうあんじ》の寺下男《てらをとこ》ださうです。』

『寺下男《てらをとこ》だつて。冗談《じようだん》だらう。』

私《わたし》が、信《しん》じないと知《し》ると、ボーイは、むきになつて、說明《せつめい》した。

『今朝《けさ》も、會《あ》ひにゆきました。午後《ごご》になれば、また會《あ》ひにゆくでせう。私達《わたしたち》も、初《はじ》めのうちは、なぜあの女《ひと》が森《もり》へ行《ゆ》くのか知《し》りませんでしたが、物好《ものず》きなお客《きやく》さんが、昨日《きのふ》のこと、あの女《ひと》の後《あと》を尾行《びかう》したのです。すると、森《もり》の中《なか》で、薪《まき》を伐《き》つて居《ゐ》る男《をとこ》と、睦《むつ》ましさうに話《はなし》をするのださうです。話《はなし》ばかりではありません、もつと仲《なか》の良《よ》いところを見《み》せつけられたさうです。ほら、對手《あひて》の男《をとこ》と云《い》ふのは、あれですよ。』

ボーイは、手《て》をとめて耳《みゝ》を澄《す》ました。

さつきも私《わたし》が聞《き》いた歌《うた》の聲《こゑ》が、森《もり》の木《き》々にとだまして居《ゐ》るのである。

『あれです。あの歌《うた》をうたつて居《ゐ》る男《をとこ》です。歌《うた》の聲《こゑ》が聞《きこ》へると、あの女《ひと》は、ホテルを出《で》て、森《もり》の中《なか》へはいつて行《ゆ》くのです。何《ど》うですか旦那《だんな》もあとをつけてごらんになりませんか。』

『止《よ》さう。他人《ひと》のラヴシーンを見物《けんぶつ》してもしやうがない。』

私《わたし》は、苦笑《くせう》した。それにしても、腑《ふ》に落《お》ちぬ話《はなし》である。あんな贅澤《ぜいたく》な、美《うつく》しい、都會《とくわい》の女《をんな》が、何《なん》だつてまた、この深山《しんざん》の寺男《てらをとこ》と、親《した》しくするのであらう。若《も》しそれが事實《じじつ》だとしたら、素晴《すば》らしい、小説的《せつてき》な素材《そざい》である。

『對手《あひて》の男《ひと》も、只《たゞ》の寺男《てらをとこ》ではありません。何《なん》でも、去年《きよねん》の秋頃《あきごろ》突然山《とつぜんやま》に來《き》て、そのまゝ長安寺《ちやうあんじ》の塵裡《じり》へ落《お》ちついた男《をとこ》なんです。私《わたし》も時々顔《ときぐかほ》を見《み》ますがね、立派《りつぱ》な好男子《いゝをとこ》ですよ。』

ボーイは、さう云《い》つて、促《うなが》すやうに私《わたし》の顔《かほ》を見《み》た。

『あの歌《うた》は何《なん》だらう？』

『さあ解《わか》りません。日《ひ》によつて、いろんな歌《うた》をうたひますが、私《わたし》どもの知《し》らぬ歌《うた》ばかりです。流行歌《はやりうた》かも知《し》れませんね。何《ど》うなさいます。いらつしやるなら、御案内《あんない》しますが。』

ボーイは、ベランダに出《で》て、森《もり》の中《なか》をすかしながら云《い》つた。

『やつぱり、出掛《でか》けましたよ。

私《わたし》もベランダに出《で》て、森《もり》の中《なか》を覗《のぞ》いた。

木《こ》の間《ま》がくれに、金剛川《こんがうがは》の、岩《いは》を削《けず》つたやうな斷崖《だんがい》が見《み》へる。何處《どこ》から渡《わた》つたのであらうか、崖《がけ》の上《うへ》の、林《はやし》を巧《たく》みに登《のぼ》る、さつきの女《をんな》の、空色《そらいろ》の赤衫《ちよくさむ》と、珊瑚珠色《さんごじゆいろ》の裳《ちま》とが、明《あか》るい日光《につくわう》を受《う》けて、名畫《めいぐわ》のやうに描《ゑが》き出《だ》されて居《ゐ》た。

註1、2、朝鮮服の基本型は、胴を中心として上衣と下衣からなり、婦人は下衣の上に裳《ちま》をつける。上衣は袷綿入を襦衣《ちよごり》、單衣を赤衫《ちよくさむ》と云ひ、襟を合はせて、胸に結ぶ長いリボンをコルムと呼ぶ。

二

濕井里《しつゐり》の十日《か》ばかり、私《わたし》は、崇高《すうかう》な山々《やまやま》の姿《すがた》を仰《あふ》ぎながら、いろいろの問題《もんだい》に就《つい》て考《かんが》へた。

その第一《だいいち》は、もちろん亡妻《ばうさい》の問題《もんだい》であつた。それに就《つい》て、私《わたし》は斯《か》う考《かんが》へたのである。愛《あい》せし者《もの》を追慕《つゐぼ》し、亡《な》き者《もの》への過失《くわしつ》や、我儘《わがまゝ》だつた自分《じぶん》を後悔《こうくわい》し反省《はんせい》するのはよい。然《しか》し、そのために生活《せいくわつ》の氣力《きりよく》さへ失《うしな》ふとは、何《なん》と云《い》ふ不甲斐《ふがひ》ない自分《じぶん》であらう。今《いま》は、生活《せいくわつ》のブレーキとなる一切《さい》の感傷《かんしやう》を清算《せいさん》し、新《あた》らしき設計《せつけい》のもとに、奮然《ふんぜん》と蹶起《けつき》すべき時《とき》ではあるまいかと。

私《わたし》は、稍々《やゝ》健康《けんかう》な意志《いし》を取《と》り戻《もど》しつゝあることを知《し》つた。それを機會《きくわい》に山《やま》を降《お》り、東京《とうきやう》へ歸《かへ》らうと決心《けつしん》した。

京城《けいじやう》に引返《ひきかへ》すと、私《わたし》はさつそく、懇意《こんい》な劇作家《げきさくか》の李瑞雲君《りずいうんくん》に會《あ》つて、東京《とうきやう》へ歸《かへ》る決心《けつしん》を語《かた》らうと思《おも》つた。

李瑞雲君《りずゐうんくん》は、新劇關係《しんげきくわんけい》の相當《さうたう》に著名《ちよめい》な劇作家《げきさくか》ではあるが、新劇運動《しんげきうんどう》の困難《こんなん》な朝鮮《てうせん》では、劇作《げきさく》だけで、生活《せいくわつ》することができず、ある公共團體《こうきやうだんたい》に勤《つと》めて居《ゐ》た。私《わたし》とは、彼《かれ》が東京留學時代《とうきやうりうがくじだい》からの友人《いうじん》で、亡妻《ばうさい》とも親《した》しかつたからだ。

電話《でんわ》をかけると、李君《りくん》はさつそく、ホテルへ訪《たづ》ねて來《き》てくれた。私達《わたしたち》は、涼《すゞ》しいベランダに出《で》て、レモン茶《ちや》をのみながら、歸國《きこく》の決心《けつしん》を話《はな》した。

『さう氣付《きづ》いてくださつたのは、私《わたし》も嬉《うれ》しい。奧《おく》さんだつて、きつと、草葉《くさば》の蔭《かげ》で喜《よろこ》んで居《ゐ》られるに違《ちが》ひない。』

と、嬉《うれ》しげに贊成《さんせい》して、

『然《しか》し、せつかく、朝鮮《てうせん》まで來《き》たのだからぜひ平壤《へいじやう》だけは觀《み》て行《い》つてください。平壤《へいじやう》は、あんたの、お父《とう》さんの戰蹟《せんせき》じやないですか。』

と云《い》つた。私《わたし》の父《ちゝ》が、日清戰爭《にちしんせんさう》に從軍《じゆうぐん》して、牡丹臺《ぼたんだい》で戰功《せんこう》を樹《た》てた話《はなし》を、ずつと以前《いぜん》にしたことがある。それを、李君《りくん》は憶《おぼ》へて居《ゐ》たのだ。

父《ちゝ》の古戰場《こせんぢやう》でなくても、平壤《へいじやう》には行《い》つて見《み》たい。三千年《ねん》の故都《こと》の地《ち》、大同江《だいどうかう》と妓生《キーサン》にも魅力《みりよく》があつた。それに、舊友《きういう》の考古學者《かうこがくしや》が、いま平壤《へいじやう》の郊外《かうぐわい》で高句麗《かうくり》の遺跡《ゐせき》を發掘《はつくつ》して居《ゐ》る。その現場《げんぢやう》もぜひ見《み》たいと思《おも》つて居《ゐ》た。

『明日《あす》にも、行《い》つて見《み》るかな。』

私《わたし》は、やつぱり見《み》てをきたいと思《おも》つた。

『さうなさい。さうと決《き》まれば、今夜《こんや》は、送別《そうべつ》と云《い》ふほどでもないが、晩飯《ばんめし》を御馳走《ごちそう》しやう。朝鮮料理《てうせんれうり》と支那料理《しなれうり》と、何《ど》ちがよろしいか?』

李君《りくん》は、意氣込《いきご》んで訊《たづ》ねた。

今年《ことし》は、　　日《ひ》が落《お》ちても、京城特有《けいじやうとくいう》の夕涼《ゆふすゞ》は來《こ》なかつた。ホテルを出《で》ると、私達《わたしたち》は上衣《うはぎ》を脱《ぬ》ぎ、電車《でんしや》の音《おと》の騒《さわ》がしい南大門通《なんだいもんどほ》りを、鐘路《しようろ》の方角《はうがく》へ歩《ある》いて行《い》つた。

ちやうど、銀行會社《ぎんかうくわいしや》の退《ひ》け刻《どき》である。石《いし》を敷《し》いた歩道《ほだう》は、家路《いへぢ》を急《いそ》ぐ勤《つと》めの人達《ひとたち》で雜踏《ざつたふ》して居《ゐ》た。その中《なか》には、若《わか》い娘達《むすめたち》も混《まじ》つて居《ゐ》る。たいがいは朝鮮服《てうせんふく》だが、洋風《やうふう》に短《みじか》くした裳《ちよ》に、牝鹿《めじか》のやうな格《かく》構《かう》の良《よ》い脚《あし》がスマートに動《うご》いて居《ゐ》た。

『綺麗《きれい》だなあ、朝鮮《てうせん》の娘《むすめ》は。』

私《わたし》は、思《おも》はず感嘆《かんたん》した。服裝《ふくさう》の美《うつく》しさばかりでなく、幼《をさな》い頃《ころ》から帶《おび》を締《し》めず、膝《ひざ》をまげて坐《すわ》らぬ彼女達《かのぢよたち》の、しなやかに伸《の》びた胴《どう》と四肢《し》の美《うつく》しさ、それに巧《たく》まぬ化粧《けしやう》と、天性《てんせい》の優雅《いうが》な風格《ふうかく》は、雨《あめ》に惱《なや》む海棠《かいどう》の花《はな》や、黄昏《たそがれ》の後庭《うらには》にほのぼのと咲《さ》く李花《りくわ》の風情《ふぜい》を思《おも》はすのであつた。私《わたし》はふと、内金剛《うちこんがう》ホテルの食堂《しよくだう》で見《み》た、あの珊瑚珠色《さんごじゆいろ》の裳《ちま》の女《をんな》を思《おも》ひ出《だ》した。いま、道往《みちゆ》く娘達《むすめたち》の中《なか》に、何《なん》となく彼女《かのぢよ》の面影《おもかげ》を感《かん》じたからである。

『ねえ李君《りくん》、僕《ぼく》は金剛山《こんがうざん》で素晴《すば》らしい話《はなし》を聞《き》いたよ。絶世《ぜつせい》の美人《びじん》が長安寺《ちやうあんじ》の寺下男《てらげなん》を慕《した》ふて山籠《やまごも》りして居《ゐ》るんだ。素晴《すば》らしい女《をんな》だつたなあ。』

あんな、素晴《すば》らしい女《をんな》が、山寺《やまでら》の下男《げなん》に慕《した》ひ寄《よ》るなどゝは、信《しん》じられない話《はなし》である。これには、必《かなら》ず深《ふか》い仔細《しさい》があるにちがひない、私《わたし》は今《いま》でも、私《わたし》らしい空想《くうさう》を描《ゑが》いて居《ゐ》る。

『あんたは、朱介石《しゆかいせき》に會《あ》つたの?』

李瑞雲君《りずゐうんくん》は、なぜか苦々《にがにが》しさうに眉《まゆ》を寄《よ》せて、默々《もくもく》と歩《ある》いて來《き》たが、突然《とつぜん》、少《すこ》し咎《とが》めるやうな調子《てうし》で云《い》つた。

そのとき、私達《わたしたち》は鐘路《しようろ》の交叉點《かうさてん》に差《さ》し掛《か》つて居《ゐ》た。右手《みぎて》には、普《ふ》信閣《しんかく》の大屋根《おほやね》が、昔《むかし》ながらの姿《すがた》を夕空《ゆふぞら》に浮《う》かせ、左手《ひだりて》には和信百貨《わしんひやくくわ》店《てん》の近代的《きんだいてき》な建物《たてもの》が、早《はや》ちらほらと灯《とも》しそめた鐘路通《しようろどほ》りの殷賑《いんしん》を見《み》をろすやうに聳《そび》へて居《ゐ》るのだつた。

私《わたし》は交叉點《かうさてん》を横切《よこぎ》りながら訊《き》いた。

『朱介石《しゆかいせき》て、誰《だれ》なんだ?』

『さうか、會《あ》はなかつたのか。長安寺《ちやうあんじ》の下男《げなん》だよ。』

李君《りくん》は、私《わたし》が其《そ》の男《をとこ》に會《あ》はなくてよかつたと、口《くち》には出《だ》さぬが、ほつとした樣子《やうす》に見《み》へた。

『君《きみ》の友人《いうじん》なのかい?』

私《わたし》はまた事《こと》の意外《いぐわい》に驚《おどろ》いた。李瑞雲君《りずゐうんくん》の仲間《なかま》なら、もちろん、普《ふ》通《つう》の下男《げなん》ではなからう。

『いつたい何《どん》な男《をとこ》なんだ?』

あんな素晴《すば》らしい女《をんな》に慕《した》はれる對手《あいて》だし、さだめし、誇《ほこ》るべき經歴《けいれき》を持《も》た人物《じんぶつ》に違《ちが》ひないと、私《わたし》はますます、その男《をとこ》──朱介石《しゆかいせき》に、興味《きようみ》を覺《おぼ》へて訊《き》いた。

『何《ど》う云《い》ふ男《をとこ》つて、一言《いちごん》には云《い》へないが、さうさ……』

李君《りくん》は、暫《しばら》く考《かんが》へ、やがて呟《つぶや》くやうに云《い》つた。

『故郷《こきやう》を失《うしな》つた男《をとこ》かな……いや、さう云《い》つちやいけないな。』

流行歌手《りうかうかしゆ》のポートレイトや、諺文《げんぶん》まじりの新譜《しんぷ》ポスター、きらびやかな眞鍮樂器《しんちうがくき》を、てかてかと飾《かざ》つた樂器店《がくきてん》の陳列窓《シヨーウヰンド》、東京製《とうきやうせい》のマネキン人形《にんぎやう》が流行型《りうかうがた》の婦人帽子《ふじんばうし》をかぶつた洋品店《やうひんてん》などの間《あひだ》に、李朝《りてう》時代《じだい》の名殘《なご》りのやうな、軒《のき》の底《ひく》い、うす暗《くら》い、金物屋《かなものや》や、藥草店《やくさうてん》がはさまつて居《ゐ》る。歩道《ほだう》の片側《かたがは》には、バナナや、錦繪《にしきゑ》や、ゴム靴《ぐつ》を賣《う》る夜店《よみせ》の屋臺《やたい》がならび、私達《わたしたち》を見《み》ると、アクセントの怪《あや》しい内地語《ないちご》で「旦那《だんな》いかがです。安《やす》くまけときますが、買《か》ひなさらんか」などと、聲《こゑ》をかけた。

『何《ど》う云《い》ふ意味《いみ》なんだ？それは。』

私《わたし》には、李君《りくん》の、詩的《してき》な言葉《ことば》が、理解《りかい》できなかつた。

『過去《くわこ》の經歴《けいれき》は誰《だれ》も知《し》らないが、とにかく、一《ひと》つの場所《ばしよ》に、一年《ねん》とは落着《おちつ》けない人間《にんげん》なんでね、五年前《ねんまへ》に、僕《ぼく》が知《し》つた頃《ころ》は、仁川《じんせん》の外人商館《じんしやうくわん》に勤《つと》めて居《ゐ》た。間《ま》もなく東京《とうきやう》から、撮影所《さつえいじよ》へ入《はひ》つたと云《い》ふ便《たよ》りがあつたかと思《おも》ふと、もう京城《けいじやう》へ舞《ま》ひ戻《もど》り、總督府《そうとくふ》の運轉手《うんてんしゆ》になつて、大官連《たいくわんれん》をのせて走《はし》つて居《ゐ》た。それも半年《はんとし》とは續《つゞ》かず、平壤《へいじやう》で新聞記者《しんぶんきしや》になつて、巾《はゞ》を利《き》かして居《ゐ》ると云《い》ふ評判《ひやうばん》だつた。ところが、この春《はる》だ、ある友人《いうじん》が金剛山《こんがうざん》に登《のぼ》つてみると、意外《いぐわい》にも朱介石《しゆかいせき》が、長安寺《ちやうあんじ》の庭《には》で、溫突《おんどる》に焚《た》く薪木《まきぎ》を割《わ》つてたんだ。何《ど》うしたんだと訊《き》くと、なあに去年《きよねん》の秋《あき》から山籠《やまごも》りしてると云《い》つたさうだぜ。』

『でも、僕《ぼく》の云《い》ふ寺男《てらをとこ》が、その朱介石《しゆかいせき》だと何《ど》うして解《わか》る？君《きみ》の云《い》ふとほりなら、もう今頃《いまごろ》は山《やま》を降《くだ》つた頃《ころ》ぢやないか。』

『解《わか》るよ。彼《かれ》はまた驚《おどろ》くべき即興詩人《そくきようしじん》で、天才的《てんさいてき》な音樂家《おんがくか》なんだ。興《きよう》が到《いた》ると歌《うた》ふ。それが文句《もんく》も節《ふし》も立派《りつぱ》に歌《うた》になつてるんだ。歌《うた》ふ寺男《てらをとこ》と云《い》へば、朱介石《しゆかいせき》よりほかにないよ。』

李瑞雲君《りずゐうんくん》の語《かた》る朱介石《しゆかいせき》は、別《べつ》に尊敬《そんけい》すべき人物《じんぶつ》でも、また興味《きようみ》ある性格《せいかく》でもなかつた。そんな男《をとこ》なら、私《わたし》の周圍《しうゐ》にも、ざらに居《ゐ》るやうな氣《き》がする。私《わたし》は、がつかりした。

『何《な》アんだ。そんな男《をとこ》だつたのか。飽《あ》きつぽくて、……要《えう》するに、時代遲《じだいおく》れの放浪者《はうらうしや》にすぎないやじないか。』

『さうじやないね。』

李瑞雲君《りずゐうんくん》は、私《わたし》の惡意《あくい》をもつた獨斷《どくだん》を、咎《とが》めるやうな調子《てうし》で嗤《わら》つた。

『あんたには解《わか》るまいが、土地《とち》にも職業《しよくげふ》にも、安住《あんぢゆう》のできない理由《りいう》があるんだ。浮氣《うはき》とは、少《すこ》し違《ちが》ふね。』

『政治的《せいぢてき》な意味《いみ》でかい？』

『さうばかしでもないが、朝鮮《てうせん》のインテリゲンツイアは、誰《だれ》でも多《た》少《すこ》は、さう云《い》ふ傾向《けいかう》を持《も》つて居《ゐ》るね。』

李瑞雲君《りずゐうんくん》は、その刹那《せつな》、なぜか悲痛《ひつう》な顔《かほ》をしたが、直《す》ぐ、ふだんの呑氣《のんき》さうな様子《やうす》に返《かへ》つて、

『内地《ないち》の諸君《しよくん》だつて、さうだらう。あんただつて、朝鮮《てうせん》三界《がい》まで流《なが》れて來《き》たじやないか。』

と云《い》つて、冗談《じようだん》にまぎらし笑《わら》つた。

思《おも》ひがけなく、デリケイトな話《はなし》になつたので、ついでに訊《き》かうと思《おも》つて居《ゐ》た、朱介石《しゆかいせき》の女《をんな》に就《つい》ては、つい語《かた》りだす機會《きくわい》がなかつた。

三

いつの間《ま》にか私達《わたしたち》は、鐘路《しようろ》の明《あか》るい通《とほ》りを離《はな》れて、狹《せま》い不潔《ふけつ》な裏町《うらまち》へ、紛《まぎ》れ込《こ》んで居《ゐ》た。

いつたい、何《なん》だつて、こんな薄氣味《うすきみ》の惡《わる》いところへ連《つ》れて來《き》たのであらう、ひよつとすると私娼窟《しゝやうくつ》の探險《たんけん》ではあるまいかと、躊躇《ちうちよ》する私《わたし》を、振《ふ》り返《かへ》りもせず、李瑞雲君《りずゐうんくん》は、怪《あや》しげな木造館《もくざうくわん》の前《まへ》に立《た》ち停《どま》り、ペンキの剝《は》げた二階《かい》の窓《まど》を見《み》あげて、

『あがらうじやないか。家《うち》は汚《きたな》いが、異《い》なものを食《た》べさせるから。』

と、舌《した》なめずりもしかねぬ調子《てうし》で云《い》つた。

洒落《しやれ》た家《うち》かはしらぬが、私《わたし》の趣味《しゆみ》ではなかつた。李君《りくん》は斟酌《しんしやく》なしに、擦《す》り切《き》れた階段《かいだん》を、さきに立《た》つて上《あが》つて行《い》つた。

窓《まど》の外《そと》にも、いつしか黃昏《たそがれ》が迫《せま》つて、犇《ひし》めきあつた朝鮮家屋《てうせんかをく》の暗《くら》い軒《のき》に、藍色《あゐいろ》の炊烟《すゐえん》が濛々《もく／＼》と立《た》ち、こんな市中《しちう》だのに、どこかで、めいめいと山羊《やぎ》の鳴《な》く聲《こゑ》が聞《きこ》へて居《ゐ》る。

すると、李瑞雲君《りずゐうんくん》は、はいつて來《き》たボーイに、わざわざ内地言葉《ないちことば》を使《つか》つて云《い》つた。

『素紅《そこう》さんが居《ゐ》るだらう。東京《とうきやう》のお友達《ともだち》と來《き》たから、會《あ》ひたいと云《い》つてくれ。』

そして、ボーイが出《で》て行《ゆ》くと、李君《りくん》は、細《ほそ》い聲《こゑ》で云《い》つた。

『この家《うち》の娘《むすめ》でね、中堅《ちうけん》どころの舞臺女優《ぶたいぢよいう》なんだ。さつき話《はな》した朱介石《しゆかいせき》の對手役者《あひてやくしや》でね。』

『すると、朱介石《しゆかいせき》は、舞臺《ぶたい》へ立《た》つたこともあつたのかね、さつきはそんな話《はなし》がなかつたが。』

『さうなんだ。東京《とうきやう》から歸《かへ》つて直《す》ぐだつたが、彼《かれ》の組織《そしき》した劇團《げきだん》は一ケ月《げつ》かそこいらで解散《かいさん》になつたよ。』

さうであつたのか。ひよつとすると、内金剛《うちこんがう》のホテルで見《み》かけたあの素晴《すば》らしい女《をんな》が、この家《うち》の娘《むすめ》の素紅《そこう》かも知《し》れぬ。李瑞雲君《りずゐうんくん》は、最初《さいしよ》からさうと氣付《きづ》きながら、私《わたし》を驚《おどろ》かさうとして、わざと默《だま》つて案内《あんない》して來《き》たのであらう。さうでもなければ、潔癖《けつぺき》な私《わたし》の氣質《きしつ》を知《し》つて居《ゐ》ながら、こんな薄穢《うすぎたな》い家《うち》に、私《わたし》を案内《あんない》する筈《はず》はないと思《おも》ふと不甲斐《ふがひ》ない話《はなし》だが、胸《むね》がわくわく騷《さわ》いで、おかしいほど緊張《きんちやう》した。

然《しか》し、暫《しばら》くたつて、私達《わたしたち》の部屋《へや》へ這入《はい》つて來《き》た素紅《そこう》は、金剛山《こんがうざん》の女《をんな》とは、まるで別《べつ》の人《ひと》であつた。別《べつ》の人《ひと》ではあつたが、この娘《むすめ》もま

た、異《こと》つた美《うつく》しさをもつて居《ゐ》た。何故《なぜ》にかくも、この國《くに》の女《をんな》は、私《わたし》の心《こゝろ》を魅惑《みわく》するのであらう。

黒《くろ》と紅《あか》との花模樣《はなもやう》のドレスを着《き》て、蠟石《らふせき》のやうに滑《なめら》かな腕《うで》を、あらはと見《み》せて居《ゐ》る。

搔《か》き亂《みだ》した髪《かみ》の毛《け》の下《した》に潑剌《はつらつ》と二《ふた》つの瞳《ひとみ》が、いたづらつ娘《こ》らしく光《ひか》つて居《ゐ》た。

李瑞雲君《りずゐうんくん》は、内地《ないち》の言葉《ことば》で私《わたし》を紹介《せうかい》し、私《わたし》が金剛山《こんがうざん》で、朱介石《しゆかいせき》の女《をんな》に會《あ》つた話《はなし》をした。

『ふん。朱《しゆ》さん、まだ居《ゐ》るの。珍《めづ》らしいわねえ。』

素紅《もこう》は、いさゝかの反感《はんかん》を示《しめ》して、内地《ないち》の言葉《ことば》で答《こた》へた。

『誰《だれ》だらう？　その女《をんな》は？』

李瑞雲君《りずゐうんくん》にも、やつぱり見當《けんたう》がついて居《ゐ》なかつたのだ。それで、素紅《もこう》に逢《あ》つて、訊《き》くつもりで來《き》たのかも知《し》れぬ。

すると、素紅《もこう》は、叩《たゝ》きつけるやうな早口《はやくち》で、何《なん》であるか、べらべらと、饒舌《しやべ》りだした。私《わたし》には解《わ》からぬ朝鮮《てうせん》の言葉《ことば》だが、穩《おだや》かならぬ素紅《もこう》の眼《め》の色《いろ》から察《さつ》するに、恐《おそ》らく朱介石《しゆかいせき》の攻撃《こうげき》か何《なに》かに相違《さうゐ》ないと思《おも》ふのだつた。

『素紅《もこう》さんにも解《わか》らないさうだ。』

李君《りくん》は、苦笑《くせう》しながら、素紅《そこう》の言葉《ことば》を意譯《いやく》してくれた。

『つまり、朱介石《しゆかいせき》は、境遇《きやうぐう》の變《かは》るたびに、對手《あひて》の女《をんな》も變《かは》る。その女《をんな》が、例《たと》へ京城《けいじやう》の女《をんな》であつても、自分《じぶん》のやうな、ただの舞臺對手《ぶたいあひて》では見當《けんたう》がつかない。金剛山《こんがうざん》には女《をんな》が居《ゐ》ないから、別《わか》れた女《をんな》を一人《ひとり》々《く》々呼《よ》び寄《よ》せて、戀《こひ》の復習《ふくしふ》をして居《ゐ》るのであらうと、素紅《そこう》さんは云《い》つてるが、僕《ぼく》はさう思《おも》はん。』

李君《りくん》は、承服《しようふく》しかねる顔色《かほいろ》で、また、べらべらと、やり返《かへ》した。

『じやあ、新《あたら》しい戀人《こひびと》だとでも云《い》ふの？』

私《わたし》は言葉《ことば》を挾《はさ》んで訊《き》いた。

『新《あたら》しい戀人《こひびと》？それは何《ど》うか知《し》らん。ただ、別《わか》れた女《をんな》に未練《みれん》を殘《のこ》すやうな朱介石《しゆかいせき》ではないと、云《い》つて居《ゐ》るのだよ。』

李君《りくん》はさう云《い》つてしまうと、もう馬鹿《ばか》々《く》々しいと云《い》ふやうな顔《かほ》をして、

『素紅《もこう》さん。差《さ》しつかへなかつたら、三人《にん》で飯《めし》を食《た》べにゆかう。』

と誘《さそ》つた。やつぱり李君《りくん》は、この家《うち》で物《もの》を食《た》べるつもりではなかつたらしい。ほんとのことを云《い》ふと、李君《りくん》は、素紅《もこう》が好《す》きで、誘《さそ》ひ出《だ》しに來《き》たのかも知《し》れぬ。

四

窓《まど》の、まんなかあたりに、盆《ぼん》のやうな月《つき》が懸《かゝ》つて居《ゐ》る。眞圓《まんまる》いくせに、半分《はんぶん》はぼんやり暗《くら》く、錆《さ》びた燻銀《いぶしぎん》のやうな月《つき》なのである。

話《はなし》のつまに、ちよつぴり顔《かほ》を覗《のぞ》かせたほどの、彼女《かのぢよ》の噂《うわさ》であつたが、そのために、私《わたし》はまたしても、彼女《かのぢよ》の記憶《きおく》を新《あら》たにしなければならなかつた。

昨夜《ゆうべ》は、あんなに夜《よ》を更《ふ》かしたのに、今朝《けさ》は早々《さうさう》から、鵲《かささぎ》の聲《こゑ》を聞《き》いて、眼《め》がさめてみると、窓《まど》の外《そと》に、フランス敎會堂《けうくわいだう》の鐘《かね》が、殷々《いんいん》と響《ひび》いて居《ゐ》る。今日《けふ》は、もう安息日《あんそくび》なのであらうか。

浴《ゆあ》みをして、ボーイを呼《よ》び、冷肉《れいにく》、素麵《そうめん》、珈琲《コーヒー》を賴《たの》んだ。

食後《しよくご》、ホテルの後庭《うしろには》を散步《さんぽ》する。史蹟《しせき》で有《いう》名《めい》な庭《には》には、薔薇《ばら》がもう萎《しな》びて居《ゐ》た。

午後三時《ごごさんじ》の國際列車《こくさいれつしや》で、平壤《へいじやう》へ立《た》つ積《つも》りだつたが、それまでは、何處《どこ》へも出掛《でか》けず、東京以來不義理《とうきやういらいふぎり》を重《かさ》ねて居る各方面《かくはうめん》への手紙《てがみ》でも書《か》いてみやうと思《おも》つた

妻《つま》が生《い》きて居《ゐ》たら、私《わたし》は唯《ただ》ひとり妻《つま》に、長《なが》い長《なが》い手紙《てがみ》を書《か》いたであらう。妻《つま》の生前《せいぜん》私《わたし》はめつたに旅先《たびさき》から便《たよ》りをしたことがなく、妻《つま》はそれを怨《うら》んで居《ゐ》た。いまふと、そのことを思《おも》ひ出《だ》した。

ホテルの繪葉書《ゑはがき》の中《なか》から、一番美《いちばんうつく》しいものを選《えら》んで、まだ女友達《をんなともだち》のAに「朝《てう》鮮《せん》の女《をんな》のきものはとても美《うつく》しい、あなたが着《き》れば、きつと似合《にあ》ふと思《おも》ふ。銀座《ぎんざ》のことは忘《わす》れたが、いゝ映畫《えいぐわ》が

見《み》たい。」と書《か》き、また雜誌社《ざつししや》の友人《いうじん》Mには「案外《あんぐわい》はやく氣持《きもち》も落《お》ちついたので、平壤《へいじやう》を見物《けんぶつ》したら、眞直《まつす》ぐに東京《とうきやう》へ歸《かへ》り、遮二無二《しやむに》に書《か》くつもりだ。こちらの作家達《さくかたち》の境遇《きやうぐう》を思《おも》ふと、僕《ぼく》などは有難《ありがた》くて罰《ばち》があたりさうだ。」と書《か》いた。

昨夜《ゆふべ》、別《わか》れるとき、李瑞雲君《りずゐうんくん》は、懇意《こんい》な平壤《へいじやう》の新聞記者《しんぶんきしや》へ紹《せう》介狀《かいじやう》を書《か》き、今朝《けさ》ホテルへ持《も》つて來《き》てくれる約束《やくそく》だつた。それに、初對面《しよたいめん》の素紅《そこう》まで、ホテルへ來《き》て、晝飯《ひるめし》を一緒《しよ》に食《た》べたいと云《い》つたので、手紙《てがみ》を書《か》きながら心待《こころま》ちして居《ゐ》た。

手紙《てがみ》も書《か》いてしまつたので、ベッドへあがつて、平壤《へいじやう》の人朴某氏《ひとぼくぼうし》の隨筆集《ずゐひつしふ》を拾《ひろ》ひ讀《よ》みする。中《なか》に李朝中宗《りてうちうそう》の妓生黃眞伊《きいさんわうしんい》のうた

つた時調《じてう》の飜譯《ほんやく》が載《の》つて居《ゐ》た。

深山《みやま》の奥《おく》の溪川《たにがは》よ
流《なが》れ早《はや》きを誇《ほこ》るなよ
一度《た》び海《うみ》に到《いた》りなば
つひに復《ふたた》び歸《かへ》るまじ
明月空山《めいげつくうざん》に滿《み》ちたれば
暫《しば》しはとゝに憩《いこ》へかし。

妓生黄眞伊《きいさんくわうしんい》の羨《うらや》しい心境《しんきやう》である。今《いま》でも、平壤《へいじやう》にゆけば、敎養《けうやう》のある妓生《きいさん》に會《あ》へるかも知《し》れぬといろいろ空想《くうさう》する。

正午《しやうご》のサイレンが鳴《な》つても、一時《じ》をすぎても、李君《りくん》も素紅《そこう》も訪《たづ》ねては來《こ》なかつた。

ひよつとすると、多忙《たばう》な私《わたし》の邪魔《じやま》にならうと遠慮《ゑんりよ》したのかも知《し》れぬ。たぶん、停車場《ていしやぢやう》へ先《さ》き廻《まは》りして、紹介狀《せうかいじやう》を渡《わた》してくれるのだらうと、心窃《こころひそ》かに期待《きたい》しながら驛《えき》に行《い》つたが、私《わたし》の乘《の》つた、新京行《しんきやうゆき》の國際列車《こくさいれつしや》が動《うご》き出《だ》しても、遂《つひ》に二人《ふたり》とも姿《すがた》を見《み》せなかつた。

結局《けつきよく》、これでよかつたのではないか。憖《なまじつ》か、新聞記者《しんぶんきしや》に紹介《せうかい》されたりしては、却《かへつ》て行動《かうどう》を拘束《こうそく》せられるかも知《し》れんと、白鷺《しらさぎ》の群《む》れ飛《と》ぶ窓外《さうぐわい》の田野《でんや》をながめながら、思《おも》うた。

夜《よる》の八時《じ》平壤《へいじやう》につく。索寞《さくばく》たる平野《へいや》の市街《しがい》であるコンクリートの壁《かべ》と、ポプラの梢《こずゑ》が、黄色《きいろ》い月下《げつか》に佇《たたず》んで居《ゐ》る。それが最初《さいしよ》の印象《いんしやう》であつた。

とじんまりした鐵道《てつだう》ホテルに泊《とま》る。電燈《でんとう》を消《け》すと、晝《ひる》よりも明《あか》るい月光《げつくわう》が、カーテンの隙間《すきま》から射《さ》しこんで、なかなか眠《ねむ》れさうにもなかつた。

やがて睡《ねむ》つたと思《おも》ふ間《ま》もなく、飛行機《ひかうき》の爆音《ばくおん》に眼《め》がさめてみるともう夜《よ》も明《あ》けて、ホテルの裏《うら》の丘《をか》の上《うへ》で、早天體操《さうてんたいさう》の號令《がうれい》が、勇《いさ》ましく聞《きこ》えて居《ゐ》た。

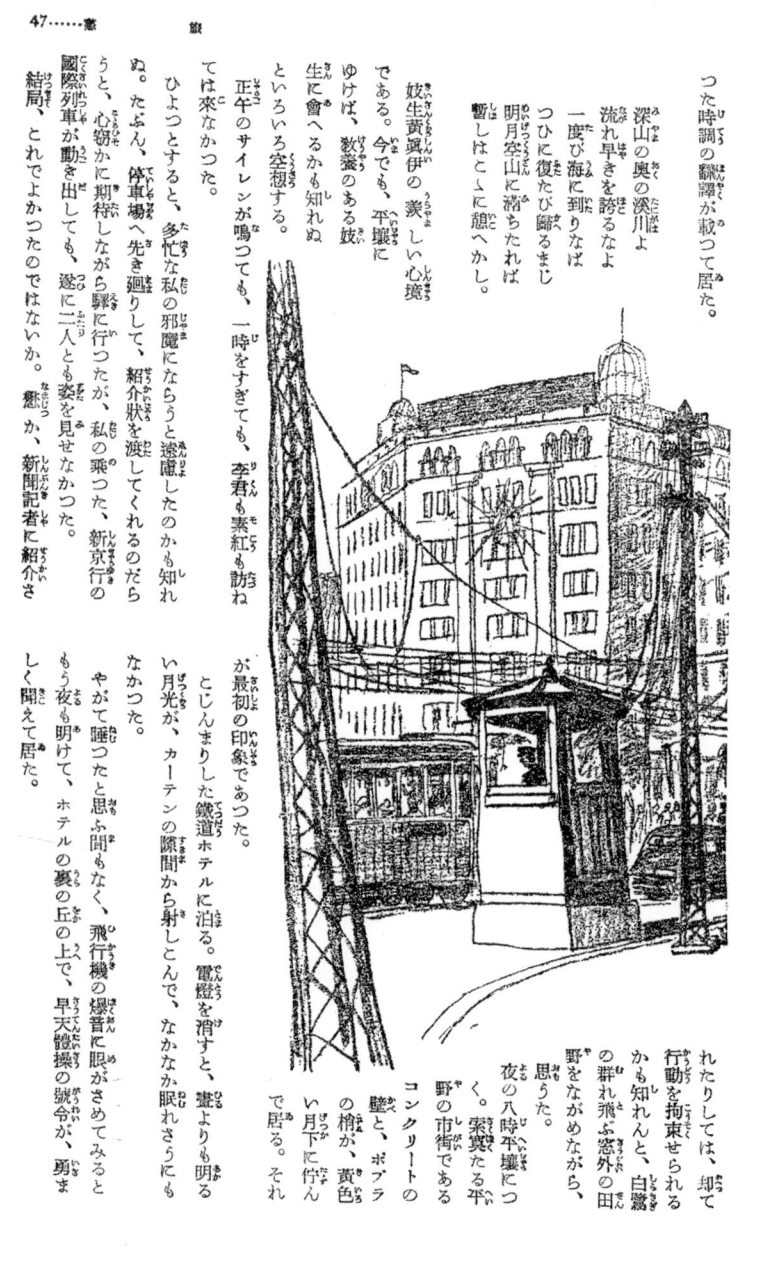

窓《まど》から覗《のぞ》くと、市街《しがい》の上空《じやうくう》を、大型《おほがた》の爆撃機《ばくげきき》が、編隊《へんたい》で旋廻《せんくわい》して居《ゐ》るところだつた。

このホテルの朝飯《あさめし》は、和食《わしよく》がうまいと云《い》ふ話《はなし》を聞《き》いて居《ゐ》た。食堂《しよくだう》の窓際《まどぎは》に鮮《あざや》かに咲《さ》いた朝顔《あさがほ》の鉢花《はちはな》を眺《なが》めながら、味噌汁《みそしる》をすゝるのだつた。

今日《けふ》は、朝《あさ》から、かんかん照《て》りだし、暑《あつ》さが烈《はげ》しからう。食後《しよくご》、事務所《じむしよ》の人《ひと》に訊《き》いて、自動車《じどうしや》を呼《よ》び、乙密臺《おつみつだい》の博物館《はくぶつくわん》に行《い》つた。

樂浪《らくらう》の高勾麗《かうくり》の舊《ふる》い文化《ぶんくわ》を語《かた》る資料《しれう》や美術品《びじゆつひん》の中《なか》に、樂浪《らくらう》の古墳《こふん》から發掘《はつくつ》された筐《かたみ》の中《なか》に、いまなほ完全《くわんぜん》に保存《ほぞん》されて居《ゐ》た十數粒《すうつぶ》の栗《くり》の實《み》と、顔料《がんれう》があつた。二千年前《ねんまへ》の栗《くり》の實《み》である。そして、その頃《ころ》、女達《をんなたち》は今日《けふ》の少女達《せうぢよたち》のやうに、黄色《きいろ》の砥粉《とのこ》を用《もち》ひて居《ゐ》たことを知《し》つた。

博物館《はくぶつくわん》を出《で》ると、太陽《たいやう》はもう頭上《づじやう》に懸《かゝ》つて居《ゐ》る。飛《と》び飛《と》びに觀《み》た位《くらゐ》だが、意外《いぐわい》に時間《じかん》を費《つひや》したものである。

牡丹臺《ぼたんだい》のお牧《まき》の茶屋《ちやや》は、虚子《きよし》の小説《せうせつ》でも讀《よ》んで居《ゐ》たが、今《いま》は代《だい》も變《かは》り、小綺麗《こぎれい》な料理屋《れうりや》で、眺望《てうばう》の廣《ひろ》さは江畔第一《かうはんだいいち》と聞《き》いて來《き》たので、そこで晝飯《ひるめし》を食《た》べ、日《ひ》の蔭《かげ》るのを待《ま》つて悠々《いうくふ》附近《ふきん》の名勝《めいしよう》などを見物《けんぶつ》しようと思《おも》つた。

五

樂《たの》しんで來《き》たお牧《まき》の茶屋《ちやや》だが、通《とほ》された部屋《へや》は安下宿《やすげしゆく》めいた六疊《でふ》で、かんじんの眺望《てうばう》もなく、軒端《のきば》の胡桃《くるみ》に、油蟬《あぶらぜみ》が來《き》て鳴《な》くのも、却《かへつ》て暑《あつ》さを増《ま》すばかり、私《わたし》は、居《ゐ》たゝまらぬので、庭《には》の芝生《しばふ》にをりた。

庭《には》に出《で》ると、なかなか良《よ》い眺《なが》めであつた。

赤松《あかまつ》の牡丹臺《ぼたんだい》と、揚柳《やうりう》の青《あを》い綾羅島《わうらたう》を左右《さいう》の袖《そで》に眺《なが》めて、正面《しやうめん》を縱貫《じうくわん》して、大同江《だいどうかう》が走《はし》つて居《ゐ》る。遠景《ゑんけい》の右岸《うがん》へは、練光亭《れんくわうてい》、大同門《だいどうもん》の大屋根《おほやね》をはじめ、舊城内《きうじやうない》の甍《いらか》の波《なみ》で、左岸《さがん》は新里《しんり》、船橋里《せんけうり》の工場《こうぢやう》地帶《ちたい》、煤煙《ばいえん》が濛々《もうくく》と立《た》ちこめ、まことに縹渺《へうべう》たる望《なが》めであつた。

恍惚《くわうこつ》と眺《なが》めて居《ゐ》ると、何處《どこ》からか、明《あか》るい女《をんな》の聲《こゑ》で、覺《おぼ》えのあるメロデーが聞《きこ》えて來《き》た。

見《み》ると、右手《みぎて》の崖下《がけした》に、丹《たん》や綠靑《ろくせう》で彩色《さいしよく》した、朝鮮風《てうせんふう》の高殿《たかどの》があつた。なかなか立派《りつぱ》な建物《たてもの》だが、やつぱり此《こ》の茶屋《ちやや》の一廓《くわく》に相違《さうゐ》なかつた。

その紅欄《こうらん》に凭《もた》れて、上衣《うはぎ》も裳《チマ》も眞白《まつしろ》な女《をんな》が、流《なが》れを眺《なが》めて歌《うた》つて居《ゐ》るのであつた。何處《どこ》かで見《み》たことのある女《をんな》である。白《しろ》い額《ひたひ》、美《うつく》しい鼻《はな》に、細《ほそ》い眉《まゆ》の寂《さび》しげな風情《ふぜい》にも、確《たし》かに覺《おぼ》えのある顔《かほ》である。

さうだ、――私《わたし》は飛《と》び上《あが》らんばかりに驚《おどろ》いた。これこそ、内金剛《うちこんがう》以來《いらい》、忘《わす》れんとしても忘《わす》れることのできぬ、あの珊瑚《さんご》珠色《じゆいろ》の裳《チマ》の女《をんな》ではないか。服裝《ふくさう》も髮形《かみかたち》も、似《に》ても似《に》つかぬほど變《かは》つては居《ゐ》るが、さう云《い》へば、今《いま》のさき歌《うた》つて居《ゐ》たメロデーも、寺男《てらをとこ》の朱介石《しゆかいせき》が森《もり》の中《なか》で唱《うた》つたあの物寂《ものさび》しい歌《うた》に相違《さうゐ》なかつた。

そのときは、酒肴《しゆかう》を運《はこ》んで來《き》た仲居《なかゐ》が、部屋《へや》の中《なか》から聲《こゑ》をかけたので、私《わたし》はもとの坐《ざ》に歸《かへ》つて、向《むか》ふの二階《かい》に居《ゐ》る女《をんな》は妓生《キーサン》か、訊《たづ》ねた。

『お眼《め》に止《とま》りましたの？』

素人《しろうと》くさい、若《わか》い仲居《なかゐ》は、ぶつきらぼうに云《い》つた。

『さうでせうね、一流《りう》の中《なか》でも、特別《とくべつ》に有名《いうめい》な妓生《キーサン》ですもの。內地《ないち》語《ご》も自由《じいう》に話《はな》しますわ。』

『何《なん》と云《い》ふ妓《こ》なんだ？　訊《き》いても無駄《むだ》だが。』

『李枝花《りしくわ》さんです。李《すもも》に枝《えだ》に花《はな》………賣《う》れつ妓《こ》ですのよ。』

『李枝花《りしくわ》か？　いゝ名《な》だなあ。何《ど》うだらう、あちらの坐敷《ざしき》があいたら、來《き》て貰《もら》へまいか？』

『それがねえ。』

若《わか》い仲居《なかゐ》は、迷惑《めいわく》さうに眉《まゆ》を寄《よ》せた。

『なかなか、あきさうにもありませんし、それに、妓生《キーサン》に限《かぎ》つて、貰《もら》ひと云《い》ふことがきゝませんのでね。』

『ちよつとで、いゝんだよ。何《なん》とかできないものかねえ。』

私《わたし》が、餘《あま》り熱心《ねつしん》なので、若《わか》い仲居《なかゐ》は不審《ふしん》した。

『御執心《ごしふしん》ですのね。お馴染《なじ》みなら、御挨拶《あいさつ》に來《き》ますけれどね。』

『馴染《なじ》みでなければ駄目《だめ》なんだね。』

『一流《りう》の妓生《キーサン》は、二三日前《にちまへ》から申《まを》し込《こ》んで置《お》かなくちやむづかしいんですの、でも誰《だれ》か、內地言葉《ないちことば》の出來《でき》る人《ひと》を呼《よ》びませうか。』

仲居《なかゐ》が立《た》つて行《い》つたので、緣側《えんがは》に出《で》て、高殿《たかどの》を仰《あふ》いだが、もう李枝花《りしくわ》の美《うつく》しい姿《すがた》は見《み》えず、座敷《ざしき》の中《なか》から、內地人《ないちじん》らしい男《をとこ》の濁聲《だくせい》が囂々《がうがう》と聞《きこ》えて居《ゐ》るばかりであつた。

私《わたし》は、がつかりして引返《ひきかへ》さうとした。そのとき、澁《しぶ》い好《この》みの、中年《ちうねん》の婦人《ふじん》が、廊下《らうか》に手《て》をついて、私《わたし》に訊《き》いた。

『こちらさまは、もしか河野先生《かうのせんせい》ではございませんでせうか。』

何《ど》うして、この婦人《ふじん》が私《わたし》の名《な》を知《し》つて居《ゐ》るのであらうか、私《わたし》にはとの婦人《ふじん》に覺《おぼ》えがない。

『さうです。河野《かうの》ですが………』

『些《ちつ》とも存《ぞん》じませんもんでしたから、とんなお部屋《へや》へお通《とほ》し申《まを》したりしまして、相濟《あひす》みませんでございました。私《わたし》は、との茶屋《ちやや》の主人《あるじ》でございます。』

『じやあ、お牧《まき》さんですか？』

『いゝえ、お牧《まき》さんは、もうお歿《な》くなりになつたんでございますよ。』

內儀《おかみ》は、あでやかに笑《わら》つて、

『お客《きやく》さまが、お見《み》えになりましてございますが、お通《とほ》し致《いた》しませうか。』

と、返事《へんじ》を待《ま》つやうに顏《かほ》を歪《まげ》てきいた。

『もう來《き》たんですか、妓生《キーサン》でせう？』

『いゝえ、新聞社《しんぶんしや》の崔《さい》さんですわ。』

『崔《さい》さん？　とにかく、玄關《げんくわん》に出《で》て見《み》ませう。』

知《し》らぬ名《な》である。もしかすると、同姓異人《どうせいいじん》の河野《かうの》を訪《たづ》ねて來《き》たのかも知《し》れぬと思《おも》ひながら、玄關《げんくわん》に出《で》て見《み》ると、灰色《はひいろ》のブレザーコートを着《き》た美青年《びせいねん》が、にこにことして立《た》つて居《ゐ》た。

『河野先生《かうのせんせい》ですね。僕《ぼく》は李瑞雲《りずゐうん》の友達《ともだち》の崔無愁《さいむしう》です。今朝《けさ》、李瑞雲《りずゐうん》から手紙《てがみ》が着《つ》きましてね、直《す》ぐホテルの方《はう》へ伺《うかゞ》つたら、……』

『さうですか。さあ、おあがり下《くだ》さい。實《じつ》ば獨《ひと》りで少《すこ》し心細《こゝろぼそ》がつて居《ゐ》たところです。』

私《わたし》は、正直《しやうぢき》に崔《さい》さんの來訪《らいはう》を歡迎《くわんげい》した。

『先生《せんせい》が、博物館《はくぶつくわん》へいらしたと聞《き》きましたので、館内《くわんない》をひとわたりお搜《さが》し申《まを》しましてね、それから、ちやうど晝飯頃《ひるめしごろ》だし、たいがいの內地人《ないちじん》は、此處《こゝ》に來《き》ますからね……』

崔《さい》さんは、廊下《らうか》を踏《ふ》みながら、私《わたし》に會《あ》へたことを喜《よろこ》ぶやうに、欣々《きん/\》と話《はな》した。

『李君《りくん》が紹介狀《せうかいじやう》を與《く》れる筈《はず》でしたが。』

『さうです。ところが、翌朝《よくてう》、熱《ねつ》を出《だ》しましてね、ホテルへ伺《うかゞ》へなかつたと云《い》つて、直接《ちよくせつ》僕《ぼく》のところへ手紙《てがみ》をよこしたのです。やアよく、いらつしやいました。』

崔《さい》さんは、改《あらた》めて社名《しやめい》入りの名刺《めいし》を出《だ》した、ていねいに頭《あたま》をさげた。

『さうですか、僕《ぼく》はまた、李瑞雲君《りずゐうんくん》が、例《れい》の違約《ゐやく》をやつたかと思《おも》つた。』

『さうですか、彼《かれ》は、よく約束《やくそく》を間違《まちが》へますからね。でも、責任《せきにん》は忘《わす》れませんよ。そこが彼《かれ》の美點《びてん》です。』

崔《さい》さんは、行儀《ぎやうぎ》よく端坐《たんざ》して、器用《きよう》に煙草《たばこ》の火《ひ》をつけた。

『さあ、お平《たひら》に、上衣《うはぎ》をお脫《ぬ》ぎなすつて。』

私《わたし》は、杯《さかづき》をすゝめ、明朗《めいらう》なこの青年《せいねん》に好意《かうい》を感《かん》じた。

『ありがたう。僕《ぼく》も、先生《せんせい》のお作《さく》は二つ三つ讀《よ》みました。』

『學校《がくかう》は、東京《とうきやう》ですか？』

崔《さい》さんの明晰《めいせき》な國語《こくご》や、スマートな服裝《ふくさう》から、私《わたし》はさう思《おも》ふて訊《き》いた。

『いゝえ。僕《ぼく》はまだ、鮮內《せんない》から一歩《ぽ》も出《で》たことはありません。僕《ぼく》は高普《かうふ》……中學《ちゆうがく》ですね、學歷《がくれき》はそれだけですが、學校《がくかう》が希望《きばう》なら京城《けいじやう》にも大學《だいがく》は在《あ》ります。』

崔《さい》さんは、女《をんな》のやうに白《しろ》い頰《ほゝ》を顫《ふる》はせて、快活《くわいくわつ》に笑《わら》つた。

『こいつは、僕《ぼく》の負《ま》けだ。』

私達《わたしたち》の田舍《ゐなか》では、東京歸《とうきやうがへ》りだと云《い》ふと、ひどく偉《えら》さうに見《み》えたことがあつた。「あちらでは」を誇《ほこ》るのは、內地《ないち》の日本人《にほんじん》だけだつたと、ふと自分《じぶん》の氣持《きもち》を恥《は》かしく思《おも》つた。

『ときに、午後《ごご》のスケジユールは何《ど》うなつて居《ゐ》ますか？』

崔《さい》さんは、身上話《みのうへばなし》など興味《きようみ》がなささうで、私《わたし》の都合《つがふ》を端的《たんてき》に訊《き》いた。

『飯《めし》を食《た》べたら、きれいな妓生《キーサン》に案內《あんない》して貰《もら》つて、牡丹臺《ぼたんだい》を見物《けんぶつ》するつもりでした。』

　私《わたし》も、正直《しやうぢき》にさう答《こた》へた。

『それもいゝですが、何《ど》うですか、船遊《ふなあそ》びをしませんか。大同江《だいどうかう》の美《うつく》しさは、船《ふね》を浮《うか》べて、はじめて知《し》ることができるのです。』

『いゝなあ。』

　私《わたし》は、忽《たちま》ち贊成《さんせい》した。そして、十年《ねん》の知己《ちき》のやうな心易《こゝろやす》さを、崔《さい》さんに感《かん》じた。

『じやあ、畫舫《ぐわばう》の用意《ようい》をさせませう。實《じつ》は、社《しや》の方《はう》でも何《なん》とか御接《ごせつ》待《たい》したいと云《い》ふ意見《いけん》でしたが、それでは却《かへつ》て御迷惑《ごめいわく》になると思《おも》ひまして、またの機會《きくわい》にして貰《もら》ひました。今日《けふ》のところは、失禮《しつれい》ですが僕《ぼく》におまかせ願《ねが》ひます。』

　崔《さい》さんが、氣《き》の利《き》いたマネージヤーのやうなことを云《い》つて、立《た》つてゆくと、すれちがひに、さつきの若《わか》い仲居《なかゐ》がはいつて來《き》た。

『崔《さい》さんて、なかなかの好男子《いろをとこ》じやないか。』

『そのうへ頭腦《あたま》がよくて、内地人《ないちじん》の記者《きしや》よりも働《はたら》きがあるんですつて。社會部長《しやくわいぶちやう》ですわ。』

『大《たい》したもんだなあ。』

『崔《さい》さんは、何《なん》でも黄海道《くわうかいだう》の何《なん》とか島《しま》なんださうですが、その島《しま》と云《い》ふのが全部《ぜんぶ》、崔《さい》さん領土《りやうど》なんですつて。島《しま》の王樣《わうさま》ですわね。』

　仲居《なかゐ》は、崔《さい》さんを誇《ほこ》るやうに聞《き》きもしないことまで話《はな》しだした。

『じやあ、妓生《キーサン》にも持《も》てるだらう。』

『卒業《そつげふ》ですのよ、その方《はう》は。』

　そのとき廊下《らうか》で、崔《さい》さんの聲《こゑ》がした。激《はげ》しい朝鮮語《てうせんご》で、女《をんな》を對手《あひて》に云《い》ひ爭《あらそ》つて居《ゐ》る樣子《やうす》であつた。

『河野先生《かうのせんせい》、お客《きやく》さんをつれて來《き》ました。』

　崔《さい》さんは、白《しろ》い衣裳《いしやう》の女《をんな》を抱《だ》くやうにして、はいつて來《き》た。

『何《なん》だ、君《きみ》でしたか。』

　李枝花《りしくわ》である。私《わたし》は思《おも》はず胸《むね》を躍《をど》らせて、席《せき》を讓《ゆづ》ると、李枝花《りしくわ》は白《しろ》い頰《ほゝ》を、さつと染《そ》めて、廊下《らうか》の敷居際《しきゐぎは》に、腰《こし》を落《おと》し、靜《しづ》かな笑顏《ゑがほ》で「今日《こんにち》は」と云《い》つた。

『廊下《らうか》で出會《であ》つて、河野先生《かうのせんせい》の話《はなし》をしましたら、お目《め》に掛《かゝ》つたことがあると云《い》ふもんですから、連《つ》れて來《き》たんです。何處《どこ》でお會《あ》ひになりましたか？』

　崔《さい》さんは、揶揄《からか》ふやうな調子《てうし》でも、腹《はら》の底《そこ》を見拔《みぬ》きさうな恐《おそ》ろしい顏《かほ》で、壓《おさ》しつけるやうに訊《き》いた。

　私《わたし》は、そのとき、嘆願《たんがん》するやうな李枝花《りしくわ》の眼《め》の色《いろ》を讀《よ》んだ。金剛山《こんがうざん》のことを云《い》つてはいけないのだと思《おも》つた。

『その庭先《にはさき》なんですよ。この人《ひと》は、離座敷《はなざしき》の二階《かい》に居《ゐ》ましてね。何《なん》と云《い》つていゝか、さう初對面《しよたいめん》のロメオとジユリエット……』

『お輕《かる》と勘平《かんぺい》じやありませんか。』

　崔《さい》さんは、もう明朗《めいらう》な顏《かほ》にかへつて、聲《こゑ》を出《だ》して笑《わら》つた。

『それでは御紹介《ごせうかい》しませう。李枝花《りしくわ》です。劍舞《けんまひ》の名人《めいじん》で、文學妓生《ぶんがくキーサン》なんです。』

『さうですか、文學《ぶんがく》が好《す》きなんですか。』

さう云《い》へば、何處《どこ》か氣高《けだか》い顏《かほ》をして居《ゐ》ると、私《わたし》は親《した》しみを感《かん》じた。

『先生《せんせい》のお名前《なまへ》も存《ぞん》じて居《ゐ》ました。何《ど》うかよろしく。』

李枝花《りしくわ》は、指《ゆび》に似合《にあ》はず大《おほ》きな寶石《はうせき》の指環《ゆびわ》を見《み》せて、淑《しと》かに頭《あたま》をさげた。

『さうだ。君《きみ》も舟《ふね》に乘《の》らないか。』

崔《さい》さんが、思《おも》ひついたやうに勸《すゝ》めると、李枝花《りしくわ》は眉《まゆ》を寄《よ》せて朝鮮《てうせん》語《ご》で笑《わら》つた。

『いゝとも、あちらの連中《れんちう》には僕《ぼく》から話《はな》してあげる。ね、今日《けふ》は先生《せんせい》のお供《とも》をしたまへ。』

崔《さい》さんは、內地言葉《ないちことば》で云《い》ひきかせ、私《わたし》の方《はう》へ向《む》いて說明《せつめい》した。

『この人《ひと》は、先生《せんせい》のお供《とも》がしたいさうですが、電氣會社《でんきくわいしや》の重役《ぢうやく》に呼《よ》ばれて居《ゐ》るんですね。幸《さいは》ひ對手《あひて》の客《きやく》を僕《ぼく》は知《し》つて居《ゐ》ますから、話《はな》せば都合《つがふ》がつきます。いゝでせう。連《つ》れて行《い》つても。』

いゝどころじやない。何《ど》うかさう賴《たの》みたいものだと私《わたし》が云《い》ふのを聞《き》いて、李枝花《りしくわ》も機嫌《きげん》よく德利《とつくり》をとり、私《わたし》の杯《さかづき》に酒《さけ》をついでくれた。

六

舳先《へさき》に鳳凰《ほうわう》を飾《かざ》つた畫舫《ぐわばう》に、二人《ふたり》の妓生《キーサン》と、客《きやく》の私達《わたしたち》が乘《の》り込《こ》むと、かねて賴《たの》んで置《お》いたモーターボートが、何處《どこ》からか現《あら》はれて綱《つな》を投《な》げた。大同江《だいどうかう》の急流《きふりう》を、畫舫《ぐわばう》は自力《じりき》でのぼれないので、上《のぼ》りはボートが曳《ひ》くのだと、崔《さい》さんは云《い》つた。

さいぜんから崔《さい》さんが車公《シヤアコウ》と呼《よ》んで居《ゐ》るのは、車《しや》なにがしと云《い》つて、畫《ゑ》が得意《とくい》の元氣《げんき》な妓《こ》だし、雪中月《せつちうげつ》と呼《よ》ぶのは、その上《うへ》に金《きん》とか朴《ぼく》とか姓《せい》がつくのであらうが、呼《よ》び易《やす》いために略《りやく》して居《ゐ》るらしい。無口《むくち》だが歌《うた》が得意《とくい》だから、聞《き》きなさるがよいと、崔《さい》さんは紹介《せうかい》した。

何年目《なんねんめ》かの旱魃《かんばつ》で、減水《げんすゐ》して居《ゐ》るのだと云《い》ふが、底《そこ》の知《し》れぬ碧水《へきすゐ》が、悠々《いうく》と渦《うづ》を卷《ま》いて、流《なが》れて居《ゐ》た。左《ひだり》を仰《あふ》ぐと、夏草《なつくさ》の斷崖《だんがい》の上《うへ》に、浮碧樓《ふへきろう》の古色蒼然《こしよくさうぜん》たる大屋根《おほやね》が覗《のぞ》いて居《ゐ》るし、右《みぎ》を見《み》ると、綾羅島《りようらたう》の楊柳《やうりう》のかげから、白衣《はくい》の洗濯女《せんたくをんな》が、手《て》をとめて、私達《わたしたち》の畫舫《ぐわばう》を見送《みおく》つて居《ゐ》る。

崔《さい》さんは、車公《シヤアコウ》を對手《あひて》に、ずつと舳先《へさき》に寄《よ》つて、談笑《だんせう》しながら頻《しき》りにビールをあほつて居《ゐ》るのだ。

ふと、雪中月《せつちうげつ》が唱《うた》ひだした。訴《うつた》へるやうな嘆《なげ》くやうな、感傷歌《かんしやうか》である。

『何《なん》だらう、あの歌《うた》は？』

私《わたし》は、側《そば》に寄《よ》り添《そ》ふて居《ゐ》た李枝花《りしくわ》に訊《き》いた。すると李枝花《りしくわ》は、ハンドバックから萬年《まんねん》ペンを出《だ》し、そこにあつた雜誌《ざつし》の裏表紙《うらべうし》に、少《すこ》し幼稚《えうち》な文字《もじ》で愁心歌《しうしんか》と書《か》いた。愁心歌《しうしんか》は、平壤獨得《へいじやうどくとく》の歌調《かてう》であると聞《き》いて居《ゐ》たので、何《ど》う云《い》ふ意味《いみ》であるかをたづねた。

李枝花《りしくわ》は、暫《しばら》く考へて居《ゐ》たが、

『悲《かな》しい怨《うら》めしい霜《しも》の夜《よ》に、私《わたし》は心《こゝろ》の中《なか》を歌《うた》ひませう。私《わたし》の戀《こひ》しい人《ひと》は、何處《どこ》で暮《くら》して居《ゐ》なさるか、行《い》つてしまつて、二度《ど》と歸《かへ》らぬその人《ひと》、……解《わか》りますか。』

と、眞面目《まじめ》な顏《かほ》で云《い》つた。

『解《わか》る。あなたの言葉《ことば》は、詩《し》のやうに美《うつく》しい。それだけなの？』

『まだありますのよ。云《い》ひませうか。』

そして、李枝花《りしくわ》はまた次《つ》ぎを意譯《いやく》した。

『若《も》し夢《ゆめ》の中《なか》に、路《みち》があつたら、道《みち》の小石《こいし》も砂《すな》となるほど通《かよ》ふでせう。遠《とほ》い雲《くも》の外《ほか》に、あなたは行《い》つてしまつた。二人《ふたり》は戀人《こひびと》でなく、敵《てき》です。逢《あ》ふこともできず、離《はな》れてばかり居《ゐ》るのだもの、私《わたし》はもう生《い》きて居《ゐ》たくない。』

さう云《い》つてしまうと、李枝花《りしくわ》は、心《こゝろ》から悲《かな》しげに、眼《め》に涙《なみだ》をいつぱい溜《た》めて、口《くち》を噤《つぐ》んだ。

突然《とつぜん》、崔《さい》さんが卓《テーブル》を叩《たゝ》いて歌《うた》ひだした。

崔《さい》さんが歌《うた》ふと、車公《シアこう》がそれに合《あ》はせて、賑《にぎや》かにうたつた。歌《うた》ひ終《をは》ると崔《さい》さんは、

『愁心歌《しうしんか》だつて、悲《かな》しい文句《もんく》ばかりじやありません。その歌《うた》はですね、遊《あそ》ばうよ、遊《あそ》ばうよ、若者達《わかものたち》よ遊《あそ》ばうよ、年《とし》が寄《よ》つたら遊《あそ》ばれぬと云《い》ふわけで、内地《ないち》にも、よくある歌《うた》です。感心《かんしん》しませんな、斯《か》う云《い》つたニヒリスチックな氣持《きもち》は。』

さう云《い》つて、崔《さい》さんは屈托《くつたく》なささうに、また笑《わら》つた。

『をいッ、船《ふね》を停《と》めろッ。』

崔《さい》さんは、舳先《へさき》から乘《の》り出《だ》して、曳船《ひきふね》に聲《こゑ》をかけた。

左舷《さげん》は、狹《せま》い入江《いりえ》で、日《ひ》ざかりの蘆荻《ろくき》の中《なか》に行々子《よしきり》の鳴《な》く聲《こゑ》が聞《きこ》へて居《ゐ》た。

『上陸《じやうりく》しませうか。』

崔《さい》さんは、夏草《なつくさ》の繁《しげ》つた岸邊《きしべ》を見《み》て、私《わたし》を誘《さそ》つた。

『上陸《じやうりく》して酒岩山《しゆがんざん》へ登《のぼ》つてみませう。高句麗《かくり》の城壁《じやうへき》の趾《あと》や、日淸役《につしんえき》の戰跡《せんせき》が一目《ひとめ》に見《み》られますよ。』

崔《さい》さんは、前方《ぜんぽう》の江岸《かうがん》に聳《そび》え立《た》つた岩山《いはやま》を指差《ゆびさ》して云《い》つた。丘《をか》の半面《はんめん》は、赤松《あかまつ》の林《はやし》に蔽《おほ》はれ、流《なが》れに面《めん》した半面《はんめん》は、削《けづ》つたやうな巖壁《がんぺき》になつて居《ゐ》る。水面《すゐめん》から、五六十尺《しやく》もあるのではなからうか。

『厭《いや》な者《もの》は、船《ふね》で待《ま》つてるがいゝよ。登《のぼ》りたい者《もの》だけが行《ゆ》かう。』

崔《さい》さんは、陸《りく》へ飛《と》び移《うつ》つて云《い》つた。

『行《ゆ》きます。私《わたし》も。』

元氣《げんき》な車公《シアこう》が、頰冠《ほゝかむ》りして、身輕《みがる》に飛《と》び下《お》りた。

『李枝花《りしくわ》も降《お》りろ。君《きみ》は先生《せんせい》のパートナーだ。さあ二組《くみ》に分《わか》れて登山競爭《とざんきやうさう》をやらう。』

崔《さい》さんは、何《なに》もかも獨決《ひとりぎ》めで、さう云《い》ひ殘《のこ》すと、車公《シアこう》の腕《うで》を掴《つか》んで、腰《こし》を振《ふ》りながら、前方《ぜんぽう》の村落《そんらく》をめがけて歩《ある》き出《だ》した。

『李《り》さん、何《ど》うする？』

かんかん照《で》りの、蟲《むし》でも居《ゐ》さうな草原《くさはら》を見《み》て、勸《すゝ》めかねると私《わたし》は躊躇《ちうちよ》した。

『參《まゐ》ります。』

李枝花《りしくわ》は、裳《すそ》をからげ、白《しろ》い靴《くつ》を氣《き》にしながら降《お》りて來《き》た。舟《ふね》の中《なか》には雪中月《せつちうげつ》が、ただ一人《ひとり》居殘《ゐのこ》つて、意味《いみ》ありげな笑顏《ゑがほ》を投《な》げて居《ゐ》た。

肩《かた》までありさうな夏草《なつくさ》の繁《しげ》みを拔《ぬ》けると、馬鈴薯畑《じやがいもばたけ》の畝《あぜ》に出《で》た。美《うつく》しい撫子《なでしこ》の花《はな》が咲《さ》いて居《ゐ》る。內地《ないち》の花《はな》よりも鮮《あざや》かな紅色《こうしよく》である。

『覺《おぼ》えて居《ゐ》ますか。金剛山《こんがうさん》で會《あ》つたでせう。』

私《わたし》は、振《ふ》り返《かへ》つて訊《き》いた。

『え、やつと、二人《ふたり》きりになりましたわね。』

李枝花《りしくわ》は、さう云《い》つて、滿足《まんぞく》さうに笑《わら》つた。

『朱介石《しゆかいせき》さんの話《はなし》は、京城《けいじやう》の李瑞雲君《りずゐうんくん》から聞《き》きましたが、李瑞雲君《りずゐうんくん》も、あなたの事《こと》は知《し》らなかつた。僕《ぼく》は、今日《けふ》、お牧《まき》の茶屋《ちやや》で會《あ》つたとき、ほんとに驚《おどろ》きましたよ。』

『さう。李瑞雲《りずゐうん》さんから、お聞《き》きになつたの？』

『いつたい、あなたと朱《しゆ》さんは何《なん》なの？』

『さうね。戀人《こひびと》でもないし、夫婦《ふうふ》でもないし、お客《きやく》さんでもないし。解《わか》りませんわ。』

狹《せま》い畝道《あぜみち》を私達《わたしたち》は押《お》し合《あ》ふやうに步《ある》いた。

『あのときは、逢《あ》ひに行《い》つたんですか？』

『えゝ。』

『金剛山《こんがうさん》で、會《あ》つたことを、崔《さい》さんに云《い》つちやいけないの？』

『いゝわ。崔《さい》さんも知《し》つて居《ゐ》ますもの。』

お牧《まき》の茶屋《ちやや》で、云《い》つてはいけないことだと、氣《き》の利《き》かない冗談《じようだん》に紛《まぎ》らしたのは、私《わたし》の思《おも》ひ過《すご》しだつたのかと、私《わたし》はまたしても苦笑《くせう》した。

『朱介石《しゆかいせき》さんは、何《ど》うした？　まだ山《やま》に居《ゐ》るの？』

『えゝ。秋《あき》になつたら、滿洲《まんしう》へ行《ゆ》くつもりでせう。何《いづ》れにしても、平壤《へいじやう》へは歸《かへ》つて來《こ》ないでせう。あの人《ひと》は、何處《どこ》へ行《い》つても持《も》てますから。』

李枝花《りしくわ》は、膝《ひざ》を折《を》つて、撫子《なでしこ》の花《はな》を採《さ》り、默《だま》つて私《わたし》に吳《く》れた。

そのとき、一町《ちやう》ばかり離《はな》れた丘《をか》の道《みち》に、ひよつとり崔《さい》さんが姿《すがた》を見《み》せ、手《て》をあげて合圖《あひづ》をした。

『今晚《こんばん》、何處《どこ》かで會《あ》へない？』

私《わたし》は、急《せ》き込《こ》む氣持《きもち》で云《い》つた。

『今晚《こんばん》はいけません。明日《あす》の朝《あさ》、ホテルへ電話《でんわ》をかけます。』

李枝花《りしくわ》は、さう云《い》ひ殘《のこ》して、小走《こばし》りに丘《をか》を登《のぼ》つて行《い》つた。

七

日《ひ》の沈《しづ》む頃《ころ》、私達《わたしたち》は鏡齊里《きやうさいり》の岸《きし》に船《ふね》を着《つ》けた。川岸《かはぎし》には、朝鮮料《てうせんれう》

55……

理《り》の料亭《れうてい》が軒《のき》を並《なら》べ、裏通《うらどほ》りは、妓生町《キーサンまち》になつて居《ゐ》た。

その一軒《けん》の國《こく》一館《くわん》にあがつて、私達《わたしたち》は夕飯《ゆふはん》を食《た》べた。たつた半日《はんにち》の船遊《ふなあそ》びで、すつかり接近《せつきん》した李《り》校《し》花《くわ》は、絶《た》えず私《わたし》の側《そば》に寄《よ》り添《そ》つて、何《なに》くれと親切《しんせつ》に世話《せわ》を燒《や》いてくれた。

車公《シヤコウ》は、崔《さい》さんと、特《とく》に親《した》しさうに見《み》へる。

雪中月《せつちうげつ》が、長鼓《ちやうこ》を叩《たゝ》いて、さまざまの歌《うた》をうたつてくれた。

夜更《よふ》けて、女達《をんなたち》に別《わか》れ、崔《さい》さんに送《おく》られてホテルへ歸《かへ》つた。

『崔《さい》さん、ほんとのことを云《い》ふと、僕《ぼく》は金剛山《こんがうさん》で李《り》校《し》花《くわ》に會《あ》つたんですよ。』

『さうですつてね。』

崔《さい》さんは、事《こと》もなげに云《い》つた。

『あの人《ひと》は、朱介石君《しゆかいせきくん》の戀人《こひびと》ですか？』

『戀人《こひびと》でなく、平壤時代《へいじやうじだい》の細君《さいくん》でせう。李瑞雲君《りずゐうんくん》がお話《はな》したか何《ど》うか知《し》りませんが、朱介石《しゆかいせき》は、至《いた》る處《ところ》に細君《さいくん》を持《も》て居《ゐ》ます。秋《あき》になれば滿洲《まんしう》へ行《ゆ》くさうですから、また新京《しんきやう》あたりで滿洲娘《まんしうむすめ》の細君《さいくん》を持《も》つでせう。李枝花《りしくわ》も馬鹿《ばか》ですよ、それを知《し》りながら、態々《わざわざ》金剛山《こんがうざん》へまで迎《むか》へに行《い》つたのですからね。』

『迎《むか》へに？』

『さうです。朱介石《しゆかいせき》が歸《かへ》つてくれれば、今《いま》の稼業《かげふ》をやめて、貯金《ちよきん》でパンを買《か》つて朱介石《しゆかいせき》を養《やしな》ふつもりだつたんです。然《しか》し、朱介石《しゆかいせき》にしても、女《をんな》の愛情《あいじやう》に溺《おぼ》れて、野心《やしん》を捨《す》てるやうな眞似《まね》はできなかつたのでせう。彼女《かのぢよ》は、すつかり失望《しつばう》して歸《かへ》つて來《き》ましてね、ずつと商賣《しやうばい》も休《やす》んで居《ゐ》たのですがね。』

『朱介石君《しゆかいせきくん》の野心《やしん》と云ふと？』

『夢《ゆめ》ですね。惜《を》しい男《をとこ》だ。才能《さいのう》も實力《じつりよく》もあるんだが、しよつちう、何《なに》かを追掛《おひか》けて居《ゐ》る。何《なん》と云《い》ふか、山《やま》の彼方《かなた》の幸福《かうふく》かな。』

崔《さい》さんは、李瑞雲君《りずゐうんくん》とはまた違《ちが》つた考《かんが》へ方《かた》を、持《も》つて居《ゐ》た。

『安住《あんぢう》のできない事情《じじやう》があるんじやありませんか？』

『安住《あんぢう》？　安住《あんぢう》は他力《たりき》じやありません、自力《じりき》ですよ。』

崔《さい》さんは、明《あか》るい表情《へうじやう》をして、凝《ぢつ》と私《わたし》の顏《かほ》を見詰《みつ》めた。

『さうでした。僕《ぼく》も、考《かんが》へなくちやいかん、他人事《ひとごと》じやないですからね。』

私《わたし》は、胸《むね》をつかれた。遠《とほ》い旅《たび》の空《そら》で、異民族《いみんぞく》の友《とも》から、私自身《わたしじしん》の道《みち》を、瞭《はつき》りと示《しめ》されやうとは、全《まつた》く意外《いぐわい》な事《こと》だつたからである。

『明日《あす》は何《ど》うなさる？　何《なん》なら午後《ごご》から江西《かうせい》の壁畫《へきぐわ》へでも御案内《ごあんない》しませうか。社《しや》の方《はう》は午前中《ごぜんちう》に手配《てはい》して置《お》きさへすればいゝのですから。』

崔《さい》さんは、腰《こし》をあげて、訊《き》いた。

『明日《あす》は休養《きうやう》しませう。』

私《わたし》は、さう云《い》つたが、氣《き》がとがめた。この人《ひと》には、嘘《うそ》が吐《つ》けぬと思《おも》つた。

『實《じつ》は、李枝花《りしくわ》が訪《たづ》ねて來《く》るさうですから。』

『もう、そんな約束《やくそく》をしましたか。驚《おどろ》いたなあ。』

崔《さい》さんは、ちつとも驚《おどろ》かない顏《かほ》で云《い》つた。

『然《しか》し、御注意《ごちうい》なさい。妓生《キーサン》に眞實《しんじつ》なしとは、振《ふ》られた客《きやく》の云《い》ふとです。あり過《す》ぎるほど眞實《しんじつ》がありますからね。博物館《はくぶつくわん》のミイラになつてはいけません。』

崔《さい》さんは、またさう云《い》つて笑《わら》つた。

『願《ねが》くはミイラとなつて、君《きみ》の柳京《りうきやう》に瞑《めい》せんですかね。』

私《わたし》も、さう答《こた》へて笑《わら》つた。

『じやあ、僕《ぼく》が必要《ひつえう》な場合《ばあひ》は、社《しや》でも、アパートへでも、電話《でんわ》を下《くだ》さい。明日《あす》も、明後日《あさつて》も待期《たいき》して居《ゐ》ますから。』

崔《さい》さんは、手《て》を伸《の》して握手《あくしゆ》を求《もと》め、輕快《けいくわい》なステップで、階段《かいだん》を降《お》りて行《い》つた。

八

その夜《よ》も、月《つき》が明《あか》るく、カーテンの隙間《すきま》から射《さ》し込《こ》む光《ひかり》が、部屋《へや》いつぱいに漲《みなぎ》つて居《ゐ》た。

今日《けふ》のことを思《おも》ひ、明日《あす》の樂《たの》しさを想像《さうぞう》すると、眼《め》はますます冴《さ》へて、いつまでも眠《ねむ》れなかつた。

明日《あす》、李枝花《りしくわ》に會《あ》つたなら、妻《つま》を失《うしな》つた自分《じぶん》の境遇《きやうぐう》も話《はな》してみやう。やさしい彼女《かのぢよ》は、必《かなら》ず同情《どうじやう》してくれるに違《ちが》ひない。相似《あひに》た境遇《きやうぐう》の二人《ふたり》が、寄《よ》り添《そ》ひながら、大同江《だいどうかう》の岸《きし》を歩《ある》かう。

私《わたし》は、ふと李枝花《りしくわ》の體臭《たいしう》を感《かん》じた。

やがて、私《わたし》は輕《かる》い眠《ねむ》りに陷《おちい》つた。なぜか、夢《ゆめ》の中《なか》では、京城《けいじやう》の女《ぢよ》優金素紅《いうきんそこう》と、ホテルのベランダで、冷《つめた》い紅茶《こうちや》を飲《の》んで居《ゐ》た。

またしても、前《まへ》の日《ひ》と同《おな》じやうに、飛行機《ひかうき》の爆音《ばくおん》に眼《め》がさめた。

自分《じぶん》で風呂《バス》を立《た》てゝ、悠々髯《ゆうくひげ》を剃《そ》り、鞄《かばん》から、新《あた》らしいワイシャツを出《だ》して着《き》た。

朝飯《あさはん》を濟《す》ますと、部屋《へや》に歸《かへ》り、窓際《まどぎは》に安樂椅子《あんらくいす》を運《はこ》んで、窓外《さうぐわい》の景色《けしき》をながめた。

李枝花《りしくわ》の住《す》む鏡齋里《きやうさいり》は、何《ど》の方向《はうかう》にあたるのであらう。

晴《は》れ渡《わた》つた夏空《なつぞら》の下《した》に、屋根《やね》の低《ひく》い市街《しがい》が、はるかな大同江《だいどうかう》の岸《きし》まで續《つゞ》いて居《ゐ》る。ところどころに突兀《とつこつ》と聳《そび》へたデパートや役所《やくしよ》のビルデングを見《み》てゐると、なぜか私《わたし》は、アブラハム・リンカンの姿《すがた》を聯想《れんさう》した。

町《まち》は、ひつそりとして、遠《とほ》い大通《おほどほ》りの自動車《じどうしや》の警笛《けいてき》が、思《おも》ひ出《だ》し

たやうに聞《きこ》へて來《き》た。

遠《とほ》くから、愛國行進曲《あいこくかうしんきよく》の勇《いさ》ましい合唱《がつしやう》が聞《きこ》へて來《き》たと思《おも》ふと、前《ぜん》方《ぱう》の大通《おほどほ》りを通過《つうくわ》する軍隊《ぐんたい》が、屋根《やね》と屋根《やね》との間《あひだ》から見《み》へた。

やがて、十時《じ》になつた。

昨夜《さくや》判《わか》れるとき、遲《おそ》くても十時《じ》には電話《でんわ》をかけるか、ホテルへ訪《たづ》ねて行《ゆ》くと李枝花《りしくわ》は約束《やくそく》して居《ゐ》た。

私《わたし》の部屋《へや》の、直《す》ぐ下《した》が、ホテルの正面玄關《しやうめんげんくわん》になつて居《ゐ》たので、自《じ》動車《どうしや》の停《とま》るたびに、私《わたし》は窓《まど》から乘《の》りだして、客《きやく》の出入《でい》りに注意《ちうい》した。

待《ま》ち疲《つか》れて十一時《じ》になつた。

突然《とつぜん》、電話《でんわ》のベルが鳴《な》つたので、私《わたし》は慌《あわ》てゝ受話機《じゆわき》をとつた。

『もし、もし、先生《せんせい》ですか。』

ひどく遠《とほ》い聲《こゑ》であつた。

『さうです。河野《かうの》です。李枝花《りしくわ》さんですか。何《ど》うしたの、遲《おそ》いじゃないか。直《す》ぐ來《き》たまへ、それとも、僕《ぼく》の方《はう》から出掛《でか》けて行《ゆ》かうか。』

私《わたし》は、疊《たゝ》みかけるやうに云《い》つたが、それなり先方《せんぱう》の應答《おうたふ》はなかつた。

『もしもし、何《ど》うした。僕《ぼく》の話《はなし》が解《わか》りませんか。』

『私《わたし》、李枝花《りしくわ》です。』

暫《しばら》く間《あひだ》を置《お》いて、微《かす》かな聲《こゑ》が答《こた》へた。

『解《わか》つてるつたら、何《ど》うしたんだ？直《す》ぐ來《こ》られるでせう。』

私《わたし》は、手《て》を伸《の》ばして、對手《あひて》を引《ひ》き寄《よ》せたいやうな衝動《しようどう》を感《かん》じて云《い》つた。

『山《やま》から、あの人《ひと》が、歸《かへ》つて、來《き》ました。』

李枝花《りしくわ》は、一語《ご》々々《く》、句切《くぎ》るやうに云《い》つた。まるで感情《かんじやう》のない聲《こゑ》であつた。

『朱介石君《しゆかいせきくん》が？』

『えゝ。』

『さうか。よかつたねえ。』

實《じつ》のところ、心《こゝろ》にもない事《こと》であつた。

『えゝ。』

『だから來《こ》られないんだね。』

『えゝ。』

私《わたし》は、がつかりした。少《すこ》し誇張《こちやう》して云《い》へば、突《つ》き倒《たほ》されたやうな衝動《しようどう》を感《かん》じた。

『さうか。じやあ、失敬《しつけい》。』

私《わたし》は、飽氣《あつけ》なく受話器《じゆわき》をかけたが、何《なん》となく、電線《でんせん》の彼方《かなた》に、いつまでも受話器《じゆわき》を耳《みゝ》に當《あ》てた對手《あひて》の白《しろ》い姿《すがた》を感《かん》じ、もつと話《はな》したいことがあつたやうな氣《き》がするのだつた。

明《あか》るい朝鮮《てうせん》の空《そら》である。索寞《さくばく》たる市街《しがい》の彼方《かなた》に、もくもくと立《た》ち昇《のぼ》る雲《くも》の峯《みね》を、何《なん》であらうか、黑《くろ》い鳥影《とりかげ》が、悠々《いうく》と過《よぎ》つて居《ゐ》る。

此處《こゝ》は、いつたい東京《とうきやう》から、何百里《なんり》ほど距《はな》れて居《ゐ》るのであらうと私《わたし》はふと思《おも》ふた。

そして、一度《ど》かけた受話器《じゆわき》を、また耳《みゝ》に當《あ》てゝ、出《で》て來《き》た交換手《かうくわんしゆ》に、崔《さい》さんの新聞社《しんぶんしや》の電話番號《でんわばんがう》を、告《つ》げた。

（終《をはり》）

59……愁　　旅

平《へい》壤《じやう》

加藤武雄

鄭玄雄畫

一

六月の中旬《ちうじゆん》だといふのに、東京《とうきやう》の眞夏《まなつ》よりずつと暑《あつ》い。四五日前《にちまへ》水原《すゐげん》へ行《い》つた時《とき》はあの古都《こと》水原《すゐげん》を紀念《きねん》した宮殿作《きうでんづく》りの驛舎《えきしや》の、驛長室《えきちやうしつ》の氣溫計《きおんけい》は、華氏《くわし》の九十九度《ど》を示《しめ》してゐた。尤《もつと》もそのあくる日《ひ》の新聞《しんぶん》には、六月中に於《お》ける朝鮮《てうせん》の氣溫《きおん》として、十幾年《いくねん》振《ぶり》のレコオドだとあつたが、何《なん》にしても朝鮮《てうせん》は暑《あつ》いところである。

しかし、そこへはひると、冷《つめ》たい石疊《いしだたみ》が蹠《あしうら》の熱《ねつ》を吸《す》ひとつて、しいんとしづまつた空氣《くうき》の中《なか》に漂《ただよ》ふ一脈《みやく》の涼氣《りやうき》がすぐに額《ひたひ》の汗《あせ》を消《け》して呉《く》れた。

牡丹臺《ぼたんだい》の斜面《しやめん》に立《た》つた平壤博物館《へいじやうはくぶつくわん》である。

館長《くわんちやう》の小泉《こいずみ》さんは、いかにも學者《がくしや》らしくおちついた人《ひと》だ。小泉《こいずみ》さんは態々《わざ〳〵》、私共《わたしども》の案内《あんない》に立《た》つて呉《く》れた。小泉《こいずみ》さんの、明快《めいくわい》な、要領《えうりやう》のいゝ説明《せつめい》の言葉《ことば》を聽《き》きながら、私共《わたしども》は、そこに陳列《ちんれつ》された遺物《ゐぶつ》を見《み》て歩《ある》いた。そこには、主《しゆ》として樂浪《らくらう》の古墳《こふん》から出《で》たものが蒐《あつ》められてゐた。武具《ぶぐ》、馬具《ばぐ》、鏡《かゞみ》、銅器《どうき》陶器《たうき》、漆器《しつき》など、さま〴〵なものがあつたが、中《なか》で一番目《ばんめ》を惹《ひ》かれたのは、目《め》を細《こま》かく編《あ》まれた方形《はうけい》の竹籠《たけかご》で、その縁《へり》は、朱《しゆ》の色《いろ》もまだ鮮《あざや》かに、驚《おどろ》く可《べ》き密畫《みつぐわ》で人物《じんぶつ》の群像《ぐんざう》が描《か》かれてゐた。

「精巧《せいかう》なものですねえ。」

私《わたし》は思《おも》はず感嘆《かんたん》の聲《こゑ》をあげた。

「これは、あちらに、原形《げんけい》のまゝで持《も》つて來《き》てある古墳《こふん》の中《なか》から出《で》たものです。それはあとで御案内《ごあんない》しますが。――まあこれを見《み》ても、彼等《かれら》の文化《ぶんくわ》が相當《さうたう》に高度《かうど》のものだつた事《こと》が判《わか》りますね。」

小泉《こいずみ》さんが云《い》つた。

又《また》、そこには當時《たうじ》の貴嬪《きひん》の用《もち》ゐたらしい化粧道具《けしやうだうぐ》のやうなものもあつた。コンパクトと同《おな》じ圓形《ゑんけい》の平《ひら》たい器《うつは》の中《なか》には、砥《と》の粉《こ》のやうな白粉《おしろい》がまだそのまゝに殘《のこ》つてゐた。

「これが、二千年前《ねんまへ》のものですかねえ。」

私《わたし》は、また、さう云《い》つて見《み》ずにはゐられなかつた。

博物館《はくぶつくわん》といふものは、淋《さび》しいやうでへんに賑《にぎ》かで、賑《にぎ》かなやうでへんに淋《さび》しい。遠《とほ》い遠《とほ》いその時代《じだい》にも、かうして人《ひと》は生《い》きてゐたのだと思《おも》ふと、その人々《ひと〴〵》の哀歡《あいくわん》が、寂然《じやくねん》として横《よこ》たはるそれ等《ら》の品々《しな〴〵》から、聲《こゑ》無《な》き聲《こゑ》となつてわつと襲《おそ》ひかゝつて來《く》るやうな氣《き》がする。しかし彼等《かれら》ははるかに去《さ》つた。我《われ》等《ら》も亦《また》、やがて去《さ》るであらう、と思《おも》ふと、人生悠久《じんせいいうきう》の感《かん》が、一種《しゆ》のさびしさを伴《ともな》うて犇々《ひし〳〵》と胸《むね》に迫《せま》つて來《く》る。

私《わたし》は、次第《しだい》に瞑想的《めいさうてき》な氣持《きもち》になつて行《い》つた。が、さうして部屋部屋《へやべや》を見《み》てゆくと、明治《めいぢ》二十七八年戰役《ねんせんえき》を記念《きねん》する一室《しつ》へ導《みちび》かれた。そこの陳列棚《ちんれつだな》の中《なか》には、その當時《たうじ》の支那兵《しなへい》の軍服《ぐんぷく》が並《なら》べられてゐた。私《わたし》の眼《め》が厚《あつ》ぼつたい羅紗服《らしやふく》を彩《いろど》つた赤《あか》、黄《き》、藍《あゐ》などの、強烈《きやうれつ》な原色《げんしよく》に逢着《ほうちやく》した時《とき》、私《わたし》の心《こゝろ》も太古《たいこ》の夢《ゆめ》からひきもどされた。

そこには又《また》、當時《たうじ》の錦繪《にしきゑ》や寫眞《しやしん》も陳列《ちんれつ》されてあつた。いづれも皆《みな》私《わたし》の身近《みぢか》く感《かん》じられるものばかりである。二十七八年《ねん》戰役《せんえき》は、私《わたし》が七八歳《さい》の時《とき》に起《おこ》つた。私《わたし》の叔父《をぢ》も出征《しゆつせい》したし、私《わたし》が小父《をぢ》さんと云《い》つて親《した》しんだ隣家《りんか》の主人《しゆじん》も出征《しゆつせい》した。原田重吉《はらだぢうきち》の寫眞《しやしん》もそこの壁上《へきじやう》に掲《かゝ》げられてあつたが此《こ》の玄武門《げんぶもん》の勇《ゆう》士《し》の名《な》と共《とも》に、敵將左寳貴《てきしやうさはうき》の名《な》も私《わたし》の少年《せうねん》の心《こゝろ》に強《つよ》く記《しる》されてゐた。あの頃《ころ》よく歌《うた》つた軍歌《ぐんか》が、ふと唇《くちびる》にのぼつて來《き》た。

討《う》てや懲《こ》らせや、清國《しんこく》を
清《しん》は御國《みくに》の仇《あだ》なるぞ
東洋平和《とうやうへいわ》の仇《あだ》なるぞ

…………………

これは四十幾年前《いくねんまへ》の歌《うた》だが、今我等《いまわれら》の歌《うた》ひつゝあるのもその歌《うた》の續《つゞ》きなのだ。二十七八年《ねん》の戰役《せんえき》は、我《わ》が民族《みんぞく》の大陸進出《たいりくしんしゆつ》の第《だい》一步《ぽ》であつた。それから絕《た》えず進《すゝ》み續《つゞ》けた我《わ》が民族《みんぞく》が更《さら》に一大踏步《だいたふぽ》をなさうとするところに起《おこ》つたのが、今度《こんど》の事《じ》變《へん》なのである。

私《わたし》は四五日前《にちまへ》、水原《すゐげん》の驛《えき》で、はしなくも歸還兵士《きくわんへいし》を滿載《まんさい》した列車《れつしや》を迎《むか》へた事《こと》をおもひ出《だ》した。征戰《せいせん》の勞苦《らうく》を、その黜《くろ》みやつれた顏々《かほ〴〵》に刻《きざ》んだ兵士諸君《へいししよくん》のいかにも慘《さん》として驕《おご》らずといふやうな姿《すがた》が眼《め》に浮《うか》んで來《き》た。——私《わたし》の心《こゝろ》は靜《しづ》かな瞑想的《めいさうてき》な境《さかひ》から激《はげ》しい現實《げんじつ》にかへつて來《き》た。博物館《はくぶつくわん》を出《で》て、その横手《よこて》の小徑《こみち》を降《お》りると、そこに、發掘《はつくつ》された二つの古墳《こふん》が、原形《げんけい》のまゝに移《うつ》されてあつた。一つは煉瓦《れんぐわ》、一つは木材《もくざい》を組《く》み立《た》てゝ出來《でき》てゐるかなり大規模《だいきぼ》なものである。その幽暗《いうあん》な墓《はか》穴《あな》を出《で》ると、午下《ひるさが》りの陽《ひ》は、眼《め》のくらむほど明《あか》るかつた。くるくると空《そら》に火紋《くわもん》が渦卷《うづまき》かと思《おも》はれるやうな暑《あつ》さである。

「あの古墳《こふん》を發掘《はつくつ》したのはどの邊《あたり》になりますか。」

博物館《はくぶつくわん》の前《まへ》に立《た》つた私《わたし》は、小泉《こいづみ》さんに斯《か》う聞《き》いた。

「さうですね。」

と、小泉《こいづみ》さんは、瞼《まぶた》を皺《しは》めながら、大同江《だいどうかう》のあなたを見渡《みわた》して、

「まあ、この方角《はうがく》になりませうか?」

指《さ》した方《はう》には、平遠《へいゑん》な大觀《たいくわん》が開《ひら》けてゐた。が、僕《ぼく》の强度《きやうど》の近眼《きんがん》には、對岸《たいがん》に立《た》つた煙突《えんとつ》が、しきりに煙《けむ》を吐《は》いてゐるのが見《み》えるばかり、その煙《けむ》の末《すゑ》が、ぼうと一帶《たい》の夏霞《なつがすみ》に消《き》えて山河《さんが》のたゞずまゐもよくは判《わか》らなかつた。

「煙突《えんとつ》が澤山立《たくさんた》つてゐますね。」

「えゝ。あの邊《へん》は盛《さか》んな工業地帶《こうげふちたい》になつてゐます。」

黑《くろ》い朝鮮《てうせん》と、私《わたし》は心《こゝろ》の中《なか》で呟《つぶや》いた。十年前《ねんまへ》、朝鮮《てうせん》に來《き》た時《とき》は、山々《やま〴〵》が皆赤《みなあか》く禿《は》げてゐた。今度來《こんどく》るとその赤《あか》く禿《は》げてゐた山々《やま〴〵》が悉《こと〴〵》く綠《みどり》の樹々《きゞ》に掩《おほ》はれてゐる。赤《あか》い朝鮮《てうせん》から靑《あを》い朝鮮《てうせん》へ——十年間《ねんかん》に朝鮮《てうせん》は、すつかり若返《わかがへ》つてゐた。が、その靑《あを》い朝鮮《てうせん》も、立《た》ちのぼる煤煙《ばいえん》の爲《た》めにやがて黑《くろ》い朝鮮《てうせん》とならうとしつゝある——。

「今《いま》、私《わたし》は非常《ひじやう》に面白《おもしろ》い發掘《はつくつ》をやつてゐるのですよ。」

「發掘《はつくつ》?——矢張古墳《やはりこふん》ですか?」

「いや、高勾麗時代《こくりじだい》の寺《てら》のあとなのです。この少《すこ》し上流《じやうりう》の方《はう》です。もし畫舫《ぐわばう》にお乘《の》りになるんでしたら、中途《ちうと》で一寸降《ちよつとお》りて見《み》て行《い》つて下《くだ》さい。私《わたし》が御案内《ごあんない》します。」

「明日《あす》は、その畫舫《ぐわばう》といふのに乘《の》つて、酒岩山《しゆがんざん》までのぼつて見《み》るつもりです。是非拜見《ぜひはいけん》させて頂《いたゞ》きます。」

私共《わたしども》は、そこで小泉《こいづみ》さんに別《わか》れた。

「小泉《こいづみ》さんといふ人《ひと》、立派《りつぱ》な學者《がくしや》らしいねえ。」

歸《かへ》りの自動車《くるま》の中《なか》で、私《わたし》は同行《どうかう》のK君《くん》に云《い》つた。

「その方面《はうめん》で、大《おほ》きな仕事《しごと》をしてゐるらしい。」

K君《くん》は云《い》つた。

二

あくる日《ひ》の朝《あさ》、私共《わたしども》は、私共《わたしども》のよき案内者《あんないしや》——といふよりも、旣《すで》によき友達《ともだち》になつて了《しま》つたところの前田《まへだ》さんに導《みちび》かれて、玄武門《げんぶもん》を見《み》乙密臺《おつみつだい》に上《のぼ》り、箕子廟《きしべう》に賽《さい》して後《のち》、府尹《ふいん》の佐《さ》藤氏《とうし》が、私共《わたしども》の爲《た》めに催《もよほ》して吳《く》れた宴席《えんせき》に迎《むか》へられた。席《せき》はお牧《まき》の茶屋《ちやや》に設《まう》けられてゐた。佐藤氏《さとうし》、映畫家《えいぐわか》の川瀨《かはせ》さん、小泉《こいづみ》さん、前田《まへだ》さんその他《た》は觀光局《くわんくわうきよく》の朴寅秀君《ぼくいんしうくん》など參會《さんくわい》された。杯盤《はいばん》の間《あひだ》に斡旋《あつせん》す可《べ》く四人《にん》の妓生《キーサン》が聘《よ》ばれてゐた。少《すこ》し愁顔《うれひがほ》の、無口《むくち》な李《り》××。快活《くわいくわつ》な、モダアンな感《かん》じのする車《しや》××。女醫《ぢよい》か何《なに》かのやうに見《み》える王《わう》××。肥《ふと》つた年增《としま》の一寸奧《ちよつとおく》樣《さま》といつた格好《かつかう》の崔《さい》××。

佐藤府尹《さとうふいん》は、ぽつりぽつりと平壤最近《へいじやうさいきん》の眼覺《めざ》ましい發展振《はつてんぶ》りについて語《かた》られる。朴寅秀君《ぼくいんしうくん》は、妓生《キーサン》にも妓閥《ぎばつ》といふものがあつて、平壤《へいじやう》のそれが尤《もつと》も高《たか》いのだといふやうな事《こと》を說明《せつめい》される。小泉《こいづみ》さんは唯《たゞ》にこ〳〵と笑《わら》つてゐる。

「これ、何《なん》といふの?」

K君《くん》は美《うつく》しい李《り》××にその上衣《うはぎ》の合《あは》せ目《め》からリボンのやうに垂《た》れてゐる細《ほそ》い布《きれ》を指《さ》して訊《き》く。

「コルム。」

「それは? その髮《かみ》に挿《さ》した金《きん》の 笄《かうがい》 のやうなものは?」

「これ、矢張《やはり》 簪《かんざし》 と云《い》ひます。」

「うむ。いゝなあ、簡素《かんそ》で、調和的《てうわてき》で、すばらしいなあ。」

さういふものについて人一倍銳敏《ひといばいえいびん》な感覺《かんかく》をもつてゐるK君《くん》は、と見《み》から見《み》しながらしきりに感嘆《かんたん》する。私《わたし》も朝鮮《てうせん》の婦人《ふじん》の服裝《ふくさう》は實《じつ》にいゝと思《おも》ふ。

「だがね。」

と、私《わたし》は、今席畫《いませきぐわ》を描《か》き終《をは》つて、ほつと緊張《きんちやう》を弛《ゆる》めた顏附《かほつき》になつてゐる車《しや》××に云《い》つた。

「君《きみ》のは、少《すこ》し淋《さび》し過《す》ぎるな。せめて、ベルトだけでも、何《なに》か色《いろ》のあるものにしたらどうだい？」

彼女《かのぢよ》は、純白《じゆんぱく》な上着《うはぎ》に、純白《じゆんぱく》な袴《はかま》、それに黒《くろ》いベルトなのだ。

「さうね。何《なん》の色《いろ》にしたらいゝでせう？」

「赤《あか》にしたらどうだ？」

「赤《あか》？」

「赤《あか》ぢや子供《こども》ツぽくなつておかしいかな。ぢや、水色《みづいろ》。」

「水色《みづいろ》ね。」

あまり賛成《さんせい》でも無《な》ささうな顔色《かほいろ》だ。なるほど、かなり媚婦的《コケチッシュ》に見《み》えながら、一面妙《めんめう》にインテリくさい感《かん》じのするそして輪廓《りんくわく》のはつきりした顔立《かほだち》の此《こ》の女《をんな》には、ブラック・エンド・ホワイトが一番《ばん》よく似合《にあ》ふかも知《し》れぬと私《わたし》は思《おも》つた。

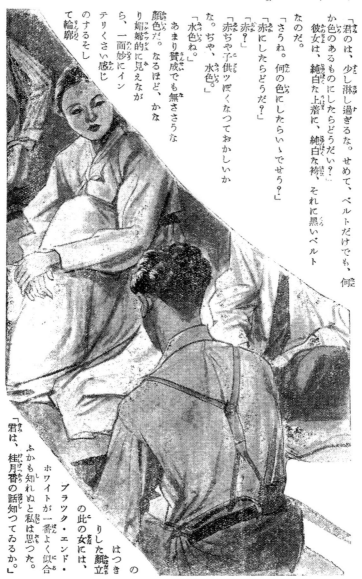

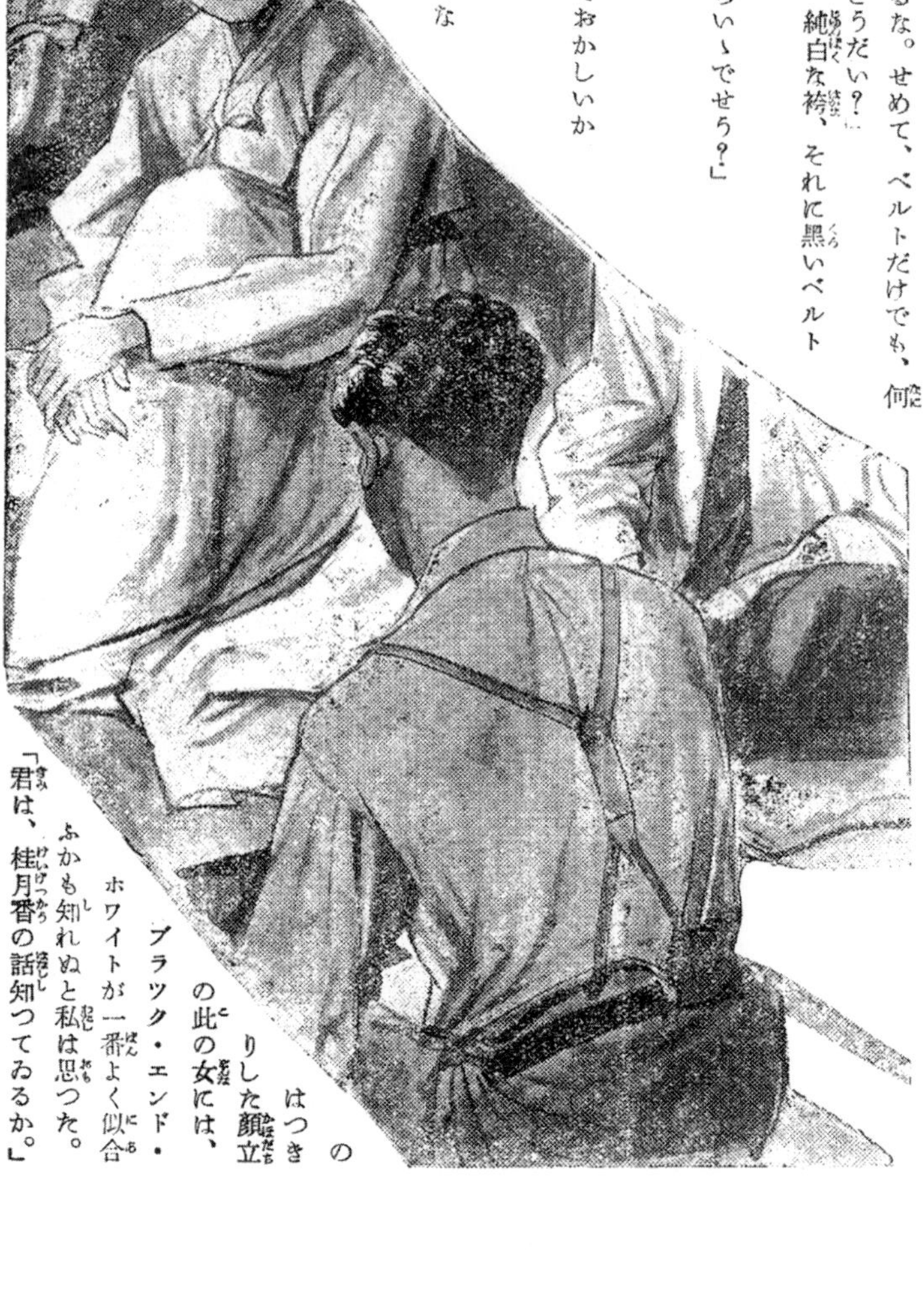

「君《きみ》は、桂月香《けいげつかう》の話《はなし》知つてゐるか。」

「桂月香《けいげつかう》――？　あゝ、あの義烈碑《ぎれつひ》の？知《し》つてゐます。私達《わたしたち》一年《ねん》に一度《ど》づゝおまゐりに行《ゆ》きます。」

私《わたし》が、いくら空想好《くうさうず》きの人間《にんげん》にしろ、何《なに》も、あの傳說《でんせつ》の女《をんな》の面影《おもかげ》をこの女《をんな》に見《み》たといふわけでは無《な》かつたが、妓生《キーサン》といふと、すぐに思《おも》ひ出《だ》されるのは、桂月香《けいげつかう》の物語《ものがたり》だつた。

文祿《ぶんろく》の役《えき》に小西行長《こにしゆきなが》平壤《へいじやう》に滯陣中《たいぢんちう》小西《こにし》の副將《ふくしやう》某《ぼう》に寵《ちやう》せられてゐた妓生《キーサン》桂月香《けいげつかう》は、兄《あに》といつはつて勇士《ゆうし》金應瑞《きんおうずゐ》を陣中《ぢんちう》に引《ひ》き入《い》れ、首尾《しゆび》よく副將《ふくしやう》の寢首《ねくび》を搔《か》かせた。そして金應瑞《きんおうずゐ》と共《とも》に脫出《だつしゆつ》しようとしたが、それも叶《かな》はずと見《み》るや、金應瑞《きんおうずゐ》だけを城外《じやうぐわい》に逃《に》がしてやり、已《おの》れは双《やいば》に伏《ふ》して了《しま》つた。桂月香《けいげつかう》は烈女《れつぢよ》として祀《まつ》られ、その祠《やしろ》は今《いま》に尙《な》ほ存《そん》し、平壤《へいじやう》の妓生《キーサン》は一年《ねん》に一回《くわい》づゝ此《こ》の祠《やしろ》に詣《まう》でるのだといふ。

「どう思《おも》ふ？　桂月香《けいげつかう》を。」

「えらいと思《おも》ふわ。」

「君《きみ》にも、あんな事《こと》が出來《でき》ると思《おも》ふかい？」

「そりや、さういふ場合《ばあひ》だつたら、出來《でき》ると思《おも》ふわ。」

黑《くろ》い瞳《ひとみ》を据《す》ゑて車《しや》は××云《い》つた。

「えらいな、君《きみ》は――。うん、君《きみ》ならやれさうだよ。」

私《わたし》も少《すこ》し醉《よ》つて來《き》た。

三

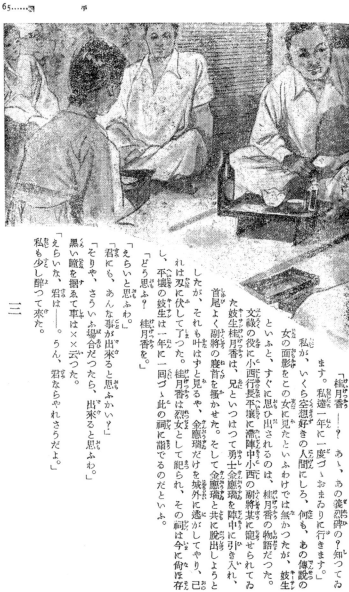

それから一時間《じかん》ばかりの後《のち》、私共《わたしども》は、畫舫《ぐわばう》に乘《の》つて大同江《だいどうかう》に浮《うか》んでゐた。王朝《わうてう》の繪卷物《ゑまきもの》に見《み》た事《こと》のある龍頭鷁首《りうとうげきしゆ》——これはその鷁首《げきしゆ》の方《はう》であらう、舳先《へさき》が大《おほ》きな鳥《とり》の形《かたち》になつてゐる船《ふね》は、モオタア・ボオトに曳《ひ》かれて、流《なが》れをさかのぼつて行《ゆ》くのである。

柳《やなぎ》の浪《なみ》に掩《おほ》はれた綾羅島《れうらたう》を左《ひだり》に見《み》て、しばらく進《すゝ》んで行《い》つた船《ふね》は、やがて左側《ひだりがは》の岸《きし》に寄《よ》せられた。小泉《こいづみ》さんが眞先《まつさき》に舟《ふね》からあがる。私《わたし》、H君《くん》、それから同船《どうせん》してゐた平壤每日《へいじやうまいにち》の記《き》者《しや》の齋藤君《さいとうくん》も續《つゞ》いてあがる。H君《くん》は、妓達の方《はう》をかへりみて

「おい、來《こ》ないか？——來《こ》いよ、君達《きみたち》も。」

と聲《こゑ》をかけた。

何《なに》しろ、ひどい暑《あつ》さなので皆《みな》、しりごみしてゐる中《うち》に、

「行《い》くわ。」

敢然《かんぜん》として舟《ふね》から飛《と》び出《だ》して來《き》たのは車《しや》××だつた。これも暑《あつ》さに弱《よわ》いK君《くん》は、

「暑《あつ》いぜ、行《い》くならこれをかぶつて行《い》けよ。」

と、パナナ帽《ばう》を投《な》げてよとす。車《しや》××はそれを頭《あたま》の上《うへ》にのせると、

「よく似合《にあ》ふでせう。」

一寸《ちよつと》おどけた身振《みぶり》をして見《み》せ、うしろ手《で》に褄《つま》をからげて、颯爽《さつさう》として歩《ある》き出《だ》した。白《しろ》い帽子《ばうし》、白《しろ》き着物《きもの》、車《しや》××の姿《すがた》は一團《だん》の白《しろ》い炎《ほのほ》のやうに見《み》える。

草《くさ》いきれのする石高道《いしだかみち》だ。車《しや》××の小《ちひ》さい靴《くつ》の下《した》からぱッぱと埃《ほこり》が舞《ま》ひ立《た》つ。

「暑《あつ》いだらう？」

「大丈夫《だいぢやうぶ》よ。」

車《しや》××は、女學生《ぢよがくせい》のやうな身輕《みがる》さで、一番先頭《ばんせんとう》に驅《か》けぬけて、

「全隊《ぜんたい》とまれ、おいち、二、おいち、二。」

號令《がうれい》をかけたりする。

少《すこ》し行《い》くと、右手《みぎて》の川緣《かはぶち》に、トタン葺《ぶき》の小《ちひ》さい假小屋《かりごや》が見《み》える。四五人《にん》の勞働者《らうどうしや》が、しきりに鋤《すき》を振《ふ》つてゐるのが見《み》える。——やがて、私共《わたしども》は、土《つち》の下《した》から出《で》て來《き》たばかりの石疊《いしだたみ》を足《あし》の下《した》に見出《みいだ》した。石疊《いしだたみ》は、長《なが》く眞直《まつすぐ》に續《つゞ》いてゐる。

「ここいら一帶《たい》がさうなのです。——さう、あの邊《へん》から、あの邊《へん》にかけて——。」

と小泉《こいづみ》さんは、その指先《ゆびさき》でかなり廣《ひろ》い地域《ちゐき》を劃《くわく》して見《み》せて

「最近《さいきん》までは、關野博士《せきのはかせ》などの推定《すゐてい》によつて、長壽王《ちやうじゆわう》の宮城《きうじやう》のあとといふ事《こと》になつてゐました。高句麗《かうくり》二十代《だい》の王《わう》の長壽《ちやうじゆ》王《わう》が鴨綠江《あふりよくかう》の流域《りうゐき》にあつた都《みやこ》をここにうつして來《き》た——そし

て、こゝがその宮城《きうじやう》のあとだと考《かんが》へられて居《ゐ》たのです。ところが、今度《こんど》の發掘《はつくつ》によつて、それが宮殿《きうでん》のあとではなく、寺《じ》院《ゐん》のあとである事《こと》が判《わか》つて來《き》たのです。高麗時代《こまじだい》に、金剛寺《こんがうじ》といふ大《おほ》きな寺《てら》があつた、その金剛寺《こんがうじ》のあとだといふ事《こと》が判《わか》つて來《き》たのです。」

「すると、高勾麗《かうくり》の宮城《きうじやう》のあとは、別《べつ》にどこかにあるわけですね。」

「さうです。とにかく、こゝは宮城《きうじやう》のあとでは無《な》い。寺《てら》のあとです。そして面白《おもしろ》い事《こと》には、あの寺《てら》の、堂塔《だうたふ》の配置《はいち》や構《かま》へが、まるで大和《やまと》の法隆寺《はふりうじ》そつくりだといふ事《こと》が、今度《こんど》の發掘《はつくつ》によつてわかつたのです。」

「それはなか〳〵大發見《だいはつけん》ですね。」

H君《くん》が云《い》つた。

謙讓《けんじやう》な小泉《こいづみ》さんは、それには唯《たゞ》、微笑《びせう》を酬《むく》いるだけで、なほ熱心《ねつしん》に說明《せつめい》をつゞけながら私共《わたしども》を導《みちび》いて歩《ある》いてゆく。露出《ろしゆつ》された石疊《いしだゝみ》は、菜畑《なばたけ》、黍畑《きびばたけ》の中《なか》を縱《たて》にも橫《よこ》にも伸《の》びて居《ゐ》た。文樣《もんやう》のある瓦《かはら》の破片《はへん》などが、何《なん》の花《はな》か、濃《こ》い紫《むらさき》の花《はな》の傍《そば》に散《ち》つて居《ゐ》る。

「小《こ》ウさん。」

と、今《いま》まで默《だま》つて耳《みゝ》を傾《かたむ》けてゐた車《しや》××は、いきなりから小泉《こいづみ》さんに呼《よ》びかけた。

「あんた、えらいのねえ。私《わたし》、見直《みなほ》したわ。あなたが、そんなえらい人《ひと》だつたとは知《し》らなかつたわ。」

彼女《かのぢよ》の眼《め》は心《こゝろ》からの讚美《さんび》で輝《かゞや》いてゐた。

「感心《かんしん》だな。車公《しやこう》。君《きみ》は學者《がくしや》を尊敬《そんけい》する事《こと》を知《し》つてゐる。」

H君《くん》が云《い》つた。

「だつて、本當《ほんたう》にえらいわ。」

小泉《こいづみ》さんは矢張《やはり》微笑《びせう》しただけであつたが、足元《あしもと》から舞《ま》ひ立《た》つた黑《くろ》い蝶《てふ》が、鈍《にぶ》い曲線《カアブ》を描《えが》いてきら〳〵ときらめき消《き》えて行《ゆ》くのを見送《みおく》りながら、

「推古朝《すゐこてう》に日本《につぽん》へ歸化《きくわ》した曇徵《どんちよう》なども、此寺《このてら》にゐたんぢや無《な》いかと思《おも》ひます。時代《じだい》も同《おな》じですからね。——何《なに》しろ、大規《だいき》模《ぼ》なものですよ。」

私《わたし》は、強烈《きやうれつ》な眞夏《まなつ》の陽《ひ》の中《なか》に、堂塔伽藍《だうたふがらん》の莊嚴《さうごん》を極《きは》めた大《だい》寺院《じゐん》が、蜃氣樓《しんきろう》の如《ごと》く浮《うか》びあがつて來《く》るのを見《み》た。

小泉《こいづみ》さんは、やがて發掘《はつくつ》が完成《くわんせい》しようとする遺址《ゐし》の全景《ぜんけい》を見渡《みわた》しながら、そこに突立《つゝた》つてゐた。その眼《め》は、物《もの》を究《きは》めんとするものゝ激《はげ》しい熱意《ねつい》に燃《も》え、その唇《くちびる》には、物《もの》の究《きは》め得《え》たるものゝ會心《くわいしん》の微笑《びせう》があつた。

——緊張《きんちやう》した姿《すがた》だつた。

鹽　　　平……68

その小泉《こいずみ》さんの姿《すがた》を打成《うちながめ》りながら、私《わたし》に、別《べつ》の目《め》でもう一つの姿《すがた》を見《み》てゐた。

四

それは、城津《じやうしん》の、高周波《かうしうは》重工業《ぢうこうげふ》株式會社《かぶしきくわいしや》の專務《せんむ》の高橋《たかはし》さんの姿《すがた》だつた。

私共《わたしども》は平壤《へいじやう》へ來《く》る前《まへ》に、城津《じやうしん》を訪《おとづ》れて城津《じやうしん》全邑《ぜんいう》を提《ひき》げて立《た》つ高周波《かうしうは》重工業《ぢうこうげふ》の大工場《だいこうぢやう》を見學《けんがく》して來《き》た。專務《せんむ》の高橋《たかはし》さんは、自《みづか》ら私共《わたしども》を案內《あんない》して、そのすばらしい大規模《だいきぼ》の諸設備《しよせつび》を見《み》せて呉《く》れた。いかなる學者《がくしや》も、まだ理論的《りろんてき》には說明《せつめい》し得《え》ぬといふ高周波《かうしうは》電波《でんぱ》による精煉《せいれん》は、理論《りろん》に先行《せんかう》して目《め》覺《さ》ましい實蹟《じつせき》を擧《あ》げてゐる。その實《じつ》際《さい》を目《め》にして、私共《わたしども》は、科學《くわがく》の不思議《ふしぎ》に驚き、工業《こうげふ》日本《にっぽん》軍國《ぐんこく》日本《にっぽん》の前途《ぜんと》の明《あか》るさを思《おも》ふと共《とも》に、身《み》を挺《てい》してこの事業《じげふ》に着手《ちやくしゆ》した高橋《たかはし》さんの意《い》氣《き》を壯《さう》とせざるを得《え》なかつた。高橋《たかはし》さんはまた耐火煉瓦《たいくわれんぐわ》の製造《せいざう》にも劃期的《くわくきてき》な成功《せいこう》を收《をさ》めてゐた。利原鐵山《りげんてつざん》をはじめとして、地下資源《ちかしげん》の發掘《はつくつ》にも鋭意《えいい》し、その工場《こうぢやう》の生產《せいさん》のすべ

てを自給自足《じきふじそく》を以《もつ》て成《な》し得《う》る日《ひ》も遠《とほ》くはあるまいとの事《こと》であつた。

「北鮮《ほくせん》の地下資源《ちかしげん》といふものはすばらしいものだ。何《なん》でもある！　無《な》いものは無《な》い！」

高橋《たかはし》さんは斯《か》う云《い》つてゐた。高橋《たかはし》さんは、枯淡《こたん》な禪僧《ぜんそう》染《じ》みた風貌《ふうはう》をしてゐたが、その眼《め》は鋭《するど》い氣魄《きはく》を見《み》せて隼《はやぶさ》のやうに輝《かゞや》いてゐた。カアキイ色《いろ》の制服《せいふく》に、先《さき》の尖《とが》つた戰鬪帽《せんとうぼう》、ゲエトル巻《まき》の輕裝《けいさう》をした小《ちひ》さな身體《からだ》も精悍《せいかん》そのものだつた。

高橋《たかはし》さんの工場《こうぢやう》は、今《いま》、從業員《じうげふゐん》二千人《にん》にのぼつてゐるが、今度《こんど》現在《げんざい》の三倍《ばい》に擴張《くわくちやう》する事《こと》になり、擴張工事《くわくちやうこうじ》も既《すで》に九分《ぶ》通《どほ》り出來《でき》あがつてゐる。その新設發電所《しんせつはつでんじよ》の屋上《をくじやう》にのぼると、幾《いく》萬坪《まんつぼ》の工場《こうぢやう》の全景《ぜんけい》が一眸《ぼう》にあつまつて來《く》る。

「この邊《へん》は一帶《たい》に松林《まつばやし》で、墓地《ぼち》になつてゐました。愈々《いよいよ》事業《じげふ》に着手《ちやくしゆ》しようとして此地《ここ》にやつて來《き》た時《とき》、さて、どこに場所《ばしよ》を定《き》めようかと、私《わたし》は、あの丘《をか》の上《うへ》に立《た》つて、半日《はんにち》手《て》を組《く》んで考《かんが》へたものでした。」

日本海《にっぽんかい》から吹《ふ》いて來《く》る風《かぜ》に眉《まゆ》をあげながら高橋《たかはし》さんは云《い》つた。私《わたし》は、この簡單《かんたん》な言葉《ことば》の中《うち》に、單《たん》なる一漁港《ぎよかう》に過《す》ぎなかつた城津《じやうしん》を、獨力《どくりよく》を以《もつ》て、北鮮屈指《ほくせんくつし》の大工業都市《だいこうげふとし》にまで築《きづ》き上《あ》げた高橋《たかはし》さんの感慨《かんがい》を讀《よ》む事《こと》が出來《でき》た。

「どうです、高橋《たかはし》さん。」

H君《くん》が訊《き》いた。

「かうして、御自分《ごじぶん》のこしらへあげた大《おほ》きな事業《じげふ》を眺《なが》めて、どんな氣持《きもち》がします？」

「もの足《た》りませんなあ。」

「もの足《た》りない。こりやあ、驚《おどろ》いた。驚《おどろ》いたですなあ。」

H君《くん》は感嘆《かんたん》の叫《さけ》びをあげた。

「まだ、これからですよ。」

高橋《たかはし》さんは云《い》つた。高橋《たかはし》さんの眼《め》は、無限《むげん》の未來《みらい》を望《のぞ》んでゐるのだ。

私《わたし》は、今《いま》、小泉《こいづみ》さんの姿《すがた》を見《み》て、その時《とき》の高橋《たかはし》さんの姿《すがた》を聯想《れんさう》したのである。同《おな》じ眼眸《まなざし》なのだ。高橋《たかはし》さんのは無限《むげん》の未《み》來《らい》をのぞんでゐる。小泉《こいづみ》さんのは、遠《とほ》い過去《くわこ》に走《はし》せられてゐる。方向《はうかう》は違《ちが》ふが、同《おな》じ熱意《ねつい》に輝《かゞや》く眼眸《まなざし》なのである。

私《わたし》は、H君《くん》を顧《かへり》みて云《い》つた。

「朝鮮《てうせん》といふところは不思議《ふしぎ》なところだねえ。同《おな》じこの土《つち》の下《した》に、かうして二千年前《れんまへ》の文化《ぶんくわ》が眠《ねむ》つてゐる。同時《どうじ》に、豐富《ほうふ》な地下資源《ちかしげん》と共《とも》に、無限《むげん》の未來《みらい》が埋《うづ》められてゐる——。」

「さうですね。」

「過去《くわこ》と未來《みらい》とが、同時《どうじ》に發掘《はつくつ》されてゐるかたちがおもしろいぢやあないか？」

「うん。」

H君《くん》はうなづいたが、突然《とつぜん》、傍《かたはら》に立《た》つてゐた車《しや》××の胸《むね》に垂《た》れたコルムを引張《ひつぱ》つて見《み》せて、

「おい、君《きみ》のこの白《しろ》い胸《むね》の中《なか》には何《なに》がある？——」

「何《なあ》に？——

暑《あつ》さに喘《あへ》ぐ彼女《かのぢよ》の胸《むね》は、彈力《だんりよく》のある起伏《きふく》を見《み》せてゐた。

「こゝには、何《なに》が埋《うづ》まれてゐるのか？といふんだ。」

「それを發掘《はつくつ》するのは君《きみ》の役目《やくめ》さ。」

私《わたし》がさういふと、

「は、は、は！」

と、H君《くん》はライオンの鬚《ひげ》のやうなちゞれ髪《がみ》を微風《びふう》にそよがせながら笑《わら》つた。

「何《なに》を云《い》つてゐるの？。」

車《しや》××もつりこまれて微笑《びせう》した。

此《こ》の娘《むすめ》の胸《むね》の中《うち》にも、遠《とほ》い過去《くわこ》と、無限《むげん》の未來《みらい》とが同居《どうきよ》してゐるに違《ちが》ひ無《な》かつた。

くるりと身《み》をひるがへて歩《ある》き出《だ》した姿《すがた》の、その潑剌《けつらつ》たるうしろ姿《すがた》の中《うち》に、私《わたし》は、古《ふる》い朝鮮《てうせん》と新《あたら》しい朝鮮《てうせん》とを見《み》た。過去《くわこ》の朝鮮《てうせん》と未來《みらい》の朝鮮《てうせん》とを見《み》た。

「車《しや》ア公《こう》。まるで女學生《ぢよがくせい》のやうだな。」H君《くん》が云《い》つた。

「朝鮮《てうせん》の女《をんな》と云《い》へば、僕《ぼく》は、すぐ、あの間《ま》のびのした、かなしさうなアリランの歌《うた》を聯想《れんさう》したものだがね。彼女《あれ》は、まるでアメリカ娘《むすめ》のやうだ。」

私《わたし》が斯《か》う云《い》つた聲《こゑ》が、車《しや》の耳《みゝ》にとゞいたと見《み》える。こちらを振向《ふりむ》いて、

「私《わたし》は、日本《につぽん》の女《をんな》よ。」

「さうとも。朝鮮《てうせん》も日本《につぽん》も、大昔《おほむかし》にはおんなじ國《くに》だつたんだ同《おな》じ國《くに》が二《ふた》つに分《わか》れてゐた。それが、又《また》、元《もと》の鞘《さや》におさまつただけの話《はなし》さ。」

小泉《こいずみ》さんの眺《なが》めてゐるのは遠《とほ》い過去《くわこ》だ。そこでは朝鮮《てうせん》と日《につ》本《ぽん》の區別《くべつ》は無《な》かつた。高橋《たかはし》さんの望《のぞ》んでゐるのは無限《むげん》の未來《みらい》だ。高橋《たかはし》さんは私《わたし》の眼《め》には内地人《ないちじん》も朝鮮人《てうせんじん》も無《な》い私《わたし》の會社《くわいしや》では、内鮮人《ないせんじん》全《まつた》く平等《びやうどう》の待遇《たいぐう》をしてゐると云《い》つてゐたが、内鮮《ないせん》一體《たい》となつてその無限《むげん》の未來《みらい》に突進《とつしん》しつゝあるのが高橋《たかはし》さんだ。

小泉《こいずみ》さんと高橋《たかはし》さんとは、まるで反對《はんたい》の方角《はうがく》に眼《め》を向《む》けてゐるやうだが、實《じつ》は、同《おな》じものを見《み》てゐるのではないか？

——私《わたし》は、そんな事《こと》を考《かんが》へながら、船《ふね》の待《ま》つてゐる川緣《かはつぷち》の方《はう》へあるいた。

何處《どこ》かで、朝鮮鶯《てうせんうぐひす》が惚《ほ》けたやうに啼《な》いてゐた。（完）

朝鮮版へのことば

公爵　近衛文麿

新東亞建設を目指して大陸進出の目覺ましい今日、朝鮮半島の持つ政治的、經濟的文化的使命の重大性は玆に贅言を要する迄もない事である。銃後國民の間に朝鮮再檢討の機運が高まりつゝあるは欣快に堪へない所であり、玆に「朝鮮版」刊行の企圖あるを聞き現下の時局に相應しい計畫であると信ずる

朝鮮總督　南次郎

今次事變を契機として「朝鮮」の全貌は、未曾有の重要さを以て、全國民の眼前に展開され、躍進朝鮮の二千三百萬民衆は渾然一體となり興亞國策達成に邁進しつゝある。斯の時に當り「朝鮮版」刊行の擧は寔に時宜を得たものであり且內鮮一體の實を擧げる上にも、寄與するところ多々あるを信ずる。

中央協和會理事長　關屋貞三郎

支那事變發生以來、朝鮮全島にわたり內鮮一體の愛國運動は誠に眞情溢るゝ涙ぐましいものがありそれ等の事實は、旣に御承知の通り、枚擧に遑ない程である。是と相呼應するかの如く內地に於ても朝鮮に對する眞摯なる愛情が澎湃として起り、此の愛情に裏付けられた「朝鮮認識」の熱望は、日を追ふて昂まりつゝ國民運動の相貌を呈しつゝあるのである。

臨時增刊「朝鮮版」發刊の擧は、正に此の時代的潮流の具體的表現であると言へやう。勿論、朝鮮を愛する者ならば、等しく此の企圖に後援を惜しまない事と思ふが、私もその一人として支援の勞を厭はない心算である。

法學博士　下村海南

時局向きの刊行物が氾濫してゐる中にあつて、眞に恒久的なものと、單なるジャーナリストの目先だけのものとは嚴然區別さるべきである。今回の臨時

増刊「朝鮮版」の如き眞に恒久的な意義を持つものは、廣く一般に讀まれることを希望してゐる。

京城日報社副社長　御手洗辰雄

「朝鮮版」の刊行といふ様な事は、もつと早く出るべくして出なかつたものである。此の種刊行物としては全く先鞭を付けたものであるだけに、期待も大きいし又是非成功する様に希望してゐる。幸ひ私は現在朝鮮に關係を持つてゐるので、私の識る限り出來得る限りに於て、全的に應援を惜しまないつもりである。

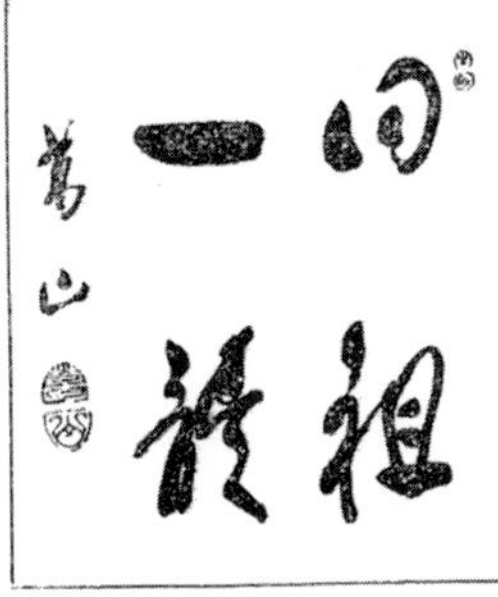

前拓務大臣　小磯國昭

朝鮮總督府圖書課　井手勇

朝鮮が一人にでも多く知られることは朝鮮に住んで居る者にとつて喜ばしいことである。モダン日本で「朝鮮版」を出すさうだがとんな意味から見事な出來ばえを祈つてやまぬ。遠いところから久し振に友人が歸つて來るやうな樂しさと待遠さもある。

菊池寛

今度モダン日本社から臨時増刊「朝鮮版」を出すと云ふ事を聞いたが誠に良い企てゞあると思ふ。朝鮮と云へば、金剛山と妓生位しか一般には知られてゐないのではないかと思ふ。朝鮮にも文壇があり多くの作家がゐるらしいが、未だその作品に接した事はない。

幸ひ今度の増刊には、多數の朝鮮作品を紹介するらしいから、それだけでも樂しみであり、大いに期待したい。

時局下に有意義な事業であるから、馬君にとつてもやり甲斐のある仕事だと思ふ。數年來この計畫を持つてゐたらしいから、多分良いものが出來るだらうと思ふが、もしそうだつたら日本中の讀書人が一人でも多く讀んで貰ひたい。

内鮮一体論

御手洗辰雄

英國人《えいこくじん》の血《ち》が決《けつ》して單《たん》一なものではなく、種々様々《しゆぐさまざま》な種族《しゆぞく》の復合混血《ふくがふこんけつ》に成《な》つてゐる事《こと》は今更《いまさ》ら言《い》ふまでもない。而《しか》も、今日《こんにち》世界《せかい》を我物顔《わがものがほ》に横行《わうかう》してゐるとの英國人《えいこくじん》も、四百年前《ねんぜん》、七百年《ねん》前《ぜん》にはノルマン人《じん》やサクソン人《じん》、或《あるひ》はケルト族《ぞく》とチウトン族等《ぞくとう》が、互《たがひ》に苛烈極《かれつきは》まる民族闘爭《みんぞくとうさう》を繰返《くりかへ》し、絶對相容《ぜつたいあひい》れない仇敵《きうてき》關係《くわんけい》にあつたものである。

その諸異族《しよいぞく》が、どうして今日《こんにち》のやうに一切《さい》の對立《たいりつ》や差別《さべつ》を捨《す》て、渾然《こんぜん》たるアングロ・サクソン民族《みんぞく》となり、大英國民《だいえいこくみん》としての繁榮《はんえい》を享受《きやうじゆ》する事《こと》となつたか。それはヨーロッパ大陸《たいりく》に於《お》ける諸民族活動《しよみんぞくくわつどう》の影響《えいきやう》による、ブリタニアの環境《くわんきやう》がさうせざるを得《え》ざらしめ、而《しか》して數世紀《すうせいき》に亘《わた》る歴史的《れきしてき》な時間《じかん》がとれを完成《くわんせい》せしめたものである。地理的《ちりてき》、或《あるひ》は民族的環境《みんぞくてきくわんきやう》や條件《でうけん》が、如何《いか》に一體化《たいくわ》を要求《えうきう》しても、人間《にんげん》の融和《ゆうわ》は時《とき》の力《ちから》を藉《か》らなければ出來《でき》るものではない。日本《につぽん》は現《げん》に、その内部《ないぶ》につい最近《さいきん》、お互《たがひ》の現《げん》實《じつ》に承知《しようち》してゐ十數年前迄《すうねんぜんまで》、差別觀念《さべつくわんねん》を清算《せいさん》し切《き》れず、長《なが》い因《いん》習《しふ》に苦《くる》しめられてゐた事實《じじつ》すらある。

内鮮兩族《ないせんりやうぞく》はケルトとチウトン、ノルマン人《じん》とサクソン人《じん》のやうな異種族《いしゆぞく》では固《もと》よりない。學者《がくしや》の研究《けんきう》を俟《ま》つまでもなく、容《よう》貌骨骼《ばうこつかく》、乃至《ないし》は言語習慣等《げんごしふくわんとう》を見《み》れば、近縁《きんえん》と言《い》ふよりむしろ同《どう》一種族《しゆぞく》に屬《ぞく》する事明《ことあき》らかである。その一見異種族《けんいしゆぞく》のやうに見《み》えると言《い》ふのは、二千年《ねん》に亘《わた》る大陸《たいりく》と島國《しまぐに》との分立《ぶんりつ》の結果《けつくわ》であつて、とれを還元《くわんげん》して同根《どうこん》に歸《き》する事《こと》は、江北《かうほく》の枳《きこく》を橘《たちばな》に還《かへ》すよりも自然《しぜん》であり、容易《ようい》な業《わざ》である。

今吾々《いまわれ〳〵》は太祖《たいそ》に復《かへ》つて一元《げん》に歸《き》した。併《しか》し、還元《くわんげん》三十年《ねん》の今日《こんにち》、尚《なほ》、內地人《ないちじん》と半島人《はんたうじん》との融和《ゆうわ》は完全《くわんぜん》とは言《い》へない。差別《さべつ》は依然《いぜん》として分明《ぶんめい》である。法律制度《はふりつせいど》を始《はじ》め、政治上《せいぢじやう》、社會上《しやくわいじやう》、人間《にんげん》の手《て》で撤廢《てつぱい》し得《う》る差別《さべつ》が殘《のこ》されてゐる。殘《のこ》されて居《ゐ》ると言《い》ふより、まだ差別《さべつ》の方《はう》が多《おほ》い狀態《じやうたい》である。最《もつと》も手近《てぢか》い例《れい》を擧《あ》げれば、半島人《はんたうじん》には參政權《さんせいけん》がない。兵役《へいえき》の義務《ぎむ》もない。內地《ないち》に旅行《りよかう》するには證明書《しようめいしよ》が要《い》る。官公吏《くわんこうり》は內地人《ないちじん》だけに特別手當《とくべつてあて》が出《で》る。或《あ》る種《しゆ》の地位《ちゐ》には半島人《はんたうじん》を取《と》らぬやうな慣例《くわんれい》もある。これは官公吏《くわんこうり》ばかりではなく民間《みんかん》にもこれに類似《るゐじ》の事實《じじつ》が少《すく》なくない。不平等《ふびやうどう》と差別《さべつ》は數《かぞ》へ上《あ》げればいくらでもある。

半島人中《はんたうじんちう》のある者《もの》は、これらの事實《じじつ》を捉《とら》へて不公平《ふこうへい》を叫《さけ》び、社會的波紋《しやくわいてきはもん》をさへ捲起《まきおこ》さうとした事《こと》が一再《さい》ではない。今日《こんにち》でもこの不平《ふへい》は相當《さうたう》の熱《ねつ》をもつて訴《うつた》へられつゝある。內地人《ないちじん》、特《とく》に爲政者《ゐせいしや》の側《がは》では、殊更《ことさら》にこの問題《もんだい》に觸《ふ》れる事《こと》を避《さ》ける傾向《けいかう》があつた。思慮《しりよ》を缺《か》く急進的《きふしんてき》な不平《ふへい》は固《もと》より戒《いまし》めねばならぬがされぱと言《い》つてこの現實《げんじつ》に眼《め》を塞《ふさ》ぐ事《こと》も亦愚《またぐ》の骨頂《こつちやう》であり、誠意《せいい》と眞實《しんじつ》に缺《か》くるものと言《い》ふべきであらう。吾々《われ〳〵》は勇敢《ゆうかん》に、卒直《そつちよく》にこの差別《さべつ》の現實《げんじつ》を認識《にんしき》し、これを檢討《けんたう》すべきである。かくしてこそ始《はじ》めて、眞《しん》の內鮮《ないせん》一體《たい》、無差別平等《むさべつびやうどう》の皇國臣民《くわうこくしんみん》となり得《う》る事《こと》を覺《さと》らねばならぬ。悪意《あくい》の差別誇示《さべつこじ》や、對立激化《たいりつげきくわ》のための不平等詮索《ふびやうどうせんさく》などは、固《もと》より斷乎《だんこ》として排擊《はいげき》せねばならぬが、眞《しん》の融合《ゆうがふ》、眞《しん》の一體化《たいくわ》のためには、現實《げんじつ》の正確《せいかく》な認識《にんしき》なくして出來《でき》るものではない。

爲政者《ゐせいしや》も民衆《みんしう》も、この點《てん》に十二分《ぶん》の反省熟慮《はんせいじゆくりよ》がなければならぬ。半島知識層《はんたうちしきそう》の有力者中《いうりよくしやちう》には、常《つね》に內鮮差別撤廢《ないせんさべつてつぱい》を唱《とな》へ、區《く》區たる末節《まつせつ》の一つ〳〵を拾《ひろ》ひ上《あ》げては不平《ふへい》を訴《うつた》へ、絕望的憤懣《ぜつばうてきふんまん》をすら洩《も》らして、その影響《えいきやう》するところを顧《かへり》みぬやうな人《ひと》が少《すく》なくない。知識人《ちしきじん》であればある程《ほど》、その傾向《けいかう》は强《つよ》い。就中半島《なかんづくはんたう》インテリ、特《とく》に言論《げんろん》や文章《ぶんしやう》に與《たづさ》はる人々《ひと〴〵》の大部分《だいぶぶん》が、その輕卒《けいそつ》、淺慮《せんりよ》な病弊《びやうへい》に囚《とら》はれて居《ゐ》る有様《ありさま》である。

二千年《ねん》の分立《ぶんりつ》が、僅々《きん〳〵》三十年《ねん》そこ〳〵の合作《がつさく》によつて完全《くわんぜん》に融合《ゆうがふ》し、差別《さべつ》の撤廢《てつぱい》が出來《でき》やうか。事業會社《じげふくわいしや》の合併《がつぺい》でも、完全《くわんぜん》に統合《とうがふ》されるまでには五年《ねん》や十年《ねん》の歲月《さいげつ》は要《えう》する。二千年《ねん》の分立《りつ》を清算《せいさん》するためには、同《おな》じく歷史的《れきしてき》な時間《じかん》が必要《ひつえう》である。アングロ・サクソン民族《みんぞく》の生成《せいせい》には數世紀《すうせいき》、殆《ほと》んど一千年《ねん》の歲月《さいげつ》を要《えう》してゐる。吾々《われ〳〵》は內鮮《ないせん》の差別撤廢《さべつてつぱい》、完全融合《くわんぜんゆうがふ》に、それ程《ほど》の長年月《ちやうねんげつ》を要《えう》するとは固《もと》より考《かんが》へて居《ゐ》らぬが少《すく》なくも三十年《ねん》や五十年《ねん》を以《も》つてしては如何《いかん》ともし難《がた》い事《こと》だけは覺悟《かくご》しなければならぬ。吾々《われ〳〵》は嘗《か》つて戰《たゝか》つた歷史《れきし》をもつて居《ゐ》る。幾度《いくど》も干戈《かんくわ》を執《と》つた事《こと》は事實《じじつ》である。けれどもアングロ・サクソンを生成《せいせい》した諸民族同志《しよみんぞくどうし》のやうな、凄慘《せいさん》、酷烈《こくれつ》な民族鬪爭《みんぞくとうさう》、仇敵關係《きうてきくわんけい》は未《いま》だ經驗《けいけん》した事《こと》はない。鬪爭《とうさう》よりも平和《へいわ》、對抗《たいかう》よりも修交《しうかう》の時代《じだい》が遙《はる》かに多《おほ》い。否《いな》むしろ敦睦《とんぼく》、或《あるひ》は一家《か》の關係《くわんけい》にあつた時間《じかん》の方《はう》が遙《はる》かに長《なが》い。對立《たいりつ》や戰爭《せんさう》は永《なが》い歷史上《れきしじやう》のある數頁《すうぺーじ》、時間的《じかんてき》に言《い》へば瞬間的《しゆんかんてき》なアクシデントに過《す》ぎなかつた。

この吾々《われ〳〵》が、アングロ・サクソンに出來《でき》た融合《ゆうがふ》、新生創造《しんせいさうざう》でどうして出來《でき》なからうか。これを疑《うたが》ふ者《もの》は日本歷史《にっぽんれきし》の數頁《すうぺーじ》を繙《ひもと》くべきである。太古以來《たいこいらい》、兩族《りやうぞく》の間《あひだ》に如何《いか》なる交渉《かうせふ》が行《おこな》はれて居《ゐ》つたか。現在《げんざい》の日本民族《にっぽんみんぞく》が生成《せいせい》されて以後《いご》、幾何《いくばく》の半島民族《はんたうみんぞく》や漢民族《かんみんぞく》が、吸收《きふしう》されてゐる事《こと》か。古事記《こじき》や日本書記《にほんしよき》の上代《じやうだい》には、何朝《なにてう》と雖《いへど》、その史實《しじつ》の無《な》い時代《じだい》はない。平安朝《へいあんてう》となつてもこの吸收《きふしう》は續《つゞ》けられて居《ゐ》るが、それ以前《いぜん》の歸化民族《きくわみんぞく》は、恐《おそ》らく當時《たうじ》の我人口《わがじんこう》の何割《なんわり》と言《い》ふ高率《かうりつ》に當《あた》るものと推算《すゐさん》される。姓《せい》氏錄では神別《しんべつ》、皇別《くわうべつ》に對《たい》し蕃別《ばんべつ》があり、如何《いか》に多數《たすう》の高麗《こま》、百濟《くだら》、新羅《しらぎ》、或《あるひ》は漢人《かんじん》の渡來歸化《とらいきくわ》があつたかを示《しめ》して居《ゐ》る。

而《しか》も千餘年《よねん》を經《へ》た今日《こんにち》、日本民族《にっぽんみんぞく》の何處《どこ》に異種族的差別《いしゆぞくてきさべつ》が殘《のこ》つて居《ゐ》るか。現代《げんだい》のみではない。德川時代《とくがはじだい》にも、否《いな》、足利時代《あしかゞじだい》にも、源平時代《げんぺいじだい》にも、旣《すで》に皇別《くわうべつ》、蕃別《ばんべつ》などの種族的差別《しゆぞくてきさべつ》は消滅《せうめつ》し去《さ》つて居《ゐ》つた。現在《げんざい》の吾々《われ〳〵》日本民族《にっぽんみんぞく》の血《ち》の中《なか》には、何人《なんびと》と雖《いへど》何程《なにほど》かの大陸《たいりく》の血《ち》を混《こん》じてゐないものはない。それ程完全《ほどくわんぜん》に渾《こん》融《ゆう》し切《き》つてゐるのである。それ程內鮮兩族《ほどないせんりやうぞく》は近緣《きんえん》であり、迅速《じんそく》に融合歸一《ゆうがふきいつ》し得《う》るのである。これを成《な》さしめたのは歷史的《れきしてき》な時間《じかん》であつた。

筆者《ひつしや》の尊敬《そんけい》する、ある最《もつと》も有力《いうりよく》な半島《はんたう》の新聞人《しんぶんじん》が、得々《とく〳〵》として『朝鮮人《てうせんじん》は大和民族《やまとみんぞく》にはなれぬが日本人《にっぽんじん》にはなれる』と語《かた》つた事《こと》がある。この人《ひと》の見解《けんかい》に從《したが》へば內鮮《ないせん》一體《たい》は砂上《さじやう》の樓閣《ろうかく》であり、夢《ゆめ》である。大和民族《やまとみんぞく》の何者《なにもの》かを知《し》らず、日本民族《にっぽんみんぞく》の生成史《せいせいし》など固《もと》より知《し》らぬものに相違《さうゐ》ない。現存《げんそん》する武藏國入間郡狛村《むさしのくにいるまぐんこまむら》の高麗氏《こまし》一統《とう》を大和民族《やまとみんぞく》でないと言《い》へるか。東京向島《とうきやうむかふじま》の白鬚明《しらひげみやう》神《じん》の神體《しんたい》は高麗王《こまわう》であり、これを氏子《うぢこ》とする關東《くわんとう》の民衆《みんしう》はみな高麗人《こまじん》であるが、江戶《えど》つ子《こ》の中《なか》に多數《たすう》の非大和民族《ひやまとみんぞく》ありと誰《だれ》が考《かんが》へるであらうか。大和民族《やまとみんぞく》にはなれぬが日本人《にっぽんじん》にはなれるとの思想《しさう》は、それ自身差別的宿命觀《じしんさべつてきしゆくめいくわん》であり、ある意味《いみ》に於《お》ける危險思想《きけんしさう》である。

この思想《しさう》に對蹠《たいしよ》するものが、內地人《ないちじん》の優越感《いうえつかん》であり、半島人《はんたうじん》に對《たい》する無理解《むりかい》、短慮《たんりよ》な同化不能觀《どうくわふのうくわん》である。日本民族《にっぽんみんぞく》の血《ち》の中《なか》には、朝鮮《てうせん》、支那《しな》は愚《おろ》か、生蕃《せいばん》やマレイ人《じん》や、ネグリート人《じん》、果《は》ては猶太人《ユダヤじん》の血《ち》さへ旣《すで》に數世紀前《すうせいきぜん》から混《こん》じて居《ゐ》る。萬邦《ばんぽう》と協《けふ》和《わ》し、百姓《せい》を昭明《せうめい》し、同化偕樂《どうくわかいらく》し得《う》るのが日本民族本然《にっぽんみんぞくほんぜん》の姿《すがた》であり、これは世界《せかい》に誇《ほこ》り得《う》る我《わ》が民族《みんぞく》の長所《ちやうしよ》である。これあるがために四方《はう》を拓開《たくかい》し、如何《いか》なる文化《ぶんくわ》と雖《いへども》、吸收攝取《きふしうせつしゆ》、吾《わ》が本然《ほんぜん》を失《うしな》はずして他《た》の長《ちやう》を取《と》り、生々不息《せいせいふそく》の成長發展《せいちやうはつてん》を、天地《てんち》と共《とも》に享《う》け得《う》るのである。この特質《とくしつ》を忘《わす》れる愚《おろ》か者《もの》が、內地人《ないちじん》の中《なか》に頗《すこぶ》る多《おほ》い。

內鮮一體《ないせんいつたい》は、東亞《とうあ》の環境《くわんきやう》が命《めい》ずる自然《しぜん》の制約《せいやく》である。科學文明《くわがくぶんめい》が發達《はつたつ》し、大國家群時代《だいこくかぐんじだい》となつた今日以後《こんにちいご》、少數民族《せうすうみんぞく》の割據《かつきよ》的存在《てきそんざい》は次第《しだい》に不可能《ふかのう》となつて來《く》る。內鮮兩族《ないせんりやうぞく》は最早分立《もはやぶんりつ》しては生存《せいぞん》を容《ゆる》されない。啻《たゞ》に內鮮兩族《ないせんりやうぞく》のみならず、東亞《とうあ》の全民族《ぜんみんぞく》は一の共同運命體《きようどううんめいたい》として、合作協力《がつさくけふりよく》しなければ生存《せいぞん》し得《え》ない時代《じだい》となつた。西洋《せいやう》の侵略《しんりやく》がさう仕向《しむ》けてゐるのである。米國《べいこく》は武裝《ぶさう》モンロー主義《しゆぎ》を大膽《だいたん》に宣言《せんげん》して、南北兩米《なんぼくりやうべい》の協同生存《けふどうせいぞん》を主張《しゆちやう》し、七花《くわ》八裂《れつ》の歐羅巴《ヨーロッパ》も、次第《しだい》に合併統一《がつぺいとういつ》されつゝある。支那事變《しなじへん》は實《じつ》に、東洋協同生存《とうやうけふどうせいぞん》への血《ち》の洗禮《せんれい》である。吾々《われわれ》はこの戰《たゝかひ》の廢墟《はいきよ》から、必《かなら》ず東亞民族協同體《とうあみんぞくけふどうたい》の誕生《たんじやう》して來《く》る事《こと》を確信《かくしん》してゐる。

この協同體《けふどうたい》の中心《ちゆうしん》となる者《もの》は言《い》ふまでもなく日本《にっぽん》である。朝鮮《てうせん》は完全《くわんぜん》な大日本國民《だいにっぽんこくみん》を生成《せいせい》する事《こと》によつて、この東洋協同體《とうやうけふどうたい》の中心礎石《ちゆうしんそせき》となる運命《うんめい》にある。現在《げんざい》の小差別《せうさべつ》、區々《くく》たる目前《もくぜん》の小利害《せうりがい》に目角《めかど》を立《た》てゝ不公平《ふこうへい》を叫《さけ》び、不滿《ふまん》を訴《うつた》ふる者《もの》の如《ごと》きは時《とき》の力《ちから》の偉大《ゐだい》さを知《し》らぬ近視眼的愚者《きんしがんてきぐしや》である。愚《おろ》かな優越感《いうゑつかん》に自覺《じかく》を失《うしな》つた內地人《ないちじん》は、日本民族《にっぽんみんぞく》の偉大《ゐだい》なる特性《とくせい》を知《し》らぬ痴呆《ちはう》であり、日本人《にっぽんじん》にして日本人《にっぽんじん》ではない。

三十年以前《ねんいぜん》と今日《こんにち》とを較《くら》べて見《み》れば、そこには眞《しん》に隔世的《かくせいてき》な同化《どうくわ》と融合《ゆうがふ》が旣《すで》に進行《しんかう》してゐる。法律制度《はふりつせいど》の上《うへ》に於《おい》ては言《い》ふまでもなく、衣食《いしよく》や風俗習慣《ふうぞくしふくわん》、日常生活《にちじやうせいくわつ》の些事《さじ》に至《いた》るまで激變《げきへん》を起《おこ》しつゝある。特《とく》に半島民衆《はんたうみんしう》の精神文化《せいしんぶんくわ》に至《いた》つては數世紀《すうせいき》に値《あたひ》する程《ほど》の變化《へんくわ》を起《おこ》してゐる。世界《せかい》の何處《どこ》に、又歷史《またれきし》の何處《どこ》に、朝鮮《てうせん》の民衆《みんしう》が今《いま》、日本化《にっぽんくわ》しつゝある程《ほど》の急激《きふげき》にして顯著《けんちよ》な變化《へんくわ》を起《おこ》した事實《じじつ》があるか。藉《か》すに歷史的時間《れきしてきじかん》を以《もつ》てせよ。吾々《われわれ》は世界第《せかいだい》一の大日本國民《だいにっぽんこくみん》となるであらう。仇敵同志《きうてきどうし》から大英國《だいえいこく》民《みん》となり得《え》たアングロ・サクソンに出來《でき》た事《こと》が、同《どう》一祖先《そせん》から出《で》た同《どう》一民族《みんぞく》の吾々《われわれ》にどうして出來《でき》ない事《こと》があらうか。

淺見《せんけん》と短慮《たんりよ》を戒《いまし》めたい。歷史《れきし》の大《おほ》いなる流《なが》れに立《た》つて、東亞《とうあ》の大局《たいきよく》を眺《なが》める事《こと》が何《なに》よりも必要《ひつえう》である。

（九月《ぐわつ》十一日《にち》京城旅舍《けいじやうりよしや》にて）

内鮮一體と協和事業

中央協和會理事長
貴族院議員　關屋貞三郎

朝鮮《てうせん》の同胞《どうはう》は併合《へいがふ》の當初《たうしよ》から一視《し》同仁《どうじん》の大御心《おほみこゝろ》の下《もと》に均《ひと》しく陛下《へいか》の赤子《せきし》たるに於《おい》て内鮮《ないせん》の差別《さべつ》はないのである。今日《こんにち》「内鮮《ないせん》一體《たい》」といふ事《こと》が官民《くわんみん》に依《よつ》て強調《きやうてう》されて居《ゐ》るが、始政當時《しせいたうじ》に用《もち》ひられた「桑槿《さうきん》一家《か》」といふ言葉《ことば》も亦《また》内鮮《ないせん》一體《たい》の同義語《どうぎご》たるは言《い》ふまでもない。斯様《かやう》に其《そ》の當初《たうしよ》より内鮮《ないせん》一體《たい》の精神《せいしん》は一貫《くわん》して居《ゐ》るが、歴史《れきし》、言語《げんご》、風習等人文的要素《ふうしふとうじんぶんてきえうそ》を異《こと》にし民族生活《みんぞくせいくわつ》を別《べつ》にして來《き》た關係《くわんけい》から、政治《せいぢ》、經濟《けいざい》、社會各般《しやくわいかくはん》に亘《わた》りて急速《きふそく》に一律《りつ》無差別《むさべつ》の取扱《とりあつかひ》を爲《な》す事《こと》は種々《しゆぐ》の關係《くわんけい》が許《ゆる》さないから、朝鮮總督府《てうせんそうとくふ》といふ特殊行政機構《とくしゆぎやうせいきこう》の下《もと》に歴代《れきだい》の當局《たうきよく》は時勢《じせい》に適應《てきおう》して夫々《それぐ》の立場《たちば》に於《おい》て漸次《ぜんじ》にそして堅實《けんじつ》に内鮮《ないせん》一體化方策《たいくわはうさく》を進《すゝ》め來《きた》つたものである。乍併前申《しかしながらまへまを》した種々《しゆぐ》の民族的特異性《みんぞくてきとくいせい》が存在《そんざい》して居《ゐ》るにしても、日本國民《につぽんこくみん》として一律平等《りつびやうどう》となるには其《そ》の精神《せいしん》に於《おい》て、皇國《くわうこく》臣民《しんみん》たる充分《じうぶん》の資格《しかく》が備《そなは》りさへすれば形式《けいしき》は敢《あへ》て當面《たうめん》の問題《もんだい》ではない。それには半島《はんたう》の同胞《どうはう》として先《ま》づ與《あた》へらるべきものを求《もと》むる前《まへ》に自《みづか》ら與《あた》へらるゝに應《ふさ》はしき環境《くわんきやう》を打開《だかい》する事《こと》が必要《ひつえう》であり、内地《ないち》の官民《くわんみん》としても一日《にち》も早《はや》く其《そ》の環境《くわんきやう》の打開《だかい》に協力《けふりよく》し、内《ない》鮮《せん》一體《たい》の完成《くわんせい》に努《つと》むる事《こと》を崇高《すうかう》の任務《にんむ》としなければならぬ。

然《しか》るに曩《さき》の滿洲事變《まんしうじへん》から續《つゞ》いて今次《こんじ》の支《し》那事變《なじへん》は、半島《はんたう》の國民的自覺《こくみんてきじかく》を高《たか》め國體觀《こくたいくわん》念《ねん》を強《つよ》める上《うへ》に千載《さい》一遇《ぐう》の好機會《かうきくわい》であつた。殊《こと》に此《こ》の支那事變《しなじへん》に於《おい》て半島同胞《はんたうどうはう》に依《よつ》て示《しめ》されつゝある所《ところ》の銃後愛國《じうごあいこく》の熱誠《ねつせい》はまことに感激《かんげき》そのものであつて、從來《じうらい》の漸進《ぜんしん》的《てき》なる内鮮《ないせん》一體《たい》の施設《しせつ》は今《いま》や飛躍的《ひやくてき》な急進《きふしん》的《てき》な段階《だんかい》に進《すゝ》み、當局《たうきよく》の積極的《せききよくてき》な施設《しせつ》は著く々として其《そ》の實績《じつせき》を示《しめ》しつゝあるもの少《すくな》からざるは半島《はんたう》の爲《ため》には勿論《もちろん》、邦家《はうか》の爲《ため》眞《しん》に同慶《どうけい》に堪《た》へないのである。私《わたし》が近年數回朝《きんねんすうくわいてう》鮮《せん》へ參《まゐ》つて感《かん》じた事《こと》は、半島《はんたう》に於《お》ける人達《ひとたち》の考《かんが》へ方《かた》や態度《たいど》が非常《ひじやう》に變化《へんくわ》して少《すこ》しも圈《けん》外《ぐわい》の地《ち》へ行《い》つたといふ氣持《きもち》はなく、或《あるひ》は九州《しう》へ或《あるひ》は東北《とうほく》へ行《い》つたと同樣《どうやう》な親《した》しさと氣《き》易《やす》さを覺《おぼ》えるのである。之《これ》は何《なん》と申《まを》しても半島《はんたう》の情勢《じやうせい》の劃期的《くわくきてき》な進歩《しんぽ》と認《みと》めなければならぬ。經濟《けいざい》、產業《さんげふ》、文化《ぶんくわ》の發展《はつてん》に於《おい》ても往年《わうねん》と比《ひ》して隔世《かくせい》の感《かん》ある事《こと》も勿論《もちろん》である。そこで玆《こゝ》に我等《われら》として考《かんが》へねばならぬ事《こと》は、斯樣《かやう》に精神的《せいしんてき》にも物質的《ぶつしつてき》にも喜《よろこ》ばしい進歩《しんぽ》を來《きた》し、皇國臣民《くわうこくしんみん》としての自覺《じかく》が高《たか》まつて居《ゐ》る半島《はんたう》に對《たい》して他日失望《たじつしつばう》の念《ねん》を起《おこ》させる事《こと》のないやうにありたいといふ事《こと》である。それには半島《はんたう》の同胞《どうはう》の間《あひだ》に國民的自《こくみんてきじ》覺《かく》を一層高《そうたか》めると共《とも》に、爲政當局始《ゐせいたうきよくはじ》め一般《ぱん》內地官民《ないちくわんみん》が內鮮一體化《ないせんたいくわ》に障碍《しやうがい》となる有《あ》らゆる事情《じじやう》を省察《しやうさつ》して其《そ》の處理《しより》に邁《まい》進《しん》する事《こと》が肝要《かんえう》と思《おも》ふ。素《もと》より今日《こんにち》と雖《いへど》も完全《くわんぜん》な內鮮《ないせん》一體《たい》の形式《けいしき》は整《とゝの》へ難《がた》いのであるが、之《これ》に向《むか》つて一日《にち》も早《はや》く到達《たうたつ》するやうに有《あ》らゆる深切《しんせつ》な方法《はうはふ》を講《かう》じ、陛下《へいか》の赤子《せきし》をして眞《しん》に心《こゝろ》から皇國臣民《くわうこくしんみん》たるの誇《ほこ》りを持《も》たせる事《こと》が急務《きふむ》である。同時《どうじ》に朝鮮《てうせん》は單《たん》に內地《ないち》の利益《りえき》のみの爲《ため》に存在《そんざい》するといふやうな考《かんが》へ方《かた》は斷《だん》じて排《はい》しなければならぬ。又大陸經營《またたいりくけいえい》に專念《せんねん》して半島《はんたう》を忽《おろ》そかにするやうな事《こと》も嚴《げん》に警《いまし》むべきである。同時《どうじ》に又半島《またはんたう》の同胞《どうはう》も其《そ》の一般國民生活《ぱんこくみんせいくわつ》の水準《すゐじゆん》を自《みづか》らの努力《どりよく》で向上《かうじやう》させ、堂々《だう〳〵》たる國民大衆《こくみんたいしう》たる地位《ちゐ》の獲《くわく》得《とく》に精進《しやうじん》すべきであらう。自《みづか》ら侮《あなど》りて人之《ひとこれ》を侮《あなど》る。自《みづか》ら卑下《ひげ》し枉屈《わうくつ》する事《こと》なく、其《そ》の向上發展《かうじやうはつてん》に努力《どりよく》するだけの氣魄《きはく》を示《しめ》して欲《ほ》しいものである。

皇國臣民ノ誓詞

一 我等ハ皇國臣民ナリ忠誠以テ君國ニ報セン

二 我等皇國臣民ハ互ニ信愛協力シ以テ團結ヲ固クセン

三 我等皇國臣民ハ忍苦鍛錬力ヲ養ヒ以テ皇道ヲ宣揚セン

南次郎

此《こ》の機會《きくわい》に於《おい》て最近結成《さいきんけつせい》された協和事業《けふわじげふ》に付《つい》て一言《げん》したい。內地《ないち》に在住《ざいぢう》する半島出《はんたうしゆつ》身《しん》の同胞《どうはう》は近年著《きんねんいちじる》しく其《そ》の數《すう》を增加《ぞうか》して昨年末《さくねんまつ》に於《おい》て既《すで》に八十萬人《まんにん》といふ數《かず》に上《のぼ》り、特《とく》に最近內地產業界《さいきんないちさんげふかい》の殷賑《いんしん》の影響《えいきやう》を受《う》け益々《ます〳〵》其《そ》の增加率《ぞうかりつ》を高《たか》めつゝある狀態《じやうたい》である。然《しか》るに是等《これら》の人々《ひと〴〵》は其《そ》の言語《げんご》、風習其《ふうしふそ》の他文化敎養《たぶんくわけうやう》の程度等《ていどとう》に於《おい》て甚《はなは》だしく相違《さうゐ》するので、內地《ないち》に在《あ》りて日本在來《につぽんざいらい》の社會生《しやくわいせい》活中《くわつちう》に融《と》け込《こ》むには種々《いろいろ》の支障《ししやう》があり、之《これ》を放任《はうにん》する時《とき》は是等《これら》の人々《ひとびと》の幸福《かうふく》の爲《ため》にも又國民《またこくみん》の協調諧和《けふてうかいわ》の爲《ため》にも遺憾《ゐかん》なる事象《じしやう》を招來《せうらい》し、此《こ》の儘徒ら歳月《さいげつ》を過《すご》す時《とき》は益々《ますます》深刻《しんこく》なる社會問題《しやくわいもんだい》を現出《げんしゆつ》して來《く》る次第《しだい》であるから、政府《せいふ》に於《おい》ても夙《つと》に此《こ》の間《かん》の事情《じじやう》を省慮《しやうりよ》せられ昭和《せうわ》十二年《ねん》より內地同化《ないちどうくわ》の基調《きてう》の下《もと》に半島出身同胞《はんたうしゆつしんどうはう》の生活改善《せいくわつかいぜん》、教育教化《けういくけうくわ》の普及徹底等各般《ふきふてつていとうかくはん》の事業《じげふ》の實施《じつし》に着手《ちやくしゆ》し、主要府縣《しゆえうふけん》に於《おい》ても之《これ》に順應《じゆんおう》して其《そ》の外廓《ぐわいくわく》たる協和事業團體《けふわじげふだんたい》を組織《そしき》して事業《じげふ》の遂行《すゐかう》に當《あた》つた。是等地方團體《これらちはうだんたい》の中《なか》には現《げん》に事業《じげふ》を開《かい》始《し》し相當效果《さうたうかうくわ》を擧《あ》げつゝあるもの例《たと》へば大阪府協和會《おほさかふけふわくわい》の如《ごと》きものもある。併《しか》し乍《なが》ら內《ない》地在住半島同胞《ちざいぢうはんたうどうはう》の居住《きよぢう》は移動性《いどうせい》が甚《はなはだ》しく且又是等《かつまたこれら》の同胞《どうはう》を對象《たいしやう》としての施設《しせつ》なり斡《あつ》旋《せん》なりは極《きは》めて周到《しうたう》なる配慮《はいりよ》の下《もと》に行《おこな》はれなければ協和事業團體《けふわじげふだんたい》の機能《きのう》を充分《じうぶん》に發揮《はつき》し所期《しよき》の目的《もくてき》を圓滑《ゑんくわつ》に達成《たつせい》する事《こと》は難《むづ》かしく、從《したが》つて全國的《ぜんこくてき》に有機的《いうきてき》な活動《くわつどう》を必要《ひつえう》とするのである。更《さら》に又內地諸學校在學《またないちしよがくかうざいがく》の半《はん》島青年學生《たうせいねんがくせい》は在京《ざいきやう》のみにて約《やく》一萬《まん》を數《かぞ》へ、是等《これら》の人々《ひとびと》は將來國民《しやうらいこくみん》の中堅《ちうけん》として指導的《しだうてき》立場《たちば》に立《た》つて內鮮《ないせん》一體《たい》の關係《くわんけい》を確立《かくりつ》して行《ゆ》く爲《ため》の楔《くさび》ともなり、其《そ》の言動《げんどう》は頗《すこぶ》る重要性《ぢうえうせい》を有《いう》するものであるから、是等青年學徒《これらせいねんがくと》に對《たい》する懇切《こんせつ》にして情味《じやうみ》ある指導誘掖《しだういうえき》は協和《けふわ》事業遂行上《じげふすゐかうじやう》は勿論現下《もちろんげんか》の時局《じきよく》よりするも極《きは》めて重要且急務《ぢうえうかつきふむ》とすべきである。

右樣《うやう》の次第《しだい》で協和事業團體《けふわじげふだんたい》の中樞《ちうすう》となるべき中央機關《ちうあうきくわん》の設立《せつりつ》が熱心《ねつしん》に要望《えうばう》さるゝに至《いた》つたので、政府當局《せいふたうきよく》に於《おい》ては其《そ》の事情《じじやう》を省察《しやうさつ》されて中央協和會創立《ちうあうけふわくわいさうりつ》に付《つい》て種々研究《しゆじゆけんきう》の上《うへ》、偶々民間有力者《たまたまみんかんいうりよくしや》からの贊襄《さんじやう》もあつたので、昨昭和《さくせうわ》十三年《ねん》十一月《ぐわつ》に關係者《くわんけいしや》の間《あひだ》で中央協和會設立《ちうあうけふわくわいせつりつ》が議《ぎ》せられ不肖私《ふせうわたし》が理事長《りじちやう》に推《お》され、洵《まこと》に容易《ようい》ならぬ事業《じげふ》であり、其《そ》の職責《しよくせき》を果《はた》し得《う》るや否《いな》や顧《かへり》みて心中忸怩《しんちうぢくぢ》たるものもあるが、切《せつ》なる依囑《いしよく》辭《じ》し難《がた》く敢《あへ》て此《こ》の重要國策《ぢうえうこくさく》の衝《しよう》に當《あた》る事《こと》となつた。

中央協和會《ちうあうけふわくわい》は去《さ》る六月末《ぐわつすゑ》に東京《とうきやう》で創立總《さうりつそう》會《くわい》を擧《あ》げたばかりで、事業《じげふ》の態制《たいせい》は整《とゝの》つたが事業其《じげふそ》の物《もの》に乘《の》り出《だ》すのは之《これ》からである。中樞機關《ちうすうきくわん》であるから細《こま》かな實行的方面《じつかうてきはうめん》は各地《かくち》の協和事業團體《けふわじげふだんたい》に任《まか》せ、夫等地方團《それらちはうだん》體《たい》の連絡《れんらく》を周到《しうたう》にして事業《じげふ》の遂行《すゐかう》に遺憾《ゐかん》なきを期《き》したい。此《こ》の事業《じげふ》は相當面倒《さうたうめんだう》も多《おほ》く可《か》なり忍耐《にんたい》も要《えう》する難事業《なんじげふ》であり、其《そ》の效《かう》果《くわ》も一朝《てう》一夕《せき》に期《き》し難《がた》いが、當事者《たうじしや》としてはたゞ誠心誠意《せいしんせいい》御奉公《ごほうこう》するのみである。而《しか》して又此《またこ》の事業《じげふ》は半島出身同胞《はんたうしゆつしんどうはう》の教化《けうくわ》と福《ふく》利《り》を目的《もくてき》とするものにしても、それは內地《ないち》同胞《どうはう》の理解《りかい》と協力《けふりよく》なしには到底達成《たうていたつせい》し難《がた》いのは勿論《もちろん》であるが、又半島《またはんたう》に於《お》ける內鮮同《ないせんどう》胞諸君《はうしよくん》の協力《けふりよく》を必要《ひつえう》とするのである。從《したが》つて中央協和會《ちうあうけふわくわい》として呼《よ》びかけ働《はたら》きかける方《はう》面《めん》は半島《はんたう》も含《ふく》めて全國的《ぜんこくてき》といふ事《こと》になるのである。內鮮《ないせん》一體化《たいくわ》の大成《たいせい》は日本國民全體《につほんこくみんぜんたい》の上《うへ》に課《くわ》せられたる須要《すえう》にして切實《せつじつ》なる任《にん》務《む》である。

酒毒醫談

醫學博士　大島　靖

「百藥《やく》の長《ちやう》なり」と云《い》ひ「憂《うれ》ひの玉帚《たまはゝき》」等《など》と左黨《さたう》は勝《かつ》手《て》な事を云ふが、所詮《しよせん》、榮養學的《えいやうがくてき》には酒《さけ》は百害《がい》あつて一利《り》ないものである。尤《もつと》も適量《てきりやう》の晩酌《ばんしやく》ならば人《じん》體《たい》の代謝機能《たいしやきのう》を促進《そくしん》する効果《かうくわ》もあるが、さて十人《にん》の中《うち》に日常《にちじやう》その適《てき》量《りやう》の守れる者《もの》は何人《なんにん》あるだらう？「稀《たま》の飲《の》み過《す》ごし位《ぐらゐ》」と反《そ》り返《かへ》つて見《み》せるが、たまも積《つも》り積《つも》ると何日《いつ》の間《ま》にやら「病氣《びやうき》の玉《たま》」となる。健康《けんかう》を破壞《はくわい》してから、壽命《じゆみやう》が縮《ちゞ》まつてからではあたら名醫《めいい》の匙《さじ》も加《か》減《げん》が利かなくなると云《い》ふもの。

そもアルコールなるものは、一度《ど》體内《たいない》に這入《はい》れば最先《まつさき》に腦細胞《なうさいばう》を侵《をか》し、漸次《ぜんじ》他《た》の組織《そしき》に對《たい》して明《あきら》かに毒素《どくそ》として働《はたら》きかける。クレペリン教授《けうじゆ》の實驗《じつけん》では、健全《けんぜん》なる男子《だんし》にビール一立《リツトル》を與《あた》へて簡單《かんたん》な加《く》へ算《さん》をやらせると、誤算《ごさん》が頗《すこぶ》る多《おほ》く且《か》つ疲勞《ひらう》を覺《おぼ》えるのも大《だい》で作業能率《さげふのうりつ》は著《いちじる》しく低下《ていか》すると云《い》ふ。しかも一回《くわい》の精神作用《せいしんさよう》を害《がい》する時間《じかん》は廿四時間《じかん》乃至《ないし》卅六時間《じかん》にも亙《わた》るのである。

即《すなは》ち、アルコールは複雜《ふくざつ》な構造《こうぞう》を有《いう》する高等《かうとう》の細胞《さいばう》を最《もつと》も强《つよ》く侵《をか》すから、腦及《なうおよ》び神經系統《しんけいけいとう》が先《ま》づ害《がい》され、慢性的《まんせいてき》には硬腦膜炎《かうなうまくえん》、腦軟《なうなん》化症《くわしやう》等を起《おこ》し、また偏執狂《へんしつきやう》、コルサコフ精神病《せいしんびやう》等の素地《したぢ》を作《つく》るものである。

☆

血液中《けつえきちう》には自然的《しぜんてき》に又《また》は人工的《じんこうてき》に免疫性《めんえきせい》があつて、結核《けつかく》、傳染病《でんせんびやう》菌《きん》等に抵抗《ていかう》し罹病《りびやう》せぬやうに身體《からだ》を保護《ほご》する力《ちから》があるが、アルコールは此《こ》の貴重《きちやう》な免疫力《めんえきりよく》を破壞《はくわい》するのである。ヘルシングフオルスのライチネン教授《けうじゆ》は、人體《じんたい》又《また》は動物《どうぶつ》體《たい》一瓩《キログラム》に對《たい》して〇・一瓦《グラム》のアルコール、即《すなは》ち體重《たいぢう》十五貫《くわん》の人《ひと》に日《に》本酒《ほんしゆ》四分《ぶん》の一合弱《がふじやく》を飲《の》ますと其《そ》の免疫力《めんえきりよく》がチブス、コレラ菌《きん》に對《たい》して著《いちじる》しく減弱《げんじやく》する事《こと》を認《みと》めた。我《わ》が國《くに》でも三田谷《たや》博士《はかせ》は白血球《はくけつきう》の喰菌作用《しよくきんさよう》が少量《せうりやう》のアルコールの爲《ため》に障碍《しやうがい》を來《き》たす事《こと》を證明《しようめい》してゐる。

☆

就中《なかんづく》、胃腸《ゐちやう》を害《がい》する事《こと》此れより大《だい》なるは無《な》い。所謂《いはゆる》惡醉《わるよひ》や宿醉《ふつかよひ》は一時的《じてき》に胃《ゐ》カタルを起《おこ》して居《ゐ》るもので、此《こ》れを繰《く》り返《かへ》す中《うち》には胃《ゐ》弱《じやく》、胃酸過多症《ゐさんくわたしやう》、果《は》ては惡性《あくせい》の胃《ゐ》潰瘍《くわいやう》とまで進展《しんてん》する。所《ところ》が最近《さいきん》理化學研究所《りくわがくけんきうじよ》では「酒《さけ》の害《がい》はヘーフエ菌中《きんちう》に含《ふく》むビタミンB2群《ぐん》（フラビン）によつて防《ふせ》げる」と云《い》ふ說《せつ》を發表《はつぺう》した。詰《つま》りフラビンはアルコール飲用《いんよう》によつて起《おこ》る榮養不《えいやうふ》良狀態《りやうじやうたい》を完全《くわんぜん》に阻止《そし》する。此《こ》のフラビンを絕對多量《ぜつたいたりやう》に含《ふく》むのが有名《いうめい》な榮養劑《えいやうざい》「錠劑《ぢやうざい》わかもと」であつて、さてこそ市井《しせい》の左黨《さたう》に廣《ひろ》く「錠劑《ぢやうざい》わかもと」が愛用《あいよう》せられて居《ゐ》る所以《ゆゑん》も頷《うなづ》ける。アチドーヂスは又《また》糖害《たうがい》によつても起《おこ》るから此《こ》れは甘黨《あまたう》にとつても正《まさ》しく天來《てんらい》の福音《ふくいん》である。更《さら》に「錠劑《ぢやうざい》わかもと」には右《みぎ》の外《ほか》アミノ酸《さん》、グリコーゲン、カルシウム等《とう》の人體《じんたい》に必須《ひつす》の貴重《きちやう》榮養素《えいやうそ》及《およ》び消化吸收《せうくわきふしう》を助《たす》ける强力《きやうりよく》な活性酵素《くわつせいかうそ》等《とう》をも豐富《ほうふ》に含《ふく》んでゐて、衰《おとろ》へた胃腸細胞《ゐちやうさいばう》の實質《じつしつ》に賦活《ふくわつ》更生《かうせい》させる獨自《どくじ》の作用《さよう》（細胞原形《プロトプラスマ》質賦活作用《アクチビールング》）があるから病原《びやうげん》を除《のぞ》くは勿論《もちろん》、日常食物《にちじやうしよくもつ》の榮養化《えいやうくわ》を全《ぜん》面的《めんてき》に促進向上《そくしんかうじやう》させる多能効果《たのうかうくわ》がある。

即《すなは》ち「酒《さけ》は飲《の》みたし長生《ながい》きはしたし」と云《い》ふ御仁《ごじん》は素《もと》より、すべて世《よ》の病弱者《びやうじやくしや》の座右《ざいう》に敢《あへ》て本劑《ほんざい》を奬《すゝ》める所以《ゆゑん》である。

記者附記　錠劑わかもと廿五日量一圓六十錢八十三日量五圓東京芝公園わかもと本舖榮養と育兒の會の發賣、全國藥店に有り。

志願兵から見た朝鮮人

朝鮮總督府 學務局長
塩原時三郎

古來《こらい》朝鮮《てうせん》に於《おい》ては兵《へい》と僧侶《そうりよ》は特殊階級《とくしゆかいきふ》の者《もの》、寄生生活者《きせいせいくわつしや》として蔑視《べつし》せられてゐた。「良鐵《りやうてつ》は釘《くぎ》にせず、良民《りやうみん》は兵《へい》とならず」の考《かんがへ》は兵禍相次《へいくわあひつ》ぐ支那《しな》ばかりの俚言《りげん》でなく朝鮮《てうせん》に於《おい》ても特殊《とくしゆ》の社會環境《しやくわいくわんきやう》から此《こ》の樣《やう》な見方《みかた》が民心《みんしん》を支配《しはい》してゐたのである。その朝鮮《てうせん》に皇國兵役制度《くわうこくへいえきせいど》上採用《さいよう》せられてゐる志《し》願兵制度《ぐわんへいせいど》が實施《じつし》せられたのであるから、朝《てう》鮮《せん》は勿論全國民《もちろんぜんこくみん》は劃期的《くわくきてき》だと目《め》を刮《みは》り、朝《てう》鮮《せん》の現狀《げんじやう》を知《し》らない者《もの》は時期尚早《じきしやうさう》と反對《はんたい》した者《もの》もあつた。

朝鮮《てうせん》に施行《しかう》せられた志願兵制度《しぐわんへいせいど》は陸軍特《りくぐんとく》別志願兵制度《べつしぐわんへいせいど》と呼《よ》ばれてゐるが、「特別《とくべつ》」といふ言葉《ことば》は「普通《ふつう》」に對《たい》して考《かんが》へられたり印象《いんしやう》されたりし易《やす》いので朝鮮人志願兵《てうせんじんしぐわんへい》は特《とく》別《べつ》な取扱《とりあつかひ》や教育《けういく》をされる兵《へい》の樣《やう》に考《かんが》へられるから前置《まへおき》に制度《せいど》の概要《がいえう》を明《あきらか》にして置《お》きたい。

我國《わがくに》の兵役制度《へいえきせいど》は必任義務《ひつにんぎむ》ある強制徴兵《きやうせいちようへい》制度《せいど》であることは建前《たてまへ》であるが、別《べつ》に志願《しぐわん》に依《よ》る兵籍編入《へいせきへんにふ》も認《みと》められてゐることは周《しう》知《ち》の通《とほ》りであつて、その兵役關係《へいえきくわんけい》は武官《ぶくわん》、海軍各科少尉候補生《かいぐんかくくわせうゐこうほせい》、陸軍《りくぐん》の諸生徒《しよせいと》、海軍《かいぐん》の學生生徒《がくせいせいと》、志願《しぐわん》に依《よ》る兵《へい》と五種《しゆ》の志願《しぐわん》に依《よ》る服役《ふくえき》の途《みち》が開《ひら》かれて居《ゐ》る譯《わけ》であるが志《し》願《ぐわん》に依《よ》る兵《へい》は陸海軍共《りくかいぐんとも》「戸籍法《こせきはふ》の適用《てきよう》を受《う》くる男子《だんし》」といふ規定《きてい》で「戸籍法《こせきはふ》の適用《てきよう》を受《う》けない」朝鮮人《てうせんじん》、臺灣人《たいわんじん》は如何《いか》に本人《ほんにん》に熱烈《ねつれつ》な志望《しばう》があつても「戸籍法《こせきはふ》の適用《てきよう》を受《う》くる者《もの》」の家《いへ》に入籍《にふせき》しない限《かぎ》り兵《へい》となることは許《ゆる》されなかつた。兵《へい》の外《ほか》は特《とく》に規定上《きていじやう》明示《めいじ》が無《な》い限《かぎ》り戸籍法《こせきはふ》の適用《てきよう》の有無《うむ》は問《と》はないので現《げん》に朝鮮出身武官《てうせんしゆつしんぶくわん》は枚擧《まいきよ》に暇《いとま》なく今次事變《こんじじへん》にも出征《しゆつせい》し赫々《かくかく》たる武勳《ぶくん》を建《た》てられた方《かた》もある。然《しか》し「戸籍法《こせきはふ》の適用《てきよう》を受《う》けざる者《もの》」は兵《へい》にはなれなかつたのであるが此《こ》の異例《いれい》の途《みち》を開《ひら》いたのが陸軍特別志願兵《りくぐんとくべつしぐわんへい》制度《せいど》であつて、昭和《せうわ》十三年春勅令《ねんはるちよくれい》に依《よ》り陸《りく》軍特別志願兵令《ぐんとくべつしぐわんへいれい》が發布《はつぷ》され、施行《しかう》後一年半《ねんはん》足《た》らずの出來《でき》たばかりで漸《やうや》くその緒《いとぐち》についた制度《せいど》である。名《な》は特別《とくべつ》であるが然《しか》し本《はん》制度《せいど》に依《よ》つて志願《しがん》し一旦《たん》兵役《へいえき》に服《ふく》せしめられたならば「戸籍法《こせきはふ》の適用《てきよう》を受《う》くる」一般《はん》壯丁《さうてい》と全《まつた》く同一《どう》の兵役關係《へいえきくわんけい》と兵役義務《へいえきぎむ》が生《しやう》じ、入隊中《にふたいちう》の取扱《とりあつかひ》は勿論《もちろん》、退營後《たいえいご》の服役《ふくえき》期間《きかん》も同一《どう》であつて、從來《じうらい》からある志願兵《しがんへい》制度《せいど》の志願《しがん》に依《よ》る兵《へい》と何等《なんら》異《こと》る所《ところ》はないのである。

只特別《たゞとくべつ》なといふ點《てん》は「戸籍法《こせきはふ》の適用《てきよう》を受《う》けざる者《もの》」が兵《へい》となるには朝鮮總督府《てうせんそうとくふ》設立《せつりつ》の陸軍兵志願者訓練所《りくぐんへいしがんしやくんれんじよ》(修了期間《しうれうきかん》六箇月《かげつ》)を修了《しうれう》した者《もの》に限《かぎ》られて居《ゐ》る點《てん》である。同《どう》訓練所《くんれんじよ》は陸軍兵志願者《りくぐんへいしがんしや》に對《たい》し豫備訓練《よびくんれん》を施《ほどこ》す目的《もくてき》で設立《せつりつ》せられたのであるが、特別《とくべつ》な軍事教育《ぐんじけういく》は施《ほどこ》されてはゐない。要《えう》は現在朝《げんざいてう》鮮《せん》の教育方針《けういくはうしん》である皇國臣民教育《くわうこくしんみんけういく》の線《せん》に副《そ》ふて教育《けういく》を施《ほどこ》し、同所《どうしよ》を修了《しうれう》した者《もの》のみが兵役《へいえき》に編入《へんにふ》せられるのである。以上《いじやう》の制度《せいど》の概要《がいえう》は朝鮮人志願兵《てうせんじんしがんへい》を語《かた》る豫備知識《よびちしき》として是非共必要《ぜひともひつえう》であるから前置《まへおき》した次第《しだい》である。尚《なほ》「戸籍法《こせきはふ》の適用《てきよう》を受《う》けざる者《もの》」は現《げん》在《ざい》では朝鮮人《てうせんじん》と臺灣人《たいわんじん》であるが、陸軍兵志願者訓練所《りくぐんへいしがんしやくんれんじよ》に入所《にふしよ》する者《もの》は本籍地《ほんせきち》の道知事《だうちじ》が推薦《すゐせん》した者《もの》の中《うち》より詮衡《せんかう》の上《うへ》入所《にふしよ》せしめることになつてゐるので事實上《じじつじやう》の取扱《とりあつかひ》や手續《てつゞき》の上《うへ》で臺灣《たいわん》に戸籍《こせき》を有《いう》する者《もの》は陸軍特別志願兵《りくぐんとくべつしがんへい》とはなり得《え》ないので此《こ》の制度《せいど》は朝鮮人《てうせんじん》に對《たい》し特別《とくべつ》に設《まう》けられた制度《せいど》であるとも附言《ふげん》して置《お》きたい。

從來朝鮮《じうらいてうせん》に於《お》ける軍隊《ぐんたい》に對《たい》する觀念《くわんねん》と陸軍特別志願兵制度《りくぐんとくべつしがんへいせいど》の本質《ほんしつ》から見《み》て、色々《いろ〱》な反對的《はんたいてき》な批評《ひひやう》や意見《いけん》もあつたのであるが、此《こ》の制度《せいど》が公布《こうふ》せられ新聞《しんぶん》やラヂオで發表《はつぺう》せられると一箇月經《かげつた》たぬ間《ま》に警察《けいさつ》や憲兵隊《けんぺいたい》や郡廳《ぐんちやう》に志願申出《しがんまをしいで》を爲《な》した朝鮮青年《てうせんせいねん》が三、六一九人《じん》もあつて中《なか》には多數《たすう》の血書志願《けつしよしがん》もあり如何《いか》に朝鮮人《てうせんじん》が兵役《へいえき》に服《ふく》することを待《たい》望《ばう》してゐたかゞ知《し》り得《え》らるるであらう。當《たう》時陸軍特別志願兵令《じりくぐんとくべつしがんへいれい》が發布《はつぷ》せられたばかりでその志願手續《しがんてつゞき》も分《わか》らず況《ま》して制度《せいど》が何《なん》なものであるかも知《し》られてゐない時《とき》の狀況《じやうきやう》が如斯であつた。

斯《こ》の樣《やう》な國民的感情《こくみんてきかんじやう》、國家意識《こくかいしき》の自覺《じかく》は一朝一夕《てうせき》で培《つちか》はれるものでもなければ、抑《おさ》へ樣《やう》としても抑《おさ》へられず且又煽《かつまたあふ》つても沸《わ》き上《あが》るものでもない。況《ま》して兵役《へいえき》は身命《しんめい》を犧牲《ぎせい》にする義務《ぎむ》であつて、朝鮮青年《てうせんせいねん》が如何《いか》に愛國《あいこく》の熱情《ねつじやう》に燃《も》え、今次《こんじ》の支那事變《しなじへん》の處理《しより》如何《いかん》が如何《いか》に日本《につぽん》にとり興廢《こうはい》の岐路《きろ》に立《た》つものであるかの徹底《てつてい》した認識《にんしき》の上《うへ》に立《た》つた志願《しがん》の結果《けつくわ》に外《ほか》ならぬのである。

朝鮮人《てうせんじん》にも兵役義務《へいえきぎむ》を負擔《ふたん》せしめよの朝鮮民衆《てうせんみんしう》の要望《えうばう》は支那事變《しなじへん》に依《よ》つて現《あら》はれたのでなく既《すで》に滿洲事變當時《まんしうじへんたうじ》より徐々《じよ〱》に昂《たか》まつたのであるが、施政《しせい》三十年隱微《ねんいんび》の裡《うち》に培《つちか》はれた朝鮮人《てうせんじん》の愛國心《あいこくしん》は滿洲事變《まんしうじへん》に依《よ》つて醱酵《はつかう》し、支那事變《しなじへん》に依《よ》つて醞釀《うんぢやう》せられたのである。

支那事變《しなじへん》の初《はじ》つた一箇月後《かげつご》の調査《てうさ》に依《よ》ると朝鮮人從軍者《てうせんじんじうぐんしや》は約《やく》六百名《めい》となつて居《ゐ》り之《これ》等《ら》の者《もの》は軍用自動車《ぐんようじどうしや》の運轉手《うんてんしゆ》、通譯《つうやく》、案内《あんない》軍夫《ぐんぷ》等夫々《とうそれ〱》の職能《しよくのう》に依《よ》つて第《だい》一線《せん》に勇躍從軍《ゆうやくじうぐん》した者《もの》である。

支那事變《しなじへん》が起《お》きて間《ま》もなく或《あ》る朝鮮人老《てうせんじんらう》篤志家《とくしか》が國防義勇團《こくばうぎゆうだん》なるものを編成《へんせい》し自《みづか》ら

之《これ》を引卒《いんそつ》して第《だい》一線《せん》に出《で》て奉公《ほうこう》の誠《まこと》を致《いた》す旨《むね》新聞紙《しんぶんし》に發表《はつぺう》した所《ところ》その第《だい》一日立《じつた》ち所《どころ》に約《やく》五十名《めい》の應募者《おうぼしや》があつたのを見《み》ても如何《いか》に事變《じへん》を契機《けいき》として朝鮮人《てうせんじん》の義勇奉公《ぎゆうほうこう》の赤心《せきしん》が湧《わ》き立《た》つたかゞ知《し》らるるのである。

その愛國運動《あいこくうんどう》は單《たん》に華々《はなばな》しき從軍志願《じうぐんしがん》のみではない。可憐《かれん》な學童《がくどう》が松毬《まつかさ》を拾《ひろ》ひ集《あつ》めて國防獻金《こくばうけんきん》をした話《はなし》、その日《ひ》の食《しよく》にも事缺《ことか》く貧《まづ》しい寡婦《くわふ》が節米《せつまい》をして慰問獻金《ゐもんけんきん》をした話《はなし》、何《なに》も奉仕出來《ほうしでき》ないが刈取《かりと》つた草《くさ》を馬糧《ばりやう》にと遠《とほ》い道《みち》を數日《すうじつ》がかりで獻納《けんなふ》した農夫《のうふ》の話等々《はなしとうとう》此《こ》の様《やう》な資料《しれう》を集《あつ》めれば眞《しん》に汗牛充棟《かんぎうじゆうとう》ならずであつて、此《こ》の様《やう》な運動《うんどう》や至情《しじやう》の發露《はつろ》は朝鮮《てうせん》の上下《しやうか》の身分《みぶん》、階級《かいきふ》を問《と》はず今日《こんにち》では當然《たうぜん》の皇國臣民《くわうこくしんみん》が爲《な》すべき義務《ぎむ》とさへ考《かんが》へられる様《やう》に民衆《みんしう》の感情《かんじやう》が醇化《じゆんくわ》されてゐる。

朝鮮統治上《てうせんとうちじやう》劃期的《くわくきてき》と言《い》はれる陸軍特別志願兵制度《りくぐんとくべつしがんへいせいど》は支那事變《しなじへん》を機縁《きえん》に生《うま》れたものであるが、然《しか》しその因《よ》つて來《きた》つた縁由《ゆかり》は施政《しせい》三十年《ねん》の治績《ちせき》と之《これ》に感應《かんおう》した朝鮮人《てうせんじん》の愛國心《あいこくしん》、國家意識《こくかいしき》の自覺《じかく》が齎《もたら》した制度《せいど》であると見《み》らるるのである。「皇道《くわうだう》の撞木《しゆもく》と朝鮮民族《てうせんみんぞく》の聰明《そうめい》な鍾《かね》が相觸《あひふ》れて自《おのづか》ら發《はつ》せられた天籟《てんらい》の響音《きやうおん》」と巧《たく》みに比喩《ひゆ》した者《もの》があるが、一視同仁《いつしどうじん》の聖旨《せいし》に基《もと》く半島統治《はんたうとうぢ》の道義性《だうぎせい》には朝鮮人《てうせんじん》も亦《また》打《う》てば響《ひゞ》く皇國臣民《くわうこくしんみん》として生《い》き又《また》生《い》きつつあることが立證《りつしよう》せられるのである。

昭和《せうわ》十三年《ねん》十一月末《ぐわつまつ》第《だい》一期《き》修了生《しうれうせい》として陸軍兵志願者訓練所《りくぐんへいしがんしやくんれんじよ》を修了《しうれう》し現役歩兵《げんえきほへい》として入營《にふえい》した志願兵《しがんへい》李仁錫上等兵《りじんせきじやうとうへい》は軍隊《ぐんたい》に於《おい》て第《だい》一期《き》の教育《けういく》を受《う》けて間《ま》もなく北支出動《ほくししゆつどう》を命《めい》ぜられ勇躍征途《ゆうやくせいと》についた者《もの》であるが昭《せう》和《わ》十四年《ねん》五月《ぐわつ》二十一日夜《にちよ》山西《さんせい》の討伐戰《たうばつせん》で志《し》願兵最初《がんへいさいしよ》の尊《たふと》き犠牲《ぎせい》となつて戰死《せんし》した。その夜中隊長《よちうたいちやう》に續《つゞ》いて先頭《せんとう》に進《すゝ》んでゐた同君《どうくん》は支那兵《しなへい》の投《な》げた手榴彈《しゆりうだん》の破片《はへん》で腹部《ふくぶ》から背《せ》にかけて貫通傷《くわんつうしやう》を受《う》け腸《ちやう》は切斷《せつだん》されて全《ぜん》身血達磨《しんちだるま》となつて打《う》ち斃《たふ》れた。此《こ》の時中隊《ときちうたい》長《ちやう》は「李仁錫《りじんせき》、李仁錫《りじんせき》」と數回《すうくわい》呼《よ》んで同君《どうくん》を勵《はげ》ましたのであるがその儘昏睡《まゝこんすゐ》してしまつたのである。二時間餘《じかんあま》り苦惱《くなう》の後《のち》最早《もはや》再生不可能《さいせいふかのう》と知《し》つた時苦《ときくる》しい呼吸《こきふ》の下《した》で、天皇陛下萬歳《てんのうへいかばんざい》を三唱《しやう》し「私《わたし》は何《なん》の思《おも》ひ殘《のこ》すことはありません、戰友達《せんいうたち》どうか支那兵《しなへい》をやつつけて下《くだ》さい。日本《にほん》は此《こ》の聖戰《せいせん》を必《かなら》ず成《な》し遂《と》げ將來立派《しやうらいりつぱ》に日支提携《につしていけい》の日《ひ》が來《く》るであらう、只聖業《たゞせいげふ》の中途《ちうと》で逝《ゆ》くのが殘念《ざんねん》である」と遺言《ゆゐごん》し、郷里《きやうり》には兩親《りやうしん》、兄弟《きやうだい》、妻子《さいし》を併《あは》せ八人《にん》の貧《まづ》しい遺族《ゐぞく》があるがそのことには全然《ぜんぜん》觸《ふ》れることなく看護兵《かんごへい》に手《て》を握《にぎ》られた儘微笑《まゝびせう》すら浮《うか》べて花《はな》と散《ち》つたといふ通知《つうち》が訓練所《くんれんじよ》に着《つ》いてゐる。同君《どうくん》の腦裡《なうり》には一意《いい》君國《くんこく》の爲《ため》に殉《じゆん》じ皇國臣民《くわうこくしんみん》の務《つとめ》を果《はた》した感激《かんげき》一杯《ぱい》で恐《おそ》らく自分《じぶん》は朝鮮人《てうせんじん》であるといふ考《かんが》へや觀念《くわんねん》は微塵《みぢん》も無《な》かつたであらう。

朝鮮《てうせん》の家庭《かてい》で死者《ししや》を出《だ》した場合今日《ばあひこんにち》でも「哀號《あいがう》、哀號《あいがう》」と大仰《おほぎやう》に泣《な》き悲《かな》しむのであるが、同君戰死《どうくんせんし》の公報《こうはう》があつて郡守《ぐんしゆ》や警察《けいさつ》署長《しよちやう》が遺族《ゐぞく》を見舞《みま》つた際同君《さいどうくん》の兩親《りやうしん》の態度《たいど》も亦《また》毅然《きぜん》たるものがあつたといふことである。訓練所《くんれんじよ》に於《お》ける僅《わづ》か六箇月《かげつ》の訓練《くんれん》と軍《ぐん》隊生活《たいせいくわつ》一期間《きかん》の教育《けういく》のみで同君《どうくん》が斯《か》くも立派《りつぱ》な皇國臣民《くわうこくしんみん》となり切《き》つたと考《かんが》へることは甚《はなは》だ輕率《けいそつ》であり大膽《だいたん》であるが、あらゆる要《えう》素《そ》が同君《どうくん》の精神《せいしん》を築《きづ》き上《あ》げたのである。勿《もち》論《ろん》教育《けういく》そのものを否定《ひてい》するのではない。

始《はじ》めて訓練所《くんれんじよ》に入《はい》つた當時《たうじ》の志願兵《しぐわんへい》はその日常生活《にちじやうせいくわつ》の相違《さうゐ》から戸《と》惑《まど》して躾《しつけ》の點《てん》からでも此《こ》れで軍隊生活《ぐんたいせいくわつ》が出來《でき》るかと思《おも》はれる者《もの》もある。

入浴《にふよく》の仕方《しかた》から食事時《しよくじどき》の作法《さはふ》、寢具《しんぐ》の整頓《せいとん》、班內《はんない》の整理《せいり》等《とう》軍隊生活《ぐんたいせいくわつ》に入《はい》れば一般《はん》內《ない》地《ち》の壯丁《さうてい》も大《おほ》いに勝手《かつて》が違《ちが》ふのであるが、朝鮮人志願兵《てうせんじんしぐわんへい》には第《だい》一生活《せいくわつ》の不慣《ふなれ》がある、食物《しよくもつ》が變《かは》つて來《く》るといふやうに正《まさ》しく生活《せいくわつ》の大異變《だいいへん》である。從《したが》つて洗面《せんめん》、便所《べんじよ》の出入《でいり》まで指導《しだう》を要《えう》するのである。又始《またはじ》めて京城《けいじやう》に出《で》て煙突《えんとつ》の無《な》い汽車《きしや》（註《ちう》——電車《でんしや》）が走《はし》るといふ田舍者《ゐなかもの》も居《ゐ》る。

志願兵志願者《しぐわんへいしぐわんしや》として入所《にふしよ》せしむる者《もの》は體《たい》格等位甲種《かくとうゐかふしゆ》の者《もの》、小學校卒業《せうがくかうそつげふ》、志操堅固《しさうけんご》であつて家計《かけい》の困《こま》らぬ者《もの》といふ適格條件《てきかくでうけん》があつて道知事《だうちじ》から推薦《すゐせん》された者《もの》より更《さら》に徴兵《ちやうへい》身體檢査《しんたいけんさ》と學科試驗《がくくわしけん》、人物考査《じんぶつかうさ》を經《へ》て選《えら》ばれた者《もの》であるから知識《ちしき》の程度《ていど》から見《み》ても內《ない》地人《ちじん》一般壯丁《はんさうてい》と敢《あへ》て遜色《そんしよく》がある譯《わけ》ではない。然《し》かも昭和《せうわ》十三年度《ねんど》は採用者《さいようしや》四百名《めい》に對《たい》し約《やく》三千名《めい》、昭和《せうわ》十四年度《ねんど》は採用者《さいようしや》六百名《めい》に對《たい》し約《やく》一萬《まん》二千三百名《めい》の右述《みぎの》べた適格《てきかく》者中《しやちう》より詮衡《せんかう》された言《い》はば朝鮮青年《てうせんせいねん》の粒選《つぶえ》りである譯《わけ》である。

斯樣《かやう》に選拔者《せんばつしや》の生活樣式《せいくわつやうしき》なり民度《みんど》なりが右《みぎ》の通《とほ》りであるから他《た》は推《お》して知《し》るべきであるが六箇月《かげつ》の訓練所生活《くんれんじよせいくわつ》であらゆる生活《せいくわつ》の相違《さうゐ》に依《よ》る不便《ふべん》と支障《ししやう》を克服《こくふく》し生活態度《せいくわつたいど》まで改《あらた》まつて入營《にふえい》するやうになるのである。

志願《しぐわん》の目的《もくてき》なり志《し》操《さう》は確固《かくこ》とした純良《じゆんりやう》の青年《せいねん》を集《あつ》めた者《もの》であるが入所當時《にふしよたうじ》は眞《しん》に烏合《うがふ》の衆《しう》と迄酷評《までこくひやう》出來《でき》る者《もの》が、修了間《しうれうま》近《ぢか》になつて更《さら》に兵役《へいえき》編入《へんにふ》の爲《ため》の陸軍《りくぐん》の行《おこな》ふ檢閱《けんえつ》が行《おこな》はれる頃《ころ》には立派《りつぱ》な帝國軍人《ていこくぐんじん》となつて精神《せいしん》は勿論《もちろん》顏付《かほつき》から別人《べつじん》と感《かん》ぜらるるやうになるから頼《たの》もしい。

朝鮮人《てうせんじん》は內地《ないち》、滿洲《まんしう》、支那其《しなそ》の他各地《たかくち》で色々《いろいろ》な不評《ふひやう》を聞《き》くのであるが、出稼人《でかせぎにん》で教《けう》養《やう》も何《なに》も無《な》い者《もの》は別問題《べつもんだい》として一般朝鮮《はんてうせん》人《じん》、特《とく》に志願兵《しぐわんへい》としての朝鮮人《てうせんじん》は純情《じゆんじやう》で愛《あい》國的熱情《こくてきねつじやう》を持《も》ち陶冶性《たうやせい》もある立派《りつぱ》な皇國臣《くわうこくしん》民《みん》であることを筆者《ひつしや》は確認《かくにん》するものである。

（筆者は陸軍兵志願者訓練所長）

朝鮮の青年達

菊池寛

去年《きよねん》の三月頃《ぐわつごろ》だつた。私《わたし》の所《ところ》へ一人《ひとり》の朝《てう》鮮《せん》の學生《がくせい》が來《き》た。彼《かれ》は、早稻田《わせだ》の專門部《せんもんぶ》かどつかの學生《がくせい》だつた。默《だま》つてゐれば內地人《ないちじん》と思《おも》はれるほど、言葉《ことば》も顏《かほ》も動作《どうさ》も、朝鮮《てうせん》生《うま》れらしい所《ところ》がなかつた。

口《くち》も輕《かる》かつたし、人《ひと》なつこく、氣《き》がるだつた。用向《ようむき》は、今度《こんど》學校《がくかう》を出《で》たし、朝鮮《てうせん》の鐵道《てつだう》へ就職《しうしよく》も定《き》まつてゐるが、歸國《きこく》の旅費《りよひ》が足《た》りないから、骨董物《こつとうぶつ》を買《か》つてくれと云《い》ふのであつた。父《ちゝ》が、神田《かんだ》で古物商《こぶつしやう》をしてゐるから、そこから書畫《しよぐわ》を持《も》つて來《く》ると云《い》ふのであつた。

朝鮮《てうせん》の鐵道當局《てつだうたうきよく》の採用通知書《さいようつうちしよ》を見《み》せたし話《はなし》には嘘《うそ》はなささうであつた。が、最初《さいしよ》持《も》つて來《き》た朝鮮畫家《てうせんぐわか》の作品《さくひん》と云《い》ふのには、私《わたし》は何《なん》の興味《きようみ》もなかつた。すると第二回目《だいくわいめ》からは、日本《につぽん》の畫家《ぐわか》の物《もの》を持《も》つて來《き》た。

私《わたし》は、書畫《しよぐわ》になんか興味《きようみ》がないが、一寸《ちよつと》見《み》た感《かん》じで、氣《き》に入《い》つたら買《か》ふつもりであつたが、何《なに》を持《も》つて來《き》ても、氣《き》に入《い》るものがなかつた。その中《なか》には、渡邊華山《わたなべくわざん》の拓本《たくほん》なんか在《あ》つた。が、私《わたし》の懇意《こんい》の人《ひと》に見《み》せると、それは怪《あや》しいものだと云《い》つた。

私《わたし》は、何《なに》も買《か》はなかつた。その內《うち》、彼《かれ》の歸國《きこく》の期日《きじつ》が迫《せま》つて來《き》た。

私《わたし》は、彼《かれ》に云《い》つた。

「何《なに》を持《も》つて來《き》ても、俺《おれ》の買《か》ひたいものはないから、歸國《きこく》の金《かね》だけは、只《たゞ》でやらう」

と、云《い》つた。

彼《かれ》は、一寸辭退《ちよつとじたい》したが、結局旅費《けつきよくりよひ》を貰《もら》つて行《い》つた。

彼《かれ》のことは、そのまゝ忘《わす》れてゐた。所《ところ》が去年《きよねん》の暮《くれ》、私《わたし》の所《ところ》へ彼《かれ》から手紙《てがみ》が來《き》た。中《なか》を開けて見《み》ると、一圓《えん》の小爲替《こがわせ》がは入《い》つてゐた。

「初《はじめ》て賞與《しやうよ》を貰《もら》ひましたから、お禮《れい》のしるしに一圓《えん》だけ送《おく》ります」

と、書《か》いてあつた。

たつた一圓《えん》ではあつたが、わざ〳〵送《おく》つて來《き》た彼《かれ》の志《こゝろざし》を、私《わたし》はうれしく思《おも》つた。

朴君

朴君《ぼくくん》は、私《わたし》の所《ところ》に三年《ねん》ばかりゐた、文學《ぶんがく》志望《しばう》の青年《せいねん》であつた。最初《さいしよ》「キング」に投《とう》稿《かう》した原稿《げんかう》が採用《さいよう》され、それが掲載《けいさい》されたのを、私《わたし》が新聞《しんぶん》で批評《ひひやう》したので、それを機《き》縁《えん》にして、私《わたし》の所《ところ》を訪《たづ》ねて來《き》だした。彼《かれ》はその頃《ころ》勞働《らうどう》してゐたし、服裝《ふくさう》も見《み》すぼらしかつた。が、人間《にんげん》は誠實《せいじつ》らしいので、私《わたし》は自分《じぶん》の家《いへ》に書生《しよせい》として置《お》いてやることにした。彼《かれ》は、それ以來《いらい》時々《ときどき》、原稿《げんかう》を書《か》いて私《わたし》に見《み》せたが、文章《ぶんしやう》も拙《まづ》いと云《い》ふわけではないが、小說《せうせつ》らしい味《あぢ》が出《で》てゐなかつた。殊《こと》に、朴君《ぼくくん》は大衆文學《たいしゆうぶんがく》志望《しばう》らしかつたが、それは純文學《じゆんぶんがく》を志望《しばう》するよりも、もつと困難《こんなん》なことだと思《おも》はれた。純文學《じゆんぶんがく》は、文章《ぶんしやう》よりも、物《もの》の見方《みかた》、考《かんが》へ方《かた》が大事《だいじ》だつた。だから、朝鮮《てうせん》の青年《せいねん》にも、書《か》き得《う》ると思《おも》つた。が、大衆文學《たいしゆうぶんがく》には、文章上《ぶんしやうじやう》の技巧《ぎかう》が、純文《じゆんぶん》學《がく》よりも、もつと必要《ひつえう》で、朝鮮《てうせん》の青年《せいねん》には至難《しなん》ではないかと思《おも》つた。

朴君《ぼくくん》は、私《わたし》の家《いへ》にゐて原稿《げんかう》を十篇位《ぺんぐらゐ》見せた。が、私《わたし》はどれも、首肯《しゆこう》するものがなかつた。私《わたし》は、朴君《ぼくくん》に小說《せうせつ》を書《か》くことを思《おも》ひ切《き》るやうに勸《すゝ》め、朝鮮《てうせん》の新聞社《しんぶんしや》に、紹介《せうかい》してやつた。

朴君《ぼくくん》が居《ゐ》なくなつた後《のち》私《わたし》はふと、私《わたし》の犬小屋《いぬごや》を見《み》た。

私《わたし》の家《いへ》にはヘロルドと云《い》ふ牡《をす》のシエパードと、ルーナーと云《い》ふ牝《めす》のシエパードとゼムと云《い》ふ牝《めす》のグレイハウンドとが居《ゐ》た。

所《ところ》が、ヘロルドの小屋《こや》に、「平狼莊《へいらうさう》」と云《い》ふ札《ふだ》がかゝつてゐ、ルーナーの小屋《こや》に「芳流閣《はうりうかく》」と云《い》ふ札《ふだ》がかゝつてゐ、ゼムの小屋《こや》に「贅夢庵《ぜいむあん》」と云《い》ふ札《ふだ》がかゝつてゐた。どの命名《めいめい》も、傑作《けつさく》であつた。殊《こと》に貴婦人《きふじん》のやうな姿《すがた》をしたゼムの小屋《こや》に、「贅夢庵《ぜいむあん》」と命名《めいめい》した如《ごと》き、まことに心《こゝろ》にくい命《めい》名《めい》だつた。

私《わたし》は、後任《こうにん》の書生《しよせい》に訊《き》いた。

「これは、誰《だれ》が書《か》いたの……」

「朴《ぼく》さんです」

私《わたし》は、朴君《ぼくくん》の才能《さいのう》が、私《わたし》の考《かんが》へてゐたよりも、ずーつと上《うへ》のやうな氣《き》がした。

妓生の美

山川秀峰

☆

妓生《キーサン》を見《み》てゐると清淨《せいじやう》な美《び》といふものを感《かん》じる、それは單順《たんじゆん》な淡色調《たんしよくてう》と朝鮮服《てうせんふく》が持《も》つ端麗《たんれい》な容姿《ようし》が、さういつた氣《き》もちを起《おこ》さすのかもしれない。

李王家《りわうけ》博物館《はくぶつくわん》のあの名《な》だたる古《こ》陶瓷の清純《せいじゆん》な白青色《はくせいしよく》の基調《きてう》と相通《あひつう》ずるものがある。

妓生《キーサン》はモダンである。

朝鮮婦人《てうせんふじん》の一般《ぱん》は保守的《ほしゆてき》で、時代《じだい》に添《そ》つての進展性《しんてんせい》が遲《おそ》いやうに思《おも》へるが、妓《キー》生《サン》のみは花街《はなまち》といふ環境《くわんきやう》の故《ゆゑ》もあろうが流行《りうかう》と共《とも》に歩《ある》

いてゐる。生際《はえぎは》の毛《け》を毛《け》抜《ぬ》きでぬき、眞中《まんなか》から油《あぶら》をつけて綺麗《きれい》に分《わ》けた妓生《キーサン》の姿《すがた》を想像《さうざう》してゆくと驚《おどろ》かされる。

上層《じやうそう》の妓生《キーサン》は新鮮《しんせん》な好《この》みを取入《とりい》れるに極《きは》めて巧妙《かうめう》でアイロンからパーマネントと時世《じせい》が移《うつ》つても、程《ほど》よく妓生《キーサン》の味《あぢ》を失《うし》なはないやうに變《か》へてゆく。此頃《このごろ》流行《りうかう》の種々《しゆ〴〵》の色《いろ》や縞柄等《しまがらなど》のハンカチーフを、薄物《うすもの》の上着《うはぎ》の袖《そで》口《ぐち》へ一寸覗《ちよつとのぞ》かせてゐる姿等《すがたなど》情趣《じやうしゆ》があつてその扱《あつか》ひ方《かた》に拍手《はくしゆ》をおくつてもよいと思《おも》つてゐる。

☆

新しき朝鮮を

濱本浩
加藤武雄
村山知義
關口次郎
池田林儀
東郷青兒
伊藤祐司
伊藤宣二

馬海松

馬 今度《こんど》「モダン日本」が十周年《しうねん》になるものですから、その記念《きねん》として、私《わたし》が朝鮮《てうせん》の出身《しゆつしん》でもあるし、時局柄《じきよくがら》いゝことだと思《おも》ひまして、臨時增刊《りんじぞうかん》「朝鮮版《てうせんばん》」を出《だ》すことになりました。その朝鮮版《てうせんばん》を飾《かざ》るために「新《あたら》しき朝鮮《てうせん》を語《かた》る」といふ名目《めいもく》で座談會《ざだんくわい》をやりたいと思《おも》つて、皆《みな》さんにおいでを願《ねが》つた譯《わけ》でございます。あとは濱本浩《はまもとかう》さんに司會《しくわい》を願《ねが》つて、どゆつくりお話《はなし》を伺《うかゞ》ひたいと思《おも》ひます。一《ひと》つお願《ねが》ひします。

濱本 イヤ、司會《しくわい》といふ柄《がら》ではありませんが……、皆《みな》さんお顏《かほ》はご存《ぞん》じでせうと思《おも》ひますけど。

伊藤(祐) 初《はじ》めてお目《め》にかゝつた方《かた》もありますから、ご紹介願《せうかいねが》つたはうが……。

濱本 右《みぎ》から、東郷青兒《とうがうせいじ》さん。この方《かた》は一年《ねん》に六回《くわい》も行《ゆ》かれたことがある。それから村《むら》山知義《やまともよし》さん。向《むか》ふの若《わか》い人《ひと》に信者《しんじや》がずゐぶん澤山《たくさん》ございまして、朝鮮《てうせん》へ行《ゆ》くと村山《むらやま》さんのお噂《うはさ》をずゐぶん伺《うかゞ》ひます。それから池田林儀《いけだりんぎ》さん。池田《いけだ》さんは京城日報《けいじやうにつぽう》の主筆《しゆひつ》として七年《ねん》も、朝鮮《てうせん》に住《すま》はれました。次《つぎ》は加藤武雄《かとうたけを》さん。この方《かた》は朝鮮《てうせん》は二回《くわい》ですけれども、朝鮮《てうせん》を非常《ひじやう》に愛《あい》して居《を》られる。それから關口次郎《せきぐちじらう》さん。關口《せきぐち》さんは、數日前《すうじつぜん》に歸《かへ》られたばかりで、最新《さいしん》の感想《かんさう》がおありの筈《はず》です。次《つぎ》は、伊藤宣二《いとうせんじ》さん。朝鮮《てうせん》の紹介《せうかい》映畫《えいぐわ》の伴奏《ばんそう》を作曲《さくきよく》するため昨年渡鮮《さくねんとせん》、あちらの民謠《みんえう》を採集《さいしふ》して來《こ》られた筈《はず》です。それから舞踊《ぶよう》の伊藤祐司《いとうゆうじ》さん。今年奧《ことしおく》さん(テイコ・イトウ)と一緒《しよ》に朝鮮《てうせん》の舞踊《ぶよう》を研究《けんきう》に行《ゆ》かれました。そこで話題《わだい》に就《つい》て、雜誌《ざつし》社《しや》の希望《きばう》をお取《と》り次《つ》ぎしますが、妓生《キーサン》や舊《ふる》い文化《ぶんくわ》の話《はなし》ばかりでなく、新《あたら》しい文化《ぶんくわ》面《めん》、つまり躍進朝鮮《やくしんてうせん》の姿《すがた》に就《つい》てお話願《はなしねが》ひたい。但《たゞ》し話《はなし》があまり硬《かた》くなつても困《こま》ります

語る座談會

から軟《やわらか》い話《はなし》も中《なか》に挟《はさ》んで戴《いたゞ》きたいと思《おも》ひます。先《ま》づ朝鮮《てうせん》で何處《どこ》が一番印象《ばんいんしやう》に殘《のこ》つたかを伺《うかゞ》ひませう。東郷《とうがう》さんからズッと右《みぎ》へ廻《まは》つて戴《いたゞ》きませう。

印象に殘つてゐるところ

東郷　僕《ぼく》はあまり歩《ある》いてゐません。京城《けいじやう》と平壤《へいじやう》と釜山《ふざん》それから慶州《けいしう》。そのくらゐです。印象《いんしやう》が深《ふか》かつたのは慶州《けいしう》から佛國寺《ぶつこくじ》、あの邊《へん》が非常《ひじやう》に好《す》きです。内地《ないち》で見《み》られないやうな非常《ひじやう》に大《おほ》きな感《かん》じがしてネ。都市《とし》として面白《おもしろ》いのは、やつぱり京城《けいじやう》だつた。

濱本　京城《けいじやう》の面白《おもしろ》い所《とこ》といふと、どういふふうに……。

東郷　何《なん》ていふかナ。いろんなことが複雜《ふくざつ》してるやうな氣《き》がしてネ。東京《とうきやう》だつて複雜《ふくざつ》してるけど、京城《けいじやう》は僕等《ぼくら》にとつちや非常《ひじやう》にエキゾチックな感《かん》じがするネ。内地的《ないちてき》な様式《やうしき》の生活《せいくわつ》が割合《わりあひ》に活潑《くわつぱつ》に働《はたら》いてゐる半面《はんめん》、全《ぜん》然朝鮮的《ぜんてうせんてき》なものが直《す》ぐ隣《とな》りにあつてネ。さういふものに惹《ひ》かれるナ。

濱本　村山《むらやま》さんは如何《いかゞ》です。

村山　僕《ぼく》も行《い》つたのは三四度《ど》行《ゆ》きましたけれども、やつぱり場所《ばしよ》はそんなに歩《ある》いてゐないんです。マア、京城《けいじやう》、平壤《へいじやう》、慶州《けいしう》、金剛山《こんがうざん》、そんな所《とこ》ですネ。その他《た》には、映畫《えいぐわ》の「春香傳《しゆんかうでん》」を撮《と》るために、その舊蹟《きうせき》といふやうな所《とこ》を歩《ある》き廻《まは》つたり、ロケーション・ハンテイングのつもりで田舍《ゐなか》のはうを少《すこ》し歩《ある》いたりしたんです。彼處《かしこ》も彼處《ここ》も非常《ひじやう》に印象《いんしやう》が新《あたら》しいですネ。古《ふる》い建物《たてもの》とか、古《ふる》い美術品《びじゆつひん》、遺蹟《ゐせき》なんかに、吾々《われわれ》の先祖《せんぞ》の藝術《げいじゆつ》品《ひん》と非常《ひじやう》に似通《にかよ》つたものが發見《はつけん》されて、それが又日本《またにつぽん》に傳《つた》はつて來《き》たのと全然違《ぜんぜんちが》ふ特《とく》別《べつ》な朝鮮的《てうせんてき》な獨特《どくとく》なスタイルを持《も》つてゐるので、非常《ひじやう》に惹《ひ》かれたんですが、さういふものがだん〳〵と荒廢《くわうはい》して來《き》てるのを見《み》てその度《たび》に非常《ひじやう》に殘念《ざんねん》だと考《かんが》へましたネ。無論《むろん》さういふものを保存《ほぞん》する努力《どりよく》はしてゐるのでせうが、古《ふる》いものがどん〳〵壞《こは》されてゐる所《とこ》があると思《おも》ひます。それを目《ま》のあたり見《み》て、何《なん》とも言《い》

へない氣持《きもち》がしたことを憶《おぼ》えてゐます。

濱本　池田《いけだ》さんは吾々《われ〳〵》のやうな旅人《たびびと》と違《ちが》つて向《むか》ふに永《なが》くゐらしつたんですから、違《ちが》つた意味《いみ》で何《なに》かおありでせう。一番思《ばんおも》ひ出《だ》されるのは何處《どこ》ですか。

右ヨリ村山・池田・加藤氏

池田　思《おも》ひ出《だ》す所《ところ》といふと、何《なに》か縮尻《しくじ》つた所《ところ》といふことになるかナ。(笑聲《せうせい》)然《しか》し僕《ぼく》が一番印象《ばんいんしやう》の深《ふか》かつたのは小鹿島《せうろくたう》だネ。三度《ど》も行《ゆ》きましたけど、驚《おどろ》いたものネ。

濱本　道順《みちじゆん》はどういふふうに行《ゆ》きますか。

池田　京城《けいじやう》から木浦線《もくほせん》に乗《の》つて行《い》つて、板橋《はんけう》で降《お》りて、そこからバスで約《やく》四里《り》ほど行《ゆ》くと、鹿島《ろくたう》といふ所《ところ》が終點《しうてん》になつてゐます。そこから小《ちひ》さな船《ふね》で渡《わた》るんですが、小《ちひ》さな島《しま》ですヨ。そこは一《ひと》つは海《うみ》が非常《ひじやう》にいゝんだ。さうして景色《けしき》が非常《ひじやう》にいゝんだ。ほんとに樂土《らくど》だナ。そこは元《もと》、四五百人《にん》くらゐの百姓《しやう》が居《を》つたんですが、それを移住《いぢう》さして、島《しま》を買收《ばいしう》したんです。そして癩《らい》の療養所《れうやうじよ》にした。一番景色《ばんけしき》のいゝ山《やま》の中腹《ちうふく》や何《なに》かへ素晴《すば》らしい理想的《りさうてき》な部落《ぶらく》を作《つく》りましてネ。全鮮《ぜんせん》に一萬人《まんにん》くらゐゐるのを全部收容《ぜんぶしうよう》しようといふので、僕《ぼく》がこの前行《まへい》つた時《とき》は四千人《にん》くらゐゐて、どん〳〵入《い》れるつもりだつて言《い》つてましたから、今《いま》は六七千人《にん》になつてゐるかも知《し》れません。景色《けしき》のいゝ所《ところ》でみんな愉快《ゆくわい》にやつてますヨ。部落《ぶらく》の中央《ちうあう》に公會堂《こうくわいだう》や何《なに》かありましてネ。島《しま》の半分《はんぶん》は職員半分《しよくゐんはんぶん》は患者《くわんじや》といふやうになつてゐるんですが、患者《くわんじや》のはうが一番《ばん》いゝ景色《けしき》の場所《ばしよ》を占《し》めてゐて、そこで米《こめ》も作《つく》るし、海苔《のり》も採《と》るし、それに魚《さかな》がよく獲《と》れるんです。食《た》べ物《もの》は殆《ほとん》ど自給自足《じきふじそく》ですヨ。世界《せかい》でも一番《ばん》いゝ島《しま》かも知《し》れませんナ。理想的《りさうてき》な所《ところ》ですヨ。

加藤　面積《めんせき》はどのくらゐです。

池田　二里《り》四方《はう》くらゐかナ。全島《ぜんたう》トッテモ景《け》色《しき》がいゝんだ。木《き》はよく繁《しげ》つてゐるし、空《くう》氣《き》はいゝし、理想的《りさうてき》な健康地《けんかうち》ですヨ。

村山　療養所《れうやうじよ》に關係《くわんけい》のない、普通《ふつう》の人《ひと》もゐるんですか。

池田　全部職員《ぜんぶしよくゐん》ばかりです。その療養所《れうやうじよ》の建築《けんちく》ですがネ、それはみんな患者《くわんじや》がやつたんですヨ。島《しま》の中《なか》には煉瓦《れんぐわ》を燒《や》く所《ところ》もあるし、患者《くわんじや》が自分《じぶん》で設計《せつけい》して自分《じぶん》で建《た》てたんですヨ。全部自力《ぜんぶじりき》です。

村山　偉《えら》いもんですネ。

池田　又《また》あれを指導《しだう》した周防正季《すはまさすゑ》といふ人《ひと》が偉《えら》いんですヨ。

加藤　朝鮮《てうせん》の人《ひと》ばかりですか。

池田　內地人《ないちじん》も入《はひ》つてゐます。面白《おもしろ》いのは、島《しま》の何處《どこ》からでも見《み》える所《ところ》に女《をんな》の患者《くわんじや》の部落《ぶらく》があるんだ。そこに洗濯場《せんたくば》があつて洗濯《せんたく》してゐますが、面白《おもしろ》いんだ。女《をんな》が見《み》えるやうにして置《お》かないといけない。見《み》えるやうにして置《お》くと患者《くわんじや》が朗《ほが》かなんだ。

伊藤（祐）　男《をとこ》と女《をんな》と部落《ぶらく》が分《わか》れてゐるんですか。

池田　さうなんです。それでネ、女《をんな》に手《て》を付《つ》けるやうな者《もの》があると大變《たいへん》だ。自由制裁《じいうせいさい》でネ。職員《しよくゐん》の連中《れんちう》が處置《しよち》しないでも、部落《ぶらく》の者《もの》が制裁《せいさい》を加《くは》へるんだ。だから、決《けつ》して手《て》は出《だ》さん。たゞ見《み》てるだけだ。（笑聲《せうせい》）もう一《ひと》つは、端《はし》のはうに癩患者《らいくわんじや》の囚人《しうじん》を入《い》れる監獄《かんごく》がありますがネ。たゞ鐵條網《てつでうまう》みたいなものが張《は》つてあるだけで、外《そと》から全部《ぜんぶ》見《み》えるやうにしてあるんです。初《はじ》めそれを造《つく》る時《とき》に警察《けいさつ》のはうではチャンと圍《かこ》ひをして置《お》かうとしたんです。それを周防院長《すはゐんちやう》が、それはいかん。絕《ぜつ》對《たい》にいかん。一體《たい》俺《おれ》は日本《につぽん》のあゝいふ監獄《かんごく》は反對《はんたい》なんだ。娑婆《しやば》が見《み》えるやうにして置《お》くことが大切《たいせつ》だつて言《い》つて造《つく》つたんです。見《み》えますヨ。外《そと》からスッカリ見《み》えるんだ。これは非常《ひじやう》にいゝらしいですネ。思《おも》ひつきですヨ。話《はなし》を聽《き》いてゐても愉快《ゆくわい》だ。兎《と》に角《かく》いゝ所《ところ》ですヨ。一度《ど》行《い》つてご覽《らん》なさい。一ト晩《ばん》泊《とま》つて魚釣《うをつ》りやるんだナ。何《なん》ぼでも釣《つ》れる。僕《ぼく》のやうな下手《へた》な者《もの》でも、二時間《じかん》ばかりの間《あひだ》に四五十も釣《つ》つた。

東郷　その島《しま》には誰《だれ》でも行《ゆ》かれるの。

池田　歡迎《くわんげい》しますヨ。

東郷　危《あぶ》なくないのかナ、病氣《びやうき》は。

池田　決《けつ》して危《あぶ》なくない。その部落《ぶらく》に入《い》れる時《とき》はチャンと武裝《ぶさう》させますからネ。喜《よろこ》んで泊《と》めますヨ。

濱本　それは珍《めづら》しい話《はなし》を伺《うかが》ひました——。加《か》藤《とう》さん。あなたとは一緒《しよ》に歩《ある》いた僕《ぼく》が訊《き》いちやおかしいけど、如何《いかが》です、他人行儀《たにんぎやうぎ》のやうですけど。

加藤　僕《ぼく》は極《きは》めて平凡《へいぼん》だナ。平壤《へいぜう》だ。

濱本　どういふふうに？

加藤　說明《せつめい》が要《い》るのかい。（笑聲《せうせい》）どういふの

かと言《い》はれても困《こま》るけど、建築物《けんちくぶつ》がよかつた。それと妓生《キーサン》がマアよかつたナ。（笑聲《せうせい》）

東郷　平壤《へいじやう》あたりまで行《ゆ》くと、建物《たてもの》や何《なに》か、非常《ひじやう》に支那《しな》風《ふう》ですネ。大同江《だいどうかう》の川《かは》べりにある家《うち》なんか、際立《きはだ》つて支那《しな》風《ふう》だ。

加藤　王朝時代《わうてうじだい》の斷片《だんぺん》が遺《のこ》つてるやうな氣《き》がするんだヨ。

濱本　今度《こんど》は關口《せきぐち》さんの足取《あしど》りを伺《うかゞ》ふかナ。

關口　僕《ぼく》は田舍《ゐなか》へ行《ゆ》きたいつて言《い》つてたけど大變《たいへん》な暑《あつ》さで動《うご》けなくなつて、京城《けいじやう》に長《なが》くゐたんだ。金剛山《こんがうさん》だとか新義州《しんぎしう》へも行《い》つたけど、都會地《とくわいち》のはうが多《おほ》くつてネ。特《とく》に印象《いんしやう》に殘《のこ》るやうなものはないナ。京城《けいじやう》なんかはエキゾチックといふより非常《ひじやう》に内地化《ないちくわ》してると思《おも》つた。殆《ほとん》ど内地《ないち》と變《かは》らないやうな感《かん》じを受《う》けて來《き》た。ずゐぶん行《ゆ》きたい所《ところ》もあつたけど、滿洲《まんしう》へ行《ゆ》くはうが氣《き》が急《せ》いて行《い》けなくなつてネ。やつぱり田舍《ゐなか》のはうにほんとの朝鮮《てうせん》らしいものを感《かん》じるものがあるんぢやないかと思《おも》ふ。

加藤　ほんとうに朝鮮《てうせん》らしい感《かん》じがするのは開城《かいじやう》の滿月臺《まんげつだい》かナ。

池田　牡丹臺《ぼたんだい》にのぼつて、いつも思《おも》ふんだがあそこから大同江《だいどうかう》を見《み》ると流《なが》れが縱《たて》に見《み》えるね。横《よこ》ぢやない。川《かは》が縱《たて》に見《み》えてるんだ。あゝいふ所《ところ》は他《ほか》にあるかしらん。

濱本　ア、さうだ。縱《たて》に見《み》えますネ、下流《かりう》へ向《む》つて縱《たて》に見《み》える。

加藤　木村毅《きむらき》などの説《せつ》に依《よ》ると、牡丹臺《ぼたんだい》附近《ふきん》の戰蹟《せんせき》は、ワーテルローよりも、はるか雄大《ゆうだい》ださうだね。

東郷　僕《ぼく》もさうだらうと思《おも》ふナ。平壤《へいじやう》はワーテルローよりも廣《ひろ》いナ。ワーテルローは全部《ぜんぶ》見渡《みわた》せるけど、平壤《へいじやう》は見《み》えない。

濱本　伊藤《いとう》さんは如何《いかゞ》です。

伊藤(宣)　僕《ぼく》は犬《いぬ》の小便《せうべん》みたいに歩《ある》いたんだけど、やつぱり牡丹臺《ぼたんだい》がいゝと思《おも》つたナ。僕達《ぼくたち》は大同江《だいどうかう》を船《ふね》で下《くだ》つて妓生學校《キーサンがくかう》へ行《い》つた。あそこの山《やま》の上《うへ》へ上《あが》つた時《とき》は、とりやアと思《おも》つたですネ。それと、印象《いんしやう》に殘《のこ》つてゐるのはスリチビ（居酒屋《ゐざかや》）くらゐですネ。

濱本　伊藤《いとう》さんは田舍《ゐなか》をお歩《ある》きになつたんぢやありませんか。

伊藤(祐)　私《わたし》は東京《とうきやう》から馬車馬《ばしやうま》みたいに京城《けいじやう》へ行《い》つて、そこで研究《けんきう》ばかりしてゐましたから、土地的《とちてき》には範圍《はんゐ》が狹《せま》いので、あんまり申上《まをしあ》げることはありません。

濱本　京城《けいじやう》と、それから何處《どこ》へいらしつたんですか。

伊藤(祐)　京城《けいじやう》の韓先生《かんせんせい》（韓成俊《かんせいしゆん》）をお訪《たづ》ねして、あそこで朝《あさ》から夜《よる》まで詰《つ》めつきりでやつてたんで、もう一度《ど》出《で》直《なほ》して行《ゆ》きたいと思《おも》つて居《を》ります。

濱本　大體《だいたい》これで印象《いんしやう》に殘《のこ》つたといふお話《はなし》は伺《うかゞ》つた譯《わけ》ですが……。

馬　もう一人《ひとり》殘《のこ》つてるヨ。

濱本　エ？（不審《ふしん》さうに皆《みな》の顏《かほ》を見廻《みまは》して）ア、僕《ぼく》か。（笑聲《せうせい》）

馬　忘《わす》れちやいけないヨ。

濱本　僕《ぼく》は追《お》ひ〳〵話《はなし》をするヨ。人《ひと》の行《い》つてない所《ところ》のことを自慢《じまん》するからネ。

印象に殘つてゐる人々

右ヨリ關口・伊藤宣二氏

濱本 今度《こんど》は人《ひと》の話《はなし》に移《うつ》りませう。向《むか》ふでお會《あ》ひになつた人《ひと》の中《うち》で印象《いんしやう》に殘《のこ》つたことゝ。勿論《もちろん》妓生《キーサン》なんかも入《はひ》る筈《はず》ですけれども、この機會《きくわい》に一般《ぱん》に知《し》らしたいといふやうな人《じん》物《ぶつ》について、今度《こんど》は逆《ぎやく》に伊藤祐司《いとういうじ》さんから今《いま》の韓先生《かんせんせい》のお話《はなし》でも……。

伊藤(祐) 從來《じゆうらい》も朝鮮舞踊《てうせんぶよう》とか音樂《おんがく》を聽《き》いたり見《み》たりして居《を》りましたけれども、あんまり深《ふか》い印象《いんしやう》を受《う》けなかつたんです。が、いつぞや相當《さうたう》な團體《だんたい》が來《き》た時《とき》に見《み》に行《い》つて、非常《ひじやう》にリズミックの面白《おもしろ》さがあると思《おも》ひ研《けん》究《きう》しやうとアチコチ調《しら》べて見《み》たところが、京城《けいじやう》に**韓先生**といふ朝鮮舞踊《てうせんぶよう》の權威者《けんゐしや》があるといふことを聞《き》きましたので、わざわざ韓先生《かんせんせい》を、京城《けいじやう》にお訪《たづ》ねした譯《わけ》でございます。現在《げんざい》六十七歳《さい》の老人《らうじん》の方《かた》でございますけれども、今《いま》まで自分《じぶん》が研究《けんきう》したものを後《こう》世《せい》に傳《つた》へたいといふので非常《ひじやう》に眞面目《まじめ》にやつて居《ゐ》られますので、私《わたし》は丁度《ちやうど》いゝと思《おも》つて朝《あさ》から晩《ばん》まで付《つ》きつきりで音樂《おんがく》だとか舞《ぶ》踊《よう》を研究《けんきう》させて戴《いただ》いたのでございます。朝《てう》鮮《せん》の舞踊《ぶよう》といふものは、インド、シヤム、支那《しな》の踊《をど》りと非常《ひじやう》に共通性《きようつうせい》があると思《おも》ひます。私《わたし》の家内《かない》に習《なら》はせたのですが、リズミツクな點《てん》で非常《ひじやう》に入《はひ》りやすかつたと思《おも》ひます。

濱本 宣《せん》二さんはどうです。京城《けいじやう》の何《なん》とかいふ朝鮮料理《てうせんれうり》の黑《くろ》い着物《きもの》を着《き》た女中《ぢよちう》さんの話《はなし》は、よく伺《うかが》つてゐますけど。

伊藤(宣) ーあれは貞淑《ていしゆく》でいゝやうに感《かん》じましたネ。(笑聲《せうせい》)

濱本 何《なん》といふ家《いへ》でしたか。

伊藤(宣) あれはネ、何《なん》といひましたかナ。——忘《わす》れちやつた。

馬 明月館《めいげつくわん》？

伊藤(宣) 明月館《めいげつくわん》でもない。

馬 國《こく》一？

伊藤(宣) さう、國一館《こくくわん》だ。妓生《キーサン》も來《き》たんですけど、その女《をんな》はまつ黑《くろ》い着物《きもの》を着《き》まして ネ。それが光《ひか》つてるんですヨ。非常《ひじやう》に落着《おちつ》いてゐてネ。

濱本 何《なに》か、カタミを貰《もら》つて來《き》て僕《ぼく》に見《み》せたね。

伊藤(宣) 匙《さじ》だ。

東郷 上手《うはて》がゐるネ。

伊藤(宣) 銀《ぎん》の匙《さじ》を貰《もら》つたんですヨ。滅多《めつた》に出《だ》さんのださうですがネ。下《した》がヘツ込《こ》んでゐるんです。

それで何《なに》かを叩《たゝ》いて拍子《ひやうし》を取《と》るんだッて言《い》つてました。それよりネ、僕《ぼく》は賴《たの》まれて妓《キー》生《サン》の家《うち》へ行《い》つたことがあるんです。賴《たの》まれて行《い》つたんです。

東郷　イヤに辯解《べんかい》しましたネ。（笑聲《せうせい》）

伊藤（宣）　朝鮮《てうせん》の人《ひと》に案内《あんない》して貰《もら》つて、何《なん》だかグルグル廻《まは》つて奧《おく》へ入《はひ》つたやうですが、だん〳〵屋根《やね》が低《ひく》くなるやうな感《かん》じがしましたネ。

濱本　關口《せきぐち》さんは？

關口　僕《ぼく》は會《あ》つた人《ひと》ッて言《い》へば、劇作家《げきさくか》の**柳致眞**、音樂家《おんがくか》の**李鐘泰**。柳致眞《りうちしん》にはいろんな所《とこ》、どこでも何《なん》でも見《み》せて貰《もら》つたですョ。今度《こんど》、彼《かれ》の脚色《きやくしよく》した「國境《こくきやう》」といふ映畫《しやしん》が來《く》るさうだけど。

馬　もう來《き》てゐる。

關口　僕《ぼく》は芝居《しばゐ》のはうの關係《くわんけい》で、柳致眞君《りうちしんくん》には殊《こと》に世話《せわ》になつた。

濱本　加藤《かとう》さんは？

加藤　僕《ぼく》は向《むか》ふで會《あ》つた人《ひと》としては、**前田東水**さん。それから高周波《かうしうは》の**高橋省三**さん、京城《けいじやう》の博物館《はくぶつくわん》の**小泉顯夫**さういふ人《ひと》が印象《いんしやう》に殘《のこ》つた。僕《ぼく》の主觀的《しゆくわんてき》な見方《みかた》かも知《し》れないけど。

濱本　高周波《かうしうは》の高橋《たかはし》さんは忘《わす》れられない人《ひと》ですネ。小泉《こいづみ》さんとは別《わか》れ際《ぎは》が印象的《いんしやうてき》だつたな。

加藤　風格《ふうかく》があるネ。

濱本　池田《いけだ》さんは如何《いかゞ》です。池田《いけだ》さんにさういふことを伺《うかゞ》ふのは變《へん》かも知《し》れないけど。

加藤　池田《いけだ》さんに今《いま》の朝鮮《てうせん》の人材《じんざい》について、ほんとの所《とこ》を伺《うかゞ》ひたいと思《おも》ひますネ。

池田　さうネ。僕《ぼく》、非常《ひじやう》に感心《かんしん》してゐる人《ひと》があるんだがナ。名前《なまへ》は忘《わす》れちやつた。李王《りわう》職《しよく》にゐる人《ひと》で笛《ふえ》の恐《おそろ》しく巧《うま》い人《ひと》ですがネ。僕《ぼく》は色《いろ》とか音《おと》とかは判《わか》らないんだ。（東郷氏《とうがうし》に）先生《せんせい》の畫《ゑ》を見《み》ても、實《じつ》はあんまり判《わか》らないんだ。（笑聲《せうせい》）だけど、僕《ぼく》が感心《かんしん》したのは、あの人《ひと》がネ、笛《ふえ》の名人《めいじん》になるには、内《ない》地《ち》の人《ひと》もいろいろ苦心《くしん》して修業《しゆげふ》するんだが、あなたにも何《なに》か苦心《くしん》があるでせうッて僕《ぼく》が訊《き》いたら、それに答《こた》へてネ、イヤ、名《めい》人《じん》になるといふことは天分《てんぶん》だ。然《しか》しほんとに自分《じぶん》でいゝものを吹《ふ》くのには、身體《からだ》をきれいにすること。身裝《みなり》を改《あらた》めること。それから場《ば》所《しよ》がいゝ場所《ばしよ》でなきやならんと言《い》つた。私《わたし》は常《つね》にさういふことには苦心《くしん》するが、他《ほか》に何《なん》にも苦心《くしん》はしません。練習《れんしふ》なんていふことは商賣《しやうばい》ですから、とれはやるのが當《あた》り前《まへ》ですッて言《い》ふんだ。いはゆる名人《めいじん》の言《こと》葉《ば》として非常《ひじやう》に嬉《うれ》しく思《おも》つたナ。

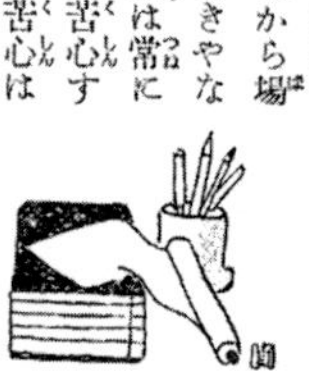

馬　いゝ話《はなし》だ。名人氣質《めいじんかたぎ》だナ。

池田　吹《ふ》く場所《ばしよ》を選《えら》ぶといふのが面白《おもしろ》いと思《おも》つたナ。

伊藤（宣）　僕《ぼく》は雅樂《ががく》を聽《き》かして貰《もら》つたんですが、嚴肅《げんしゆく》ですネ。板《いた》の間《ま》でネ、服裝《ふくさう》もチャンと調《とゝの》へてネ。王樣《わうさま》の前《まへ》でやる服裝《ふくさう》だッていふのを着《き》てくれたんです。

東郷　あれは資格《しかく》に依《よ》つていろ〳〵着物《きもの》を替《か》へるんださうですネ。一番《ばん》本格的《ほんかくてき》な時《とき》は赤《あか》い着物《きもの》とか……。

伊藤（宣）　僕《ぼく》の時《とき》はまつ赤《か》なのを着《き》てゐた。

東郷　三種類《しゆるゐ》くらゐ、聽《き》く人《ひと》の階級《かいきふ》に依《よ》つて違《ちが》ふのを着《き》ろんださうですネ。

伊藤（請） 記錄《きろく》に殘《のこ》つてゐますネ。

關口 初《はじ》めと終《をは》りに、相圖《あひづ》をする人《ひと》がゐますネ。あの人一人《ひとひとり》だけ綠色《みどりいろ》ですネ。

村山 何《なに》かガチヤンと鳴《な》らす。

東鄕 虎《とら》の脊中《せなか》をガラ〳〵とやる。

濱本 大體《だいたい》藝術家《げいじゆつか》が集《あつ》まつたんで、向《むか》ふの藝《げい》術家《じゆつか》が採上《とりあ》げられるんですが、政治家《せいぢか》とか他《ほか》の方面《はうめん》で優《すぐ》れた人《ひと》は？

關口 李相協といふ人《ひと》は、新聞社《しんぶんしや》の副社長《ふくしやちやう》でしたネ。

馬 毎日新報《まいにちしんぽう》。

關口 あれは偉《えら》い人《ひと》だと思《おも》ふナ。

池田 僕《ぼく》も偉《えら》いと思《おも》ふ。新聞人《しんぶんじん》としては第《だい》一人者《にんしや》だ。反對者《はんたいしや》は非常《ひじやう》に多《おほ》いけど。あの人《ひと》は、あのくらゐになつてゐて、まだ若《わか》い青年《せいねん》の意《い》氣《き》を持《も》つてゐますヨ。

關口 まだ若《わか》いんでせう？

池田 若《わか》いですヨ。五十前《まへ》だからネ。四十八かだと思《おも》ひます。

關口 そんなですか。僕《ぼく》は三十代《だい》だと思《おも》つてゐた。

池田 兎《と》に角《かく》、偉《えら》いですヨ。あれだけ惡口《わるぐち》を言《い》はれたり總攻擊《そうこうげき》されても、毅然《きぜん》としてやつて行《い》つて、あそこまでデッチ上《あ》げた。これは偉《えら》いことですヨ。一體《たい》あの人《ひと》は朝鮮《てうせん》の新聞《しんぶん》をみんな作《つく》つたんです。一番初《はじ》めに每《まい》日申報《にちしんぽう》にゐて、或《あ》る程度《ていど》までやつて飛出《とびだ》して、その次《つぎ》に作《つく》つたのが東亞日報《とうあにつぽう》です。これが物《もの》になつた頃《ころ》、追出《おひだ》されたか飛出《とびだ》したか、兎《と》に角《かく》、出《で》て、その次《つぎ》に何《なに》をやつたかといふと、朝鮮日報《てうせんにつぽう》です。

村山 結局《けつきよく》、みんな一人《ひとり》で拵《こしら》へたんだネ。

池田 さうなんだ。創業時代《さうげふじだい》からスッカリやつて、今度《こんど》朝鮮日報《てうせんにつぽう》を飛出《とびだ》すと、又々《またまた》每日《まいにち》新報《しんぽう》に歸《かへ》つて來《き》たんです。而《しか》も每日新報《まいにちしんぽう》が非常《ひじやう》な苦境《くきやう》に立《た》つた時《とき》に歸《かへ》つて來《き》た。僅《わづ》か六七年《ねん》の間《あひだ》に、京城日報《けいじやうにつぽう》で出《だ》してゐた每日《まいにち》新報《しんぽう》を獨立《どくりつ》させて百萬圓《まんゑん》の會社《くわいしや》にして、今《いま》は自分《じぶん》が副社長《ふくしやちやう》になつてゐます。あの力《ちから》といふものは、並大抵《なみたいてい》ぢやありませんヨ。

加藤 やつぱり財閥《ざいばつ》はあるでせうナ。

池田 それはあります。例《たと》へば東亞日報《とうあにつぽう》にしても一《ひと》つの財閥《ざいばつ》です。

濱本 村山《むらやま》さん、人物《じんぶつ》については？ 若《わか》い方《はう》面《めん》を一《ひと》つお願《ねが》ひします。

村山 若《わか》い人《ひと》も知《し》つては居《ゐ》ますが、さうでないはうを申上《まをしあ》げませう。京城《けいじやう》に聲樂研究會《せいがくけんきうくわい》といふ團體《だんたい》があるんです。つまり宮廷音樂《きうていおんがく》の雅樂《ががく》は田邊尙雄《たなべひさを》さんの努力《どりよく》などで保存《ほぞん》されるやうになつたんですが、民間音樂《みんかんおんがく》のはうは全然手《ぜんぜんて》を着《つ》けられないで、亡《ほろ》びようとしてゐたんです。このまんまで置《お》いたら亡《ほろ》びてしまふ。今《いま》までそれをやつてゐた人《ひと》は生活《せいくわつ》にも困《こま》るし、亡《ほろ》ぼすのは勿體《もつたい》ない。何《なん》とかしたいといふので、自分達の生活の問題もあつて、さういふ人達《ひとたち》が集《あつ》まつて相互《さうご》扶助的《ふじよてき》な組合《くみあひ》みたいなものを作《つく》つたんです。そこでお互《たがひ》に勉強《べんきやう》もするし、弟子《でし》も養《やう》成《せい》するし、酒席《しゆせき》に招《よ》ばれて行《い》つたりするんです。妓生《キーサン》も勉強《べんきやう》に行《ゆ》きます。そこには民《みん》間音樂《かんおんがく》の一流《りう》の大家《たいか》がみんな集《あつ》まつてゐるんです。そこに、名前《なまへ》は忘《わす》れましたが、六尺《そく》くらゐの身丈《せ》の年齡《とし》は七十くらゐ、朝鮮《てうせん》

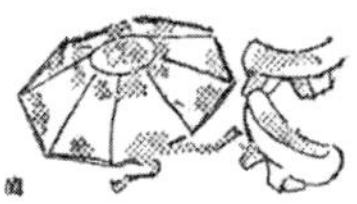

一番《ばん》だといふノレ唱《うた》ひ手《て》がゐるんです。

馬　李東伯ですか。

村山　さうです。何度《なんど》も唱《うた》つて貰《もら》つたんですが、あれはよかつたですネ。あの人《ひと》が朝鮮服《てうせんふく》を着《き》てカッ（冠）を被《かぶ》つて、髯《ひげ》を生《は》やしてやる所《ところ》を見《み》ると、如何《いか》にも朝鮮《てうせん》だといふ感《かん》じがしますネ。一流《りう》の人《ひと》が大勢《おほぜい》で、長鼓を叩《たた》いたり、歌《うた》を唱《うた》つたりしてゐるのを見《み》て非常《ひじやう》に感《かん》じたことは、その人達《ひとたち》が實《じつ》に樂《たの》しんでやつてるといふことですネ。お互《たがひ》に「ホタ〳〵」（よろしい）と言《い》つてネ。僕《ぼく》はその時《とき》に、これはほんとに樂《たの》しんで歌《うた》つてるんだらうかと思《おも》つて訊《き》いたんですヨ。さうしたら、かういふ音樂《おんがく》は自分《じぶん》が浸《ひた》つて溺《おぼ》れきつて唱《うた》はなきや唱《うた》へない。だから、唱《うた》つてる時《とき》は溺《おぼ》れきつてゐるんで、樂《たの》しくつて仕樣《しやう》がないんだッて言《い》つてました。

伊藤（祐）　踊《をど》りでも音樂《おんがく》でも實《じつ》に樂《たの》しさうにやつてゐますネ。

伊藤（宣）　間違《まちが》へたらどうしようなんていふ考《かんが》へはないですネ。

伊藤（祐）　その中《なか》に入《はひ》つて、ほんとにエンジヨイしてるんですからネ。

濱本　羨《うらや》しいな。

伊藤（祐）　その意味《いみ》で僕《ぼく》は朝鮮《てうせん》の人《ひと》は藝術的《げいじゆつてき》に伸《の》びるんぢやないかと思《おも》ひましたネ。

池田　音樂《おんがく》の話《はなし》では面白《おもしろ》い話《はなし》がある。僕《ぼく》はネ音樂《おんがく》の才分《さいぶん》を伸《の》ばすことは一面《めん》からいつて職業《しよくげふ》を與《あた》へるためにも必要《ひつえう》だから朝鮮《てうせん》に高等《かうとう》な音樂學校《おんがくがくかう》を作《つく》れ。もう一つ高等美術學校《かうとうびじゆつがく》を作《つく》れといふことを言《い》つて、新聞《しんぶん》でもずゐぶんやつたんだけど、なか〳〵乘《の》つて來《こ》んワ。

村山　必要《ひつえう》ですネ。

伊藤（祐）　僕《ぼく》の音樂學校《おんがくがくかう》の友達《ともだち》が二十年《ねん》近《ちか》く向《むか》ふに行《い》つてるんですが、朝鮮音樂《てうせんおんがく》をテンデ研究《けんきう》してゐないんですヨ。僕《ぼく》はムキになつて怒《おこ》りましたがネ。

伊藤（宣）　向《むか》ふへ行《い》つてる者《もの》は研究《けんきう》してゐませんネ。

伊藤（祐）　今《いま》からでも遲《おそ》くないから研究《けんきう》しろッて言《い》つたんですがネ。

關口　李鐘泰君《りしようたいくん》に聞《き》くと、朝鮮《てうせん》の音樂《おんがく》は二タ色《いろ》しかない。それを速《はや》くしたり遲《おそ》くしたり、テムポの變化《へんくわ》に依《よ》つていろ〳〵にしてゐるんだッて言《い》つてますね。

伊藤（祐）　リズムからいふと、二つポッチぢやないですネ。少《すくな》くとも三十種《しゆ》くらゐある。

伊藤（宣）　系統《けいとう》はおんなじでも、太鼓《たいこ》なら太鼓《こ》の打《う》ち方《かた》が違《ちが》つて來《く》るんですネ。名人《めいじん》でなきや出來《でき》ないんですヨ。

伊藤（祐）　韓先生《かんせんせい》は太鼓《たいこ》の名人《めいじん》なんです。

東鄕　僕《ぼく》は伽倻琴《カヤキン》がいゝナ。

伊藤（宣）　あれは朝鮮獨特《てうせんどくとく》の樂器《がくき》らしいですネ。

東鄕　今思《いまおも》ひ出《だ》したんだけどネ。東洋劇場《とうやうげきぢやう》で朝鮮《てうせん》のオペラみたいなものを見《み》たんだ。「春《じゆん》香傳《かうでん》」と「沈淸傳《ちんせいでん》」ともう一つ、三つ見《み》たんですヨ。それには李東伯《りとうはく》とか呉太石が出《で》てゐた。これはチョットいゝと思《おも》つたナ。李東《りとう》伯《はく》は義太夫《ぎだいふ》に似《に》たやうなものを唱《うた》つてネ。李東伯は「春香傳《しゆんかうでん》」だか何《なん》だかの時《とき》に一種《しゆ》の出《で》語《がた》りみたいなことをやつた。自分《じぶん》ぢや踊《をど》らないで、舞臺《ぶたい》の隅《すみ》へ出《で》て唱《うた》ふんだ。言葉《ことば》は判《わか》らないけど、非常《ひじやう》に面白《おもしろ》かつたナ。兎《と》に角《かく》、オペラですヨ。筋《すぢ》があつて、芝居《しばゐ》をしながら歌《うた》で臺詞《せりふ》をやりとりするんですヨ。

右ヨリ伊藤祐司・濱本・馬氏

村山　非常《ひじやう》にお能《のう》に似《に》てるものですネ。泣《な》くところなんか、扇《あふぎ》を手《て》にして震《ふる》はしたりしてネ。

東郷　あれは南方《なんぽう》の音樂《おんがく》ださうですネ。同《おな》じ東洋劇場《とうやうげきぢやう》で山本有三《やまもとゆうざう》の「嬰兒殺《えいじごろ》し」を見《み》たがネ。面白《おもしろ》かつた。朝鮮語《てうせんご》で朝鮮《てうせん》の風俗《ふうぞく》でやつたんです。**車紅女**つていふ女優《ぢよいう》がゐるでせう、あれが女工《ぢよこう》になつた。美人《びじん》だナ。

濱本　人物《じんぶつ》といふことについては、僕《ぼく》も一言《ごん》言《い》はして貰《もら》ひたいんだ。女《をんな》の人《ひと》では**南宮仙**といふ人《ひと》。それは去年《きよねん》行つた時《とき》に、馬海松《まかいしよう》君《くん》の友達《ともだち》の**李瑞求**君《くん》が紹介《せうかい》しくれた女優《ぢよいう》でネ。山本安英《やまもとやすえ》さんに似《に》てゐるんだ。それが村山《むらやま》さんのゐる所《とこ》で言《い》ふのはをかしいけど何《なん》でも村山先生《むらやませんせい》がかう言《い》つた、かう言《い》つたつて、非常《ひじやう》に心醉《しんすゐ》してゐるんだ。いろ〳〵と新劇運動《しんげきうんどう》の苦《くる》しいことなんかを話《はな》してくれてネ。身丈《せゐ》は山本《やまもと》さんより低《ひく》いけど、あいつた感《かん》じなんだ。僕《ぼく》、今度《こんど》行《い》つた時《とき》に會《あ》はうと思《おも》つたら、もう、奥《おく》さんになつてゐた。いゝ女優《ぢよいう》さんでしたヨ。それから男《をとこ》で、忘《わす》れられない人《ひと》は、馬海松君《まかいしようくん》のゐる前《まへ》で言《い》ふのはをかしいけど、馬海松君《まかいしようくん》の兄《にい》さんの**馬溫圭**さんだ。これはどうしても忘《わす》れられない。馬海松君《まかいしようくん》は故郷《くに》を發《た》つて以來《いらい》手紙《がみ》を出《だ》したことがない。近況《きんきやう》を傳《つた》へてくれつて、ほかの友達《ともだち》に賴《たの》まれて僕《ぼく》は行《い》つたんだが、馬溫圭《まをんけい》さんは開城《かいじやう》の驛《えき》へ迎《むか》へに來《き》てゐてくれた。年齡《とし》は僕《ぼく》より上《うへ》だと思《おも》ふ。その精神《せいしん》、なす事《こと》、する事《こと》、實《じつ》にいいんだ。內地語《ないちご》を話《はな》されないんで、友達《ともだち》が通譯《つうやく》をしてくれたんだけど、必要《ひつえう》のない時《とき》は一言《こと》も言《い》はない。いつでも穩《おだ》やかな氣持《きも》ちで人《ひと》に接《せつ》する人《ひと》なんだ。僕《ぼく》は聖人《せいじん》といふのを初《はじ》めて見《み》たと思《おも》つた。馬海松君《まかいしようくん》の家《いへ》は舊家《きうか》で開城《かいじやう》の池町《いけまち》にあるんだ。家《いへ》の前《まへ》へ行《い》つて見《み》ると馬溫圭《まをんけい》さんの標札《へうさつ》と一緒《しよ》に馬海松君《まかいしようくん》の本當《ほんたう》の名前《なまへ》を書《か》いた標札《へうさつ》がかゝつてゐる。案內《あんない》してくれた李瑞求君《りずゐきうくん》の話《はなし》では、馬海松君《まかいしようくん》が、自分《じぶん》は內地《ないち》で働《はたら》いてる間《あひだ》は兄貴《あにき》から金《かね》なんか送《おく》つて貰《もら》はなくつてもいゝと言《い》つ

て、馬海松君《まかいしようくん》の取《と》り分《ぶん》の財產《ざいさん》には手《て》を付《つ》けないらしい。それで兄《にい》さんは、家《いへ》にはまだ弟《おとうと》の財產《ざいさん》があるのだから弟《おとうと》の標札《へうさつ》を出《だ》して置《お》かなきやならないといふ譯《わけ》なんだ。李瑞求君《りずゐきうくん》も、これは美談《びだん》だと言《い》つてるんだ。又《また》、馬溫圭《まをんけい》さんは美談《びだん》の主《ぬし》にふさはしい物靜《ものしづ》かな人《ひと》だ。馬海松君《まかいしようくん》に非常《ひじやう》に似《に》た所《ところ》があるけど、彼《かれ》はまだカフエーへ行《い》つたりバーへ行《い》つたり、墮落《だらく》した所《ところ》がある。（笑聲《せうせい》）兄《にい》さんのはうは、さういふ俗《ぞく》ッポイ所《ところ》がない。それで今年《ことし》行《い》つたときには、加藤《かとう》さんにも會《あ》つて貰《もら》ひたいと思《おも》つて行《い》つたんだけど、加藤《かとう》さんの乘《の》つた自動車《じどうしや》が道《みち》を間《ま》違《ちが》へて驛《えき》のはうへ行《い》つちまつたんで、たうとう會《あ》つて貰《もら》へなかつた。

加藤　あのとき別莊《べつさう》へ訪《たづ》ねた馬鐘泰《ましようたい》さんは何《ど》う云《い》ふ關係《くわんけい》の方《かた》なの？

濱本　馬鐘泰君《ましようたいくん》は馬海松君《まかいしようくん》の甥《をひ》に當《あた》るんで、開城《かいじやう》の百萬長者《まんちやうじや》です。朝鮮《てうせん》の人《ひと》は踊《をど》つたり唱《うた》つたりする時《とき》に、その中《なか》に入《はひ》り込《こ》むといふ話《はなし》があつたが、馬鐘泰君《ましようたいくん》は、逆《ぎやく》に、感情《かんじやう》が流《なが》れて來《く》ると踊《をど》るんだ。肩《かた》を張《は》り手《て》を擧《あ》げて、足《あし》を踏《ふ》んで踊《をど》るんだ。非常《ひじやう》に贅澤《ぜいたく》な遊《あそ》びをしてゐる。僕《ぼく》は昨年《さくねん》行《い》つたとき招待《せうたい》せられて彼《かれ》の山《やま》の別莊《べつさう》へ行《い》つて一と夜《や》を送《おく》つた。全《まつた》く桃源境《たうげんきやう》のやうな所《ところ》で月《つき》の一夜《や》を送《おく》つた。

加藤　あそこはいゝネ。

池田　將來《しやうらい》ある人《ひと》といふのは、和信《わしん》の朴興植さん……。

濱本　和信《わしん》といふと百貨店《くわてん》ですネ。

池田　さう〳〵。あの人《ひと》はまだ四十にならないでせう。偉《えら》い人《ひと》ですヨ。仕事《しごと》に精進《しやうじん》してあれだけのものにデッチ上《あ》げたんですからネ。身《み》を持《ぢ》することと非常《ひじやう》に謹嚴《きんげん》なんだ。この人《ひと》は內地人側《ないちじんがは》にも一番《ばん》信用《しんよう》がある。その代《かは》り一番《ばん》借金《しやくきん》もあると思《おも》ふんだ。然《しか》しあのくらゐ借金《しやくきん》があると、潰《つぶ》すことは出來《でき》ないヨ。（笑聲《せうせい》）三十代《だい》にしてあれだけの財產《ざいさん》を作《つく》るといふことは、偉《えら》いことですヨ。それから安岳《あんがく》にゐる金鴻亮といふ人《ひと》。これは農業家《のうげふか》ですが、安岳《あんがく》を中心《ちうしん》にして農業經營《のうげふけいえい》の大改善《だいかいぜん》をやつたし、自分《じぶん》の使《つか》つてゐる小作人《こさくにん》の待遇《たいぐう》も改善《かいぜん》をした。さうして彼《かれ》は安岳《あんがく》へ獨力《どくりよく》で中學校《ちうがくかう》を建《た》てた。常《つね》に半島《はんたう》の文化前進《ぶんくわぜんしん》といふことを言《い》つてグン〳〵進《すす》んで行《ゆ》く。ちよつと變《かは》り者《もの》ですヨ。これは僕《ぼく》が醉《よ》つ拂《ぱら》つた時《とき》に知《し》り合《あ》つたんです。飲《の》むこと以外《いぐわい》にこの男《をとこ》に用《よう》はない。飲《の》むと踊《をど》り出《だ》す。踊《をど》りは巧《うま》い。（兩手《りやうて》を振廻《ふりまは》したり身振《みぶ》りをして）確《たし》かに巧《うま》いんだ。（笑聲《せうせい》）

馬　年齡《とし》は？

池田　もう五十でせうナ。――それから金錫源といふ中佐《ちうさ》がゐますネ。恐《おそ》らく朝鮮《てうせん》の人《ひと》で中佐《ちうさ》になつた人《ひと》としては初《はじ》めてでせう。これは日支事變《にっしじへん》の始《はじ》まつたばかりの南苑《なんゑん》の戰爭《せんさう》の時《とき》に、大隊長《だいたいちやう》として行《い》つて、一番先《ばんさき》に出《で》かけたんです。さうして突擊《とつげき》の時《とき》に足《あし》を折《を》つたんですヨ。その負傷《ふしやう》が治《なほ》つて又《また》戰線《せんせん》へ行《い》つて、今《いま》は龍山《りうざん》に還《かへ》つてゐるやうですが、熱心《ねつしん》な人《ひと》でネ。朝鮮《てうせん》の金持《かねも》ちを動《うご》かして金《かね》を引出《ひきだ》して、非常《ひじやう》な精神運動《せいしんうんどう》をやつてゐます。梨泰院小學校《りたいゐんせうがくかう》といふのがありますがあれなんかも彼《かれ》が金持《かねも》ちから金《かね》を出《だ》して來《き》て自分《じぶん》がやつてゐるんです。そこの兒童《じどう》といふのは、鐵道《てつだう》の工場《こうぢやう》で使《つか》つてる勞《らう》働者《どうしや》の子供《こども》ばかりなんだ。彼《かれ》は小學校《せうがくかう》の外《はか》に靑年學校《せいねんがくかう》も作《つく》つたんです。これは軍人《ぐんじん》になるものを教育《けういく》するはうです。あそこの靑《せい》年團《ねんだん》も全部先生《ぜんぶせんせい》の指導《しだう》です。

濱本　その靑年學校《せいねんがくかう》は志願兵《しぐわんへい》と關係《くわんけい》があるんですか。

池田　エ、。そこから出《で》ます。

加藤　今《いま》、現職《げんしよく》ですか。

池田　現職《げんしよく》ですヨ。金中佐《きんちうさ》は南苑突擊《なんゑんとつげき》の繪草《ゑざう》紙《し》が出來《でき》てゐますヨ。

朝鮮《てうせん》の將校《しやうかう》は全部《ぜんぶ》いゝですヨ。軍人《ぐんじん》ではないが、**朴錫胤**といふのがゐる。これは語《ご》學《がく》の天才《てんさい》で、元《もと》、毎日新《まいにちしん》報《ぽう》の主筆《しゆひつ》みたいなことをやつてゐて、滿洲國《まんしうこく》へ行《い》つて外交部《ぐわいかうぶ》に入《はひ》つて、今《いま》はポーランドの總領事《そうりやうじ》をやつてゐます。なか〳〵語學《ごがく》は天禀《てんぴん》の論客《ろんかく》でネ。

だネ。何《なに》をやらしても巧《うま》い。あれは光《なか》つてますヨ。——女《をんな》で變《かは》り者《もの》がゐるぢやないか。**卜惠淑**といふの。

濱本　僕等《ぼくら》の歡迎會《くわんげいくわい》に出《で》て來《き》た人《ひと》？

池田　さう〳〵。今《いま》は博士婦人《はかせふじん》で納《をさ》まつてる

濱本　ホウ、さうですかネ。

東郷　變《かは》り者《もの》といつたら、京城《けいじやう》に**カクテキ**がゐる。

濱本　カクテキ？

馬　知《し》らないナ。

東郷　知《し》らないですか。兎《と》に角《かく》、偉大《ゐだい》な人物《じんぶつ》でも何《なん》でもないけど、午後《ごご》一時《じ》半頃《はんごろ》に必《かなら》ず三越《こし》の食堂《しよくだう》に現《あら》はれて、そこで何《なに》かを食《く》つてネ。それから一ト渡《わた》り店《みせ》の中《なか》をニヤニヤと笑《わら》ひながら女《をんな》の子《こ》を眺《なが》めて、三越《こし》を出《で》ると本町《ほんまち》の通《とほ》りをシズ〳〵と非常《ひじやう》にハイカラな恰好《かつかう》をして、笑《わら》ひながら歩《ある》く。まだ二十代《だい》で、頭髮《かみ》は鬢付《びんつ》け油《あぶら》を付《つ》けたやうにキッチリうしろに撫《な》でゝネ。

池田　それでまつ赤《か》なネクタイをしてゐるんだ。

東郷　大變《たいへん》な人氣者《にんきもの》ですヨ。僕《ぼく》は彼《かれ》に天丼《てんどん》をオゴつたことがあるんだヨ。

濱本　どうして君《きみ》がオゴつたの。

東郷　よく會《あ》つたからネ。

濱本　君《きみ》のことを、これは內地《ないち》のカクテキだと思《おも》つただらう。（笑聲《せうせい》）

東郷　オゴつたら非常《ひじやう》に感激《かんげき》してネ、僕《ぼく》のためにコースを變《か》へて歩《ある》いたりするんだ。今《いま》までさういふことはなかつたさうだ。カクテキつていふのは、唐辛子《たうがらし》で漬《つ》けた大根《だいこん》のカリカリした香《かう》こがあるでせう？　あれから來《き》たんだネ。

池田　さうだ。赤《あか》いハンケチに赤《あか》いネクタイだからね。顏《かほ》は黑《くろ》いけど。

濱本　人物《じんぶつ》の話《はなし》はカクテキで打切《うちき》りとして、今度《こんど》は固《かた》いはうへ行《ゆ》かう。最近《さいきん》の朝鮮《てうせん》の重《ぢう》工業《こうげふ》といふ問題《もんだい》で、北鮮《ほくせん》の重工業地帶《ぢうこうげふちたい》を見《み》た加藤《かとう》さんに印象《いんしやう》を話《はな》して戴《いただ》かう。

躍進朝鮮の產業

加藤　朝鮮《てうせん》——殊《こと》に北鮮《ほくせん》ですが、非常《ひじやう》に重要《ぢうえう》な地點《ちてん》になりつゝある。その見本《みほん》として少《すこ》し見《み》た譯《わけ》です。高周波精錬《かうしうはせいれん》の工場《こうぢやう》も見《み》たが

電波《でんぱ》を利用《りよう》して恐《おそ》るべき優秀《いうしう》なスチールを精錬《せいれん》してゐる。職工《しよくこう》を養成《やうせい》する。學校《がくかう》もあるんだが、月謝《げつしや》も取《と》らず、小遣《こづか》ひも食《く》ひ物《もの》もやつて養成《やうせい》する。而《しか》もその卒業生《そつげふせい》は少《すこ》しも義務《ぎむ》を負《お》はせないで、どこへでも行《ゆ》きたい所《ところ》へ行《ゆ》かしてやる。これには感心《かんしん》した。兎《と》に角《かく》、僕《ぼく》が一番《ばん》興味《きようみ》を持《も》つたのは、朝鮮《てうせん》といふ古《ふる》い文化《ぶんくわ》を持《も》つた國《くに》が今《いま》や最《もつと》も新《あたら》しい文化《ぶんくわ》の國《くに》として發展《はつてん》しつゝある、その光景《くわうけい》だネ。

濱本　鑛山《くわうざん》、林業《りんげふ》、吾々《われ／＼》が行《い》つて見《み》て感《かん》じたことは、兎《と》に角《かく》、內地《ないち》で見《み》られない珍《めづら》しい材料《ざいれう》が非常《ひじやう》に豐富《ほうふ》に無盡藏《むじんざう》にあるやうな氣《き》がするんですが、私共《わたしども》はたゞ表面《へうめん》を見《み》て歩《ある》いたきりですから、もう少《すこ》し突《つ》つ込《こ》んだご紹介《せうかい》を池田《いけだ》さんにお願《ねが》ひしたいと思《おも》ひます。

池田　僕《ぼく》が行《い》つてからの最近《さいきん》七年間《ねんかん》でも恐《おそ》ろしい變《かは》りやうをして居《を》りますが、朝鮮《てうせん》では人口《じんこう》の八割《わり》が農民《のうみん》であつて、農民經濟《のうみんけいざい》といふものが一番重大《ばんぢゆうだい》なのです。ところが、朝鮮《てうせん》の百姓《しやう》は非常《ひじやう》に生活《せいくわつ》が詰《つま》つてゐる。人口《じんこう》の八割《わり》が百姓《しやう》、その八割《わり》が殆《ほとん》ど自給自足《じきふじそく》出來《で》ないで困《こま》つてゐる。朝鮮《てうせん》には「春窮《しゆんきう》」といふ言葉《ことば》がある。これは大抵《たいてい》の百姓《しやう》が小作《こさく》なんです。それが自分《じぶん》の取《と》つた小作米《こさくまい》で翌《よく》年《ねん》まで食《く》つて行《ゆ》ける者《もの》は殆《ほとん》どない。翌年《よくねん》の二月頃《ぐわつごろ》になると大抵《たいてい》の者《もの》が食《く》へなくなる。その頃《ころ》になると何處《どこ》かへ行《い》つて米《こめ》を借《か》りて來《こ》なければ食《く》へないんだ。それが三月《ぐわつ》になると、いよ／＼困《こま》つて來《く》る。さうして四月《ぐわつ》になつて雪《ゆき》が解《と》けてなくなると、草《くさ》の根《ね》を掘《ほ》つて食《く》つたりして凌《しの》いで行《い》く。これは重《ぢゆう》大問題《だいもんだい》だ。さういふ生活《せいくわつ》だから、借金《しやくきん》も溜《たま》る。これについては歴代《れきだい》の王樣《わうさま》も考《かんが》へたし合併《がつぺい》以來《らい》、歴代《れきだい》の總督《そうとく》も考《かんが》へた。ところが總督《そうとく》はインテリ層《そう》の動《うご》きが相當強《さうたうつよ》かつたために、百姓《しやう》に手《て》を着《つ》けることが出來《でき》なかつた。齋藤《さいとう》さんが行《い》つてインテリ層《そう》が大分《だいぶ》よくなつた。その後《あと》へ宇垣《うがき》さんが行《い》つて百姓《しやう》に手《て》を着《つ》けた。先《ま》づ、どうして救《たす》けたらいゝか。百姓《しやう》はみんな借金《しやくきん》を持《も》つてゐるから困《こま》つてゐるんだ。だから、その借金《しやくきん》がどのくらゐあるか。收穫《しうくわく》はどのくらゐで、收入《しうにふ》はどのくらゐかといふことを調査《てうさ》させた。さうして借金《しやくきん》は部落《ぶらく》々《／＼》で纏《まと》めて金融組合《きんゆうくみあひ》その他《た》から金《かね》を融通《ゆうづう》させて肩替《かたがは》りしてやつた。それを長《なが》いのは二十箇年《かねん》、もつと長《なが》いのは二十五箇年《かねん》くらゐで收入《しうにふ》の中《なか》から償還《しやうくわん》するやうにして負擔《ふたん》を除《のぞ》いてやつたそれから農村振興運動《のうそんしんこううんどう》に依《よ》つて收穫《しうくわく》を擧《あ》げて行《い》つた。これのために百姓《しやう》の經濟《けいざい》は非常《ひじやう》に向上《かうじやう》して來《き》たんです。それからもう一《ひと》つ重要《ぢゆうえう》なことは電氣事業《でんきじげふ》です。これに思《おも》ひ切《き》つて投資《とうし》させたことです。大《おほ》きな發電所《はつでんしよ》が出來《でき》たでせう蟾津江《たんしんかう》とか鴨綠江《あふりよくかう》とか、兎《と》に角《かく》、全鮮《ぜんせん》に電氣事業《でんきじげふ》を興《おこ》した。これが今日《こんにち》の工業《こうげふ》が芽生《めば》えて來《く》る原動力《げんどうりよく》になつたんですヨ。相當《さうたう》な困難《こんなん》があつたのに、それを排《はい》して纏《まと》めて資本《しほん》を投《とう》じた。これは時節柄《じせつがら》といふこともあつたでせうが、どんな工業《こうげふ》を興《おこ》さうッたつて、電氣《でんき》なしには出來《でき》ないんだからネ。さうして最近活潑《さいきんくわつぱつ》なのは產金事業《さんきんじげふ》でせう。これは最初《さいしよ》は朝鮮《てうせん》に金《きん》はさう出《で》ないと

右ヨリ東郷・村山氏

思《おも》はれて居《ゐ》つたのに、宇垣《うがき》さんが總督《そうとく》になると同時《どうじ》に一億產金計畫《おくさんきんけいくわく》といふものを出《だ》した。ところが、これを工業倶樂部《こうげふくらぶ》で演說《えんぜつ》した時《とき》は內地《ないち》の事業家《じげふか》はみんな笑《わら》つた。然《しか》し結果《けつくわ》はどうかといふと、三年《ねん》にならない中《うち》に一億《おく》の金《きん》を出《だ》したですヨ。その後《ご》もドン／＼出《だ》してゐる。南《みなみ》さんになつてからは五箇年《かねん》八億《おく》かの計畫《けいくわく》を立《た》てた。これも殆《ほとん》ど計畫通《けいくわくどほ》り出來《でき》た。金《きん》の値段《ねだん》が高《たか》くなつて來《き》たところへ電力《でんりよく》が豐富《はうふ》になり、交通《かうつう》が便利《べんり》になつたでせう。ドン／＼出《で》て來《く》るんです。今《いま》一番《ばん》手《て》を着《つ》けてゐるのは昔《むかし》の廢鑛《はいくわう》です。昔《むかし》棄《す》てたのに手《て》を着《つ》けて、その次《つぎ》にだん／＼新《あたら》しい鑛山《やま》に入《はひ》るんだ。殆《ほとん》ど全鮮《ぜんせん》どこだつて金《きん》が出《で》るんだから、面白《おもしろ》いネ。それからもう一《ひと》つ、今《いま》の工業躍進《こうげふやくしん》の大切《たいせつ》な原因《げんいん》は、鍋《なべ》が澤山《たくさん》穫《と》れて來《き》たことですネ。これが爆彈《ばくだん》になる。つまりダイナマイトの原料《げんれう》になる。肥料《ひれう》や石鹼《せきけん》なんか、その餘《あま》り物《もの》で作《つく》るんです。もう一つは人造石油《じんざうせきゆ》ですネ。兎《と》に角《かく》、滿洲開發《まんしうかいはつ》のために朝鮮《てうせん》はいよ／＼重要《ぢうえう》な地點《ちてん》になつた。

加藤　新義州《しんぎしう》のはうに鐘紡《かねばう》の工場《こうぢやう》がありますネ。

池田　さうです。鐘紡《かねばう》は十二箇所《かしよ》か工場《こうぢやう》があります。

濱本　野口遵《のぐちじゆん》と云《い》ふ人物《じんぶつ》は……

池田　あの人《ひと》は內地《ないち》でも相當仕事《さうたうしごと》をやつてゐたんです。それがドイツへ窒素《ちつそ》を研究《けんきう》しに行《い》つて、パテントを買《か》つて持《も》つて來《き》たんです。

關口　朝鮮《てうせん》オンリーでやつてるからネ。あれは强味《つよみ》だヨ。その代《かは》り絕對《ぜつたい》に王樣《わうさま》だ。資本《しほん》も大《おほ》きいし、北鮮《ほくせん》の事業《じげふ》といつたら野口《のぐち》さんの工場《こうぢやう》を見《み》て步《ある》くやうなものですネ。

伊藤(宣)　農產物《のうさんぶつ》はどうなんです。

池田　米《こめ》が一番多《ばんおほ》いんです。

伊藤(宣)　棉《わた》なんかは。

池田　相當《さうたう》あります。

伊藤(宣)　林檎《りんご》はありますか。

池田　林檎《りんご》は非常《ひじやう》な躍進《やくしん》ですヨ。

伊藤(宣)　白菜《はくさい》は。

池田　あれが無《な》くつちや、朝鮮人《てうせんじん》の生活《せいくわつ》は駄目《だめ》なんだからネ。

支那事變《しなじへん》が起《お》きて朝鮮《てうせん》が一番困《ばんこま》つたのは何《なに》かといふと、唐辛子《たうがらし》ですヨ。大部分《だいぶぶん》を支那《しな》から輸入《ゆにふ》してゐたから。

伊藤(宣)　朝鮮《てうせん》では出來《でき》ないんですか。

池田　出來《でき》るけれども、高《たか》いんです。支那《しな》から輸入《ゆにふ》して來《く》るはうが安《やす》いんです。目《め》に見《み》えないとだけれども、あれに困《こま》つた。

濱本　少《すこ》し話《はなし》を軟化《なんくわ》させよう。今度《こんど》は妓生《キーサン》とか食《た》べ物《もの》、着《き》物《もの》そんなことを一括《くわつ》して、東郷《とうがう》さんお得意《とくい》のところを一《ひと》つ。

妓生・食物・着物

東郷　僕《ぼく》はよく知《し》らないヨ。（「そんなことない」といふ聲《こゑ》、強《つよ》く起《おこ》る）

濱本　暗黒街《あんこくがい》なんか東郷《とうがう》さんが一番《ばん》知《し》つてるだらう。

東郷　溫突《おんどる》スリチビといふのがあるでせう。そこに酌婦《しやくふ》みたいのがゐてネ。マッカリといふお酒《さけ》を藥罐《やくわん》に入《い》れて持《も》つて來《く》る。

村山　どぶろくの生溫《なまあつたか》くしたの、美味《うま》いネ

東郷　立飲《たちの》みの酒幕《スリチビ》では、一盃飲《いつぱいの》むと、あそこの肴《さかな》を一《ひと》つ取《と》つて、食《く》ふ權利《けんり》が出來《でき》るんだ。

加藤　僕《ぼく》は開城《かいじやう》でさういふのへ行《い》つたヨ。

東郷　開城《かいじやう》のは、ありや非常《ひじやう》に高級《かうきふ》ですヨ。ヤクチユウ（藥酒）を飲《の》ましてネ。

加藤　肉《にく》を切《き》つて、イキナリ砂糖《さたう》を付《つ》けて燒《や》く。生《なま》肉のまゝ味《あぢ》を付《つ》けて燒《や》くんですネ。

濱本　江界《かうかい》へ行《い》くと、河原《かはら》にスリチビが竝《なら》んでゐるネ。壁《かべ》も何《なに》も全然《ぜんぜん》藁《わら》で作《つく》つてあるんですヨ。あそこは醉《よ》つぱらひが喧嘩《けんくわ》するんでちよつと氣味《きみ》が惡《わる》いネ。

東郷　然《しか》し厭《いや》なもんぢやないネ。溫突《おんどる》スリチビつていふのは日本《にほん》の暗黑街《あんこくがい》に較《くら》べると、何《なに》か家庭的《かていてき》な感《かん》じがしていゝネ。

濱本　朝鮮《てうせん》の料理《れうり》は美味《うま》いと思《おも》はんナ。

東郷　僕《ぼく》は朝鮮《てうせん》の料理《れうり》はあんまり好《す》きぢやないけど、仁川《じんせん》で、ソルレンタンを食《た》べた。牛《うし》の頭《あたま》ですヨ。とても大《おほ》きな鍋《なべ》に牛《うし》の頭《あたま》がいゝ、まるごと入《はい》つて、グツ〳〵煮《に》えてるんだ。匂《にほ》ひはとてもいゝ、食《た》べて見《み》たら、トッテモ美味《うま》かつた。唐辛子《たうがらし》を掛《か》けて食《く》ふんだけど、コリコリしたやうな、海月《くらげ》を少《すこ》し柔《やはら》かくしたやうな、つまり軟骨《なんこつ》みたいなものがあつてネ。美味《うま》いもんですヨ。目玉《めだま》があつて、毛《け》が少《すこ》し付《つ》いてる大《おほ》きな頭《あたま》が、手《て》で拵《こしら》へるやうな形《かた》をして）こんな大《おほ》きな鍋《なべ》でグラ〳〵煮《に》えてるんですがネ。

濱本　いやな趣味《しゆみ》だヨ。

東郷　食《く》つて見《み》ると美味《うま》い。

濱本　加藤《かとう》さん平壤《へいじやう》ぢや寄《よ》せ鍋《なべ》の美味《うま》いのを食《く》つたネ。神仙爐《しんせんろ》ではないが。戀人《こひびと》と二人《ふたり》で突《つ》ついて食《た》べるもんだつてネ。非常《ひじやう》に美味《うま》い。

關口　あれは何《なん》ていふのかナ、骨付《ほねつ》きの牛肉《ぎうにく》？

濱本　カルビだ。

關口　肋肉《あばら》ですネ。

東郷　平壤《へいじやう》の燒《や》き肉《にく》は美味《うま》いヨ。

濱本　牡丹臺《ぼたんだい》の山《やま》の中《なか》に、うまい家《うち》が二軒《けん》もある。暗《くら》い夜《よ》、美《うつく》しい妓生《キーサン》と食《た》べに行《い》くんだね。

伊藤（祐）　僕《ぼく》は香《かう》こが好《す》きだ。

濱本　キムチですか。

伊藤（祐）　辛《から》いやつですがネ。

伊藤（宣）　魚《さかな》なんかの入《はい》つてるやつですネ。

東郷　みんなあれが好《す》きだネ。

加藤 僕《ぼく》は成歡眞瓜《せいくわんまくわ》が大好《だいす》きなんだ。

東郷 あれは美味《うま》い。とても美味《うま》い。

村山 ザリ蟹《かに》の醤油漬《しやうゆづ》けが美味《うま》いネ。

馬 あれは美味《うま》い。

伊藤(室) 朝鮮《てうせん》の魚《さかな》では明太《メンタイ》の乾《ほ》したのネ、美味《うま》いですヨ。あれの薄《うす》く切《き》つたので冷酒《ひやざけ》を飲《の》むと、とても美味《うま》い。

東郷 明太《メンタイ》の乾《ほ》した棒《ぼう》みたいのをカチッと鐵《かな》槌《づち》で叩《たた》いて食《く》ふの、美味《うま》いネ。

伊藤(室) その筋子《すぢこ》ですヨ。前《まへ》から好《す》きで、朝鮮《てうせん》の友達《ともだち》に頼《たの》んだら、大《おほ》きな石油罐《せきゆくわん》に一パイ送《おく》つて呉《く》れたことがある。

濱本 馬《ま》さんは何《なに》が一番《ばん》好《す》きだい？

馬 何《なん》でも好《す》きだネ。

濱本 さうかネ然《しか》し朝鮮《てうせん》の友達《ともだち》に、何《なに》が一番《ばん》美味《うま》いかツて訊《き》くと、やつぱりキムチだつて言《い》ひますネ。

東郷 さうでせうネ。明月館《めいげつくわん》なんかで食《た》べさせるものは、非常《ひじやう》に内地化《ないちくわ》してゐるんですネ。西洋風《せいやうふう》のサラダだのハム・エッグスが出《で》るのは感《かん》じが悪《わる》いネ。

池田 朝鮮《てうせん》で一番殘念《ばんざんねん》だと思《おも》ふのは、お寺《てら》の料理《れうり》を廢《や》めちやつたとですヨ。三年《ねん》ほど前《まへ》から禁止《きんし》したですヨ。

關口 妓生《キーサン》は特《とく》に夏《なつ》だけさうかも知《し》れないけど、着物《きもの》は實《じつ》に綺麗《きれい》だネ。朝鮮《てうせん》の紗《しや》つていふのは、特《とく》にいゝと思《おも》つた。

伊藤(室) いゝですネ。

關口 實《じつ》に清潔《せいけつ》でいゝ感《かん》じだネ。からいつちや悪《わる》いけど、内地《ないち》で見《み》る朝鮮服《てうせんふく》は、電車《でんしや》の

中《なか》なんかでも汚《きた》ない感《かん》じがするけど、向《むか》ふのは清潔《せいけつ》な感《かん》じがするネ。ピカ〳〵する麻《あさ》の着物《きもの》なんか、綺麗《きれい》だネ。

關口　間色《かんしよく》ばつかりで、原色《げんしよく》は使《つか》はないでせう。

東郷　さうですネ。

加藤　最近《さいきん》鐘紡《かねぼう》で出來《でき》たのを着《き》るやうになつたさうですネ。

池田　それ、流行《はや》つてますネ。

東郷　京城《けいじやう》あたりの妓生《キーサン》の着物《きもの》は、鐘紡《かねぼう》の田《た》中《なか》千代《よ》つていふ人《ひと》が鐘紡《かねぼう》の布《きれ》を使《つか》つて工夫《くふう》してから、非常《ひじやう》に違《ちが》つちやつたんです。なか〳〵いゝんだヨ。古《ふる》いものは又別《またべつ》ですけどネ。モダン・ガールみたいな妓生《キーサン》が鐘紡《かねぼう》のを着《き》ると、實《じつ》にいゝヨ。

關口　いゝネ。

東郷　古《ふる》いはうの妓生《キーサン》の着物《きもの》は、やつぱり昔《むかし》の妓生《キーサン》みたいな頭髪《あたま》で、ユックリ郊外散歩《かうぐわいさんぽ》したりするのには似合《にあ》ふけど、パーマネントしたりハイカラな化粧《けしやう》をしてる妓生《キーサン》には鐘紡式《かねぼうしき》のはうが似合《にあ》ふ。

濱本　色《いろ》も違《ちが》つて來《き》たネ。單色《たんしよく》ぢやない。

伊藤(祐)　この頃、妓生《キーサン》はパーマネントがいけないッていふんで、頭《あたま》のうしろに圓《まる》いのを付《つ》けてますネ。

池田　蝶々の簪《かんざし》でせう。あれは面白《おもしろ》いヨ。座敷《ざしき》へ來《く》ると取《と》つちやつてネ。

伊藤(祐)　さう。頭《あたま》の毛《け》を長《なが》くしなきやいけないッていふんでネ。

東郷　ツルマキつていふのがありますネ。

濱本　女《をんな》の人《ひと》のツルマキは感心《かんしん》せんナ。

東郷　イヤ、いゝヨ。ツルマキを着《き》て手《て》を突《つ》つ込《こ》んで歩《ある》いてるのは、いゝネ。

馬　成程《なるほど》ネ、判《わか》るナ。とれだけ感《かん》じが違《ちが》ふのかナ。面白《おもしろ》い。

濱本　だけど、ツルマキを着《き》たら、身體《からだ》の線《せん》が判《わか》らないぢやないか。

東郷　それは又見方《またみかた》が違《ちが》ふんだヨ。朝鮮《てうせん》で若《わか》い女《をんな》の人《ひと》が短《みじか》いスカートでハイヒールを履《は》いて、それでツルマキを着《き》て街《まち》を濶歩《くわつぽ》してゐるのは、東京《とうきやう》の女《をんな》が洋裝《やうさう》して銀座《ぎんざ》を歩《ある》いてるのと同《おな》じくらゐハイカラなんだ。

伊藤(祐)　妓生《キーサン》といふのは素人《しろうと》くさくつて、親《した》しみがありますネ。

關口　そこがいゝんですネ。清純《せいじゆん》な感《かん》じですネ。

——清純《せいじゆん》といふと物凄《ものすご》いけど、藝妓《げいしや》みたいな餘分《よぶん》な艶《なま》めかしさがない。

加藤　物欲《ものほ》しげでないネ。

關口　非常《ひじやう》にいゝ感《かん》じだ。化粧《けしやう》なんかも非常《ひじやう》にアッサリしてるし、衣《い》裳が單色《たんしよく》でスッキリしてるからネ。

濱本　内地《ないち》の藝妓《げいしや》は名妓《めいぎ》といふ感《かん》じがするけど、妓生《キーサン》には人間的《にんげんてき》な、教養《けうやう》があると思《おも》ふよ。言葉《ことば》が判《わか》らなくても、長《なが》くゐて飽《あ》きない。

東郷　それは僕等《ぼくら》がふだん見《み》つけないせゐぢやないのかナ。

加藤　言葉《ことば》が自由《じいう》でないから、あんまり變《へん》なこと言《い》はんせゐだヨ。

關口　相當達者《さうたうたつしや》なのもゐるヨ。車成實とかいふのなんかネ。

濱本　今度《こんど》は民謠《みんえう》とか踊《をど》りとか、藝術《げいじゆつ》のこぼれ種《だね》について、上品《じやうひん》な話《はなし》をしよう。

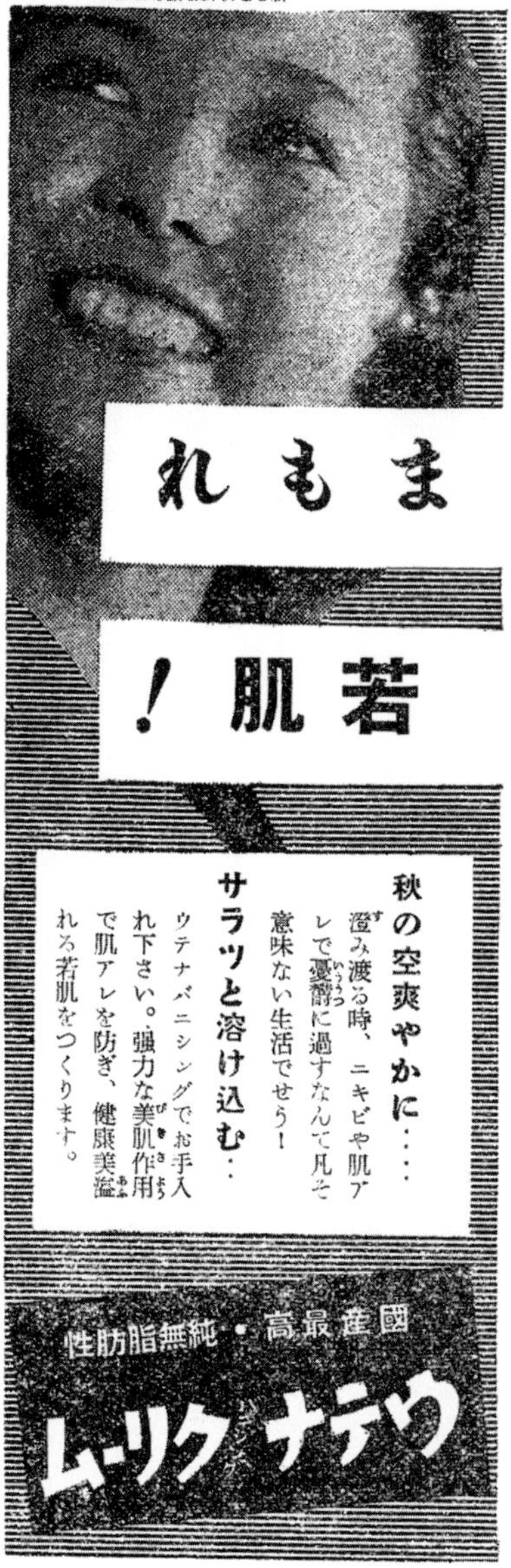

藝術その他

關口　僕《ぼく》は朝鮮《てうせん》の最上《さいじやう》の印象《いんしやう》といつたら、京《けい》城《じやう》の博物館《はくぶつくわん》にある陶器《たうき》だネ。それを除《のぞ》いたら、朝鮮《てうせん》へ行《い》つた印象《いんしやう》はないといつていゝ程《ほど》だ。殊《こと》に第《だい》二室《しつ》にある高麗《こま》のなんか……

伊藤(宣)　李《り》王職《わうしよく》の樂器《がくき》なんかも大變《たいへん》なものですネ。みんな支那《しな》から來《き》たものらしい。支那《しな》で亡《ほろ》びたものが朝鮮《てうせん》で保存《ほぞん》されてる。ゲンバンとかいふ「く」の字型《じがた》になつてるもの……。

東鄕　虎《とら》ですか。

伊藤(宣)　虎《とら》でなく、大理石《だいりせき》で出來《でき》てるんですがネ。

東鄕　叩《たゝ》くんですネ。

伊藤(宣)　音階《おんかい》になつてゐるんです。

村山　水牛《すゐぎう》の骨《ほね》で叩《たゝ》くんですネ。

伊藤(宣)　太皷《たいこ》もいろ〳〵種類《しゆるゐ》がありますネ

池田　僕《ぼく》が遺《のこ》して置《お》きたいと思《おも》ふのは、鳳山《ほうざん》の假面舞踊《かめんぶよう》です。面《めん》を被《かぶ》つて野外《やぐわい》でやるんですヨ。大變集《たいへんあつ》まる。僕《ぼく》が見《み》た時《とき》も七八萬《まん》は下《くだ》るまい。十里《り》二十里《り》先きから見《み》に來《く》る。夜野外《よるやぐわい》で踊《をど》るんで、面《めん》の型《かた》は何代《なんだい》も續《つゞ》いてゐるんです。大《おほ》きな面《めん》ですヨ。さうして踊《をど》るのには三月《つき》くらゐ前《まへ》から山《やま》の中《なか》へ入《はひ》つて稽古《けいこ》して來《く》るんだ。あれは總督府《そうとくふ》でも遺《のこ》したいつていふんで……。

伊藤(宣)　雅樂《ががく》は今《いま》すたつてるさうですネ。

池田　非常《ひじやう》に薄給《はくきふ》なもんだから、困《こま》るさうだ

東鄕　養成《やうせい》する學校《がくかう》がありますネ。

伊藤(宣)　李《り》王職《わうしよく》の中《なか》にある。

東郷　レコードは澤山《たくさん》出《で》てますネ。

村山　李《り》鐘泰《しようたい》に言《い》はせると、レコードは全然《ぜんぜん》駄目《だめ》だつていふ。

伊藤(紘)　あの太鼓《たいこ》の音《おと》は出《で》ないですヨ。

池田　スポーツを奬勵《しやうれい》したいと思《おも》ふナ。

濱本　スポーツは盛《さか》んですね。世界的選手《せかいてきせんしゆ》が出《で》て居《ゐ》るもの。――村山《むらやま》さん、新劇《しんげき》のはうはどうですか。

村山　芝居《しばゐ》、殊《こと》に新劇《しんげき》はしよつ中變《ちうかは》るらしいですネ。去年初《きよねんはじ》めて行《い》つた時《とき》は新劇《しんげき》は五團《だん》體《たい》あつて、府民館《ふみんくわん》でコンクールなんかやつて大變盛《たいへんさか》んだつたんですが、今《いま》は一つもないですネ。

伊藤(紘)　僕《ぼく》は民族的《みんぞくてき》なものは、もつと奬勵《しやうれい》してやりたいと思《おも》ひますネ。

關口　今大分力《いまだいぶちから》を入《い》れてるらしいですヨ。

伊藤(紘)　僕《ぼく》は朝鮮《てうせん》へ行《い》つて、あゝいふ民族《みんぞく》的《てき》な立派《りつぱ》なものがあるのに、なぜインテリが後援《こうえん》しないのかと思《おも》つて、不滿《ふまん》だつた。

伊藤(宣)　雅樂《ががく》は兎《と》も角《かく》として、民間《みんかん》の俗樂《ぞくがく》が面白《おもしろ》いと思《おも》ふんです。北《きた》の民謠《みんえう》、南《みなみ》の民《みん》謠《えう》、實《じつ》に面白《おもしろ》い。精神上《せいしんじやう》いゝと思《おも》ふんです

加藤　アリランは、ずゐぶんあるんですネ。

伊藤(宣)　ありますネ。バレーションになつてるやうな氣《き》がするんです。だから、どのアリランを聽《き》いても、その神髓《しんずゐ》は一つのものから拔《ぬ》けてゐないんです。

伊藤(紘)　音樂《おんがく》でも舞踊《ぶよう》でも、フオームといふものは決《き》まつてゐるんです。然《しか》しそれは骨《ほ》子《ね》だけで、あとは非常《ひじやう》に自由《じいう》なんです。

伊藤(宣)　非常《ひじやう》に自由《じいう》で單純《たんじゆん》ですネ。さうして吾々《われ〳〵》の敎《をし》へられた東洋音樂《とうやうおんがく》といふものから見《み》ると緣《えん》が遠《とほ》いんです。

加藤　朝鮮語《てうせんご》の發音《はつおん》といふのは、獨特《どくとく》なものですネ。非常《ひじやう》に拗音《えうおん》が多《おほ》いといふか、ニユとかニヨとかいふ音《おん》が多《おほ》いやうです。

伊藤(紘)　シヤムに似《に》てますネ。

濱本　東郷《とうがう》さん、繪畫方面《くわいぐわはうめん》のことを一つ……

東郷　繪《ゑ》のはうは鮮展《せんてん》といふのがあつてネ。とれは總督府《そうとくふ》がやるんです。內地《ないち》から審査《しんさ》員《ゐん》が行《い》つて、公募《こうぼ》するんだけど、その時《とき》だけのもので甚《はなは》だ無責任《むせきにん》なんだ。それが朝鮮《てうせん》の美術界《びじゆつかい》に非常《ひじやう》に惡《わる》い影響《えいきやう》を與《あた》へてるネ。

伊藤(紘)　書《しよ》は大分《だいぶ》あるやうですネ。

東郷　書《しよ》はありますネ。然《しか》し紙《かみ》に書《か》いたものは、燒《や》けちやつたりして、あんまり遺《のこ》つてゐませんネ。

村山　江西《かうせい》の古墳《こふん》の壁畫《へきぐわ》は凄《すご》いと思《おも》ふネ。

關口　確《たし》かに凄《すご》い。

東郷　然《しか》しネ、陶器《たうき》や何《なに》かゞあれだけ發達《はつたつ》したんだから繪《ゑ》も必《かなら》ずいゝのがあつたんだらうと思《おも》ふんですヨ。何《なに》かの書物《ほん》にあつたんだけど、その時代《じだい》々々《〳〵》で燒《や》いちまつたりする習慣《しふくわん》があつたんださうですヨ。それからお墓《はか》へ一緒《しよ》に埋《う》めちやつたり、そのために遺《のこ》つてないんぢやないかと思《おも》ふ。

關口　漆器《しつき》と陶器《たうき》は感心《かんしん》した。

村山　彫刻《てうこく》もいゝのがある。

濱本　さう伺《うかゞ》へば、何《なに》もかも、立派《りつぱ》なものだらけですね。

馬　ぢや、どうも有難《ありがた》うございました。

（虎の門晩翠軒にて）

ネオスエー

滾々と湧くエネルギー

唯一の活性ヨードビタミン劑の出現！

ヨード含有量昆布の一五〇〇倍
ビタミンA含有國際單位七五〇〇

ネオスエーは大量のヨードを特殊の方法により溶媒體中にコロイド狀となし之に濃厚肝油を配した劃期的活性ヨードビタミン劑であつて、ヨードと肝油の精分ビタミンA・Dの特性を十分に發揮せしめたものである。即ち兩者の特性を綜合したネオスエーの効果を略述すれば、治療と、强壯と、榮養とに左記三大作用を顯すのである。

1、結核菌を殺滅し病毒を排除し、血液を淨化し、健康を阻害する根本的害因を芟除す。

2、全身のホルモン活動を盛んにして、精力をつけ、持久力を增進し、且つ新陳代謝機能を旺盛にして全身の細胞を新生賦活に體質を改善す。

3、人身の榮養を高め抵抗力を强化す。

肺結核・肋膜炎・腺病質・神經衰弱・榮養不良・氣管支カタル・貧血症・動脈硬化・高血壓・遺傳及潛伏病毒

藥價

小瓶		一円八十五錢
一〇〇粒		四円三十錢
二〇〇粒	八	円

全國藥店にあり

試藥進呈

ネオスエー及コドモネオス御希望者へ一人一回限試藥無代進呈す本誌名記入申込下さい。

東京神田神保町三
アルス藥品部
振替東京七一三一九

コドモネオス

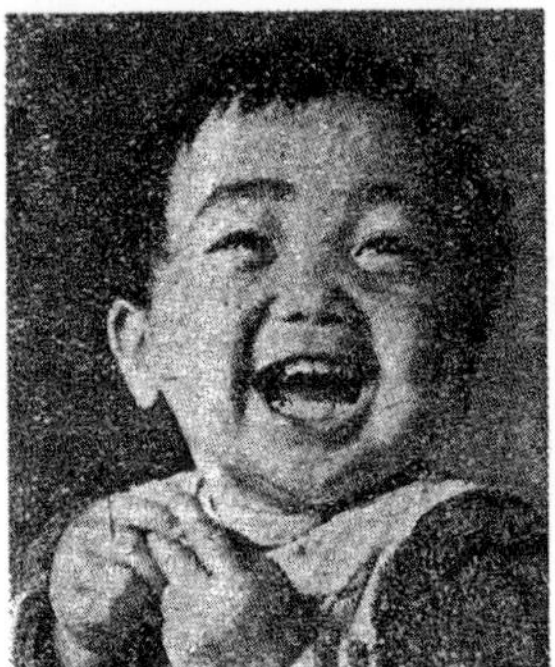

おいしくのみよく効きめが早い！

弱々しく病氣がちのお子樣を芯から丈夫に育て直すことは可愛いお子樣のため、お家の爲、御國の爲に目下の急務です。治療、强壯、榮養劑で評判のネオスエーを主劑としてお子樣の發育、健康增進に効果ある數藥を配したコドモネオスはチヨコレートの様においしく小粒でのみよく効き目が早い新時代のお子樣專門の强壯劑です。

腺病質・榮養不良
消化不良・貧血・腺病

五〇錠	一円
一五〇錠	一円八十錢
三〇〇錠	四円八十錢

朝鮮經濟界の展望

ダイヤモンド社副社長　阿部留太

（一）

朝鮮經濟界《てうせんけいざいかい》を通觀《つうくわん》すると産米增加《さんまいぞうか》の成功《せいこう》と鑛業界《くわうげふかい》の大躍進《だいやくしん》に氣付《きづ》く。

朝鮮《てうせん》の産米增加《さんまいぞうか》は大正《たいしやう》十五年以來《ねんいらい》、連續《れんぞく》實施《じつし》された、即《すなは》ち既成畓灌漑改善《きせいたふくわんがいかいぜん》、地目《ちもく》の變換《へんくわん》、開墾開拓《かいこんかいたく》による開畓事業《かいたふじげふ》と農耕法《のうかうはふ》の改良《かいりやう》が逐次《ちくじ》に效果《かうくわ》を奏《そう》したのである。昭和《せうわ》十三年《ねん》に於《お》ける作付反別《さくつけたんべつ》は百六十五萬《まん》九千町歩《ちやうぶ》となり、二千四百十三萬《まん》九千石《こく》の收穫《しうくわく》を擧《あ》げた。産米高《さんまいだか》は十二年《ねん》の二千六百八十萬石《まんごく》が最高記錄《さいかうきろく》である、これに對《たい》し幾分劣《いくぶんおと》るけれども、十年以前《ねんいぜん》における一千三五百萬石《まんごく》に比較《ひかく》すれば眞《しん》に隔段《かくだん》の發展《はつてん》と云《い》へる

鑛業開發《くわうげふかいはつ》に至《いた》つてはとくに顯著《けんちよ》である。昭和《せうわ》十一年《ねん》の鑛産物價格《くわうさんぶつかかく》は實《じつ》に一億《おく》一千萬《まん》圓《ゑん》を突破《とつぱ》した。事變以來《じへんいらい》の增産振《ぞうさんぶ》りは特筆《とくひつ》に値《あた》ひする。昭和《せうわ》十二年《ねん》に於《お》ける鑛區數《くわうくすう》は七千四百五十餘《よ》を算《さん》する。金銀鑛最《きんぎんくわうもつと》も多《おほ》く砂金《さきん》、石炭《せきたん》、鐵《てつ》、黑鉛《こくえん》これに次《つ》ぐ。右《みぎ》の內《うち》大體六割《だいたいわり》の稼行《かかう》を見込《みこ》まれる、休山《きうざん》は四割《わり》である。

朝鮮《てうせん》の地質構成《ちしつこうせい》は複雜《ふくざつ》である。タングステン、モリブデン、明礬石《みやうばんせき》、重晶石《ぢうしやうせき》、其他《そのた》も有望視《いうばうし》される。總督府《そうとくふ》に於《おい》ては銅《どう》、亞鉛《あえん》硫化鐵等《りうくわてつなど》をも加《くは》へ、十五特殊鑛物《とくしゆくわうぶつ》を指定《してい》して、探鑛獎勵《たんくわうしやうれい》を決定《けつてい》したのである。

周知《しうち》の如《ごと》く産米增加《さんまいぞうか》は日本全領土《につぽんぜんりやうど》の食糧《しよくりやう》問題《もんだい》に重要《ぢうえう》なる役割《やくわり》を擔當《たんたう》し今日《こんにち》朝鮮米《てうせんまい》を除外《ぢよぐわい》して米穀政策《べいこくせいさく》を考《かんが》へられなくなつた。

産米增加計畫《さんまいぞうかけいくわく》は、歷代《れきだい》の總督《そうとく》が心血《しんけつ》を注《そゝ》ぎ、朝野一致協力《てうやちけふりよく》の現《あら》はれである。鑛産增加《くわうさんぞうか》は時局以來《じきよくいらい》、朝鮮自體《てうせんじたい》の價値《かち》を偉大《ゐだい》ならしめた。産金增加《さんきんぞうか》は外國物資《ぐわいこくぶつし》の輸入《ゆにふ》に於《おい》て絕大《ぜつだい》の效果《かうくわ》を現《あら》はした。タングステン、モリブデン等特殊鑛物《などとくしゆくわうぶつ》は鐵鋼改良《てつかうかいりやう》を助《たす》けて高級精密機械《かうきふせいみつきかい》の製作《せいさく》に於《おい》て非常《ひじやう》なる底力《そこぢから》を添《そ》へたのである。

（二）

朝鮮《てうせん》は亞細亞《アジア》大陸《たいりく》の一大半島《だいはんたう》である。東《ひがし》

は日本海《につぽんかい》、西《にし》は黄海《くわうかい》に臨《のぞ》み、南《みなみ》は朝鮮水路《てうせんすゐろ》を以《もつ》て九州《しう》、中國《ちうごく》に對峙《たいぢ》す。北方《ほくはう》、鴨緑江《あふりよくかう》、豆滿江《づまんかう》を以《もつ》て滿《まん》ソ兩國《りやうこく》に連《つらな》る、面積《めんせき》二十二萬《まん》七百八十餘《よ》方粁《はうキロ》を算《さん》す。地勢複雜《ちせいふくざつ》で長白《ちやうはく》山脈《さんみやく》の起伏《きふく》がある。南《みなみ》に延《の》びて脊梁《はいりやう》をなす脊梁山脈以東《はいりやうさんみやくいとう》、即《すなは》ち日本海岸寄《につぽんかいがんよ》りは概《がい》して

（寫眞は砂金採集船ドレッヂャー）

急斜面《きふしやめん》をなし、西方《せいはう》の黄海寄《くわうかいよ》りは傾斜緩勾《けいしやくわんこう》配《はい》となる。こゝに沃野《よくや》が開《ひら》かれるのである。鴨緑江《あふりよくかう》、洛東江《らくとうかう》、大同江《だいどうかう》、漢江《かんかう》が流《なが》れる。南部《なんぶ》と西海岸地帶《せいかいがんちたい》は岬灣曲折《かふわんきよくせつ》して低性《ていせい》丘陵《きうりよう》が續《つゞ》きこゝにも大耕地《だいかうち》を見《み》られる。平《へい》地《ち》から産米《さんまい》、山岳地帶《さんがくちたい》から鑛物資源《くわうぶつしげん》を産出《さんしゆつ》するわけである。

朝鮮經濟界《てうせんけいざいかい》の發展《はつてん》として水産《すゐさん》を擧《あ》げられる。朝鮮《てうせん》は三面海《めんかい》を以《もつ》て圍繞《ゐねう》される。海岸線《かいがんせん》の延長《えんちやう》は實《じつ》に一萬《まん》七千五百八十粁《キロ》に及《およ》ぶ。日本海方面《につぽんかいはうめん》に於《おい》てリマン海流《かいりう》は寒海性水族《かんかいせいすゐぞく》を送《おく》り、對島暖流《つしまだんりう》は暖海性魚族《だんかいせいぎよぞく》を誘《さそ》ふ。南《みなみ》朝鮮《てうせん》は海岸凹凸《かいがんあふとつ》、多島海《たたうかい》となり島嶼碁布《たうしよごふ》し水産物豐富《すゐさんぶつほうふ》である。水産物《すゐさんぶつ》の收穫高《しうくわくだか》は九千萬圓《まんゑん》（十二年《ねん》）に達《たつ》する。まいわしを筆頭《ひつとう》とし、めんたい、さば等《など》の順位《じゆんゐ》となる。

眞《ま》いわしは北鮮《ほくせん》の一大産物《だいさんぶつ》である。これにより魚油《ぎよゆ》工業《こうげふ》が發達《はつたつ》して、硬化油其他精《かうくわゆそのたせい》製油脂《せいゆし》工業《こうげふ》の原料《げんれう》を供給《きようきふ》される。

水産物《すゐさんぶつ》と對照《たいせう》して森林美《しんりんび》を稱《しよう》せられる。林野總面積《りんやそうめんせき》一千六百三十萬町《まんちやう》に及《およ》び、とくに北鮮奥地《ほくせんあうち》の大森林《だいしんりん》は著《あら》はれる。古來林制《こらいりんせい》に失敗《しつぱい》して到《いた》る處《ところ》に、禿山《はげやま》、赤土山《あかつちやま》を露現《ろげん》したが、林野整理《りんやせいり》の實施《じつし》で漸《やうや》く前途《ぜんと》を囑目《しよくもく》される樣《やう》になつた。

以上《いじやう》四大事業《だいじげふ》は朝鮮經濟界《てうせんけいざいかい》を特色《とくしよく》づけるものである。近年《きんねん》の經濟力昂上《けいざいりよくかうじやう》が際立《きはだ》つて増大《ぞうだい》したとは當然《たうぜん》と思《おも》はれる。

しかし、どれも、これもが、原始産業《げんしさんげふ》の範圍《はんゐ》を脱《だつ》しない。生産《せいさん》そのまゝを商品化《しやうひんくわ》したに止《とゞ》まり尚《な》ほ加工製錬《かこうせいれん》には距離《きより》がある。

朝鮮經濟界《てうせんけいざいかい》は第二期時代《だいにきじだい》に進出《しんしゆつ》した。原《げん》料時代《れうじだい》から製品時代《せいひんじだい》への轉向《てんかう》である。今《いま》はその黎明期《れいめいき》と見《み》られる。

（三）

朝鮮《てうせん》の工業化《こうげふくわ》を有望《いうばう》にしたのは包藏水力《はうざうすゐりよく》量《りやう》の豐富《ほうふ》である。

半島《はんたう》の脊推《せきつゐ》たる長白山脈《ちやうはくさんみやく》は、北鮮《ほくせん》の日本《につぽん》海岸寄《かいがんよ》りに屹立《きつりつ》し、高岳峻嶺連亙《かうがくしゆんれいれんかう》す。その主峰《しゆほう》は海拔《かいばつ》九千尺《しやく》の白頭山《はくとうざん》である、その山《さん》麓《ろく》に發《はつ》する豆滿江《とまんかう》は日《にち》、滿《まん》、ソ、の三國《ごく》境《きやう》を劃《くわく》して東流《とうりう》す。それと反對《はんたい》に鴨緑江《あふりよくかう》は西流《せいりう》して蜿蜒《えんえん》百八十里《り》、新義州《しんぎしう》に到《いた》り、黄《くわう》

海《かい》に注《そゝ》ぐ。途中《とちう》に虚川江《きよせんかう》、赴戰江《ふせんかう》、長津江《ちやうしんかう》の大支流《だいしりう》を合《がつ》して水量《すゐりやう》は頓《とみ》に豐富《はうふ》となるのである。赴戰江《ふせんかう》と長津江《ちやうしんかう》は海拔《かいばつ》四千尺の大《だい》高原地帶《かうげんちたい》を北《きた》に向《むか》つて緩行《くわんかう》する大支流《だいしりう》である。水力利用《すゐりよくりよう》の價値《かち》がとても大《おほ》きい。河《かは》の流《なが》れを、その儘利用《まゝりよう》すれば、少《すくな》いけれども、これを堰止《せきと》めて貯水池《ちよすゐち》を築造《ちくざう》し日本海《にっぽんかい》方面《はうめん》に切《き》り落《おと》す事《こと》により、大水力《だいすゐりよく》を得《え》られる。卽《すなは》ち赴戰江《ふせんかう》に於《おい》ては二十萬《まん》キロ、長津江《ちやうしんかう》に於《おい》て三十二萬《まん》五千キロの大水力《だいすゐりよく》を擧《あ》げられる。

日本窒素肥料《にっぽんちつそひれう》は右水力《みぎすゐりよく》の開發《かいはつ》に成功《せいこう》した、これを動機《どうき》とし電氣化學事業《でんきくわがくじげふ》は斜然として勃興《ぼつこう》したのである。

電力《でんりよく》は電爐《でんろ》、電解《でんかい》、電熱《でんねつ》として利用《りよう》される事《こと》、人《ひと》の知《し》る如《ごと》くであるが、凡《あら》ゆる事業《じげふ》の基本《きほん》となる。低廉豐富良質《ていれんほうふりやうしつ》の電力《でんりよく》を以《もつ》て、製造工業界《せいざうこうげふかい》の大革新《だいかくしん》を進《すゝ》められたのである。卽《すなは》ち、硫安《りうあん》、肥料一般《ひれういつぱん》、グリセリン、苛性《かせい》ソーダ、硫燐安《りうりんあん》、硬化油《かうくわゆ》、石鹼《せつけん》、晒粉《さらしこ》の大量製造《たいりやうせいざう》を開始《かいし》したのである。

赴戰江《ふせんかう》、長津江水力《ちやうしんかうすゐりよく》の成功《せいこう》を見《み》るや、虛川江《きよせんかう》に於《おい》ても二十六萬《まん》キロの開發計畫《かいはつけいくわく》となつた。東洋拓殖其他《とうやうたくしよくそのた》に於《おい》ても大小水力《だいせうすゐりよく》の起用《きよう》を計畫《けいくわく》し、鴨綠江本流《あふりよくかうほんりう》の水力《すゐりよく》の利用《りよう》に進《すゝ》んだ。滿洲國側《まんしうこくがは》と協力《けふりよく》してのものだが、とに於《おい》て朝鮮工業界《てうせんこうげふかい》の實相《じつさう》は根底《こんてい》から一變《ぺん》し日本《にっぽん》に於《お》けるこれ等《ら》新興事業《しんこうじげふ》を追越《おひこ》して、一躍世界《やくせかい》の第《だい》一線《せん》に突進《とつしん》せんの情勢《じやうせい》を來《きた》したのである。

（四）

朝鮮《てうせん》は石炭《せきたん》の埋藏《まいざう》が多《おほ》い。褐炭《かつたん》と無煙炭《むえんたん》である。褐炭《かつたん》は咸鏡北道《かんきやうほくだう》、吉州《きちしう》、明川《めいせん》、咸鏡《かんきやう》、會寧地方《くわいねいちはう》の所謂咸興炭田《いはゆるかんこうたんでん》を第《だい》一とし、平安南道安州《へいあんなんだうあんしう》、黃海道鳳山《くわうかいだうほうざん》、咸鏡南道咸興《かんきやうなんだうかんこう》炭田《たんでん》を擧《あ》げられる。埋藏量《まいざうりやう》は四億噸《おくとん》を推定《すゐてい》される。

無煙炭《むえんたん》は更《さら》に廣大《くわうだい》である。慶尙南道文川《けいしやうなんだうぶんせん》同北道聞慶《どうほくだうぶんけい》、全羅南道和順《ぜんらなんだうわじゆん》、江原道《かうげんだう》三陟、寧越其他《ねいゑつそのた》の大炭田《だいたんでん》が續《つゞ》く。埋藏量《まいざうりやう》は實《じつ》に十三億《おく》五千噸《とん》に及《およ》ぶ。朝鮮石炭工業會社《てうせんせきたんこうげふくわいしや》は永安工場《えいあんこうぢやう》に於《おい》て褐炭《かつたん》を利用《りよう》して低溫乾溜法《ていをんかんりうはふ》によりタールを回收《くわいしう》し、重油揮發油《ぢうゆきはつゆ》、酸性油《さんせいゆ》の分溜抽出《ぶんりうちうしゆつ》に成功《せいこう》した。メタノール、ホルマリン、チッソライー等中間製品副製品《とうちうかんせいひんふくせいひん》をも製造《せいざう》を開始《かいし》したのである。

豆滿江沿岸《とまんかうえんがん》の阿吾地炭田《あごちたんでん》の開發《かいはつ》も進捗《しんちよく》した。日本窒素肥料會社《にっぽんちつそひれうくわいしや》は直接石炭液化法《ちよくせつせきたんえきくわはふ》を採用《さいよう》して液體燃料《えきたいねんれう》の回收《くわいしう》に着手《ちやくしゆ》したのである。ドイツのメルゼブルグと併稱《へいしよう》せらる。イギリスのビリンガムに次《つ》ぐ大設備《だいせつび》である荒涼《くわうりやう》たる朔北《さくほく》の地《ち》、ソ滿國境近《まんこくきやうちか》くの盆地《ぼんち》に於《おい》て人工石油《じんこうせきゆ》の大成功《だいせいこう》を見《み》た事《こと》は日本科學《にっぽんくわがく》の輝《かゞや》きとして特筆《とくひつ》される。三陟炭田《たんでん》に於《おい》ては大火力發電《だいくわりよくはつでん》の計畫《けいくわく》がある。石炭工業《せきたんこうげふ》の勃興《ぼつこう》は全鮮《ぜんせん》一圓《えん》に及《およ》ぶ。長白山系《ちやうはくさんけい》の水力開發《すゐりよくかいはつ》に比肩《ひけん》する大事業《だいじげふ》と見《み》られる。

（五）

京仁《けいじん》一帶《たい》に於《お》ける機械工業《きかいこうげふ》の隆盛《りうせい》は頓《とみ》に濃熱化《のうねつくわ》して來《き》た。まだ自動車組立《じどうしやくみたて》、麥酒《ビール》釀造製作《せいさく》の初期準備時代《しよきじゆんびじだい》を脫《だつ》しないけれども今後漢江水系《こんごかんかうすゐけい》の水力利用《すゐりよくりよう》に進《すゝ》み大電力《だいでんりよく》の開發《かいはつ》を見《み》るようになれば一大工業地帶《だいこうげふちたい》の實現《じつげん》は必至《ひつし》である。仁川《じんせん》の大築港計畫《だいちくかうけいくわく》は單《たん》に地元《もと》の希望《きばう》に止《とゞ》まるべきものでないと思《おも》ふ。我國屈指《わがくにくつし》の大工場地帶《だいこうぢやうちたい》の出現《しゆつげん》は必至《ひつし》である地元《ちもと》の資源《しげん》、水力《すゐりよく》と勞力《らうりよく》の利用《りよう》に依《よ》つて大《だい》繁盛《はんせい》を期待《きたい》される。

北鮮《ほくせん》はとくに有望《いうばう》である。東京《とうきやう》と新京《しんきやう》を繋《つな》ぐ最捷路《さいせふろ》に當《あた》ると衆知《しうち》の如《ごと》くであるが滿洲特產物《まんしうとくさんぶつ》に對《たい》する羅津《らしん》、雄基《ゆうき》、清津《せいしん》三港《かう》の價値《かち》は豫想以上《よさういじやう》と思《おも》ふ。對岸《たいがん》の新潟港《にひがたかう》の工業的發展《こうげふてきはつてん》と呼應《こおう》して、日本海湖水化《にっぽんかいこすゐくわ》の實現《じつげん》は遠《とほ》いものと考《かんが》へられぬ。

清津港《せいしんかう》輸城平野《ゆじやうへいや》に於《お》ける製鐵熔鑛爐《せいてつようくわうろ》の偉觀《ゐくわん》は全鮮第一《ぜんせんだい》と想《おも》はれる。日本製鐵《にっぽんせいてつ》、三菱《ひし》鑛業《くわうげふ》の大高爐《だいかうろ》は朔北《さくほく》に於《お》ける曠野《くわうや》の天空《てんくう》を灼熱化《しやくねつくわ》するに相違《さうゐ》ないのである。

城津《じやうしん》に於《お》ける高周波重工業《かうしうはぢゆうこうげふ》の前途《ぜんと》は、今《いま》尙《な》は未知數《みちすう》である。けれども、砂鐵製錬《さてつせいれん》の天地《てんち》は廣《ひろ》い、日本《にっぽん》の製鋼事業《せいかうじげふ》は、これにより面目《めんぼく》を一新《しん》されるのである。

（六）

纖維工業方面《せんゐこうげふはうめん》も有望《いうばう》である。朝鮮紡織會社《てうせんばうしよくくわいしや》は釜山《ふざん》を根據《こんきよ》とし紡績事業《ばうせきじげふ》に着手《ちやくしゆ》した。併《あは》せて棉花《めんくわ》の栽培《さいばい》をも試《こゝろ》みたのである。同社《どうしや》の成績《せいせき》に刺戟《しげき》されて內地紡績會社《ないちばうせきくわいしや》の進出《しんしゆつ》は簇出《ぞくしゆつ》した。即《すなは》ち清津《せいしん》に於《お》ける大日本紡績《だいにっぽんばうせき》のス・フ工場《こうぢやう》を始《はじ》めとし、鐘淵紡績《かねがふちばうせき》、東洋《とうやう》紡績《ばうせき》の大擧進出《たいきよしんしゆつ》となつたのである。內地《ないち》に於《お》ける紡績擴張《ばうせきくわくちやう》は封《ふう》ぜられる。その反作用《はんさよう》とも見《み》られるが、一面《めん》、全鮮各地《ぜんせんかくち》が纖維事業《せんゐじげふ》に好適《かうてき》する證左《しようさ》として囑目《しよくもく》されるのである。斯《か》の如《ごと》くにして朝鮮《てうせん》は原始經濟《げんしけいざい》から製《せい》造工業《ざうこうげふ》、加工精錬時代《かこうせいれんじだい》に移行《いかう》し出《だ》した。幼《えう》稚產業《ちさんげふ》から複雜工業《ふくざつこうげふ》への轉換《てんくわん》である。

（七）

昭和《せうわ》十二年《ねん》に於《お》ける鮮內《せんない》の預金《よきん》は四億《おく》六千二百五十萬圓《まんゑん》となつた。特殊銀行《とくしゆぎんかう》二億《おく》三千百二十萬圓《まんゑん》、普通銀行《ふつうぎんかう》二億《おく》三千三百三十萬圓《まんゑん》で各々半々《おのおのはんはん》となる。貸出金《かしだしきん》は九億《おく》八千三十萬圓《まんゑん》となり、特殊銀行《とくしゆぎんかう》七億《おく》五千五百七十萬圓《まんゑん》、普通銀行《ふつうぎんかう》二億《おく》二千四百六十萬圓《まんゑん》である。

朝鮮《てうせん》に在《あ》る銀行《ぎんかう》の濫觴《らんしやう》は明治《めいぢ》十一年《ねん》第《だい》一銀行《ぎんかう》の釜山支店開設《ふざんしてんかいせつ》である。續《つゞ》いて十八銀《ぎん》行《かう》は仁川《じんせん》、元山《げんざん》に支店《してん》を開設《かいせつ》したのである。

明治《めいぢ》四十四年《ねん》、朝鮮銀行《てうせんぎんかう》の開設《かいせつ》となつた大正《たいしやう》七年《ねん》朝鮮殖產銀行《てうせんしよくさんぎんかう》が設立《せつりつ》された。農工《のうこう》銀行《ぎんかう》を合倂統《がつぺいとう》一したのである。

別《べつ》に、明治《めいぢ》四十一年《ねん》、東洋拓殖會社《とうやうたくしよくくわいしや》が創《さう》立《りつ》された。事業《じげふ》の內容《ないよう》は、金融部門《きんゆうぶもん》と拓殖《たくしよく》部門《ぶもん》に岐《わか》れる。一時《じ》、財界《ざいかい》のショックを受《う》けて頓挫《とんざ》したが、滿洲事變以來《まんしうじへんいらい》、好轉《かうてん》し立《たち》直《なほ》つた。朝鮮《てうせん》はじめ、農事土木《のうじどぼく》の改良《かいりやう》には見《み》るべきものが多《おほ》い。山林《さんりん》、製鹽《せいえん》、緬羊《めんやう》、殖民事業《しよくみんじげふ》の經營《けいえい》にも期待《きたい》される。

投資會社《とうしくわいしや》は四十五會社《くわいしや》となり、株式引受《かぶしきひきうけ》は約《やく》一億圓《おくゑん》に及《およ》ぶ。朝鮮經濟界《てうせんけいざいかい》を通《つう》じての特異《とくい》の存在《そんざい》として重《おも》きを爲《な》すのである。

×　×　×

朝鮮經濟界《てうせんけいざいかい》は、漸《やうや》く第《だい》二の段階《だんかい》に轉向《てんかう》した。一層《そう》の努力《どりよく》と奮發《ふんぱつ》を續《つゞ》けるならば、今《こん》後《ご》十年間《ねんかん》の進步《しんぽ》は驚異的進展《きやういてきしんてん》を見《み》るものと思《おも》ふ、興亞隆盛《こうありうせい》の一大連鐶《だいれんくわん》として大向上《だいかうじやう》を期待《きたい》される。

朝鮮の工業的躍進

☆ ☆ ☆

ダイヤモンド社主筆

野崎龍七

朝鮮《てうせん》の、近年《きんねん》における經濟的發達《けいざいてきはつたつ》——特《とく》に工鑛業的發展《こうくわうげふてきはつてん》は極《きは》めて顯著《けんちよ》である。橫斷《わうだん》面《めん》で見《み》ると、その產業《さんげふ》の主要部門《しゆえうぶもん》を形造《かたづく》つてゐるものは農業《のうげふ》であるが、しかし、縱斷《じうだん》面《めん》から見《み》ると、工鑛業《こうくわうげふ》が新《あらた》しく壓倒的《あつたうてき》な勢《いきほひ》で躍進《やくしん》しつゝあることが看取《かんしゆ》される。

朝鮮景氣《てうせんけいき》の支配的條件《しはいてきでうけん》は今《いま》なほ米作《べいさく》の良否《りやうひ》と市價《しか》の高低如何《かうていいかん》にあるが、それが加速度《かそくど》的《てき》に工鑛生產《こうくわうせいさん》の數量《すうりやう》と價格《かかく》とにおきかへられつゝあることは、少《すこ》しでも朝鮮《てうせん》の事情《じじやう》に觸《ふ》れるものゝ、皆《みな》知《し》るところである。

では、どんなスピードで工鑛業化《こうくわうげふくわ》しつゝあるかと聞《き》かれても、遺憾《ゐかん》ながら數字的《すうじてき》には明確《めいかく》に答《こた》へられない。今《いま》、筆者《ひつしや》が手《て》にしてゐるのは昭和《せうわ》十三年《ねん》十一月《ぐわつ》の「朝鮮經濟《てうせんけいざい》事情《じじやう》」であるが、昭和《せうわ》十一年《ねん》の生產額《せいさんがく》しか載《の》つて居《を》らない。だが之《こ》れを借用《しやくよう》しやう。

◎昭和十一年の生產額

	價格（千円）	總額に對する割合
農產物	一、二〇八、九二一	五〇・八%
林產物	一二八、〇六五	五・一
水產物	一六四、〇〇四	七・一
鑛產物	一一〇、四三〇	四・七
工產物	七三〇、八〇七	三一・三
合計	二、三三二、二一七	100・0

農《のう》、林《りん》、水產物《すゐさんぶつ》と鑛工產物《くわうこうさんぶつ》とに二分《ぶん》すると、前者《ぜんしや》は十四億《おく》八千六百萬圓《まんゑん》、後者《こうしや》は八億《おく》四千萬圓《まんゑん》になる。ところで、その前年《ぜんねん》の昭和《せうわ》十年《ねん》は何《ど》うだつたかといふと、農《のう》、林《りん》水產物《すゐさんぶつ》は十三億《おく》九千四百萬圓《まんゑん》、鑛工產物《くわうこうさんぶつ》は六億《おく》九千五百萬圓《まんゑん》であつた。だから、この一年間《ねんかん》に前者《ぜんしや》が九千二百萬圓《まんゑん》(六分《ぶ》六厘《りん》)の增額《ぞうがく》に止《とゞ》つたに對《たい》して後者《こうしや》は一億《おく》四千五百萬圓《まんゑん》(二割《わり》一分《ぶ》)の著增《ちよぞう》をした。この一年《ねん》の比較《ひかく》でも既《すで》に鑛工業發展《くわうこうげふはつてん》の顯著《けんちよ》なことが窺《うかゞ》はれるのであるが、それ以後《いご》、十二年《ねん》、十三年《ねん》においては、その發展《はつてん》の勢《いきほひ》の一層《そう》速力《そくりよく》を高《たか》めてゐることは、諸々《しよく》の事情《じじやう》からおして想像《さうぞう》に難《かた》くないのである。總督府《そうとくふ》が

委《くは》しい統計《とうけい》を發表《はつぺう》して居《を》らないので確實《かくじつ》なことは判《わか》らぬが、筆者《ひつしや》が昨《さく》十三年《ねん》八月《ぐわつ》、朝《てう》鮮旅行《せんりよかう》の際《さい》、耳《みゝ》にしたところによると、昭《せう》和《わ》十二年《ねん》の總生産額《そうせいさんがく》は二十七億圓《おくゑん》、うち、工産額《こうさんがく》は八億圓《おくゑん》と見《み》られてゐた。だから、十一年《ねん》に比較《ひかく》すると、總額《そうがく》で三億《おく》七千四百萬圓《まんゑん》（一割《わり》六分《ぶ》）、工産物《こうさんぶつ》で七千萬圓《まんゑん》（一割《わり》弱《じやく》）の、それぞれ増加《ぞうか》である。總額《そうがく》の増加《ぞうか》の、割合《わりあひ》に顯著《けんちよ》だつたのは米《こめ》が未曾有《みぞう》の大《だい》豐作《ほうさく》だつたのと、價格《かく》が高《たか》かつたとが大《おほ》きな原因《げんいん》であるらしい。から思《おも》ふ。

とにかく、以上《いじやう》の次第《しだい》で、朝鮮《てうせん》の工産物《こうさんぶつ》は、昭和《せうわ》十年《ねん》の六億《おく》七百萬圓《まんゑん》から、十一年《ねん》の七億《おく》三千萬圓《まんゑん》、十二年《ねん》の八億圓《おくゑん》と、トントン拍子《ひやうし》で増加《ぞうか》してゐるが、鑛産額《くわうさんがく》の増進《ぞうしん》は、おそらく、これ以上《いじやう》の速度《そくど》であらう。金産額《きんさんがく》一つを見《み》てもさう想像《さうぞう》される。

×

總督府《そうとくふ》の當局者《たうきよくしや》が工業的發展《こうげふてきはつてん》に特《とく》に意圖《いと》し出《だ》したのは宇垣總督時《うがきそうとくじ》代《だい》からである。無《む》論《ろん》、それ以前《いぜん》から、終始《しゆうし》一貫《くわん》、農業開拓《のうげふかいたく》に努力《どりよく》されたことは事實《じじつ》であるが、各總督時《かくそうとくじ》代《だい》の政治的《せいぢてき》性格《せいかく》を、もし特徴《とくちよう》づけるものがあるとするならば、寺内《てらうち》時代《だい》は武斷政治《ぶだんせいぢ》、齋藤《さいとう》時代《だい》は無爲化政治《むゐくわせいぢ》とされ、しかして宇《う》垣《がき》時代《だい》に至《いた》つて初《はじ》めて經濟建設《けいざいけんせつ》が計畫《けいくわく》され、現在《げんざい》の南總督《みなみそうとく》時代《だい》はその實行《じつかう》時代《だい》と云《い》はれてゐるのである。

×

客觀的《きやくくわんてき》に見《み》て、朝鮮《てうせん》には、内地《ないち》に比較《ひかく》して工業的諸條件《こうげふてきしよでうけん》が備《そな》はつてゐるとも云《い》へる。

第《だい》一は　勞銀《らうぎん》の低廉《ていれん》なこと、
第《だい》二は　税金《ぜいきん》の安《やす》いこと、
第《だい》三は　地下資源《ちかしげん》の豐富《ほうふ》なこと、
第《だい》四は　電力《でんりよく》の豐富《ほうふ》低廉《ていれん》なこと、
第《だい》五は　工場法《こうぢやうはふ》のないこと、
第《だい》六は　總督政治《そうとくせいぢ》で行政組織《ぎやうせいそしき》が單《たん》一化《くわ》され、事務的《じむてき》に簡便《かんべん》なこと、

少《すく》くとも、内地《ないち》に比較《ひかく》して、この六つの好條件《かうでうけん》があげられる。

昭和《せうわ》五、六年《ねん》、内地經濟界《ないちけいざいかい》が不況《ふきやう》の重壓《ぢうあつ》から脱却《だつきやく》するために産業合理化《さんげふがふりくわ》とか産業統《さんげふとう》制《せい》とか、各種《かくしゆ》の工業《こうげふ》に諸々《しよくく》の制限《せいげん》と拘束《こうそく》が加《くは》へられたが、當時《たうじ》、産業資本家《さんげふしほんか》の食指《しよくし》を動《うご》かしたのが、この朝鮮《てうせん》における工業的《こうげふてき》諸條件《しよでうけん》の好適性《かうてきせい》であつた。したがつて朝鮮《てうせん》に近代的工業《きんだいてきこうげふ》の發達《はつたつ》しだしたのも、この頃《ころ》からであるが、最近《さいきん》、更《さら》に之《こ》れに拍車《はくしや》をかけたものは、大陸政策《たいりくせいさく》の基地《きち》としての朝鮮《てうせん》の重要性《ぢうえうせい》が認識《にんしき》されるに至《いた》つたこと、戰時《せんじ》經濟《けいざい》竝《なら》びに生産力擴充計畫《せいさんりよくくわくじうけいくわく》の一翼《よく》としての役割《やくわり》が負《お》はされたとの、この二つである。

既《すで》に當局者《たうきよくしや》の經濟計畫《けいざいけいくわく》があり、更《さら》にその上《うへ》、客觀的諸情勢《きやくくわんてきしよじやうせい》が同《おな》じ方向《はうかう》にむいてきた。朝鮮《てうせん》における工鑛業《こうくわうげふ》の顯著《けんちよ》なる發達《はつたつ》も當然《たうぜん》の順序《じゆんじよ》であるが、何《なん》にしても朝鮮《てうせん》にとつては極《きは》めて仕合《しあは》せな話《はなし》である。各方面《かくはうめん》ともに内地《ないち》以上《いじやう》に景氣《けいき》のいゝことは云《い》ふまでもない。

×

地理的《ちりてき》に云《い》ふと、これらの工業的發展《こうげふてきはつてん》は幾《いく》つかのセンターに分《わか》れてゐる。北鮮《ほくせん》の方《はう》から數《かぞ》へると――

第《だい》一は、淸津《せいしん》センター。あの有名《いうめい》な茂山《もざん》

の鐵鑛石《てつくわうせき》を原鑛《げんくわう》としてゐる三菱《ひし》および日鐵《につてつ》の兩製鐵所《りやうせいてつじよ》は茲《こゝ》にある。

第《だい》二は、咸興《かんこう》センター。野口《のぐち》コンツエルンの諸事業《しよじげふ》が茲《こゝ》に集結《しふけつ》されて居《を》り、また、長津江《ちやうしんかう》、赴戰江《ふせんかう》、虚戰江等々《きよせんかうとうとう》、約《やく》八十萬《まん》キロの水力電氣《すゐりよくでんき》がある。この附《ふ》近《きん》、城津《じやうしん》には例《れい》の日本高周波重工業會社《につぽんかうしうはぢうこうげふくわいしや》の工場《こうぢやう》があり、吉州《きつしう》には北鮮製紙《ほくせんせいし》のパルプ工場《こうぢやう》がある。

第《だい》三は、元山《げんざん》センター。朝鮮石油《てうせんせきゆ》を始《はじ》めとして、小野田《をのだ》セメント、北鮮製鋼所《ほくせんせいかうじよ》、住友製錬所《すみともせいれんじよ》などがある。

第《だい》四は、南鮮《なんせん》の三陟《せう》センター。小野田《をのだ》セメントがあり、三陟開發會社《せうかいはつくわいしや》があり、寧津《ねいしん》の過剩電力《くわじようでんりよく》を利用《りよう》してカーバイトの製造《せいぞう》をやつてゐる。朝鮮合同油脂《てうせんがふどうゆし》の工場《こうぢやう》もある。

第《だい》五は、釜山《ふざん》センター。今日《こんにち》のところ、三菱重工業《ひしぢうこうげふ》の分身《ぶんしん》として船渠會社《ドツクぐわいしや》の設《せつ》立計畫《りつけいくわく》くらゐのものであるが、將來性《しやうらいせい》に對《たい》しては色々《いろいろ》と有望視《いうばうし》されてゐる。

第《だい》六は、京仁《けいじん》センター。京城《けいじやう》の郊外《かうぐわい》、永登《えいとう》浦《ほ》が工業地帶《こうげふちたい》となり、大日本麥酒《だいにつぽんビール》、キリンビールの兩工場《りやうこうぢやう》あり、鐘紡工場《かねぼうこうぢやう》あり、その他雜工場《たざつこうぢやう》が加速度的《かそくどてき》にその空《あき》地《ち》を埋《う》めつゝある。仁川《じんせん》には芝浦製作所《しばうらせいさくじよ》、日本車輛《につぽんしやりやう》、國產自動車《こくさんじどうしや》、東洋紡績《とうやうばうせき》、朝鮮機械製作所《てうせんきかいせいさくじよ》、朝鮮製鋼所《てうせんせいかうじよ》その他《た》の諸工場《しよこうぢやう》がある。既《すで》に工場敷地《こうぢやうしきち》に狹隘《けふあい》を來《きた》し、永井府事《ながゐふじ》の遠大《ゑんだい》な計畫《けいくわく》によつて大規模《おほきぼ》の海岸埋立《かいがんうめたて》が實行《じつかう》されつゝある。

第《だい》七が、海州《かいしう》センター。茲《こゝ》には朝鮮火藥《てうせんくわやく》、宇部《うべ》セメント、中外鑛業《ちうぐわいくわうげふ》の金精錬所等《きんせいれんじよとう》の諸工場《しよこうぢやう》がある。

第《だい》八が、平壤《へいじやう》センター。大日本製糖《だいにつぽんせいたう》、鐘《かね》紡《ぼう》、昭和飛行機《せうわひかうき》の諸工場《しよこうぢやう》があり、海軍《かいぐん》の煉炭所《れんたんじよ》、三菱系《ひしけい》の日本穀產會社《につぽんこくさんくわいしや》がある。附近《ふきん》の鎭南浦《ちんなんぽ》には日本鑛業《につぽんくわうげふ》の金精《きんせい》錬所《れんじよ》、朝鮮化學《てうせんくわがく》の燐酸工場《りんさんこうぢやう》があり、朝《てう》鮮理研輕金屬會社《せんりけんけいきんぞくくわいしや》も工場《こうぢやう》を建設《けんせつ》することになつてゐる。兼二浦《けんにほ》には日本製鐵《につぽんせいてつ》の製鐵所《せいてつじよ》がある。順川《じゆんせん》にはまた朝鮮化《てうせんくわ》學工業《がくこうげふ》の工場《こうぢやう》がある。

第《だい》九は、新義州《しんぎしう》センター。三井關係《ゐくわんけい》の三成工業《せいこうげふ》が金製錬所《きんせいれんじよ》を設立《せつりつ》することにしてゐる外《ほか》、現在《げんざい》のところ何《なに》もないが、鴨綠江水電《あふりよくかうすゐでん》の發電事業《はつでんじげふ》が進行《しんかう》するに從《しだが》つて、茲《こゝ》では豐富低廉《ほうふていれん》なる電力《でんりよく》が得《え》られるから、將來性《しやうらいせい》（電力《でんりよく》を動力《どうりよく》としてゞなく原料《げんれう》としての工業《こうげふ》にとり）に富《と》むものとして頗《すこぶ》る有望視《いうばうし》されてゐる。

右《みぎ》は、昨年《さくねん》八月《がつ》、朝鮮《てうせん》を旅行《りよかう》した當時《たうじ》の雜記帳《ざつきちやう》から書《か》きぬいたものである。既《すで》に一年《ねん》を經過《けいくわ》してゐるので、この間《かん》、さらに新《しん》工場《こうぢやう》の建設《けんせつ》されたものもあるに違《ちが》ひないが大體《だいたい》に朝鮮《てうせん》の新興工業《しんこうこうげふ》は之《こ》れら九つの地方《ちはう》的《てき》センターに分《わか》れて發展《はつてん》しつゝあるものと云《い》ふて大過《たいくわ》ないであらう。金鑛《きんくわう》その他《た》の鑛《くわう》業《げふ》の地理的分布《ちりてきぶんぷ》も興味《きようみ》があるが、長《なが》くなるから省略《しやうりやく》したい。たゞ一言《ごん》しておきたいことは、朝鮮《てうせん》には特殊金屬《とくしゆきんぞく》の產出《さんしゆつ》が割合《わりあひ》に多《おほ》いことゝ、稼行鑛山約《かうくわうざんやく》三千五百のうち、八〇パーセントが金山《きんざん》であることとの二點《てん》である。

×

交通《かうつう》の發達《はつたつ》もまた勿論《もちろん》である。現《げん》に建設《けんせつ》

中《ちう》の中央線《ちうあうせん》も近《ちか》く完成《くわんせい》するであらうが、さうなると、滿浦鎭《まんぽちん》から滿洲中央部《まんしうちうあうぶ》の四平街《へいがい》に聯絡《れんらく》がとれる。現在《げんざい》の南滿奉天《なんまんほうてん》につながる線《せん》と、淸津《せいしん》、羅津《らしん》方面《はうめん》から北滿《ほくまん》に入《はひ》る線《せん》と合《あ》はせて三線《せん》になり、内地《ないち》との聯絡航路《れんらくかうろ》としても淸津《せいしん》、羅津《らしん》と新潟《にひがた》、敦賀《つるが》、下關《しものせき》と釜山《ふざん》との二線《せん》の外《ほか》に、もう一つ、元山《げんざん》と敦賀間《つるがかん》の航路《かうろ》が新設《しんせつ》され得《う》ること（卽《すなは》ち、元《げん》山《ざん》が内地《ないち》から中滿《ちうまん》に出《で》る最短地點《さいたんちてん》になる）になるのである。

×

かくして朝鮮《てうせん》の近年《きんねん》における鑛工業發展《くわうこうげふはつてん》は極《きは》めて顯著《けんちよ》であるが、その今後《こんご》の發展《はつてん》は愈《いよ》よ顯著《けんちよ》であらうと思《おも》はれる。かくして日本《につぽん》の經濟《けいざい》に寄與《きよ》するだらうとの大《おほ》いなるは云《い》ふまでもないのである。生産力《せいさんりよく》擴充計畫《くわくじうけいくわく》としての金《きん》は昭和《せうわ》十七年《ねん》に五億圓《おくゑん》の生産額《せいさんがく》をあげる豫定《よてい》になつてゐるが、そのうち實《じつ》に三億圓《おくゑん》は朝鮮《てうせん》から産出《さんしゆつ》するのである。と云《い》ふて、農業國《のうげふこく》としての朝鮮《てうせん》が閑却《かんきやく》されてゐるわけではない。人口《じんこう》の七〇パーセントは農民《のうみん》である。如何《いか》に鑛工業《くわうこうげふ》が發展《はつてん》したからとて、農業人口《のうげふじんこう》が急《きふ》にその方面《はうめん》に吸收《きふしう》されるわけではない。農業人口《のうげふじんこう》の生活改善《せいくわつかいぜん》のためにも内地需要《ないちじゆえう》のためにも農産增加《のうさんぞうか》が愈《いよ》よ必要《ひつえう》とされる。玆《こゝ》においてか總督府當局《そうとくふたうきよく》は工鑛業《こうくわうげふ》の發展《はつてん》に馬力《ばりき》をかけてゐるが、農業《のうげふ》の發達《はつたつ》に關《くわん》しても決《けつ》して輕視《けいし》しない云《い》はゆる農工《のうこう》併進《へいしん》、これが南總督《みなみそうとく》の經濟政策《けいざいせいさく》である。かう思《おも》ふ。

かくして内地《ないち》の經濟《けいざい》に寄與《きよ》するところが、愈《いよ》よ大《おほ》きくなるのみならず、大陸政策《たいりくせいさく》ないしは兵站基地《へいたんきち》としての役割《やくわり》は、益々《ますます》、重要性《ぢうえうせい》を加《くは》へることになるのである。云《い》はゞ朝鮮《てうせん》は内地《ないち》と滿洲《まんしう》および北支《ほくし》との間《あひだ》に介《かい》在《ざい》して、しかも兩者《りやうしや》の有機的聯結《いうきてきれんけつ》にとつての不可缺《ふかけつ》の輪《わ》となるのである。さらに歐洲《おうしう》大戰《たいせん》からの影響《えいきやう》は、この位置《ゐち》を一層高揚《そうかうやう》するに違《ちが》ひない。

朝鮮重工業界の雄

朝鮮機械製作所

朝鮮鑛業界は戰時下日本の國策にそつて多大の貢獻をなして居る。その原動力となるべき必要な機械類は、最近まで內地より供給されてゐたが、朝鮮總督府の要望によつて鑛山機械の自給自足をモツトーとして設立されたのが**朝鮮機械製作所**である。

その設立は昭和十二年六月で、最初の資本金は五拾萬圓であつたが次々と增資されて、今日では三百萬圓の著名會社となつた。

本社は京城府長谷川町にあり、仁川へ工場敷地三萬三千坪の大工場と總數八百餘名の從業員を擁し、創立以來二年を經過したばかりであるにも拘らず、非常な繁忙を續けてゐる。

當社は創立當時よりの鑛山機械の他に次期の計畫として、齒車の製作を目論見、着々實行に移されてゐる。これは從來のやうな鑛山用機械ばかりでなく、一般重工業界進出の現はれとして注目に値ひする。

この他、土木用機械、特殊品の引合も漸次增加の傾向にあるから朝鮮鑛業界の金增產五ケ年計畫の進行とともに、將來の發展が期待されるわけである。

當社の主要製品を擧げると、捲揚機、給鑛機、グラインダーミル、鎔鑛爐、壓搾及び眞空濾過機、浮游選鑛機、攪拌及び濃泥機、各種鑄鐵製品その他なかなか範圍は廣い。その納入先は日本產金振興、日本鑛業、日本高周波、住友鑛業、三菱鑛業、三成、義州の三井系鑛山、昭和鑛業、中外鑛業、朝鮮鑛業その他何れも一流會社ばかりである。

上記の如く當社の現狀は實に素晴らしい發展を遂げてゐるが、それを經營してゐる重役陣を見れば、その若々しさとキビキビした經營振りとが首肯される。

會長の森輝氏は、森コンツエルンの總帥、森矗昶氏の令弟である。專務の横山公雄氏は、横山工業株式會社の社長として事業的手腕を

產金事業のホープ

東朝鮮鑛業株式會社

支那事變以來、軍需物資の尨大な輸入は、當然我國、國際收支の上に重大な問題を投げかけてゐる。

朝鮮總督府は朝鮮に產金五ケ年計畫を樹立して金增產の奬勵に當つてゐるが、かくの如き時代には實に金は武器であり血である。

東朝鮮鑛業會社は昭和九年四月朝鮮咸鏡南道永興郡仁興面に、ドレツヂ船による砂金採取を以つて創立されたが、その後定平郡文山面の永平鑛山の金鑛を併合して、砂金山金の兩方面に向つて發展して、東朝鮮にその重要さを認められてゐる。

當社の事業は三つに區分される。卽ち、永樂地帶の砂金採取、永平鑛山の採掘、外川金鑛の稼行の三つである。

本年下期からはこの三鑛區が完全に運轉される。

公稱資本金八百四十萬圓、拂込資本金四百六十五萬圓に對して、半期五十萬圓の利益が豫想される。利益率二割で配當率一割二分

國策に順應しつゝある

成歡鑛業株式會社

當社**成歡鑛業株式會社**は砂金事業の好調に乘じて、昭和十一年十一月資本金百萬圓を一躍三百萬圓に增資して積極的に忠淸南道扶余郡草村面論山砂金鑛區と硫化鑛の今出鑛山の開發に進出して順調な成績を納めて來たが忠淸南道天安郡成歡面の本社を中心にドレツヂ船による採金其他を行つてゐる。

今出鑛山は硫化鐵鑛の外に含銅硫化鐵鑛の塊鑛を發見して大いに囑望されてゐたが、昭和鑛業株式會社の懇請によつて一切を擧げて同社へ讓渡したと云ふ如き經營の變轉自在さが當社の强味であり取締役社長岩崎淸七氏、副社長三好舜太郎氏、常務大越四郎氏の經營的妙味は今又次期の手腕に期待されるものがある。それは高知縣長岡郡上關鑛山の金、銅、硫化鐵鑛山で最近新鑛脈の所在を確め鑛況は益々好望視されてゐる。當社は又過般來一ゲーヂ製作工場を研究中であつたが最近營業の目的を一部變更して別に新會社を設立その經營權を得て本格的經營に邁進し

謳はれて居る人である。

横山氏は、人も知る立志傳中の人、その慧眼と不撓の氣力に對しては敬服の他はない。山梨縣で小學校を卒業すると、大日本麥酒の給仕をし乍ら、大倉商業の夜學へ通つた。それを了へると、大倉組に入社、その後大島製鋼に勤めたが、大戰後の不況で大島製鋼は休業、止むを得ず機械のブローカーを始めた。處が、これも失敗、三萬圓からの借金さへ殘つた。然しこれにも屈せず、次に思い立つたのは、他人の作らない機械を作ることであつた。氏が鑛山用機械の製作に着手した始めである。

かくするうちに、鑛山の景氣が好くなつて、俄かに注文が殺到した。資本金五十萬圓の横山工業所は、一躍百五十萬圓に增資、次いで三百萬圓に更に八百萬圓に大增資をすると云ふ、躍進振りを示したのである。

そしてこの別働隊として創立されたのが前記朝鮮機械製作所で、横山氏が專務として經營されてゐるのである。この新進氣鋭の專務に配するに少壯常務廣島敏行氏を以つてしたことは青年朝鮮機械製作所に更に一段の力を加へたものであつて横山專務と呼吸を合せ能く本城を守り健闘してゐるは洵に申分のない組合せである。

その他根津財閥からの重役、福島茂愈氏、吉田義輝氏等を配した陣容は、バックの强力を思はせるものがあり。當社の前途は、誠に洋々たるものがある。

であるが今後引續き利益增加が見込まれる。最近の歐洲の戰亂による好影響をもうけ、當社の前途に大いに期待するも過當ではなからう。されば專務取締役田島常三氏の健在ならんことを祈るや切なるものがある。

てゐる。ゲージは精密機械製作上の基礎的測定器で精確を要する機械の必要具で戰時體制下の重要事業である。斯の如く產金及金銅硫化鐵加ふるにゲージ等全く國策に順應しつゝ經營される當社及當局者の苦心を買ふべきであらう。

新興の羅津港と

東滿洲產業株式會社

日本海に面する北朝鮮は滿洲事變以來その重要性を加へて東滿洲方面への表玄關として益々發展の度を加へてゐる。

新潟港を出發點とした滿洲方面への人的物的資源は全部この羅津を經て北鮮から東滿洲へ移つて行く。咸鏡北道から豆滿江それから東滿洲一帶の曠野が展開されてをり、それから送り出される滿洲の產物は大部分この羅津を經て內地に向けられる。

この重要さと滿洲の景氣に活氣づけられて元山を拔き、淸津、雄基を拔いてグングンと發展してゐる。

こゝに根を張つて、鐵道、鑛業、木材、貿易の各種事業を經營して遠く新京、北京までその勢力を延してゐる東滿洲產業株式會社がその投資會社、東滿洲鐵道、東滿鑛業、親和木材、親和貿易の四社を傘下に收めて、資本金二千萬圓の資本と、資本的バックをなす親和企業、長周銀行、大日本紡の强力な後援と、加へるに會長增田次郎氏、社長中村直三郎氏の直裁の下に專務黑川正太郎氏、常務山本高次氏の敏腕とは大いに期待されるところである。當社は本年六月末締切の創立第二回決算に於いて引續き七分の配當を持續した。これは總動員法十一條の爲であり、利益金四十六萬圓餘で利益率一割二分餘の收益を收め相當餘裕ある決算であつた。

上記の各投資事業は順當の成績を收めてゐるが子會社の發展と俱に近々拂込徵收を期待されてゐる。

將來北鮮地方から東滿洲方面に於ける發展と當社の前途を考察するとき、誠に輝しきものがあらう。

鳳仙花……120

鳳《はう》仙《せん》花《くわ》

朱耀翰

朝鮮の乙女らは、ほうせんくわの紅《あか》い花びらで爪《つめ》を染《そ》めるのです。

死んでなるなら
ほうせん花《くわ》。
きみの窓邊《まどべ》に
なつかに咲いて
流血《ちしほ》で染《そ》めたや
きみの爪《つめ》。

金鐘漢譯

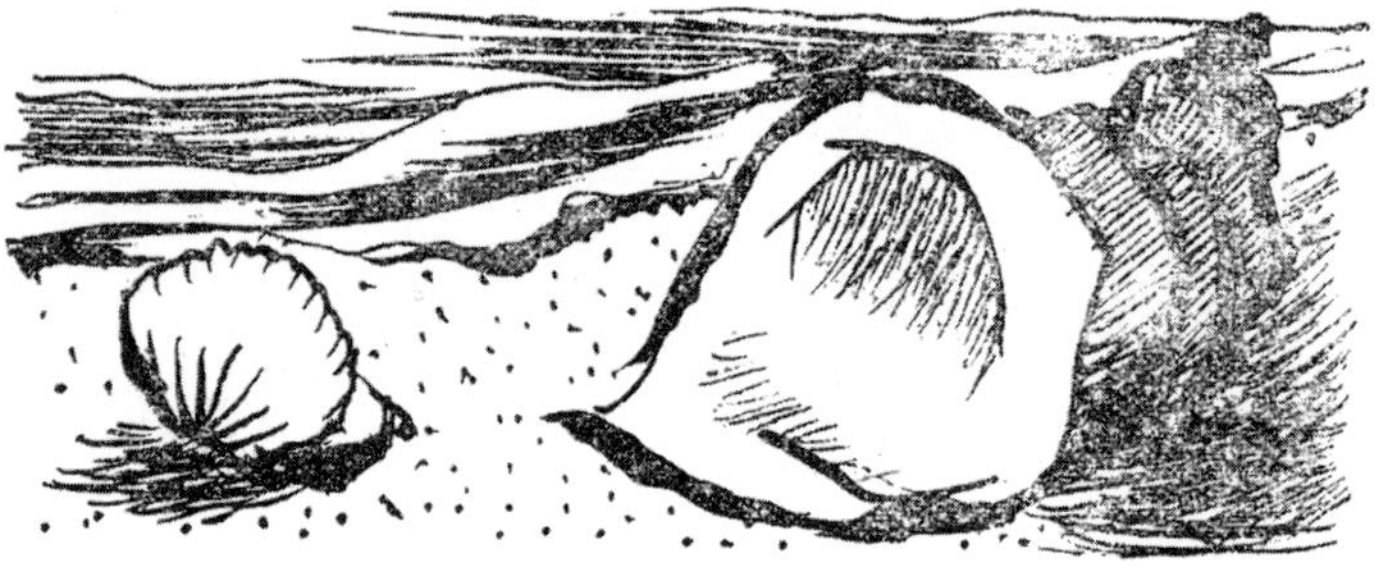

蝶《てふ》と海《うみ》

金起林

誰も水深をおしへたものがないので
白い蝶は　海の怖れをまだ知らない。

あをい大根畠かと　下りていつては
いたいけない羽を　波がしらに浸し
王女のやうに　打ちしほれてかへる。

三月の海原《うなばら》に咲く花のないうらはかなさの
蝶の背に　蒼白い初月が沁みる。

金素雲譯

薔《さう》薇《び》

毛允淑（女流）

わがこゝろの片邊《かたへ》
ひそやかなる　蔭にぞ
薔薇《さうび》は咲く。
夜闇《よるくら》からず
星遠からず
薔薇《さうび》は　夜《よる》も　いねざるなり。
杜《もり》なき野、
空の拓《ひら》けざる道、
風の通《かよ》はざる丘、
薔薇《さうび》は黝き江邊にぞ立つ。
爾《なれ》が根《ね》は吾がいのちに倚《よ》りたり
吾が眼閉《まなことぢ》さるゝ前に爾《なれ》は得去らじ。
爾《なれ》は吾が裡に在りてぞ咲く、
春なく、雨なく、窓なきところ
幸薄《さちうす》き　吾がこゝろに宿りてぞ咲く。

×

夜闇《よるくら》からず、
星遠からず、
爾《なれ》は夜《よる》もいねざるなり。

金素雲譯

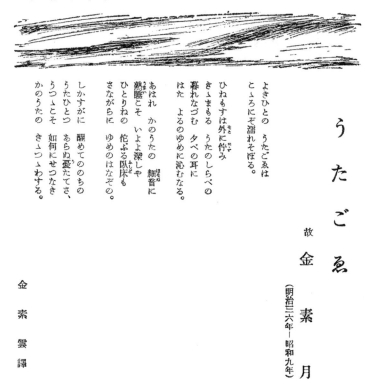

うたごゐ

故 金 素 月（明治三六年—昭和九年）

よきひとの　うたごゐは
こゝろにぞ濡れそぼる。

ひねもすは外《そと》に佇《たゝず》み
きゝまもる　うたのしらべの
暮れなづむ　夕べの耳に
はた　よるのゆめに沁むなる。

あはれ　かのうたの　細音《ほそね》に
熟睡《うまい》こそ　いよよ深しや
ひとりねの　佗ぶる臥床《ふしど》も
さながらに　ゆめのはなぞの。

しかすがに　醒めてののちの
うたひとつ　あらぬ憂《う》たてさ、
うつゝとそ　如何にせつなき
かのうたの　きゝつゝわする。

金 素 雲 譯

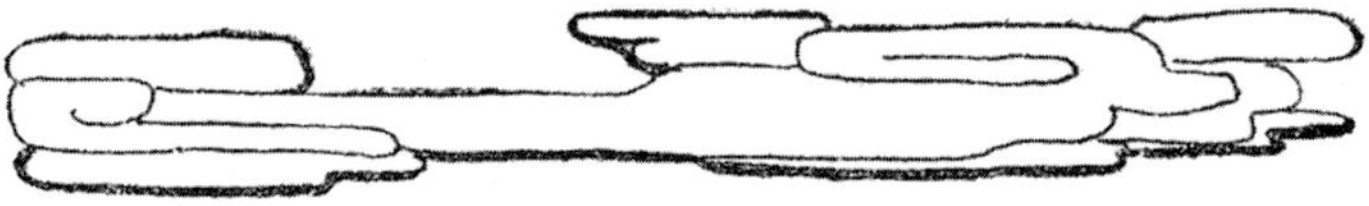

焚《たき》火《び》

白石

縄の切れつぱしも　古びた草履も　牛の屎も　靴の底革も　犬の歯も　外出紗《ノウル》も　藁屑も　頭髪《かみのけ》も　落葉も　小布《こぎれ》も　瓦も　棒切も　鶏の羽毛も　犬の毛も　炎えてゐる　焚火

從叔さんも　初試《チヨシ》も　門長老翁《ムンヂャンヌルグンイ》も　雇奴稚童《ドブサリアイ》も　お婿さんも　舅《サドン》も　旅人も　主も　祖父さんも　孫も　筆賣りも　鑄掛屋も　親犬も　小犬も　みな　焚火に　あたつてゐる

焚火には　孤兒であつた　私の祖父さんが　小供のとき　脚を不具にしてしまつた　悲しい語草があるのだ

註。外出紗《ノウル》、は往時婦女が外出するとき使つた面紗である。初試《チヨシ》、は李朝時代の文官登用試驗の一種で、それにパスしたる者。門長老翁は一族の代表的な老人。

金鐘漢　譯

白《はく》鹿《ろく》潭《たん》

鄭　芝　溶

1

絶頂に近づくにつれて　大花薊《おほはなあざみ》の身長《たけ》が　だんだん截られてゆく　ひとつの山頂《いただき》を登りつめると　腰が截られ　もひとつの山頂《いただき》を登りつめると　首が截られ　つひには顔だけがそつとのぞいてゐる　花紋のやうに　印刷される　風の冷たさが　咸鏡道の果のやうな處で　大花薊ははつきり見えなくなつて　八月いつぱいを　星のやうに咲き亂れる　山の影がうす暗くなると　大花薊の花畑から　星が目醒める　星の位置を　星が動く　そとで　私は動けなくなつた

2

巖古蘭の　まるい　かはいい實で　咽喉《のど》をうるほして　立ちあがつた

3

白樺のそばで　白樺が白骨《ほね》をさらして生きてゐる　私が死んで　白樺のやうに白くなることを考へてみたりする

4

鬼も住まない　うす氣味わるい　ひと隅には　おぢけた鬼菅《おにすげ》の花が　まつ靑になつて　ふるへてゐる

5

まさに　海拔六千呎の高原　放たれてゐる　牛や　馬が　人間《ひと》をおそれない　馬は馬をたよりに　牛は牛をたよりに　小牛は親馬を　小馬は親牛を追つかけたりしては　はなれてしまふ

6

初產《はつざん》の苦しさに　山徑《やまみち》十里を　牝牛は夢のやうに　西歸浦まで逃げのびた　胎水《みづ》も乾かぬうちに　親と別れた小牛はウモーウモーと鳴いた　馬を見ても　登山客《ひと》を見ても　ついてきた　私の子供たちも　毛色の異つた母親の手に委ねたことを想ひ合はせたりして　私は泣かされた

7

深山《みやま》風蘭の芳香《かをり》　鶯のよびあふ聲　濟州ホイパラム鳥の　口笛《ホイパラム》をふく聲　遠い海が皺寄るとき　スアースアーと聞とえる松風　石を轉がる水音を　秦皮《とりねこ》

椿 柏の林の中で迷兒になつた私は 蔦のはふてゐる 白い小砂利の徑に出たつと出會つた斑點《まだら》の馬が 逃げださうともしない

8

雀豌豆 蕨《わらび》 沙蔘《つりがねにんじん》 桔梗 馬蹄草 くるまばつくばね草 熊笹《くまざさ》 石茸《いわたけ》など星のやうな鈴のついた 高山植物を 反芻しながら 醉ふては 睡たりする祕《か》藏《く》された白鹿潭の水を求めて 山脈《やまなみ》の上でつくる行列が 雲よりも壯嚴である 花《は》汁《な》で染めた尻を 夕立に濡らせては 虹に乾かせたりして 肥えてゆくのだ

9

蝦も餌はない 白鹿潭の青い水に 空がまはる 不具のやうに疲れきつた私の脚をまはつて 牛が通りすぎた 追はれてきた一抹の雲にも 曇る白鹿潭である しばし私の顔をうつして 白鹿潭はさみしい 醉ふともなく 醒めるともなく 私は祈禱《いのり》すらも忘れてゐた（濟州島、漢拏山素描）

金 鐘 漢 譯

海外で名を擧げた人々

邊成烈

古《ふる》き傳統《でんとう》と輝《かゞや》く文化《ぶんくわ》を誇《ほこ》りとする我《わ》が同胞《どうはう》も満洲《まんしう》に於《おけ》る百萬《まん》を筆頭《ひつとう》に世界中《せかいぢゆう》限《くま》なく散在《さんざい》し各々《おのおの》その分《ぶん》に應《おう》じ活躍《くわつやく》してゐる。その活動方面《くわつどうはうめん》も多種多様《たしゆたやう》に亙《わた》り或《あるひ》は産業界《さんげふかい》或《あるひ》は學術藝術音楽方面《がくじゆつげいじゆつおんがくはうめん》に或《あるひ》は報導陣頭《はうだうぢんとう》に立《た》つて活躍《くわつやく》してゐるが此《こ》の機會《きくわい》にそれ等《ら》の群像《ぐんざう》を羅列《られつ》紹介《せうかい》するのも無意味《むいみ》ではあるまい。

一、英國商船々長申性模《えいこくしやうせん〳〵ちやうしんせいも》
紐育《ニユーヨーク》倫敦《ロンドン》間《かん》の金塊《きんくわい》輸送競争《ゆそうきやうそう》に一等《とう》

八月三日《くわつか》英國《えいこく》が遂《つひ》に對《たい》獨宣戰布告《どくせんせんふこく》をして以來《いらい》大西洋《たいせいやう》の波《なみ》は愈々《いよ〳〵》荒《あら》くなつて來《き》た米大陸《べいたいりく》と英本國《えいほんごく》を繋《つな》ぐこの大西洋上《たいせいやうじやう》に浮《うか》ぶ大商船隊《だいしやうせんたい》を指揮《しき》する船長《せんちやう》の仲間《なかま》に唯一人《たゞひとり》の東洋人《とうやうじん》があることを知《し》る人《ひと》は割《わ》りに少《すくな》い様《やう》である。而《しか》も先年《せんねん》紐育倫敦間《ニユーヨークロンドンかん》の金塊輸送競争《きんくわいゆそうきやうそう》があつた時《とき》の榮《はえ》ある月桂冠《げつけいくわん》は、この東洋人《とうやうじん》の船長《せんちやう》の頭上《づじやう》に輝《かゞや》いた。當時英國《たうじえいこく》では寄《よ》ると觸《さは》るとの話《はなし》で持《も》ち切《き》りだつた。

この問題《もんだい》の船長《せんちやう》こそは我等《われら》が同胞申性模氏《どうはうしんせいもし》である。然《しか》し氏《し》が今日《こんにち》あるは決《けつ》して偶然《ぐうぜん》の事《こと》ではない。海《うみ》の子《こ》は海《うみ》の夢《ゆめ》をみる。陸《りく》にゐても海《うみ》は夢《ゆめ》の中《なか》から遙《はる》かにあこがれの手《て》をのばす

三方海《ぽううみ》を以《もつ》て圍《かこま》れた朝鮮半島《てうせんはんたう》の慶尚南道宜寧《けいしやうなんだうぎねい》に產聲《うぶごゑ》を上《あ》げた彼《かれ》は、生《うま》れながらに海《うみ》の兒《こ》であつた。然《しか》し家業《かげふ》である農業《のうげふ》が親《おや》から押《お》し附《つ》けた役目《やくめ》であつた。斯《か》うした境遇《きやうぐう》にゐながらも、彼《かれ》は特《とく》に測量學《そくりやうがく》に興味《きようみ》を持《も》ち三角法《かくはふ》に優《すぐ》れた知能《ちのう》の持主《もちぬし》であつた。彼《かれ》は自然《しぜん》に湧《わ》いて來《く》る海《うみ》への憧《あこが》れの情《じやう》を押《おさ》へ切《き》れず二十歳《さい》の時家出《ときいへで》を斷行《だんかう》したさうである。

釜山港《ふざんかう》を立《た》つた時《とき》の彼《かれ》は流石《さすが》に悄然《せうぜん》としてゐた。故郷《こきやう》を去《さ》る哀愁《あいしう》の念《ねん》が胸《むね》に迫《せま》つたのであらう。

彼《かれ》が上海《シヤンハイ》に無事上陸《ぶじじやうりく》したのは二十五年前《ねんまへ》の今頃《いまごろ》であつた。うまくいつて上海呉淞商《シヤンハイウースンしやう》船學校《せんがくかう》に目出度入學《めでたくにふがく》したそこで航海學《かうかいがく》を修《をさ》めた彼《かれ》は遠洋航海《ゑんやうかうかい》の機會《きくわい》を掴《つか》んで英國《えいこく》に渡《わた》り、三年間商船學校《ねんかんしやうせんがくかう》にせつせと通《かよ》ひ、英國《えいこく》の商船《しやうせん》と高等船員見習《かうとうせんゐんみならひ》として乗込《のりこ》んだ。それが遂《つひ》に彼《かれ》をして今日《こんにち》をあらしめたのである。紐育《ニユーヨーク》倫敦間《ロンドンかん》の金塊輸送事件《きんくわいゆそうじけん》がそれであつた。急速《きふそく》に金《きん》を倫敦《ロンドン》に輸送《ゆそう》をしなくてはならない羽目《はめ》に逢《あ》つた米國《べいこく》は各船會社《かくふなくわいしや》に最短時日《さいたんじじつ》金塊輸《きんくわいゆ》

逐競爭入札《にふさつ》をさせたが、當時《たうじ》高等船員《かうとうせんゐん》見習《みならひ》であつた彼《かれ》の主張《しゆちやう》を受《う》け入《い》れて英國船《えいこくせん》が入札《にふさつ》し見事《みごと》に契約《けいやく》をしたが、扨《さ》て彼《かれ》は如何《いか》なる考案《かうあん》をしたであらうか。占星學《せんせいがく》と三角《かく》が得意《とくい》な彼《かれ》は紐育《ニユーヨーク》倫敦《ロンドン》間《かん》の安全航路《あんぜんかうろ》を取《と》らず最短距離《さいたんきより》の直接《ちよくせつ》コースを取《と》り不眠不食《ふみんふしよく》でコムパスと睨《にら》合《あ》ふ事幾日《ことしいくにち》にして、彼《かれ》は遂《つひ》に月桂冠《げつけいくわん》を見事《みごと》に勝《か》ち得《え》たのだ。その功《こう》に依《よ》り其後《そのご》彼《かれ》は英國商《えいこくしやう》船《せん》の船長《せんちやう》の地位《ちゐ》に昇《のぼ》り、今日《こんにち》尚《なほ》ほ世界海運界《せかいかいうんかい》の檜舞臺《ひのぶたい》で活躍《くわつやく》してゐるのである。

歐洲戰爭以來《おうしうせんさういらい》大西洋《たいせいやう》の波《なみ》は一入《ひとしほ》物凄《ものすご》く荒《あ》れて來《き》たレジエント・タイガー號《がう》（一萬《まん》百二十五噸《トン》）マナール號《がう》（七千二百四十二噸《トン》）を初《はじ》めとして今日迄《こんにちまで》英船《えいせん》が五隻《せき》も既《すで》に獨逸《ドイツ》魚雷《ぎよらい》の攻撃《こうげき》を受《う》けて沈沒《ちんぼつ》してゐる。戰爭《せんさう》が續《つゞ》く限《かぎ》り蓋《けだ》しかうした危險《きけん》は增《ま》す一方《ぱう》であらうから切《せつ》角自重《かくじちよう》して職務《しよくむ》に忠實《ちうじつ》であれかしと望《のぞ》む。

二、半島《はんたう》の舞姫崔承喜《まひひめさいしようき》

この夏《なつ》ブラッセルで國際舞踊《こくさいぶよう》コンクールがあつた。千餘《よ》人《にん》の應募者《おうぼしや》を第《だい》一豫選《よせん》で約半分《やくはんぶん》を篩落《ふるひおと》し第《だい》二豫選《よせん》で更《さら》に嚴選《げんせん》して殘《のこ》つた數《すう》百人《にん》の審査《しんさ》が行《おこな》はれた時《とき》の事《こと》である。北歐《ほくおう》へ藝《げい》術行脚《じゆつあんぎや》をしてゐた我等《われら》が舞姫崔承喜《まひひめさいしようき》が招《まね》かれて審査《しんさ》に當《あた》つたのである。彼女《かのぢよ》からの巴里通《パリーつう》信《しん》に依《よ》れば第《だい》二豫選《よせん》に殘《のこ》つた百人餘《にんあま》りのソロダンサーと十餘《よ》組《くみ》のグループ・ダンサーに當《あた》つたさうであるが、その中《うち》十六歳《さい》以上《じやう》の組《くみ》とそれ以下《いか》の組《くみ》とに別《わか》れて約半分《やくはんぶん》がバレー・ダンサーで、後《あと》の半分《はんぶん》が近代舞踊《きんだいぶよう》の諸流《しよりう》に屬《ぞく》する人達《ひとたち》であつたさうである。

各國《かくこく》からの參加者《さんかしや》の中《なか》には今《いま》や戰亂《せんらん》のポーランドの舞踊家《ぶようか》が非常《ひじやう》に多《おほ》く、それに依《よ》れば水準《すゐじゆん》こそは低《ひく》いが現在《げんざい》のポーランド舞踊界《ぶようかい》はすばらしい力《ちから》をもつて發展《はつてん》してゐる事《こと》がうかがはれると彼女《かのぢよ》の巴里通信《パリーつうしん》に書《か》いてゐた。朝日新聞《あさひしんぶん》に依《よ》れば審査《しんさ》の結果《けつくわ》巴里《パリー》のステパーバといふ若《わか》い舞踊家《ぶようか》が優勝《いうしよう》したさうである。尚《な》ほこのコンクール期間中《きかんちう》にコンクール祝賀《しゆくが》をかねてテレジーナ、アレキサンダ・スワンとそれに我等《われら》が舞姫崔承喜《まひひめさいしようき》の三人《にん》が模範舞踊會《もはんぶようくわい》を相前後《あひぜんご》して公開《こうかい》して盛況《せいきやう》を呈《てい》したさうである。

巴里《パリー》の盛場《さかりば》トロカデロに最近新《さいきんあたら》しく出來《でき》たテアトル・シャイオ劇場《げきぢやう》で彼女《かのぢよ》は去《さ》る六月《ぐわつ》十五日《にち》パリに於《お》ける第《だい》二回公演會《くわいこうえんくわい》を開《ひら》き世界《せかい》に於《お》いて最高水準《さいかうすゐじゆん》の藝術眼《げいじゆつがん》を持《も》つたパリジャンを陶醉《たうすゐ》させ最大級《さいだいきふ》の讚辭《さんじ》をパリ諸紙《しよし》からもらつた。彼女《かのぢよ》の得意時代《とくいじだい》もさりながら同鄕人《どうきやうじん》として筆者《ひつしや》も鼻《はな》を高《たか》くせざるを得《え》ない次第《しだい》である。

外遊記念公演會《ぐわいいうきねんこうえんくわい》を東京《とうきやう》で開《ひら》いた時筆者《ときひつしや》は佛《ふつ》國《こく》ハヴウス通信社特派員《つうしんしやとくはゐん》ギラン氏《し》と共《とも》に觀《み》に行《い》つたのであるが、彼《かれ》は自分《じぶん》の表現出來《へうげんでき》る最大級《さいだいきふ》の讚辭《さんじ》を呈《てい》したいと言《い》つた、彼女《かのぢよ》の天賦《てんぷ》の肉體美《にくたいび》と、惠《めぐま》れた藝術的才能《げいじゆつてきさいのう》とエキゾチクな朝鮮獨特《てうせんどくとく》な古典舞踊《こてんぶよう》は必《かなら》ず巴里《パリー》ヂヤンをヤンヤと言《い》はせるに違《ちが》ひないといつた事《こと》を思《おも》ひ出《だ》すのである。出發前《しゆつぱつぜん》UP（米國合同通信社《べいこくがふどうつうしんしや》）は彼女《かのぢよ》の署名入《しよめいい》り寫眞《しやしん》を二十四五枚送《まいおく》つたのでその前景氣《まへけいき》だけでも大《たい》したものであつたらしい。

彼女《かのぢよ》の巴里通信《パリーつうしん》に依《よ》ればこの公演會《こうえんくわい》ではデビュー公演《こうえん》に比《くら》べて半分《はんぶん》の新作《しんさく》を交《まじ》へてやつたので、シーズンに於《お》ける最大盛況《さいだいせいきやう》であつたらしい。

五月《がつ》から六月《がつ》にかけては巴里《パリー》の演藝《えんげい》は最上《さいじやう》のシーズンで大物《おほもの》の公演《こうえん》が多《おほ》く殊《こと》に舞踊關係《ぶようくわんけい》のピカソ、マチスなどのパリの重《おも》なる藝術家《げいじゆつか》が多《おほ》く交《まじ》つてゐる關係《くわんけい》もあらうがアルヘンテイナ以後《いご》ソロ舞踊家《ぶようか》に餓《う》えてゐたことも手傳《てつだ》つて、彼女《かのぢよ》の公演《こうえん》は巴里《パリー》ばかりでなく全歐洲《ぜんおうしう》にセンセイシヨンを惹起《じやくき》したとの事《こと》である。

今《いま》から七年前《ねんぜん》、東京《とうきやう》で彼女《かのぢよ》がデビューした時《とき》石井漠氏《いしゐばくし》が崔承喜《さいしようき》を新聞人《しんぶんじん》に紹介《せうかい》する意味《いみ》で時《とき》の明月館《めいげつくわん》に一席設《せきまう》けた事《こと》がある。その時《とき》彼女《かのぢよ》は筆者《ひつしや》に『私《わたし》の舞踊《ぶよう》をして世界《せかい》の舞踊《ぶよう》にビッコをひきながらもその尻尾《しつぽ》について行《ゆ》かせたい』と感想《かんさう》を漏《もら》した事《こと》がある。筆者《ひつしや》の素《しろ》人眼《うとめ》で見《み》ても東京《とうきやう》での第《だい》一回公演《いつくわいこうえん》は實《じつ》に良《よ》かつた。

併《しか》し彼女《かのぢよ》が漏《もら》した感想《かんさう》であり又夢《またゆめ》であつた世界水準《せかいすゐじゆん》への憧《あこがれ》が、とんなに早《はや》く實現《じつげん》され樣《やう》とは夢《ゆめ》にも思《おも》はなかつた。

それは筆者自身《ひつしやじしん》の不明《ふめい》のそしりは免《まぬか》れないが、それでも彼女《かのぢよ》の藝術上《げいじゆつじやう》の進歩《しんぽ》は實《じつ》に速《はや》かつた點《てん》は否《いな》めない。

三、舞踊藝術《ぶようげいじゆつ》の精華《せいくわ》

獨逸《ドイツ》で研究中《けんきうちう》の朴永仁《ぼくえいじん》

朝鮮《てうせん》が持《も》つ三大舞踊家《だいぶようか》として崔承喜女史《さいしようきぢよし》の外《ほか》に、今東京《いまとうきやう》にゐる趙澤元君《てうたくげんくん》獨逸《ドイツ》に在留中《ざいりうちう》の朴永仁君邦正美《ぼくえいじんくんくにまさみ》が知《し》られてゐる昨年《さくねん》との三大《だい》舞踊家《ぶようか》は歐米《おうべい》に於《お》いて朝鮮舞踊《てうせんぶよう》の爲《た》め萬丈《ばんぢやう》の氣焔《きえん》を吐《は》いた。崔女史《さいぢよし》はアメリカで趙君《てうくん》は佛國《ふつこく》を中心《ちうしん》に朴君《ぼくくん》は獨逸《ドイツ》を中心《ちうしん》に歐洲《おうしう》で、夫々《それぞれ》高雅《かうが》で表徴的《へうちようてき》な朝鮮舞踊《てうせんぶよう》を公演《こうえん》し歐米人《おうべいじん》の讃辭《さんじ》と好評《かうひやう》を博《はく》した。

朴君《ぼくくん》は一昨年《さくねん》獨逸國立舞踊學校《ドイツこくりつぶようがくかう》卒業後《そつげふご》、獨逸《ドイツ》と洪牙利《ハンガリー》の大都市《だいとし》に於《お》いて前後《ぜんご》二十四回《くわい》に亙《わた》る公演會《こうえんくわい》を催《もよほ》し、其《そ》の後《ご》伯林《ベルリン》の獨逸國立歌劇場《ドイツこくりつかげきぢやう》とハムブルグのシルレル・オペラ劇場及《げきぢやうおよび》洪牙利《ハンガリー》ブタペストの洪牙利王室《ハンガリーわうしつ》オペラ劇場《げきぢやう》で上演《じやうえん》した彼《かれ》の舞踊《ぶよう》は、遂《つひ》に彼《かれ》をして世界舞踊家《せかいぶようか》の世界最高水準迄《せかいさいかうすゐじゆんまで》に引上《ひきあ》げてしまつた。其《そ》の後《ご》彼《かれ》の藝術《げいじゆつ》は水際立《みづぎはだ》つて進歩《しんぽ》し彼《かれ》の母校《ぼかう》である獨逸國立舞踊學校《ドイツこくりつぶようがくかう》で講師《かうし》として、亞細亞《アジア》舞踊科《ぶようくわ》を擔當《たんたう》して目下《もくか》朝鮮舞踊《てうせんぶよう》の精華《せいくわ》を歐洲《おうしう》に紹介中《せうかいちう》である。

四、自作朝鮮幻想交響曲《じさくてうせんげんさうかうきやうきよく》を

歐米各地《おうべいかくち》で

演奏放送《えんそうはうそう》する安益泰《あんえきたい》

音樂朝鮮《おんがくてうせん》の誇《ほこ》りと云《い》はれる桂貞植氏《けいていしよくし》の後《あと》を受《う》け、歐米各國《おうべいかくこく》に朝鮮《てうせん》のメロヂーを紹介《せうかい》する半島音樂家《はんたうおんがくか》に安益泰氏《あんえきたいし》がゐる。チエリストでありコンダクターである氏《し》が歐米音樂行脚《おうべいおんがくあんぎや》のスタートを切《き》つたのは米國《べいこく》で、それから愛蘭《アイルランド》、英國《えいこく》、獨逸《ドイツ》、佛蘭西《フランス》で、公開演奏會《こうかいえんそうくわい》を催《もよほ》し、至《いた》る處《ところ》で絶讃《ぜつさん》を博《はく》した。殊《こと》に自作自由曲の朝鮮幻想交響曲《てうせんげんさうかうきやうきよく》は彼《かれ》の眞價《しんか》を一層高《そうたか》めた。

五、空爆下《くうばくか》のワルソーに居留《ゐとま》る

滿洲國初代總領事朴錫胤《まんしうこくしよだいそうりやうじぼくしやくいん》

猛進《まうしん》十日《か》にして獨逸軍主力部隊《ドイツぐんしゆりよくぶたい》はポーランドの首府《しゆふ》ワルソーに迫《せま》り獨波兩軍《どくはりやうぐん》は市街戰《しがいせん》を展開《てんかい》した。獨逸《ドイツ》は軍事行動開始《ぐんじかうどうかいし》と共《とも》にワルソーを空爆《くうばく》したので在留外人《ざいりうぐわいじん》は勿論《もちろん》のこと本土人《ほんどじん》も避難《ひなん》をしてゐる。動亂《どうらん》のワルソーに居留《ゐとゞま》つて自分《じぶん》の使命《しめい》を果《はた》してゐる朝鮮人《てうせんじん》がゐる。彼《かれ》こそは滿洲國初代總領事朴錫胤氏《まんしうこくしよだいそうりやうじぼくせきいんし》である。

英國《えいこく》ケンブリッヂ大學《だいがく》で國際法《こくさいはふ》を專攻《せんこう》してゐた彼《かれ》は外交官《ぐわいかうくわん》として活躍《くわつやく》は大《おほ》いに期待《きたい》されてゐた矢先《やさき》に、獨波戰爭《どくはせんさう》が起《おこ》つた。併《しか》し彼《かれ》は既《すで》に滿洲事變《まんしうじへん》當時帝國政府代表《ていこくせいふだいへう》松岡洋右《まつをかやうすけ》氏に隨《したが》つて國際聯盟會議《こくさいれんめいくわいぎ》で活躍《くわつやく》世界的《せかいてき》外交舞臺《ぐわいかうぶたい》も踏《ふ》んでゐるから、滿波國交調整親善《まんぱこくかうてうせいしんぜん》には萬全《ばんぜん》の策《さく》を講《かう》じてゐる筈《はず》だ。

彼《かれ》が三高《かう》在學中《ざいがくちう》は名投手《めいとうしゆ》として野球《やきう》ファンをヤンヤ言《い》はせたものだ、傳統《でんとう》を尊《たふと》ぶ一高《かう》三高戰《かうせん》で三回連勝《くわいれんしよう》したのも彼《かれ》の投手時代《とうしゆじだい》であつた。彼《かれ》が機《き》を摑《つか》むに機敏《きびん》なのは彼《かれ》が在學中《ざいがくちう》投《とう》手《しゆ》としての修練《しうれん》がしからしむ所《ところ》だ。

六、南米《なんべい》で活躍《くわつやく》する張澈壽君《ちやうてつじゆくん》

外交舞臺《ぐわいかうぶたい》に活躍《くわつやく》する我等《われら》が同胞《どうはう》に若《わか》き外交官《ぐわいかうくわん》張澈壽君《ちやうてつじゆくん》がゐる。昭和《せうわ》八年外交官試驗《ねんぐわいかうくわんしけん》に見《み》事《こと》にパスして外務省條約局《ぐわいむしやうでうやくきよく》に官補《くわんほ》を勤《つと》めてゐたが、翌年駐佛帝國大使《よくねんちうふつていこくたいし》に轉任《てんにん》を命《めい》ぜられた其後《そのご》駐白大使館《ちうはくたいしくわん》を經《へ》て今《いま》は南米《なんべい》アルゼンチンの公使館《こうしくわん》に勤務《きんむ》し東洋文化《とうやうぶんくわ》の精華《せいくわ》を紹介《せうかい》してゐる。彼《かれ》は文化方面《ぶんくわはうめん》に薀蓄《うんちく》深《ふか》く學生當時《がくせいたうじ》既《すで》に群《ぐん》を拔《ぬ》いてゐる。彼《かれ》は同時《どうじ》に非凡《ひぼん》なレングイストである。英佛獨伊語《えいふつどくいご》に通《つう》じエスペラントも自由自在《じいうじざい》に操《あやつ》るから大《たい》したものだ。

彼《かれ》は三高在學中《かうざいがくちう》はE・S・S（英語會話會《えいごくわいわくわい》）を牛耳《ぎうじ》つてゐたが、全國高專英語《ぜんこくかうせんえいご》大會《たいくわい》では『永遠《えいゑん》の平和《へいわ》』なる英語演說《えいごえんぜつ》をして一躍有名《やくいうめい》になつた。當時《たうじ》既《すで》に彼《かれ》には外交官《ぐわいかうくわん》としての芽《め》が生《は》えてゐたのだらう。

支那事變《しなじへん》以來微妙《いらいびめう》なる國際關係調節《こくさいくわんけいてうせつ》に彼《かれ》の內助《ないじよ》の力《ちから》は大《たい》したものである。外交官補時代《ぐわいかうくわんほじだい》二三年外國勤《ねんぐわいこくつと》めをして本省詰《ほんしやうづめ》になる前《まへ》、例《れい》を破《やぶ》つて彼《かれ》は既《すで》に六年間在外勤務《ねんかんざいぐわいきんむ》をしてゐるのは彼《かれ》の活躍《くわつやく》を雄辯《ゆうべん》に語《かた》るものであらう。

七、紐育大學教授《ニユーヨークだいがくけうじゆ》

姜鏞訖氏《きやうようきつし》の偉業《ゐげふ》

眼《め》を藝術界《げいじゆつかい》から一轉《てん》して學界《がくかい》を覗《のぞ》くと紐《ニユー》育大學《ヨークだいがく》の教授《けうじゆ》をしてゐる姜鏞訖氏《きやうようきつし》を初《はじ》めとして目下《もくか》文部省留學生《もんぶしやうりうがくせい》として在歐中《ざいおうちう》の京都帝《きやうとてい》大助教授《だいじよけうじゆ》李泰圭博士《りたいけいはかせ》が異彩《いさい》を放《はな》つてゐる。

一九三一年姜鏞訖教授《ねんきやうようきつけうじゆ》はその著書《ちよしよ》草堂《さうだう》（グラス・ルーフ）として英文版《えいぶんはん》を英米《えいべい》で同《どう》時《じ》に出版《しゆつぱん》し、洛陽《らくやう》ならぬ紐育倫敦《ニユーヨークロンドン》の紙價《しか》を高《たか》くしたさうである。續《つゞ》いて一九三三年《ねん》には獨逸版《ドイツはん》と佛蘭西版《フランスはん》を出《だ》して讀書子《どくしよし》の讚辭《さんじ》を博《はく》した。

教授《けうじゆ》は紐育大學《ニユーヨークだいがく》では東洋哲學《とうやうてつがく》特《とく》に老子《らうし》の講座《かうざ》を擔當《たんたう》して日頃《ひごろ》の薀蓄《うんちく》を傾《かたむ》けて講義《かうぎ》してゐるので學生間《がくせいかん》にも非常《ひじやう》に評判《ひやうばん》が良《よ》いさうである。

氏《し》は咸鏡北道《かんきやうほくだう》の洪原產《こうげんさん》で五星學校《ごせいがくかう》で英語《えいご》の初步《しよほ》を習《なら》ひ、後渡米《のちとべい》して苦學力行《くがくりきかう》して實《じつ》に今《こん》日《にち》の大《だい》をなした立志傳中《りつしでんちう》の人物《じんぶつ》である。令夫《れいふ》人《じん》ケリー（Kelly）は又女流詩人《またぢよりうしじん》とし夫君《ふくん》と共《とも》に漢詩《かんし》を英譯《えいやく》して新聞雜誌《しんぶんざつし》に發表《はつぺう》してゐる尙《な》ほ氏《し》は東洋人《とうやうじん》としては珍《めづ》らしい、ブリタニカ大百科辭典《だいひやくくわじてん》の編纂委員《へんさんゐゐん》である。

八、文部省在外研究生京大《もんぶしやうざいぐわいけんきうせいきやうだい》

助教授理學博士李泰圭先生《じよけうじゆりがくはかせりたいけいせんせい》

進《すゝ》めど〳〵はてしがない學海《がくかい》に孤軍奮鬪《こぐんふんとう》してゐる我等《われら》が鬪士《とうし》京都帝國大學助教授理學博士《きやうとていこくだいがくじよけうじゆりがくはかせ》李泰圭君《りたいけいくん》の偉大《ゐだい》なる存在《そんざい》を知《し》る人《ひと》ぞ知《し》るであらう。去《さ》る昭和《せうわ》十三年《ねん》十二月中旬《ぐわつちうじゆん》彼《かれ》は文部《もんぶ》省在外研究生《しやうざいぐわいけんきうせい》として觸媒學研究《しよくばいがくけんきう》の爲《た》め歐米出《おうべいしゆつ》張《ちやう》を命《めい》ぜられた。京畿《けいき》中學《ちうがく》の前身《ぜんしん》である第《だい》一高等普通學校《かうとうふつうがくかう》を卒業後《そつげふご》廣島高等師範學校《ひろしまかうとうしはんがくかう》に入《にふ》學《がく》四年間《ねんかん》を通《つう》じて優秀《いうしう》な成績《せいせき》を以《もつ》て卒業《そつげふ》して中等學校教諭《ちうとうがくかうけうゆ》を勤《つと》めた事《こと》がある。

篤《たふ》れて後止《のちや》む彼《かれ》の學究熱《がくきうねつ》は彼《かれ》をして再《ふたゝ》び學《がく》徒《と》として京都帝大應用化學科《きやうとていだいおうようくわがくくわ》に入學《にふがく》する樣《やう》にした。美男子《びだんし》として知《し》られた彼《かれ》が京大寄宿生《きやうだいきしゆくせい》で食事中《しよくじちう》でもあの六ケ敷《し》い化學方程式《くわがくはうていしき》と睨合《にらめ》つてゐる姿《すがた》を筆者《ひつしや》も屢々目擊《しばしばもくげき》した。彼《かれ》の研究《けんきう》の主目《しゆもく》である觸媒作用《しよくばいさよう》の理論《りろん》は、世界《せかい》への挑《てう》戰《せん》であり又軍事上《またぐんじじやう》から見《み》ても重要《ぢうえう》な研究《けんきう》である。

恩師《おんし》堀場《ほりば》教授《けうじゆ》の指導《しだう》の下《もと》に京大助手《きやうだいじよしゆ》として研究《けんきう》を續《つゞ》けた甲斐《かひ》があつて、昭和《せうわ》六年《ねん》には『還元《くわんげん》ニッケルの存在《そんざい》から一酸化炭素《さんくわたんそ》の分《ぶん》解《かい》』なる論文《ろんぶん》が京大教授會《きやうだいけうじゆくわい》を通過《つうくわ》して理博《りはく》の學位《がくゐ》を授《さづ》けられた。これが我等《われら》が同胞《どうはう》として最初《さいしよ》の理博《りはく》であつた。動亂《どうらん》の歐洲《おうしう》での彼《かれ》の研《けん》究《きう》こそは注目《ちうもく》に價《あたひ》する。

彼《かれ》の良《よ》き同伴《どうはん》に京大助教授工學博士《きやうだいじよけうじゆこうがくはかせ》李《り》升基《しようき》氏《し》がゐる。纖維《せんゐ》に關《くわん》する大家《たいか》で學位論文《がくゐろんぶん》も纖《せん》維《ゐ》組織體《そしきたい》の研究《けんきう》であつた。今年《ことし》三十一歲《さい》になつたばかりの若《わか》き彼《かれ》の研究《けんきう》は、戰時下《せんじか》日本纖《にっぽんせん》維工業《ゐこうげふ》に貢獻《こうけん》する所《ところ》が大《おほ》いであらう。

九、新聞記者《しんぶんきしや》として活躍《くわつやく》する
同盟通信社香港《どうめいつうしんしやホンコン》
特派員崔垣烈氏《とくはゐんさいかうれつし》

武力《ぶりよく》と宣傳戰《せんでんせん》とは戰爭《せんさう》の勝敗《しようはい》に同一價値《どういつかち》を持《も》つといつてゐるのも決《けつ》して過言《くわごん》ではあるまい。斯《か》うした國際《こくさい》ニュース速報戰《そくはうせん》に滿身《まんしん》のエネルギーを以《もつ》て奮鬪《ふんとう》してゐる我等《われら》が鬪士《とうし》に同盟《どうめい》通信社特派員《つうしんしやとくはゐん》崔垣烈君《さいかうれつくん》がゐる。東京高等師範《とうきやうかうとうしはん》英文科文理科大學英文科《えいぶんくわぶんりくわだいがくえいぶんくわ》を優秀《いうしう》な成績《せいせき》で卒業《そつげふ》し同盟英文部《どうめいえいぶんぶ》に入《はひ》つたのは昭和《せうわ》九年《ねん》四月《ぐわつ》であつた。彼《かれ》が書《か》く英文電報《えいぶんでんぽう》は實《じつ》に天下《てんか》一品《ぴん》である。複雜微妙《ふくざつびめう》に動《うご》く國際關係《こくさいくわんけい》を明哲《めいてつ》な頭腦《づなう》で判斷《はんだん》し英文《えいぶん》に書《か》き出《だ》す彼《かれ》の姿《すがた》は實《じつ》に壯觀《さうくわん》であり又嚴肅《またげんしゆく》である。

十、ハリウッドに名《な》を擧《あ》げてゐるフイリップ・安《あん》

これはまだ日本内地《につぽんないち》でも地元《ぢもと》の朝鮮《てうせん》でもよく知《し》られてゐない話《はなし》である。今《いま》まで東洋人《とうやうじん》として外國《ぐわいこく》で俳優《はいいう》として名《な》を擧《あ》げてゐる人《ひと》は多《おほ》かつた。早川雪洲《はやかはせつしう》に田中路子《たなかみちこ》に上山草人《かみやまさうじん》にその他《ほか》エキストラ組《くみ》まで擧《あ》げれば遑《いとま》がない位《くらゐ》である。だがいづれにしろ支那出身《しなしゆつしん》の女優《ぢよいう》アンナ・メイワンの域《ゐき》にまで進出《しんしゆつ》したものはゐないのである。そしてこゝに擧《あ》げることを筆者《ひつしや》最大《さいだい》の悅《よろこ》びの一《ひと》つとするフイリップ・安《あん》とこそ男優《だんいう》で名《な》を擧《あ》げてゐる東洋人《とうやうじん》の中《うち》ではその冠《くわん》たるものであらう。彼《かれ》は今《いま》三十四五、朝鮮平《てうせんへい》安南道江西《あんなんだうかうせい》の生《うま》れ、先年《せんねん》永《なが》い支那生活《しなせいくわつ》から歸《かへ》つて京城《けいじやう》で客死《きやくし》した某氏《ばうし》の長男《ちやうなん》である。彼《かれ》はパラマウントで莫大《ばくだい》な週給《しうきふ》を貰《もら》つてゐる性格《せいかく》俳優《はいいう》で、讀者《どくしや》の記憶《きおく》をよみ返《がへ》らせるがために、私《わたし》は二三年前《ねんまへ》の映畫《えいぐわ》「將軍《しやうぐん》曉《あかつき》に死《し》す」にゲイリークーパを相手取《あひてど》つてピストルをもつて脅迫《けふはく》し廻《まは》つてゐたユニークなマスクの所《しよ》有者《いうしや》を指摘《してき》しよう。彼《かれ》は今《いま》までアンナ・メイワンと結婚生活《けつこんせいくわつ》を續《つゞ》けながら、主《おも》に支那物《しなもの》の映畫《えいぐわ》には殆《ほとん》ど全部重要《ぜんぶぢうえう》なキャストとして出《しゆつ》演《えん》してゐる。今度《こんど》はアンナメイワンとの共演《きやうえん》で「支那娘《しなむすめ》」原名《げんめい》は「支那町《しなまち》の王者《わうじや》」に名演《めいえん》技《ぎ》を見《み》せてゐるやうだが、惜《を》しくも外畫統制《ぐわいぐわとうせい》

で輸《ゆ》入禁止《にふきんし》の運《はこ》ひになつてゐる。どうしたものか日本《につぽん》ではフイリツプ・安《あん》は支那出身《しなしゆつしん》といふ風《ふう》に紹介《せうかい》されてゐるが、實《じつ》は我等《われら》の誇《ほこ》りとするに足《た》る朝鮮出身《てうせんしゆつしん》の同胞《どうはう》である。

十一、歐洲畫壇《おうしうぐわだん》に大衝動《だいしようどう》を與《あた》へた裵雲成畫伯《はいうんせいぐわはく》

ムツシユ裵雲成《はいうんせい》の東洋畫《とうやうぐわ》は獨佛新聞紙《どくふつしんぶんし》の藝術欄《げいじゆつらん》に良《よ》く論評《ろんぴやう》された。一九三八年《ねん》六月十七日《にち》より約《やく》十日《か》間《かん》世界《せかい》三大畫廊《だいぐわらう》と云《いは》れる巴里《パリー》サロン・シヤルパンチエに個人展覽會《こじんてんらんくわい》を開《ひら》いた時《とき》の彼《かれ》の人氣《にんき》は大《たい》したものであつた。彼《かれ》は永《なが》い外遊中《ぐわいいうちう》に主《おも》に獨佛藝術家《どくふつげいじゆつか》と親交《しんかう》を續《つゞ》け、東《とう》洋畫的獨特《やうぐわてきどくとく》な線美《せんび》を歐洲藝術界《おうしうげいじゆつかい》に見逃《みのが》す事《こと》の出來《でき》ない存在《そんざい》にして仕舞《しま》つた。墨痕鮮《ぼくこんあざや》かな水《すゐ》彩畫《さいぐわ》が歐洲《おうしう》に風靡《ふうび》する樣《やう》になつたも彼《かれ》に負《お》ふ所《ところ》が多《おほ》いのである。

氏《し》は十七年前渡獨《ねんぜんとどく》し、伯林《ベルリン》アカデミー出身《しゆつしん》で、學生時代《がくせいじだい》より毎年《まいねん》のやうにアカデミー賞《しやう》を受《う》け、卒業《そつげふ》の時《とき》は實《じつ》に首席《しゆせき》の榮譽《えいよ》をかち得《え》、學校《がくかう》では特《とく》に氏《し》のために特別《とくべつ》にアトリヱまで建《た》てゝやる等《など》その聲譽《せいよ》誇《ほこ》るべきものがあつた。先年《せんねん》までは獨逸《ドイツ》の一流雜誌《りうざつし》の表紙等《へうしなど》に「裵雲成笑《はいうんせいわら》ふ」といふ繪《ゑ》などがよく出《で》てゐたものである。ナチ政權以後外國人《せいけんいごぐわいこくじん》として居心地《ゐごこち》もよくなかつたとみえ、伯林《ベルリン》、ウヰーン、ワルソーを遍歷《へんれき》して東洋畫《とうやうぐわ》を廣《ひろ》め、特《とく》にワルソーでは木版畫大會《もくはんぐわたいくわい》に一等《とう》を獲得《くわくとく》し、昨年《さくねん》の春《はる》にはル・サロンに出品《しゆつぴん》して八點悉《てんことごと》く入選《にふせん》し特別會員《とくべつくわいゐん》に推薦《すいせん》されてゐる。

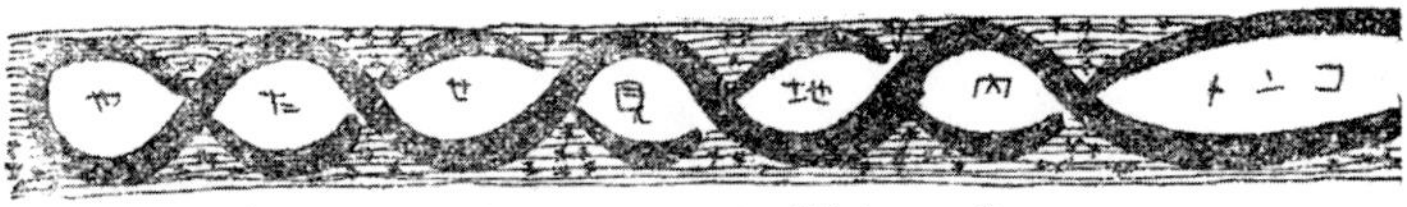

みすず刈る小屋

三好達治

あそこのところには、まだあの小屋《こや》があるかしら——

折《をり》にふれ私《わたし》はふとその小屋《こや》——茸《きのこ》のやうに二《ふた》つの小《ちい》さな屋根《やね》を並《なら》べてつつましく路《みち》ばたに並《なら》んだまるで同《おな》じ形《かたち》のその二棟《ふたむね》の小屋《こや》を、そこのあたりの如何《いか》にも閑寂《かんじやく》な風景《ふうけい》とともに、さうだ、昨今《さくこん》のやうに朝夕《あさゆふ》めつきり秋《あき》めく時分《じぶん》になるととりわけまた懐《なつ》かしく思《おも》ひ起《おこ》す。

それは志賀《しが》高原《かうげん》の、高原《かうげん》と呼《よ》ばれるにふさはしい區域《くゐき》が高《たか》まりしじまつて、やがて一《ひと》筋《すぢ》の帶《おび》のやうになり紐《ひも》のやうになつて愈々《いよいよ》奥《おく》まつていつた果《は》てが、そとからにはかに大《だい》山塊《さんくわい》の崛起《くつき》して崢嶸《さうくわう》たる岩菅《いはすげ》山《やま》となつて十里《り》界隈《かいわい》の最高峰《さいかうほう》をなしてゐる、その登山口《とざんぐち》にもうほんの一二丁手前《ちやうてまへ》といふ片側《かたがは》は密林《みつりん》に覆《おほ》はれた深《ふか》い谿《たに》間《ま》、片側《かたがは》は疎林《そりん》になつた日當《ひあた》りのいい山腹《さんぷく》つづき、さういふ地形《ちけい》を縫《ぬ》つて、細々《ほそぼそ》と小徑《こみち》がつづいてゐる、平凡《へいぼん》といへば平凡《へいぼん》な、ただ、一寸《ちよつと》怖《おそ》ろしいほど閑寂《かんじやく》な境《さかひ》であつた。

その路《みち》ばたに、小《ちい》さな小屋《こや》が二棟並《ふたむねなら》んでゐたのである。小屋《こや》とはいつても、そと見《み》には、實《じつ》はただ一《ひと》つの屋根《やね》にしかすぎなかつたし、實際《じつさい》またそれは、地上《ちじやう》に直接置《ちよくせつお》かれた屋根《やね》そのものに、その内部《ないぶ》にほんのかたばかり棚《たな》を設《まう》け、土間《どま》には爐《ろ》を切《き》り、爐《ろ》の周《まは》りには藁《わら》を敷《し》きつめた、ただそれだけの棲居《せいきよ》だつた。

——やあよく來《き》なすつた、やあこれや珍《めづ》らしい、よくまあお越《こ》しなすつた。

さう大仰《おほぎやう》な聲《こゑ》をたてて、その小屋《こや》の一《ひと》つから姿《すがた》を見《み》せたのは、先年麓《せんねんふもと》の村《むら》で些細《ささい》な用件《ようけん》で知《し》り合《あ》つた、實《じつ》はその名《な》も知《し》らないのだが、顏《かほ》だけでは見識《みし》り越《こ》しの、評判《ひやうばん》の、好人物《かうじんぶつ》の老人《らうじん》だつた。その老人《らうじん》の後《あと》につづいて、その小屋《こや》の狹《せま》つ苦《くる》しい戸口《とぐち》から、腰《こし》をかがめて出《で》てきたのは、髮《かみ》のうすい、いくらか病身《びやうしん》さうな、これも好人物《かうじんぶつ》らしいその妻君《さいくん》の婆《ばあ》さんだつた。

私《わたし》はその二人《ふたり》に招《せう》じ入《い》れられて、焚火《たきび》の煙《けむり》のたて籠《こも》つて少《すくな》からず息苦《いきぐる》しいその小屋《こや》の中《なか》へ、思《おも》ひがけない邂逅《かいこう》と、さういふ建物《たてもの》の内部《ないぶ》へ入《はい》る初《はじ》めての經驗《けいけん》に心《こゝろ》を動《うご》かしながら、實《じつ》は多少《たせう》の努力《どりよく》を覺《おぼ》えつ

コント　内地見せたや

つ無器《ぶき》用《よう》な身《み》ぶりで匍《は》ひこんだ。土間《どま》の圍爐裏《ゐろり》には、直徑《ちよくけい》二尺《しやく》にも餘《あま》る、まるで電柱《でんちう》か何《なん》ぞのやうな白樺《しらかば》の丸《まる》たが一本《ぽん》、ただ一本《ぽん》だけ、半《なか》ば燃え半《なか》ばいぶる燃《も》え方《かた》で燃《も》えつづけてゐた。

——一本《ぽん》かうして燃しつけときや、なあに、一週間《しうかん》も燃《も》えてますぜ。

主人《しゆじん》はそんなことを私《わたし》の質問《しつもん》に答《こた》へながら、甚《はなは》だ澁《しぶ》い澁茶《しぶちや》を、一寸《ちよつと》もの珍《めづら》しいほど黒《くろ》くよごれた缺《か》け茶碗《ぢやわん》に、幾度《いくど》もつぎたしては私《わたし》にすすめた。

その一週間分《しうかんぶん》の白樺《しらかば》は、小屋《こや》の土間《どま》いつぱいに横《よこた》はつたその端《はし》が、氣《き》がついてみると、先《さき》ほど私《わたし》のもぐりこんだ入口《いりぐち》からそとの方《はう》へ、まだ二間《けん》餘《あまり》もはみ出《だ》してゐるのであつた。

その小屋《こや》は、さうしてそこで、やがて十月《ぐわつ》にもなつて大《おほ》雪《ゆき》の降《ふ》りつむ頃《ころ》まで、その附《ふ》近《きん》の熊笹《くまざさ》をせつせと刈《か》りとつて、竹細工《たけざいく》の材料《ざいれう》にその竹《たけ》の皮《かは》を薄《うす》く剝《は》いで、それを馬《うま》の背《せ》につけて麓《ふもと》の村《むら》に運《はこ》び下《お》ろす、さういふ仕事《しごと》をするための、半永久的《はんえいきうてき》の棲居《すまゐ》であつた。みすず刈《か》る信濃《しなの》の國《くに》では、今《いま》も昔《むかし》も、かうして竹伐《たけき》りをつづけてゐる、そのなりはひの、如何《いか》にも悠久《いうきう》な姿《すがた》は、たまたまどこかで懸巣《かけす》が不意《ふい》に啼《な》きたてる外《ほか》、もの音《おと》一《ひと》つきこえない、如何《いか》にも閑寂《かんじやく》なこのあたりの環境《くわんきやう》と、渾然《こんぜん》と一《ひと》つに調和《てうわ》してゐた。

漸《やうや》く秋《あき》の深《ふか》まらうとする頃《ころ》、空氣《くうき》が皮膚《ひふ》に快《こころよ》い朝夕《あさゆふ》、私《わたし》はまたしてもふとあの竹伐《たけき》り小屋《こや》を思《おも》ひ、あの老夫妻《らうふさい》を思《おも》ひ浮《うか》べる。近《ちか》ごろ友人《いうじん》の語《かた》るを聞《き》けば、彼《かれ》らはなほ健在《けんざい》の由《よし》、珍重《ちんちよう》々々。

矢崎　茂四畫

名物たべもの

辰野九紫

名物《めいぶつ》にうまいものなし。——かういふ俗諺《ことわざ》が古《ふる》くから常識《じやうしき》みたいになつてゐるが、これは楯《たて》の半面《はんめん》を皮肉《ひにく》に喝破《かつぱ》したゞけのもので、必《かなら》ずしも、まづいものとは限《かぎ》らない。いや、なかなかどうして……ほんとに美味《びみ》なのがないこともない。

さういふ名物《めいぶつ》の中《なか》でも、地《ち》方色《はうしよく》とりどりなのは鮎《あゆ》であらう。——通人《つうじん》の多《おほ》い東京《とうきやう》では『何《なん》といつても多摩川《たまがは》に限《かぎ》るよ。』

といつて、六百萬《まん》の市民諸《しみんしよ》君《くん》の大量的《たいりやうてき》な食慾《しよくよく》を滿足《まんぞく》させるほど、わが多摩川《たまがは》は揚子江《やうすかう》ではないので、その實《じつ》は相模《さがみ》川《がは》から密輸入《みつゆにふ》したのを、うまがつて召上《めしあが》つてらつしやる時《じ》勢《せい》だから、一流《りう》の料亭《れうてい》で使《つか》ふ本場《ほんば》の鮎《あゆ》だとて、岐阜《ぎふ》から急《きふ》行便《かうべん》で送《おく》つて來《き》たところで、絕對《ぜつたい》に長良川《ながらがは》の鵜飼《うか》ひでとれたものとは保證《ほしよう》がつかない。

それでも、知《し》らぬが佛《ほとけ》の旦《だん》那方《なかた》は、『矢張《やは》り、味《あぢ》が違《ちが》ふね。』と仰《おほ》せられて、高《たか》いのも無理《むり》はないといひたげに、小砂利《こじやり》のま

コント　內地見せたや

じつたハラワタを有難《ありがた》がつてゐる。

　然《しか》し、郷土色《きやうどしよく》の強《つよ》い人々《ひとびと》の中《なか》には、自分《じぶん》の育《そだ》つた近所《きんじよ》の名《な》もない小川《をがは》で釣《つ》つた鮎《あゆ》が、天下《てんか》一品《ぴん》の香氣《かうき》に富《と》める美味《びみ》として、一歩《ぽ》も讓《ゆづ》らない仁《じん》もゐる。

　それと同樣《どうやう》に、蒲鉾《かまぼこ》といふ板《いた》を背負《せお》つた魚《さかな》の變化《へんげ》も、各人各說《かくじんかくせつ》——お國自慢《くにじまん》の材料《ざいれう》になつてゐるやうだ。

『そりや、君《きみ》——高松《たかまつ》のと比《くら》べたら、德島《とくしま》のなんか喰《く》はれたもんぢやないよ。』

　同《おな》じ四國《しこく》に隣《とな》りあつてゐても、高松生《たかまつうま》れの菊池寛《きくちくわん》は、多《た》分《ぶん》、さういふであらうし、阿《あ》波《は》の十郎兵衛《じふろべゑ》はお家《いへ》の名劍《めいけん》を探《さが》しに諸國《しよこく》を流浪《るらう》するにつけても、女房《にようばう》や子供《こども》の次《つぎ》に思《おも》ひ出《だ》すのは、わが德島《とくしま》の蒲鉾《かまぼこ》であつたかも知《し》れない。

　ところが、私《わたし》の鄕里《きやうり》は關東《くわんとう》平野《へいや》の利根川《とねがは》べりで、生《うま》れて初《はじ》めて海《うみ》を見《み》るのが、まづ大《たい》抵《てい》は小學校《せうがくかう》の修學旅行《しうがくりよかう》で東京《とうきやう》見物《けんぶつ》へ來《き》た時《とき》と相場《さうば》がきまつてゐて、高輪《たかなわ》の泉岳寺《せんがくじ》へお詣《まゐ》りのついでに品川《しながは》のお臺場《だいば》を眺《なが》めては、あの向《むか》ふ岸《ぎし》が安房《あは》上總《かずさ》で、その先《さき》がアメリカだと脅《おど》かされて、どうにも世界《せかい》地圖《ちづ》が信《しん》じられぬほど、海《うみ》に緣《えん》の遠《とほ》い人種《じんしゆ》だから、蒲鉾《かまぼこ》についてはお國自慢《くにじまん》の資格《しかく》がない。

　その代《かは》り、嚴正中立《げんせいちうりつ》を守《まも》つて、公平《こうへい》に蒲鉾《かまぼこ》の批判《ひはん》は出來《でき》る。——その私《わたし》が推稱《すゐしよう》おく能《あた》はざるものに、山口縣《やまぐちけん》は長州《ちやうしう》萩《はぎ》の名物《めいぶつ》としてゐるらしい章《た》魚《こ》の蒲鉾《かまぼこ》がある。

『へえ、章魚《たこ》の蒲鉾《かまぼこ》!?　そんなの聞《き》いたこともないね。』

　まづ、鮨屋《すしや》のオヤヂが初耳《はつみゝ》だと吐《ぬ》かすし、おでんやの常連《じやうれん》は一笑《せう》に附《ふ》してしまつた。

『タコカマなんて、はッはッは……あつたら、うまいかも知《し》れねえ。』

『そりや、旦那《だんな》——烏賊《いか》だよ。』

　こんなのは、まだ理解《りかい》のある方《はう》で……十中《ちう》の八九人《にん》は冗談《じやうだん》にするのだが、

『ありますわよ。あたし——朝鮮《てうせん》にゐた時《とき》、頂《いただ》いたことがあるやうな氣《き》がしますわ。』

　若《わか》い頃《ころ》、半島《はんたう》で何年《なんねん》か苦勞《くらう》したことのある某所《ぼうしよ》の女將《おかみ》だけがやゝ味方《みかた》であつた。

　實《じつ》に、キメの細《こま》かい、コリコリする蒲鉾《かまぼこ》であまりの美味《びみ》につられて喰《た》べすぎると、消《せう》化不良《くわふりやう》に陷《おちい》りやすいほどのうまさで、私《わたし》に吳《く》れた人《ひと》は確《たし》かに章魚《たこ》だといつたのである。

　それで、何《なん》とかして、タコカマの存在《そんざい》を認《みと》めぬ連中《れんちう》に思《おも》ひしらせてやりたいのだが、到來《たうらい》ものだけに、その人《ひと》に追加注《つゐかちう》文《もん》する手《て》もなく、いたづらに口惜《くや》し涙《なみだ》にむせんでゐると、諸國名物《しよこくめいぶつ》くらべといつた催《もよほ》しが松越《まつこし》百貨《くわ》店《てん》で行《おこな》はれたので、時《とき》とそ來《きた》れとばかり出《で》かけてみると、果《はた》して、長州《ちやうしう》

コント　内地見せたや

萩《はぎ》の蒲鉾《かまぼこ》も陳列《ちんれつ》に及《およ》んでゐる私《わたし》は悦《よろこ》び勇《いさ》んで、その白《しろ》いキメの美《うつく》しい肌《はだ》を指《ゆびさ》して、つゝましやかに立《た》つてゐる賣子《うりこ》孃《さん》に、

『その蒲鉾《かまぼこ》——何《なん》で拵《こしら》へたんですか。』

と質問《しつもん》の矢《や》を放《はな》つたら、わが蒲鉾《かまぼこ》よりも美《うつく》しいが上《うへ》にも一段《だん》と涼《すゞ》しい顔《かほ》をした彼女《かのぢよ》はコトもなげな名答辯《めいたふべん》をして曰《いは》く——

『ハイ、お魚《さかな》でございませう。』

これには、私《わたし》もダアとならざるを得《え》ないではないか。

杉浦　幸雄畫

自慢のキモノ

美川きよ

女學校《ぢよがくかう》の二三年《ねん》の頃《ころ》、ある日《ひ》先生《せんせい》がクラスの一人《ひとり》一人《ひとり》に、何《なに》が一番《ばん》たのしいかときかれたととがあつた。

夢《ゆめ》を見《み》るのがたのしいとロマンチツクな返《へん》事《じ》をする子《こ》もあつた。

花《はな》を買《か》ふのがたのしいと優《やさ》しいことを云《い》ふ子《こ》もあつた。

病身《びやうしん》でよく學校《がくかう》を休《やす》む子《こ》が病氣《びやうき》の時《とき》に自分《じぶん》の持《も》つてゐるありつたけのキモノを、寢《ね》てゐる部屋《へや》に飾《かざ》つて眺《なが》めるのがたのしいと答《こた》えた。この返事《へんじ》には先生《せんせい》少々《せう〳〵》眉《まゆ》をひそめられたが、私《わたし》はこの答《こた》えがひどく感覺的《かんかくてき》に聞《きこ》えて驚《おどろ》きの眼《め》を見張《みは》つてその子《こ》を見上《みあ》げた。考《かんが》

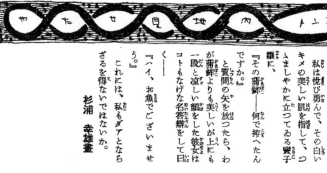

コント　內地見せたや

へてみれば非常《ひじやう》に現實的《げんじつてき》な、慾心《よくしん》さへ露骨《ろこつ》な位《くらゐ》なそれはたのしみであるかも知《し》れないが一寸《ちよつと》もさう思《おも》へず、如何《いか》にも女《をんな》らしい美《うつく》しいたのしみに思《おも》へて、キモノを飾《かざ》つた部屋《へや》に眠《ねむ》るその子《こ》さへ美《うつく》しく感《かん》じられたのも、云《い》ふことの正直率《しやうぢきそつ》直《すなほ》さ故《ゆゑ》かも知《し》れない。私《わたし》もならべられる程《ほど》の衣裳《いさう》を持《も》つてゐたら、さう云《い》ふ美《うつく》しいたのしみの味《あぢ》も知《し》つたかもしれないが、私《わたし》は吳服屋《ごふくや》の娘《むすめ》でありながら、絹《きぬ》のキモノは絲織《いとおり》とりんずの羽織《はおり》と、矢絣《やがすり》の縮緬《ちりめん》の三枚《まい》だけ、しかもいづれもお嫁《よめ》に行《い》つた姉《あね》のおふるであつた。だから誰《だれ》よりもよけいにこのキモノをならべて眠《ねむ》る子《こ》が羨《うらやま》しかつたのかもしれない……

この間《あひだ》、伊東《いとう》にゐる友人《いうじん》の見舞《みま》ひに行《い》つたら、その友人《いうじん》が隣《となり》の部屋《へや》の老人《らうじん》が手相《てさう》を見《み》るから、見《み》て貰《もら》へとしきりにすゝめるので、旅先《たびさき》の退屈《たいくつ》しのぎにはじめて手相《てさう》を見《み》てもらつたら、私《わたし》の手《て》は大變《たいへん》よく反《そ》るので、家《うち》のことをかまふより外《そと》の事《こと》を考《かんが》へる女《をんな》だと云《い》はれた。家《うち》のことをかまはないことだけはあたつたなと內心《ないしん》苦笑《せう》すると、手《て》のひらを仕細《しさい》に眺《なが》めながらいろ〳〵な事《こと》を云《い》つて吳《く》れたが中《なか》でも一番面白《ばんおもしろ》かつたのは、私《わたし》はキモノに緣《えん》がうすい人《ひと》で良《よ》いキモノを着《き》ることは一生《しやう》のうちに、二三べん位《くらゐ》だらうとのこと。これには友達《ともだち》と一緒《しよ》に大《おほ》いに笑《わら》つた。

手相《てさう》にまで出《で》てゐるやうでは、どうもキモノの事《こと》はあきらめるより仕方《しかた》が無《な》い良《よ》いキモノに緣《えん》がうすいと云《い》ふ事《こと》は、美服《びふく》を買《か》ふやうな結構《けつこう》な身分《みぶん》にならないと云《い》ふとか……さうだとすると、この金《かね》に緣《えん》の無《な》い生活《せいくわつ》は一生《しやう》つゞくのかと少々心細《せう〳〵こゝろぼそ》くなるが樂天家《らくてんか》なので、美服《びふく》なんかに眼《め》も吳《く》れないやうな、大《おほ》きな素晴《すば》らしい野心《やしん》を持《も》つ女《をんな》になるんだと、負《ま》け惜《を》しみを考《かんが》へて別《べつ》に悲觀《ひくわん》もしなかつた。

ところが最近珍《さいきんめづ》らしく、自《じ》慢《まん》する事《こと》の出來《でき》るキモノを一枚買《まいか》つてもらへた。

沖繩《おきなは》へ行《い》つた夫《をつと》からの手紙《てがみ》がめづらしく來《き》た。

土產《みやげ》の荷《に》、チッキで出《だ》した滯在日數《たいざいにつすう》をつめてつぎ込《こ》んで買《か》つた布《きれ》だから、きつとお前《まへ》の氣《き》に入《い》る事《こと》と思《おも》ふ……と、これもめつたに無《な》いこと。送《おく》つて來《き》た布《きれ》は琉球《りうきう》の花織《はなおり》と云《い》ふ、手《て》織木綿《おりもめん》の絣《かすり》で、赤《あか》白《しろ》の絲《いと》を織《お》り込《こ》んだ古裂《ふるぎれ》であつた。素人臭《しろうとくさ》い如何《いか》にも素朴《そぼく》なものである。琉球《りうきう》のキモノは包袖《つゝそで》でおまけに羽織《はおり》とコートの合《あひ》の子《こ》のやうな形故《かたちゆゑ》、どう工夫《くふう》しても內地《ないち》のキモノにするには布《きれ》が不足《たり》ないので、那覇《なは》の知人《ちじん》に同《おな》じ布《きれ》を探《さが》して吳《く》れるやうにたのんで、同《おな》じ柄《がら》ではないが似《に》てゐる古裂《ふるぎれ》が

コント 内地見せたや

手《て》にはいつた。

大體持《だいたいも》つて來《き》た古裂《ふるぎれ》が昔《むかし》の琉球《りうきう》の女《をんな》が自分《じぶん》のために織《お》つたのであらう、一巾《はゞ》の中途《ちうと》で絣《かすり》をまちがへたり、一段絣《だんがすり》がぬけてゐたり、途中《とちう》からちがつた絣《かすり》になつてゐたり、凡《およ》そのんき至極《しごく》な代物《しろもの》なので、あとから送《おく》つて貰《もら》つた布《きれ》の絣《かすり》の違《ちが》ふのなど、一向《かう》に苦《く》にならず、とう〳〵身頃《みごろ》と袖《そで》と柄《がら》の異《ちが》ふキモノが出來上《できあが》つたがこんな風《ふう》な馬鹿氣《ばかげ》たことや、無技巧《むぎかう》な事《こと》の好《す》きな私《わたし》は、むやみとよろこんでしまつたのである。

手相《てさう》に現《あらは》れた、つまり一生《しやう》のうち二三べん着《き》られるキモノの一枚《まい》だと私《わたし》は大事《だいじ》に思《おも》つてよろこんで居《ゐ》る。

石川　義夫畫

銀座の鶴

伊馬鵜平

銀座《ぎんざ》四ッ角《かど》、ひとつ切《き》りや三角《かく》、後《あと》は面倒《めんだう》なランデヴウ……

なんて唄《うた》つた人《ひと》があるかないかは知《し》らんけれどもが、あの四ッ角《かど》はちよつとばかりやふとしい。いつでも人待《ひとま》ち顏《がほ》の男女《だんぢよ》がゐないことがないが時間《じかん》といふふとした人生《じんせい》のイタヅラ者《もの》のために思《おも》はぬ三角《かく》關係《くわんけい》に惱《なや》まねばならぬことになつたりしようといふものだ。

「よう、濱岡《はまおか》ぢやないか。何《なに》を突ッ立《つ》つてるんだい？」

「何《なん》だ、前川《まへかは》か。……フン、六時《じ》ともなれば人待《ひとま》つ頃《ころ》だか

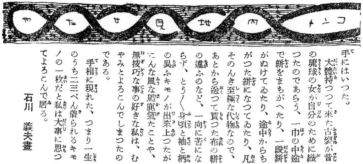

コント　内地見せたや

らな。」

濱岡君《はまをかくん》は、服部《はつとり》の時計塔《とけいたふ》を指《ゆび》さして肩《かた》をそびやかした。

「へえ。珍《めづら》しいセリフを聞《き》かすね。女《をんな》かい？」

前川《まへかは》は、訝《おか》しなこともあればあるもんだといふ表情《へうじやう》をして聞《き》く。固《かた》いで通《とほ》つてゐる濱《はま》岡君《をかくん》だからである。

「うゝう、うん、……」

濱岡君《はまをかくん》の澁《しぶ》りがちな返事《へんじ》は前川君《まへかはくん》にいよいよ確信《かくしん》を與《あた》へる。

そしてその確信《かくしん》は意外《いぐわい》だつたといふ何《なん》倍《ばい》もの驚《おどろ》きに增幅《ぞうふく》される。

「ふうん……！それにしてもハデなところでランデヴするもんだね！いゝ度胸《どきよう》だよ全《まつた》く！」

「ふゝ、……人《ひと》は見《み》かけによらないだらう？」

「こいつ、相《さう》當《たう》の心臓《しんざう》だな。よし、それぢやしばらくとゝで屯《たむろ》して、君《きみ》の愛人《あいじん》といふのに拜《はい》顏《がん》して行《ゆ》くとしよう。」

「どうぞ御《ご》勝《かつ》手《て》に。」

「負《ま》けたな。——明日《あした》、會社《くわいしや》で放送《はうそう》するぜ。」

「どうぞ御勝手《ごかつて》に……だよ。」

前川君《まへかはくん》はたゞたゞいいかれた貌《かほ》だつたが、

「おい濱岡《はまをか》。あれかい、君《きみ》の待《ま》ち人《びと》は……」

前川君《まへかはくん》の指《ゆび》の先《さき》には、何《なん》といふ名前《なまへ》のものかしらんが地《ち》下《か》鐵《てつ》の空氣《くうき》が上《あが》つて來《く》る穴《あな》の蓋《おほ》ひの網《あみ》の目に靴《くつ》の踵《かゝと》を突《つ》ツ込《こ》んでしまつて顏《かほ》を眞赤《まつか》にしてゐる一人《ひとり》の令孃《れいぢやう》があつた。

「あんな間抜《まぬ》けぢやないよ！」

濱岡君《はまをかくん》は言下《げんか》に否定《ひてい》した。

「第《だい》一、あんな靴《くつ》なんか履《は》かないよ！」

「さうか。着物趣味《きものしゆみ》か。そいつは頼しいや。洒落者《しやれもの》がつてとてつもないハイヒールなんか履《は》くからあんなザマになるんだ。」

「そんな同情《どうじやう》のないと言《い》はずに、あつちへ行《い》つて何《なん》とか手助《てだす》けしてやれよ。抜《ぬ》けずに困《こま》つてるぢやないか。」

「もつと困《こま》らせた方《はう》がいゝよ。あんな非常時局《ひじやうじきよく》を認識《にんしき》せ

コント　內地見せたや

ん奴《やつ》にはいゝ見《み》せしめだ。」

銀座通《ぎんざどほ》りあたりをあまりにケバケバしい服裝《ふくさう》で步《ある》いてゐる奴《やつ》には何《なん》となく反感《はんかん》を感《かん》ずるものだが、この令孃《れいぢやう》もあまりにかぼそい鶴《つる》の趾《あし》のやうな高《たか》い踵《かゝと》の靴《くつ》なんか履《は》いてるんで、同情《どうじやう》を惹《ひ》かないとたるや夥《おびたゞ》しい。さすがに近《ちか》くに寄《よ》つては來《こ》なかつたが、群衆《ぐんしう》は遠卷《とほま》きに立《た》ちどまつて、この先《さき》いかゞなるかを娛《たの》しんでゐる風《ふう》である。地下鐵《ちかてつ》の煽《あふ》り風《かぜ》がスカアトをぱあつとそよがせて、まるで銀座《ぎんざ》の雜踏《ざつたふ》に一羽《は》の鶴《つる》が舞《ま》ひ下《お》りたやう……いや陷穽《かな》に足《あし》をはさまれてもがく瀕死《ひんし》の紅鶴《べにづる》である。

しかしさすがに非常時日本《ひじやうじにつぽん》の女性《ぢよせい》だ。いつまでもマゴマゴしてゐては、孫子《まご》の代《だい》までの恥《はぢ》と思《おも》つたか、えいッとばかりにストッキングを引拔《ひきぬ》いて、兩手《りやうて》で靴《くつ》を摑《つか》むや否《いな》や、やッとかけ聲《ごえ》――はまさか懸《か》けなかつたが、無事《ぶじ》に取上《とりあ》げた。そして足《あし》の裏《うら》をハンカチで輕《かる》く拂《はら》ふと、何事《なにごと》もなかつたやうにすつぽりと履《は》いて、またコッコッと交叉點《かうさてん》の方《はう》へ颯爽《さつさう》と――左樣《さやう》、全《まつた》く颯爽《さつさう》と步《ほ》を運《はこ》んだのである。

なんとなく二人《ふたり》は唸《うな》つた。

「群衆《ぐんしう》は完全《くわんぜん》に後目《しりめ》にかけられたな！　あれもいゝ度胸《どきやう》だ！」と、前川君《まへかはくん》はしきりに感《かん》に堪《た》へて、「君《きみ》の愛人《あいじん》があんな間拔《まぬ》けぢやないといふからにはもつと賴《たの》もしい女性《ぢよせい》なんだらうね？」

その時《とき》だつた。濱岡君《はまをかくん》の眸《ひとみ》が、あッ來《き》たといふ風《ふう》に輝《かゞや》いて地下鐵《ちかてつ》の入《い》り口《ぐち》に向《む》けられたのは。前川君《まへかはくん》、緊張《きんちやう》してその視線《しせん》を追《お》ふと、

「ちよつと遲《おそ》くなつてねえ…」

えつちらおつちらと階段《かいだん》を登《のぼ》つて來《き》た老婦人《らうふじん》、それが濱《はま》岡君《をかくん》の待《ま》ち人《びと》と見《み》えて、驅《か》け寄《よ》つた濱岡君《はまをかくん》にすまなさうに言《い》つてゐる。

――なんだ…前川君《まへかはくん》は呆氣《あつけ》にとられて二の句《く》が告《つ》げなかつた。

「あ、お母《かあ》さん、會社《くわいしや》の前《まへ》川君《かはくん》ですいつもお世話《せわ》になつてますから御挨拶《ごあいさつ》して下《くだ》さい。」濱岡君《はまをかくん》、どうだやつぱり女性《ぢよせい》には違《ちが》ひないだらうといふやうな惡戯《いたづら》ッぽい微笑《ほゝゑ》みを泛《うか》べながら、紹介《せうかい》の辭《じ》をのべたものだ。

石川　進介畫

朝鮮家庭婦人の生活ぶり

田黒福

朝鮮家庭婦人《てうせんかていふじん》の生活《せいくわつ》ぶりと申《まを》しましても時代《じだい》の相違《さうゐ》、環境《くわんきやう》、經濟《けいざい》教育程度等《けういくていどとう》いろ〱の事情《じじやう》によつて各々違《おの〱ちが》ふのであつて一概《がい》には申《まを》されませんが、こゝには中流《ちうりう》の家《か》庭《てい》婦人《ふじん》の生活《せいくわつ》ぶりを中心《ちうしん》に私《わたし》の知《し》つてゐる狭《せま》い範圍内《はんゐない》で少《すこ》しのべませう。

内地《ないち》の婦人《ふじん》にも主人《しゆじん》の父母《ふぼ》を大切《たいせつ》にするといふ美《うつく》しい心構《こゝろがまへ》は多分《たぶん》にありますが朝鮮《てうせん》の家庭婦人《かていふじん》にはその氣持《きもち》がもつともつと強《つよ》く御主人《ごしゆじん》より先《ま》づその父母《ふぼ》の爲《た》め父母《ふぼ》のお好《この》みによつて生活《せいくわつ》されるのです

そしてその一家族《かぞく》の爲《た》めには家庭婦人《かていふじん》自分《じぶん》一個《こ》の感情《かんじやう》といふものは殆《ほとん》ど殺《ころ》してしまつてまで盡《つく》すといつても過言《くわごん》ではありません。

朝《あさ》は早《はや》くから夜《よる》はおそくまで旦《だん》那様《なさま》に一日中《にちぢう》顔《かほ》をあはすひまもなく、お料理《れうり》、お洗濯《せんたく》の仕事《しごと》に追《お》はれてゐます。

中流以上《ちうりういじやう》の家庭《かてい》には食母《シツモー》（御飯《ごはん》炊《た》き）、針母《チンモー》（裁縫《さいほう》するもの）、下人《ハイン》（食母《シツモー》、針母《チンモー》以外《いぐわい》の仕事《しごと》を手傳《てつだ》ふもの）等《とう》の幾人《いくにん》もの使《つか》ひ者《もの》をおきます。

この他《た》にもお子様《こさま》の多《おほ》い御家庭《ごかてい》では乳母《ユーモー》を必《かなら》ずおいて子供達《こどもたち》の養《やう》育《いく》の世話《せわ》をさせます。

これらのものは内地《ないち》の御家庭《ごかてい》の女中《ぢよちう》と同《おな》じやうなもので多《おほ》くの人《ひと》をつかつてゐてもやはり主婦《しゆふ》なるものが一々指導《しだう》をし、各々《おの〱》の仕事《しごと》に干渉《かんせふ》するものです。たゞ外見上《ぐわいけんじやう》のみの交際《かうさい》で朝鮮家庭《てうせんかてい》の根本《こんぽん》を知《し》らぬ内地《ないち》の或《あ》る御婦人《ごふじん》から、朝鮮《てうせん》の家庭婦人達《かていふじんたち》は一日中《にちぢう》一體何《いつたいなに》をしてすごすのでせうか。食母《シツモー》、針母《チンモー》、乳母《ユーモー》、があつてとても呑氣《のんき》でせうと問《と》はれたことがあります。成程《なるほど》一體何《いつたいなに》をしてゐるのでせうか。

しかしそれ〲の仕事《しごと》があります。第一春《はる》になるとお味噌《みそ》、お醬油《しやうゆ》を各家庭《かくかてい》で婦人達《ふじんたち》の手《て》によつて作《つく》られますが、この用意《ようい》は冬《ふゆ》から始《はじ》めるのです。

秋《あき》には漬物のシーズンで寒《さむ》い冬《ふゆ》の間《あひだ》の漬物《つけもの》の用意《ようい》で目《め》が廻《まは》りさうな忙《いそが》しさなのであります。

この様《やう》に内地《ないち》の御家庭《ごかてい》では大概《たいがい》買《か》つて用《よう》をなす食料品《しよくれうひん》を朝鮮家庭《てうせんかてい》では一々作《いち〱つく》るのですから忙《いそが》しい筈《はず》です。次《つぎ》に日常《にちじやう》の食物《しよくもつ》また着物《きもの》にしても決《けつ》して簡單《かんたん》なものではありません。和服《わふく》の様《やう》に下着類《したぎるゐ》をかへるだけでなく、夏時分《なつじぶん》は一日《にち》に一枚《まい》、おそくて三日《か》に一枚《まい》は上《うへ》も下《した》も着更《きが》へなくてはならぬのでその洗濯《せんたく》、火熨斗《ひのし》かけの時間《じかん》勞力《らうりよく》も大《たい》したものでどうして婦人達《ふじんたち》に少《すこ》しの暇《ひま》が與《あた》へられませう。夏《なつ》の終《をは》り頃《ごろ》は夏時分《なつじぶん》の着物《きもの》を一切《さい》手入《てい》れしますが、これはどこの國《くに》でも家庭《かてい》の主婦《しゆふ》として當然行《たうぜんおこな》ふべきですが、朝鮮服《てうせんふく》はその生地《きぢ》からみて大《たい》變難《へんむづか》しいのです。

また朝鮮特有《てうせんとくいう》の砧打《きぬたう》つ音《おと》は、春《はる》秋《あき》の晩《ばん》は方々《はう〴〵》の家《いへ》から聞《きこ》えて參《まゐ》ります。これは冬時分《ふゆじぶん》の着物《きもの》を全部《ぜんぶ》洗濯《せんたく》して糊《のり》をつけて冬着物《ふゆきもの》にはアイロンをかけるものは、殆《ほとん》どありません。みな砧《きぬた》を打《う》つてきれいにキラキラ光《ひか》るまでに致《いた》します。

夜《よる》おそくまで鳴《な》る砧打《きぬたう》つ音《おと》は朝鮮婦人《てうせんふじん》の苦勞《くらう》を表示《へうし》する詩的情趣《してきじやうしゆ》のあふれるものがあります。

そして春《はる》の終《をは》りから初夏《しよか》にかけて一家族《かぞく》の着物《きもの》を全部縫《ぜんぶぬ》ふておきますが、御主人《ごしゆじん》の着物《きもの》だけは針母《チンモー》の手《て》にいれません。必《かなら》ず御夫人《ごふじん》の手《て》によつて縫《ぬ》はれます。

爲《ため》に日常食物《にちじやうしよくもつ》の點《てん》から主婦生活《しゆふせいくわつ》ぶりをみますと、朝《あさ》も晝《ひる》も夕《ゆふ》も五六種《しゆ》の副食物《ふくしよくもつ》をお膳《ぜん》に並《なら》べるのが普通《ふつう》でしかもその料理《れうり》は一つ々々主婦《しゆふ》の手製《てせい》によるものですから……。

朝《あさ》の御飯《ごはん》がすめばお晝食《ちうしよく》の準備《じゆんび》、晝食《ちうしよく》がすめば夕食《ゆふしよく》のことを……。朝鮮《てうせん》の婦人達《ふじんたち》は一日中《にちぢう》、食物《しよくもつ》の用意《ようい》に追《お》はれてゐるやうなものです。

朝鮮《てうせん》の大家族的《だいかぞくてき》なことは申《まを》すまでもありませんが、長男《ちやうなん》は必《かなら》ず父母《ふぼ》の膝下《ひざもと》にゐて次男《じなん》三男《なん》は結婚《けつこん》すると共《とも》に別々《べつ〴〵》に家《いへ》を持《も》せる家《うち》もありますが、家庭《かてい》によつては二人《ふたり》も三人《にん》もの兄弟《きやうだい》の夫婦《ふうふ》が一緒《しよ》に住《す》んでゐるのでその御婦人達《ごふじんたち》のお互《たがひ》の氣苦勞《きくらう》も一通《とほ》りではありません。

このやうにあらゆる意味《いみ》に於《おい》て複雜極《ふくざつきは》まる家庭《かてい》の日常生活《にちじやうせいくわつ》にも婦《ふ》人達《じんたち》はどこまでもおとなしく、不《ふ》平《へい》一つ言《い》はずに力《ちから》の限《かぎ》り盡《つく》すのであつてこの點《てん》はそれこそ外國《ぐわいこく》の婦《ふ》人《じん》には見《み》られぬ特種《とくしゆ》の麗《うる》はしさ、美德《びとく》であるといへませう。

次《つぎ》に年中行事《ねんちうぎやうじ》と家庭婦人《かていふじん》の生活《せいくわつ》ぶりとの關係《くわんけい》をみますと、春《はる》の初《はじ》め寒食《ハンシク》といふ(暦《こよみ》の關係上時日《くわんけいじやうじじつ》は一定《てい》してゐません)祖先《そせん》のお墓參《はかまゐ》りの行事《ぎやうじ》がありそのお供《そな》へ物《もの》の數《かず》數《かず》……。

五月《ぐわつ》には端午《たんご》の節句《せつく》で一家族揃《かぞくそろ》

戸を一寸開けた
所から裁縫をする
女が見られる此の
朝鮮特有な
情景はそれ自体が
〃冬の夜の詩〃である。
麗しい家庭風景の
一点である。

つてきれいな着物《きもの》を飾《かざ》つて先《ま》づ祖《そ》先《せん》のお墓參《はかまゐ》りを致《いた》しますがこの際《さい》も婦人達《ふじんたち》の眞心《まごころ》こもれる御馳走《ごちそう》を數々《かず〳〵》竝《なら》べます。

朝鮮《てうせん》といへば思《おも》ひ出《だ》される鞦韆《ブランコ》遊《あそ》びはこの端午《たんご》の節句《せつく》に行《おこな》はれるものです。また秋《あき》には秋夕《しうせき》と申《まを》してこれもまた季節《きせつ》の御馳走《ごちそう》をつくつてお墓參《はかまゐ》りを致《いた》します。お正月《しやうぐわつ》は内地《ないち》の習慣《しふくわん》と殆《ほと》ど同《おな》じですが大晦日《おほみそか》の晩《ばん》には祖先《そせん》をまつるお祭《まつ》りが行《おこな》はれます。

近來生活改善《きんらいせいくわつかいぜん》が叫《さけ》ばれ、また事《じ》實改善《じつかいぜん》の餘地《よち》がいくらもある朝鮮《てうせん》家庭生活《かていせいくわつ》上《じやう》、以上《いじやう》のやうな生活態度《せいくわつたいど》はあまり複雜《ふくざつ》すぎると申《まを》せばそれまでですがしかし一家《か》を保《たも》つてゆく婦《ふ》人《じん》にはこの位《くらゐ》の仕《し》事《こと》が出來《でき》なくてどらしませう。

婦人達《ふじんたち》の生活上趣味《せいくわつじやうしゆみ》の方面《はうめん》をみますと内地《ないち》の御婦人《ごふじん》のやうに活花《いけばな》お茶《ちや》などのことは全然《ぜんぜん》ありません（このごろの新《あたら》しい教育《けういく》をうけた所謂新女性間《いはゆるしんぢよせいかん》には行《おこな》はれてゐますが……）

しかし昔《むかし》から刺繍《ししう》はどんな家庭《かてい》にも行《おこな》はれ特《とく》にお嬢様達《ぢやうさまたち》はお嫁入《よめい》り道具《だうぐ》としていろ〳〵の飾《かざ》りを刺《し》繍《しう》でこしらへたものです。

例《たと》へば座布團《ざぶとん》、枕《まくら》あて、金巾《かなきん》などで、この他《ほか》には色《いろ》とり〴〵の小《こ》布《ぎれ》をつぎ合《あは》せて風呂敷《ふろしき》にするとか、又《また》は子供達《こどもたち》の上衣《チョゴリ》までつくります。これは時間勞力《じかんらうりよく》の問題《もんだい》からいへば不經濟《ふけいざい》であるとも申《まを》されませうが所謂生活《いはゆるせいくわつ》の美化《びくわ》といふ點《てん》からみると非常《ひじやう》にいゝことであると思《おも》ひます。この他《た》に都會《とくわい》の婦人《ふじん》には左程《さほど》でもありませんが田舍《ゐなか》の婦《ふ》人間《じんかん》には木綿《もめん》、麻《あさ》、絹《きぬ》など織物《おりもの》に專念《せんねん》するものです。

麻《あさ》は畑《はたけ》に植《う》ゑて糸《いと》にして織《お》る、絹《きぬ》は蠶《かひこ》を飼《か》つて繭《まゆ》にして織《お》るなどその副業的見地《ふくげふてきけんち》からみても婦人達《ふじんたち》の生活《せいくわつ》ぶりには雄々《をゝ》しきものがあります。

非常時《ひじやうじ》むきに
すつきりと美《うつく》しい
晩秋《ばんしう》のお化粧法《けしやうはふ》と
美肌《びはだ》の創《つく》り方《かた》

お化粧にしても戰時《せんじ》のものは婦人《ふじん》の身嗜《みたしな》み程度《ていど》にごくあつさりと、而《しか》し何《なん》となくパッと美《うつく》しくありたいものです。ですが明《あか》るいと言《い》つても、どぎついドーラン化粧《けしやう》などを言《い》ふのではなく、健康《けんかう》な艶《つや》やかな肌《はだ》に、頰紅《ほゝべに》、口紅《くちべに》を利《き》かせて生々《いきいき》した明朗《めいらう》な粉化粧《こなけしやう》をする事《こと》が非常時《ひじやうじ》向《む》きでもあり、又近代的《またきんだいてき》なお化粧《けしやう》の仕方《しかた》でもあります。

御存知《ごぞんぢ》の通《とほ》り粉白粉《こなおしろい》にはふくらみがあつて若々《わかわか》しい柔《やはらか》い感《かん》じのお化粧《けしやう》が出來《でき》ますが、而《しか》し少々《せうせう》力點《アクセント》が強《つよ》くしてぼやけた感《かん》じを引《ひき》しめる必要《ひつえう》がございます。

先《ま》づ下地《したぢ》をつくるためにバニシングを叩《たゝ》きこむやうにして充分顔全體《じうぶんかほぜんたい》にのばします。この時美《ときうつく》しく平《たひら》にして置《お》かぬと白粉《おしろい》がうまくつきません。白粉《おしろい》は好《この》みの色《いろ》を、柔《やはら》かくて大《おほ》きなパフにたつぷりふくませて、顎《あご》から頰《ほゝ》へと向《む》けてたゝきます。今度《こんど》は白粉《おしろい》のついてないパフで充分《じうぶん》ならしておちつかせます。そしてお化粧《けしやう》くづれを防《ふせ》ぐために、掌《てのひら》にバニシングか化粧水《けしやうすゐ》をのばしてピタ〳〵とたゝきこむことです。そしてもう一度《ど》白粉《おしろい》を含《ふく》ませ、パフで鼻《はな》すじをすうつと通《とほ》し、崩《くづ》れやすい鼻《はな》の頭《あたま》など念入《ねんい》りにたゝきます。

その後《ご》眉墨《まゆずみ》、口紅《くちべに》、頰紅《ほゝべに》を魅力的《みりよくてき》にさすのですが、眉墨《まゆずみ》は心持《こゝろも》ち濃《こ》い目《め》にスッキリと引《ひ》く事《こと》です。口紅《くちべに》と頰紅《ほゝべに》は同系統《どうけいとう》の色目《いろめ》のものを、そして頰紅《ほゝべに》に使《つか》つた煉紅《ねりべに》を唇《くちびる》に引《ひ》きますととても効果的《かうくわてき》です。

しかし何《なん》と申《まを》しましても一番大切《ばんたいせつ》な土臺《どだい》をなす地肌《ぢはだ》が、色黒《いろくろ》、ニキビ、脂顔《あぶらがほ》、肌《はだ》あれなどで汚《きた》ないのでは、いくらお化粧《けしやう》を上手《じやうず》になさつても結局美《けつきよくうつく》しいお化粧《けしやう》は思《おも》ひもよらぬ事《こと》です。

それで白粉《おしろい》もいらぬ程《ほど》に色白《いろじろ》く艶々《つやつや》した素肌《すはだ》を創《つく》るには、只今非常《たゞいまひじやう》に評判《ひやうばん》になつてゐるレオン洗顔《せんがん》クリームで、朝夕《あさゆふ》の二回位《にくわいぐらゐ》かるく御洗顔《ごせんがん》なさつて下《くだ》さい。レオンは美白《びはく》、殺菌《さつきん》作用《さよう》の強《つよ》い超微粒子《コロイド》硫黄《いわう》と高貴皮膚榮養料《かうきひふえいやうれう》とを巧《たく》みに結《むす》びつけたものですから、洗顔中《せんがんちう》にこれ等《ら》お肌《はだ》の悩《なや》みも一掃《いつさう》され色白《いろじろ》な艶肌《つやはだ》になられますから、その上《うへ》に前記《ぜんき》のやうなお化粧《けしやう》をいたしますと理想的《りさうてき》なお化粧《けしやう》が出來上《できあが》ります。

●レオン洗顔《せんがん》クリームは、普通型《ふつうがた》一圓五十錢《えんせん》・徳用新型《とくようしんがた》一圓六十錢《えんせん》（送料各々內地十錢《さうれうおのおのないちせん》、其他《そのた》四十二錢《せん》）で全國《ぜんこく》の百貨店《くわてん》化粧品店《けしやうひんてん》にても販賣《はんばい》して居《を》りますが、なるべく製造《せいざう》したばかりの効力《かうりよく》の強《つよ》いのを差上《さしあ》げたいと云《い》ふ意味《いみ》から、東京市神田區小川町《とうきやうしかんだくをがはまち》ビル一ノ十二、株式會社《かぶしきぐわいしや》レオン商會《しやうくわい》（振替東京八八一番《ふりかへとうきやうばん》）でも直接《ちよくせつ》の御註文《ごちうもん》を承《うけたま》はつて居《を》ります。

麥と兵隊を朝鮮語に譯して

☆☆☆

西村眞太郎

官吏《くわんり》が小説《せうせつ》を飜譯《ほんやく》して、それを官廳《くわんちやう》が發行《はつかう》する、そんな事《こと》がざらにあり得《う》べからざる事柄《ことがら》なので、朝鮮中《てうせんぢう》の人氣《にんき》はいやが上《うへ》にも、昇《のぼ》つたのは事實《じじつ》だ。

世《よ》の中《なか》は平凡《へいぼん》と奇拔《きばつ》とをつきませたら、丁度釣合《ちやうどつりあひ》がとれるらしいが、上官《じやうくわん》の命令《めいれい》で小説《せうせつ》を飜譯《ほんやく》する事自體《ことじたい》は、平凡《へいぼん》でもなければ、又《また》、奇拔《きばつ》でもない。大體官廳《だいたいくわんちやう》に奇拔《きばつ》なんて云《い》ふ言葉《ことば》は餘《あま》り必要《ひつえう》がないのが原則《げんそく》なのは、云《い》ふ迄《まで》もあるまい。それが稍從來《やゝじゆうらい》の型破《かたやぶ》りで、よく言《い》へば群《ぐん》を拔《ぬ》いた仕事《しごと》として、三橋《はし》朝鮮總督府警務局長《てうせんそうとくふけいむきよくちやう》が「よし」と言《い》はれたので、君《きみ》は一つ「麥《むぎ》と兵隊《へいたい》」を朝鮮語《てうせんご》に飜譯《ほんやく》してくれと、朝鮮總督府《てうせんそうとくふ》古川圖書課長《ふるかはとしよくわちやう》は僕《ぼく》に命令《めいれい》した。

警務局《けいむきよく》の圖書課《としよくわ》は、全朝鮮《ぜんてうせん》の出版物《しゆつぱんぶつ》を檢閲《けんえつ》して差押又《さしおへまた》は押收若《あふしうもし》くは削除《さくぢよ》、改訂《かいてい》を命《めい》ずる處《ところ》で、小説《せうせつ》を飜譯《ほんやく》して發行《はつかう》する處《ところ》ではない。それがそれをやるんだから、何《な》んと云《い》つても意外《いぐわい》な事《こと》である。人氣《にんき》のあるいはれが讀《よ》めたであらうが、それが國語《こくご》を朝鮮語《てうせんご》にするのだからたまつたもんじやないこれは開闢以來《かいびやくいらい》初《はじ》めての事《こと》で吃驚《びつくり》したのは獨《ひと》り朝鮮文士《てうせんぶんし》丈《だけ》ではない、聞《き》き傳《つた》へて、皆《みな》、之《これ》を讃《たゝ》へない人《ひと》とてはなかつた。而《し》かも內地人《ないちじん》がそれを譯《やく》すのだから、尚更珍《なほさらめづ》らしい事柄《ことがら》の尖端《せんたん》なのであつた。

序《じよ》

朝鮮料理の作り方

京城 梨花女專講師 宋金嫙

牛肝臟《ぎうかんざう》の衣燒《ころもやき》

（材料《ざいれう》）牛肝《ぎうかん》百匁《もんめ》、玉子《たまご》二個《こ》メリケン粉《こ》お茶碗《ちやわん》に一杯《ぱい》、鹽《しほ》胡椒適宜《こせうてきぎ》、胡麻油《ごまあぶら》。

（作《つく》り方《かた》）牛肝《ぎうかん》を、沸騰《ふつとう》してゐる湯《ゆ》の中《なか》にサツと通《とほ》しましてから燒肉《やきにく》の時《とき》のやうに、うすく切《き》りまして、鹽《しほ》と胡椒《こせう》でウスク味《あぢ》をつけてから、皿《さら》にメリケン粉《こ》を取《と》りまして此《こ》の肉《にく》によく粉《こな》をまぶします。別《べつ》に小鉢《こばち》に玉子《たまご》を溶《と》きまして、粉《こな》にまぶした肝《きも》に更《さら》に溶《と》き玉《たま》

「麥《むぎ》と兵隊《へいたい》」は皇軍《くわうぐん》の徐州《じよしう》攻略戰《こうりやくせん》に報道《ほうだう》班員《はんゐん》として參加《さんか》した一軍曹《ぐんさう》（筆名《ひつめい》火野《ひの》葦平《あしへい》君《くん》）が、軍《ぐん》務《む》の隙《ひま》を利用《りよう》して著《あらは》した報告文學《はうこくぶんがく》であつて、腥《ちなまぐ》い臭《にほひ》の出《で》る血《ち》を以《もつ》て色取《いろど》つた戰場《せんぢやう》の實感《じつかん》を描《ゑが》いた記録《きろく》で、讀《よ》む人《ひと》をして惻隱《そくいん》の心《こゝろ》を起《おこ》さしめる事變《じへん》の生《う》んだ戰爭文學《せんさうぶんがく》中《ちう》の最《もつと》も立派《りつぱ》なものとして、廣《ひろ》く國民《こくみん》の各層《かくそう》に讃讀《さんどく》されたものである。

本府《ほんふ》に於《おい》ては國語《こくご》を解《かい》さない半島同胞《はんたうどうはう》に此《こ》の本《ほん》を紹介《せうかい》せんが爲《ため》に、原著者《げんちよしや》の承諾《しようだく》を得《え》て通譯《つうやく》官《くわん》西村眞太郎《にしむらしんたらう》君《くん》をして飜譯《ほんやく》せしめ、茲《こゝ》に普及版《ふきうはん》として汎《ひろ》く世上《せじやう》に頒布《はんぷ》せしめるもので、聖戰認《せいせんにん》識《しき》の好資料《かうしれう》たらんことを望《のぞ》む。

朝鮮總督府文書課長《てうせんそうとくふぶんしよくわちやう》　信原　聖

此《こ》の序文《じよぶん》は、初《はじ》め國語《こくご》で綴《つゞ》られた名文《めいぶん》であつたが、それを僕《ぼく》が朝鮮語《てうせんご》に譯《やく》したのを、更《さら》に又《また》揺《ゆ》り戻《もど》したものであるが、其《そ》の反復作用《はんぷくさよう》はうまく齟齬が出來《でき》なかつた事《こと》を僕自身《ぼくじしん》が認《みと》める。然《しか》し原序文《げんじよぶん》を捜《さが》せば、燦爛《さんらん》たる原文《げんぶん》が出《で》て來《く》るのだが、それよりは反復飜譯《はんぷくはんやく》の方《はう》が譯《やく》の苦心《くしん》や、原文《げんぶん》とは何《な》んとしても喰違《くひちがひ》が出來《でき》るものだと云《い》ふことを、知《し》らして見《み》たいからなのだ。何分飜譯《なにぶんほんやく》なんて言《い》ふものは、一幕《まく》の中《なか》で女役《をんなやく》と男役《をとこやく》とを兼《か》ねた樣《やう》な機構《きこう》が必要《ひつえう》なので、頭《あたま》が變《へん》になる處《ところ》に、譯文《やくぶん》の苦心《くしん》が潛《ひそ》んで居《ゐ》るらしい。

何故《なにゆゑ》「麥《むぎ》と兵隊《へいたい》」を朝鮮語《てうせんご》に譯《やく》すのか、それは實《じつ》は昨年《さくねん》の暮《く》れのことで、銃後《じうご》の朝鮮人《てうせんじん》が赤誠《せきせい》を示《しめ》しては居《ゐ》るが、實際《じつさい》の戰爭《せんさう》と云《い》ふものが、どんな風《ふう》にして行《おこな》はれて居《ゐ》るかを知《し》らぬものが多《おほ》いと云《い》ふ話《はなし》があり、皇軍《くわうぐん》が如何《いか》に苦勞《くらう》して居《ゐ》るかをハツキリ知《し》る讀物《よみもの》がないと云《い》ふので、それ等《ら》の一切《さい》を、多少《たせう》でも周知《しうち》せしめる事《こと》が出來《でき》、皇軍《くわうぐん》への感謝《しや》の念《ねん》も起《お》き、銃後《じうご》の國民《こくみん》としての覺悟《かくご》を正《たゞ》しく強《つよ》くすることが出來《でき》たらと云《い》ふので、上司《じやうし》の間《あひだ》に話《はなし》が纏《まとま》つたので、譯《やく》を命《めい》ぜられた次第《しだい》なのである。

そんな譯《わけ》の「麥《むぎ》と兵隊《へいたい》」が朝鮮語《てうせんご》で出《で》ると云《い》ふので、當時《たうじ》の朝鮮文士《てうせんぶんし》に霹靂《へきれき》一閃《せん》の大話柄《だいわへい》を投《とう》じたことは、僕《ぼく》が大變恐縮《たいへんきようしゆく》して居《ゐ》る處《ところ》である。人《ひと》も多《おほ》く、文士《ぶんし》もあらうに、文學《ぶんがく》に何《なん》の經驗《けいけん》もない僕《ぼく》に、此《こ》の大役《たやく》を直接《ちよくせつ》に命《めい》じた三橋警務局長《はしけいむきよくちやう》、古川《ふるかは》圖書課長《としよくわちやう》の大膽《だいたん》さにも、數多《すうた》の文士《ぶんし》連中《れんちう》は呆氣《あつけ》に取《と》られたらしい。

譯《やく》が出來上《できあが》る迄《まで》の兩氏《りやうし》の御心配《ごしんぱい》は、今《いま》だから言《い》

子《こ》の中《なか》につけてすぐフライパンに胡麻油《ごまあぶら》を引《ひ》いて兩面《りやうめん》を程《ほど》よく燒《や》きます。フライパンに引《ひ》く油《あぶら》はお肉《にく》がパンにつかない程度《ていど》に引《ひ》いて燒《や》きます。揚物《あげもの》の時《とき》のやうに澤山《たくさん》に入《い》れません。一體《たい》に朝鮮《てうせん》の揚物《あげもの》は油《あぶら》を引《ひ》く程度《ていど》にいたします。

燒海苔《やきのり》

（材料《ざいれう》）朝鮮海苔《てうせんのり》、胡麻油《ごまあぶら》、お鹽《しほ》。（作《つく》り方《かた》）朝鮮海苔《てうせんのり》を重《かさ》ねて新聞紙《しんぶんし》又《また》は俎《まないた》の上《うへ》にノせて、鳥《とり》の羽毛《はね》か又《また》は松葉《まつば》、之《これ》もなかつたら綿《わた》のやうなもので、皿《さら》に取《と》りまた胡麻油《ごまあぶら》をうすく刷《は》きます、あまりに澤《たく》山《さん》につけないでほんとにうすく滿遍《まんべん》なく油《あぶら》を引《ひ》いて、右手《みぎて》に鹽《しほ》をほんの少《すこ》し取《と》つて油引《あぶらひ》いた上《うへ》にパラッパラッと振《ふ》ります此《こ》の時注意《ときちうい》する事《こと》はあまりにひと所《ところ》に澤山《たくさん》かたまらな

へるが、並大抵《なみたいてい》でなかつたので、又《また》、僕《ぼく》もそれを思《おも》ふと、立《た》つても坐《すわ》つても居《ゐ》られない樣《やう》な思《おもひ》がした。事程左樣《ことほどさやう》に、衆人滿座《しうじんまんざ》の中《なか》で、隱藝《かくしげい》の皮切處《かはきりどころ》のつらさではなかつたのである。而《しか》して斯《か》るうちにも大勢《おほぜい》の文士《ぶんし》は皆《みな》よろこんでくれた。國語《こくご》を朝《てう》鮮語《せんご》に譯《やく》してくれる、然《し》かも其《そ》の譯者《やくしや》が內地人《ないちじん》なので、尙更《なほさら》によろこんでくれた。會話位《くわわぐらゐ》は若干《じやくかん》シャベルかもしれんが、あの大物《おほもの》をすら〱譯《やく》すなんて、到底出來《たうていでき》る藝當《げいたう》じやないと、チラホラ耳《みゝ》にするに至《いた》つては、此《こ》れはえらい事《こと》になつて來《き》たわいと、緊褌《きんこん》一番《ばん》せざるを得《え》なかつた。

此《こ》の事《こと》あつて以來《いらい》、終始物心兩面《しうしぶつしんりやうめん》から溫《あたゝ》かい同《どう》情《じやう》を惜《を》しまなかつた人《ひと》の內《うち》に、康益夏君《かうえきかくん》がある。康《かう》君《くん》は僕《ぼく》の上海方面視察《シャンハイはうめんしさつ》と相前後《あひぜんご》して、南京《ナンキン》、杭《かう》州《しう》から日本人《につぽんじん》としては一番乘《ばんの》りの蚌埠《あいふ》、徐州《じよしう》を慰《ゐ》問視察《もんしさつ》して歸《かへ》つたのであるが、それが飜譯《ほんやく》の適正《てきせい》に役立《やくだ》つた事《こと》は言《い》ふ迄《まで》もない。クリーク等《など》は何《な》んと譯《やく》すか、朝鮮《てうせん》の狀が丁度《ちやうど》クリークに當《あた》る、然《し》かも狀でもない樣《やう》にもある。

大體讀者《だいたいどくしや》をどの程度《ていど》のものにするかが飜譯《ほんやく》の呼《こ》吸《きふ》を左右《さいう》するもので、其《そ》の見當《けんたう》を見透《みとほ》すのにも一苦心《くしん》した。とれは英譯《えいやく》とか獨譯《どくやく》には先《ま》づない事《こと》なのだが、朝鮮語譯《てうせんごやく》はそれが根本問題《こんぽんもんだい》であり、又《また》、先決問題《せんけつもんだい》でもあつた。對象《たいしやう》を誰《だれ》にしたかつて今《いま》更《さら》そんな愚問《ぐもん》でもあるまいからよすが、苦心《くしん》の正《しやう》念場《ねんば》はここであり、始《はじ》めから終《をは》り迄《まで》、其《そ》の爲《ため》に惱《なや》まされ煩《わづら》はされ泣《な》かされ通《とほ》した。

大丈夫國《だいぢやうぶくに》の爲《ため》に盡《つく》す、豈《あ》に些末《さまつ》の俗事《ぞくじ》に係《かゝは》らんやであるが、妻《つま》は病床《びやうしやう》に臥《ふ》し、兒《こ》は飢《うゑ》に泣《な》く家庭《かてい》の事情《じじやう》もあり、役所《やくしよ》の仕事《しごと》も仕事《しごと》としてあるのだから、寢《ね》そべつて牡丹餅《ぼたもち》を喰《く》ふ樣《やう》な都合《つがふ》には往《ゆ》かぬ事《こと》もあつた。

讀手《よみて》に依《よ》つては返《かへ》つて藪蛇《やぶへび》にはなりはすまいかと、心配《しんぱい》する志士《しし》もあつた事《こと》は事實《じじつ》だが、圖書課《としよくわ》事務官井手勇君《じむくわんゐでいさむくん》は凡有方面《あらゆるはうめん》から檢討《けんたう》して見《み》て三回《くわい》熟讀《じゆくどく》した上《うへ》で、僕《ぼく》の肩《かた》を叩《たゝ》いて、御苦勞《ごくらう》だが「うまく」やつてくれと衷心《ちうしん》からの命令《めいれい》であつた。此《こ》の一言《ごん》に純眞神《じゆんしんかみ》の如《ごと》き偉大崇嚴《ゐだいすうげん》な信賴《しんらい》心《しん》が湧《わ》いた。やりますとも屹度《きつと》御期待《ごきたい》に副《そ》ふ心組《こゝろぐみ》ですと、立派《りつぱ》に答《こた》へた。

案《あん》じた程《ほど》にもなく、すら〱?と飜譯《ほんやく》は進行《しんかう》しつゝある際《さい》、知己友人《ちきいうじん》の援助激勵《えんじよげきれい》もあり、大體第《だいたいだい》一稿《かう》が完成《くわんせい》したので、それを圖書課檢閱係員《としよくわけんえつかゝりゐん》を煩《わづら》はして、忌憚《きたん》ない批判《ひはん》と誤譯《こやく》の指敎《しけう》とを仰《あふ》いだ、

いやうになさいます。かう云《い》ふ風《ふう》にして一枚一枚重《まいまいかさ》ねて、召上《めしあが》る分《ぶん》だけを、ごく弱火《よわび》の上《うへ》で焙《あぶ》ります（松葉《まつば》を焚《た》いた後《あと》の灰《はひ》が手頃《てごろ》でございます）焙《あぶ》りました海苔《のり》を俎《まないた》に重《かさ》ねてノセて二寸《すん》四角位《かくぐらゐ》に庖丁《はうちやう》で切《き》るか鋏《はさみ》で切《き》つて白御飯《しろごはん》の上《うへ》にノセて召上《めしあが》ります、

茄子《なす》の和物《あへもの》

（材料《ざいれう》）モヤシ、醬油《しやうゆ》、胡麻《ごま》油數滴《あぶらすうてき》、摺胡麻《すりごま》半匙小《はんさじせう》、トウガラシ少々《せう〱》、ニンニク、葱《ねぎ》、少々《せう〱》。（作《つく》り方《かた》）モヤシは、根《ね》を一々取《と》り、煮立《にた》つた湯《ゆ》にゆでてザルに水《みづ》をきり、小鉢《こばち》に入《い》れて醬油《しやうゆ》胡麻《ごま》油《あぶら》、摺胡麻《すりごま》、ミジン切《ぎ》りの葱《ねぎ》、ニンニク等《とう》一緒《しよ》によく混《ま》ぜて、皿《さら》に盛《も》り、上《うへ》にトウガラシの粉《こな》を少々《せう〱》ふりかけます。辛《から》いものゝお好《す》きな方《かた》は澤山《たくさん》入れて混《ま》ぜ

さあ貼《は》る〳〵章魚《たこ》の脚《あし》の樣《やう》に符箋紙《ふせんし》が着《つ》いて歸《かへ》つて來《き》た。やあとりやたまらん、すら〳〵往《い》つたどこの騷《さわ》ぎではなくなつた。學務局編輯課《がくむきよくへんしふくわ》の安龍《あんりう》伯文學士《はくぶんがくし》が諺文《おんぶん》の綴方《つゞりかた》を克明《こくめい》に暗誦《あんしよう》して居《ゐ》るので、其《そ》の机《つくえ》の横《よこ》へ行《い》つて叩頭《こうとう》して是正《ぜせい》を乞《こ》ふた事《こと》も、一囘《くわい》や二囘《くわい》じやなかつた。圖書課《としよくわ》にも文學士《ぶんがくし》が大勢《おほぜい》居つて、皆《みな》それ〳〵助言《じよげん》してくれた。「孫《そん》圩」がソンカンかソンウかに就《つい》ては、李相玉文學《りさうぎよくぶんがく》士《し》が最後《さいご》迄徹底的《までてつていてき》に文獻《ぶんけん》を調査《てうさ》して決定《けつてい》を與《あた》へてくれた。まあそんな具合《ぐあひ》にして、實《じつ》を申《まを》せば、皆《みな》に似合《にあ》はず横着氣《わうちやくぎ》も出《だ》したりして、大部分《だいぶぶん》は人《ひと》の力《ちから》で出來上《できあが》つたので、早速古川圖書課長《さつそくふるかはとしよくわちやう》に復命《ふくめい》した。丁度着手《ちやうどちやくしゆ》してから三十日目《にちめ》で、早《はや》く出來上《できあが》つた方《はう》である。古川圖書課長《ふるかはとしよくわちやう》は無雜作《むざうさ》に「それはよかつた、早《はや》く局長《きよくちやう》にお見《み》せしてくれ」とのことで、喜《よろこ》び勇《いさ》んで三橋警務局長《みはしけいむきよくちやう》へ、千頁《ページ》に餘《あま》る淸書《せいしよ》された原稿《げんかう》を差《さ》し出《だ》して、飜譯事務終了《ほんやくじむしうれう》の旨《むね》を復《ふく》命《めい》した。三橋警務局長《みはしけいむきよくちやう》は態々椅子《わざ〳〵いす》から離《はな》れて、「うまくあの氣分《きぶん》が出《だ》せたかね」と身《み》に餘《あま》る光榮《くわうえい》に感《かん》激《げき》してゐる僕《ぼく》をいたはつてくれた。

本《ほん》が出《で》てからの文壇《ぶんだん》の批評《ひひやう》が素晴《すば》らしくよいので、古川圖書課長《ふるかはとしよくわちやう》は一日僕《にちぼく》に對《たい》し「實《じつ》はうまくやれるかなあと思《おも》つた事《こと》もあつたが、評判《ひやうばん》がよいので安心《あんしん》したぞ」と、此《こ》れは又何《またな》んと云《い》ふ有難《ありがた》い言《こと》葉《ば》であらう、譯者《やくしや》に取《と》つての此《こ》の一言《ごん》こそ、正《まさ》に千鈞《きん》の重《おも》みがある。よろこばずに居《を》られやうか。

文書課《ぶんしよくわ》へ原稿《げんかう》を提出《ていしゆつ》し、それを大新聞每日新報《だいしんぶんまいにちしんぽう》社《しや》が引受《ひきう》けて總發賣《そうはつばい》をすることとなり、每新《まいしん》には李相協氏《りさうけふし》を初《はじ》めとし朝鮮文壇《てうせんぶんだん》の大御所《おほごしよ》が控《ひか》えて居《ゐ》る所《ところ》なので、內心《ないしん》ビク〳〵して居《ゐ》ると、每新《まいしん》でもマア〳〵可《か》なりの出來《でき》ばえだから一つ讀會《どくくわい》でも開《ひら》いて、朝鮮《てうせん》の名士《めいし》を招待《せうだい》して、批評《ひひやう》を乞《こ》ふと同《どう》時《じ》に、譯者《やくしや》をねぎらつてやらうと云《い》ふので、朝鮮《てうせん》ホテルで「麥《むぎ》と兵隊《へいたい》」出版記念會《しゆつぱんきねんくわい》を開《ひら》いてくれた。これが每新《まいしん》の販賣政策《はんばいせいさく》から半分《はんぶん》と、僕《ぼく》を慰勞《ゐらう》するのが半分《はんぶん》とで開《ひら》かれたとしても、僕《ぼく》としてはよろこばずに居《を》れない。此《こ》の土地《とち》の上《うへ》にポタリと生《うま》れ落《お》ちてから初《はじ》めての盛事《せいじ》を明日《あす》に控《ひか》えて、父《ふ》母妻子《ぼさいし》がよろこんでくれるのを見《み》るにつけ、理窟《りくつ》なしにうれしいのは當然《たうぜん》であり、又《また》、よろこぶ義《ぎ》務《む》がある。

出《で》た本《ほん》がいいか惡《わ》るいかは、サクラを使《つか》つた批《ひ》評《ひやう》でも又《また》、何《な》んであつても、それが評判《ひやうばん》がよい事《こと》も、僕《ぼく》の運《うん》がよいとしか思《おも》はれない。譯者《やくしや》として

てもよろしうございます。

茄子《なす》の和物《あへもの》

（作《つく》り方《かた》）はモヤシの時《とき》と同《おな》じですが、材料《ざいれう》が茄子《なす》ですから茄子《なす》を色《いろ》よくゆで、ザルに上《あ》げ水《みづ》を切《き》り（蒸《む》してもよろし）縱《たて》に細《ほそ》く手《て》で裂《さ》きます、それをモヤシの時《とき》と同《おな》じ方法《はうはふ》と材料《ざいれう》で和《あ》へます。

夏《なつ》の淺漬《あさづけ》

（材料《ざいれう》）季節物《きせつもの》の野菜《やさい》を使用《しよう》します。若菜《わかな》胡瓜《きうり》、キャベツ、大根《だいこん》、白菜《はくさい》、何《なん》でもよろしうございます。糸《いと》とうがらし少々《せう〳〵》、ニンニク、葱《ねぎ》、鹽《しほ》、適宜《てきぎ》。

（作《つく》り方《かた》）胡瓜《きうり》は洗《あら》つて一寸《すん》位《くらゐ》の長《なが》さに切《き》り更《さら》に縱《たて》に四《よ》つ位《くらゐ》に切《き》ります。キャベツは小口切《こぐちぎり》にいたします。大鉢《おほばち》に切《き》りました胡瓜《きうり》とキャベツを入《い》れ鹽《しほ》を振《ふ》り、ミジンにしたニ

は火野葦平《ひのあしへい》とは一體《たい》どんな人《ひと》かしらん、廐《うま》の中《なか》で原稿《げんかう》を書《か》くとはえらい人《ひと》だ、一度《ど》會《あ》つて見《み》たいと飜譯着手後《ほんやくちやくしゆご》益々《ますく》つのつてくる葦平伍長欽慕《あしへいごちやうきんぼ》は、やみ難《がた》いものがあり、戀《こひ》とはこんな者《もの》かしらと思《おも》ふ程《ほど》である。相見《あひみ》ての後《のち》の思《おもひ》にくらべて、まだそれ程《ほど》でもないかどうか、それも、何《な》んとも言《い》へぬが、兎《と》に角《かく》此《こ》の大文豪《だいぶんがう》に譯文完了《やくぶんくわんれう》の報告《はうこく》をせねばならぬ。おうそうだ、僕《ぼく》はまだ譯文《やくぶん》をしたとか、譯《やく》さして頂《いただ》いて居《を》りますとかの挨拶狀《あいさつじやう》すら出《だ》して居《ゐ》ない。早速出《さつそくだ》さう、實《じつ》に相濟《あひす》まぬ。それはそれとして、朝鮮民衆《てうせんみんしう》に讀《よ》ませろ爲《た》めなら、發行權《はつかうけん》とか著作權《ちよさくけん》とかそんなものは一切《さい》飛《と》び超《こ》えて、無條件《むでうけん》で其《そ》の飜譯《ほんやく》は、承諾《しようだく》したと、キッパリ返事《へんじ》して來《き》たのだそうながら、マアえらい人《ひと》だと思《おも》ふのは、僕自身《ぼくじしん》よりも世《よ》の中《なか》の人《ひと》の方《はう》が感心《かんしん》するであらう。

何《なに》もかも無條件《むでうけん》で承諾《しようだく》はするが、上手《じやうず》な人《ひと》に譯《やく》さしてくれと云《い》ふ一つの「愛《あい》」からの發露《はつろ》である大條件《だいでうけん》はあつたらしい。その權威《けんゐ》ある飜譯者《ほんやくしや》、として、小官《せうくわん》が撰定《せんてい》されたのだから、それを感謝《かんしや》せずに、何《なん》に感激《かんげき》したらよいのか。世《よ》の中《なか》に多《おほ》くの場合《ばあひ》にあり得《う》る平凡《へいぼん》な譯者《やくしや》と原著作者《げんちよさくしや》との取引《とりひき》とは全《まつた》く毛色《けいろ》が變《かは》つた取引關係《とりひきくわんけい》が生《しやう》じて居《ゐ》る處《ところ》に、又《また》、此《こ》の本《ほん》が評判《ひやうばん》になつて居《ゐ》るのも僕《ぼく》も氣《き》はついては居《ゐ》るが、一切《さい》の事情《じじやう》を綜合《そうがふ》して、原著者《げんちよしや》への禮義《れいぎ》と責任《せきにん》との上《うへ》から丈《だけ》でない重大《ぢうだい》の責任《せきにん》が譯者《やくしや》の細腕《ほそうで》にまきついて居《ゐ》る。

朝鮮日報《てうせんにつぽう》に「朝鮮《てうせん》の言葉《ことば》と西村氏《にしむらし》」と題《だい》して親《しん》友《いう》洪鍾仁君《こうしようじんくん》が麥《むぎ》と兵隊《へいたい》の譯著《やくちよ》を讀《よ》んだ記事《きじ》が出《で》たのは平生僕《へいぜいぼく》が洪君《こうくん》と親《した》しくして居《ゐ》るから、其《そ》の義《ぎ》理《り》でほめてくれたのではあらうが、朝鮮民族《てうせんみんぞく》が感《かん》謝《しや》して居《ゐ》るぞよと書《か》かれてあるのを見《み》て嗚呼《ああ》朝鮮《てうせん》統治《とうぢ》は「麥《むぎ》と兵隊《へいたい》」を朝鮮語《てうせんご》に飜譯《ほんやく》した事《こと》に依《よ》つて、朝鮮人《てうせんじん》が感謝《かんしや》して居《ゐ》ると云《い》ふ大《おほ》きな仕事《しごと》をサッサとやつたんだと言《い》ふ事《こと》に氣附《きつ》く。

『思《おも》へば、西村君《にしむらくん》は通譯官《つうやくくわん》と云《い》ふ總督府官吏《そうとくふくわんり》として總督府内《そうとくふない》の隅とした存在《そんざい》なんだが』

と洪君《こうくん》が書《か》いて居《ゐ》るが、僕《ぼく》は念頭《ねんとう》に、總督《そうとく》――南閣下《みなみかつか》――を念頭《ねんとう》に置《お》いて仕事《しごと》をして居《ゐ》るのではあるが、麥《むぎ》と兵隊《へいたい》の飜譯位《ほんやくぐらゐ》？のコマ〱した事《こと》を何《な》にも朝鮮總督《てうせんそうとく》に迄結《までむす》び付《つ》ける程《ほど》でもないんではありながらも、役人《やくにん》として其《そ》の赤誠《せきせい》を誓《ちか》へば、どうしても總督《そうとく》の一語《ご》を語《かた》らずには居《を》れない。此《こ》の本《ほん》が朝鮮人《てうせんじん》から感謝《かんしや》されて居《ゐ》るとある、その感謝《かんしや》

ンニク、葱《ねぎ》（生姜《しやうが》もあれば入《い》れてよし）とうがらしを一緒《しよ》に混《ま》ぜますが、手《て》で輕《かる》くまぜて小《こ》カメの中《なか》に入《い》れ、よく押《おさ》へて、二時間位《じかんぐらゐ》ねせておきます。ヤクミが野菜《やさい》にしみこんだ頃《ころ》、別《べつ》に鹽水《しほみづ》を作《つく》り材料《ざいれう》がかぶる位《くらゐ》入れよくまぜに味《あぢ》をみて、少《すこ》し鹽辛《しほから》い位《くらゐ》が台上るときようございます。

外《ほか》のお野菜《やさい》、殊《こと》に白菜等《はくさいとう》、洗《あら》つて、鹽《しほ》ふつておいてからもう一度《ど》きれいに洗《あら》ひませんと、アブラ蟲《むし》などよくとれません。大根《だいこん》だけでもよし白菜《はくさい》とまぜて作《つく》つてもかまひません（大根《だいこん》は小《ちひ》さく切《き》つてからは洗《あら》はないやうにおいしい味《あぢ》が出《で》てしまひますから）

豆乳《とうにゆう》うどん

（材料《ざいれう》）白大豆《しろだいづ》、うどん、鹽《しほ》、氷《こほり》。

された本《ほん》を譯《やく》さして頂《いたゞ》いた事《こと》を夫々《それぞれ》の上官《じやうかん》へ亦感《またかん》謝《しや》と感激《かんげき》とで酬《こた》へねば居《ゐ》られぬではないか。

『麥《むぎ》と兵隊《へいたい》、は西村君《にしむらくん》に依《よ》つて朝鮮《てうせん》の風土《ふうど》と生活《せいくわつ》の中《なか》へコツポリと巣籠《すごも》りすることとはなつた』と洪鍾仁《こうしようじん》がうまい事言《ことい》つて居《ゐ》る。巣喰《すく》つて巣立《すだ》つて、それで朝鮮《てうせん》がはぐくまれて生長《せいちやう》して往《ゆ》くのだから、朝鮮民族《てうせんみんぞく》が喜《よろこ》ぶのは之亦不思議《これまたふしぎ》じやない

『西村君《にしむらくん》は朝鮮《てうせん》でも名《な》ある朝鮮語研究者《てうせんごけんきうしや》なんだから、譯《やく》は失敗《しつぱい》なんかしないとは思《おも》つとつたが、果《はた》してどんな名譯《めいやく》を出《だ》すだらうかと云《い》ふのが僕《ぼく》の好奇心《かうきしん》をそそつて止《や》まぬものがあつて、とうとう麥《むぎ》と兵隊《へいたい》が出《で》るや否《いな》や買《か》つて讀《よ》んで見《み》た』

と洪曉民君《こうげうみんくん》が東亞日報《とうあにつぽう》に書《か》いて居《ゐ》る。曉民氏《げうみんし》鍾《しよう》仁氏《じんし》何《いづ》れも姓《せい》は「洪《こう》」氏《し》である事《こと》も奇緣《きえん》だが、僕《ぼく》は曉民君《げうみんくん》の方《はう》は餘《あま》り知《し》らん人《ひと》だ、恐《おそ》らく一度《ど》も會《あ》つた事《こと》がないかも知《し》れん。然《し》かし隨分古《ずゐぶんふる》くから聞《き》いて居《ゐ》る名《な》であり、朝鮮文壇《てうせんぶんだん》の大御所《だいごしよ》である事《こと》も承知《しようち》して居《ゐ》る。その洪曉民君《こうげうみんくん》が次《つぎ》の樣《やう》にほめてくれたら、何《な》んだかくすぐつたい樣《やう》な氣《き》もするが、滿更《まんざ》らでもないから冗をいとはずに飜譯《ほんやく》する。

『それは家《うち》では無《な》くつて、手當《てあた》り次第《しだい》に板切《いたぎ》れ丸太トタン板なんかでつくろつて無雑作にしつらへいた小屋掛である。』(麥《むぎ》と兵隊《へいたい》)二十頁《ページ》傍點筆《ぼうてんひつ》者《しや》』

『まあ、こんなに朝鮮語彙《てうせんごゐ》を朝鮮人以上《てうせんじんいじやう》に知《し》つて居《ゐ》る人《ひと》は初《はじ》めてだ。「丸太《まるた》トタ板《いた》つくろふ無雜作《むざふさ》しつらへる小屋掛《こやがけ》」等云《などい》ふ言葉《ことば》はふだん餘《あま》り使《つか》はないのだのに、それは又《また》すらすらとして片苦《かたく》るしい處《ところ》は微塵《みぢん》だに見《み》せずに書《か》き卸《お》ろして居《ゐ》るとりも直《なほ》さず洗練《せんれん》されて居《を》り流暢《りうちやう》な朝鮮語《てうせんご》なんである。』

こんな風《ふう》にほめてくれた。當《あた》れりや否《いな》や、千不《ふ》當萬不當《たうはんふたう》、慚愧《ざんき》そのものである。

『上梓《じやうし》の片假名《かたかな》がちがつて居《を》り、關雲將《くわんうんしやう》は關雲長《くわんうんちやう》の誤《あやま》りだ』

とある。右《みぎ》の二語《ご》は僕《ぼく》が本當《ほんたう》に知《し》らなかつた言《こと》葉《ば》なので、つまり、僕《ぼく》は麥《むぎ》と兵隊《へいたい》とを朝鮮語《てうせんご》に飜《ほん》譯《やく》して出版《しゆつぱん》した爲《た》めに、二語《ご》の蒙《もう》を啓《ひら》くことが出《で》來《き》た。之《これ》は深《ふか》く原著者《げんちよしや》に其《そ》の誤譯《ごやく》を謝《しや》すると共《とも》に之《これ》を指摘《してき》してくれた東亞日報洪曉民君《とうあにつぽうこうげうみんくん》に感謝《かんしや》して止《や》まないのみならず、版《はん》を重《かさ》ねて世《よ》に行《おこな》はれる日《ひ》に必《かなら》ず訂正《ていせい》することとする。

(朝鮮總督府囑託通譯官)

(作《つく》り方《かた》)白大豆《しろだいづ》を水《みづ》につけてからよくゆでゝ清水《しみづ》に取《と》り水《みづ》をかへてから挽臼《ひきうす》に挽《ひ》きます。之《これ》を袋《ふくろ》に入《い》れて汁《しる》を搾《しぼ》ります。之《これ》が豆乳《とうにう》ですが鹽味《しほあぢ》をつけ冷《ひや》してうどんにかけて戴《いたゞ》きますと夏《なつ》の一品料理《ぴんれうり》として口《くち》によく榮養《えいやう》によろしうございます。

花菜《はたな》

(材料《ざいれう》)五味子季節《きせつ》の果物何《くだものなん》でもよろし、松實少々白砂糖《まつのみせうせうしろさたう》

(作《つく》り方《かた》)五味子(木《き》の實《み》です)を洗《あら》ひ水《みづ》に二三日《にち》つけておき、その汁《しる》を取《と》りお砂糖《さたう》を適宜《てきぎ》に甘《あま》く入《い》れ一度《ど》煮沸《しやふつ》して冷《ひや》します。この汁《しる》を硝子鉢《ガラスばち》に取《と》り果物《くだもの》をうすく形《かたち》よく切《き》つて入《い》れ、松《まつ》の實《み》を浮《う》かせます。

五味子汁《じる》の代《かは》りにシロップを水《みづ》でうすめて代用《だいよう》しても立派《りつぱ》でございます。

内地人に知つて貰いたい事
内地人に言ひたい事
モダン日本についての感想及び希望――

滿洲國總務廳 **秦學文**

一、朝鮮人《てうせんじん》の思想的《しさうてき》轉換《てんくわん》。

二、前進《ぜんしん》とともに後方《こうはう》を堅《かた》める事《こと》。

三、種々《しゆ〳〵》な意味《いみ》に於《おい》て敬意《けいい》と好感《かうかん》とを持《も》つて居《を》ります。益《ます》々御發展《ごはつてん》を祈《いの》ります。

「朝光」主任 **咸大勳**

一、朝鮮歷史《てうせんれきし》並《なら》びに現在《げんざい》朝鮮智識階級《てうせんちしきかいきふ》の惱《なや》み。

二、朝鮮人《てうせんじん》に對《たい》して墻壁《しやうへき》なき態度《たいど》を持《も》つこと。

三、フレッシュでモダーンで現代人《げんだいじん》の感覺《かんかく》に副《そ》ふ編輯《へんしふ》ぶりに非常《ひじやう》に敬服致《けいふくいた》します。

朝鮮映畫株式會社支配人 **李載明**

一、大陸《たいりく》を研究《けんきう》する前《まへ》に朝鮮《てうせん》を知《し》つて貰《もら》ひ度《た》いと思《おも》ふ。

二、朝鮮《てうせん》を視察《しさつ》して歸《かへ》つた文化人《ぶんくわじん》は朝鮮文化及文化人《てうせんぶんくわおよびぶんくわじん》の短所《たんしよ》より長所《ちやうしよ》を認《みと》めて貰《もら》ひたいです。

三、貴誌創刊《きしさうかん》十周年記念臨時《しうねんきねんりんじ》增刊《ぞうかん》『朝鮮版《てうせんばん》』を繼續的《けいぞくてき》に發刊《はつかん》されることを希望《きばう》する。

大陸廣告社長 **金浩永**

一、一口《ひとくち》に「内地人《ないちじん》」と言《い》つても、色々《いろ〳〵》な人達《ひとたち》の總稱《そうしよう》だから、その「内地人《ないちじん》」の中《うち》の薄《うす》つぺらな知識人《ちしきじん》に對《たい》して知《し》つてモラヒたいことがある。群盲《ぐんもう》象《ざう》を評《ひやう》するが如《ごと》き一人《ひとり》よがりの獨斷《どくだん》が如何《いか》によくないかといふことを。

二、すつ裸《ぱだか》になつて、ツキアツテ貰《もら》ひたい。

東亞日報社東京支局長 **金勝文**

三、モダン日本についての感想及希望《かんさうおよびきばう》。事業經營《じげふけいえい》は文化事業《ぶんくわじげふ》たると營利事業《えいりじげふ》たるとを問《と》はず經營上種々困難《けいえいじやうしゆ〴〵こんなん》を伴《ともな》ふものなるが文化事業殊《ぶんくわじげふこと》に出版事業《しゆつぱんじげふ》になれば尙《なほ》一層深刻《そうしんこく》なる困難《こんなん》を伴《ともな》ふものである。故《ゆゑ》に出版事業《しゆつぱんじげふ》に於《お》いて成功《せいこう》する率《りつ》が比較的僅少《ひかくてききんせう》なるは出版事業《しゆつぱんじげふ》そのものゝ經營上困難《けいえいじやうこんなん》に基《もと》くものである。然《しか》るに御社《おんしや》が隆々《りう〳〵》たる發展《はつてん》を遂《と》げ躍進《やくしん》に躍進《やくしん》を加《くは》へて今日《こんにち》に於《お》いては出版界《しゆつぱんかい》の王座《わうざ》を占《し》むるに至《いた》りたる事《こと》はこれ全《まつた》く御社《おんしや》馬社長以下社員《しやいん》一同樣《どうさま》の臥薪嘗膽《ぐわしんしやうたん》御奮闘《ごふんとう》の結晶《けつしやう》と確信《かくしん》して疑《うたが》はないと同時《どうじ》に滿腔《まんこう》の敬意《けいい》を表《へう》する次第《しだい》である。今回又莫大《こんくわいまたばくだい》なる犧牲《ぎせい》を拂《はら》ひ朝鮮版發行《てうせんばんはつかう》を斷行《だんかう》なされた事《こと》は朝鮮文化向上發展《てうせんぶんくわかうじやうはつてん》を促進《そくしん》する意味《いみ》に於《お》いてその御成功《ごせいこう》を御祈《おいの》り申上《まをしあ》ぐると同時《どうじ》に御誌將來《おんししやうらい》益々東洋文化運動《ますますとうやうぶんくわうんどう》に寄與貢獻《きよこうけん》せられんことを希望《きばう》して已《や》まないのである。

三千里社長 **金東煥**

一、孫基禎《そんきてい》、崔承喜《さいしようき》の如《ごと》き、秀《すぐ》れた才能《さいのう》を持《も》つて居《ゐ》る朝鮮《てうせん》青年多數《せいねんたすう》が現《げん》に華《はな》やかな舞臺《ぶたい》と機會《きかい》を待《ま》ちつゝ雌伏《しふく》して居《ゐ》ること。

三、之《こ》れを機會《きかい》に貴誌《きし》は三分《ぶん》の一程度《ていど》の紙數《しすう》を割《さ》き毎月《まいげつ》、「朝鮮版《てうせんばん》」を出《だ》して貰《もら》ふこと。

朝鮮日報編輯局長　**咸尚勳**

一、朝鮮《てうせん》の歷史《れきし》、特《とく》に朝鮮《てうせん》の文化《ぶんくわ》を一應《おうし》知つて貰《もら》ひたい。

三、創刊《さうかん》十周年《しうねん》を迎《むか》へ權威《けんゐ》全《ぜん》日本《にほん》に振《ふる》ひこゝに十萬圓《まんえん》の會《くわい》社《しや》を組織《そしき》す。敬賀《けいが》に堪《た》へず。朝鮮青年《てうせんせいねん》の爲《た》め大《おほ》いに氣焰《きえん》を吐《は》くべし。

普專教授　**安浩相**

一、自分《じぶん》の妻《つま》に向《むか》つて「お前《まへ》」と云《い》ふ言葉《ことば》を常用《じやうよう》しない。

二、モット包容力《はうようりよく》があつて欲《ほ》しい。

三、趣味《しゆみ》的讀物《てきよみもの》の隨《ずゐ》一、朝鮮版《てうせんばん》を毎月發行《まいげつはつかう》する事《こと》。

毎日申報東京支社長　**鄭寅翼**

一、朝鮮《てうせん》が持《も》つその固有《こいう》の文化《ぶんくわ》を知《し》つて欲《ほ》しい。

二、由《よ》つて以《も》つて徒《いたづら》なる優越感《いうゑつかん》を捨《す》て相互《さうご》虛心坦懷《きよしんたんくわい》なる事《こと》。

三、貴誌《きし》は尤《もつと》もその大衆性《たいしうせい》なる處《ところ》に貴誌《きし》としての輝《かゞや》かしき

價値《かち》があるものと存《ぞん》じます。何《ど》うか朝鮮版《てうせんばん》の發行《はつかう》を機會《きくわい》に雙方大衆《さうはうたいしう》の心《こゝろ》の琴線《きんせん》が相觸《あひふ》れ合《あ》ふ樣努力《やうどりよく》され度《た》し

京城高工教授　安東赫

一、知識階級《ちしきかいきふ》の方《かた》は多《おほ》くは古《ふる》き朝鮮《てうせん》に憧憬《どうけい》と愛情《あいじやう》を感《かん》じ、普通《ふつう》の方《かた》は朝鮮《てうせん》の生活風俗《せいくわつふうぞく》に殘存《ざんぞん》する原始的風貌《げんしてきふうばう》に興《きよう》ずる樣子《やうす》ですが、朝鮮民衆《てうせんみんしう》の現世《げんせ》的呼吸《てきこきふ》と努力《どりよく》に比較的無頓着《ひかくてきむとんちやく》であるのは何《ど》うしたことでせうか？。

二、自然科學《しぜんくわがく》、產業《さんげふ》、技術方面《ぎじゆつはうめん》にも朝鮮民衆《てうせんみんしう》は相當良《さうたうよ》い素質《そしつ》を持《も》つてゐると信《しん》じますが此《こ》の方面《はうめん》の協同《けふどう》に時節柄《じせつがら》一層《そう》留意《りうい》して頂《いたゞ》きたいと思《おも》ひます

三、朝鮮《てうせん》の現況殊《げんきやうこと》に事變以來《じへんいらい》朝鮮《てうせん》の東亞建設《とうあけんせつ》への奉仕狀況《ほうしじやうきやう》を貴誌《きし》を通《つう》じて內地《ないち》に御傳《おつた》へ願《ねが》ひます。

滿蒙產業專務　李瑄根

一、日韓合併當時《につかんがつぺいたうじ》の朝鮮人或《てうせんじんあるひ》は事變前迄《じへんぜんまで》の朝鮮人《てうせんじん》と現在《げんざい》の朝鮮人《てうせんじん》とを混同《こんどう》して貰《もら》ひ度《た》くありません。つまりあらゆる角度《かくど》から現在《げんざい》の朝鮮人《てうせんじん》に對《たい》する認識《にんしき》を新《あら》たにして貰《もら》ひ度《た》いのです。

二、島國根性《しまぐにこんじやう》を棄《す》て大東亞《だいとうあ》の指導者《しだうしや》にふさはしい襟度《きんど》と包容力《はうようりよく》があつて欲《ほ》しいのです。

三、半島生《はんたううま》れの馬社長《ましやちやう》十年間《ねんかん》長《なが》く頑張《がんば》つて呉《く》れました。その根氣《こんき》を以《もつ》て今後《こんご》も何《ど》うか頑張《がんば》つて下《くだ》さい。

醫學博士　金晟鎭

一、半島《はんたう》の自然《しぜん》と人物《じんぶつ》に就《つ》いて。

人《ひと》の話《はなし》や、內地《ないち》に稼《かせ》ぎに往《い》つて居《ゐ》る人達《ひとたち》を見《み》たゞけで直《たゞ》ちに朝鮮《てうせん》を論《ろん》じては認識《にんしき》を誤《あやま》る恐《おそ》れがあります。

志《こゝろざし》ある方《かた》はどし〳〵見《み》に來《こ》られる事《こと》です。

二、「內鮮一體《ないせんいつたい》」「一視同仁《しどうじん》」等《とう》はもはや宣傳時代《せんでんじだい》を過《す》ぎて居《ゐ》る筈《はず》です。

實踐躬行《じつせんきゆうかう》して眞《しん》の四海同胞《かいどうはう》になりたいものです。

三、記念事業《きねんじげふ》は大變結構《たいへんけつこう》です。週刊《しうかん》にしては如何《いかゞ》。

代議士　朴春琴

一、二、を一緒《しよ》に申上《まをしあ》げます。

今更半島人同胞《いまさらはんたうじんどうはう》が內地人《ないちじん》に云々《うんぬん》と云《い》つた事《こと》は考《かんが》へても居《ゐ》ないし又言《またい》ふ必要《ひつえう》もない。內鮮融和《ないせんゆうわ》の時期《じき》は過《す》ぎ現在《げんざい》は內鮮一體《ないせんいつたい》の時《とき》である。北海道人《ほくかいだうじん》が本州人《ほんしうじん》に對《たい》し、知《し》つて貰《もら》ひ度《た》いとか、言《い》ひ度《た》いとかなど水臭《みづくさ》い事《こと》はないと同樣《どうやう》、今《いま》の半島人《はんたうじん》は之《こ》れと全《まつた》く同一《どういつ》です。

三、續《つゞ》いて滿洲版《まんしうばん》、北支《ほくし》、中支《ちうし》南支版《なんしばん》の發行《はつかう》を希望《きばう》します。

增刊發行に際しては、各方面多數の方々の御助力を仰ぎましたが、朝鮮文藝作品を推薦して頂いた左記の方々並びに、寫眞其他のことで、一方ならぬ御力添へを頂きました總督府井手勇氏、鮮鐵前田東水氏、平壤久保氏、虹城氏、朝鮮日報李甲燮氏、放送局李瑞求氏、楊濟賢氏、崔暎海氏、李貞淳氏、林炳哲氏、任元鎬氏、韓載德氏に心からなる感謝の辭を申述べます。

李光洙　毛允淑　張德祚　李箕永　桂鎔默　崔明翊　韓雪野　宋影　李應洙　李善熙　一　尹崑崗　金龍濟　李北鳴　韓曉　宋順鎔　金永壽　李殷相　李熙昇　具本雄

鄭人澤　金朝奎　李孝石　鄭飛石　李鐘洙　玄德　權明秀　安懷南　李軒求　辛夕汀　朴月灘　崔貞熙　金文輯　兪鎭午　朱耀翰　蔡萬植　金允植　李石薰　吳相淳

淋疾（急性、慢性、再發、婦人科疾患）及び化膿性疾患短期の療法！

内服による原則的療法の確立

治療醫學の新發見 スルフアミンの發見は、サルヴアルサン以來の化學療法の新發見として世界的に注目され、淋疾及び一般化膿性疾患の治療に新紀元を劃するに至り近代治療界最大の收獲と云はれてゐる。厚生省社會保險局醫務課では、既に淋疾の原則的療法としてスルフアミン劑を採用されるに至つた。

純正優秀の國產製劑 ザオキンはスルフアミンを以て製劑せる純正優秀なる國產製劑であつて、化學療法に於ける有効根基を最も高率に含有するものである。故にその効果は極めて迅速であつて短期に滿足すべき成果を認めることが出來る。而も洗滌又は注射を要せず、單に內服のみによつて治療の目的が達せられるのであつて、從來の療法に比し、その用法簡單にして効果の獨自な點は實驗醫家の齊しく承認されてゐる處である。

副作用の心配なし ザオキンは體內に於て、生體臟器、健康細胞、血液成分に對して何等被害を與へることなく、體內の凡ゆる部分に於て、有害細菌たる淋菌連鎖狀球菌、葡萄狀球菌及びその毒素に對してのみ强力なる滅菌消毒作用を發揮するのである。從つて胃腸障害等の忌むべき副作用を伴はない特長を有してゐる。

急性にも慢性にも ザオキンの强力なる化學的殺菌力、淋毒の解消作用及び消炎作用は、症狀激しき急性淋疾に對し短時日に止痛し、溷濁せる尿を清澄ならしめる。又亞急性、慢性淋疾に對しても獨自の治療効果を發揮し、急性淋疾同樣短期に治療せる事實は幾多の治驗例により實證されてゐる。

婦人科疾患にも 婦人科疾患の大部分は淋菌又は淋毒に起因するものである。從つてその治療は洗滌又は藥物の挿入等を要せずザオキンの內服のみにより男子淋疾と同樣の成果が得られ、治療の困難を解決するに至つたのである。

廣汎なる應用範圍 ザオキンは單に淋疾に對し迅速なる効果を發揮するばかりではない。その應用範圍は、連鎖狀球菌、葡萄狀球菌による化膿性疾患——中耳炎、扁桃腺炎、淋巴腺炎、面皰、膀胱炎、腎盂炎、丹毒、敗血症等に及び極めて廣汎である。これ、スルフアミンの發見が黴毒に於けるサルヴアルサン以上の化學療法の發見として世界的に名聲を博してゐる所以である。

ザオキン治驗例

1　東○十氏　23歲 男　再發急性淋毒性尿道炎、五日目尿殆んど清澄、疼痛去り、淋菌を證明せず、後一週間にして治癒す。

2　中○某氏　36歲 男　急性淋菌性前尿道炎、二日目尿清澄、自覺症狀を覺えず、六日目淋菌及膿球を認めず。

全國藥店にあり

類似藥あり、ザオキンと御指名下さい。品切の場合は直接本舗へ御註文下さい。

ザオキン

内服治淋劑

ZAOKIN

急性淋疾・慢性淋疾・淋毒性攝護腺炎・副睾丸炎・婦人淋疾・淋毒性關節炎・腎盂炎・膀胱炎・尿道炎・敗血症・丹毒・化膿性淋巴腺炎・扁桃腺炎・中耳炎等

50錠	￥ 1.50
100錠	￥ 2.80
180錠	￥ 4.80
250錠	￥ 6.50

【文献申込次第送進】

東京市神田區神保町三
アルス藥品部
振替東京七一三一九
電話九段三一七三六

随筆

朝鮮をどう見るか

前朝鮮總督　宇垣一成

朝鮮《てうせん》の話《はなし》も、私《わたし》の在任《ざいにん》してゐたのはもう一時代《じだい》も前《まへ》になる古《ふる》い物《もの》であるからモダン日本誌の讀物《よみもの》としてはフサワしくないので今更書《いまさらか》き立《た》てる程《ほど》のこともないのだが。

日本《につぽん》の國民《こくみん》が朝鮮《てうせん》を充分《じうぶん》に認識《にんしき》しなければならぬのは勿論《もちろん》である。だが併《しか》し、現今《げんこん》の一般國民《ぱんこくみん》が朝鮮《てうせん》を忘却《ばうきやく》して、滿洲國《まんしうこく》或《あるひ》ひは北支《ほくし》方面《はうめん》をのみ考《かんが》へてゐるのではなからうかと云《い》ふ心配《しんぱい》は杞憂《きいう》だと思《おも》ふ。滿洲國《まんしうこく》、北支方面《ほくしはうめん》に對《たい》する關心《くわんしん》の深《ふか》まつて來《き》てゐるのは事實《じじつ》であり又當然《またたうぜん》であり結構《けつこう》である。が、だからと云《い》つて朝鮮《てうせん》に對《たい》する關心《くわんしん》が全然沒却《ぜんぜんぼつきやく》されてゐると云《い》ふ様《やう》なことはない。丁度《ちやうど》、私《わたし》が朝鮮《てうせん》に在任《ざいにん》してゐた時《とき》、彼《か》の滿洲事變《まんしうじへん》が勃發《ぼつぱつ》し、國民《こくみん》は皆滿洲《みなまんしう》を知《し》らうとし從《したが》つて滿洲《まんしう》に對《たい》する關心《くわんしん》は澎湃《はうはい》とたかまつたもので猫《ねこ》も杓子《しやくし》も滿洲《まんしう》視察《しさつ》に出掛《でか》けると云《い》ふ有様《ありさま》であつた。その爲《ため》に朝鮮方面《てうせんはうめん》に向《む》けられる熱意《ねつい》が比較的冷却《ひかくてきれいきやく》された様《やう》にも見《み》えたのである。それを見《み》て、朝鮮《てうせん》に於《お》いて當時《たうじ》働《はたら》いてゐた一部《ぶ》の人達《ひとたち》は氣《き》を揉《も》み色々《いろ〳〵》と心配《しんぱい》をしたものである。卽《すなは》ち滿洲《まんしう》に於《お》いて活躍《くわつやく》しようとする爲《ため》には、先《ま》づその足《あし》場《ば》となり土臺《どだい》となる可《べ》き此《こ》の朝鮮半島《てうせんはんたう》を固《かた》めねばならぬ。然《しか》るに最近《さいきん》の一般國民《ぱんこくみん》の動向《どうかう》は朝鮮半島《てうせんはんたう》を飛《と》び越《こ》して滿洲《まんしう》ばかりに向《む》けられてゐる様《やう》であるのは、日本《につぽん》の將來《しやうらい》の爲《ため》に誠《まこと》に考《かんが》へねばならぬことである、と云《い》ふて居《ゐ》たのである。

その時《とき》に私《わたし》は次《つぎ》の様《やう》に云《い》つた。さうした心配《しんぱい》は要《い》るまいと思《おも》ふ。滿洲《まんしう》に於《お》て何《なに》をしようとするにしても必要《ひつえう》なのは治安《ちあん》の維持《ゐぢ》が先決《せんけつ》である。夫《そ》れが未《いま》だ出來《でき》て居《を》らぬ（當時《たうじ》）。資源《しげん》も豐富《ほうふ》にあり、夫《そ》れの開發《かいはつ》も必要《ひつえう》であるけれども急速《きふそく》に簡易《かんい》にはまだ〳〵行《ゆ》き兼《か》ねる、滿洲《まんしう》を見《み》に行《い》つた人《ひと》も夫《そ》れが解《わか》れば歸途《きと》には屹度《きつと》朝鮮《てうせん》に立寄《たちよ》りて視察《しさつ》をする、治安《ちあん》は保《たも》たれ交通《かうつう》は整備《せいび》し動力《どうりよく》、勞働力《らうどうりよく》は低廉且豐富《ていれんかつほうふ》であり資源《しげん》も相當《さうたう》に包藏《はうざう》されて居《ゐ》る現狀《げんじやう》に接《せつ》す

れば機敏《きびん》なる企業家《きげふか》たるものは大悟《たいご》一番《ばん》して
ア、此處《ここ》だと自得《じとく》して必《かなら》ずや朝鮮半島《てうせんはんたう》に殺到《さつたう》するに違《ちが》ひない、何《なに》もヤキモキ心配《しんぱい》するな！　國民《こくみん》の視聽《しちやう》が大陸滿洲《たいりくまんしう》に向《むか》ふのは所謂朝鮮《いはゆるてうせん》を開發《かいはつ》し繁榮《はんえい》を招來《せうらい》する先驅《せんく》をなして吳《く》れるものである云々《うんぬん》と。

(崔淵海畫)

果《はた》して、その後次第《こしだい》に一般《ぱん》の趨向《すうかう》は私《わたし》の考《かんが》へてゐる樣《やう》に進《すゝ》んで來《き》たのである。

今度《こんど》の支那事變《しなじへん》に伴《ともな》つても前《まへ》の時《とき》と同樣《どうやう》な心配《しんぱい》を滿洲《まんしう》で働《はたら》いて居《ゐ》る人々《ひとびと》の中《なか》には抱《いだ》いたものもあるが、これも今云《いまい》つた樣《やう》な筋道《すぢみち》を段々《だんだん》と踏《ふ》んで來《く》るものと思《おも》ふ。

朝鮮《てうせん》にしろ、滿洲國《まんしうこく》、北支方《ほくしはう》面《めん》にしろ、これを開拓《かいたく》し經營《けいえい》しようと云《い》ふには相當《さうたう》に腹《はら》や腰《こし》を据《す》えてかゝる必要《ひつえう》がある。短時日《たんじじつ》の間《あひだ》に何《なに》もかもをやり遂《と》げようとすれば、矢張《やは》り無理《むり》が出來《でき》て却《かへつ》て停頓《ていとん》する恐《おそ》れがある。

私《わたし》は最近樺太北海道方面《さいきんからふとほくかいだうはうめん》を視《み》て來《き》たが、樺《から》太《ふと》や北海道《ほくかいだう》では新《あら》たに炭山採掘《たんざんさいくつ》を始《はじ》めるにしても、海岸《かいがん》より炭山《たんざん》までの距離《きより》が近《ちか》い爲《ため》に、鐵道《てつだう》の敷設《しせつ》も簡單《かんたん》であり從《したが》つて運搬《うんぱん》に要《えう》する費用《ひよう》も比較的廉《ひかくてきやす》くあがるわけである。而《し》かも中《なか》には露天掘《ろてんぼり》の出來《でき》る山《やま》もある。所《ところ》が、大陸《たいりく》の炭山《たんざん》は多《おほ》くは海岸《かいがん》より相當《さうたう》に遠距離《えんきより》の地點《ちてん》に存在《そんざい》する爲《ため》、交通《かうつう》の施設《しせつ》だけでも却々《なかなか》時日《じじつ》と多《おほ》くの經費《けいひ》を要《えう》するわけである。それ故《ゆゑ》、現狀《げんじやう》の急場《きふば》に間《ま》に合《あ》はすにはどうしても前者《ぜんしや》の樣《やう》な採掘《さいくつ》、運搬《うんぱん》の諸條件《しよでうけん》の宜《よ》いものを撰《えら》ばねばなるまい。

併《しか》し、遠大《ゑんだい》なる國策《こくさく》を遂行《すゐかう》するには、一時《じ》の急場《きふば》凌《しの》ぎだけで糊塗《こと》することは不可《ふか》であるのは言《げん》を俟《ま》たぬ。此《こ》の場合《ばあひ》どうしても考《かんが》へねばならぬのは後者《こうしや》である。大陸《たいりく》の資源《しげん》に富《と》むことは衆知《しうち》の通《とほ》りである。之《これ》を開發《かいはつ》して國家《こくか》

(李仁星畫)

百年《ねん》の大計《たいけい》を樹《た》てることは無論大切《むろんたいせつ》であり是《ぜ》非《ひ》遣《や》り遂《と》げねばならぬ。

大陸政策《たいりくせいさく》は國策《こくさく》の重要《ぢうえう》な大綱《たいかう》をなすものである。國運《こくうん》の隆昌《りうしやう》は大陸經營《たいりくけいえい》に俟《ま》つ所《ところ》が非常《ひじやう》に多《おほ》い。而《しか》して、朝鮮半島《てうせんはんたう》は此《こ》の大陸《たいりく》と内地《ないち》とを連繫《れんけい》する楔《くさび》でもある。

又《また》、文化方面《ぶんくわはうめん》を考《かんが》へて見《み》ても、日支双方《につしさうはう》の文化《ぶんくわ》の交流地點《かうりうちてん》である。將來《しやうらい》の新《しん》文化《ぶんくわ》の誕生《たんじやう》を充分《じうぶん》に期待《きたい》される。

何《いづ》れの方面《はうめん》に於《おい》ても刮目《くわつもく》して見《み》るべきものが非常《ひじやう》に多《おほ》い。(文責在記者《ぶんせきざいきしや》)

朝鮮と私

貴族院議員　丸山鶴吉

私《わたし》が朝鮮《てうせん》に在勤《ざいきん》したのは、大正《たいしやう》八年《ねん》から十三年迄《ねんまで》の滿《まん》五ケ年《ねん》に過《す》ぎないが、私《わたし》にとつては朝鮮《てうせん》は、私《わたし》の生《うま》れ故鄕《こきやう》に次《つ》いで深《ふか》い緣故《えんこ》の土地《とち》になつて、旣《すで》に朝鮮《てうせん》を引揚《ひきあ》げて十六七年《ねん》にもなるが、私《わたし》の朝鮮《てうせん》に對《たい》する關心《くわんしん》は、朝鮮《てうせん》に在勤《ざいきん》してゐたときと一寸《ちよつと》も變《かは》らない許《ばか》りでなく、離《はな》れてゐればゐる丈《だ》け、一層《そう》懷《なつか》しさが深《ふか》いやうな氣持《きもち》がする。

何《なに》がさうせしむるのか、それは私《わたし》にもよく解《わか》らない。

私《わたし》が朝鮮《てうせん》に赴任《ふにん》した大正《たいしやう》八年《ねん》は、所謂《いはゆる》萬歳《ばんざい》騷動《さうどう》の後《あと》を享けて、朝鮮《てうせん》の制度改革《せいどかいかく》が行《おこな》はれ故齋藤子爵《こさいとうししやく》が特《とく》に聖勅《せいちよく》を奉《ほう》じて、文化政策《ぶんくわせいさく》を携《ひつさ》げて朝鮮《てうせん》に乘込《のりこ》まれた際《さい》であつた。後《あと》からは、前後《ぜんご》十年間《ねんかん》も名總督《めいそうとく》と仰《あふ》いで、慈父《じふ》のやうに親《した》しんだ齋藤總督《さいとうそうとく》の御赴任《ごふにん》にも、鮮内《せんない》には不穩《ふおん》の空氣《くうき》が漲《みなぎ》つてゐた。

私《わたし》は總督《そうとく》一行《かう》にお伴《とも》をして釜山《ふざん》に上陸《じやうりく》した際《さい》に、何《なん》となく險惡《けんあく》な呼吸《こきふ》詰《つま》るやうな空氣《くうき》を感得《かんとく》し、一行《かう》に先《さき》つて京城《けいじやう》へ直行《ちよくかう》したのである。

その汽車《きしや》の中《なか》で、色々《いろ／＼》と考《かんが》へさせられた揚句《あげく》、私《わたし》は私《わたし》の朝鮮《てうせん》に臨《のぞ》む決意《けつい》を次《つ》ぎのやうな二つの腰折《こしをれ》で表明《へうめい》して、東京《とうきやう》の先輩《せんぱい》や友人《いうじん》に書《か》き送《おく》つたことを今《いま》でも記憶《きおく》してゐる。

もののふの涙《なみだ》と血《ち》とをそゝがなむ
なびかぬ民《たみ》は世《よ》にありとても

といふのがその一つである。不穏《ふおん》險惡《けんあく》の空氣《くうき》に蔽《おほ》はれてゐるが、誠心《せいしん》誠意《せいい》熱血《ねつけつ》を注《そゝ》いでかゝれば、必《かなら》ずや諒解《りやうかい》するに違《ちが》ひない。逆る やうな熱意《ねつい》と、同《おな》じ愛《あい》に泣《な》き得《う》る同情心《どうじやうしん》とあれば、如何《いか》に頑迷《ぐわんめい》な人達《ひとたち》も遂《つひ》には釋然《しやくぜん》たるものがあるだらうといつた氣持《きもち》を詠《よ》み込《こ》んだ積《つも》りである。

もう一つの歌《うた》は、

こゝろして植《う》えなんものは呉竹《くれたけ》の
直《なほ》き道《みち》かも鷄《とり》の林《はやし》に

といふので、歌《うた》にはなつてゐないが、朝鮮《てうせん》の人心《じんしん》をかくまで離反《りはん》せしめたのには、色々《いろ／＼》の理由《りいう》もあつたらう。朝鮮《てうせん》の人々《ひと／＼》の僻《ひが》みもあらうが、政治《せいぢ》は常《つね》に正義《せいぎ》、正道《せいだう》に立脚《りつきやく》して行《おこな》はるべきである。少《すこ》しでもとの正道《せいだう》を逸《そ》れることが、民心離反《みんしんりはん》の根源《こんげん》である。内鮮人《ないせんじん》の交際《かうさい》でもその通《とほ》りで、正《たゞ》しい常道《じやうだう》を歩《あゆ》むことが一等大切《とうたいせつ》だ、どうか私《わたし》は、朝鮮《てうせん》にこの正《たゞ》しい、眞直《まつす》ぐな政治《せいぢ》が行《おこな》はれ、邪惡《じやあく》權道《けんだう》の行《おこな》はれないやうに努《つと》めたいといつた心持《こゝろもち》を表現《へうげん》したものである。

私《わたし》の朝鮮在任《てうせんざいにん》五ケ年《ねん》は、他《た》の人達《ひとたち》のそれに比《くら》べて餘《あま》り長《なが》い期間《きかん》といふ譯《わけ》には行《ゆ》かないが、騷擾《さうぜう》事件《じけん》の餘波《よは》今《いま》尚《なほ》收《をさま》らず、上海《シヤンハイ》佛租界《ふつそかい》には、韓國臨時假政府《かんこくりんじかりせいふ》が儼存《げんそん》して、鮮內《せんない》と巧《たくみ》な連絡《れんらく》をとつて、獨立運動《どくりつうんどう》が根強《ねづよ》く蔓り、各種《かくしゆ》の陰謀《いんぼう》が所在《しよざい》に行《おこな》はれて誠《まこと》に物騷《ぶつそう》千萬《せんばん》な時代《じだい》であつた。いはば近《きん》代朝鮮《だいてうせん》の生《うま》れ出《で》る全《まつた》くの陣痛《ぢんつう》時代《だい》であつたといつてもよい。爆《ばく》彈《だん》の洗禮《せんれい》を享《う》けて着任《ちやくにん》した一種《しゆ》の興奮《こうふん》も手傳《てつだ》つて、本統《ほんとう》に張《は》り切《き》つた時代《じだい》であつたので、私《わたし》の役人生活《やくにんせいくわつ》を通《とほ》して見《み》ても誠《まこと》に緊《きん》張《ちやう》して働《はたら》いた期間《きかん》であつた。苦《くる》しい內《うち》にも、働《はたら》き甲斐《がひ》のある愉《ゆ》快《くわい》な時代《じだい》でもあつた。そんな空《くう》氣《き》の中《うち》に諸般《しよはん》の制度《せいど》の大改革《だいかいかく》が行《おこな》はれ、警察《けいさつ》の方《はう》からいふと、憲兵警察《けんぺいけいさつ》を廢《はい》して新警察《しんけいさつ》の樹立《じゆりつ》といふ根本的《こんぽんてき》の改革《かいかく》を斷行《だんかう》するのであるから、當時《たうじ》の當局《たうきよく》の苦心《くしん》は、大抵《たいてい》ではなかつた。

こんな周章しい仕事《しごと》に懸命《けんめい》に立働《たちはたら》いてゐる間《あひだ》にも、いつも私《わたし》の心《こゝろ》を支配《しはい》してゐたものは先《さ》きに述《の》べた赴任《ふにん》途上《とじやう》で詠《よ》んだ二首《しゆ》の歌《うた》の精《せい》神《しん》である。私《わたし》が五ケ年間《ねんかん》、或《あるひ》は事務官《じむくわん》として或《あるひ》は警務局長《けいむきよくちやう》として全責任《ぜんせきにん》を負《お》つて、やつた仕事《しごと》が恐《おそら》くこの精神《せいしん》に背《そむ》いたことがないなどと廣言《くわうげん》することは出來《でき》ないが、少《すくな》くとも私《わたし》は仕事《しごと》に當《あた》つて右《みぎ》か左《ひだり》かと判斷《はんだん》する際《さい》には、屹度《きつと》この二つの歌《うた》の精神《せいしん》にその根底《こんてい》を定《さだ》めたといふ事丈《ことだけ》は申上《まをしあ》げることが出來《でき》ると思《おも》ふ

それが相手方《あひてかた》には、どんなに響《ひゞ》いたか、同僚諸君《どうれうしよくん》にも如何《いか》やうに解釋《かいしやく》されたか知《し》れないが、私自身《わたしじしん》としては、いつも〳〵この歌《うた》の精神《せいしん》から離《はな》れまいと、意識的《いしきてき》にも、無意識的《むいしきてき》にも努《つと》めたといふ自信丈《じしんだ》けはある。赴任當初《ふにんたうしよ》の事件《じけん》を回顧《くわいこ》しても、爆彈犯人姜宇奎君《ばくだんはんにんきやううけいくん》の死刑《しけい》執行後《しつかうご》の埋葬問題《まいさうもんだい》でも、入獄中《にふごくちう》の萬歳運動《ばんざいうんどう》の中心人物《ちうしんじんぶつ》であつた天道教主《てんだうけうしゆ》の所遇問題《しよぐうもんだい》でも、私《わたし》は涙《なみだ》を持《も》ち、熱情《ねつじやう》を捧《さゝ》げることに努《つと》めたと記憶《きおく》する。涙《なみだ》と血《ち》とを濺《そゝ》がなんといつた意氣《いき》は、それからの次《つ》ぎ〳〵に起《おこ》つて來《く》る案件《あんけん》の處理《しより》に必《かなら》ず私《わたし》の念頭《ねんとう》を往來《わうらい》した目標《もくへう》であつた

こんな心意氣《こゝろいき》が、あんな際《さい》の仕事《しごと》に當《あた》つて善《よ》かつたか、惡《わる》かつたかそれは他人《たにん》の批評《ひひやう》に任《まか》すが、兎《と》も角《かく》も私《わたし》はさうするより外《ほか》はなかつたのである。

私《わたし》の五ケ年《ねん》の在勤《ざいきん》は、全《まつた》く警察《けいさつ》の仕事《しごと》で、私《わたし》は朝鮮《てうせん》の人々《ひとびと》からは、鬼畜《きちく》のやうに嫌《きら》はれ、恐《おそ》れられるべき立場《たちば》にあつたのである。これは警察《けいさつ》といふ仕事《しごと》の本質《ほんしつ》から已《や》むを得《え》ないのである。私《わたし》が後《のち》に帝都《ていと》で警視總監《けいしそうかん》を勤《つと》めると、誰《だれ》いふとなく「鬼總監《おにそうかん》〳〵」と噂《うはさ》する。私《わたし》のやうに殆《ほと》んど全生活《ぜんせいくわつ》を警察《けいさつ》に捧《さゝ》げたものは、よく經驗《けいけん》してゐる所《ところ》であるが、警察《けいさつ》は本統《ほんとう》に割《わり》の惡《わる》い商賣《しやうばい》であると、私《わたし》はいつもよく話《はな》してゐるのである。

この惡《にく》まれ、嫌《きら》はれ、怨《うら》まれ、排擊《はいげき》さるべき立場《たちば》にある私《わたし》が、朝《てう》鮮《せん》を去《さ》つて十六年後《ねんご》の今日《こんにち》も、限《かぎ》りなき朝鮮《てうせん》に對《たい》する愛著《あいちやく》を感《かん》じ、いひ知《し》れぬ懷《なつか》しみを減《げん》ずることの出來《でき》ないのは、自《おのづか》ら理由《りいう》がなければならない。世《よ》に片戀《かたこひ》といふことがないでもないが、多《おほ》くの場合《ばあひ》

（金煥基畫）

思慕《しぼ》愛著《あいちやく》といふ感情《かんじやう》は、相互的《さうごてき》なものである。私《わたし》の時《とき》を經《へ》るに從《したが》つていよ〳〵濃厚《のうこう》になつて行《ゆ》く朝鮮《てうせん》に對《たい》する思慕《しぼ》の情《じやう》も、確《たし》かに朝鮮《てうせん》の人々《ひとびと》の、私《わたし》に對《たい》する熱情《ねつじやう》に對《たい》し、反應的《はんおうてき》に起《おこ》つて來《く》る押《おさ》へ難《がた》い私《わたし》の心持《こゝろもち》からであることを白狀《はくじやう》しない譯《わけ》に行《ゆ》かない。

私《わたし》は惡《わる》い役廻《やくまは》りから、五ケ年間《ねんかん》も手荒《てあら》い仕《し》事《こと》をやり續《つゞ》けた。怨《うら》まれるべき、憚《はゞか》るべき私《わたし》が、今《いま》でも多《おほ》くの心《こゝろ》からの朝鮮《てうせん》の友達《ともだち》を持《も》ち、その熱情《ねつじやう》に感激《かんげき》させられてゐる。

私《わたし》は度々《たび〳〵》朝鮮《てうせん》を訪《おとづ》ねる。その度毎《たびごと》に釜山《ふざん》から京城《けいじやう》まで、驛頭《えきとう》でホテルで、朝鮮人諸兄《てうせんじんしよけい》の熱情《ねつじやう》に眼頭《めがしら》が熱《あつ》くなることが度々《たび〳〵》ある。

朝鮮《てうせん》に行《ゆ》くと私《わたし》は私《わたし》の生甲斐《いきがひ》のあることとすら自覺《じかく》することがある位《くらゐ》である。

この朝鮮《てうせん》の方々《かた〴〵》の氣持《きもち》と、私《わたし》の心持《こゝろもち》とが交《かう》流《りう》する處《ところ》に、私《わたし》の朝鮮《てうせん》に對《たい》する思慕《しぼ》の情《じやう》が一層《そう》その濃度《のうど》を加《くは》へるものといふことが出來《でき》ると思《おも》ふ。

なぜ朝鮮《てうせん》の方々《かた〴〵》が、假令《たとひ》それが一部分《ぶぶん》であり、少數《せうすう》ではあつてもそんなにまで、私《わたし》に對《たい》して熱情《ねつじやう》を注《そゝ》いで下《くだ》さるか、それは私《わたし》にはよく解《わか》らない。

朝鮮《てうせん》は滿洲事變《まんしうじへん》を通《つう》じ、殊《こと》に今度《こんど》の支那事變《しなじへん》を一區《く》劃《くわく》として、表面的《へうめんてき》にも、內《ない》面的《めんてき》にも非常《ひじやう》に革新《かくしん》されて來《き》た。嬉《うれ》しい、喜《よろこ》ばしい現《げん》象《しやう》が續々《ぞく〴〵》顯《あらは》れてゐる。

當局《たうきよく》の御努力《ごどりよく》の結果《けつくわ》であることは勿論《もちろん》であるが、朝《てう》鮮人諸兄《せんじんしよけい》の自覺《じかく》も與《あづか》つて大《おほ》に力《ちから》があると思《おも》ふ。

こんなに萬事《ばんじ》が順調《じゆんてう》に進《すゝ》んでゐるときであるが、それでも私《わたし》は、私《わたし》と朝鮮《てうせん》との干線《かんせん》を卒《そつ》直《ちよく》に物語《ものがた》つて見《み》ることが無駄《むだ》ではないと思《おも》つてゐる。

私《わたし》にもよく解《わ》からないが、私《わたし》が五年間《ねんかん》手荒《てあら》いことをやり續《つゞ》けたに係《かゝ》らず、永《なが》い時《とき》を過《す》ぎた今日《こんにち》でも、朝鮮《てうせん》の方々《かた〴〵》から棄《す》てられない許《ばか》りでなく、一層《そう》深《ふか》い親《した》しみと、懷《なつか》しみを持《も》つて頂《いたゞ》ける所《ところ》に、何《なに》ものかの暗示《あんじ》があるやうに思《おも》はれてならない。手前味噌《てまへみそ》を述《の》べたと怒《おこ》る人《ひと》もあらう。餘《あま》りに自惚《うぬぼ》れてゐると非難《ひなん》する人《ひと》もあらう。然《しか》し私《わたし》は日本人《にほんじん》として、朝鮮許《てうせんばか》りではない、滿洲《まんしう》に於《おい》ても、新東亞建設《しんとうあけんせつ》に於《おい》ても形式丈《けいしきだけ》でなしに、心《こゝろ》の深《ふか》い奧底《おくそこ》の問題《もんだい》を今《いま》一段《だん》と考《かんが》へなければならないと思《おも》はれてならないので、思切《おもひき》つてこの一文《ぶん》を草《さう》した次第《しだい》である。（前朝鮮總督府警務局長）

大院君と食客

松岡正男

大褒《ケエトン》と愛稱《あいしやう》された次男《じなん》の載晃《さいくわう》が王位《わうゐ》に卽《つ》いた以來《いらい》、大院君李是應《だいゐんくんりぜおう》の權勢《けんせい》は漢城《かんじやう》を壓《あつ》するの概《がい》があつた。龍《りう》、雲《くも》を得《え》て天《てん》に上《のぼ》るの瑞祥《ずゐさう》に因《ちな》んで雲《うん》峴宮《ぐう》と名《な》づけられた彼《かれ》の邸宅《ていたく》には多數《たすう》の食客《しよくかく》が常《つね》にごろ〳〵してゐた。尤《もつと》も食《しよく》客《かく》といつても、われ〳〵日本人《にほんじん》の常識《じやうしき》で考《かんが》へるやうな食客《しよくかく》でなく、いづれも食費以上《しよくひいじやう》の獻《けん》金《きん》をしてゐるのであるから、居候《ゐさふらふ》といふよりも御客《おきやく》といつた方《はう》が適當《てきたう》かも知《し》れぬ。彼等《かれら》は大院君李是應《だいゐんくんりぜおう》の人格《じんかく》を崇拜《すうはい》して集《あつま》つたものでなく、たゞ彼《かれ》が權力《けんりよく》の翼《よく》の下《もと》に庇護《ひご》を求《もと》めて、他日《たじつ》の仕官《しくわん》の便宜《べんぎ》を得《え》んとして待機《たいき》してゐる徒輩《やから》に過《す》ぎない。

それ等《ら》の食客《しよくかく》の中《なか》に、金某《きんぼう》といふ青年《せいねん》があつた。彼《かれ》は田舍《ゐなか》の物持《ものもち》の倅《せがれ》で、父《ちゝ》は既《すで》に亡《な》く、母《はゝ》の手《て》で大切《たいせつ》に育《そだ》てられ、一通《ひととほ》りの教育《けういく》も受《う》けたので、仕官《しくわん》のためには家財《かざい》の半分《はんぶん》を投費《とうひ》しても差支《さしつか》へなしとの韓國《かんこく》の習慣《しふくわん》に從《したが》つて、國王《こくわう》の父《ちゝ》として權力比《けんりよくたぐ》ひなき李是應《りぜおう》の膝《しつ》下《か》に傳手《つて》を求《もと》めて住《す》み込《こ》んだのであつた。然《しか》るに食客《しよくかく》たること三年《ねん》に及《およ》び、既《すで》に相當《さうたう》の金《かね》を使《つか》つたにも拘《かゝは》らず、なほ適當《てきたう》な仕官《しくわん》の途《みち》が開《ひら》けぬので、甚《はなは》だしく痲痺《しびれ》を切《き》らしてゐた。思《おも》ひ餘《あま》つた彼《かれ》は、一日大院君《にちだいゐんくん》に向《むか》ひ

『私《わたし》は既《すで》に三年《ねん》も御厄介《ごやつかい》になつて居《を》りますがまだ御目鏡《おめがね》に叶《かな》はぬものと見《み》え、仕官《しくわん》が出來《でき》ませぬ。鄕里《きやうり》では母《はゝ》が待《ま》つて居《を》りますから、こゝらで御暇申《おいとまま》し上《あ》げたいと存《ぞん》じますが、如《い》何《かゞ》でせう』といつて仕官《しくわん》を催促《さいそく》した。然《しか》るに大院君《だいゐんくん》は全《まつた》く無表情《むへうじやう》に

『それもよかろう』と返事《へんじ》したのみで、たち去《さ》らんとしたので、三年間辛棒《ねんかんしんぼう》した流石《さすが》の彼《かれ》も少《すく》からず腹《はら》をたて、

『大監《タエガム》！ 大監《タエガム》も御存《ごぞん》じの通《とほ》り、私《わたし》は三年間《ねんかん》に相當《さうたう》な獻金《けんきん》をして居《を》ります。それは全體《ぜんたい》どうして下《くだ》さいますか？』と攻《せ》めよつた。大院《だいゐん》君《くん》はこともなげに

『ア、それはよく存《ぞん》じてゐる。なにもそう騷《さわ》ぐ必要《ひつえう》もなかろう。急《いそ》ぐこともあるまいから幸《さいは》ひ明後日《みやうごにち》は、おれの誕生日《たんじやうび》だから、その祝《しゆく》筵に列《れつ》してから歸鄕《ききやう》したらよかろう』といつて、悠然《いうぜん》として座《ざ》をたつた。金青年《きんせいねん》は今《いま》の大《だい》院君《ゐんくん》の態度《たいど》から見《み》て、獻金《けんきん》のことも忘《わす》れてゐないやうだし、別《べつ》に急《いそ》ぎ譯《わけ》もないから、明後《みやうご》日《にち》の饗應《きやうおう》を享《う》けて歸《かへ》つても損《そん》にはならぬと腹《はら》をきめて、大院君《だいゐんくん》のうしろ姿《すがた》に『拜承《はいしやう》いたしました』と恭《うやく》しく挨拶《あいさつ》した。

斯《かく》て賀《が》筵の當日《たうじつ》は來《き》た。夕刻《ゆふこく》から權勢《けんせい》ときめく、大院君《だいゐんくん》の招待《せうだい》を誇《ほこ》るが如《ごと》き態度《たいど》で、文《ぶん》武《ぶ》の兩班等《やんばんとう》が雲峴宮《うんげんぐう》に乘込《のりこ》んで來《き》た。食堂《しよくだう》は大院君《だいゐんくん》の食卓《しよくたく》を中心《ちうしん》として、白《しろ》い絹布《けんぷ》で掩《おほ》はれた交子牀《キヨザヤサン》(長方形《ちやうはうけい》の大卓《だいテーブル》)の上《うへ》には、山海《さんかい》の珍味《ちんみ》を盛《も》れる幾《いく》百の盛饌《せいせん》が竝《なら》べられ、絹製《きぬせい》の補褥《ボーリヨー》(長《なが》い座布團《ざぶとん》)が食卓《しよくたく》の兩側《りやうがは》に敷《し》かれ、堂《だう》内《ない》は蘭麝《らんじや》の薰《かを》り馥郁《ふくいく》として、開宴《かいえん》を待《ま》つてゐた。やがて定刻《ていこく》となり主客《しゆかく》の間《あひだ》に鄭重《ていちやう》な挨拶

が交《か》はされ、美《うつ》くしい官妓《くわんぎ》が藥酒《やくしゆ》を捧《さゝ》げて主《しゆ》客《きやく》の盃《さかづき》を滿《みた》した。こゝで來客《らいきやく》一同《どう》が誇《ほこ》らしげに顏《かほ》を見合《みあは》せたが、末席《まつせき》に白面《はくめん》の一青年《せいねん》が坐《すわ》つてゐるのには、恐《おそ》らく何人《なんぴと》も氣《き》がつかなかつたであろう。宴酣《えんたけなは》にして、大院君《だいゐんくん》が『金《きん》！金《きん》！』と呼《よ》んで末席《まつせき》の青年《せいねん》を招《まね》いた。

金青年《きんせいねん》は恐《おそ》れげもなく坐《ざ》をたつて大院君《だいゐんくん》の側《そば》に坐《すわ》つた。來客《らいきやく》一同《どう》がこの青年《せいねん》を凝視《ぎようし》したことは申《まを》すまでもない。大院君《だいゐんくん》は『近《ち》とう／＼』と、彼《かれ》を招《まね》いて耳語《じご》した。

『御前《おまへ》はこゝに來《き》て三年《ねん》も辛棒《しんぼう》し、しかも相當《さうたう》の金《かね》も使《つか》つた。どうせその序《つい》でにも一つおれのために盡《つ》くさないか。聞《き》けば御前《おまへ》の母親《はゝおや》は未《いま》だ老《お》いず、容色《ようしよく》もまた衰《おとろ》えぬとのことであるが、どうだおれに奉公《ほうこう》に出《だ》さぬか、隨分《ずゐぶん》可愛《かはい》がつてやるよ』

これは固《もと》より耳語《じご》のことであるから、金青年《きんせいねん》の外《ほか》には何人《なんぴと》も知《し》るものがなかつた。彼等《かれら》はたゞ金青年《きんせいねん》が沸然《ふつぜん》として色《いろ》を作《な》すを見《み》、『それは餘《あま》りにひどい』と昻然《かうぜん》として激語《げきご》したのを聞《き》いただけであつた。

然《しか》るに大院君《だいゐんくん》は少《すこ》しも怒《おこ》らず、寧《むし》ろいくらか恐縮《きようしゆく》したやうな態度《たいど》で『そうか／＼、好《よ》し／＼、復席《ふくせき》して、もつと飲《の》め』と慰《なぐさ》めた。青年《せいねん》は飽《あ》くまでも昻然《かうぜん》として復席《ふくせき》し、遠慮《ゑんりよ》なく盃《さかづき》を擧《あ》げてゐる。

大院君《だいゐんくん》から耳語《じご》を賜《たまは》つただけでも身《み》にあまる光榮《くわうえい》であるのに、彼《かれ》は寧《むし》ろ面罵《めんば》した。然《しか》るに大院君《だいゐんくん》は之《これ》を怒《おこ》らざるのみか、反《かへ》つて慰藉《ゐしや》した。斯《か》る待遇《たいぐう》を受《う》くるものは抑《そもそ》も何人《なんぴと》であろうか。一同《どう》の胸中《きようちゆう》はこのことで一杯《ぱい》であつた。

宴終《えんをは》つて一同《どう》恭《うやうや》しく謝辭《しやじ》を述《の》べて食卓《しよくたく》を放《はな》れた後《のち》、趙大臣《てうだいじん》は逸早《いちはや》く金《きん》青年《せいねん》の袖《そで》を引《ひ》いて別室《べつしつ》に誘《さそ》ふた。彼《かれ》は慇懃《いんぎん》に一揖《しふ》し、

『今日《こんにち》まで拜眉《はいび》の榮《えい》を得《え》ませんでしたが、私《わたし》は趙《てう》と申《まを》します。内相《ないしやう》を勤《つと》めさしていたゞいて居《を》ります。どうぞ以後《いこ》御見知《おみし》りおきを願《ねが》ひます。そしてもし御仕官《ごしくわん》でも遊《あそ》ばしたい御希望《ごきばう》なら、直《ちよく》に検察使《けんさつし》に御周旋《ごしうせん》致《いた》しませう。大監にはどうぞ、然《しか》るべく私《わたし》めを御《お》とりなし下《くだ》さい』

金青年《きんせいねん》はあいた口《くち》が、閉《ふさ》がらぬ思《おも》ひであつた。

數日《すうじつ》の後《のち》、彼《かれ》は大院君《だいゐんくん》に厚《あつ》く禮《れい》を述《の》べ、また莫大《ばくだい》な獻金《けんきん》を忘《わす》れずして、官袍を着《き》、肩輿に乘《の》つて悠々《いう／＼》として雲峴宮《うんげんぐう》を辭《じ》した。

（前京城日報社長）

海峽文化

小倉進平

黒潮《くろしほ》の分流《ぶんりう》して對馬《つしま》海流《かいりう》をなす東支那《ひがししな》海《かい》一帶《たい》の海上《かいじやう》には琉球《りうきう》・對馬《つしま》・壹岐《いき》・濟州《さいしう》などの島々《しま〳〵》が棊布《ふ》點在《てんざい》する。とれらの島々《しま〳〵》は地質的《ちしつてき》には夫々《それ〴〵》その成因《せいいん》を異《こと》にするであらうが、各《かく》種《しゆ》の文化的要素《ぶんくわてきえうそ》に於《おい》て聯繫《れんけい》を保《たも》つて居《ゐ》ることは吾人《ごじん》の最《もつと》も注意《ちうい》を要《えう》すべき所《ところ》である。

北《きた》九州《しう》地方《ちはう》と南部《なんぶ》朝鮮《てうせん》地方《ちはう》との間《あひだ》に古來《こらい》密《みつ》接《せつ》な文化的關係《ぶんくわてきくわんけい》が存《そん》して居《ゐ》たことは學者《がくしや》によつて屢々唱道《しば〳〵しやうだう》せられた所《ところ》である。新羅《しらぎ》の昔脫《せきだつ》解《かい》、瓠公等《こうこうとう》が日本《にほん》よりの渡來者《とらいしや》であるといふ傳說《でんせつ》、土器《どき》・勾玉《こうぎよく》・甕棺等《くわんとう》の出土物《しゆつどぶつ》が北《きた》九州《しう》と南鮮《なんせん》との間《あひだ》に於《おい》て共通《きやうつう》であることなどは、何《いづ》れもその事實《じじつ》を物語《ものがた》るものである。對馬《つしま》は古來《こらい》神州《しんしう》の一部《ぶ》であつたことは言《い》ふまでもないが、一部《ぶ》の朝鮮人《てうせんじん》が之《これ》を以《もつ》て朝鮮《てうせん》の領地《りやうち》の如《ごと》く考《かんが》へたこともあつたのも、同島《どうたう》が經濟的《けいざいてき》に半島《はんたう》に依存《いぞん》せねばならない時代《じだい》があつたといふ特殊事情《とくしゆじじやう》に基《もと》づくものである。

濟州島《さいしうたう》はもと耽羅《たんら》と稱《しよう》し一箇《こ》の獨立國《どくりつこく》をなして居《ゐ》たが、高麗の朝《てう》、朝鮮《てうせん》に歸屬《きぞく》したのである。それで、今日《こんにち》でも言語《げんご》、風俗等《ふうぞくとう》の半島《はんたう》諸地方《しよちはう》と異《こと》なるものが頗《すこぶ》る多《おほ》い。而《しか》して對馬《つしま》海流《かいりう》は同島《どうたう》の南岸《なんがん》を東《ひがし》に洗《あら》ふが故《ゆゑ》に、同地《どうち》には古《ふる》くから九州《しう》琉球等《りうきうとう》に關《くわん》する多《おほ》くの漂流《へうりう》譚が言《い》ひ傳《つた》へられて居《ゐ》る。先《ま》づ日本《にほん》に關《くわん》していへば、耽羅《ら》の開祖《かいそ》良乙那《やうおつな》・高乙那《かうおつな》・夫乙那《ふおつな》の三神《じん》がその妃《ひ》を日本《にほん》より迎《むか》へたといふ傳說《でんせつ》は餘《あま》りにも有名《いうめい》であり、濟州島《さいしうたう》・五島間《たうかん》の漂流《へうりう》譚の如《ごと》き吾人《ごじん》の屢々《しば〳〵》耳《みゝ》にする所《ところ》である。

濟州島《さいしうたう》・琉球間《りうきうかん》の漂流譚《へうりう》も二三にして止《とゞ》まらない。朝鮮李《てうせんり》朝成宗實錄《てうせいそうじつろく》によると、成化《せいくわ》十三年《ねん》二月《ぐわつ》濟州島民《さいしうたうみん》金非衣《きんひい》・姜茂《きやうも》・李正《りせい》等《とう》の三人《にん》が暴風《ばうふう》に遇《あ》ひ、琉球與那國島《りうきうよなこくたう》に漂着《へうちやく》、それより島傳《しまづた》ひに漸次《ぜんじ》北上《ほくじやう》して京城《けいじやう》に歸還《きくわん》し、燕《えん》山君實錄《ざんくんじつろく》には弘治《こうぢ》十年《ねん》琉球人《りうきうじん》が十人《にん》ほど濟州《さいしう》島《たう》に漂着《へうちやく》したことなどが記《しる》されてある。それから鄕土誌《きやうどし》に次《つぎ》のやうな興味《きようみ》ある話《はなし》も載《の》せられて居《ゐ》る。李朝《りてう》光海王《くわうかいわう》辛亥の年《とし》、琉球太子《りうきうたいし》が濟州島《さいしうたう》に漂流《へうりう》し、濟州邑內《さいしういふない》竹西樓《ちくせいろう》の邊《あた》りに上《じやう》陸《りく》したが、時《とき》の帥臣《すゐしん》李玹《りげん》といふもの、太子《たいし》を害《がい》し、その所持《しよぢ》せる財物《ざいぶつ》を橫奪《わうだつ》せんとした。此《こ》の時《とき》太子《たいし》自《みづか》ら指頭《しとう》を咬《か》み、竹西樓《ちくせいろう》の板《いた》を取《と》り、

堯語難明桀服身　臨刑何暇訴蒼旻
三良入穴人誰贖　二子乘船賊不仁
骨暴砂場纏有草　魂歸故國弔無親
竹西樓下滔々水　長帶餘怨咽萬春

の詩《し》を血書《けつしよ》し、之《これ》を海中《かいちう》に投《とう》じて、はかなき最期《さいご》を遂《と》げた。此《こ》の板《いた》その後《ご》琉球《りうきう》に漂着《へうちやく》し、太子《たいし》が濟州島民《さいしうたうみん》の爲《た》めに殺害《せつがい》せられたことが明《あきら》かとなり、琉球人《りうきうじん》の濟州島民《さいしうたうみん》を怨《うら》むこと甚《はなは》だしく、濟州島人《さいしうたうじん》は爾後《じご》琉球人《りうきうじん》に遇《あ》へば、自《じ》分等《ぶんら》は陸地《りくち》の康津《かうしん》、又《また》は金海《きんかい》の者《もの》だと言《い》ひのがれをしたといふことである。今日《こんにち》に於《おい》ても年《ねん》々琉球人《りうきうじん》の孤舟《こしう》を以《もつ》て濟州島《さいしうたう》に往來《わうらい》するもの々その跡《あと》を絶《た》たない有樣《ありさま》である。

（金仁承畫）

更《さら》に日本《にほん》・琉球《りうきう》・濟州島《さいしうたう》を結《むす》ぶ傳説《でんせつ》もある。それは本島人《ほんたうじん》金某《きんぼう》が海上颶風《かいじやうぐふう》に遇《あ》ひ日本《にほん》某地《ぼうち》に漂着《へうちやく》、その後又々《ごまたまた》暴風《ばうふう》に遇《あ》ひ安南《あんなん》に漂《へう》流《りう》した。金《きん》は本國《ほんごく》に妻《つま》を置《お》きながら、こゝで又《また》琉球《りうきう》の少女林春香《せうぢよりんしゆんかう》と結婚《けつこん》し、再《ふたゝ》び日本《にほん》に歸《かへ》り、役人《やくにん》となつた。その後《のち》やゝあつて金等《きんら》は琉球《りうきう》に春香《しゆんかう》の家《いへ》を訪れたが、歸途《きと》濟州島《さいしうたう》の沖《おき》合《あひ》に差《さし》かゝつた時《とき》、金《きん》は漢羅山《かんらさん》の雄姿《ゆうし》を見《み》て懷郷《くわいきやう》の念《ねん》抑《おさ》へ難《がた》く、諸君《しよくん》の爲《た》めに水《みづ》を得來《えきた》らんとて同行《どうかう》の人《ひと》を欺《あざむ》き、大靜郡大浦《たいせいぐんおほうら》に上陸《じやうりく》、一目散《もくさん》に自家《じか》に驅《か》けつけ、妻《つま》に會《あ》ひ、再《ふたゝ》び船《せん》上《じやう》の人《ひと》とならうとはしなかつた。一行《かう》は已《や》むを得《え》ず金《きん》を島《しま》に殘《のこ》して日本《につぽん》に歸《かへ》つたが、さすがの金《きん》もその後《ご》日本《につぽん》にある春香《しゆんかう》の身《み》を思《おも》ひ、時々《ときどき》海岸《かいがん》の丘上《きうじやう》に立《た》つて春香《しゆんかう》を偲《しの》んだといふ大葉子《たいえふし》が「城《き》の邊《へ》」に立《た》つて日本《やまと》を偲《しの》んだのと、構想《こうさう》もどことなく似通《にかよ》つた物語《ものがたり》もある。

右《みぎ》の外《ほか》濟州島《さいしうたう》には龍《りう》、大蛇《だいじや》に關《くわん》する傳説《でんせつ》が多《おほ》い。濟州郡金寧《さいしうぐんきんねい》に大《おほ》きい巖窟《がんくつ》があるが、往《わう》昔茲に大蛇棲《だいじやす》み、島民《たうみん》は毎春少女《まいしゆんせうぢよ》を犠牲《ぎせい》にして之《これ》を祭《まつ》つた。然《しか》るに郡守《ぐんしゆ》徐憐《じよりん》といふもの、此《こ》の弊風《へいふう》を根絶《こんぜつ》せんとし、部下數千人《ぶかすうせんにん》と謀《はか》つて大蛇《だいじや》を打殺《うちころ》したが、自分《じぶん》もその妖氣《えうき》に觸《ふ》れて死《し》んだといふ。又往時《またわうじ》六十歳《さい》に及《およ》んだ島人《たうじん》はすべて漢羅山上《かんらさんじやう》に伴《ともな》はれて龍神《りうじん》の犠牲《ぎせい》に供《きやう》せられた。某郡守《ぼうぐんしゆ》嘗《かつ》てこの惡風《あくふう》を矯《た》めんとし、毒藥《どくやく》を以《もつ》て大蛇《だいじや》を倒《たふ》したが、その尾部《びぶ》より老人《らうじん》の屍體《したい》があらはれたといふ。簸の川上《かはかみ》の大蛇《だいじや》の話《はなし》にも酷似《こくじ》した傳説《でんせつ》がある。

以上私《いじやうわたし》はやゝくどくどしく濟州島《さいしうたう》の傳説《でんせつ》を列擧《れつきよ》し來《きた》つたが、私《わたし》は固《もと》より之《これ》を以《もつ》て神話傳《しんわでん》説《せつ》の研究《けんきう》に深入《ふかい》りせんとする者《もの》ではない。要《えう》は同島《どうたう》の傳説中《でんせつちう》には日本《につぽん》の傳説《でんせつ》とは可《か》なり、著《いちじる》しい類型《るいけい》の存《そん》することを想起《さうき》し、これによつて西部《せいぶ》日本《にほん》、南部朝鮮《なんぶてうせん》、對馬島《つしまたう》、濟州島《さいしうたう》琉球諸島等《りうきうしよたうなど》の間《あひだ》に、古《ふる》く海峽文化《かいけふぶんくわ》とでも稱《しよう》すべき一種《しゆ》の共通文化《きやうつうぶんくわ》が展開《てんかい》せられて居《ゐ》たのではないかといふことを想像《さうぞう》せんとする者《もの》である。その文化《ぶんくわ》が南方《なんぽう》インドネジアの文化《ぶんくわ》と關《くわん》係《けい》あるものであるか將《は》たまた北方滿蒙《ほくはうまんもう》の文化《ぶんくわ》と關係《くわんけい》を有《いう》するものであるかは、今俄《いまには》かに之《これ》を斷定《だんてい》することができぬが、要《えう》はかゝる一種《しゆ》の共通文化《きやうつうぶんくわ》を母體《ぼたい》として後世琉球《こうせいりうきう》、濟州《さいしう》、對《つし》馬《ま》、南鮮《なんせん》、九州《しう》など、それ〲特色《とくしよく》ある文化《ぶんくわ》を發達《はつたつ》せしめるに至《いた》つたものでなからうかと考《かんが》へるのである。それは恰《あたか》も昔時《せきじ》地中海《ちちうかい》の東《とう》部《ぶ》クリート嶋附近《たうふきん》を中心《ちうしん》として一種《しゆ》の共通文《きやうつうぶん》化《くわ》あり、後世《こうせい》それを母體《ぼたい》としてフイニシア・エジプト、ギリシヤなど、夫々《それ〲》特色《とくしよく》ある文化《ぶんくわ》を發展《はつてん》せしめたのと同《どう》一關係《くわんけい》にあるのではなからうか。

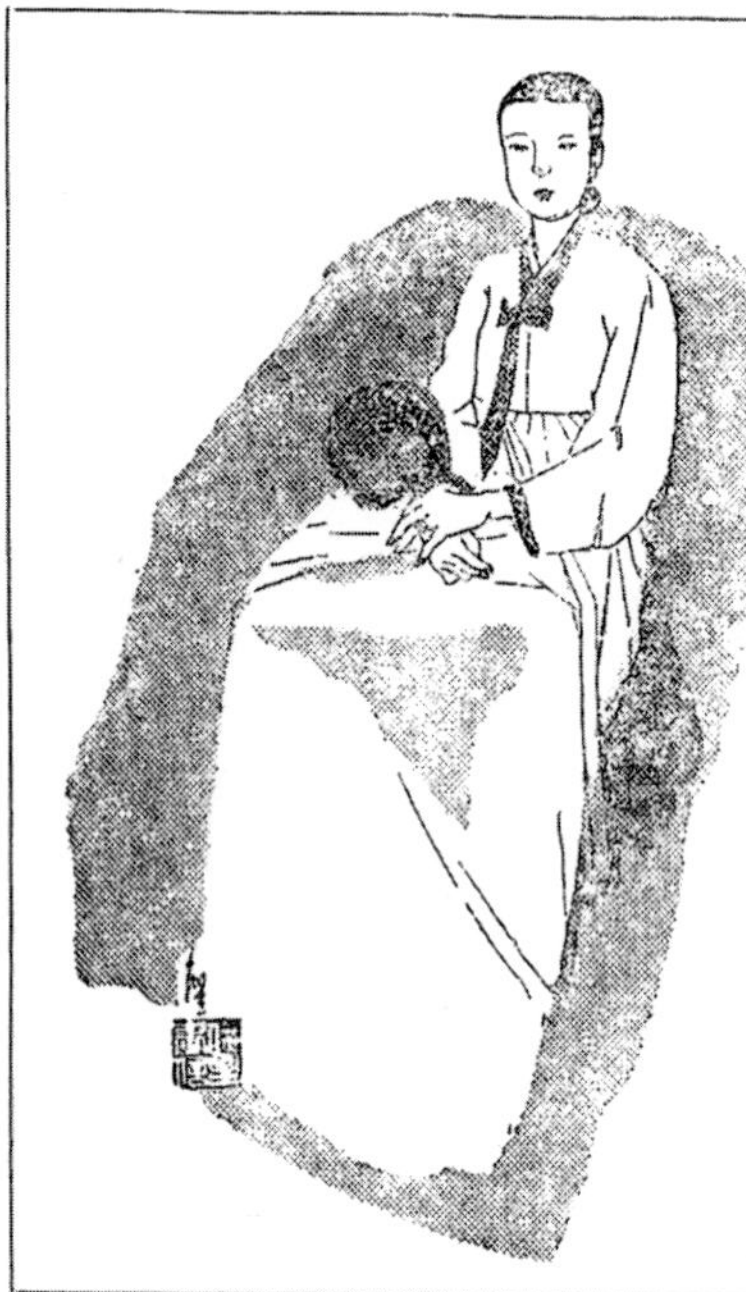

(李仁星畫)

對馬《つしま》海峽文化《かいけふぶんくわ》の研究《けんきう》は考古學《かうこがく》、史學《しがく》の領域《りやうゐき》にのみ局限《きよくげん》せらるべきものではない。言語《げんご》の研究《けんきう》も此《こ》の問題《もんだい》に對《たい》して大《だい》なる役割《やくわり》を演《えん》ずるものでなければならぬ。今日《こんにち》九州西部方言《しうせいぶはうげん》、琉球語《りうきうご》、南部《なんぶ》朝鮮方言《てうせんはうげん》、濟《さい》州島方言《しうたうはうげん》など一方《はう》は日本語系《につぽんごけい》のもの、一方《はう》は朝鮮語系《てうせんごけい》のものとして、互《たがひ》に截然《せつぜん》たる區別《くべつ》を示《しめ》して居《ゐ》るけれども、極《きは》めて悠久《いうきう》な時代《じだい》に於《おい》てはそれらの間《あひだ》に或《あ》る共通《きやうつう》な言語現象《げんごげんしやう》が行《おこな》はれて居《ゐ》たのではあるまいかと想像《さうぞう》されるのである。今日《こんにち》我《わ》が國《くに》の學界《がくかい》に於《おい》ては日本語《につぽんご》、琉球語《りうきうご》、朝鮮語《てうせんご》の各別的研究《かくべつてきけんきう》が行《おこな》はれて居《ゐ》るけれども、これらを打《う》つて一丸《ぐわん》とした總合的乃至《そうがふてきないし》比較的研究《ひかくてきけんきう》が起《おこ》つて居《ゐ》ない。勿論《もちろん》日本語《につぽんご》と琉球語《りうきうご》との親《しん》族的關係《ぞくてきくわんけい》は専門家《せんもんか》の永年《ながねん》に亙《わた》る研究《けんきう》の結果《けつくわ》として證明濟《しようめいず》みといつてもよからうが、日本語《につぽんご》と朝鮮語《てうせんご》との關係《くわんけい》に至《いた》つては尚《な》ほ研究《けんきう》を要《えう》すべき幾多《いくた》の問題《もんだい》が眼前《がんぜん》に横《よこた》はつて居《ゐ》る。私《わたし》は日鮮語《につせんご》の比較研究《ひかくけんきう》をなすに當《あた》つては、アジア大陸諸言語《たいりくしよげんご》、南洋諸言語等《なんやうしよげんごなど》をも十分考慮《ぶんかうりよ》の中《なか》に入《い》れる必要《ひつえう》はあるが、それと並行《へいかう》して九州《しう》方言《はうげん》、琉球語《りうきうご》、南部朝鮮方言《なんぶてうせんはうげん》、濟州島方言等《さいしうたうはうげんなど》即《すなは》ち對馬海峽文化圏内《つしまかいけふぶんくわけんない》にある諸言語《しよげんご》の比較研《ひかくけん》究《きう》を行《おこな》ふとの最《もつと》も緊急事《きんきふじ》たるを感《かん》ずる者《もの》である。私《わたし》は今日《こんにち》までこの點《てん》に就《つ》き多少《たせう》の注意《ちうい》を拂《はら》ひ來《きた》つたが、單語《たんご》としては海洋《かいやう》に關《くわん》する若干語《じやくかんご》が南鮮《なんせん》、對馬《つしま》、琉球等《りうきうなど》に共通《きやうつう》に存《そん》すること、又音韻《またおんゐん》に關《くわん》しては琉球語《りうきうご》の語頭《ごとう》に存《そん》する喉頭破裂音《こうとうはれつおん》の發達《はつたつ》は、朝鮮語《てうせんご》に於《お》ける「トインシオト」(濟州島《さいしうたう》ではアスピレートになつて現《あら》はれることが多《おほ》い)の發達《はつたつ》と、その經路《けいろ》を同《おな》じうするものであることを知《し》り得《え》、益《ます》〱此《こ》の種研究《しゆけんきう》の學問上重要《がくもんじやうぢゆうえう》な意義《いぎ》の存《そん》することを信《しん》ずるに至《いた》つたのである。

要《えう》するに廣《ひろ》く對馬海峽地方《つしまかいけふちはう》に亙《わた》り、古《ふる》く一種《しゆ》の共通文化《きやうつうぶんくわ》が存《そん》したであらうことは、考古《かうこ》學《がく》、史學《しがく》の方面《はうめん》から證明《しようめい》せられる可能性《かのうせい》があらうと思《おも》ふが之《これ》を一層有力《そういうりよく》に基礎《きそ》づけるものは言語《げんご》の研究《けんきう》でなければならぬ。これら言語《げんご》の比較研究《ひかくけんきう》は海峽文化《かいけふぶんくわ》の闡明《せんめい》に有力《いうりよく》な助言《じよげん》を與《あた》へるものであるのみならず、言語《げんご》そのものの研究《けんきう》にとつても最《もつと》も興味《きようみ》ある課題《くわだい》の一たるを失《うしな》はない。

(東京帝大教授)

「朝鮮の印象」の思出

武井守成

私《わたし》が朝鮮《てうせん》に行《い》つたのは大正《たいしやう》十五年《ねん》の二月《ぐわつ》の事《こと》で、もう十四年《ねん》を經過《けいくわ》してゐる。從《したが》つて朝鮮《てうせん》の印象《いんしやう》など、事改《ことあらた》めて云《い》ふのは可笑《をか》しい位《くらゐ》のものである。唯私《たゞわたし》の短時日《たんじじつ》の滯在《たいざい》の後《のち》に、歸京《ききやう》して出來《でき》たのが「朝鮮《てうせん》の印象《いんしやう》」と云《い》ふ小曲《せうきよく》である。で其曲《そのきよく》の中《なか》に綴《つゞ》つた印象《いんしやう》を斷片的《だんぺんてき》に記《き》したなら、或《あるひ》はそれが十數年《すうねん》の昔《むかし》の朝鮮《てうせん》を思《おも》ひ出《だ》すよすがとなるかも知《し》れないと蟲《むし》のよい事《こと》を考《かんが》へて敢《あへ》て筆《ふで》をとる。

私《わたし》が京城《けいじやう》についたのは二月《ぐわつ》の中旬《ちうじゆん》だつた。朝鮮《てうせん》では一月《ぐわつ》が一番寒《ばんさむ》いと云《い》ふ事《こと》で、此頃《このごろ》は少《すこ》しは暖《あたゝか》い方《はう》に向《むか》つてゐたのだらうが、然《しか》し隨分寒《ずゐぶんさむ》かつた。私《わたし》は毎日公務《まいにちこうむ》のために方々《はう〴〵》をかけずり廻《まは》つた。或日《あるひ》の事《こと》である。自動車《じどうしや》で町《まち》を通《とほ》つてゐる時《とき》に、突然私《とつぜんわたし》は得《え》も云《い》はれぬいゝ音《ね》をきいた。それはチャルメラの音《ね》である。東京《とうきやう》で夜《よ》ふけにきく支那《しな》そばのあのチャルメラである。けれどもその旋律《せんりつ》はあんな單純《たんじゆん》なものでなく、もつと非常《ひじやう》に複雜《ふくざつ》な美《うつく》しいメロデイーである。私《わたし》は思《おも》はず耳《みゝ》を立《た》てたが、何《なん》にも知《し》らない運轉手《うんてんしゆ》は平氣《へいき》でスピードをかけてゐた。私《わたし》は自動車《じどうしや》をとめやうと思《おも》つたが、總督府《そうとくふ》の高官《かうくわん》と同車《どうしや》だつたし、重要《ぢうえう》な仕事《しごと》を控《ひか》えてゐたので、又《また》の機會《きくわい》を思《おも》つて其《その》儘行《まゝゆ》き過《す》ぎてしまつた。然《しか》し毎日盛《まいにちも》りきれない位《くらゐ》のプログラムをもつた私《わたし》の旅程《りよてい》がとうとうそれきり此《この》チャルメラをきく事《こと》を拒《こば》んでしまつた。今日果《こんにちはた》して聽《き》けるかどうかは判《わか》らないが、あの音《ね》だけはもう一度《ど》きいて見《み》たい。

京城《けいじやう》では食道園《しよくだうゑん》で李王職長官《りわうしよくちやうくわん》の御招《おまね》きをうけて、妓生《キーサン》の舞踊《ぶよう》を見《み》、歌曲《かきよく》をきく事《こと》が出來《でき》た。此時《このとき》の朝鮮《てうせん》の旅《たび》の用務《ようむ》の一つは朝鮮雅樂《てうせんががく》の研究《けんきう》にあつたので、此夜《このよ》も雅樂部職員《ががくぶしよくゐん》の演奏《えんそう》で普通《ふつう》には聽《き》く事《こと》の出來《でき》ない高踏的《かうたふてき》な曲《きよく》のいくつかをきかせていたゞいたが、特《とく》にその内《うち》の一つは約《やく》一時間《じかん》もかゝるものでそれが歌《うた》へるのは京城《けいじやう》でも二三の妓生《キーサン》に過《す》ぎないと云《い》ふ事《こと》だつた。無理《むり》もない。妓生《キーサン》をよぶ内鮮人《ないせんじん》の殆《ほと》んどすべてが俗謠《ぞくえう》を求《もと》める時代《じだい》である。現《げん》にその時《とき》も此歌《このうた》が始《はじ》まつて二三十分《ぷん》經《た》つとそれをきいてゐるのは私《わたし》と私《わたし》の同行《どうかう》の樂師《がくし》二人《ふたり》だけに成《な》つてしまつてゐた。私《わたし》は今日《こんにち》ではもう此歌《このうた》は亡《ほろ》びてしまつてゐるのではないかと悲《かな》しく思《おも》ふ。

平壤《へいじやう》では妓生券番(妓生《キーサン》學校《がくかう》と通常呼《つうじやうよ》ばれてゐる)を見學《けんがく》した。此日《このひ》は道廳《だうちやう》の特別《とくべつ》な計《はか》らひで學生《がくせい》だけでなく卒業生《そつげふせい》(と云《い》ふのはつまり一人前《にんまへ》の妓生《キーサン》)の殆《ほと》んどすべてを集《あつ》めてわざわざプログラムを作成《さくせい》してくれた。京城《けいじやう》できいた樣《やう》な高級《かうきふ》なものはなかつたが、其代《そのかは》り妓生《キーサン》のもつ藝《げい》のすべては網羅《まうら》された。僧舞《そうぶ》や劍舞《けんぶ》は二度目《どめ》だつたが、それだけに細《こまか》い仕《し》ぐさを知《し》る事《こと》が出來《でき》た。唯《ただ》音樂《おんがく》そのものは京《けい》城《じやう》で雅樂部《ががくぶ》の職員《しよくゐん》のをきかせて貰《もら》つただけに甚《はなはだ》しく聽《き》き劣《おと》りがしたのは止《や》むを得《え》ない。

道廳《だうちやう》の招宴《せうえん》で一夜《や》牡丹臺《ぼたんだい》のお牧《まき》の茶屋《ちやや》に赴《おもむ》いたが、此夜《このよ》は非常《ひじやう》な明月《めいげつ》で、すつかり凍《こほ》りついてゐる大同江《だいどうかう》が美《うつく》しく輝《かゞや》いて、文祿《ぶんろく》、日《につ》清《しん》の二戰役懷古的《せんえきくわいこてき》なセンチメンタリズムが私《わたし》の胸《むね》を一杯《ぱい》にした。牡丹臺《ぼたんだい》は大《おほ》きい景觀《けいくわん》と小《ちひ》さい景色《けしき》とを並《なら》びもつてゐる。と云《い》ふ感《かん》じは否定出來《ひていでき》ない。

斯《か》うして短《みじか》い滯在《たいざい》の間《あひだ》に、ともかくも一通《とほ》り帶《お》びてゐた用務《ようむ》を片《かた》づけた私《わたし》は、歸京後《ききやうご》約《やく》一週間《しうかん》を經《へ》て幻想曲《げんさうきよく》「朝鮮《てうせん》の印象《いんしやう》」を書《か》いたのであるが、此小品《このせうひん》の骨子《こつし》をなしたのは、あのチャルメラの印象《いんしやう》、牡丹臺《ぼたんだい》の寒月《かんげつ》、妓生《キーサン》の舞踊《ぶよう》、それに朝鮮《てうせん》に入《はひ》つてから著《いちじる》しく私《わたし》をとらへた軍國的情調《ぐんこくてきじやうてう》であつた。

（男爵宮内省式部官）

朝鮮の認識

鈴木武雄

「北海道《ほくかいだう》の支店《してん》へ轉勤《てんきん》を命《めい》ぜられた時《とき》の感《かん》じと京城《けいじやう》の支店《してん》へ轉勤《てんきん》を命《めい》ぜられた時《とき》の感《かん》じとが非常《ひじやう》に違《ちが》ふんだが、どうした譯《わけ》だらう。京《けい》城《じやう》だと在勤手當《ざいきんてあて》もあつてサラリーの收入《しうにふ》は多《おほ》くなり、北海道《ほくかいだう》はそんなものが附《つ》かないんだが、どうも京城行《けいじやうゆき》となると、何《なに》か知《し》ら非常《ひじやう》な決心《けつしん》が要《い》るやうな氣《き》がする。」

京城《けいじやう》に支店《してん》のある或《あ》る會社《くわいしや》の會社員《くわいしやゐん》がそんなことを話《はな》して呉《く》れたことがあつた。此《こ》の人《ひと》は東京《とうきやう》ッ兒《こ》で帝大出《ていだいで》のインテリ・サラリーマンだが、かうした感情《かんじやう》はおそらく内地《ないち》のインテリに共通《きやうつう》した僞《いつは》らない感情《かんじやう》であらう。

東京《とうきやう》――札幌間《さつぽろかん》と東京京城間《とうきやうけいじやうかん》とでは慥《たし》かに京城《けいじやう》の方《はう》が少《すこ》し遠《とほ》いし、また朝鮮海峽《てうせんかいけふ》の方《はう》が津輕海峽《つがるかいけふ》よりも渡航《とかう》に時間《じかん》がかゝるが、これはそれ程《ほど》本質的《ほんしつてき》な違《ちが》ひではあるまい。矢張《やは》り朝鮮《てうせん》と云《い》ふ所《ところ》が風俗習慣《ふうぞくしふくわん》の異《こと》る異郷《いきやう》と云《い》ふ感《かん》じのする點《てん》が本質的《ほんしつてき》な理由《りいう》であらう。そのくせ、内地《ないち》のインテリ達《たち》はこの異郷《いきやう》の風俗《ふうぞく》を觀《くわん》賞《しやう》の對象《たいしやう》としては非常《ひじやう》に愛《あい》してゐるらしく見《み》えるのは、春香傳《しゆんかうでん》と云《い》ふ演劇《えんげき》が東京《とうきやう》の新劇《しんげき》ファンの間《あひだ》に好評《かうひやう》を博《はく》した一事《じ》でも想像《さうぞう》が出來《でき》る。ところが、さてこの愛《あい》すべき春香《しゆんかう》の故郷《こきやう》の地《ち》たる朝鮮《てうせん》に赴任《ふにん》する段取《だんどり》となると、足踏《あしぶみ》をしたり、また非常《ひじやう》な決意《けつい》を必要《ひつえう》としたりするのである。

滿洲《まんしう》や北支行《ほくしゆき》に就《つい》ても同樣《どうやう》のことが言《い》へるが、またかうした地域《ちゐき》へ赴任《ふにん》する場合《ばあひ》には寧《むし》ろ出征《しゆつせい》するやうな氣持《きもち》になつて、大陸開發《たいりくかいはつ》の國策《こくさく》に向《むか》ふと云《い》ふ悲壯《ひさう》な勇氣《ゆうき》も湧《わ》くらしい。ところが、朝鮮《てうせん》となるとそれ程《ほど》パッとしないにも拘《かゝは》らず、矢張《やは》り海《うみ》を越《こ》えて異郷《いきやう》の中《なか》に這《は》入《い》り込《こ》まねばならぬ。それなら、いつそ銀座《ぎんざ》の散歩《さんぽ》も樂《たの》しめる東京在勤《とうきやうざいきん》の方《はう》が餘程《よほど》氣《き》が利《き》いてゐると云《い》ふやうなことから、足踏《あしぶ》みをしたり重大決意《ぢうだいけつい》をしたりするのであるらしい。

これは我々《われ〳〵》から見《み》るとおかしな話《はなし》で、何故《なぜ》北海道《ほくかいだう》へ赴任《ふにん》すると同《おな》じ氣持《きもち》で朝鮮《てうせん》へやつて來《こ》られないのか不思議《ふしぎ》で仕方《しかた》がない。何等《なんら》かの興奮《こうふん》と一緒《しよ》でなければ、海《うみ》を越《こ》えて大膽《だいたん》に渡《わた》り住《す》む氣持《きもち》が起《おこ》り得《え》ないとすれば寒心《かんしん》すべきことだ。併《しか》しまたよく考《かんが》へ直《なほ》して見《み》ると、これは朝鮮《てうせん》がこの頃內地《ころないち》に非常《ひじやう》に近似化《きんじくわ》して來《き》た證據《しようこ》ではないかと思《おも》ふ。朝鮮行《てうせんゆき》と云《い》ふとが餘《あま》り悲壯《ひそう》な興奮《こうふん》を喚《よ》び起《おこ》さないのは、同《おな》じ大陸《たいりく》の一角《かく》に位置《ゐち》してゐても、朝鮮《てうせん》は滿支《まんし》と違《ちが》つて或《あ》る程度出來上《ていどできあが》つた地帶《ちたい》であり、內《ない》地化《ちくわ》の最も進《すゝ》んでゐる地帶《ちたい》であるから、先驅《せんく》者的興奮《しやてきこうふん》が餘《あま》り喚《よ》び起《おこ》されないのであらう。それにも拘《かゝは》らず、異鄕《いきやう》に渡《わた》り住《す》むやうな氣《き》が起《おこ》るのであつたら、それは起《おこ》す人達《ひとたち》の認識不《にんしきふ》足《そく》であつて、朝鮮《てうせん》はその人達《ひとたち》の興奮《こうふん》を喚《よ》び起《おこ》さない程《ほど》それ程非外地化《ほどひぐわいちくわ》してゐると云《い》ふ事實《じじつ》をこそもつと悟《さと》りと認識《にんしき》して貰《もら》ひ度《た》いのである。

それは、物心兩方面《ぶつしんりやうはうめん》にわたる最近《さいきん》の著《いちじる》しい「內鮮《ないせん》一體《たい》」化《くわ》の事實《じじつ》だ。「內鮮《ないせん》一體《たい》」と云《い》ふと誤解《ごかい》をする人《ひと》があつて、或《あ》る者《もの》は「內鮮《ないせん》一體《たい》」を既《すで》に完全《くわんぜん》に出來上《できあが》つたものと解《かい》し、また他《た》の者《もの》は遠《とほ》い理想《りさう》でしかないと解《かい》してゐるが、何《いづ》れも誤解《ごかい》である。「內鮮《ないせん》一體《たい》」は勿論《もちろん》まだ完全《くわんぜん》には出來上《できあが》つてゐないが、その大理《だいり》想《さう》に向《むか》つて着々《ちやく〳〵》接近《せつきん》しつつあり且《か》つ相當《さうたう》に接《せつ》近《きん》してゐると云《い》ふ事實《じじつ》を、見落《みおと》してはならない。物事《ものごと》を絶對的《ぜつたいてき》にしか見《み》ないのは何《いづ》れにしても小兒病的《せうにびやうてき》だ。

それはそれとして事實《じじつ》、大陸《たいりく》の各民族《かくみんぞく》を比較的《ひかくてき》に見《み》て、朝《てう》鮮民族《せんみんぞく》ほど精神的《せいしんてき》に內地人《ないちじん》に接近《せつきん》してゐるもののないことは疑《うたが》ふ餘地《よち》がない。初《しよ》等教育《とうけういく》の普及率《ふきふりつ》から云《い》つても、國語《こくご》を解《かい》する者《もの》のパーセンテージの多《おほ》いことから云《い》つても、大陸諸民《たいりくしよみん》族中比較《ぞくちうひかく》にならぬ。だから、此處《ここ》では教育會《けういくくわい》の改正《かいせい》(內鮮共學《ないせんきようがく》)も志願兵制度《しぐわんへいせいど》の實施《じつし》も斷行《だんかう》出來《でき》たのである。また、物的《ぶつてき》、經濟的方面《けいざいてきはうめん》から見《み》た場合《ばあひ》、內鮮經濟關係程密接《ないせんけいざいくわんけいほどみつせつ》な關係《くわんけい》は、日本《につぽん》を中心《ちうしん》とするブロックの如何《いか》なる國《くに》との間《あひだ》にもこれを見《み》ることが出來《でき》ない。圓《えん》ブロックの先驅《せんく》は朝鮮《てうせん》であり、內鮮通貨等價《ないせんつうくわとうか》の關係《くわんけい》は日露戰爭以來《にちろせんさういらい》の古《ふる》い歷史《れきし》を有《も》つてゐる。商《しやう》品流通關係《ひんりうつうくわんけい》を見《み》ても、內鮮《ないせん》の間《あひだ》には今《いま》や殆《ほとん》ど關稅障壁《くわんぜいしやうへき》なく、日本《につぽん》(內地《ないち》)の貿易相手國《ぼうえきあひてこく》として假《かり》に滿洲《まんしう》や支那《しな》や英米《えいべい》の外國《ぐわいこく》並《な》みに朝鮮《てうせん》を比較《ひかく》して見《み》ると、朝鮮《てうせん》は輸出《ゆしゆつ》に於《おい》て日本最大《にほんさいだい》のマーケットであり、輸入《ゆにふ》に於《おい》ては北米合衆《ほくべいがつしう》國《こく》に次《つ》ぎ第《だい》二位《ゐ》の物資《ぶつし》供給國《きようきふこく》なのである。即《すなは》ち昭和《せうわ》十三年《ねん》に於《おい》て、內地《ないち》總輸《そうゆ》移出貿易額中《いしゆつぼうえきがくちう》對朝鮮移出額《たいてうせんいしゆつがく》は九億《おく》二千一百萬圓《まんえん》、二三・三%を占《し》めて第《だい》一位《ゐ》にあり、關東洲《くわんとうしう》の一三・六%、北米合衆國《ほくべいがつしうこく》の一〇・七%、滿洲國《まんしうこく》の八%等《とう》を遙《はる》かに拔《ぬ》いてゐる。また總輸《そうゆ》移入額中《いにふがくちう》朝《てう》鮮《せん》よりの移入額《いにふがく》は七億《おく》一千萬圓《まんえん》、一八・二%で、北米合衆國《ほくべいがつしうこく》の九億《おく》一千五百萬圓《まんえん》、二四・一%には及《およ》ばないが、臺灣《たいわん》、滿洲國《まんしうこく》、支那《しな》、印度《インド》等《とう》を遙《はる》かに凌駕《りようが》して第《だい》二位《ゐ》にあるのである。

また產業構成《さんげふこうせい》も「農工併進《のうこうへいしん》」の線《せん》に沿《そ》つて近代產業化《きんだいさんげふくわ》が急速《きふそく》に進展《しんてん》しつつあり、都市《とし》の發達《はつたつ》も顯著《けんちよ》で、要《えう》するに「植民地《しよくみんち》」と云《い》ふ名《な》前《まへ》に固有《こいう》の原始產業《げんしさんげふ》一本槍《ほんやり》の風景《ふうけい》は急速《きふそく》に轉《てん》換《くわん》されつつある。

朝鮮《てうせん》を頭《あたま》から「植民地《しよくみんち》」と考《かんが》へることとそのことが既《すで》に問題《もんだい》であり、東亞新秩序建設《とうあしんちつじよけんせつ》の今《こん》日《にち》に於《おい》ては尙《なほ》のこと觀念的《くわんねんてき》にもかかるヨーロッパ的《てき》、舊秩序的考《きうちつじよてきかんが》へ方《かた》を捨《す》てるべきであらう。

東京《とうきやう》のインテリが、寧《むし》ろ何《なん》の感懷《かんくわい》も興奮《こうふん》も抱《いだ》かず、北海道《ほくかいだう》に赴任《ふにん》するやうな氣持《きもち》で、氣《き》輕《がる》に朝鮮《てうせん》へ赴任《ふにん》するやうになつて貰《もら》ひ度《た》いものである。

（一四、八、五）（京城帝大教授）

內地人として

辛島驍

これは林房雄氏《はやしふさをし》が來城《らいじやう》されて文學會《ぶんがくくわい》の座談《ざだん》會《くわい》が開《ひら》かれた時《とき》にも言《い》つたし、また島木健作《しまきけんさく》氏《し》と半島《はんたう》ホテルで話《はな》しこんだ時《とき》にも觸《ふ》れたことだが、內地文壇《ないちぶんだん》からのお客《きやく》さん達《たち》は、みんな朝鮮《てうせん》の文學《ぶんがく》——ひろく言《い》つて文化《ぶんくわ》の全般《ぜんぱん》に對《たい》して極《きは》めて深《ふか》い關心《くわんしん》を持《も》つて此《こ》の土地《とち》に下《げ》車《しや》されるにもかゝはらず、その關心《くわんしん》がいつも朝鮮人側《てうせんじんがは》の問題《もんだい》であり動向《どうかう》であつて、此處《ここ》に既《すで》に久《ひさ》しく共《とも》に住《す》む內地人《ないちじん》に就《つい》ての生活的《せいくわつてき》な思想的《しさうてき》な注意《ちうい》が餘《あま》りにも少《すく》ないことがわれわれとしては歎《なげ》かはしい。

勿論《もちろん》、張赫宙君《ちやうかくちうくん》の作《さく》は皆《みな》さん讀《よ》んでゐられることであらうし、崔載瑞君《さいさいずゐくん》の朝鮮文壇《てうせんぶんだん》に就《つい》てのラヂオ放送《はうそう》も聽《き》かれたであらうから——それに朝鮮《てうせん》には朝鮮獨特《てうせんどくとく》の文化的歷史《ぶんくわてきれきし》があり風俗習慣《ふうぞくしふくわん》の上《うへ》にも多《おほ》くの興味《きようみ》をひくものがあらうし、朝鮮《てうせん》の人々《ひとびと》の生活思考《せいくわつしかう》に就《つい》て先《ま》づ深《ふか》い關心《くわんしん》をもたれることはあたりまへのことでまたそうした部分《ぶぶん》にだけでも兎《と》に角《かく》朝鮮《てうせん》に注《ちう》意《い》を向《む》けてもらふといふことは、われわれとしてまさに有《あ》り難《がた》いことに相違《さうゐ》ないのではあるが、然《しか》し同《おな》じく此《こ》の半島《はんたう》に住《す》む內地人側《ないちじんがは》の生活思考《せいくわつしかう》に就《つい》てももう少《すこ》しなんとか氣《き》を配《くば》つてもらひ度《た》いと思《おも》ふのである。

此《こ》の土地《とち》に故鄕《こきやう》を離《はな》れて遠《とほ》く住《す》み暑《あつ》さ寒《さむ》さと鬪《たたか》ひ傳染病《でんせんびやう》と鬪《たたか》つて風俗言語《ふうぞくげんご》の違《ちが》つた人達《ひとたち》

と暮《くら》し合《あ》つて來《き》た人達《ひとたち》にとつては、その人達《ひとたち》相當《さうたう》のやはり何《なに》か生活的感慨《せいくわつてきかんがい》、思索《しさく》、或《あるひ》は信《しん》仰《かう》といつたものが自然《しぜん》と生《うま》れて來《さ》てゐる筈《はず》と思《おも》ふ。今《いま》は已《すで》に此《こ》の土地《とち》で生《うま》れた息子達《むすこたち》が大《だい》學《がく》を卒業《そつげふ》し、同《おな》じく此《こ》の風土《ふうど》で育《そだ》つた娘《むすめ》を娶にして子供《こども》をさへもうけてゐる。此《こ》の若《わか》い人《ひと》達《たち》の間《あひだ》にも此《こ》の土地《とち》特異《とくい》な生活《せいくわつ》が與《あた》へた何《なに》かゞあるべき筈《はず》のように思《おも》はれる。

(金綱超畵)

そうした親子《おやこ》二代《だい》の朝鮮生活《てうせんせいくわつ》の感情《かんじやう》は土地《とち》の文學《ぶんがく》のどこかに表現《へうげん》されてゐなければならぬ筈《はず》であるから、少《すく》くとも文學《ぶんがく》の道《みち》を歩《ある》かれろ程《ほど》の人《ひと》は幾莫《いくばく》かの關心《くわんしん》をこの方面《はうめん》にもつて貰《もら》ひたいと思《おも》ふのである。

ところがほんとうのことを言《い》ふと、恥《はづか》しい次第《しだい》だがかうして旅《たび》の方々《かたがた》に內地人《ないちじん》の生活《せいくわつ》への關心《くわんしん》を要請《えうせい》しながら、その內地人《ないちじん》自身《じしん》が、今迄《いままで》にゆつくり自分達《じぶんたち》の生活《せいくわつ》を掘《ほ》り下《さ》げ顧《かへり》みたり、その眞實《しんじつ》の心《こゝろ》を文學《ぶんがく》の上《うへ》に表現《へうげん》しようと望《のぞ》んだこともなかつたのである。

未《いま》だ三十代《だい》にして古陶器《こたうき》の冷《つめた》い感觸《かんしよく》を愛《め》でる人《ひと》はある。日曜毎《にちえうごと》に釣《つり》に出《で》て無心《むしん》に竿を凝視《ぎようし》する人《ひと》は多《おほ》い。更《さら》に野球《やきう》や娛樂映畫《ごらくえいぐわ》、圍碁《ゐご》、麻雀《マージヤン》を樂《たの》しむ人《ひと》はなほ更多《さらおほ》い。然《しか》し自《みづか》らの生活《せいくわつ》は或《あるひ》は周圍《しうゐ》の生活《せいくわつ》を凝視《ぎようし》して之《これ》を文學《ぶんがく》——殊《こと》に小說《せうせつ》の形《かたち》に於《おい》て人《ひと》に語《かた》らふと努《ど》力《りよく》した者《もの》は殆《ほと》んどなかつた。まして新劇《しんげき》でもやらうといふよふな青年達《せいねんたち》は見《み》られなかつた。朝鮮《てうせん》の青年達《せいねんたち》が新劇《しんげき》をやつても從來內地人《じゆうらいないちじん》の看客《かんきやく》は絕無《ぜつむ》であつた。眞面目《まじめ》に看《み》に行つた私《わたし》などは刑事《けいじ》と誤解《ごかい》される有樣《ありさま》であつた。

何故《なぜ》に彼等《かれら》はもつと自己《じこ》を語《かた》り、自己《じこ》を表《へう》現《げん》しようとしないのであらうか。日常生活《にちじやうせいくわつ》の間《あひだ》にあつても同《おな》じような些末《さまつ》な生活感情《せいくわつかんじやう》をのみ述《の》べ合《あ》つて何故《なぜ》もうすこし生活《せいくわつ》の奧底《おくそこ》を掘《ほ》り下《さ》げてみようとしないのであらうか。

想《おも》ふに此處《ここ》にゐる內地人《ないちじん》は、何《なに》かそうした人生《じんせい》の意義《いぎ》といつたことよりも別《べつ》なあるものに始終《しじゆう》心を奪《うば》はれてゐるのではあるまいか。そうしてその焦燥《せうさう》の心《こゝろ》を、古陶器《こたうき》の冷《つめた》い感觸《かんしよく》や、無心《むしん》の竿の姿《すがた》や、その他《た》の娛樂機關《ごらくきくわん》によつて、ごまかそうとしてゐるのではあるまいか。若《も》しそうであつたらこれはかなりに淋《さび》しいそしてまたなさけないことでなければならない。

時代《じだい》は廻轉《くわいてん》して今《いま》や朝鮮《てうせん》の文壇《ぶんだん》は、從軍作《じゆうぐんさく》家《か》を戰地《せんち》に送《おく》り、舞臺《ぶたい》では阿片戰爭《あへんせんさう》を上演《じやうえん》し作品《さくひん》は多《おほ》く國語《こくご》で發表《はつぺう》されはじめてゐる。

私《わたし》は此處《ここ》で生《うま》れた內地人青年諸君《ないちじんせいねんしよくん》の奮起《ふんき》を望《のぞ》んでやまない。過去《くわこ》は過去《くわこ》でもはや問《と》ふまい。これからは優秀《いうしう》な半島《はんたう》の靑年《せいねん》と手《て》を携《たづさ》え相協力《あひけふりよく》して衝《つ》き進《すゝ》んで往《い》つてもらひ度《た》い。

內地《ないち》からの、また大陸《たいりく》からの旅人諸士《りよじんしよし》よ、有心《いうしん》の方《かた》はどうかかくの如《ごと》き靑年《せいねん》がうまれ來《く》るよう刺激《しげき》してゆくことを、朝鮮通過《てうせんつうくわ》に責任《せきにん》と考《かんが》へていたゞき度《た》い。（京城帝大教授）

白髭明神

下村海南

一、高麗の郡

この夏《なつ》は三十年來《ねんらい》の宿願《しゆくぐわん》である南洋《なんやう》へ旅立《たびだ》つ心《こゝろ》づもりであつたが、三日《か》にあげず物價委員會《ぶつかゐゐんくわい》がいまだに引《ひき》つゞき開《ひら》かれてゐるので、東京《とうきやう》へ釘付《くぎづ》けになつてしまふ。地方《ちはう》の夏季講演《かきかうえん》へといふ招《まね》きがあつても一々斷《ことわ》りをしてゐたが、たま〳〵秩父《ちゝぶ》の町《まち》よりの申込《まをしこみ》は二つ返事《へんじ》で引《ひき》うけた。

秩父《ちゝぶ》ならば日《ひ》がへりもできる、秩父《ちゝぶ》はまだ足《あし》を踏《ふ》まない町《まち》であり、さらに程遠《ほどとほ》からぬ三つ峯《みね》はケーブルもかゝつてるから序《つい》でといつては失禮《しつれい》だが登山《とざん》もらくである。さらに秩父《ちゝぶ》への道《みち》すがらかねて 志《こゝろざ》してゐる高麗《かうらい》の里《さと》へ立《た》ちよる事《こと》ができるからであつた。

池袋《いけぶくろ》から武藏野鐵道《むさしのてつだう》は所澤《ところざは》をあとに、飯能《はんのう》をすぎ秩父連山《ちゝぶれんざん》の山《やま》ふところ吾野《あがの》に下車《げしや》、それからバスで三時間《じかん》足《た》らず正丸峠《しやうまるたうげ》を越《こ》えると秩父《ちゝぶ》の町《まち》にくだる。その飯能《はんのう》に遠《とほ》からずそこに高麗川《かうらいがは》が流《なが》れ、高麗村《かうらいむら》があり高麗神社《かうらいじんじや》があり、高麗山勝樂寺《かうらいさんしようらくじ》がある。今《いま》は入間郡《いるまぐん》に併合《へいがふ》されてあるが、高麗高麗川《かうらいかうらいがは》の二村《そん》を中心《ちうしん》に東《とう》西《さい》八里《り》南北《なんぼく》三里《り》にわたる村々《むらく》は高麗人安住《かうらいじんあんぢう》の地《ち》であり、明治《めいぢ》二十九年《ねん》まで高麗郡《かうらいぐん》と名乘《なの》つてゐた土地《とち》である。

二、高麗の歸化民

我等《われら》大和民族《やまとみんぞく》の祖先《そせん》は原住《げんぢう》のアイヌ族《ぞく》もあつた、黒潮《くろしほ》にのつて來《き》た南洋方面《なんやうはうめん》の民族《みんぞく》もあつた、支那本土《しなほんど》からもシベリア滿洲沿海洲方面《まんしうえんかいしうはうめん》からもさらに朝鮮《てうせん》に至《いた》りては任那《にんな》、高麗《かうらい》、百濟《くだら》、新羅《しらぎ》の各地《かくち》から少《すくな》からぬ移民《いみん》が相《あひ》ついで歸化《きくわ》されたのである。

その中《なか》で高麗國《かうらいこく》の黄金時代《わうごんじだい》は滿洲南部《まんしうなんぶ》から朝鮮《てうせん》の北部西部《ほくぶせいぶ》を包含《はうがん》し平壤《へいじやう》に都《みやこ》して新羅百濟《しらぎくだら》にまで迫《せま》つた。我國《わがくに》へは仁德天皇《にんとくてんのう》の朝《てう》から高麗人《かうらいじん》の歸化《きくわ》が傳《つた》へられ、欽明天皇《きんめいてんのう》の末期頃《まつきごろ》から高麗《かうらい》は唐《たう》と新羅《しらぎ》の挾擊《けふげき》をうけ、爲《ため》に我朝《わがてう》との往來《わうらい》も繁《しげ》くなり、推古《すいこ》の朝《てう》には僧《そう》慧慈《じ》曇徵《び》をはじめ聖德太子《しやうとくたいし》の師《し》となりし惠灌等《けいくわんとう》が來朝《らいてう》してる。

天智天皇《てんちてんのう》の朝《てう》に高麗《かうらい》は亡《ほろぼ》され、天武天皇《てんむてんのう》の朝《てう》にいたりて歸化人《くわじん》は多《おほ》くなり持統天皇《ぢとうてんのう》の靈龜《れいき》二年《ねん》には武藏國《むさしのくに》に高麗郡《かうらいぐん》を設《まう》け、これまでに、駿河《するが》、甲斐《かひ》、相模《さがみ》、上總《かづさ》、下總《しもふさ》、常陸《ひたち》、下野等《しもつけとう》に散在《さんざい》したる高麗《かうらい》の歸化人《くわじん》千七百九十九人《にん》を收容《しうよう》したと傳《つた》へられてる。

近畿《きんき》を中心《ちうしん》として朝鮮《てうせん》の歸化民《くわみん》の多《おほ》いのは當然《たうぜん》すぎるが、關東方面《くわんとうはうめん》にも歸化民《くわみん》が散在《さんざい》されてた。甲斐《かひ》の巨麻郡《きよまぐん》あり近《ちか》くは相模《さがみ》の大磯《おほいそ》の高麗《かうらい》山《さん》高來《かうらい》神社《じんじや》あり、高野郡《かうやぐん》は高麗郡《かうらいぐん》の轉《てん》訛なりと傳《つた》へられてる。こんな事《こと》を書《か》き立《た》てると際限《さいげん》が無《な》いから此邊《このへん》でやめにする。

三、高麗神社と勝樂寺

高麗神社《かうらいじんじや》は高麗王若光《かうらいわうじやくくわう》を祭神《さいじん》としてある。蕃神《ばんしん》といふので式内社《しきないしや》には入《い》れられないが、延喜《えんぎ》以前《いぜん》の古《ふる》い宮居《みやゐ》である。若光《じやくくわう》は祖國《そこく》では王族《わうぞく》の一人《ひとり》であり、我朝《わがてう》にても從五位下《じゆうごゐげ》を賜《たま》り特《とく》に王《わう》の姓《せい》……王《わう》の字《じ》はコシキとよむ……を許《ゆる》され高麗郡《かうらいぐん》の郡司《ぐんじ》に任《にん》ぜられた。若光《じやくくわう》も遠《とほ》く異郷《いきやう》の下《もと》に同族《どうぞく》を率《ひき》ゐ、高麗再興《かうらいさいこう》の念止《ねんや》みがたきものがあつたらうが、故國回復《ここくくわいふく》の望《のぞ》みも絶《た》え、終《つひ》に此地《このち》の土《つち》となつた。同族諸方《どうぞくしよはう》より參集《さんしふ》門前《もんぜん》にひざまづきて慟哭《こく》涕泣止《きふや》まず祭神《さいしん》と仰《あふ》ぎて高麗明神高麗大宮《かうらいみやうじんかうらいたいぐう》など〻稱《とな》へながら、若光《じやくくわう》は晩年《ばんねん》びん髪眞白《はつまつしろ》であつたので白《しら》髭明神《ひげみやうじん》ともいつたと傳《つた》へられてる。向島《むかうじま》の白《しら》髭神社《ひげじんじや》が同系《どうけい》であつて、武藏《むさし》の國内《くにない》には五十有餘《いうよ》の類代《るゐだい》が數《かず》へられるとの事《こと》である。

大磯《おほいそ》の高來神社《かうらいじんじや》も若光《じやくくわう》を祭《まつ》つてある、若光《じやくくわう》は海《うみ》より相模《さがみ》に上陸《じやうりく》し大磯《おほいそ》に店《みせ》をかまへ、それから高麗郡《かうらいぐん》に移《うつ》つてる。高麗神社《かうらいじんじや》は今《いま》は猿《さる》田彦《たひこ》命武内《うち》宿禰の二柱を合祀《がつき》し縣社《けんしや》となり、さらに朝鮮《てうせん》に緣故《えんこ》ある人々《ひとびと》相計《あひはか》りて資金《しきん》をつのり、今木《いまき》の香《か》新《あら》しき社殿《しやでん》が築《きづ》かれまさに落《らく》成《せい》されんとしつ〻ある高麗神社《かうらいじんじや》に程近《ほどちか》く杉《すぎ》生茂《おひしげ》れる中《なか》に高麗山勝樂寺《かうらいさんしようらくじ》がある、若光《じやくくわう》の墓《はか》は山門《さんもん》の右《みぎ》なる池《いけ》のほとりにある。昔《むかし》は神佛《しんぶつ》混合《こんがふ》であつたから若光《じやくくわう》の子孫《しそん》は宮《みや》の別當《べつたう》と勝《しよう》樂寺《らくじ》の住職《ぢうしよく》を兼《かね》てゐた。若光《じやくくわう》の後《あと》はその姓《せい》が高麗《かうらい》より大宮司《だいぐうじ》、多門房《たもんばう》、……此頃《このごろ》に新田義《にったよし》興《おこ》の招《まね》きに應《おう》じ各地《かくち》に轉職《てんせん》してる……清乘院《せいじようゐん》宮本院《みやもとゐん》、梅本坊《うめもとばう》、を經《へ》て又高麗《またかうらい》となり、現社《げんしや》司《し》高麗明津《かうらいあきつ》氏《し》は五十八世《せい》の孫《まこ》となつてゐる。

四、高麗歸化民の後

先《ま》づとれだけの豫備知識《よびちしき》で東京《とうきやう》から十二里《り》高麗驛《かうらいえき》から十餘町《よちやう》なる高麗人《かうらいじん》の遺跡《ゐせき》を、所澤《ところざは》なり村山《むらやま》池なり飯能《はんのう》よりの道《みち》すがら、一日《にち》の行樂《かうらく》をかねて歩《ほ》をまげられん事《こと》を皆樣《みなさま》におす〻めする。

今《いま》や日鮮併合《につせんへいがふ》されて一つとなり、次《つい》で日滿《にちまん》一如《じよ》が唱《とな》へられ、さらに日滿支《にちまんし》を通《つう》ずる東亞《とうあ》の新建設《しんけんせつ》の聲《こゑ》さへ高《たか》まつてゐる。今日《けふ》も今日《けふ》とて拓務大臣官邸《たくむだいじんくわんてい》に於《おい》て滿洲開拓民審議會特《まんしうかいたくみんしんぎくわいとく》別委員會《べつゐゐんくわい》が開《ひら》かれ、委員諸君《ゐゐんしよくん》の熱論《ねつろん》は午前《ごぜん》八時《じ》から午後《ごご》の五時《じ》に及《およ》び、さらに近《ちか》く第二次《だいじ》會《くわい》を開《ひら》く事《こと》になつた。觀《くわん》じ來《きた》れば高麗村《かうらいむら》の探《たん》勝《しよう》には、そこに數々《かずかず》の示唆《し》もあり感想《かんさう》がそれからそれとうかゞはれる。讀者諸君《どくしやしよくん》も又探勝《またたんしよう》さる〻人《ひと》たちも、おのれたちの姓《せい》に一應《おう》ふりかへつて見《み》るがよい。

栗田寛博士《くりたくわんはかせ》の氏族考《しぞくかう》によれば、高麗人《かうらいじん》の後《あと》が四十四となつてる。重《おも》なるものは

高麗王《かうらいわう》の後《あと》　高麗《かうらい》　高倉《たかくら》　難波《なんば》　三宅《やけ》　鳥《とり》
井《ゐ》　吉井《よしゐ》　宮原《みやはら》　津《つ》　白河《しらかは》　安達《あだち》　高井《たかゐ》
狛　豐原《とよはら》　高《たか》　御船《みふね》

高麗人《かうらいじん》の後《あと》　御笠《みかさ》　新城《しんじやう》　出水《でみづ》　清原《きよはら》　朝《あさ》
日《ひ》　島野《しまの》　高里《たかさと》　高井《たかゐ》　日置《ひおき》　八坂《やさか》　田《た》
河《かは》　松川《まつかは》　高田《たかだ》　高安《たかやす》　高島《たかしま》　葉原《はばら》　三
木《き》　須々岐《すゞき》　豐岡《とよをか》　篠井《しのゐ》　玉井《たまゐ》

などがある。こうした姓《せい》の人々《ひとびと》は皆高麗人《みなかうらいじん》の後《あと》なりとかぎられるわけでも無《な》からうが、高《かう》麗人《らいじん》から出《で》た氏名《しめい》にはとれ〳〵があるといふのである。但《たゞ》し之《これ》は高麗《かうらい》の歸化民《くわみん》の氏《うぢ》だけである。別《べつ》に任那《にんな》がある百濟《くだら》がある新羅《しらぎ》がある

（一四八一八朝風莊《てうふうさう》）

金剛山雜感

張赫宙

金剛山《こんがうさん》は、案外《あんぐわい》それほどでもなかつた、といふ文章《ぶんしやう》を私《わたし》は今夏《こんか》ある新聞《しんぶん》に書《か》いたが、その後滿洲《まんしう》からの歸路《きろ》、同《おな》じ船室《せんしつ》の山岸《やまぎし》といふ人《ひと》と、やはり金剛山《こんがうさん》の話《はなし》が出《で》て、さう言《い》ふと

「さうですよ。大《たい》したとでもないですよ。わたしばかりでなく萬物相《ばんぶつさう》を描《か》いてゐる畫家《ぐわか》も——多分東京《たぶんとうきやう》の有名《いうめい》な人《ひと》らしいですが一寸《ちよつと》岩《いは》が變《かは》つてゐますんでね、と、洩《もら》してゐましたよ」

と、アメリカ邊《あたり》まで觀光《くわんくわう》して來《き》たといふ、五十過《す》ぎの山岸《やまぎし》さんは、私《わたし》ほどにも金剛山《こんがうさん》を認《みと》めないばかりか、けなすこと甚《はなは》だしいのである。

さうなると、いささか反撥《はんぱつ》を覺《おぼ》えないわけにゆかんので、

「しかし、さうけなす程《ほど》ではないでせう。私《わたし》は、酒田市《さかたし》から來《き》たといふ人《ひと》たちと茶店《ちやみせ》から一しよでしたが、耶馬溪《やまけい》など問題《もんだい》にもならない。上《うへ》ばかり見《み》て歩《ある》いて、岩《いは》から辷《すべ》り落《お》ちさうになるのも知《し》らなかつた、などと、讃嘆《さんたん》してゐましたよ」

と、抗議《かうぎ》めいた語調《ごてう》で言《い》つてみた。

すると、山岸《やまぎし》さんは、

「まあ、さうかも知《し》れませんが、一體《たい》が小造《こづく》りで、雄大《ゆうだい》さもないし、神秘性《しんぴせい》にも缺《か》けて、底《そこ》が見《み》えすくと言《い》ふか、要《えう》するに巨《おほ》きさがないですよ」

と、結論《けつろん》した。

それで、金剛山《こんがうさん》はどの邊《へん》を見《み》たか、ときくと、外金剛《そとこんがう》からはいつて、奥萬物相《おくばんぶつさう》、新萬物相《しんばんぶつさう》、それから舊萬物相《きうばんぶつさう》のあるあたりから、溫井里《をんせいり》へ出《で》て、九龍淵《りうえん》を見《み》、內金剛《うちこんがう》の方《はう》へ拔《ぬ》けた、と言《い》ふのである。舊萬物相《きうばんぶつさう》しか覗《のぞ》いてゐない私《わたし》などの問題《もんだい》にもならない位《くらゐ》、金剛山《こんがうさん》には詳《くは》しいのである。

ほんとうは私《わたし》もこの山岸《やまぎし》といふ人《ひと》の結論《けつろん》と同《おな》じ意見《いけん》を持《も》つてゐるし、山岸《やまぎし》さんが、ことさらに、金剛山《こんがうさん》をけなしてゐる、或《あるひ》は、けなしたくなる氣持《きもち》がわかつたやうな氣《き》がしたので、それきり議論《ぎろん》は止《よ》したのである。

つまり、一と口《くち》で言《い》ふと、金剛山《こんがうさん》は、その實體《じつたい》よりも遙《はる》かに誇張《こちやう》して宣傳《せんでん》されてゐると言《い》ふことである。

たとへば、こんな話《はなし》がある。

願生高麗國《ぐわんしやうかうらいこく》、一見金剛山《けんこんがうさん》。

朝鮮《てうせん》に生《うま》れて、一度《ど》でもいい金剛山《こんがうさん》を見《み》たい、といふのが、支那人《しなじん》の一生《しやう》の願《ねが》ひだ、といふのである。この詩《し》を、支那《しな》の何《なん》といふ詩人《しじん》が作《つく》つたのか、支那《しな》の人《ひと》が、ほんとにさう思《おも》つてゐるのか、私《わたし》は全然《ぜんぜん》知《し》らないのである。

だから、この詩《し》は、むしろ、朝鮮人相互《てうせんじんさうご》に金剛山禮讃《こんがうさんらいさん》の言葉《ことば》として通用《つうよう》してゐると思《おも》はれるし、私《わたし》などこの詩《し》を引用《いんよう》した文章《ぶんしやう》を幾度《いくど》も讀《よ》んでゐるし、聞《き》かされもしたのである。

それから、金剛山《こんがうさん》が、如何《いか》に外國《ぐわいこく》でも有名《いうめい》であるか、たとへば、朝鮮《てうせん》を通過《つうくわ》する外國《ぐわいこく》の名士《めいし》の新聞談話《しんぶんだんわ》には例外《れいぐわい》なく金剛山《こんがうさん》を有《いう》する

（金仁承畫）

朝鮮《てうせん》の自然《しぜん》の美《うつく》しさ、を賞《ほ》めたたへるし、先《せん》年來朝《ねんらいてう》したバーナード・ショウも、チヨウセンは知《し》らないと言《い》つたが、ダイアモンド・マウンテンのあるところだ、と言《い》ふと、すぐに分《わか》つたと言《い》つた。といふ風《ふう》の記事《きじ》も讀《よ》まされたりして、朝鮮《てうせん》の人《ひと》や朝鮮《てうせん》に緣故《えんこ》のある人《ひと》なら金剛山《こんがうざん》といふ一つの偶像《ぐうざう》が厭應《いやおう》なく心《こゝろ》に出《で》來《き》るやうになるのである。

それは又《また》、東京《とうきやう》の著名《ちよめい》な文人《ぶんじん》の、金剛山禮讃《こんがうざんらいさん》の詩文《しぶん》や、特《とく》に、朝鮮文人《てうせんぶんじん》の、金剛山遊記《こんがうさんいうき》を讀《よ》むと、まるで此《こ》の世《よ》にはない仙境《せんきやう》のやうな印象《いんしやう》をうけることによつて、益々《ますます》拍車《はくしや》をかけられるのである。

そこで、私《わたし》なんかも、それほど廣《ひろ》く見聞《けんぶん》した譯《わけ》ではないが、それまで見《み》た名山《めいざん》や名所《めいしよ》は全然《ぜんぜん》よそに、全《まつた》く素晴《すば》らしい處《ところ》を豫想《よさう》して、金《こん》剛山《がうざん》にはひつたが、との、あまりにも過《す》ぎた誇大期待《こだいきたい》がいけなかつたのである。どんなにいいところだらう、と始終思《しじうおも》ひながら山《やま》へ上《のぼ》るのであるが、普通《ふつう》なら相當《さうたう》にいいと思《おも》ふところへ來《き》ても、まだまだ、ほんもののよいところまでは來《き》てゐないと、思《おも》ひつつ、奧《おく》へ奧《おく》へとはいつて、愈々《いよいよ》本《ほん》ものに行《ゆ》きついた時《とき》の、なんだ、こんなものか、と、思《おも》はず覺《おぼ》える時《とき》の失望《しつばう》は、ほんとに大《おほ》きかつたのだ。そして、私《わたし》はそれまでに讀《よ》んだ多《おほ》くの金剛山遊記《こんがうさんいうき》を思《おも》ひ出《だ》して、文士諸氏《ぶんししよし》が如何《いか》に、多《おほ》くの美辭麗句《びじれいく》を書《か》きならべ、表現《へうげん》の極をつくして金剛山《こんがうざん》を禮讃《らいさん》したか、それがどの程度《ていど》まで誇張《こちやう》であるかなどを考《かんが》へたのである。實際幼稚《じつさいえうち》な文筆家《ぶんぴつか》程麗句《ほどれいく》の製作《せいさく》に沒頭《ぼつとう》するらしい。美《うつく》しい言葉《ことば》で金剛山《こんがうざん》を賞《ほ》めておけば、筆者《ひつしや》の作文術《さくぶんじゆつ》の巧拙《かうせつ》など煙幕《えんまく》の中《なか》に隱《かく》されてしまふのである。或《あるひ》は、「美《び》」を描《えが》くことの至難事《しなんじ》を避《さ》けんための下心《したごゝろ》があつたか、金剛山《こんがうざん》といふ偶像《ぐうざう》を打破《だは》する勇氣《ゆうき》に缺《か》けたためか。

とにかく、私《わたし》にこんなことを思《おも》はせるのでも、金剛山《こんがうざん》を書《か》いた諸文章《しよぶんしやう》が誇張《こちやう》に過《す》ぎた罪《つみ》であると言《い》ひたい。

それで私《わたし》は溫井里《をんせいり》に三晩《ばん》も泊《とま》りながら、九龍淵《りうえん》に案內《あんない》しますといふ宿屋《やどや》の主人《しゆじん》の好意《かうい》を斥けて連載《れんさい》ものの執筆《しつぴつ》をしたり、そこに住《す》んでゐる人《ひと》たちの生活《せいくわつ》のほうによけい興味《きやうみ》をひかれたりしたのである。

けれど、あのやうな岩山《いはやま》と溪谷《けいこく》が、一つ處《ところ》に、あれだけ澤山集《たくさんあつま》つてゐるといふことは、確《たしか》に珍《めづら》しいと思《おも》ふのである。本誌《ほんし》が朝鮮紹介《てうせんせうかい》版《はん》だといふので、特《とく》にこの拙文《せつぶん》を物《もの》したが、それは私《わたし》が感《かん》じたと同樣《どうやう》の失望《しつばう》を抱《いだ》く人《ひと》がゐるかも知《し》れんので、それを未然《みぜん》に防《ふせ》ぐためと、文筆家《ぶんぴつか》に若干《じやつかん》の反省《はんせい》を促《うなが》したかつたのである。（小說家）

鐘路の吊鐘

金來成

東京《とうきやう》で言《い》へば、鐘路《しようろ》通《どほ》りは何《なん》に當《あた》るだらう？ 銀座《ぎんざ》か新宿《しんじゆく》か、恐《おそ》らくそのどつちであつても構《かま》はないが、まあ新宿《しんじゆく》あたりで我慢《がまん》しなければなるまい。

鐘路《しようろ》は京城《けいじやう》の心臟《しんざう》で、純朝鮮人街《じゆんてうせんじんがい》である。觀光客《くわんくわうきやく》などやつてくると、先《ま》づ京城驛前《けいじやうえきまへ》の南《なん》大門《だいもん》の雄姿《ゆうし》を仰《あふ》いで朝鮮《てうせん》を感《かん》じ、その次《つぎ》にはこの鐘路《しようろ》通《どほ》りの四辻《つじ》に立《た》つて、白魚《しらうを》のやうにうねり歩《ある》く白《しろ》い姿《すがた》に朝鮮《てうせん》を見《み》るらしい。

しかし、もしこの鐘路《しようろ》通《どほ》りのペーブ・メントから、白衣《はくい》の姿《すがた》をなくしたとしたら、果《はた》して異國人達《いこくじんたち》は、そこからどれだけ朝鮮《てうせん》といふものを感《かん》じ得《う》るであらうか、といふ疑問《ぎもん》を起《おこ》させるほど、そこには朝鮮《てうせん》の傳統《でんとう》を誇《ほこ》り得《う》る所《ところ》の、古《ふる》びた古舗《こほ》の影《かげ》は次第《しだい》に薄《うす》らいで、何《ど》處《こ》の國《くに》の都會《とくわい》でも發見《はつけん》し得《う》る煉瓦《れんぐわ》やコンクリートの、所謂近代的《いはゆるきんだいてき》ビルディングが林《はやし》のやうに立《た》ち並《なら》んでゐる。

片《かた》や和信《わしん》百貨店《くわてん》、片《かた》や韓靑《かんせい》ビル——だが、もし注意深《ちういぶか》いお客《きやく》ならば、この四つ角《かど》の、韓《かん》靑《せい》ビルと東《とう》一銀行《ぎんかう》との間《あひだ》の狹《せま》い三角地《かくち》に、それこそ古色蒼然《こしよくさうぜん》たる、時代《じだい》おくれの樓閣《ろうかく》が一《ひと》つ立《た》つてゐるのを發見《はつけん》するであらう。

樓閣《ろうかく》といへば甚《はなはだ》しく仰山《ぎやうさん》に聞《きこ》えるが、平《ひら》屋《や》の一棟《ひとむね》、朱塗《しゆぬ》り格子《かうし》に巡《め》ぐらされた鐘撞《かねつ》き堂《だう》である。名付《なづ》けて普信閣《ふしんかく》といふ。

どうしてこんな古風《こふう》な鐘樓《しようろう》が、所《ところ》もあらうに華美《くわび》な鐘路《しようろ》四辻《つじ》にそのまゝ殘《のこ》されてゐるのか、一寸訝《ちよつといぶか》しがる人《ひと》もあらうが、鐘路《しようろ》といふ名前《なまへ》が實《じつ》にこの普信閣《ふしんかく》の吊鐘《つりがね》から由來《ゆらい》したと言《い》へば、思《おも》ひ半《なか》ばに過《す》ぎるものがあらう。

この鐘樓《しようろう》の立《た》つてる三角地《かくち》の廣《ひろ》さは約《やく》二百坪《つぼ》ぐらいで、この普信閣《ふしんかく》の裏庭《うらには》から續《つゞ》く、所謂《いはゆる》鐘路《しようろ》の裏通《うらどほ》りは、さうさう、新宿《しんじゆく》の裏通《うらどほ》りから遊廓《いうくわく》だけを取《と》り退《の》けたやうな、ネオン華《はな》やかなカフエー！とバー！と立飲屋《たちのみや》の連續《れんぞく》である。

このやうに前後左右《ぜんごさいう》がみな絢爛《けんらん》たる中《なか》に、獨《ひと》り鐘樓《しようろう》のみがあまりにも暗《くら》い顔《かほ》をして立《た》つてゐる。眞晝《まひる》でもこの鐘撞堂《かねつきだう》の中《なか》は薄暗《うすぐら》い、朱塗《しゆぬ》りの格子戸《かうしど》の間《あひだ》から中《なか》を覗《のぞ》くと、外《そと》の騷《さう》然《ぜん》さに引《ひ》きかへて、これはまた何《なん》と薄氣味惡《うすきみわる》いほどガランとして靜《しづ》まり返《かへ》つてゐることよ。明《めい》と暗《あん》、騷《さう》と靜《せい》の交流點《かうりうてん》——さういふ所《ところ》から我々《われわれ》はいつも、ほの〴〵と立《た》ち上《あが》る怪《あや》しげな幽氣《ゆうき》を感《かん》ずるものである。

十疊《でふ》ほどの廣《ひろ》さを持《も》つた鐘閣《しようかく》の眞中《まんなか》には、白《しろ》つぽい塵埃《ぢんあい》に蔽《おほ》はれた、とてつもなくでつかい鐘《かね》が吊《つる》されてゐる。

傳《つた》へ聞《き》くところに依《よ》ると、今《いま》から四百十年《ねん》ばかり前《まへ》、世《せ》宗《そう》十三年《ねん》に朝鮮全道《てうせんぜんだう》から集《あつ》められた鐵材《てつざい》で鑄造《ちうざう》されたもので、高《たか》さ一丈《ぢやう》五寸《すん》、口徑《こうけい》七尺《しやく》三分《ぶ》、厚《あつ》さ一尺《しやく》といふ、巨鐘《きよしよう》である。

この巨鐘《きよしよう》が鑄造《ちうざう》された目的《もくてき》は、晨昏《しんこん》に撞鐘《どうしよう》して市民《しみん》に營《いとな》みの開始《かいし》と休止《きうし》を告《つ》げると共《とも》に、他方《たはう》都城警戒《とじやうけいかい》の使命《しめい》を擔《にな》つてゐたといふのであるが、その撞鐘《どうしよう》の規則《きそく》が非常《ひじやう》に嚴格《げんかく》で初更《しよかう》には二十八宿《しゆく》の數《すう》に應《おう》じて、二十八回《くわい》撞き、五更《かう》には三十三天《てん》に應《おう》じて、三十三回《くわい》撞いたといふのである。そして前者《ぜんしや》を人定《インヂョイ》といひ、後者《こうしや》を漏罷《ろうひ》と稱《しよう》したといふのであるが、今《いま》でもこの吊鐘《つりがね》のことを「インギョン」といふのは、前者人定《ぜんしやインヂョン》から訛《なま》つた言葉《ことば》である。

さて、そんなことはどうでも構《かま》はないが、この鐘《かね》の音《ね》が、當時《たうじ》の市民《しみん》、ひいては近郊《きんかう》の一般民衆《はんみんしう》の生活《せいくわつ》の上《うへ》に、如何《いか》に重大《ぢうだい》な關係《くわんけい》を持《も》つてゐたかといふことは、精巧《せいかう》な時計《とけい》を持《も》つてゐる今《いま》の我々《われわれ》の生活《せいくわつ》でさへ、正午《しやうご》のサイレンの音《おと》との間《あひだ》に密接《みつせつ》な關係《くわんけい》があるのを見《み》れば分《わか》る。それのみか、何《なに》か異變《いへん》のあつた場合《ばあひ》など、この巨鐘《きよしよう》の音《おと》は一種《しゆ》の警鐘《けいしよう》として、市《し》の大空《おほぞら》に轟《とどろ》き渡《わた》るに於《おい》てをやである。

こんな話《はなし》がある。

或《あ》る田舍《ゐなか》の爺《ぢい》さんが、七十を越《こ》して始《はじ》めて京城見物《けいじやうけんぶつ》をして歸《かへ》つたのであるが、爺《ぢい》さんは或《あ》る時《とき》、京城在住《けいじやうざいぢう》の或《あ》る學生《がくせい》に向《むか》つて

「あんたは京城《けいじやう》に住《す》んでゐるさうぢやが、鐘《しよう》路《ろ》の普信閣《ふしんかく》をよく知《し》つてゐるぢやらう？」

と訊《たづ》ねた。

「はア、それはもう、毎日《まいにち》のやうに見《み》てをります。」

「んなら、あの鐘閣《しようかく》の格子《かうし》が、みなで何本《なんぼん》あるのか、あんた、知《し》つとるんかい？」

學生《がくせい》は啞然《あぜん》とした。

「うん、學生《がくせい》のくせに、そんなことも知《し》らんのか？　あれは皆《みな》で百五十本《ぽん》ある。」

それほど民衆《みんしう》の關心《くわんしん》の的《まと》となつてゐた普信《ふしん》閣《かく》の鐘《かね》も、今《いま》は次第《しだい》に人々《ひとびと》の頭《あたま》から忘却《ぼうきやく》されたゞ鐘路《しようろ》通《どほ》りの名《な》づけ親《おや》として、守護神《しゆごじん》として、あの十字路《じろ》の一隅《ぐう》に蹲《うづくま》つて、變《かは》り行《ゆ》く世《よ》のはかなき姿《すがた》を淋《さび》しく眺《なが》め乍《なが》ら、時《とき》たま物《もの》好《ず》きな觀光客《くわんくわうきやく》の眼《め》を惹《ひ》くだけの存在《そんざい》となつてしまつたのである。

私《わたし》はいつもこの鐘樓《しようろう》の前《まへ》を通《とほ》る度毎《たびごと》に、足《あし》を止《と》めて、丹靑《たんせい》の剝《は》げ落《お》ちた軒《のき》を眺《なが》め、色褪《いろあ》せた朱塗《しゆぬ》りの格子《かうし》の間《あひだ》から中《なか》を覗《のぞ》くことを唯《ゆゐ》一の娯《たの》しみとしてゐる。現代文化《げんだいぶんくわ》の中心地《ちうしんち》にあつて、しかもその文化《ぶんくわ》から獨《ひと》り取《と》り殘《のこ》されたこの鐘閣《しようかく》の蒼然《さうぜん》たる姿《すがた》を見《み》るにつけ、私《わたし》は回《くわい》顧趣味《こしゆみ》に耽《ふけ》るといふよりも、むしろ、このガランとした薄暗《うすぐら》い鐘撞堂《かねつきだう》の中《なか》から、ほのかに立《た》ち上《のぼ》る無氣味《ぶきみ》な香《かを》りと、何《なに》か妖怪《えうくわい》じみた一種異樣《しゆいやう》な幻影《げんえい》を娯《たの》しむ術《すべ》を知《し》つてゐる。

あの、厚《あつ》さ一尺《しやく》といふ巨鐘《きよしよう》の鐵片《てつぺん》の中《なか》に妙《めう》齡《れい》の美人《びじん》の、血《ち》と肉《にく》と骨《ほね》とが混《ま》ざつてゐるといふ傳說《でんせつ》さへあるのだ……

このことについて、私《わたし》はいつか、野史《やし》の大《たい》家《か》申鼎言先生《しんていげんせんせい》に尋《たづ》ねて見《み》たことがある。すると先生《せんせい》は

「そんな、探偵小說《たんていせうせつ》みたいな話《はなし》はありませんがね、だが、一寸面白《ちよつとおもしろ》い挿話《さうわ》が一《ひと》つありますよ。」

と言《い》つて、次《つぎ》のやうなことを話《はな》してくれた。

前《まへ》にも一寸《ちよつと》觸《ふ》れて置《お》いた通《とほ》り、この鐘《かね》は朝《あさ》と夕方《ゆふがた》と

（鄭玄雄畫）

そして何《なに》か非常《ひじやう》なる異變《いへん》が起《おこ》つた時以外《ときいぐわい》には絶對《ぜつたい》に撞《つ》かれることはなかつたが、たゞ一度《ど》、當時《たうじ》の諷刺客《ふうしかく》、鄭萬瑞《ていはんずゐ》といふ人《ひと》が任意《にんい》にこの鐘《かね》を撞《つ》かせたことがあるといふ。

或《あ》る日《ひ》、上記《じやうき》の鄭萬瑞《ていまんずゐ》が、或《あ》る大官《たいくわん》の屋敷《やしき》に遊《あそ》びに行《い》つた。すると、そこには所謂科擧《いはゆるくわきよ》（現在《げんざい》の高《かう》等文官試驗《とうぶんくわんしけん》といつたやうなもの）にすべつた地方出《ちはうで》の連《れん》中《ちう》たちが大《おほ》勢《ぜい》集《あつ》まつてゐたが、何《なに》かのはづみに、話《はなし》がたまたま鐘路《しようろ》のインギヨン（鐘《かね》）のことに觸《ふ》れ、すると、その大官《たいくわん》が、さあ、誰《たれ》かこの中《うち》で、あのインギヨンを鳴《な》らせる勇氣《ゆうき》のある者《もの》はゐないかと、居並《ゐなら》ぶ人々《ひとびと》を見渡《みわた》したが、寂《せき》として應答《おうたふ》の聲《こゑ》がない。大官《たいくわん》は情《なさけ》なさうに微笑《びせう》したが、その時《とき》、鄭萬瑞《ていまんずゐ》がツト歩《あゆ》み出《で》て

「それを鳴《な》らせたゞ褒美《はうび》は？」

と尋《たづ》ねた。

「うん！」と、大官《たいくわん》は一寸考《ちよつとかんが》へ

「明年《みやうねん》の科擧《くわきよ》に通《とほ》らせてやる」

「でも、こんな大勢《おほぜい》の中《なか》で、自己一人《じこひとり》だけが及第《きふだい》するのは、仲間《なかま》への顔《かほ》が立《た》ちませぬが。」

「では、全部《ぜんぶ》及第《きふだい》させてやる。」

鄭萬瑞《ていまんずゐ》は勇《いさ》んで大官《たいくわん》の前《まへ》をさがつた。彼《かれ》はかねてからの知合《しりあ》ひである、宮中《きうちう》の武監某《ぶかんばう》に會《あ》ひ、その人《ひと》から武監服《ぶかんふく》を借服《しやくふく》して、宮殿《きうでん》の前《まへ》から鐘路《しようろ》に向《むか》つて走《はし》りながら

「インギヨンチヨラ！　（鐘《かね》を打《う》ての意《い》）インギヨンチヨラ！」

と叫《さけ》んだのである。

番人《ばんにん》は驚《おどろ》いた。あの宮中武監《きうちうぶかん》があゝまで騒《さわ》ぎ立《た》てるのには、キット何《なに》か尋常《たゞ》ならぬ異變《いへん》が起《おこ》つたのに相違《さうゐ》ない。

「ゴーン！」

と、鐘《かね》は撞《つ》かれた。續《つゞ》いてゴーン、ゴーン、ゴーン……

やがて捕《とら》はれの身《み》となつた鄭萬瑞《ていまんずゐ》の辯解《べんかい》はからであつた。

「いや、實《じつ》はわしは鐘《かね》を打《う》てと言《い》つたんぢや

ない。インギョンチヨリといふのは、實《じつ》は僕《わし》の倅《せがれ》の名《な》で、といつが道樂者《だうらくもの》で、僕《わし》の姿《すがた》さへ見《み》れば逃《に》げ廻《まは》つて仕方《しかた》がないんで、あの時《とき》も實《じつ》は倅《せがれ》の後《あと》を追《お》つかけてゐたんだが、いや、とんでもない間違《まちがひ》を起《お》とさせて相濟《あひす》まぬ。」

　これは勿論《もちろん》、作《つく》り話《ばなし》かも知《し》れない。（小說家）

立飲屋のこと

金晋燮

　今年《ことし》の朝鮮《てうせん》の夏《なつ》といつたら實《じつ》に凄《すご》い暑《あつ》さだつたので、夏《なつ》は、幾《いく》ら涼《すゞ》しい處《ところ》で酒《さけ》を飲《の》んでも直《す》ぐ暑《あつ》くなる位《くらゐ》だから、おでんや程《ほど》には、時《とき》にはそれ以上《いじやう》に暑《あつ》い立飲屋《ソンスルチプ》を巡禮《じゆんれい》する勇氣《ゆうき》をつい失《な》くして了《しま》つたのが殘念《ざんねん》で堪《たま》らない。然《しか》し今《いま》は秋《あき》だから、立飲屋《たちのみや》もおい／＼活氣《くわつき》を帶《お》び始《はじ》める頃《ころ》であらう。何時《いつ》になつても別《べつ》にこれといつて面白《おもしろ》い事《こと》も變《かは》つた事《こと》もない我々《われ／＼》見《み》たいな酒呑《さけの》みにとつては、これ丈《だけ》がせめてもの慰《なぐさ》みだといつたら、人《ひと》は定《さだ》めし嗤《わら》ふことであらう。然《しか》し嗤《わら》はれても仕方《しかた》がない。何《なん》といつても僕《ぼく》は立飲屋《たちのみや》が斷然《だんぜん》好《す》きだ。貧乏《びんばふ》な我《われ》々《く》風情《ふぜい》に何時《いつ》も愉快《ゆくわい》且《か》つ安直《あんちよく》に酒《さけ》を飲《の》ませる處《ところ》といつたら、どうせ立飲屋《たちのみや》位《ぐらゐ》しかないんだから。それはさうと、他《た》に適當《てきたう》な題目《だいもく》が幾《いく》らでもある筈《はず》だのに、特《とく》に飲《の》み食《く》ひの事《こと》を選《えら》んで書《か》くなんて、その淺間《あさま》しさ加減《かげん》が稍《や》々、氣《き》にならないでもないが、然《しか》しこれは相當立派《さうたうりつぱ》な理由《りいう》がある。といふのは、少《すく》なくとも飲食物《いんしよくぶつ》に關《くわん》する限《かぎ》り、內地《ないち》から見《み》えるお客樣達《きやくさまたち》は大抵《たいてい》朝鮮《てうせん》へ來《く》ると、定《さだ》つた樣《やう》に明月館《めいげつくわん》や、食道《しよくだう》園等《ゑんとう》一流《りう》の料理屋《れうりや》に案內《あんない》されて、却《かへ》つて彼等《かれら》は、朝鮮料理《てうせんれうり》が如何《いか》に日本料理《につぽんれうり》見《み》たいなものであるかについて感心《かんしん》する事丈《ことだけ》でもつて蹴《けり》をつけてゐる樣《やう》にしか見受《みう》けられないので、私《わたし》は、本誌《ほんし》の朝鮮紹介號《てうせんせうかいがう》には是非《ぜひ》ともこれを書《か》くに限《かぎ》ると思《おも》つた迄《まで》である。立飲屋《たちのみや》は、飲食物《いんしよくぶつ》を通《つう》じて朝鮮《てうせん》を味《あぢ》ふ爲《た》めに最《もつと》も恰好《かつかう》な、いはゞ朝鮮特有《てうせんとくいう》の簡易酒場《かんいさかば》で、その素朴《そぼく》な點《てん》、その簡便《かんべん》な點等《てんなど》はいはずもがな、その形式《けいしき》が又非常《またひじやう》に解放的《かいはうてき》で面白《おもしろ》いから、これから朝鮮《てうせん》に來《こ》られて、朝鮮民情《てうせんみんじやう》の理解《りかい》に興味《きようみ》を抱《いだ》かれる方々《かた／＼》は是非《ぜひ》とも立飲屋《たちのみや》に一寸立寄《ちよつとたちよ》られん事《こと》を希望《きばう》する。人《ひと》がよく賣《う》れる盛場《さかりば》の店《みせ》などに足《あし》を踏《ふ》み入《い》れようものなら、とゝには實《じつ》に色《いろ》々《く》な階級《かいきふ》の人々《ひと／＼》が一團《だん》一團《だん》と相倚《あひよ》り固《かた》まり立《た》つて、滿員《まんゐん》の盛況《せいきやう》の中《なか》で嬉々《きゝ》として杯《さかづき》をつき合《あは》せて居《ゐ》る異樣《いやう》な風景《ふうけい》に接《せつ》するであらう。酒《さけ》一杯《はい》が肴《さかな》を兼《か》ねて五錢《せん》とは破格《はかく》な値段《ねだん》である許《ばか》りでなく、立飲屋《たちのみや》に入《はい》ると一瞬《しゆん》を待《ま》たずして直《たゞ》ちにこれは得《え》られるのである。厭《いや》であつたら一杯《ぱい》で止《よ》しても構《かま》はない。立飲屋《たちのみや》は立《た》つて飲《の》むのが原則《げんそく》であるから、椅子《いす》のない事《こと》に失望《しつばう》する場合《ばあひ》もないではないが、元《もと》よりせわしい世《よ》の中《なか》である、ゆつくりと腰《こし》を落着《おちつ》けて飲《の》む餘裕《よゆう》なんかないのが當《あた》り前《まへ》である。到《いた》る處悠長《まんいうちやう》な性格《せいかく》が瞥見《べつけん》される我々《われ／＼》朝鮮人《てうせんじん》の生活《せいくわつ》の中《なか》から、かういつた形式《けいしき》の酒屋《さかや》が生《うま》れたといふのは何《なん》たる奇觀《きくわん》であらう。

　先《ま》づ我々《われ／＼》が立飲屋《たちのみや》に入《はい》ると、そとには、バツカスの祭壇《さいだん》ともいはるべき長《なが》い卓子酒臺《テーブルしゆだい》が正面《しやうめん》に小高《こだか》く据《す》え付《つ》けられて居《ゐ》て、酒臺《しゆだい》の後《うしろ》には、大抵《たいてい》の場合《ばあひ》綺麗《きれい》な酌婦《しやくふ》がちよとなんと座《ざ》して居《ゐ》るのが目《め》に附《つ》く。我々《われ〳〵》が酒《さけ》を得《え》んが爲《ため》には、大《おほ》きな盞《さかづき》がずらりと並《なら》べてあるこの酒廳《しゆちやう》の前《まへ》に立《た》ちさへすればよいのであるが、その前《まへ》に我々《われ〳〵》は酌婦《しやくふ》が渡《わた》して呉《く》れる箸《はし》を受取《うけと》つて肴《さかな》を自分《じぶん》で名々準備《めい〳〵じゆんび》して置《お》かねばならない。酒肴《しゆかう》となるべき材料《ざいれう》は、酒廳《しゆちやう》の右手《みぎて》か左手《ひだりて》の何方《どちら》かの網張《あみは》り戸棚《とだな》の中《なか》に既《すで》に豐富《ほうふ》に品揃《しなぞろ》ひされて居《ゐ》るから、これを我々《われ〳〵》は好《この》む儘《まゝ》に選《えら》び取《と》つて、隅《すみ》つこの方《はう》に取付《とりつ》けてある大《おほ》きな火鉢《ひばち》の炭火《すみび》に燒《や》くか煮《に》るか、或《あるひ》は藥味《やくみ》丈《だけ》かけて貰《もら》へばよいのである。かういつた手《て》續《つゞ》きが面倒臭《めんだうくさ》いと思《おも》ふ人《ひと》の爲《ため》に、立飲屋《たちのみや》には必《かなら》ず半料理人《はんれうりにん》が棚《たな》の傍《そば》に立《た》つて客《きやく》の選擇《せんたく》と命令《めいれい》一下《か》を待機《たいき》して待《ま》つて居《ゐ》るのだからちつとも世話《せわ》はいらない。だから我々《われ〳〵》はこの中《なか》では、酒《さけ》一杯《はい》に肴《さかな》一點《てん》の割合《わりあひ》で歩《ある》きつ語《かた》りつ杯《さかづき》を重《かさ》ねてさへ行《ゆ》けばよい譯《わけ》であるが、玆《こゝ》には勿論《もちろん》純粹《じゆんすゐ》に酒肴《しゆかう》となる性質《せいしつ》のもののみが取揃《とりそろ》へてあるばかりではない。その外《ほか》にも子供《こども》が好《す》きそうなお菓子《くわし》や燐寸《マツチ》や、おもちやや、その他《た》一寸《ちよつと》した日用品迄《にちようひんまで》が備《そな》へてあつて、滿腹《まんぷく》の爲《た》め肴《さかな》が要《い》らなくなつた人《ひと》の爲《た》めの至極《しごく》地味《ぢみ》なおみやげとなるのだから、實《じつ》に立飲屋《たちのみや》は調法《てうはう》な處《ところ》である。立飲屋《たちのみや》で安《やす》く酒《さけ》を飲《の》む喜《よろこ》びに家庭《かてい》や子供迄《こどもまで》が參與《さんよ》し得《え》られるといふのはよく考《かんが》へたものである。こゝで普通用《ふつうよう》ひられる酒《さけ》は藥酒《やくしゆ》といふ朝鮮酒《てうせんしゆ》で、それは文字《もじ》通《どほ》り藥《くすり》の如《ごと》く聊《いさゝ》か口《くち》に苦《にが》く酢《す》つぱいが、馴《な》れると飲《の》めない事《こと》はなく、一杯《はい》の分量《ぶんりやう》は約《やく》五勺《しやく》もあらうか。それを我々《われ〳〵》はチビリ飲《の》みせず、一息《いき》でぐつと飲《の》みほすのが慣《なら》はしとなつて居《ゐ》る。我々《われ〳〵》が陶然《たうぜん》となる爲《ため》には大抵《たいてい》二十杯内外《はいないぐわい》を要《えう》するのであるが、無論《むろん》我々《われ〳〵》は一處《ひとところ》で醉《よ》ひ潰《つぶ》れる事《こと》をしない。立飲屋《たちのみや》には其々《それ〴〵》特色《とくしよく》があるのだから、一時《じ》に四五軒《けん》を梯子《はしご》飲《の》みするのが普通《ふつう》で、この機會《きくわい》に我々《われ〳〵》は、よい酒《さけ》とよい肴《さかな》を提供《ていきよう》する隠《かく》れた立飲屋《たちのみや》を發見《はつけん》する事《こと》に極力努《きよくりよくつと》めて、それに成功《せいこう》した時《とき》の喜《よろこ》びは並大抵《なみたいてい》なものではない。酒呑《さけの》みは皆優《みなすぐ》れた立飲屋《たちのみや》を知《し》つて居《ゐ》て、それが掛《か》け離《はな》れた場所《ばしよ》にある場合《ばあひ》は自動車《じどうしや》を飛《と》ばすことを敢《あへ》て辭《じ》さない。我々《われ〳〵》が友人《いうじん》に逢《あ》ふと、我々《われ〳〵》は『立《た》たうか』『立《た》たう』といふ言葉《ことば》を使用《しよう》する、いふ迄《まで》もなく立飲屋《たちのみや》に寄《よ》らうといふ意味《いみ》である。安直《あんちよく》且《か》つ愉快《ゆくわい》に酒《さけ》を飲《の》ませる解放的《かいはうてき》な立飲屋《たちのみや》は、簡單《かんたん》に我々《われ〳〵》の友情《いうじやう》を温《あたゝ》めて呉《く》れる場所《ばしよ》となるばかりでなく、それは屢々《しば〳〵》梯子酒《はしござけ》を飲《の》む爲《ため》の我々《われ〳〵》のよい基礎工事《きそこうじ》となる、卽《すなは》ち、我々《われ〳〵》はこゝでいゝ加減《かげん》醉《よ》ひを拵《こしら》へてバーやら料理屋《れうりや》なぞに發展《はつてん》するのである。(外國文學者)

寸旅小感

李軒求

今年《ことし》の夏《なつ》は三十何年來《なんねんらい》の暑《あつ》さださうだ。毎《まい》日《にち》煮詰《につ》める樣《やう》な暑氣《しよき》がむら〳〵と社《しや》の二階《かい》まで盛《も》り上《あが》つて來《く》る。息《いき》がつまりさうだ。

或日《あるひ》私《わたし》は何《なん》とかしてこの暑《あつ》さから自己《じこ》を解放《かいはう》したい許《ばか》りに何《なに》かの方法《はうはふ》を考《かんが》へ込《こ》んでゐた。ひよつと仁川《じんせん》へでも行《い》つて來《く》るかな!

と云《い》ふ氣紛《きまぐ》れと許《ばか》り思《おも》はれない一妙案《めうあん》が頭《あたま》に浮《うか》んで來《き》たのだ。

五時《じ》に社《しや》を出《で》て直《す》ぐ驛《えき》への電車《でんしや》を待《ま》たうとするその瞬間《しゆんかん》、先程《さきほど》から妙《めう》に東《ひがし》の方《はう》をうろついた黑雲《くろくも》の移動《いどう》がざあつと夕立《ゆふだち》に成《な》り變《かは》つた。實《じつ》に一氣《き》呵《か》成《せい》何《なん》でも打《う》ちのめす勢《いきほひ》で降《ふ》り注《そゝ》ぐ。

「スコールだな！」と私《わたし》はづぶ濡《ぬ》れになるのも構《かま》はず棒立《ぼうだ》ちしてゐた。大粒《おほつぶ》の滴《しづく》が麥桿《むぎわら》の上《うへ》から雪崩《なだ》れて落《お》ちて來《く》る。

(崔根培畫)

驛《えき》に出《で》た時《とき》はもう雨《あめ》は止《や》んでゐた。爽《さわや》かな空氣《くうき》が鏡《かゞみ》の如《ごと》く輝《かゞや》いてゐるアスファルトの水氣《すゐき》と共《とも》に涼《すゞ》しく顏《かほ》を撫《な》でる。列車《れつしや》の後部《こうぶ》に一輛《りやう》の半分《はんぶん》を占《し》めてゐる二等室《とうしつ》に入《はひ》つた。私《わたし》の手《て》には何時《いつ》となく放《はな》さない、ステッキが、一緒《しよ》に入《はひ》つて來《き》て、私《わたし》の側《そば》に突《つ》つ立《た》つ。

列車《れつしや》は動《うご》き出《だ》す、漢江《かんかう》を渡《わた》る時《とき》、ふと眼《め》を遠《とほ》く西《にし》の方《はう》へやつた、砂原《すなはら》の端《はし》に列《れつ》を作《つく》つて立《た》つてゐるポプラが息《いき》でもつく樣《やう》に清々《すがすが》しく油切《あぶらぎ》つてゐる。一幅《ぷく》の水彩畫《すゐさいぐわ》の感《かん》じだ。此《こ》の夏《なつ》に入《はひ》つて初《はじ》めて味《あぢは》ふ爽快味《さうくわいみ》！ほつと一息付《いきつ》くと云《い》ふよりは何《なに》か、青々《あをあを》と繁《しげ》つた芝原《しばはら》の上《うへ》を滑《くわつ》走《そう》すると云《い》ふ感《かん》じだ。窓《まど》から入《はひ》つて來《く》る樹《き》、草《くさ》、田畑《たはた》の土《つち》の薰《かを》りまでが一塊《かたまり》になつて頰《ほゝ》に投《な》げ付《つ》けるとの微妙《びめう》な生動《せいどう》する生氣《せいき》に對《たい》して、私《わたし》は夢心地《ゆめごこち》にさへなつてゐた。

黃牛《くわうぎう》を曳《ひ》いて歩《ある》く童《わらべ》も國道《こくだう》の上《うへ》を走《はし》る自轉車《じてんしや》も、又《また》家路《いへぢ》を急《いそ》ぐ農婦《のうふ》の姿《すがた》までが生々《いきいき》と眼《め》に映《うつ》り胸《むね》に蘇《よみがへ》つて來《く》る。汽車《きしや》に乘《の》つて見《み》たのも半年《はんとし》以上《いじやう》になり又《また》との暑《あつ》さから救《すく》はれたと云《い》ふ事《こと》が一つになつて私《わたし》に斯《か》くも雀躍《こおどり》する悅《よろこ》びを與《あた》へて吳《く》れたのに違《ちが》ひはない。だが、生《い》きてゐる、動《うご》いてゐると云《い》ふとの儼然《げんぜん》たる事實《じじつ》の前《まへ》に恍惚《うつとり》せざるを得《え》ない私《わたし》ではないか？

やがて永登浦《えいとうほ》を過《す》ぎてから、私《わたし》の乘《の》つた列車《れつしや》は今迄《いままで》走《はし》つて來《き》た線路《せんろ》から外《はづ》れて別《べつ》のコースを滑《すべ》る。釜山行《ふざんゆき》の軌道《きだう》と別《わか》れるのである。正《まさ》に一歩《ぽ》の差《さ》が千里《り》の距《へだ》たりを作《つく》る所《ところ》だ、私《わたし》は妙《めう》に一人《ひとり》で釜山《ふざん》への軌道《きだう》に滅入《めい》つた。眞直《まつすぐ》に平行《へいかう》しながら段々《だんだん》と一點《てん》へ近《ちか》づいて行《ゆ》くあの遙《はる》か向《むか》ふの端《はし》にまで、私《わたし》の思《おも》ひを走《はし》らせて見《み》る時《とき》、何《なん》となく一種《しゆ》の哀《あは》れさが沁々《しみじみ》と胸《むね》に迫《せま》るのを感《かん》じた。距離《きより》！ と云《い》ふものが、今《いま》の私《わたし》に淡《あは》いながらも、果《はか》なさを以《もつ》て波《なみ》打《う》づて來《く》るのだ。大事《だいじ》に大事《だいじ》にと胸《むね》に祕《ひ》めて置《お》いた或物《あるもの》が私《わたし》から遠《とほ》くへと離《はな》れて行《ゆ》く氣《き》がしてならないのである。結局《けつきよく》は人生《じんせい》から踏外《ふみはづ》れてどうする事《こと》も出來《でき》ずに、かうして一人《ひとり》で何處《どこ》かに顚落《てんらく》して仕舞《しま》ふと云《い》ふ遣瀬《やるせ》無《な》い氣持《きもち》・・・・

だが、尚私《なほわたし》にはそれに對《たい》する諦《あきら》めと云《い》ふものの以外《いぐわい》に羨望《せんばう》――實《じつ》に純白《じゆんぱく》なる憧《あこが》れの心《こゝろ》を以《もつ》て眺《なが》めてゐる――そのものを痛感《つうかん》してゐる、廣々としたとの大自然《だいしぜん》の中《なか》に相間見《あひまみ》ゆることも出來《でき》ずに、沒入《ぼつにふ》されて仕舞《しま》ふと云《い》ふ氣《き》になる。絶望《ぜつばう》と云《い》ふものではない、更《さら》に斷念《だんねん》と云《い》ふのでもない。唯々或《あ》る地角《ちかく》に於《お》いて離《はな》れ離《ばな》れになりながら、何處《どこ》かに一脈《みやく》の波打《なみう》つ生命《せいめい》の一線《せん》を描《ゑが》き、又《また》それに繋《つな》がれずには濟《す》まないと云《い》ふ漠然《ばくぜん》ながら微笑自然《ほゝゑみしぜん》の寂光《じやくくわう》に包《つゝ》まれる一種《しゆ》の驚異《きやうい》に値《あたひ》する喜悦《きえつ》でもある。

誇《ほこ》らし氣《げ》に微笑《ほゝゑ》んで見《み》たいと云《い》ふ氣《き》が、すく／＼と胸《むね》に湧《わ》き出《で》る。この瞬間《しゆんかん》、私《わたし》は、誰《たれ》とも離《はな》れてゐ、誰《たれ》からも思《おも》はれてゐないとの瞬間《しゆんかん》に、一人《ひとり》氣儘《きまゝ》ながら斯《か》かる喜《よろこ》びを味《あぢ》ひ得《う》ると云《い》ふ事《こと》は如何《いか》に有難《ありがた》い事《こと》であらうかと思《おも》つた。

列車《れつしや》は走《はし》る。夕方《ゆふがた》の陽光《やうくわう》が、野山《のやま》一杯《ぱい》に輝《かゞや》いてゐる。閉《と》ざされた狹《せま》き門《もん》から導《みちび》き出《だ》された時《とき》の「解放《かいはう》」と云《い》ふ感《かん》じが、幾重《いくへ》となく私《わたし》の心《こゝろ》の窓《まど》に紋《もん》を描《ゑが》く・・・・

一時間《じかん》の間《あひだ》、期《き》せずして得《え》た幻想《げんさう》の悦《よろこ》びであり旅《たび》の夢《ゆめ》でもある。（評論家）

差異と理解

韓植

風俗《ふうぞく》、習慣《しふくわん》や言語《げんご》に對《たい》する理解《りかい》といふもの程《ほど》、六ケ敷《し》いものはないらしい。私《わたし》たちが外《ぐわい》國語《こくご》を、未《ま》だ學《まな》んでゐない時等《ときなど》は、英獨佛語《えいどくふつご》學《がく》の素養《そやう》のない內地人《ないちじん》が、支那語《しなご》と朝鮮語《てうせんご》が全《まつた》く同《おな》じものだと思《おも》つたり、同《おな》じやうに耳《みゝ》に聞《きこ》えるらしいのは、無理《むり》のないことかも知《し》れない。然《しか》し、もう少《すこ》し深《ふか》く知《し》つてみると、支《し》那語《なご》と朝鮮語《てうせんご》とは、親類《しんるゐ》どころか、全々組織《そしき》も、語系《ごけい》さへも違《ちが》つてゐるし、同《おな》じ漢字《かんじ》を讀《よ》むのでさへ、別々の自分《じぶん》の讀《よ》み方《かた》を持《も》つてゐる。又《また》、風習《ふうしふ》にしたところで、今度《こんど》は反對《はんたい》に朝鮮《てうせん》のいろ／＼なことが、案外《あんぐわい》日本《につぽん》の平安朝《へいあんてう》そつくりだつたりする。例《れい》は、いくらでもあるといふことに氣付《きづ》くのである。つまり、外《ぐわい》貌《ばう》に依《よ》つて判斷《はんだん》出來《でき》ないものがある。そしてそのやうな表面上《へうめんじやう》の差異《さい》に、とらはれて、ほんとうの由來《ゆらい》と性質《せいしつ》を、正《たゞ》しく理解《りかい》するとが、なかつたならば、自分《じぶん》たちの昔《むかし》のある種《しゆ》の歷史《れきし》や風習《ふうしふ》に似《に》たものを、徒《いたづ》らに輕蔑《けいべつ》したり、又《また》そのやうな違《ちが》つたものにも、仲々《なか／＼》棄《す》てがたい優秀《いうしう》なものがあるにも拘《かゝは》らず、有無《うむ》言《い》はさず、一概《いちがい》に擯斥《ひんせき》してしまふやうなことになるのではなからうか。

例《たと》へば、內地人《ないちじん》が、半島人《はんたうじん》の女子《ぢよし》の坐《すわ》り方《かた》として、一方《ぱう》の足《あし》を立膝《たてひざ》にするのを見《み》て、可《を》笑《か》しく思《おも》ふやうであるが、あれは日本《にほん》においての、武士《ぶし》の構《かま》への姿勢《しせい》と同《おな》じ淵源《えんげん》を、もつたもので、今《いま》は長《なが》い習性《しふせい》として、あちらのやうな固《かた》い敷物《しきもの》の上《うへ》では、一番體《ばんからだ》に具合《ぐあひ》のいゝ平衡《へいかう》を守《まも》る坐《すわ》り方《かた》である。東京《とうきやう》あたりで成長《せいちやう》した內地人《ないちじん》は、半島人《はんたうじん》の女子《ぢよし》が、頭《あたま》に荷物《にもつ》を載《の》つけて歩《ある》くのを見《み》て、驚《おど》くらしいが、あれ等《ら》は內地《ないち》でも近《ちか》くは大島《おほしま》、伊豆《いづ》は勿論《もちろん》、或《あるひ》は新潟《にひがた》、北陸方面《ほくりくはうめん》では、ざらに見《み》ることが出來《でき》る風景《ふうけい》である。衣裳《いしやう》にしたところで、現在《げんざい》、外形的《ぐわいけいてき》に見《み》へてゐる程《ほど》に、昔《むかし》は違《ちが》つてゐなかつたらしく、十七、八年前《ねんぜん》に、最初僕《さいしよぼく》が東京《とうきやう》に、來《き》たとき等《など》、秋《あき》の祭《まつり》に、神樂坂《かぐらざか》の街《まち》を練《ね》つて歩《ある》く御神輿《おみこし》といつしよに、悠然《いうぜん》と馬《うま》に跨《またが》つてゐる神主《かんぬし》の着《き》ている服裝《ふくさう》が、僕《ぼく》の父《ちゝ》が、田舍《ゐなか》の祭禮《さいれい》の時《とき》に着《き》てゐるのと、全《まつた》く同《おな》じものであるのに、非常《ひじやう》に驚《おどろ》いた位《くらゐ》であつた。僕《ぼく》の子供《こども》の時《とき》、半島《はんたう》の古《ふる》い女子《ぢよし》たちが、外出《ぐわいしゆつ》するときには、やたらに男性《だんせい》に顏《かほ》を見《み》せないためか、白《しろ》い頭巾《づきん》を、かぶつて出《で》るのを見《み》たことがあるが、今《いま》の內地人《ないちじん》の和服《わふく》の長《なが》い袖《そで》は、やはり同《おな》じやうに、平安朝時代《へいあんてうじだい》までは、あれで顏《かほ》を、かくしたものだつたといふ。半島《はんたう》の女子《ぢよし》の服裝《ふくさう》は、日本《にっぽん》の中世期《ちうせいき》の女子《ぢよし》の盛裝《せいさう》に用《もち》ひたといふ十二單衣《ひとえ》の裳《もすそ》と同《おな》じ系統《けいとう》の裳《もすそ》を纏《まと》つてゐるのである。今《いま》の內地《ないち》の女子《ぢよし》が、アッパッパを着用《ちやくよう》するに及《およ》んで、和服《わふく》を不便《ふべん》がると同《おな》じやうに、裳等《もすそなど》はかない、いはゞ略式《りやくしき》の、今《いま》のやうな和《わ》服《ふく》を着《き》る世代《せだい》に及《およ》んで、昔《むかし》の中世期《ちうせいき》の祖先《そせん》の女子《ぢよし》が、長《なが》い間着《あひぎ》るものとしてゐた、ちやんと裳等《もすそなど》をつけた服《ふく》裝《さう》、つまり、半島《はんたう》の女子《ぢよし》の、今着《いまき》てゐるものと、好《よ》く似《に》た着物《きもの》を、可笑《をか》しく思《おも》ふのであるから、略式《りやくしき》が盛裝《せいさう》を笑《わら》ふやうなものかも知《し》れない。

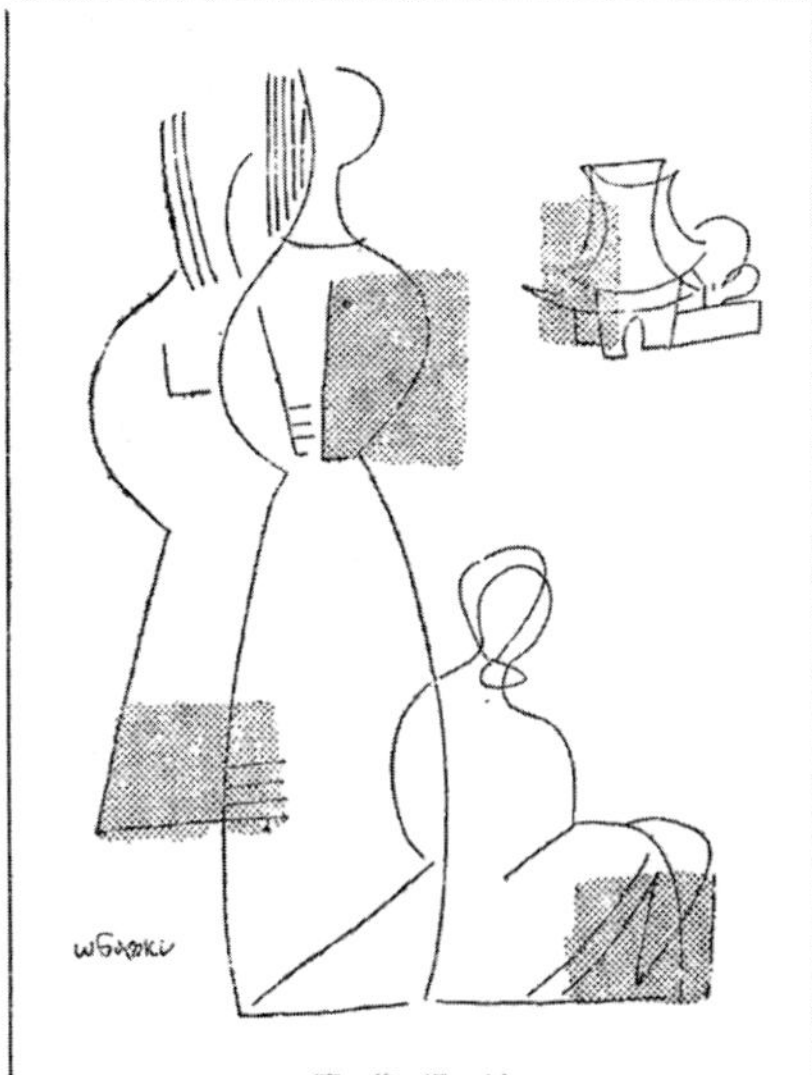

（金煥基畫）

苗字《めうじ》にしたところで、內鮮共《ないせんとも》に共通《きやうつう》してゐる林、秦、白、柳、吳等《など》は勿論《もちろん》のこと、字體《じたい》を音《おん》や其《そ》の他《た》に依《よ》つて、少《すこ》しばかり書《か》き直《なほ》したと思《おも》はれる例《たと》へば、梁を簗、韓を菅に、劉を笠にしたのもあるし、赤穗浪士中《あかほらうしちう》の武林《たけばやし》から、高野《たかの》、石川《いしかは》、廣田《ひろた》、安達《あだち》、田村等其他《たむらとうそのた》、無數《むすう》に、昔《むかし》、半島《はんたう》から移住《いぢう》して來《き》たものゝ後裔《こうえい》の苗字《めうじ》があるといふことに、學者《がくしや》の說《せつ》は一致《ち》してゐる。言語學上《げんごがくじやう》からみても、甚《はなは》だ面白《おもしろ》く、金澤《かなざは》博士《はかせ》や小倉《をぐら》博士《はかせ》の所說《しよせつ》を聞《き》けば、成程《なるほど》と思《おも》はせる共通《きやうつう》した點《てん》が、いくらでも擧《あ》げられる。ムサシ（武藏《むさし》）やクマソ（熊襲《くまそ》）が朝鮮語《てうせんご》だつたりして、地名《ちめい》には特《とく》に多《おほ》いらしく、又九州《またきうしう》あたりで、商店等《しやうてんなど》で、品物《しなもの》を尋《たづ》ねられたときに、ハイといふ返事《へんじ》の代《かは》りに使《つか》ふ、ナイ？は、朝鮮語《てうせんご》と同《おな》じ、ハイの意味《いみ》だ

(圓通寺の所藏より　金仁承畫)

し、それの變化《へんくわ》したのが、茨城縣《いばらきけん》あたりの、ネエで、語尾《ごび》につけたり、強《つよ》める詞《ことば》に使《つか》つたりするやうになつたらしい。言語學上《げんごがくじやう》からいふと、朝鮮語《てうせんご》と、支那語《しなご》とは、全然違《ぜんぜんちが》つて、返《かへ》つて日本語《につぽんご》と同《おな》じ、ウラル、アルタイ語系《ごけい》の、しかも添着語《てんちやくご》であつて、同《おな》じツラン系統《けいとう》のそれである。とういふとからしても、お互《たがひ》の言語《げんご》を理解尊重《りかいそんちよう》し、比較研究《ひかくけんきう》し、そのやうな緊密《きんみつ》な連關《れんくわん》性《せい》の上《うへ》でこそ、例《たと》へば、日本語《につぽんご》も豐富《ほうふ》になり、日本語《につぽんご》の大陸發展《たいりくはつてん》の問題《もんだい》がきわめて正當《せいたう》に發展《はつてん》させられるであらう。

もつとも、とんなことを擧《あ》げれば、それとそ枚擧《まいきよ》に遑《いとま》がない話《はなし》だから止《よ》すが、要《えう》するに、中央亞細亞《ちうあうアジア》か、チベット、パミール高原《かうげん》あたりから出發《しゆつぱつ》した同《おな》じ民族《みんぞく》が東《とう》方《はう》へと移動《いどう》して、いろ／＼に分布《ぶんぷ》したものであるから、却《かへ》つて今日《こんにち》のやうに外形的《ぐわいけいてき》にも、非常《ひじやう》に違《ちが》つてゐるのが、不思議《ふしぎ》な位《くらゐ》かも知《し》れない。古《いにしへ》の日本《につぽん》は、專《もつぱ》ら、新羅《しらぎ》、百濟《くだら》から、其文化《そのぶんくわ》を受《う》け入《い》れたものであるから、淵源《えんげん》を遡《さかのぼ》れば大體同《だいたいおな》じであるとことは、別《べつ》に驚《おどろ》くにあたらない。內地《ないち》は、それらの舊師《きうし》を出拔《だしぬ》いて、いろ／＼と新《あたら》しく形成《けいせい》して來《き》たゞけに出藍《しゆつらん》の譽《ほまれ》を擔《にな》ふことは事實《じじつ》であるが、淵源《えんげん》を顧《かへり》みず、表面《へうめん》にあらはれてゐる差異《さい》のみに捉《とら》はれることは眞《しん》に理解《りかい》する道《みち》でないと思《おも》はれる。

もつとも舊師《きうし》といつたところで、世代《よだい》と生活《せいくわつ》の變遷《へんせん》を無視《むし》してまで守舊《しゆきう》に努《つと》め、昔《むかし》のまゝを守《まも》りつゞけていつたのでは、吳下《ごか》の舊阿《きうあ》蒙《もう》にすぎないのであらう。傳統《でんとう》や歷史《れきし》といつたところで、その尊重《そんちよう》の意義《いぎ》を、はき違《ちが》へて、例《たと》へば生活形式《せいくわつけいしき》や風習等《ふうしふなど》も、昔《むかし》のまゝを守《まも》つてゆくことが、それのほんたうの尊重《そんちよう》にはならない。遡《さかのぼ》つてゆけば、みんな佛教《ぶつけう》や儒教《じゆけう》文化《ぶんくわ》の遺物《ゐぶつ》であるに相違《さうゐ》ないし、よく調《しら》べてみると、半島《はんたう》の男子《だんし》の服《ふく》は明時代《みんじだい》の風俗《ふうぞく》のそのまゝ襲用《しふよう》であつたり、女子《ぢよし》の服裝《ふくさう》は元《げん》の忽《くび》必烈《らい》の眞似《まね》であつたことがわかつたりすれば、今日《こんにち》の不便《ふべん》をも顧《かへり》みず、そして、あちらの、明《みん》、元《げん》の直系子孫《ちよくけいしそん》たちでさへ、いろ／＼變《か》へたに拘《かゝは》らず、何《なに》も、その傍系《ばうけい》の傍系《ばうけい》や他《た》人《にん》たちが、今《いま》もつて明《みん》や、元《げん》の時代《じだい》のものを固執《こしつ》しなければならないことも、なからうし。

そういふ義理《ぎり》立《だ》てすることもなからう。禮服《れいふく》で、いかに昔《むかし》の偉方《えらがた》が着用《ちやくよう》したものかも知《し》れないが、汚《よご》れ易《やす》く、不經濟《ふけいざい》で、特《とく》に男《をとこ》の服裝《ふくさう》等《など》、活動《くわつどう》に不便《ふべん》な白衣《はくい》を、そのまゝ着《き》つゞけることは、誠《まこと》に、どうも困《こま》つた話《はなし》だし、美學《びがく》的《てき》にもあまり感心《かんしん》した話《はなし》でもない。とうして、只《たゞ》、傳統《でんとう》や、昔《むかし》からの衣食住《いしよくぢう》の形式《けいしき》等《など》の淵源《えんげん》を、きわめれば、キリもないし、いろ〳〵おかしなものに、ぶつかるかも知《し》れない。漢學《かんがく》者《しや》の僕《ぼく》の父《ちゝ》等《など》は、韓姓《かんせい》の祖先《そせん》として、箕子《きし》等《など》を、引《ひ》つぱつて來《き》ては、いばつてゐたし、之《こ》れ等《ら》も、どうも支那《しな》の事大思想《じだいしさう》の影響《えいきやう》だらうと思《おも》ふ。とじつけに箕子《きし》等《ら》を、ひつぱつて來《こ》なくとも、いろ〳〵な點《てん》から見《み》て、僕《ぼく》は、むしろ成吉思汗《じんぎすかん》の后裔《こうえい》かもしれないと思《おも》ふがこれに對《たい》しても何《なに》も僕《ぼく》は、自信《じしん》を、もつて言《げん》明《めい》するわけではない、それが事實《じじつ》であるとしても却《かへ》つて、向《むか》ふの方《はう》で、そんな、昔《むかし》、勘當《かんだう》されて家出《いへで》した息子《むすこ》の子孫《しそん》なんかに、今頃《いまごろ》近《ちか》寄《よ》られては困《こま》るといふかも知《し》れない。どつちが本當《ほんたう》かわからないが、まあ、そういふととは今後《こんご》の歴史家《れきしか》や眞面目《まじめ》な學者《がくしや》の研究《けんきう》に俟《ま》つことにして、今《いま》のところ、個人《こじん》としてはあまり燥急《さうきふ》に、斷定《だんてい》したり詮索《せんさく》しない方《はう》が、いゝかも知《し》れない。あまり、そういふ事《こと》に拘泥《こうでい》し、自分《じぶん》たちだけの都合《つがふ》や、神《かみ》かゞりの氣持《きもち》で、祖先《そせん》〳〵と段々《だん〳〵》さかのぼつていけば、家《か》系圖《けいづ》の一番上《ばんうへ》の上《うへ》には、猿《さる》の繪《ゑ》が、書《か》いてあつて、これが最初《さいしよ》の祖先《そせん》だといふやうな諷刺《ふうし》の材料《ざいれう》になるかも知《し》れない。（評論家）

面影《おもかげ》

大佛次郎
木村俊徳畫

一

霧《きり》の中《なか》に僕《ぼく》はゐる。それも、僕《ぼく》は、同《おな》じやうにこの海《うみ》の上《うへ》の濃《こ》い霧《きり》に向《むか》ひ合《あ》つてゐる素子《もとこ》の姿《すがた》を見《み》まもつてゐる。この間《あひだ》、君《きみ》も知《し》つてゐるとほり山《やま》のサナトリウムで息《いき》を引取《ひきと》つた彼女《かのぢよ》がだ。あれだ、僕《ぼく》の心《こゝろ》では疑《うたが》ひもなく、素子《もとこ》だつた。

この手紙《てがみ》を見《み》たら、君《きみ》は、僕《ぼく》を憐《あはれ》みながら笑《わら》ふだらう。素子《もとこ》が死《し》んだ時《とき》、君《きみ》の親切《しんせつ》な慰安《ゐあん》の言葉《ことば》に向《む》けて、虚勢《きよせい》を張《は》ることもなく、女房《にようばう》なんて二度《ど》と持《も》つものぢやないねと放言《はうげん》して君《きみ》を呆《あき》れさせた僕《ぼく》だからだ。君《きみ》はその言葉《ことば》を故人《こじん》に向《む》けた僕《ぼく》の愛惜《あいせき》の證《しるし》として最初《さいしよ》受けたやうだつた。僕《ぼく》の言《い》つたのは、もつと冷《つめ》たい心《こゝろ》からだつた。それを君《きみ》に呑込《のみこ》ませたくて僕《ぼく》は云《い》つた。結婚《けつこん》は、一度《ど》で澤山《たくさん》だ。素子《もとこ》も結局《けつきよく》、僕《ぼく》と

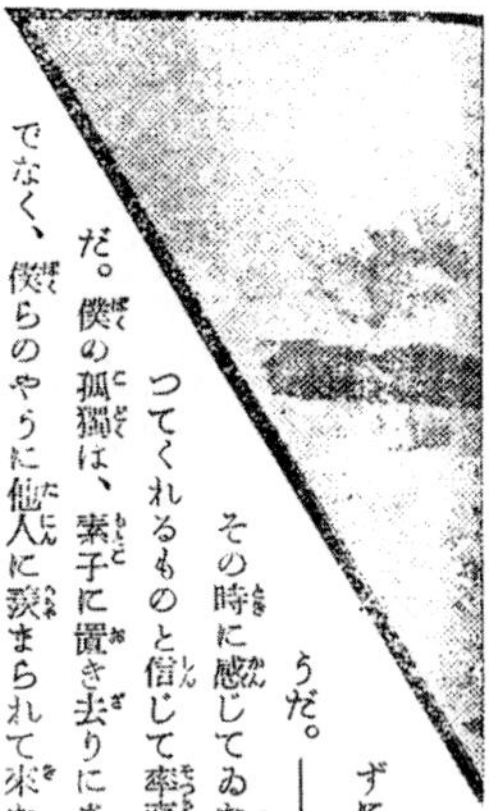

云《い》ふものを解《わか》らずに死《し》んで了《しま》つたやうだ。――君《きみ》ならば、僕《ぼく》がその時《とき》に感《かん》じてゐた孤獨《こどく》の感情《かんじやう》を解《わか》つてくれるものと信《しん》じて率直《そつちよく》にさう言《い》へたのだ。僕《ぼく》の孤獨《こどく》は、素子《もとこ》に置《お》き去《ざ》りにされたと云《い》ふこととでなく、僕《ぼく》らのやうに他人《たにん》に羨まられて來《き》た仲《なか》の善《よ》い夫婦《ふうふ》の生活《せいくわつ》でも、僕《ぼく》は遂《つひ》にこの感動《かんどう》をまぎらし切《き》れなかつたと云《い》ふ多少《たせう》は感傷《かんしやう》の味《あぢ》を含《ふく》んだ告白《こくはく》だつたのだ。君《きみ》は僕《ぼく》の眼《め》の色《いろ》を覗《のぞ》いて、僕《ぼく》の心《こゝろ》の閃《ひらめ》きに微《かす》かに觸《ふ》れたやうに見《み》えた。しかし、この言葉《ことば》がすくなくとも時宜《じぎ》でないと見《み》たのに違《ちが》ひないのだ。君《きみ》は無言《むごん》で煙草《たばこ》をふかしてゐたが、抗議《かうぎ》するやうな口調《くてう》で、そんなものかねと言《い》ふだけで僕《ぼく》の話《はなし》を避《さ》けてゐた。優《やさ》しい心《こゝろ》の君《きみ》は、僕《ぼく》の無情《むじやう》に憤《いきどほ》りさへも感《かん》じてゐたのだらう。

船《ふね》は霧《きり》の中《なか》を徐行《じよかう》してゐる。吠《ほ》えるやうな霧笛《むてき》の音《おと》が絶《た》えず僕《ぼく》らを不安《ふあん》にして、慣《な》れない船《ふね》の一夜《や》を一層《そう》睡《ねむ》りにくゝしてゐる。陸《をか》から離《はな》れたことを思《おも》ふと不思議《ふしぎ》なことに思《おも》はれるくらゐ明《あか》るい電燈《でんとう》の光《ひかり》が鏡《かゞみ》や金具《かなぐ》や寢臺《しんだい》の敷布《しきふ》に映《うつ》つてゐる船室《せんしつ》から僕《ぼく》は甲板《かんぱん》に出《で》て見《み》た。目《め》の前《まへ》に霧《きり》は壁《かべ》のやうだつた。自分《じぶん》の影法師《かげばふし》が黑《くろ》くその上《うへ》に立《た》つのを眺《なが》めてから、僕《ぼく》は天井《てんじやう》の電球《でんきう》のぐるりに小《ちひ》さい蟲《むし》が集《あつま》つてゐるやうに動《うご》いてゐる冷《つめ》たい水玉《みづたま》を見《み》まもつた。電燈《でんとう》が明《あか》るくしてあるのも船《ふね》が不測《ふそく》の危險《きけん》に對《たい》して神經質《しんけいしつ》に成《な》つてゐたせゐではないかと信《しん》じた。外套《ぐわいたう》の襟《えり》を立《た》てながら、僕《ぼく》は目的《もくてき》もなく白《しろ》い壁《かべ》に沿《そ》つて歩《ある》いて行《い》つた。素子《もとこ》がそこに立《た》つてゐた。君《きみ》は笑《わら》ふだらう。斷《ことわ》るまでもなく、冷靜《れいせい》に見《み》れば單純《たんじゆん》な相似《さうじ》の問題《もんだい》だつた。しかし、素子の死《し》を契機《けいき》として生《うま》れて初《はじ》めて內地《ないち》から離《はな》れた夜《よ》の僕《ぼく》に取《と》つては、これは笑《わら》ひごとではなかつた。僕《ぼく》は、鼓動《こどう》が停《とま》つたと思《おも》つたくらゐな強《つよ》いショックを受《う》けて、霧《きり》の中《なか》の影《かげ》を見詰《みつ》めた。足音《あしおと》を聞《き》いて僕《ぼく》を振返《ふりかへ》つてゐた影《かげ》のひとは、すぐに顏《かほ》を背向《そむ》けた。霧《きり》に濡《ぬ》れてゐるやうに見《み》えた横顏《よこがほ》の輪郭《りんくわく》がその後《ご》も僕《ぼく》には素子《もとこ》だつた。外套《ぐわいたう》の色《いろ》も素子《もとこ》のものだつた。帽子《ばうし》の形《かたち》も、それに見《み》えた。まだ、それほど衰《おとろ》へもせず、僕《ぼく》が特《とく》に見《み》ようとしなくても始終《しじゆう》僕《ぼく》の身《み》のまわりに優《やさ》しい體溫《たいをん》をとめた軀《からだ》の存在《そんざい》を感《かん》じさせ、とと〳〵と鋪道《ほだう》に鳴《な》る細《ほそ》い靴《くつ》の踵《かゝと》の音《おと》を聞《き》かせてゐた彼女《かのぢよ》だつた。この手紙《てがみ》では、僕《ぼく》は有《あ》りのまゝに心《こゝろ》を裸《はだ》かにして見《み》よう。夏桃《なつもゝ》の薄《うす》い皮《かは》を剝《は》ぐやうにして、白《しろ》い肉《にく》から滲《し》み出《で》るものを見《み》よう。最初《さいしよ》から君《きみ》には何《なに》も隱《かく》さなかつた僕《ぼく》だ。騷《さわ》ぐ心《こゝろ》のまゝ僕《ぼく》はその女《をんな》の脇《わき》を通《とほ》つて歩《ある》いて行《い》つた。素子《もとこ》のとは違《ちが》ふ不透明《ふとうめい》な香料《かうれう》の匂《にほ》ひが、反省《はんせい》の種《たね》となつた。しかし、通《とほ》り過《す》ぎてからも僕《ぼく》の心《こゝろ》は平靜《へいせい》ではなかつた。霧《きり》の中《なか》に僕《ぼく》は後尾《こうび》の船燈《せんとう》を見《み》まもつてゐた。幅《はゞ》を厚《あつ》く船《ふね》が掻分《かきわ》けて行《ゆ》く汐《しほ》の音《おと》にも耳《みゝ》を澄《すま》して見《み》た。もう一度《ど》、僕《ぼく》は戾《もど》つて來《き》た。それからまた、あらゆる反對《はんたい》の材料《ざいれう》を無視《むし》して僕《ぼく》は感《かん》じたのだ。素子《もとこ》だ。どう云《い》つたら、この獨斷《どくだん》に

君《きみ》が頷《うなづ》いてくれるだらうか？　僕《ぼく》もそのひとが素子《もとこ》でないことを知《し》つてゐたのだから。

二

霧《きり》で見《み》えない湖《うみ》に別《わか》れて、僕《ぼく》は船室《せんしつ》に戻《もど》つて來《き》た。天井《てんじやう》も壁《かべ》も白色《はくしよく》なこの部屋《へや》が前《まへ》から僕《ぼく》に旅愁《りよしう》を感《かん》じさせてゐたことは事實《じじつ》だ。しかし、素子《もとこ》でない女《をんな》が素子《もとこ》に見《み》えたと云《い》ふのは、必《かなら》ずしもその爲《ため》ではない。もつともつと別《べつ》の理由《りいう》があるのだ。それから、恐《おそ》らく君《きみ》が勝《か》ち誇《ほこ》つて唱《とな》へるほどは、僕《ぼく》は素子《もとこ》に置《お》き去《ざ》りにされたことを悲《かな》しんではゐなかつたと云《い》ひたいのだ。あの時《とき》の僕《ぼく》の告《こく》白《はく》は今《いま》でも僞《いつは》りや虚勢《きよせい》でなかつたと繰返《くりかへ》さう。今《いま》も、あれのことを思《おも》ふと涙《なみだ》ぐむ。可哀想《かあいさう》だつたと思《おも》ふ心《こゝろ》は深《ふか》い。これは、自分《じぶん》が信《しん》じてゐるよりも遥《はる》かに深《ふか》い。その爲《ため》に時々《ときどき》は素子《もとこ》の後《あと》を追《お》つて自分《じぶん》から死《し》んで行《ゆ》くことさへ望《のぞ》んだ僕《ぼく》なのだ。確《たし》かに僕《ぼく》は心《こゝろ》から子を愛《あい》してゐた。しかし、この愛情《あいじやう》が自分《じぶん》に運命《うんめい》を結《むす》びつけた女《をんな》だからと云《い》ふ釋明《しやくめい》がなしに済《す》んでゐたらうか？　僕《ぼく》は缺點《けつてん》のない夫《をつと》だつたと自分《じぶん》でも信《しん》じてゐる。素子《もとこ》も最後《さいご》の數日前《すうじつぜん》にそのことを云《い》つて禮《れい》を言《い》つて行《い》つた。その感謝《かんしや》に完全《くわんぜん》に値《あたひ》したと自負《じふ》しながら、しかも僕《ぼく》は、歯《は》がゆく苛立《いらだた》しいものを感《かん》じ、誠實《せいじつ》だつた自分《じぶん》の努力《どりよく》を見下《みくだ》してゐたのだ。現實《げんじつ》と云《い》ふものが眞實《しんじつ》とは違《ちが》ふことは僕《ぼく》も知《し》つてゐる。現實《げんじつ》の性質《せいしつ》を認《みと》めると云《い》ふことは、嘘《うそ》

や、心《こゝろ》になかつた所作《しよさ》までも、まるごと呑込《のみこ》むと云《い》ふことぢやないか？ 世間《せけん》の常識家《じやうしきか》に聽《き》いたら、それは僕《ぼく》がこの世《よ》に有り得《え》ない完全《くわんぜん》を期待《きたい》したのだと嘲《あざ》けられるだらう。夫婦《ふうふ》の間《あひだ》でも結果《けつくわ》さへよければ嘘《うそ》の手《て》を入《い》れるのは普通《ふつう》のことだと非常識《ひじやうしき》を呆《あき》れられるだけのことには違《ちが》ひない。世間《せけん》の婦人雑誌《ふじんざつし》の記事《きじ》を見《み》たまへ。この大《おほ》きな事《こと》柄《がら》が無雑作《むざふさ》さうに、片附《かたづ》けられてゐる。僕《ぼく》もまた結婚生活《けつこんせいくわつ》と云《い》ふものゝ底《そこ》を見《み》た。それを見《み》ることもなく滿足《まんぞく》してすくなくとも幸福《かうふく》な思《おも》ひで死《し》んで行《い》つた素子《もとこ》の女《をんな》の性質《せいしつ》に羨望《せんばう》さへ感《かん》じてゐるのだ。男《をとこ》の僕《ぼく》は、その安易《あんい》さに落着《おちつ》くことが出來《でき》なかつたのだ。僕《ぼく》ひとりの氣《き》質《しつ》の故《せい》だけとは考《かんが》へられない。よく素子《もとこ》を眺《なが》めてゐて、こいつのやうに單純《たんじゆん》に愛《あい》し單純《たんじゆん》に憎《にく》むことが出來《でき》たら、どれだけ幸福《かうふく》だらうと僕《ぼく》は思《おも》つた。僕《ぼく》は妻《つま》に優《やさ》しかつた。しかし自分《じぶん》では心臓《しんざう》がクラストしてゐると知《し》つてゐた。あるひは、僕《ぼく》が素子《もとこ》を幸福《かうふく》にしてやることが出來《でき》たのは、その凍結《とうけつ》を隱《かく》すための努力《どりよく》ではなかつたのだらうか？ また霧笛《むてき》が聞《きこ》える。獸物《けもの》が吠《ほ》えてゐるやうに聞《きこ》える。

素子《もとこ》が俺《おれ》と一緒《しよ》にこの船《ふね》に乘《の》つてゐる。この霧《きり》の晩《ばん》の航海《かうかい》に、僕《ぼく》と同《おな》じやうに怯《おび》えてゐる。僕《ぼく》はそれを知《し》つてゐるのだ。その爲《ため》に、自分《じぶん》ひとりのことでなく不安《ふあん》を二倍《ばい》に感《かん》じてゐるやうに見《み》える。

これは、どう云《い》ふのだらう？ 素子《もとこ》を送《おく》つて平靜《へいせい》だつた僕《ぼく》がだ。たゞ似《に》てゐると云《い》ふだけの女《をんな》の爲《ため》にか？ 氷《こほり》のやうに冷《つめ》たい心《こゝろ》をした僕《ぼく》がだ。君《きみ》もあの時目《ときめ》の色《いろ》で非難《ひなん》した薄情《はくじやう》な僕《ぼく》がだ。

僕《ぼく》は天井《てんじやう》を睨《にら》み、壁《かべ》を睨《にら》む。白《しろ》い。たゞ白《しろ》い。海《うみ》の上《うへ》の灰白色《くわいはくしよく》の霧《きり》が、こゝまで入《はい》つて來《き》て染《そ》めてゐるやうに白《しろ》い。

三

淺《あさ》い睡《ねむ》りから目《め》が醒《さ》めて見《み》ると、甲板《かんぱん》を歩《ある》いてゐる人《ひと》の話聲《はなしごゑ》がした。眼鏡《めがね》のやうに部屋《ケビン》の壁《かべ》に開《あ》いた窓《まど》には朝《あさ》の光《ひかり》があつた。覗《のぞ》いて見《み》ると、霧《きり》はあるが浪《なみ》のうねりが見《み》える。内地《ないち》の帆《ほ》かけ舟《ぶね》とは帆《ほ》の形《かたち》が違《ちが》ふ小舟《こぶね》が傾《かたむ》きながら通《とほ》つてゐるのが見《み》えた。僕《ぼく》の乘《の》つて來《き》た連絡船《れんらくせん》が無事《ぶじ》に海峡《かいけふ》を渡《わた》つたのが判《わか》つた。僕《ぼく》もまた前夜《ぜんや》の霧《きり》が魔術《まじゆつ》が終《をは》つたと考《かんが》へようとした。しかし素子《もとこ》に似《に》た女《をんな》のことが氣《き》になつてゐた。それも二人《ふたり》で暮《くら》してゐた時分《じぶん》に、朝目醒《あさめざ》めに、自分《じぶん》より先《さき》に起《お》きて家《うち》の中《なか》のどこかに動《うご》いてゐる素子《もとこ》を意識《いしき》するのと同《おな》じ色調《しきてう》

の心《こゝろ》の向《む》け方《かた》であつた。

　君《きみ》は知《し》るまい。身近《みぢか》くゐた者《もの》が死《し》ぬと云《い》ふのは、たゞその人間《にんげん》がゐなくなると云《い》ふだけのもので、そのひとの領《し》めてゐただけの空間《くうかん》が、ぽつくりと空《から》になつていつまでも殘《のこ》ることなのだ。素子《もとこ》の死《し》んだ跡《あと》に、絶《た》えずその個體的《こたいてき》な空虚《くうきよ》を味《あぢは》つてゐた僕《ぼく》は、あるひはその女《をんな》を、素子《もとこ》がゐた位置《ゐち》にはめ込《こ》んで考《かんが》へてゐたのではあるまいか？　性《せい》の本能《ほんのう》の潜在的《せんざいてき》な作用《さよう》だと見《み》て見《み》られぬこともなかつた。洗面臺《せんめんだい》の鏡《かゞみ》に向《むか》ひながら、やがてとの夢《ゆめ》が多愛《たあい》なく破《やぶ》れることを期待《きたい》出來《でき》た。その時《とき》、海《うみ》の上《うへ》に一面《いちめん》に流《なが》れてゐた霧《きり》の一部《いちぶ》が、缺《か》けたやうに空《あ》いて青空《あをぞら》が見《み》え、更《さら》に思《おも》ひがけなく近《ちか》く、綠色《みどりいろ》をした山《やま》の額《ひたひ》が現《あらは》れて來《き》たのに氣《き》がついた。大陸《たいりく》が海《うみ》に突出《とつしゆつ》した鼻《はな》だつた。霧《きり》を透《とほ》して陸《りく》のどよめきが傳《つた》はつて來《き》た。影繪《かげゑ》のやうに黑《くろ》く釜山《ふざん》の埠頭《ふとう》が徐《じよ》々に形《かたち》を明瞭《めいれう》にして來《き》た。まだ人《ひと》が着《き》てゐる夏《なつ》の白《しろ》い服《ふく》が見《み》えた。

　變《かは》つた土地《とち》を初《はじ》めて踏《ふ》むと云《い》ふ感慨《かんがい》は僕《ぼく》には起《おこ》らなかつた。僕《ぼく》が思《おも》つてゐたのは、タラップの混雜《こんざつ》の中《なか》に、素子《もとこ》に似《に》た女《をんな》の顏《かほ》をもう一度《ど》見《み》極《きは》めると云《い》ふことだけだつた。もう荷物《にもつ》をさげて人《ひと》が押出《おしだ》して來《き》てゐた。その女《をんな》を見失《みうしな》ふまいとして僕《ぼく》も急《いそ》いでゐた。朝《あさ》の光《ひかり》が、なつかしい幽靈《ゆうれい》の正體《しやうたい》を否應《いやおう》なく見《み》せてくれることに違《ちが》ひないと思《おも》つた。

　朝日が、霧《きり》ですつかり濡《ぬ》れてゐた船《ふね》の金具《かなぐ》に當《あた》り初《はじ》めた。不眠《ふみん》の目《め》に壁《かべ》が眩《まぶ》しく光《ひか》り出《だ》した。狹《せま》い甲板《かんぱん》は、先《さき》を爭《あらそ》つて降《お》りようとする群衆《ぐんしう》に埋《うづ》められてゐる。それらしいひとは隱《かく》れてゐた。

　汽車《きしや》のプラットフォームへ出《で》てから僕《ぼく》はやゝ狼狽《らうばい》してゐた。それとは知《し》らずに、ほかの男《をとこ》が話掛《はなしか》けて來《き》て僕《ぼく》を放《はな》さなかつた。どちらまでおいでです？　朝鮮《てうせん》へいらしつたのは初《はじ》めてですか？　手荷物《てにもつ》はあるし僕《ぼく》は動《うご》けなかつた。汽車《きしや》がむく〳〵と煙《けむり》を上《あ》げて、フォームへ入《はい》つて來《き》た。斷念《だんねん》するより他《ほか》はないらしい。それと同時《どうじ》に僕《ぼく》の心《こゝろ》にきざして來《き》たのは、やはり昨夜《ゆうべ》の女《をんな》が素子《もとこ》だつたと云《い》ふ奇怪《きくわい》な想念《さうねん》である。人《ひと》の影《かげ》を細長《ほそなが》くプラットフォームに附《つ》けてゐる朝《あさ》の光《ひかり》の中《なか》で、僕《ぼく》だけが昨夜《ゆうべ》の上海《シヤンハイ》の霧《きり》の魔術《まじゆつ》から拔《ぬ》け切《き》らなかつたのだらうか？

　動《うご》き出《だ》した汽車《きしや》の窓《まど》から、半島《はんたう》の民家《みんか》の廂《ひさし》を垂《た》れて美《うつく》しい鼠色《ねずみいろ》をした草屋根《くさやね》の聚落《しゆうらく》を見《み》た。白《しろ》い着物《きもの》を着《き》た女《をんな》が外《そと》に出《で》て竈《かまど》の火《ひ》を炊《た》き、子供《こども》たちが汽車《きしや》を見送《みおく》つてゐる。汽車《きしや》の中《なか》の他《ほか》の客《きやく》を見《み》ると朝《あさ》の新聞《しんぶん》をひろげて見《み》てゐる者《もの》が多《おほ》い。自分《じぶん》ひとりが平靜《へいせい》でないのである。あの女《をんな》は山《やま》に階段《かいだん》に成《な》つた釜山《ふざん》の町《まち》へ姿《すがた》を消《け》して了《しま》つたのだらうかと切《しき》りに思《おも》ひ續《つゞ》けた。

四

　何時間《なんじかん》かして樹《き》のない山《やま》を繞《めぐ》つて流《なが》れる大《おほ》きな川《かは》が見《み》えて來《き》た。水《みづ》は濁《にご》つてゐて秋晴《あきば》れの空《そら》の色《いろ》も映《うつ》つてゐない。岸邊《きしべ》の蘆《あし》の間《ま》に網《あみ》をおろしてゐる翁《おきな》があつた。雲《くも》の塊《かたまり》がゆつたりと空《そら》を匍《は》ひ、その影《かげ》が山《やま》の斜面《しやめん》を降《お》りて來《く》る。空《そら》の青《あを》い色《いろ》は、洗《あら》つたやうに冴《さ》え冴《ざ》えとしてゐる。ふいと僕《ぼく》は立《た》ち上《あが》つてこの憂鬱《いうゝつ》な景色《けしき》から身《み》を惹《ひ》き離《はな》した。車室《しやしつ》を渡《わた》つて、あの女《をんな》を探《さが》すことを思《おも》ひ立《た》つたのだ。無駄《むだ》と判《わか》つてゐてもさうしないと心《こゝろ》が落着《おちつ》かなかつたのである。しかも、その時《とき》にも僕《ぼく》には自分《じぶん》の行動《かうどう》を冷《ひや》やかに笑《わら》ふ心持《こゝろもち》が潜《ひそ》んでゐた。僕《ぼく》と云《い》ふ人間《にんげん》は、結婚《けつこん》した男女《だんぢよ》の間《あひだ》にも假《か》りの契《ちぎ》りと云《い》ふのか、無常《むじやう》感《かん》を捨《す》て去《さ》れなかつた男《をとこ》だつた。物《もの》を一途《づ》に信《しん》じ込《こ》むのには、心《こゝろ》の襞《ひだ》が深過《ふかす》ぎた。方角《はうがく》を迷《まよ》つた光《ひかり》が、いろ〳〵の角度《かくど》から射《さ》して、一つの影《かげ》に別《べつ》の影《かげ》が重《かさ》なつてゐた。

廊下《らうか》を渡《わた》つて車室《しやしつ》を二つ通《とほ》り越《こ》さない前《まへ》に僕《ぼく》は彼女《かのぢよ》の顏《かほ》と目《め》が會《あ》つて、ゐたのだ、と叫《さけ》びながら心《こゝろ》は平靜《へいせい》だつた。覺悟《かくご》してゐた幻滅《げんめつ》は、不思議《ふしぎ》なくらゐに淺《あさ》かつた。よく似《に》てゐると思《おも》つた顏立《かほだち》も、眼《め》の表情《へうじやう》がはつきりと素子《もとこ》と違《ちが》つてゐた。しかし、女《をんな》が僕《ぼく》の視線《しせん》に氣《き》がついたやうに、その目《め》を逸《そ》らすと、鼻《はな》の形《かたち》のいゝ横顏《よこがほ》と、小《ちひ》さい耳《みゝ》の脇《わき》に垂《た》れた梳上《もみあ》げの毛《け》の一房《ふさ》とが忽然《こつぜん》と、素子《もとこ》を覺《おぼ》えさせ、僕《ぼく》の心《こゝろ》に波紋《はもん》を送《おく》つた。驚《おどろ》くくらゐに速《はや》く別《べつ》の運命《うんめい》に空想《くうさう》を恣《ほしい》まゝにしてゐる自分《じぶん》を見《み》つけて苦笑《くせう》を催《もよほ》した。平氣《へいき》らしく、もとの車室《しやしつ》に戻《もど》りながらである。

何氣《なにげ》なくしてゐると、自然《しぜん》とその空想《くうさう》の方角《はうがく》へ動《うご》き出《だ》しさうである。間《ま》もなく、それに逆《さか》らふこともないのだと、僕《ぼく》は自分《じぶん》から手綱《たづな》を緩《ゆる》めた。列車《れつしや》の給仕《きふじ》は、スーツケエスを提《さ》げて僕《ぼく》に尾《つ》いて來《き》た。

内地《ないち》を離《はな》れて俺《おれ》は素子《もとこ》と一緒《しよ》に旅《たび》をしてゐる。自分《じぶん》の心《こゝろ》を甘《あま》やかして僕《ぼく》はかう辯解《べんかい》してゐた。スタンダールが說《と》いたザルツブルグの木《き》の枯枝《かれえだ》に、最初《さいしよ》の鹽《しほ》の結晶《けつしやう》が附《つ》いたのである。樂《たの》しくなかつたとは僕《ぼく》は云《い》はない。僕《ぼく》の心《こゝろ》は明《あか》るく成《な》つてゐた。冬《ふゆ》の部屋《へや》に灯《ひ》をともしたやうに、明《あか》るい心《こゝろ》なのである。旅《たび》だと云《い》ふことも思《おも》つた。それと、空想《くうさう》は人間《にんげん》の自由《じいう》ではないか？　季節《きせつ》の百合《ゆり》の花《はな》に圍《かこ》まれて冷《つめ》たく鎭《しづ》まり返《かへ》つてゐた素子《もとこ》の代《かは》りに、生《い》きてゐる素子《もとこ》が、そこにゐるのだ。窓《まど》にもたれてゐる腕《うで》にも僕《ぼく》は見覺《みおぼ》えがあつた。あれは位《くらゐ》ばかりある貧乏公卿《びんぼふくげ》の娘《むすめ》だつた。顏立《かほだち》に、どことなく幾代《いくだい》もの古《ふる》い傳《でん》

影　面……192

統《とう》の跡《あと》がともり、眞顔《まがほ》に取澄《とりすま》してゐると薄情《はくじやう》らしく美《うつく》しかつた。僕《ぼく》は、その素子《もとこ》を離《はな》れてはゐるが目《め》の前《まへ》に置《お》いてゐる。他人《たにん》の僕《ぼく》の視《し》線《せん》をきびしくはね返《かへ》して受附《うけつ》けない皮膚《ひふ》の張《は》り方《かた》も小氣味《こきみ》よかつた。これも素子《もとこ》だつた。あの女《をんな》は、僕以外《ぼくいぐわい》のものに向《む》けては始終《しじう》何《なに》か溶《と》けないものを殘《のこ》してゐた。心《こゝろ》は優《やさ》しかつたのだが、動《うご》かされ易《やす》いので、戒《いまし》めてゐるやうなところがあつた。

汽車《きしや》の中《なか》の數時間《すうじかん》が、自分《じぶん》も知《し》らぬ間《ま》に僕《ぼく》の心《こゝろ》をあらぬ方角《はうがく》へ歩《ある》かせてゐた。僕《ぼく》がしてゐたことは、その女《をんな》を素子《もとこ》がゐた空間《くうかん》に、はめ込《こ》むことだつた。過《す》ぎたこまかいことまでが動員《どうゐん》されて來《き》て、あの時《とき》はかうだつた、この時《とき》はかうだつたと旅《たび》の愁《うれ》ひの中《なか》になつかしい記憶《きおく》をそれからそれと辿《たど》つてゐたのである。何《なに》よりも僕《ぼく》は自分《じぶん》の心《こゝろ》が頑《かた》くなで讓《ゆづ》らなかつたことを悔《く》いた。冷《つめ》たい心《こゝろ》を暖《あたゝか》いものとして相手《あひて》に受《う》けさせるのに慣《な》れてゐたとも取返《とりかへ》しのつかぬことに思《おも》はれた。あの女《をんな》は軀《からだ》も心《こゝろ》も、精巧《せいかう》に出來《でき》た樂器《がくき》のやうに氣《き》まぐれな僕《ぼく》の指《ゆび》にすぐ答《こた》へてゐた。心《こゝろ》にもなく僕《ぼく》がすることにも、受《う》ける側《がは》では素直《すなほ》だつたし敏感《びんかん》な鍵盤のやうに心《こゝろ》の全副《ぜんぷく》を傾《かたむ》けて應《こた》へてゐた。小《ちひ》さい思《おも》ひ出《で》にも僕《ぼく》は涙《なみだ》ぐむんだ、時《とき》に依《よ》つて僕《ぼく》のしてゐたことは、上部《うはべ》だけのものだつた。その遊戲《いうぎ》に僕《ぼく》が受《う》けたものは、素子《もとこ》の組織《そしき》の全部《ぜんぶ》にわたる奧深《おくふか》い感動《かんどう》だつたのだ。僕《ぼく》と云《い》ふ男《をとこ》は、戲《たはむ》れてゐる自分《じぶん》のほかに、離《はな》れてそれを見《み》まもつてゐる自分《じぶん》を持《も》つてゐた。現代《げんだい》と云《い》ふ時《とき》が自然《しぜん》につけた錆《さび》かも知《し》れない。しかし、あの女《をんな》はそれをどこまでもまともに受《う》けて、最後《さいご》まで僕《ぼく》を無二《むに》のよい良《をつ》人《と》と信《しん》じてゐたのだ。僕《ぼく》との間《あひだ》にある深《ふか》い斷層《だんそう》も知《し》らずに濟《す》んだくらゐに無邪氣《むじやき》だつたのだ。僕自身《ぼくじしん》はその淵《ふち》をなくすことが出來《でき》なく成《な》つてゐた。男《をとこ》と云《い》ふものがさうだと知《し》つてゐたのである。たゞ幸《かう》か不幸《ふかう》か、女《をんな》だつた素子《もとこ》はそれを見《み》なかつたし、見《み》る前《まへ》に自分《じぶん》の心《こゝろ》の愛情《あいじやう》で隙間《すきま》を埋《う》めて受取《うけと》つてゐたのではないか？

から、いろ〱に悲《かな》しみながら、僕《ぼく》は素子《もとこ》に似《に》たひとを見《み》まもつてゐるのである。そのひとの表情《へうじやう》は僕《ぼく》を受附《うけつ》けなかつた。これは素《も》子《こ》が僕《ぼく》の心《こゝろ》の隙間《すきま》を見《み》ぬいて、故意《こい》に冷淡《れいたん》な顔付《かほつき》を見《み》せてゐるやうにも取《と》れるのだつた。生《い》きてゐる時《とき》の素子《もとこ》に抱《いだ》いたことのなかつた感動《かんどう》が僕《ぼく》に湧《わ》いてゐた。京城《けいじやう》に着《つ》いて降《お》りると、そのひとは人力車《じんりきしや》に乗《の》つた。僕《ぼく》もまた車《くるま》に乗《の》つて、自分《じぶん》が何《なに》をしようとしてゐるのか一向《かう》に知《し》らずに前《まへ》の車《くるま》を尾《つ》けるように命令《めいれい》した。昔《むかし》の南大門《なんだいもん》が現代《げんだい》風《ふう》に舗装《ほさう》した廣場《ひろば》の片脇《かたわき》に、大《おほ》きいだけで荒《あ》れた姿《すがた》を据《す》ゑてゐる。そのほかは朝鮮《てうせん》に來《き》てゐるとは僕《ぼく》は感《かん》じないのだ。なるほど、町《まち》には白衣《はくい》の人《ひと》が多《おほ》い。しかし、これは內地《ないち》の都會《とくわい》でも見慣《みな》れてゐて怪《あや》しまないことだつた。秋晴《あきば》れの空《そら》だけが頭《あたま》の上《うへ》に高《たか》くて青《あを》い。たゞ遠《とほ》くに見《み》える山《やま》も近《ちか》くの町《まち》も、ひでりの後《のち》のやうに乾燥《かんさう》して見《み》える。極《きは》めて自然《しぜん》に、僕《ぼく》はこの埃《ほこり》の多《おほ》い町《まち》の懷中《ふところ》に入《はい》つて行《ゆ》くことが出來《でき》た。前《まへ》に車《くるま》を走《はし》らせて行《ゆ》く素子《もとこ》が僕《ぼく》を導《みちび》いて行《ゆ》くのである。疊《たゝ》んだ母衣《ほろ》の上《うへ》に帽子《ぼうし》を斜《なゝ》めにかぶつた小《ちひ》さい頭《あたま》が見《み》え、道幅《みちはゞ》の狹《せま》い坂道《さかみち》を登《のぼ》つて行《ゆ》くのである。

五

町《まち》の面目《めんもく》は急《きふ》に變《かは》つた。內地《ないち》の寺《てら》の門前町《もんぜんまち》を聯想《れんさう》させるやうな、隙間《すきま》もなく建《た》て込《こ》んだ土塀《どべい》と屋根《やね》のある門《もん》が續《つゞ》くのである。どの家《いへ》も同《おな》じ形式《けいしき》を踏《ふ》み、不揃《ふぞろ》ひに並《なら》びながら、昔《むかし》の寺《てら》のやうに古《ふる》びて靜《しづ》

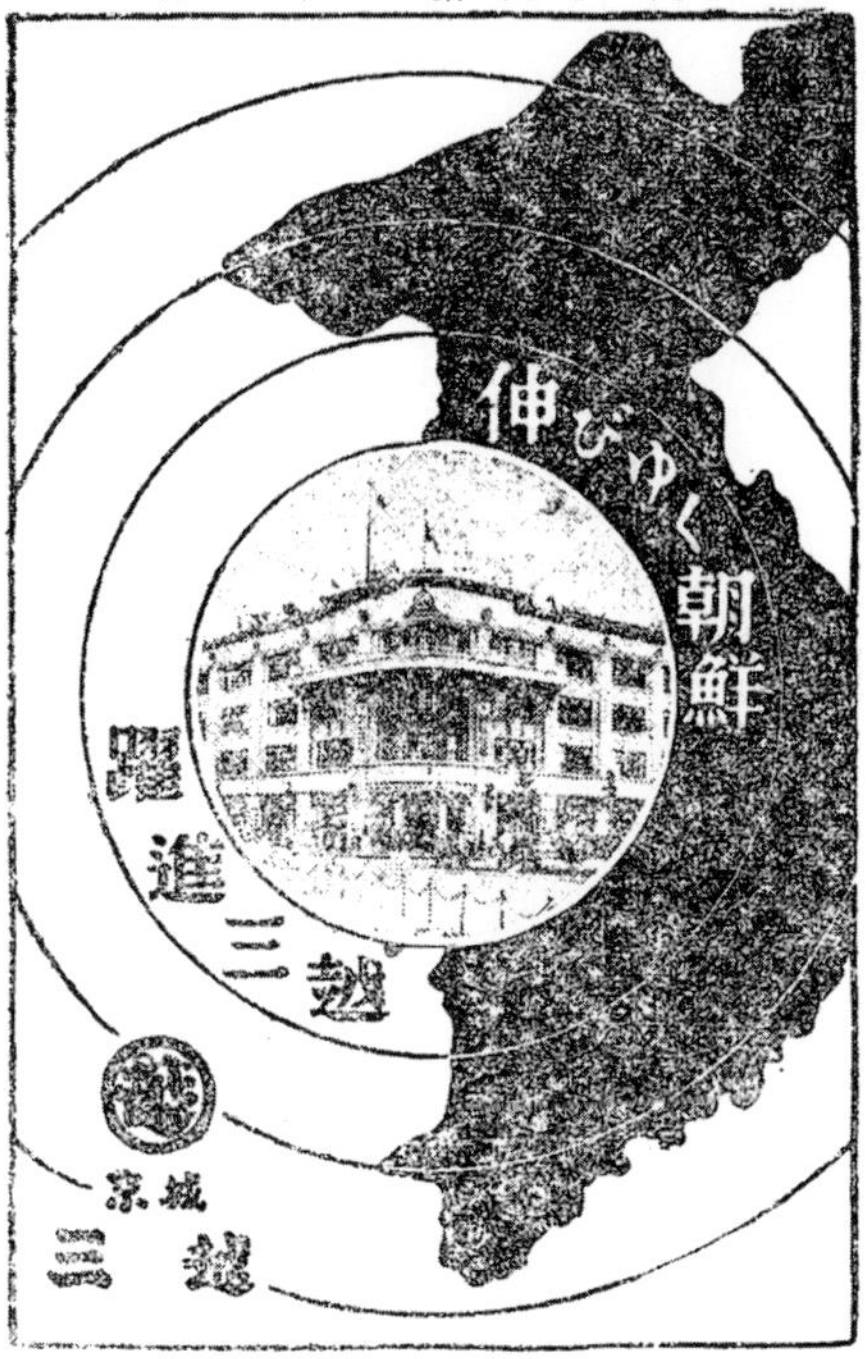

かだつた。表通《おもてどほ》りから氣樂《きらく》に入《はい》つて來《き》て、突然《とつぜん》に、僕《ぼく》は心《こゝろ》に混亂《こんらん》を覺《おぼ》えた。この靜《しづ》かな街《まち》は、外《そと》から入《はい》つて來《き》たものを受容《うけい》れまいと拒《こば》んでゐるやうに見《み》える。

前《まへ》の車《くるま》は、その一軒《けん》の門《もん》に停《とま》つて女《をんな》は降《お》りた。僕《ぼく》は自分《じぶん》の行動《かうどう》を怪《あや》しまれるのを嫌《きら》つて、わざと女《をんな》の方《はう》を見《み》てゐなかつた。向《む》きなほつた時《とき》、僕《ぼく》は空車《くうしや》が歸《かへ》つて來《く》るのと出會《であ》つた、車夫《しやふ》は半島人《はんたうじん》のかなりの老人《らうじん》だつた。こちらの車夫《しやふ》を見《み》て皺《しわ》の間《あひだ》で笑《わら》つて、何《なに》か私《わたし》には解《わか》らない言葉《ことば》で挨拶《あいさつ》して、すれ違《ちが》つて行《い》つた。淺黑《あさぐろ》い顏《かほ》に汗《あせ》が光《ひか》つてゐる。

僕《ぼく》は、女《をんな》の入《はい》つた門《もん》を見失《みうしな》ふまいとしてゐた。柳《やなぎ》の葉《は》が明《あか》るい宙《ちう》に舞《ま》ひながら落《お》ちて來《く》る。素子《もとこ》に似《に》たひとは内地《ないち》の人間《にんげん》ではなかつたのか。この明白《めいはく》な疑問《ぎもん》に答《こた》へて、門《もん》の木《き》の扉《とびら》は、夕陽《ゆふひ》を一杯《いつぱい》に受《う》けたまゝかたく閉《とざ》されてゐた。古《ふる》いが頑丈《ぐわんぢやう》な木《き》の扉《とびら》で、縁《ふち》のあたりに微《かす》かに昔《むかし》の繪具《ゑのぐ》の色《いろ》が殘《のこ》つてゐる。柳《やなぎ》の葉《は》が散《ち》つて來《き》て、扉《とびら》を打《う》つた。車《くるま》を歩《あゆ》ませてゐたのだが、僕《ぼく》はその葉《は》が板《いた》をかすめる音《おと》を聞《き》いたやうに今《いま》も信《しん》じてゐる。あたりは靜《しづ》かだつた。表通《おもてどほ》りの雜踏《ざつたふ》もこゝまでは聞《きこ》えて來《こ》ない。不意《ふい》とはぐれたやうに、僕《ぼく》は、どうしてよいのか解《わか》らないでゐた。漸《やうや》く車《くるま》を返《かへ》させて、坂《さか》を降《お》りながら、もう一度《ど》その家《いへ》を見《み》まもつただけである。明《あか》るい光《ひかり》の中《なか》に家《いへ》は森閑《しんかん》としてゐる。門《もん》も土塀《どべい》も城《しろ》のやうな感《かん》じで厚《あつ》く、その奧《おく》で、どう云《い》ふ生活《せいくわつ》が營《いとな》まれてゐるか全然《ぜんぜん》窺《うかゞ》はせまいとしてゐるやうに見《み》える。

同《おな》じやうな固《かた》い構《かま》への屋敷《やしき》がこれに續《つゞ》いてゐた。庭木《にはき》らしいものゝ梢《こずゑ》も見《み》えなかつた。古《ふる》めかしくきびしい空氣《くうき》が、この街《まち》のものである。しかし、四五軒《けん》、こちらへ來《く》ると、その一軒《けん》の家《いへ》の中《なか》から突然《とつぜん》に洋琴《ぴあの》の音《ね》が聞《きこ》えて來《き》て、僕《ぼく》を驚《おどろ》かした。玉《たま》を一時《じ》に彈《はじ》いたやうな曲節《きよくせつ》は明《あき》らかにショパンのものだつた。その音色《ねいろ》を聞《き》きながら、僕《ぼく》はこの古《ふる》い町《まち》に入《はい》つて來《き》た現代《げんだい》を思《おも》つてゐた。素子《もとこ》に似《に》た女《ひと》も、東京《とうきやう》に遊學《いうがく》してゐたのだらうか？

昨夜《さくや》の海《うみ》の上《うへ》の霧《きり》のことはもう僕《ぼく》の頭《あたま》にないのである。そのひとが素子《もとこ》でなかつたと、自分《じぶん》の心《こゝろ》でも頷《うなづ》いてゐたし、更《さら》にこの街《まち》に二度《ど》と來《く》ることもないやうに見《み》てゐるのである。

數日後《すうじつご》に、僕《ぼく》は平壤《へいじやう》にゐて道《みち》を牡丹臺《ぼたんだい》から箕子廟《きしべう》の方《はう》へ越《こ》えてゐた。やはり秋晴《あきば》れの明《あか》るい日《ひ》で、赤松《あかまつ》の山《やま》に午後《ごご》の日《ひ》が深々《ふかぶか》と射《さ》してゐた。一人《り》の妓生《きいさん》が僕《ぼく》の行《ゆ》く手《て》から坂《さか》を降《お》りて來《き》た。松山《まつやま》の蔭《かげ》で賑《にぎ》やかな人《ひと》の笑聲《せうせい》が聞《きこ》えたが、その連《つ》れだつたのだらう。天平の女《をんな》を見《み》るやうに優雅《いうが》な形《かたち》や動作《どうさ》を遠《とほ》くから見《み》て特《とく》に僕《ぼく》は心《こゝろ》を惹《ひ》かれた。近《ちか》くなつてから僕《ぼく》はふいと襲《おそ》はれたやうに、その女《をんな》の顏《かほ》が氣《き》に成《な》つた。素子《もとこ》ぢやないか？

君《きみ》は笑《わら》ふだらう。また僕《ぼく》のさう云《い》ふ心《こゝろ》の動《うご》き方《かた》が常態《じやうたい》でないと云《い》ふだらう。しかし、僕《ぼく》は素子《もとこ》が僕《ぼく》と一緒《しよ》に今度《こんど》の旅《たび》に來《き》てゐることを、その刹那《せつな》ほど强《つよ》く鮮《あざ》やかに感《かん》じたことはない。僕《ぼく》の感情《かんじやう》は、自分《じぶん》で信《しん》じてゐたよりもさう凍《こほ》つてはゐなかつたのだらうか。

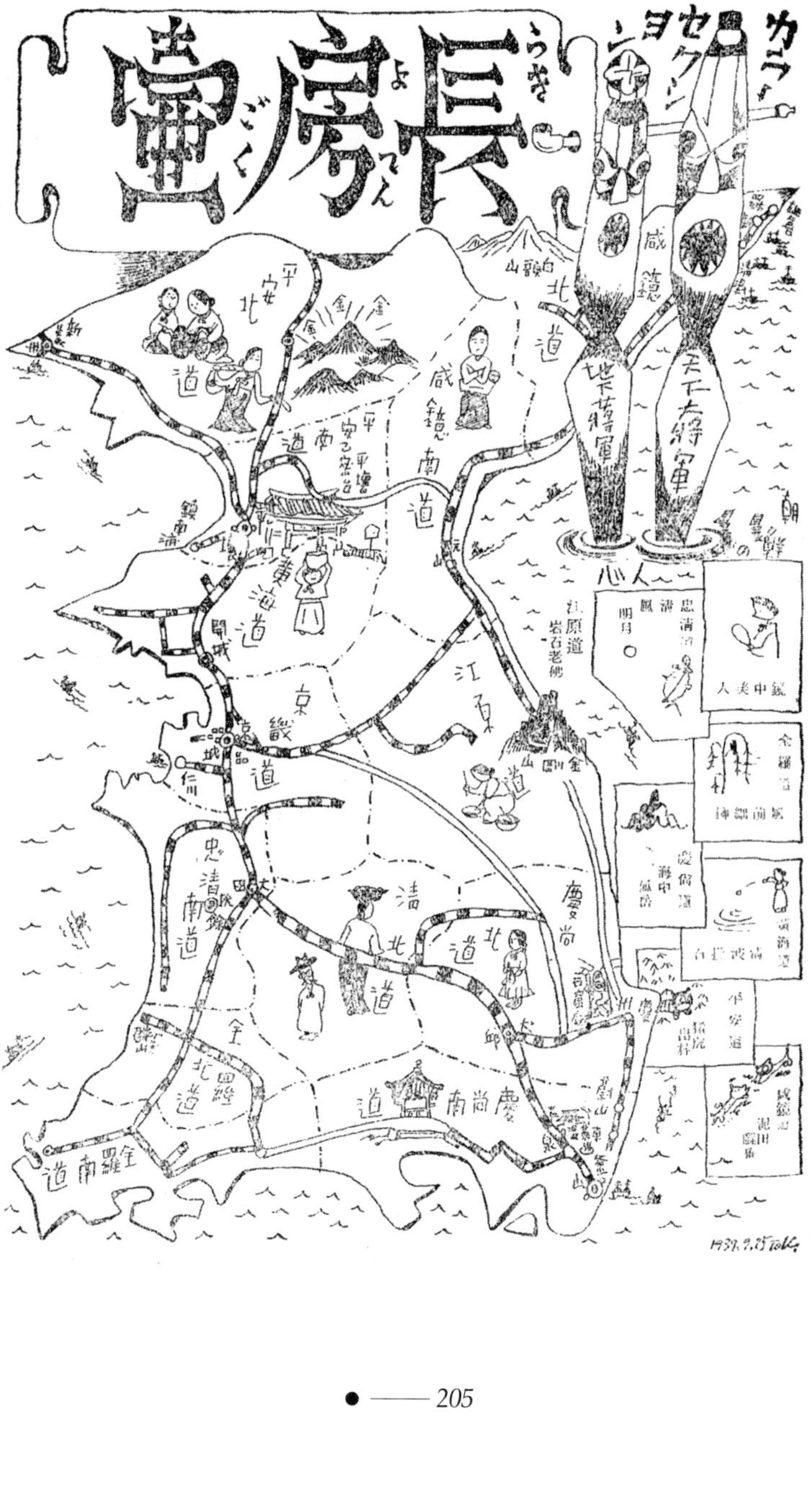

壺房長
天下大将軍
地下女将軍
平安北道
平安南道
咸鏡南道
咸鏡北道
黄海道
京畿道
江原道
忠清南道
慶尚北道
慶尚南道
全羅北道
全羅南道
1939.9.25

福《はく》德《とく》房《ばんぐ》

朝鮮禮儀作法百般縮刷版《てうせんにいつてらこれだけしつてゐればはぢをかゝない》

『處變《ところかは》れば品變《しなかは》る、浪波《なには》の葦《あし》は伊勢《いせ》の濱荻《はまをぎ》』といふ。まして、内地《ないち》と朝鮮《てうせん》とでは昔《むかし》から風俗《ふうぞく》や習慣《しふくわん》に大分《だいぶ》相違《さうゐ》がある。だが、此《こ》の相違《さうゐ》もよく〳〵煎《せん》じ詰《つ》めてみれば、異《こと》なるのは只形式《たゞけいしき》だけで、根本精神《こんぽんせいしん》には殆《ほと》ど差異《さい》が無《な》いと言《い》つてよい。だからお互《たがひ》にその精神《せいしん》を酌《く》み取《と》つて心《こゝろ》と心《こゝろ》の理解《りかい》をしたいものである。

その媒《なかだち》となるのは先《ま》づ何《なん》と言《い》つても言語《げんご》動作《どうさ》の理解《りかい》なのだから、うつかりして大失敗《だいしつぱい》を招《まね》いたり、相手《あひて》の氣《き》を悪《わる》くしないやう、之《これ》だけは知《し》つて置《お》き度《た》い、モロ〳〵の禮儀《れいぎ》について御紹介《ごせうかい》しよう。

♣差控《さしひか》へたい言葉《ことば》の一つは『ヨボ』だ。之《これ》は『ヨボ〳〵爺《ぢい》』などといふ侮蔑《ぶべつ》の意味《いみ》が含《ふく》まれてゐるから、足《あし》が一度《ど》朝鮮《てうせん》の地《ち》にとゞいたら、口《くち》にしない方《はう》がよい。之《これ》は、朝鮮《てうせん》では、紳士《しんし》、淑女《しゆくぢよ》のコトバに非《あら》ず。

♣ところが、である。事《こと》ヒトタビ、立膝《たてひざ》や胡坐《あぐら》（之《これ》をするとお

嫁《よめ》の貰《もら》ひ手《て》もなくなるといふアレですぞ）は、決《けつ》して無禮《ぶれい》にはならないから喜《よろこ》んで貰《もら》ひ度《た》い。

朝鮮物知リ大学

雞

日本《につぽん》の雞《にはとり》、即《すなは》ちニハトリの呼《よ》び名《な》は、「庭《には》の鳥《とり》」といふ意味《いみ》である。そしてもとは單《たん》に「トリ」と云《い》つた。雞合《とりあはせ》、雞冠《とさか》、一番雞《ばんどり》といふ風《ふう》に。朝鮮《てうせん》では鷄《にはとり》を「タルク」と云《い》ふ。「タル」といふ音《おん》は、内地《ないち》で呼《よ》ぶ「トリ」と類似《るゐじ》してゐる。昔《むかし》は共通《きようつう》の名《めい》稱《しよう》であつたかも知《し》れない。

雌雄

朝鮮《てうせん》には「アム」「ス」といふ言葉《ことば》があつて、「アム」は動物《どうぶつ》の雌《めす》・牝《めす》、「ス」は雄《をす》・牡《をす》をあらはすに用《もち》ひてゐる。そしてこの「アム」「ス」が内地《ないち》の古語《こご》「イモ」「セ」と既《すで》に音韻《おんゐん》が似《に》通つ

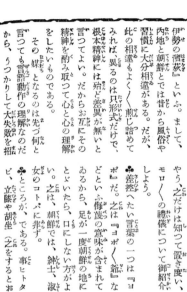

♣喜んだ後《あと》が又《また》チト固苦《かたくる》しい。それは、尊族《そんぞく》や長者《ちやうじや》の前《まへ》では煙《たば》草《こ》は啞《くは》へてはいけない。酒《さけ》も飲《の》んではいけない。だが、之《これ》だけ聞《き》いて『モチませんわ』などと悲鳴《ひめい》を擧《あ》げてはいけない。なんとなれば、眼鏡《めがね》までも掛《か》けてはいけないんだから。

♣內地《ないち》では床《とこ》の間《ま》を上座《じやうざ》とする。朝鮮《てうせん》では溫突《をんどる》の焚口《たきぐち》が上座《じやうざ》である。だから溫突《をんどる》の焚口《たきぐち》などに席《せき》をしつらへられたら、一應《おう》は『いや、あんまりお高《たか》くて』と辭退《じたい》すると、『サテ、お若《わか》いのにタシナミのよい。』と美人《びじん》の娘《むすめ》に持參金《ぢさんきん》つけてといふ事《こと》になるかも知《し》れんテ。

♣お次《つぎ》は婦人宅《ふじんたく》（內房《ないばう》といふ）には他《ほか》の男子《だんし》は出入《しゆつにふ》を禁《きん》ず。

♣肌《はだ》を露《あら》はす事《こと》を極端《きよくたん》に嫌《きら》ふ。單《たん》に肌《はだ》を露《あら》はさない許《ばか》りか、老《らう》人《じん》などは室內《しつない》でさへ冠《かんむり》を取《と》らないのが禮儀《れいぎ》としてゐる。

♣食事《しよくじ》の饗應《きやうおう》に、婦人《ふじん》が出《で》て饗《すゝ》すことは絕對《ぜつたい》に無《な》い。貴郎《あなた》の場《ば》合《あひ》だけじやない、ヒガマズに。

♣主人《しゆじん》の留守《るす》に訪問《はうもん》した場合《ばあひ》は、門口《かどぐち》で立話《たちばなし》だけで用《よう》をすませなければいけない。

♣『まあ、お茶《ちや》を一つ』と時《とき》を嫌《きら》はず茶《ちや》をすゝめない。煙草《たばこ》は出《だ》す事《こと》もあるが。

♣目下《めした》の者《もの》は目上《めうへ》の者《もの》に物《もの》を出《だ》す場合《ばあひ》、必《かなら》ず兩手《りやうて》で捧《さゝ》げなければいけない。恭《うやうや》しく。

♣たとへ、室內《しつない》でも、座《すわ》つたまゝで禮《れい》をしてはいけない。一旦《たん》立《た》ち上《あが》つて居《ゐ》ずまひを正《たゞ》してから、腰《こし》を低《ひく》く曲《ま》げる。

♣座布團《ざぶとん》は、昔《むかし》から溫突《をんどる》につきもので、必《かなら》ず此《こ》の上《うへ》に座《すわ》るのが習慣《しふくわん》だから、遠慮《えんりよ》は御無用《ごむよう》、どし〳〵お座《すわ》り召《め》され。決《けつ》して圖《づう》〴〵しい奴《やつ》メなぞと言《い》はれはせん

てゐるばかりでなく、意味《いみ》も又《また》似《に》てゐるのは面白《おもしろ》い。といふのは「イモ」は妹《いもうと》、「セ」は兄《あに》に用《もち》ひ、「イモセ」と續《つゞ》けば夫婦《ふうふ》の意味《いみ》にあり、「イモ」は女性《ぢよせい》、「セ」は男性《だんせい》を示《しめ》すからである。

ジャンケンポン

內地《ないち》の子供《こども》が勝負《しやうぶ》を決《き》めるのに「ジャンケンポン、アイコデショ」と云《い》ふことが一般《ぱん》に行《おこな》はれてゐるが、朝鮮《てうせん》の子供《こども》も亦《また》「ジャンケンポー、アヤコッタシー」と云《い》ひ、その遣《や》り方《かた》は殆《ほと》んど同樣《どうやう》である。それで或人《あるひと》はこの「ジャンケンポン、アイコデショ」といふのは、

朝鮮語《てうせんご》、チャー、チョッコン、ポショー、アイコー、トハンポン、ポショー

和譯《わやく》、さあ、一寸《ちよつと》お見《み》せ、しまつた、もう一度《ど》、しよう、

と云《い》ふことで、朝鮮《てうせん》から內地《ないち》に

零下三十度の寒稽古

玉川一郎

京城《けいじやう》中學《ちうがく》の一年《ねん》の三學期《がくき》だから、大正《たいしやう》八年《ねん》の一月頃《ぐわつごろ》だつたらう。

校長先生《かうちやうせんせい》は柴崎《しばざき》と言《い》つて、かつての横綱大鈴《よこづなおほすゞ》を天王寺中學《てんのうじちうがく》で教《をし》へた人《ひと》で、スパルタ教育《けういく》のカタマリみたいな人《ひと》だつた。

世界無錢旅行家《せかいむせんりよかうか》とか、浪花節《なにわぶし》語《かた》りの有名《いうめい》なのとかが來《く》ると、全校《ぜんかう》を臨時休校《りんじきうかう》にして講堂《かうだう》で聽《き》かせたりする。

零下《れいか》三十度《ど》にまで下《さが》る京城《けいじやう》で、内地《ないち》と同《おな》じ様《やう》な寒稽古《かんげいこ》をやらせるのも、この先生《せんせい》であつた。

大《おほ》きな、四尺《しやく》あまりもあるダルマ・ストーヴ二つが眞《ま》つ赤《か》になるまで焚《た》いて暖《あたゝ》めた雨天體操《うてんたいさう》場兼柔道場が、やうやく零下《れいか》八度《ど》までにしかならないんだから、想像《さうざう》して頂《いたゞ》きたい。

一番溫度《ばんをんど》の低《ひく》い午前《ごぜん》五時頃《じごろ》、自宅《うち》を出《で》なければ間《ま》にあはない。

二枚履《まいは》いた靴下《くつした》の間《あひだ》には唐《たう》がらしをいれてもらつて、三年生《ねんせい》くらゐでも、氣《き》の弱《よわ》い生徒《せいと》は半《なか》ばベソをかいて居《ゐ》たものである。

ゴミが立《た》つと言《い》ふので、疊《たゝみ》の上《うへ》に輕《かる》く如露《じよろ》で撒《ま》かれた水《みづ》は、トタンに薄氷《はくひよう》となつて、パラパラへばりついて居《ゐ》るんだから、投《な》げられると、まつたく泣《な》きたくなる。

マゴマゴして居《ゐ》ると寒《さむ》いから、阿修羅《あしゆら》の様《やう》になつてもんだりもまれたりして居《ゐ》ると、やうやく人心地《ひとごこち》がつくんだから勇《いさ》ましい。

同級生《どうきふせい》に趙桂顯《てうけいけん》と言《い》ふのが居《ゐ》た。お父《とう》さんは日韓併合前《にっかんへいがふぜん》の韓《かん》國政府《こくせいふ》で、陸軍大臣《りくぐんだいじん》に相當《さうたう》する官職《くわんしよく》に居《ゐ》たとかで、

この趙君《てうくん》も男爵《だんしやく》であるが、私等少年達《わたしらせうねんたち》には、男爵《だんしやく》も蜂《はち》の頭《あたま》もあつたもんぢやない。

流行歌《りうかうか》ではないが、趙《ちやう》と呼《よ》べば玉川《たまがは》と答《こた》へるてなものであつた。

この趙男爵《てうだんしやく》、悪戯《いたづら》な事《こと》も相當《さうたう》なもので、全校《ぜんかう》が、例《れい》によつて三時間目《じかんめ》ぐらゐに、喇叭《らつぱ》で非常《ひじやう》呼集《こしふ》で、京城《けいじやう》の北方《ほくはう》にそびえる北《ほく》漢山踏破《かんざんたふは》ときまり、いきなり出發《しゆつぱつ》した事《こと》があつた。

北風《きたかぜ》の凄《すご》い山《やま》のテッペンに辿《たど》

轉化《てんくわ》したのであらうと解釋《かいしやく》してゐる。

だが又《また》「ジャンケンポ」と云《い》ふのは形《かたち》に現《あら》はして石、鋏、袱に擬《ぎ》するのであるから、朝鮮語《てうせんご》の、石、鋏、袱、卽《すなは》ち「ショクカウイボ」に當《あた》るやうにも思《おも》はれる。それから又《また》、鋏《はさみ》で物《もの》を切《き》る意味《いみ》として、朝鮮語《てうせんご》劔《コム》とすれば「ショクコムボ」となつて一層《いつそう》「ジャンケンポ」と似《に》た音《おん》に聞《き》こえる。兎《と》に角《かく》内鮮共通《ないせんきようつう》の兒戲《じぎ》であるのは面白《おもしろ》い。

朝鮮の謎々

1、ふく程《ほど》にきたなくなるものは何《なに》

2、下《した》から食《た》べて上《うへ》から出《だ》すものは何《なに》

3、年《とし》取《と》れば取《と》る程《ほど》肥《ふと》るものは何《なに》

4、目《め》が一つで足《あし》も一つしかな

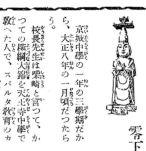

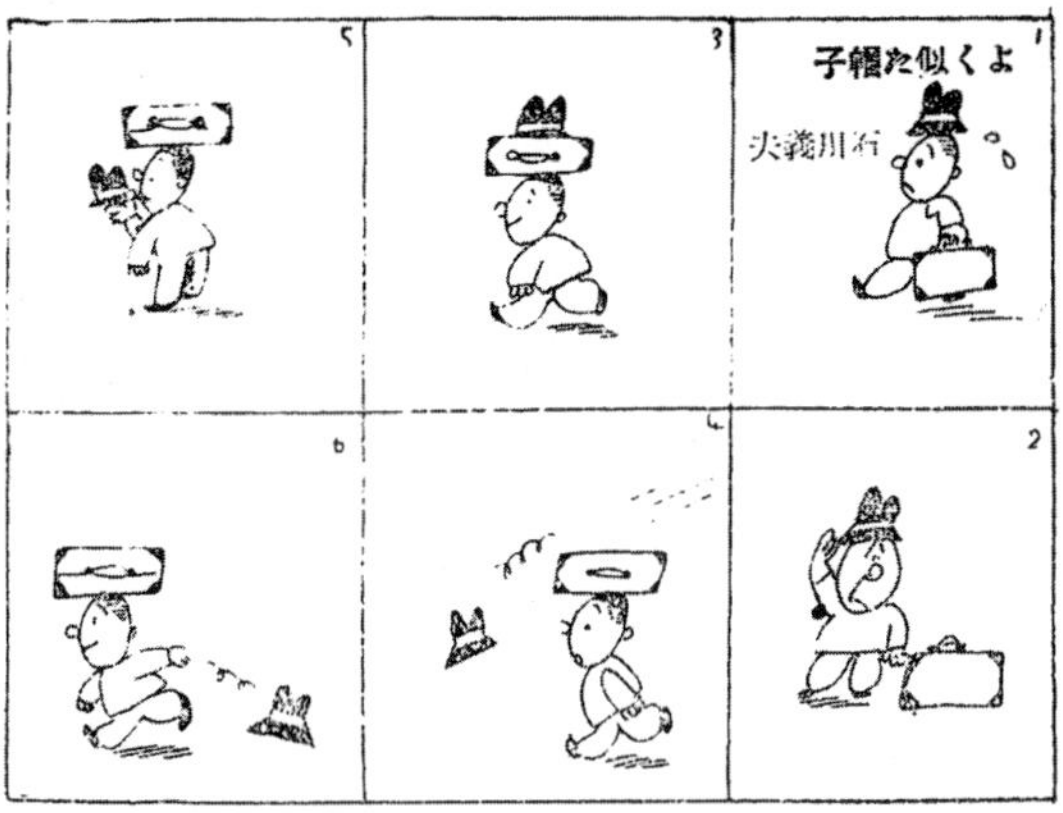

りつくと、忽《たちま》ち、私達《わたしたち》の列外《れつぐわい》で、『キャッ』と言《い》ふ悲鳴《ひめい》がきこえた。

『それッ』と言《い》ふので先生《せんせい》があつまると、これが趙男爵《てうだんしやく》である。

折角冬眠《せつかくとうみん》でスヤスヤ？と寝《ね》て居《ゐ》る蝮蛇《まむし》の尻《しり》ッポを引《ひ》つぱつて噛《か》まれたのであつた。

幸《さいは》ひにして命《いのち》に別條《べつでう》はなかつたが、私等《わたしら》のクラスは、おかげで潮風《しほかぜ》吹《ふ》きすさぶ中《なか》で、エンエン一時間《じかん》あまりのお説教《せつけう》を食《く》つた事《こと》がある。又《また》、同《おな》じ年《とし》の一月《ぐわつ》、午後《ごご》になつて、今晩《こんばん》は九時《じ》から仁川《じんせん》まで夜間行軍《やかんかうぐん》をすると言《い》ふ命令《めいれい》が出《で》た。朝《あさ》から粉《こな》の様《やう》な雪《ゆき》が降《ふ》つて居《ゐ》る日《ひ》だつた。

睡《ねむ》ると死《し》ぬから、たすけると思《おも》つてお互《たが》ひに殴《なぐ》れ、と言《い》ふ訓令《くんれい》が出《で》た時《とき》、喜《よろこ》んだのは、趙男爵《てうだんしやく》はじめ私達《わたしたち》腕白《わんぱく》だつた。普段《ふだん》強《つよ》くて抵抗《ていかう》できない奴《やつ》を公然《こうぜん》と擲《なぐ》れると言《い》ふんだから喜《よろこ》ぶはづだ。

しかし、他人《たにん》を殴《なぐ》るより、自分《じぶん》が殴《なぐ》られない工夫《くふう》をせねばならないので、四列縦隊《れつじうたい》だから四人《にん》が腕《うで》を組《く》み、中《なか》の一人《ひとり》がウトウトしても歩《ある》ける様《やう》に考《かんが》へたまでは傑作《けつさく》だが、さて四人《にん》とも睡《ねむ》り乍《なが》ら歩《ある》いてるんだから堪《たま》らない。

道《みち》がカーヴしてるのに私達《わたしたち》四人《にん》だけは眞《ま》つすぐに歩《ある》いて、凍《こほ》つた田圃《たんぼ》におつこちてしまひ、痛《いた》さ切《せつ》なさに、オイオイ聲《こゑ》を揚《あ》げて泣《な》いてしまつた。

スパルタ式校長《しきかうちやう》も流石《さすが》にお可笑《かし》かつたらしく、

『何《なん》と言《い》ふザマぢや』

と言《い》つたキリで大《たい》して叱《しか》らなかつた。

いものは何《なに》

5、皮《かは》を先《さき》に剝《は》いで毛《け》を取《と》るものは何《なに》

6、右《みぎ》の手《て》では握《にぎ》れるけれど左《ひだり》の手《て》では握《にぎ》れないものは何《なに》

7、日《ひ》の下《した》に人《ひと》の立《た》つてゐる字《じ》は何《なに》

8、イ、背《せ》の一番《いちばん》低《ひく》い字《じ》
ロ、その次《つぎ》の低《ひく》い字《じ》
ハ、その次《つぎ》に低《ひく》い字《じ》

9、上《うへ》は小《ちい》さくて下《した》は大《おほ》きい字《じ》

10、年《とし》を取《と》る程《ほど》齒《は》の生《は》えるものは何《なに》

11、若《わか》い時《とき》は青《あを》い着物《きもの》で年《とし》取《と》れば赤《あか》い着物《きもの》を着《き》るものは何《なに》

12、腹《はら》一杯《いつぱい》の時《とき》は立《た》ち上《あが》り腹《はら》ぺこの時《とき》には坐《すわ》り込《こ》むものは何《なに》

13、夜《よる》は下《お》りて來《き》て晝《ひる》は上《あが》つてゆくものは何《なに》

14、内臓《ないぞう》を取《と》り出《だ》したら歌《うた》ひ出《だ》すものは何《なに》

15、この山《やま》彼《かの》の山《やま》の松《まつ》を食《く》ひ盡《つく》す黒牛《くろうし》は何《なに》

16、下《した》から推《お》し上《あ》げると舌《した》を出《だ》すものは何《なに》

（答は二一〇頁）

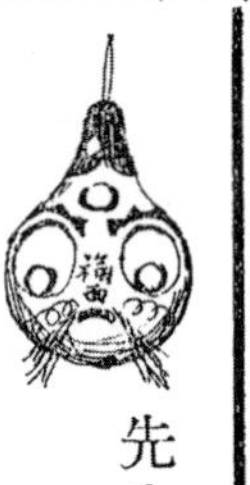

先生はチヨンガー

多摩二郎

大正《たいしやう》五年頃《ねんごろ》は慶尙南道《けいしやうなんだう》の晋州《しんしう》に居《ゐ》た。當時《たうじ》たしかに尋常《じんじやう》五年《ねん》だつたと思《おも》ふ。

『おとむらひぢや、おとむらひぢや』

と隣家《となり》の一年生《ねんせい》が、大聲《おほごゑ》で叫《さけ》び乍《なが》ら、戸外《おもて》へ出《で》て行《い》つたので、私《わたし》も弟《おとうと》をおぶつて、これ亦《また》、戸外《おもて》へとび出《だ》した。

二三町《ちやう》はなれた兩班《ヤンバン》の家《いへ》からのお葬式《さうしき》である。

鉦《かね》、太鼓《たいこ》、笛《ふえ》、ではやし乍《なが》ら、エンエン數町《すうちやう》にわたる大行列《だいぎやうれつ》の先頭《せんとう》に立《た》つて居《ゐ》るのは、脊《せ》の低《ひく》い朝鮮馬《てうせんうま》に乗《の》り、馬上《ばじやう》から青竹《あをだけ》な杖《つゑ》つき、身《み》も世《よ》もあらぬ程《ほど》、泣《な》き崩《くづ》れる泣男《なきをとこ》の一群約《ぐんやく》二十人《にん》である。馬《うま》だつて驚《おど》くから、時《とき》々はねる。

それを青竹《あをだけ》の杖《つゑ》でさゝえて居《ゐ》るわけなのである。

『こりやア、大《たい》した經費《かゝり》や』

隣家《りんか》の小母《をば》さんが呟《つぶや》いたのを覺《おぼ》えて居《ゐ》る。

學校《がくかう》こそ、小學校《せうがくかう》と普通學校《ふつうがくかう》と違《ちが》つて居《ゐ》たが、何時《いつ》も遊《あそ》んだり喧嘩《けんくわ》をして居《ゐ》たその家《うち》の息子《むすこ》の李元男君《リイオンナンくん》が、ションボリと喪服《もふく》で從《したが》つて居《ゐ》るので、

『おーい』

と言《い》つたら、こつちを向《む》いて子供《こども》らしくニッと微笑《ほゝゑ》んだ。そのかはり、隣家《りんか》の小母《をば》さんに、

『聲《こゑ》ば立《た》てんど』

よろず・あすくあす

○三寒《かん》四温《をん》と云《い》ふ言葉《ことば》を、内地《ないち》人《じん》にも切實《せつじつ》に判《わか》る様《やう》な具體的《ぐたいてき》な例《れい》で御《ご》説明《せつめい》下《くだ》さい。

●先《ま》づ貴下《きか》の財布《さいふ》の温度《をんど》の如《ごと》きものです。即《すなは》ち、給料日《きふれうび》より十日程《かほど》は温《あたゝか》く、後《あと》の二十日程《にじつほど》はお寒《さむ》い。これが一年《ねん》十二回周期《しうき》的に起《おこ》る。斯《かゝ》る現象《げんしやう》を云《い》ふのである。ボーナスとか思《おも》ひ掛《か》けない支出《ししゆつ》とかは氣候《きこう》の變調《へんてう》である。どうです、切實《せつじつ》でせう。

○朝鮮《てうせん》と本州間《ほんしうかん》の海底《かいてい》トンネルに依《よ》る連絡《れんらく》は、實現可能《じつげんかのう》でせうか。

●此《こ》の問題《もんだい》を究明《きうめい》する爲《ため》には、海底《かいてい》トンネルとは何《なん》ぞやと云《い》ふことを研究《けんきう》する必要《ひつえう》がある。海底《かいてい》トンネルとは決《けつ》して海《うみ》の底《そこ》の

と叱《しか》られた。

子供《こども》らしくと言《い》つた言葉《ことば》には註釋《ちうしやく》が要《い》る。

元男君《オンナンくん》は僕《ぼく》と同年輩《どうねんはい》で十一二だつたが、當時《たうじ》の風習《ふうしふ》により、既《すで》に十七八歳《さい》のオクサンを持《も》つて居《ゐ》たのであつた。

その頃《ころ》は、大部分《だいぶぶん》の人《ひと》は蓄髪《ちくはつ》して居《ゐ》たので、未婚《みこん》の勞働者《らうどうしや》などは、三十過《す》ぎても頭髪《とうはつ》を一種《しゆ》のお下《さ》げにして居《ゐ》て、チヨンガ、チヨンガとコキ使《つか》はれるのである。

元男君《オンナンくん》は、頭髪《かみ》こそ刈《か》つては居《ゐ》たが、貴族《きぞく》の息子《むすこ》としての體《たい》面上《めんじやう》、八つぐらゐの時《とき》に妻帶《さいたい》させられて居《ゐ》たのであつた。

元男君《オンナンくん》と遊《あそ》んで居《ゐ》ると、夕方《ゆふがた》近《ちか》くなる頃《ころ》、その、子供《こども》の様《やう》な、オクサンが迎《むか》えに來《く》る。

こつちは、丸髷《まるまげ》を結《ゆ》つたり、束髪《そくはつ》を結《ゆ》つた小母《をば》さんでなくては、オクサンなんて思《おも》はなかつた時代《じだい》であるから、至極暢《しごくのど》かなものであつた。

後年《こうねん》、中學《ちうがく》を卒業《そつげふ》して師範《しはん》の二部《ぶ》に入《はい》り、普通學校《ふつうがくかう》の訓導《くんだう》に就職《しうしよく》した友人《いうじん》が、夏休《なつやす》みに會《あ》つた時《とき》、シミジミ言《い》つた。

『何《なに》しろ十歳《とを》前後《ぜんご》の生徒《せいと》が大部《だいぶ》分《ぶん》女房持《にようぼうも》ちで、先生《せんせい》の俺《おれ》がチヨンガーぢや意味《いみ》ねえや。』

その頃《ころ》になつて、李元男君《リイオンナンくん》の事《こと》を亦《また》シミジミと思《おも》ひ出《だ》したのである。

トンネルではない。トンネルの上《うへ》に海《うみ》の底《そこ》のある状態《じやうたい》を云《い》ふのである。偖《さ》て、本社《ほんしや》の調査《ちやうさ》する所《ところ》に依《よ》ると、朝鮮《てうせん》と本州《ほんしう》との間《あひだ》には確《たし》かに海《うみ》が存在《そんざい》する。依《よ》つて海底《かいてい》も亦《また》存在《そんざい》する。故《ゆゑ》にその海底《かいてい》の下《した》にトンネルの存在《そんざい》することは可能《かのう》である。であるから海底《かいてい》トンネルによる連絡《れんらく》の實現《じつげん》は大《おほ》いに可能性《かのうせい》がある。

○アリランの唄《うた》を上達《じやうたつ》する方法《はうはふ》如何《いかん》。

●絶對的《ぜつたいてき》上達法《じやうたつはふ》を教授《けうじゆ》しよう。絶對《ぜつたい》である。絶對《ぜつたい》に唄《うた》つてはならぬ。自分《じぶん》では唄《うた》はずに、友達《ともだち》に唄《うた》はすのである。そして、「彼《あそ》所《こ》が間違《まちが》つてる、其所《そこ》が一寸《ちよつと》いかん。」と口《くち》うるさく云《い》ふのである。而《しか》して君自身《きみじしん》は絶對《ぜつたい》に唄《うた》はずに、而《しか》も非常《ひじやう》に良《よ》く知《し》つてゐる様《やう》な態度《たいど》で儼然《げんぜん》と構《かま》へるのである。此《こ》のコツを充分《じうぶん》に覺《おぼ》えればそれで絶對《ぜつたい》である。

アリラン歌詞集

ありらん　ありらん　あらりよ
ありらん　こげろ　のもかんだ
一、わたしを　捨《す》てゝ行《ゆ》く人《ひと》は
里《り》も行《ゆ》かぬに　足《あし》が痛む
ありらん　ありらん　あらりよ
ありらん　こげろ　のもかんだ
想《おも》ふお方《かた》と　別《わか》れた夜《よる》は
月《つき》の明《あか》さが　眼《め》にまぶい
三、夕日《ゆふひ》に赤《あか》い　アリランの峠

怪談

永嘉臺の夜

安井七吉

釜山中學《ふざんちうがく》の四年《ねん》の時《とき》だから、大正十年頃《たいしやうじうねんごろ》だつたらう。

當時《たうじ》單線《たんせん》だつたマッチ箱《ばこ》の様《やう》な電車《でんしや》に乘《の》つて東萊《とうらい》の温泉《をんせん》だとか、海雲臺《かいうんだい》の温泉《をんせん》に遊《あそ》びに行《ゆ》き、歸《かへ》りには釜山鎭《ふざんちん》の海邊《かいへん》に近《ちか》い小西行長《こにしゆきなが》の城趾《しろあと》で矢《や》じりなどの錆《さ》びたのを拾《ひろ》つたりして遊《あそ》んで居《ゐ》た夏《なつ》の事《こと》であつた。

友達三人《ともだちさんにん》ばかりと、散々《さんざん》泳《およ》いだ揚句《あげく》、尾がたゝく頃《ころ》になつてしまつたので、クシャミなどをし乍《なが》ら、京釜線《けいふせん》と電車線路《でんしやせんろ》とクロスする永嘉臺《えいかだい》と言《い》ふ停留所《ていりうじよ》へ出《で》た。

高臺《たかだい》になつて居《ゐ》て、電車線路《でんしやせんろ》の方《はう》が高架線《かうかせん》になつて居《を》り、幾《いく》百年《ねん》を經《へ》た楢《なら》や欅《けやき》が鬱蒼《うつさう》として生い茂つて居《ゐ》る。

その頃は三十分《ぷん》か一時間《じかん》置《お》きにしか電車《でんしや》が通《とほ》らなかつたから、丁度《ちやうど》通りついた時《とき》、輕《かる》い地響《ぢひゞき》と共《とも》に出《で》たばかりの電車《でんしや》の後姿《うしろすがた》に、空《むな》しく拳骨《げんこつ》を振上《ふりあ》げるばかりであつた。

K君《くん》と言《い》ふのが、先刻《さつき》から一人、キョトキョトして居《ゐ》るので

『どうしたんだ』

と聞《き》くと、蒼《あを》い顏《かほ》をして、

『ナ、なんでもないさ。』

と、妙《めう》に口籠《くちごも》るのである。柔道《じうだう》の選手《せんしゆ》をして居《ゐ》たY君《くん》が、

『ハハアン、此處《ここ》は永嘉臺《えいかだい》だな。』

と意味《いみ》あり氣《げ》に呟《つぶや》いた。

K君《くん》はギョッとした様《やう》に、後《うしろ》を振返《ふりかへ》り、泣《な》き顏《がほ》をし乍《なが》ら、

『よせよ、よせよ。』

と言《い》ふのである。東京《とうきやう》から轉校《てんかう》したばかりの私《わたし》には、何《なに》がなんだかわからない。

『なんだい？何《なに》かあるのかい、此處《ここ》は？』

と言《い》ふと、K君は兩手《りやうて》で自分《じぶん》の耳《みゝ》を抑《おさ》えて、

『よさんれ、よさんれ。』

と、夢中《むちゆう》になつて言《い》ふ。よさんれ、と言《い》ふのは、山口縣《やまぐちけん》あたりの方言《はうげん》だらう、止《よ》しなさい、と言《い》ふ意味《いみ》である。

あたりは次第《しだい》に暗《くら》くなつて、風《かぜ》も寒《さむ》くなつて來《き》た。Y君《くん》は停留所《ていりうじよ》のベンチに腰《こし》をおろすと話《はな》しだした。

——三ヶ月《げつ》ばかり前《まへ》に、釜山《ふざん》のある人《ひと》が、永嘉臺《えいかだい》に用《よう》があつて歸《かへ》りが遲《おそ》くなり、今日《けふ》の様《やう》なアブレ方《かた》をしたので、やむを得《え》

風《かぜ》がさゞく　裾《すそ》みだす

四、砧《きぬた》打つ夜《よ》の　わたしの心《こゝろ》
主《ぬし》に響《ひゞ》けば　嬉《うれ》しいものを

五、飛《と》んだ板《いた》とび　朗《ほが》らかに
娘《むすめ》笑《わら》へば　小鳥《ことり》も來《き》啼《な》く

六、ありらん峠《たうげ》は　十二の峠《たうげ》
わしの越《こ》えたは　どの峠《たうげ》

ず待《ま》つて居《ゐ》ると、急《きふ》にあたりがヒッソリして、遠《とほ》く小西行長《こにしゆきなが》の城趾《しろあと》あたりに、ボッカリ電車《でんしや》の青《あを》いスパークが見《み》えたと言《い》ふのである。

やれやれと思《おも》つて立上《たちあが》ると、その電車《でんしや》には灯《ひ》がついてないのに、遠《とほ》くから形《かたち》が見《み》えるので、オヤと思《おも》ふ間《ま》もなく、二三間前《げんまへ》に來《き》てピタリと止《と》まつた。

トタンにその人は、『キヤッ』と言《い》つて氣《き》を失《うしな》つてしまつたと言《い》ふのである。運轉《うんてん》臺《だい》には人影《ひとかげ》もなく、車窓《しやさう》から青《あを》い顔《かほ》をした男《をとこ》と女《をんな》が首《くび》を出《だ》し、その人《ひと》の方《はう》を見《み》て、ニヤッと笑《わら》つたと言《い》ふんだから、氣絶《きぜつ》する方《はう》があたりまへだ。

『君《きみ》イ、そりやアすごかつたつてさ』

とＹ君《くん》が語《かた》り終《をは》つた時《とき》、はるかむかふの夜空《よぞら》にも黒々《くろぐろ》と見《み》える城趾《しろあと》のあたりに、電車《でんしや》の灯《ひ》が見《み》え、地響《ぢひゞ》きが聞《きこ》えて來《き》たので、四人《にん》は、

『ウワーッ』

と、世《よ》にもケタタマシイ聲《こゑ》を擧《あ》げて、下駄《げた》など脫《ぬ》ぎちらかして、一散《さん》に街《まち》の方《はう》へ驅《か》け下《お》りた思《おも》ひ出《で》がある。

Ｋ君《くん》は二日《か》ばかり寢《ね》ついて、僕《ぼく》らはお母《かあ》さんにかなり恨《うら》まれた。

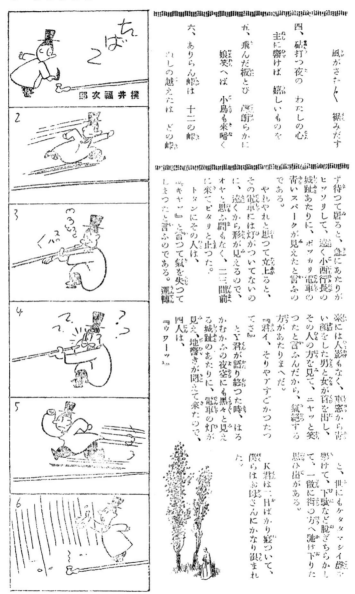

(第 一 圖)

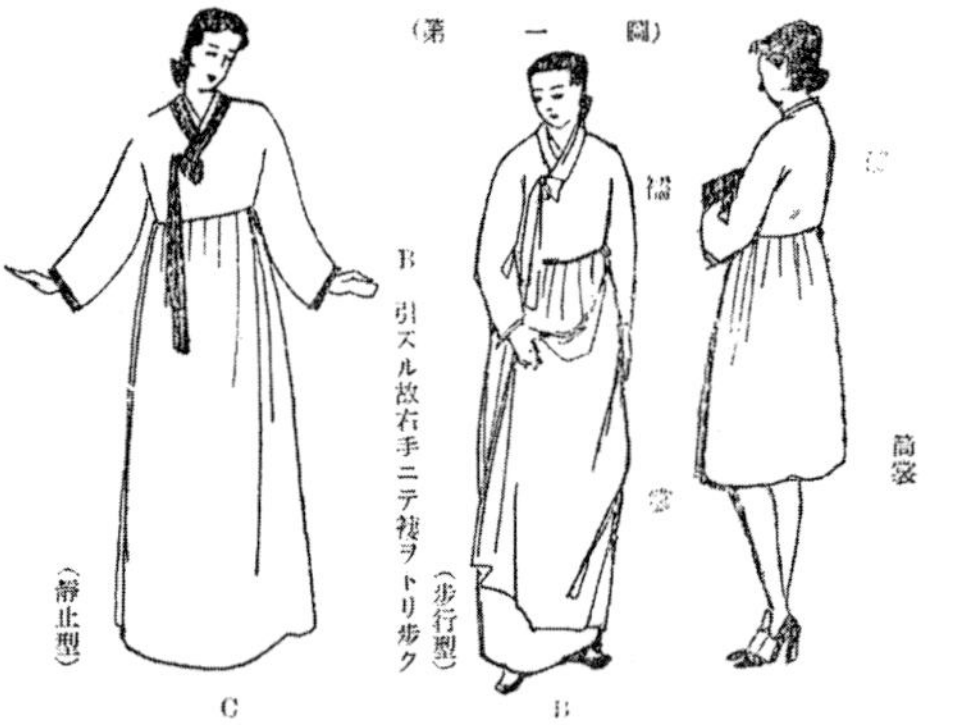

B 引ズル故右手ニテ裳ヲトリ歩ク (歩行型) B

(静止型) C

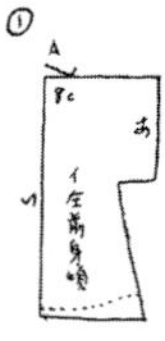

身頃ヲ前後ノ二ツニ折ル A肩山ノ處ヲ衿付ノ爲メニ8c位切ル、裾ヲ點線ノ樣ニ形ヲ付ケル 右身頃モ同樣デス

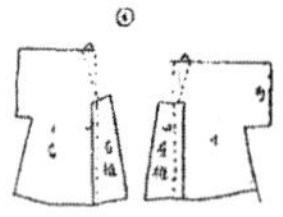

左衽ヲいノ處ヘ縫合ス

第二圖

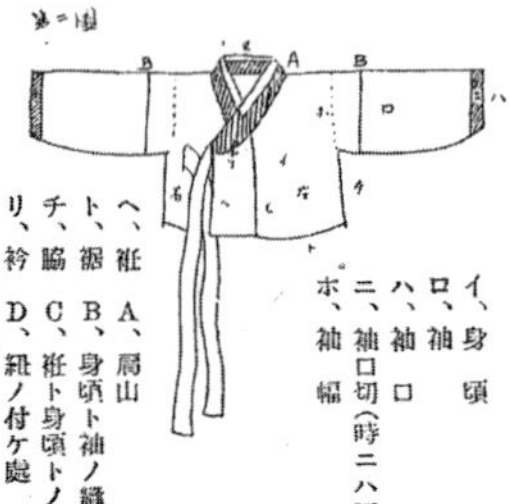

イ、身　頃
ロ、袖
ハ、袖　口
ニ、袖口切(時ニハ不要)
ホ、袖　幅
ヘ、衽　A、肩山
ト、裾　B、身頃ト袖ノ縫合
チ、脇　C、衽ト身頃トノ縫合
リ、衿　D、紐ノ付ケ處
ヌ、掛衿右紐ハ
ル、紐

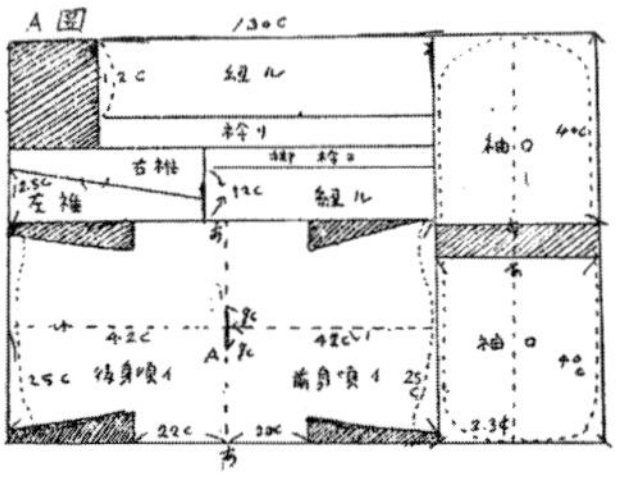

點線ハ折ル處袖ノ形裾ノ形ヲ表シタノデス
あトあヲ縫合ス　いトいヲ縫合ス

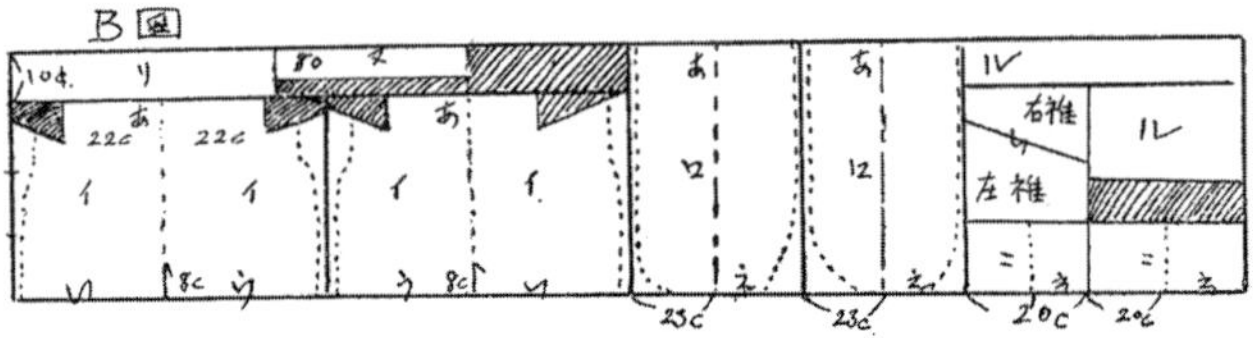

えトえヲ縫合ス
(ニ)袖口(ヌ)掛衿
(ル)紐ハ物ニヨリ別切デトリマス

朝鮮婦人服の作り方

京城三越　三井　季夫

朝鮮に来られ、誰れもが認識を改め驚くのは半島婦人の服裝の美しい事でせう。この美しさに内地婦人も引付けられて朝鮮服を召される方々が大部增えて參りました。

半島婦人服の紹介を極く簡單に致しませう。半島婦人の衣服は大體次の樣なもので成つて居ります。

(一) 襦《チョゴリ》…洋裝のジヤケツかコートに相當する上着です、夏は赤《チョク》衫《サム》と云つて單衣の襦《チョゴリ》です。

(二) 裳《チマ》…スカートに相當するものです。

(三) 內赤衫《ソッチョクサム》…襦の下に着るもので襦と同型のものです。

(四) 單襯衣《タンソッコ》…裳《チマ》の下に着るものでシユミーズに相當します。

(五) 袴《パッチ》…單襯衣《タンソッコ》の下に着るもので形は内地の袴やモンペイに似たものです。

(六) 麻古子《マゴジャ》…防寒裝飾用として冬に襦の上に着るもので洋裝のハーフコートです。

(七) 周衣《トゥルマキ》…冬のオーバで和服のコートの樣なものです。その他に神代風の足袋「襪《ポソン》」とか冬の帽子などあります。此處では以上の內、外面に現れる着物だけの說明に致します。

先づ襦《チョゴリ》ですが(第一圖參照)洋裝のボレロの樣なもので、生地は何んなものでも用ひられます。出來上りの型は第二圖の樣なものです。

裁方は

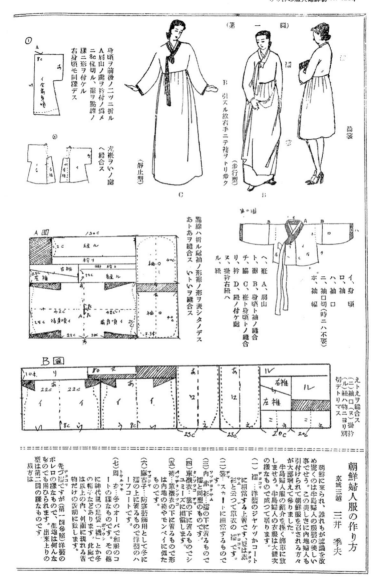

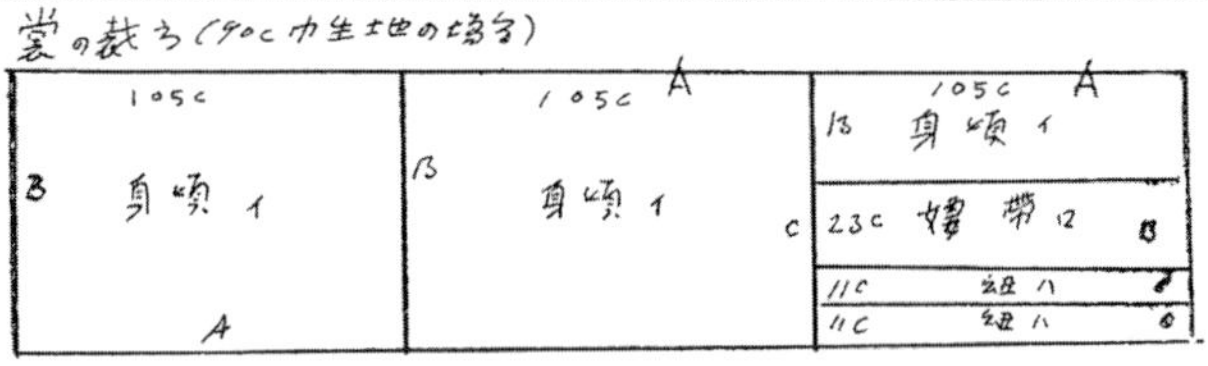

裳ノ身丈ノ3倍ノ生地ヲ要シマス　身丈ヲ105cトシマス
105c×3＝315c

第三圖　裳

A裳ノ身丈及ビ縫合セノ處

イ、身頃
ロ、腰帯
ハ、紐
ニ、裾、褄
ホ、襞

AトAハ縫合、BトBヲ付ケル、CトCヲ付ケル
↑大巾中巾小巾ニテ身頃ノ縫合セ數ハ異リマス
大巾ハ二巾半デ出來マスガ小巾ハ七巾八巾位要シマス

C圖

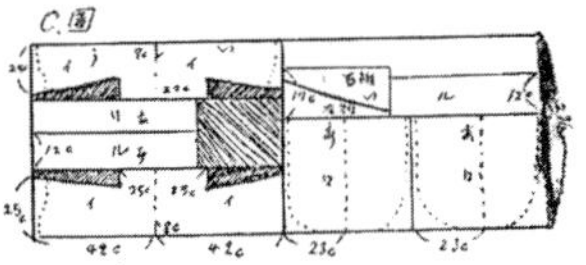

ウトラヲ縫合ス

④

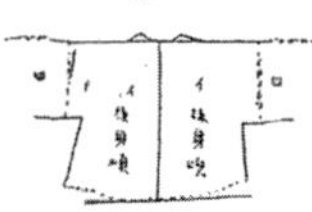

③

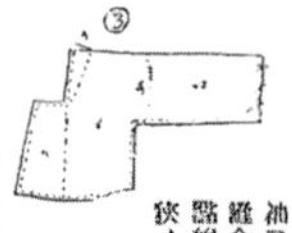

袖ヲあノ處デ縫合セ袖口ヲ點線ノ如クニ狹メル

後身頃ト後身頃ヲ縫合ス

⑤

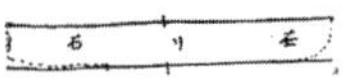

衿ヲ作ル左衿先ハ衿巾ノ⅓ノ處カラ丸味ヲ付ケル右衿先ハ右衿丈ノ⅓カラ狹メル

⑥

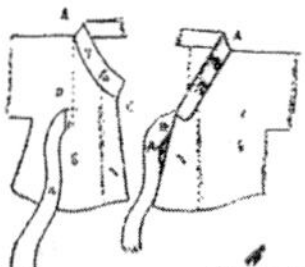

左衿先ハ左衽先ト平ニ付ケル、Bノ如ク紐ハ衿先ニ付ケル
Cノ如ク右衿先ハ右衽ヨリ外ニ出ル、全體ニ曲線ニ付ケル
右紐ハ肩山Aカラ直線ニ降リタ處ヨリ右ヘ二サンチ脇ニBヲ付ケル

第四圖　筒裳

筒裳ハ色々ノ作方ガアリマス
襞ノ多イスカートト思ツテ頂ケバヨイノデス

⑦

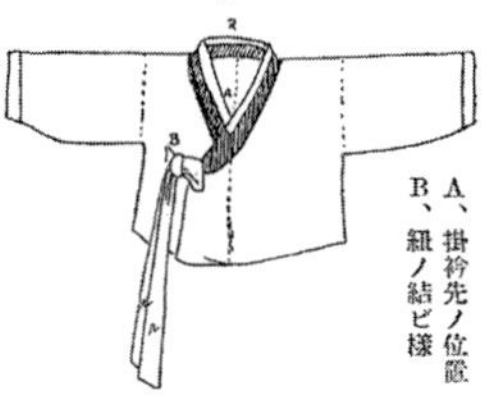

A、掛衿先ノ位置
B、紐ノ結ビ様

90c幅ものの生地からですと、身丈の二倍と袖丈の二倍の布丈があればよいのです。それをA圖の様に取ります。今便宜上大人の寸法を次の表の様に出來上りを米《メートル》寸法にて割當ますと

身丈40c（肩から上腰線までの丈）後身幅22.5cm胸幅（後幅より½狹く）行66cm袖幅21cm袖口（袖丈の¼狹く）衽《オクミ》幅8cm右衽幅6cm衽丈（身丈の½短く）衿明7cm衿幅4.5cm左衿丈21cm右衿丈（左衿丈より5cm長く）紐丈（衿丈と同樣）紐幅（衿幅より½cm廣く）掛衿丈（衿丈より衿幅の一倍半短く）掛衿幅（衿幅の⅔）とします。

身丈は40cm袖丈21cmですから縫込を見て

九十サンチ幅物は（42cm×2＋23cm×2＝130cm）入用です。

40cm幅物は身丈の四倍と袖丈の四倍袖口の四倍でとれます（B圖參照）42c×4＋23c×4＋20c×4＝340cm

76cm幅生地からですと身丈の二倍、袖丈の四倍 42c×2＋23c×4＝176cmでよいのです。（C圖參照）

掛衿は材料が色物でしたら別切で取ります。袖口、紐、衿等を別色にする時は裁つ時に豫め考へて適當にする様にします。

縫方は圖①②③と現しました様に作り上げます。掛衿は衿幅の⅓の細さにして衿丈より短く衿を脊合せた時に丁度中央に掛衿先が來る様に付けます。

次に裳です。裳《チマ》には二種（第一圖參照）ありまして一つは筒裳《トンチマ》と云ひ現代化したもので洋装のスカートと同様な作方でも長さも其れに準じます。

朝鮮式の裳《チマ》は襞《ヒダ》の多い布を腰に巻き付ける様になつて居ります。丈は上腰線から足先へ少し引づる位の長さです（C圖及裁方圖參照）お理解に困難でせうが紙面がありませんので又の機會にでも詳細に說明する事に致させて頂きます

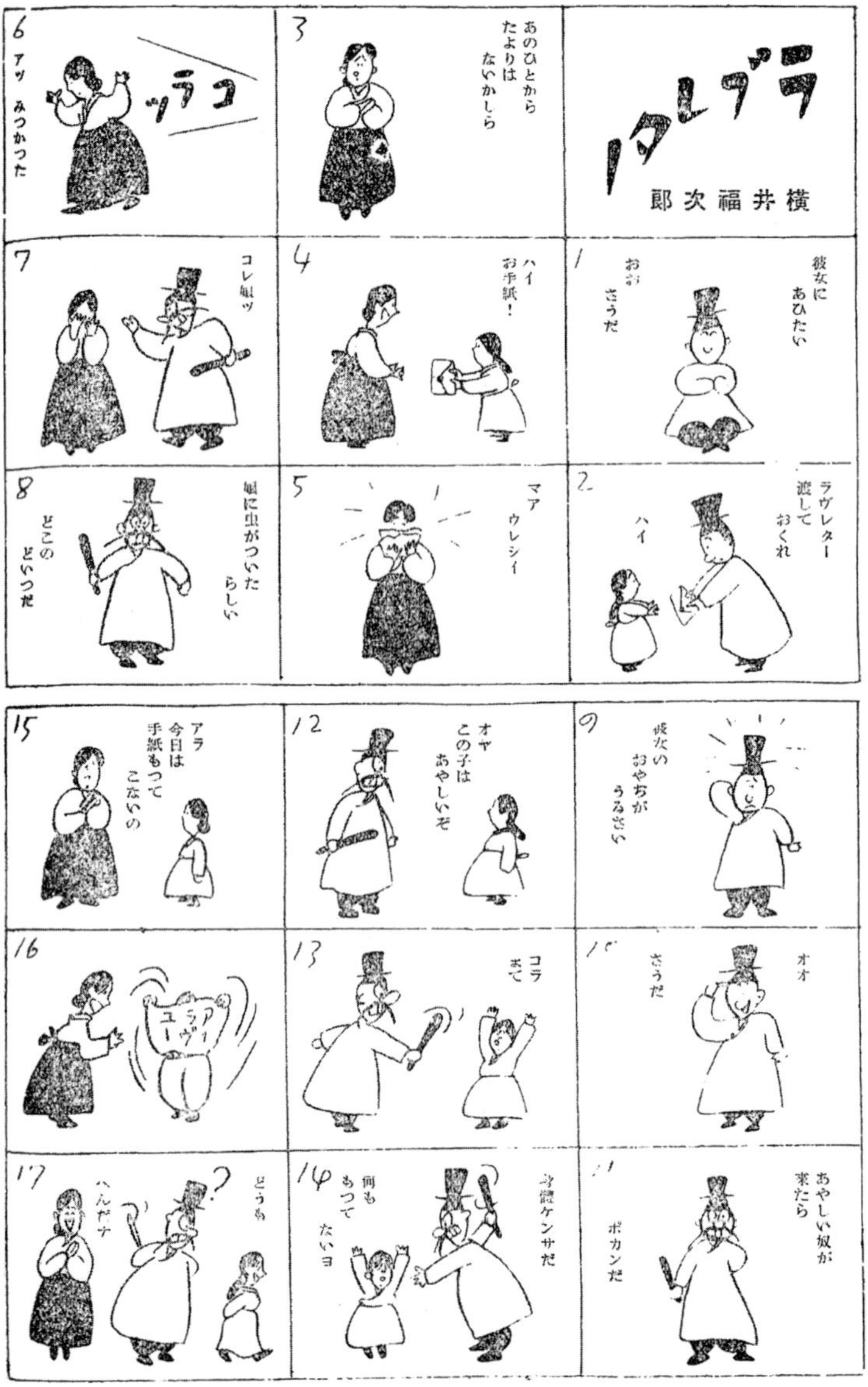
ラブレター
横井福次郎
1
彼女にあひたい
おおさうだ
2
ラヴレター渡しておくれ
ハイ
3
あのひとからたよりはないかしら
4
ハイお手紙！
5
マアウレシイ
6
コラッ
アッみつかつた
7
コレ娘ッ
8
娘に虫がついたらしい
どこのどいつだ
9
彼女のおやぢがうるさい
10
オオ
さうだ
11
あやしい奴が来たら
ポカンだ
12
オヤこの子はあやしいぞ
13
コラまて
14
ケンサだ
何ももつてないヨ
15
アラ今日は手紙もつてこないの
16
アイラヴユー
17
どうも
へんだナ

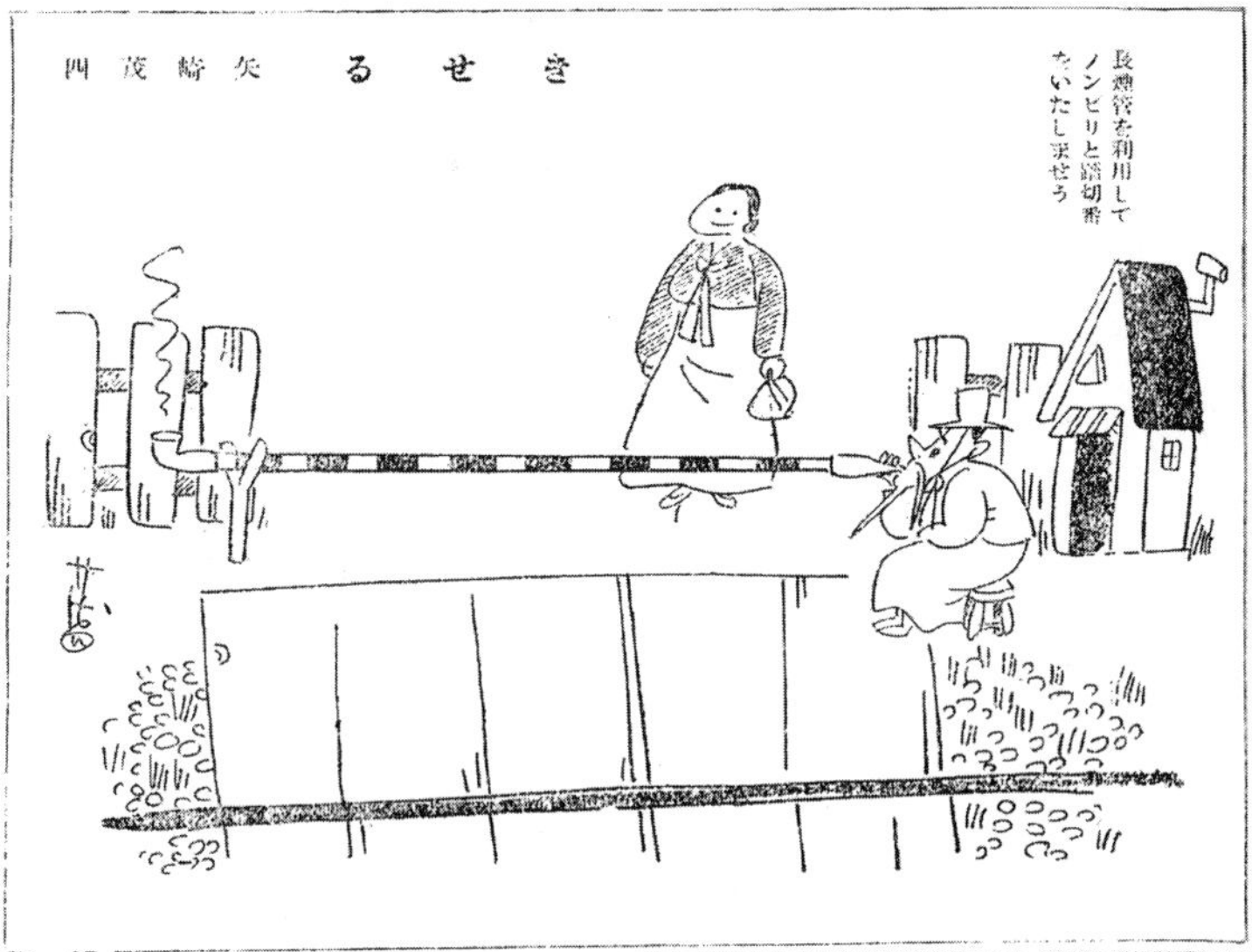
きせる
矢崎茂四
長煙管を利用してノンビリと踏切番をいたしませう

間違つてる地圖
石川義夫
『この牛間違つてゐる』
『なほしてやらう』
『これでいゝ』

キセル三態
益子灌六

朝鮮千夜一夜

むかしむかしのおはなしです

不思議《ふしぎ》な蟲《むし》（一）

昔《むかし》、高麗《こうらい》の末期《まつき》に奇妙《きめう》不可思《ふかし》議《ぎ》な動物《どうぶつ》が居《ゐ》た。形《かたち》は猫《ねこ》に似《に》てゐて、何《なん》でも食《く》つた。中《なか》でも、鐵《てつ》類《るゐ》、鍋《なべ》、釜《かま》、鎌《かま》、釘《くぎ》等《など》あらゆる金物《かなもの》を好《この》んで食《く》つた。又《また》、赤《あか》く熱《ねつ》した鐵《てつ》でも平氣《へいき》で食《た》べるので鐵砲《てつぱう》で撃《う》つ事《こと》も出來《でき》なかつた。

だが、此《こ》の動物《どうぶつ》は李朝《りてう》になると、ポツと何處《どこ》かへ消《き》えて行方《ゆくへ》不明《ふめい》となり、誰言《たれい》ふともなく、此《こ》の動物《どうぶつ》を『不可殺《プルカサル》』と呼《よ》ぶやうになつた。

或《あ》る處《ところ》に針仕事《はりしごと》でその日暮《ひぐら》しをしてゐる未亡人《みばうじん》が居《ゐ》た。或《あ》る日《ひ》のこと、彼女《かのぢよ》が裁縫《さいほう》してゐると、一疋《いつぴき》の見《み》知《し》らぬ蟲《むし》が這《は》ひ寄《よ》つて來《き》た。氣味《きみ》惡《わる》く思《おも》つた未亡人《みばうじん》が、針《はり》を＊

＊差《さ》し出《だ》すと、その蟲《むし》はいきなり針《はり》の先《さき》を食《た》べてしまつた。之《これ》が『不可殺《プルカサリ》』の幼蟲《えうちう》だつたのである。

『まあ、奇妙《きめう》な蟲《むし》ね。』

未亡人《みばうじん》は面白《おもしろ》がつて、毎日《まいにち》針《はり》を食《た》べさせたのでその蟲《むし》△

△まゝ成長《せいちやう》して大《おほ》きな金《かな》物《もの》を食《た》べるやうになつた。そし♣

♣て外《そと》に暴《あば》れ出《で》て手當《てあた》り次第《しだい》に金物《かなもの》を食《た》べて歩《ある》いた。官廳《おかみ》でも之《これ》を見《み》捨《す》てゝ置《お》くわけにも行《ゆ》かず、殺《ころ》しにかゝつたが刀《かたな》などは決《けつ》して通《とほ》らなかつた。火《ひ》の中《なか》に放《はう》り込《こ》んでも平氣《へいき》で、體《からだ》が火《ひ》の球《たま》のやうになると轉《ころ》り出《だ》して市《し》中《ちう》を走《はし》り廻《まは》つた。何《なん》條《でう》以《も》つて堪《たま》るべき、その球《たま》が通《とほ》つた所《ところ》は火《くわ》災《さい》を起《せき》し、刻々《こく〳〵》燃《も》え擴《ひろ》がつた。そして間《ま》もなく松都《しようと》（開城《かいじやう》）は亡《ほろ》びて了《しま》つた。時《とき》の人《ひと》達《たち》は此《こ》の不《ふ》思《し》議《ぎ》な動物《どうぶつ》を『不可殺《プルカサリ》』と言《い》つた

笑話

少々《せう〳〵》足《た》りない夫《をつと》が、畑《はたけ》に鍬《くは》を忘《わす》れて來《き》たので、妻《つま》が「鍬《くは》はどうしたんですか」と、訊かれば夫《をつと》は「鍬《くは》はな、甲爺《かふぢい》さんと、乙爺《おつぢい》さんの畑《はたけ》の近《ちか》くに、確《たし》か南向《みなみむ》きに置《お》いて來《き》た筈《はず》だ。林檎《りんご》の木《き》の三番目《ばんめ》の根《ね》つこのところだ。」と、大《おほ》きな聲《こゑ》で説明《せつめい》した。妻《つま》はあわてゝ「何《な》んですよ、人《ひと》が聞《き》いて持《も》つて行《い》つたら、どうしますね。」夫《をつと》は急《いそ》いで畑《はたけ》に來《き》てみれば、鍬《くは》は盗《ぬす》まれて影《かげ》も無《な》い。急《いそ》いで家《いへ》に歸《かへ》つた夫《をつと》は「鍬《くは》が、本當《ほんたう》に無《な》くなつてゐるよ。」と小《ちい》さく囁《さゝや》いた。

笑話

宰相《さいしやう》に、たつた一つ意《い》のまゝにならない事《こと》があつた。それは彼《かれ》と愛妻《あいさい》との間《あひだ》に儲《まう》けたのが九人《にん》とも娘《むすめ》許《ばか》りその愛妻《あいさい》、又《また》しても産室《さんしつ》で第《だい》十番目《ばんめ》のお産《さん》をしようとしてゐる。折《をり》しも

勇《いさま》しい呱々《こゝ》の聲《こゑ》。宰相《さいしやう》、「おゝおい、今度《こんど》は何かね？」夫人《ふじん》は今度《こんど》も娘《むすめ》だつたとは言《い》はれず、「は、はい、上《うへ》の方《はう》だけ、貴郎《あなた》にそつくりです。」

笑話

何《いづ》劣《おと》らぬ三人《にん》の美人《びじん》を娘《むすめ》に持《も》つた父親《おや》が、大《おほ》き良緣《りやうえん》を得《え》て、順番《じゆんばん》に嫁《とつ》がせる事《こと》になつた。盛大《せいだい》な披露《ひろう》の宴《えん》となり、やがて新《しん》郎新婦《らうしんぷ》は寢室《しんしつ》へと退《しりぞ》いた。

ところが、此《こ》の花恥《はなはづか》しき新婦《しんぷ》は、恥《はづか》しさの餘《あま》り、どうしても帶《おび》をほどかなかつた。花婿《はなむこ》さん、すつかり怒《おこ》つて了《しま》ひ、娘《むすめ》は泣《な》く〳〵お里《さと》へ歸《かへ》つた。

中《なか》の娘《むすめ》は、姉《あね》の失《しつ》敗《ぱい》に神經過敏《しんけいくわびん》となり種々《いろ〳〵》頭《あたま》を惱《なや》ませた結《けつ》果《くわ》、下衣《したぎ》一枚《まい》になり、着物《きもの》を肩《かた》にかけて、寢室《しんしつ》へ飛《と》び込《こ》んで行《い》つた。花婿《はなむこ》さんは、之《これ》を見《み》て、「なんて、だらしのない

朝鮮千一夜

むかしむかしのおはなしです

雨蛙《あまがへる》の歎《なげ》き

てうせんのイソツプものがたり

昔《むかし》、或《あ》る處《ところ》に雨蛙《あまがへる》が住《す》んでゐた。雨蛙《あまがへる》は大層《たいそう》氣《き》まぐれもので、ついぞお母《かあ》さんの言《い》ふ事《こと》を素直《すなほ》に聞《き》いた事《こと》が無《な》かつた。

やがてお母《かあ》さんが老《お》い込《こ》んで明日《あす》も知《し》れない有樣《ありさま》になつたので『若《も》し、わたしが死《し》んだら、あの向《むか》ふの河岸《かし》に埋《う》めてお呉《く》れ。之《これ》だけはよく守《まも》つてお呉《く》れよ。』と言《い》つてそのまゝ死《し》んで了《しま》つたお母《かあ》さんの死《し》に生《うま》れて始《はじ》めて素直《すなほ》な心《こゝろ》になつた子蛙《こがへる》は、遺言《ゆゐごん》どほり河岸《かし》に埋《う》めました。ところが、お母《かあ》さんは作る頭曲りだから河岸《かし》といへば山《やま》に埋《う》めて呉《く》れるだらうと思《おも》つたのだつた。子蛙《こがへる》は雨《あめ》が降《ふ》つて來《く》ると『ぐわ、ぐわ、お母《かあ》さんの墓《はか》が流《なが》れる。』と鳴《な》いた。

笑話

腕《うで》一本《ぽん》、脛《すね》一本《ぽん》で終《つひ》に立身出世《りつしんしゆつせ》した或《あ》る大官《たいくわん》が「時《とき》は來《きた》れり」と許《ばか》り妾宅《せふたく》を作《つく》つた。之《これ》を知《し》つた本妻《ほんさい》は、主《しゆ》人が老人《らうじん》にならない中《うち》は、妾《せふ》が離《はな》れて了《しま》はぬだらうと考《かんが》へつき、『貴郎《あなた》、おつむの手入《てい》れを致《いた》しませう。』と、白《しろ》い髪《かみ》の毛《け》を殘《のこ》し、黑《くろ》いのだけを拔《ぬ》いた。

本宅《ほんたく》へ歸《かへ》る毎《ごと》に老《ふ》けて行《ゆ》く大官《たいくわん》を見《み》て妾《せふ》は悲《かな》しくなり、隨分《ずゐぶん》白髪《しらが》が増《ふ》えましたこと。拔《ぬ》いて上《あ》げましよと甘《あま》へながら、殘《のこ》りの白《しろ》い髪《かみ》を拔《ぬ》いてやつたので、すつかり禿頭《はげあたま》になつて了《しま》つた鏡《かゞみ》を見《み》た大官《たいくわん》『あゝ、大部《だいぶ》可愛《かはい》がられたもんぢや』

笑話

有名《いうめい》なけちん坊《ぼう》の爺《ぢい》さんが友達《ともだち》の一人《ひとり》に『たまは遊《あそ》びに來《き》ない。御馳走《ごちそう》するぜ。』友達《ともだち》はラバに乗《の》つて、爺《ぢい》さんの宅《たく》を訪《おとづ》れた。アワてたけちん坊《ぼう》爺《ぢい》さん『今日《けふ》は相憎《あひにく》と何《なに》も無《な》いんだよ。』ところが、此《こ》の友達《ともだち》もサルもの『ぢやあつしのラバを殺《ころ》して喰《た》べませうよ。』私はあの鶏《にはとり》に乗《の》つて歸《かへ》るから大丈夫《だいぢやうぶ》。』と、けちんぼ爺《ぢい》さんの鶏《にはとり》を指《さ》した。

女《をんな》だらう』と憤慨《ふんがい》し、追《お》ひ出《だ》して了《しま》つた。

一番末《ばんすゑ》の娘《むすめ》は氣《き》もそゞろになつて來《き》た。着《き》てても惡《わる》い、下着《したぎ》だけになつても惡《わる》い。どうすればいゝんだらう。進退《しんたい》谷《きはま》つてゐる中《うち》にとう〳〵その日《ひ》となつて了《しま》つた。宴《えん》も過《す》ぎ、やがて新郎《しんらう》と額《ひたひ》を合《あ》はせた時《とき》、花嫁《はなよめ》はオソル〳〵

「あんた、脱《ぬ》ぎませうか、どうしませうか」と訊《たづ》ねた。で、彼女《かのぢよ》はやはり追拂《おひはら》はれた。

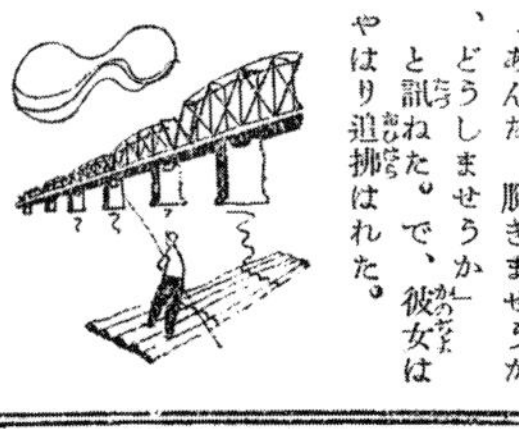

朝鮮千一夜

むかしむかしのおはなしです

病膏肓《やまひかうくわう》に入《い》る

大變《たいへん》漢文句調《かんぶんくてう》の好《す》きな婿《むこ》さんが、或《あ》る日《ひ》、舅《しうと》が虎《とら》に捉《とら》はれて仕舞《しま》つたので、「遠山虎、自近山來、捉去吾之大人、有弓者持弓而出、有槍者持槍而出、無弓無槍者、各持棒而出。」と叫《さけ》びました。處《ところ》が誰《だれ》もその意味《いみ》か領《うなづ》けないので、舅《しうと》さんを助《たす》けに行《ゆ》く事《こと》が出來《でき》ませんでした。この事《こと》が官廳《くわんちやう》の耳《みゝ》に入《はひ》り、すぐ拘引《こういん》され、笞刑《ちけい》に處《しよ》せられた。處《ところ》がその婿《むこ》はそれでも懲《こ》りずに、「一折南山之楚木、猛打吾之肥臀哀號我臀乎。」官人《くわんにん》は今後《こんご》も漢文句調《かんぶんくてう》を用《もち》ひるならば、重刑《ぢゆうけい》に處《しよ》するぞと云《い》へば、恐《おそ》れ入《い》つて、思《おも》はず「此後不用更文字」

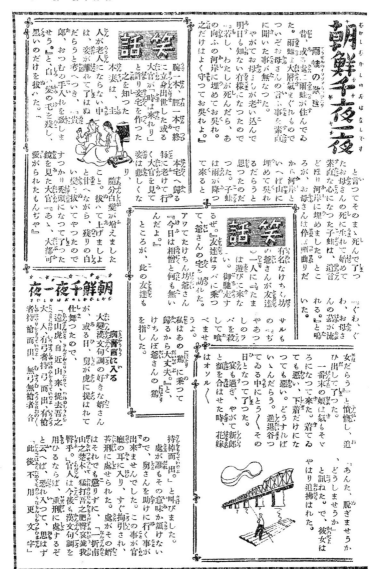

朝鮮語早わかり

ハイ
イイエ
お早うございます（よく寝られましたノ意）
今日は（御飯を喰べたかノ意）
お寢みなさい
御氣嫌よう
サヨウナラ
では又
有難うございます
どう致しまして
相濟みません
南大門をどう行きますか
此處から行きます

久し振りです
何年振りですかね
京城に何日いらつしやいました
今朝着きました
お變りありませんか
寒くなりましたな
いゝ景色だ
これは立派だ
あゝきたないな
これは何ですか
これは幾何ですか
五十錢でございます
人蔘茶を一パイ下さい
實に美味い

漬物が慾しい
相當に辛いですね

御馳走樣でした

御免下さい（門の外で主人を呼ぶ場合）
李樣御在宅ですか
友人の金君を紹介します
初めまして
どうぞよろしく
あなたを愛します
御免なさいね
馬鹿野郎め
此奴め
やかましい
うるさいぞ

朝鮮行くなら妓生家行くならこれだけは覺えなさい彼女にモテルこと請合ひですぞ

いらつしやいませ
君の名前は何と云ひます

○○○です
内地語がうまいね
煙草を付けてくれ
唄を聞かせてくれな
彼の妓生歌も踊りも旨い

上手だ
私の杯一つお取りなさい
これほんとうにおいしいね
君にほれたんだどうしよう
あらお上手ね
あゝ愉快だつた又來るよ
是非忘れないで又お出下さいませ

朝鮮の謎々答

1 雑巾 2 煙突、鎚 3 罌 4 針 5 下同素 6 左の手 7 是 8 (イ)穴 (ロ)只 (ハ)貝 9 尖 10 さゝる 11 時 芥子 12 瓶瓦 13 湍桶 14 頬づき 15 温突 16 錠

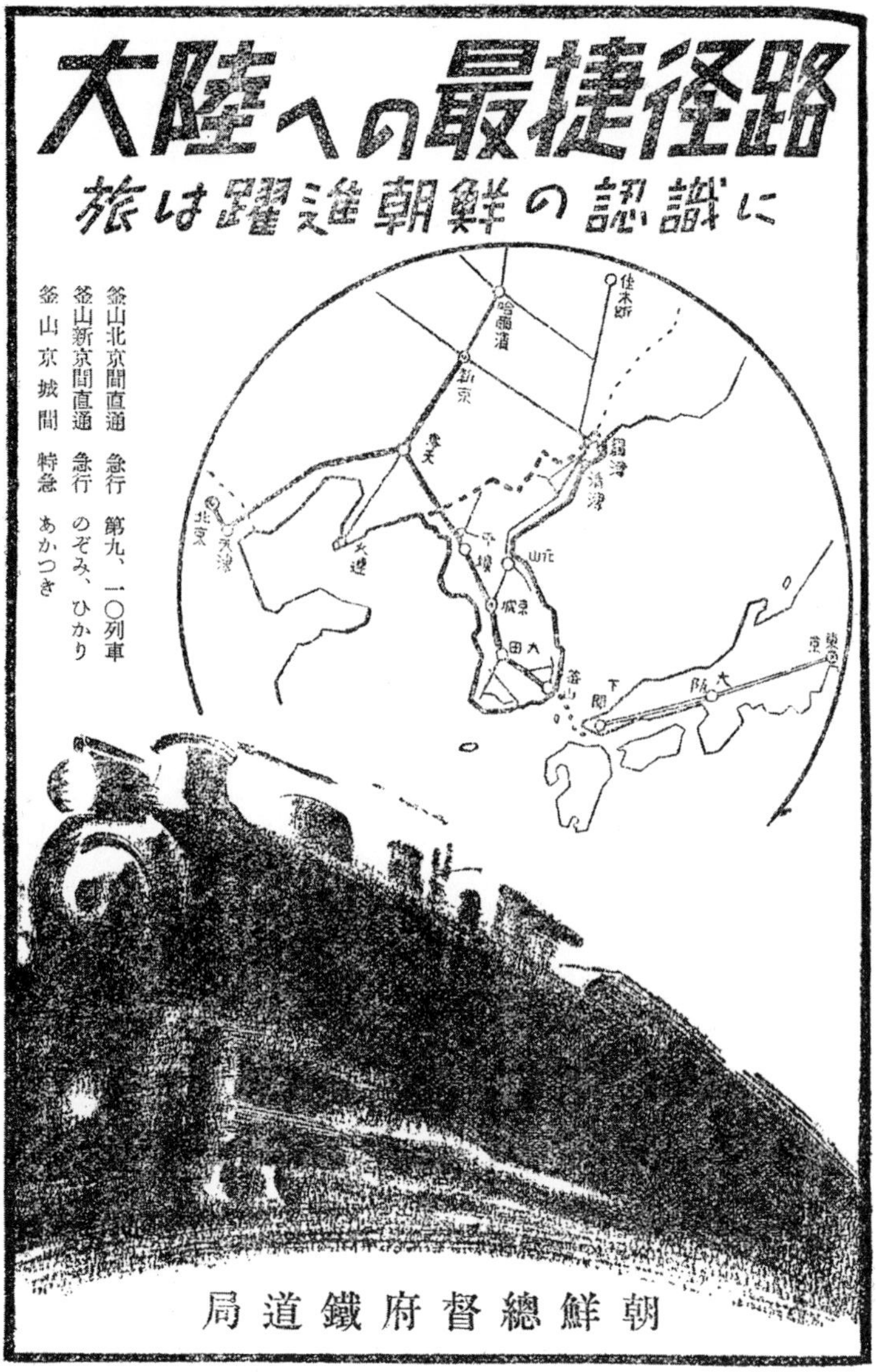
大陸への最捷径路
旅は躍進朝鮮の認識に
釜山北京間直通　急行　第九、一〇列車
釜山新京間直通　急行　のぞみ、ひかり
釜山京城間　特急　あかつき
哈爾濱
新京
奉天
大連
北京
天津
佳木斯
清津
平壌
元山
京城
大田
釜山
下関
大阪
東京
朝鮮總督府鐵道局

朝鮮讀本

興亞の交通

大東亞《だいとうあ》建設途上《けんせつとじやう》最《もつと》も緊急《きんきふ》なる施設《しせつ》の完備《くわんび》を要請《えうせい》されるものは交通運輸機關《かうつううんゆきくわん》の擴充《くわくじゆう》である。

この意味《いみ》からアジア大陸《たいりく》への前進基地《ぜんしんきち》である朝鮮《てうせん》に於《おい》ても交《かう》通輸送機關《つうゆそうきくわん》の建設改善《けんせつかいぜん》には資材《しざい》の許《ゆる》す範圍內《はんゐない》に於《おい》て最大限《さいだいげん》の努《ど》力《りよく》が傾注《けいちゆう》されてゐるが、昭和《せうわ》十四年《ねん》八月現在《ぐわつげんざい》朝鮮《てうせん》に於《お》ける國鐵《こくてつ》路線《ろせん》は主要線《しゆえうせん》十一、延長《えんちやう》三、八八三・四粁《キロ》、他《た》に滿鐵委管鐵道《まんてつゐくわんてつだう》四線《せん》三二八・五粁《キロ》である。

この他私鐵開業線《ほかしてつかいげふせん》約《やく》一、二五〇粁《キロ》、軌道《きだう》八一・三粁《キロ》がある。

更《さら》に海上《かいじやう》には總督府命令航路《そうとくふめいれいかうろ》に朝鮮郵船《てうせんいうせん》、島谷汽船《しまやきせん》、九州郵《きうしういう》船《せん》、川崎汽船《かはさききせん》、阿波共同汽船《あはきようどうきせん》、朝鮮汽船《てうせんきせん》、鴨綠江輪船公司《おうりよくかうりんせんこんす》、朝《てう》鮮鴨綠江航運《せんおうりよくかうかううん》、大阪商船《おほさかしようせん》、南洋《なんやう》海運《かいうん》、日本郵船等《にほんいうせんとう》の內地及《ないちおよ》び外《ぐわい》國航路《こくかうろ》五二線《せん》、沿岸及川線航路《えんがんおよびせんせんかうろ》一四四線《せん》使用船數《しようせんすう》二四〇隻《せき》三二三、七七九噸《トン》がある。

そして內鮮《ないせん》の連絡《れんらく》は鮮內國私《せんないこくし》鐵《てつ》と省線《しやうせん》の大部分《だいぶぶん》に旅客貨物及《りよかくくわもつおよび》朝鮮郵船《てうせんいうせん》、大阪商船《おほさかしやうせん》の汽船《きせん》を介《かい》し貨物《くわもつ》の連絡運輸《れんらくうんゆ》が實施《じつし》されて居《を》り滿洲《まんしう》との連絡《れんらく》は事變《じへん》以來《いらい》北《ほく》支《し》の治安確保《ちあんかくほ》に伴《ともな》ひ日支間連絡《につしかんれんらく》交通運輸《かうつううんゆ》の議《ぎ》が擡頭《たいとう》し、旅客手《りよかくて》小荷物《こにもつ》は朝鮮鐵道《てうせんてつだう》、鐵道省《てつだうしやう》、滿《まん》鐵《てつ》、大阪商船《おほさかしやうせん》、近海郵船《きんかいいうせん》、北日《きたにつ》本汽船《ぽんきせん》、日本海汽船《につぽんかいきせん》、大連汽船《だいれんきせん》と北支事務局線間《ほくしじむきよくせんかん》に、貨物《くわもつ》は朝《てう》鮮鐵道《せんてつだう》、鐵道省《てつだうしやう》、滿鐵《まんてつ》、大阪商《おほさかしやう》船《せん》、近海郵船《きんかいいうせん》、阿波共同《あはきようどう》と北支《ほくし》事務局線間《じむきよくせんかん》に昭和《せうわ》十三年《ねん》十月《ぐわつ》一日《じつ》連絡運輸《れんらくうんゆ》の協定成立《けふていせいりつ》し、日中《につちう》連絡運輸協定《れんらくうんゆけふてい》はこれを解消《かいせう》して爾來日滿支間《じらいにちまんしかん》に連絡運輸《れんらくうんゆ》を實施《じつし》しつつある。

この結果內鮮滿支連絡運輸《けつくわないせんまんしれんらくうんゆ》のため昭和《せうわ》十三年《ねん》十月《ぐわつ》一日以降釜《じついかうふ》山北京間《さんペキンかん》に直通急行旅客列車《ちよくつうきふかうりよかくれつしや》一往復及《わうふくおよ》び咸鏡線《かんきやうせん》に急行旅客列車《きふかうりよかくれつしや》一往復《わうふく》を新設《しんせつ》して淸津《せいしん》—羅津間《らしんかん》直通列車《ちよくつうれつしや》に接續《せつぞく》せしめ、旅客列《りよかくれつ》車《しや》に依《よ》る接續《せつぞく》を三往復《わうふく》に、その他《た》に依《よ》るものを二往復《わうふく》に增加《ぞうか》したため內鮮滿支交通《ないせんまんしかうつう》は非常《ひじやう》に手《て》輕《がる》且つ愉快《ゆくわい》に出來《でき》る樣《やう》になった。

尙《な》ほ中央線《ちゆうおうせん》の建設《けんせつ》、複線工事《ふくせんこうじ》も着々進捗《ちやくちやくしんちよく》し、關釜連絡船《くわんぷれんらくせん》は最《さい》近晝夜《きんちうや》二回乃至《くわいないし》三回運航《くわいうんかう》が實施《じつし》されつつあり、他《た》に日本航空輸《にほんかうくうゆ》送會社《そうくわいしや》の航空路《かうくうろ》は一日《にち》一回內鮮《くわいないせん》滿支間《まんしかん》を連絡《れんらく》しつつあるから、海路北鮮《かいろほくせん》を通《つう》じ、または陸路關《りくろくわん》釜連絡船《ぷれんらくせん》を經《へ》て鐵路《てつろ》に依《よ》り、或《あるい》はまた空路《くうろ》に依《よ》る等何《とういづ》れの方法《はうはふ》に依《よ》るも內鮮滿支《ないせんまんし》の交通《かうつう》は、その所要時間《しよえうじかん》、經費《けいひ》、氣分等《きぶんとう》の諸《しよ》點《てん》で今《いま》や全《まつた》く昔日《せきじつ》の面影《おもかげ》を一新《しん》するに至《いた》った。

北鮮三港

羅津《らしん》、淸津《せいしん》、元山《げんざん》は一般《ぱん》に『北《ほく》鮮《せん》三港《かう》』と謂《い》はれてゐる。これ等《ら》の三港《かう》は北部《ほくぶ》朝鮮《てうせん》の重要物產《ぢうえうぶつさん》である海產《かいさん》及《およ》び農產《のうさん》を、內地《ないち》並《ならび》に北滿北鮮地方《ほくまんほくせんちはう》との間《あひだ》に介在《かいざい》して呑吐《どんと》集散《しふさん》する貿易港《ぼうえきかう》として、また內地《ないち》滿洲《まんしう》を結《むす》ぶメーンラインの一として、或《あるひ》はまた近年《きんねん》益々《ますます》重要《ぢうえう》さを增《ま》して來《く》る朝鮮漁業《てうせんぎよげふ》の發展《はつてん》と培養《ばいやう》の據點《きよてん》として夫々《それぞれ》最《もつと》も適當《てきたう》な位置《ゐち》と地勢《ちせい》と施設《しせつ》とを有《も》ち、東亞《とうあ》の建設《けんせつ》上夫々《じやうそれぞれ》重要《ぢうえう》な地步《ちほ》を占《し》めるところから『北鮮《ほくせん》三港《かう》』として取扱《とりあつか》はれるわけである。

そこでそれ等《ら》三港《かう》の各々《おのおの》に就《つ》きその概略《がいりやく》を述《の》べれば次《つ》ぎの通《とほ》りである。

羅津

咸鏡北道《かんきやうほくだう》の北部《ほくぶ》に位《くらゐ》し、北緯《ほくゐ》四二度《ど》九分《ぶ》二六、東經《とうけい》一三〇度《ど》一六分《ぶ》三五秒《べう》の地點《ちてん》に在《あ》り、日《にっ》本海《ほんかい》を距《へだ》てて內地《ないち》諸港《しよかう》に相對《あひたい》し日露戰爭當時《にちろせんさうたうじ》我《わ》が上村艦隊《かみむらかんたい》がバルチック艦隊《かんたい》を追擊《ついげき》するため二日《か》間《かん》碇泊《ていはく》した港《みなと》であり、大正《たいしやう》七年《ねん》シベリヤ出兵當時《しゆつぺいたうじ》には三ケ月《げつ》間我軍艦《かんわがぐんかん》が投錨《とうべう》した港《みなと》で、軍事《ぐんじ》的見地《てきけんち》から軍港候補地《ぐんかうこうほち》とされてゐたが、昭和《せうわ》七年《ねん》八月國境上京《こくきやうじやうきやう》圖線《とせん》の終端港《しゆうたんかう》と決定《けつてい》せられ、滿《まん》鐵《てつ》に依《よ》つて雄羅間鐵道並《ゆうらかんてつだうならび》に築港《ちくかう》工事《こうじ》が進《すゝ》められ、昭和《せうわ》十一年《ねん》十一月雄羅線《ゆうらせん》の開通《かいつう》と共《とも》に船車連《せんしやれん》絡《らく》の一部成《ぶな》り、同日開港場《どうじつかいかうぢやう》に指《し》定《てい》せられ、從來《じうらい》の一寒村《かんそん》が一躍《やく》東亞《とうあ》の呑吐港《どんとかう》として世界市場《せかいしぢやう》の活躍舞臺《くわつやくぶたい》に躍《をど》り出《で》たもので、日《に》本海《ほんかい》湖水化計畫《こすいくわけいくわく》の據點《きよてん》としてまた最《もつと》も重要視《ぢうえうし》される良港《りやうかう》である。港《みなと》は內地《ないち》の函館《はこだて》、滿洲《まんしう》の奉天《ほうてん》と略同緯度《ほゞどうゐど》にあつて、灣口《わんこう》に大草《だいくさ》島《じま》、小草島《こくさじま》の二島《たう》が在《あ》り自然《しぜん》の防波堤《ばうはてい》をなし、築港完成後《ちくかうかんせいご》の繫《けい》船岸壁《せんがんぺき》には一萬噸級《まんトンきふ》の船舶《せんぱく》をも自由《じいう》に橫《よこ》づけ出來《でき》る良港《りやうかう》で、冬《とう》季《き》攝氏《せつし》氷點下《ひようてんか》に下《くだ》り年《とし》によつて凍結《とうけつ》することもあるが風《かぜ》のため港外《かうぐわい》に吹《ふ》き流《なが》され埠頭《ふとう》附近《ふきん》には結氷《けつぴよう》すること稀《まれ》である。雄基《ゆうき》との間《あひだ》に雄羅線《ゆうらせん》があり、路線《ろせん》西北《せいほく》ソ聯領《れんりやう》に結《むす》ぶ。

市街地《しがいち》は昭和《せうわ》九年《ねん》十一月以來《いらい》三十萬《まん》の人口《じんこう》を包容《はうよう》する都市計《としけい》畫《くわく》を以《もつ》て第《だい》一期工事《きこうじ》を同《どう》十三年《ねん》十月《ぐわつ》に了《をは》り、第《だい》二期工事《きこうじ》は同《どう》十六年《ねん》に竣工《しゆんこう》の豫定《よてい》である。上《じやう》水道《すゐだう》の施設《しせつ》あり、現在人口《げんざいじんこう》は五三五七世帶《せたい》、二四五〇八人《にん》、全《ぜん》人口《じんこう》の四分《ぶん》の三を、半島人《はんたうじん》が占《し》め內地人《ないちじん》は約《やく》五分《ぶん》の一、殘餘《ざんよ》が滿支《まんし》外人《ぐわいじん》の割合《わりあひ》である。目下《もくか》のところ未《ま》だ建設《けんせつ》の初期《しよき》にあるが東亞《とうあ》建設途《けんせつと》上《じやう》の重要地點《ぢうえうちてん》たるに鑑《かんが》み朝鮮總督府《てうせんそうとくふ》は羅津《らしん》に特別都《とくべつと》制《せい》を布《し》き、總督府《そうとくふ》の直轄《ちよくかつ》として羅津廳《らしんちやう》を置《お》いてゐるが、軍事《ぐんじ》、產業《さんげふ》兩面《りやうめん》に亙《わた》り將來《しやうらい》愈々《いよいよ》重要性《ぢうえうせい》の加《くは》はる都市《とし》である。

淸津

咸鏡北道《かんきやうほくだう》の中部《ちうぶ》、羅津《らしん》の西南《せいなん》に位《くらゐ》し、北鮮《ほくせん》最古《さいこ》の開港場《かいかうぢやう》で浦《うら》鹽《じほ》へ二百三十七粁《キロ》、元山港《げんざんかう》へ三百七十九粁《キロ》、敦賀《つるが》、伏木《ふしき》、舞鶴《まひづる》新潟《にひがた》、函館《はこだて》、小樽《をたる》、關門《くわんもん》等內地《とうないち》の日本海諸港《につぽんかいしよかう》へは略《ほゞ》八百七十粁《キロ》內外《ないぐわい》を距《へだ》てて各定期航路《かくていきかうろ》が開《ひら》け鐵道《てつだう》は圖們《ともん》及《およ》び京圖線《けいとせん》と咸鏡線《かんきやうせん》とを連絡《れんらく》して交通《かうつう》の便《べん》よく、港《かう》灣《わん》の東方部《とうはうぶ》は規模《きぼ》小《ちひ》さく主《しゆ》として漁港《ぎよかう》に利用《りよう》され、西方《せいはう》は所謂《いはゆる》淸津港《せいしんかう》として貿易《ぼうえき》に利用《りよう》せられ

朝鮮讀本

朝鮮讀本

てゐる。局鐵咸鏡線《きよくてつかんきやうせん》、北鮮線京圖鐵路《ほくせんせんけいとてつろ》南北兩線《なんぼくりやうせん》及《およ》び拉賓線《らひんせん》、圖佳線《とかせん》全通《ぜんつう》し、それ等《ら》各線《かくせん》を通《つう》じて東北滿洲《とうほくまんしう》の物資《ぶつし》が集注《しふちう》されてゐる。

岸壁《がんぺき》には三千噸《トン》級乃至《きふないし》七千噸《トン》級船舶《きふせんぱく》七隻《せき》を同時《どうじ》に繫留《けいりう》し得《う》る築港工事《ちくかうこうじ》が昭和《せうわ》十一年《ねん》三月完成《ぐわつくわんせい》したが、滿蒙方面《まんもうはうめん》の鐵路網《てつろもう》の普及《ふきふ》によつて同方面《どうはうめん》よりの集注物資《しふちうぶつし》を呑吐《どんと》する國際港《こくさいこう》して、近《ちか》く更《さら》にその規模《きぼ》の擴大《くわくだい》が期待《きたい》されてゐる。

漁港《ぎよこう》も近年漁業《きんねんぎよげふ》の急激《きふげき》な發展《はつてん》に伴《ともな》ひ昭和《せうわ》十二年度《ねんど》から三ケ年《ねん》計畫《けいくわく》を以《も》つて擴張工事《くわくちやうこうじ》に着手《ちやくしゆ》し略完成《ほゞくわんせい》し北鮮漁業《ほくせんぎよげふ》に多大《ただい》の寄與《きよ》をなしつつある。

現在人口《げんざいじんこう》は約《やく》一萬《まん》五千世帶《しよたい》、六萬《まん》九千人《にん》でうち約《やく》五萬《まん》五、六千人《にん》が半島人《はんたうじん》、一萬《まん》四千人《にん》が内地人《ないちじん》、殘餘《ざんよ》が滿支外人《まんしぐわいじん》の割合《わりあひ》になつてゐる。

市街地《しがいち》は昭和《せうわ》十一年《ねん》三月末人口《ぐわつまつじんこう》の急激《きふげき》な増加《ぞうか》に鑑《かんが》み市街地計畫《しがいちけいくわく》が樹立《じゆりつ》され、着々進捗《ちやく／＼しんちよく》しつつあり、水道《すゐだう》は昭和《せうわ》六年既《ねんすで》に五萬《まん》人《にん》に對《たい》する給水能力《きふすゐのうりよく》を完備《くわんび》したが交通運輸《かうつううんゆ》、港灣漁港《かうわんぎよこう》の施設《しせつ》擴張並《くわくちやうなら》に各種工業《かくしゆこうげふ》の勃興《ぼつこう》に伴《ともな》ふ人口《じんこう》の増加《ぞうか》に應《おう》ずるため、昭和《せうわ》十二年度以降《ねんどいかう》更《さら》に工費《こうひ》二十萬《まん》四千圓《えん》を以《も》つて第《だい》六次擴張工事《じくわくちやうこうじ》を實施中《じつしちう》である。氣候《きこう》は開港以來最高《かいかういらいさいかう》攝氏《せつし》三十度《ど》、冬季《とうき》は最低零下《さいていれいか》十九度《ど》三に下《くだ》つたことはあるが港内結氷《かうないけつぴよう》を見《み》たことはない。教育機關《けういくきくわん》としては初等學校《しよとうがくかう》、商業補習學校《しやうげふほしふがくかう》を合《がつ》し公立《こうりつ》七校《かう》、私立《しりつ》が六校《かう》、外《ほか》に青年訓練所《せいねんくんれんじよ》一、公立圖書館《こうりつとしよくわん》一あり、宗教《しうけう》は天理教《てんりけう》、金光教《こんくわうけう》、扶桑教《ふさうけう》の布教所《ふけうじよ》五、佛教布教所《ぶつけうふけうじよ》一二、基督教會《キリストけうくわい》二三、醫療機關《いれうきくわん》は各科合《かくくわがつ》して内鮮外人《ないせんぐわいじん》從業員《じうげふゐん》一四四名《めい》である。

次《つぎ》に貿易狀況《ぼうえきじやうきやう》を見《み》るに昭和《せうわ》十二年末現在《ねんまつげんざい》の貿易總額《ぼうえきそうがく》は約《やく》九千萬圓《まんゑん》で、うち輸移出《ゆいしゆつ》約《やく》四千萬圓《まんゑん》、輸移入《ゆいにふ》五千萬餘圓《まんよゑん》となつて居《を》り、建設途上《けんせつとじやう》の旺盛《わうせい》な消化力《せうくわりよく》を示《しめ》してゐる。

元山

朝鮮半島《てうせんはんたう》の東岸《とうがん》、東經《とうけい》一二七度《ど》二五分《ぶん》四三秒《べう》、北緯《ほくゐ》二九度《ど》一〇分《ぷん》二四秒《べう》の地點《ちてん》、虎島《こたう》、葛麻《かつま》兩半島南北《りやうはんたうなんぼく》より突出《とつしゆつ》する永興灣《えいこうわん》内《ない》に在《あ》り、岸壁《がんぺき》は三千噸級船舶《トンきふせんぱく》二隻《せき》を同時《どうじ》に繫留《けいりう》し得《う》る。海上《かいじやう》三〇〇浬《カイリ》南方《なんぱう》に釜山《ふざん》、三七八浬《カイリ》に關門《くわんもん》、三五〇浬《カイリ》の北方《ほくはう》に浦鹽《うらじほ》、日本海《につぽんかい》を距《へだ》てて四七〇浬《カイリ》の對岸《たいがん》に敦賀《つるが》がある。東海岸線《とうかいがんせん》が開通《かいつう》し、沿岸及日本海航路《えんがんおよびにつぽんかいかうろ》京元《けいげん》、咸鏡兩線《かんきやうりやうせん》と相俟《あひま》ち元山港《げんざんこう》の交通《かうつう》は著《いちじる》しく拓《ひら》け、東海岸屈指《とうかいがんくつし》の良港《りやうこう》となつた。人口《じんこう》は昭和《せうわ》十三年末《ねんまつ》六萬《まん》七千人《にん》、商業人口《しやうげふじんこう》最《もつと》も多《おほ》く、次《つ》ぎは工業人口《こうげふじんこう》である。教育機關《けういくきくわん》は公立中學《こうりつちうがく》、女學《ぢよがく》校《かう》以下《いか》二二校《かう》あり、醫療機關《いれうきくわん》も公私立病院《こうしりつびやうゐん》、内鮮外人開業醫《ないせんぐわいじんかいげふい》を加《くは》へ六四ある。

古《ふる》い商港《しやうこう》であるとともに漁港《ぎよこう》であつて、附近一帶《ふきんたい》の物資《ぶつし》の集散地《しふさんち》で、釜山方面《ふざんはうめん》から清津《せいしん》、羅津方面《らしんはうめん》に至《いた》る寄港地《きこうち》で、内地諸港《ないちしよこう》との間《あひだ》に定期航路《ていきかうろ》がある。商業《しやうげふ》についで發達《はつたつ》してゐるのは工業《こうげふ》で、製品《せいひん》は莫大小《めりやす》、機械類《きかいるゐ》、その他《た》で年産《ねんさん》約《やく》三百萬圓《まんゑん》、水產《すゐさん》漁獲高《ぎよくわくだか》の二百十萬圓《まんゑん》がこれについでゐる。

朝鮮讀本

禿山

禿山《はげやま》は朝鮮名物《てうせんめいぶつ》の一であつたが、今《いま》は滿目青山《まんもくせいざん》とまでは行《ゆ》かずとも面目《めんもく》一新《しん》、綠化《りよくくわ》された山《やま》に營々《えいえい》三十年《ねん》の半島統治《はんたうとうち》の美果《びくわ》を示《しめ》してゐる。李朝時代《りてうじだい》は封山《ほうざん》、禁山《きんざん》の特殊保護林《とくしゆほごりん》を除《のぞ》くほかは無主公山《むしゆこうざん》と稱《しよう》し、自由採樵《じいうさいせう》に委《まか》せてゐたので、濫伐暴採《らんばつばうさい》、放火耕作《はうくわかうさく》は遂《つひ》にあの禿山《はげやま》にしてしまつて一朝暴雨《てうばうう》にあへば大水《だいすゐ》害《がい》、旱天《かんてん》にあへば大旱害《だいかんがい》といふ慘狀《さんじやう》を呈《てい》する樣《やう》になつたのである。總督府《そうとくふ》では先《ま》づ治山治水《ちさんちすゐ》を目《め》ざして綠化《りよくくわ》をはじめ、明治《めいぢ》四十四年《ねん》以來毎年《らいまいねん》四月三日《か》を記念《きねん》植樹日《しよくじゆび》として、總督《そうとく》はじめ官民《くわんみん》ひとしく鍬《くは》を手《て》にして必《かなら》ず一本《ぽん》は樹《き》を植《う》ゑる事《こと》とし、爾來《じらい》たゆみなく續《つゞ》けてきたため、今日《こんにち》までの植樹本數《しよくじゆほんすう》は無慮《むりよ》五十億本《おくほん》といはれ、禿山《はげやま》千百萬町歩《まんちやうぶ》を蒼々《さうさう》たる青山《せいざん》に變《へん》ぜしめてゐる。

朝鮮《てうせん》の林野《りんや》は半島總面積《はんたうそうめんせき》の七割《わり》三分《ぶ》卽《すなは》ち千六百三十五萬町歩《まんちやうぶ》である。この內國有林《うちこくいうりん》は五百二十萬町歩《まんちやうぶ》、民有林《みんいうりん》が千百餘《よ》萬町歩《まんちやうぶ》である。一町歩《ちやうぶ》平均《へいきん》の蓄積《ちくせき》は平《へい》均《きん》二十八尺締となつてゐる。材《ざい》は主《しゆ》として杉松《すぎまつ》、紅松《べにまつ》、落葉松《からまつ》で、杉松《すぎまつ》は安價《あんか》なのと鉋《かんな》かけが容易《ようい》なのとで內地《ないち》の赤松《あかまつ》や樅栂《もみとが》の代用《だいよう》として廣《ひろ》く使用《しよう》せられ、紅松《べにまつ》は割裂反張《かつれつはんちやう》が少《すくな》いので長押《なげし》、鴨居《かもゐ》、窓枠等《まどわくなど》の化粧用《けしやうよう》や家具類《かぐるゐ》に杉檜《すぎひのき》の代用《だいよう》として使用《しよう》される。落葉松《からまつ》は電柱《でんちう》、坑木等《かうぼくなど》に使《つか》はれるが、いづれも最近《さいきん》は製紙用並《せいしようならびに》に人絹《じんけん》パルプ用《よう》として大《おほ》きい需要《じゆえう》をもつやうになつてゐる。これらの林產額《りんさんがく》は用材《ようざい》が七百二十萬石《まんごく》、約《やく》一千五百萬圓《まんゑん》、木炭《もくたん》が二千百萬貫《まんぐわん》、約《やく》二百二十萬圓《まんゑん》、ほかに平壤栗《へいじやうくり》、胡桃《くるみ》、五倍子《ごばいし》、漆等《うるしなど》の特用產物《とくようさんぶつ》、殊《こと》に我國《わがくに》におけるコルクの唯一《ゆいいつ》の資材《しざい》であるアベムキの樹皮《じゆひ》など色々合算《いろいろがつさん》すると一億圓《おくゑん》以上《じやう》になつてゐる。朝鮮《てうせん》から禿山《はげやま》が消《き》えてその蔭《かげ》で治水灌漑《ちすゐくわんがい》が出來《でき》、ひいては農《のう》耕《かう》の產業開發《さんげふかいはつ》が進《すゝ》んだ。更《さら》に一步《ぽ》踏《ふ》み出《だ》して低廉《ていれん》な森林經營費《しんりんけいえいひ》を以《もつ》て林業朝鮮《りんげふてうせん》への出發《しゆつぱつ》に身構《みがま》へてゐるところはお目《め》とめて見《み》るべきところだ。

米

朝鮮米《てうせんまい》は朝鮮《てうせん》だけの立場《たちば》から考《かんが》へた場合《ばあひ》でも、朝鮮《てうせん》の農業人《のうげふじん》口《こう》を經濟的《けいざいてき》に潤《うる》ほすといふ意味《いみ》からだけでなく、朝鮮經濟《てうせんけいざい》の可《か》成《な》りの部分《ぶぶん》までを支配《しはい》するといふ程度《ていど》の重要性《ぢゆうえうせい》を有《も》つてゐる。朝鮮《てうせん》の全人口《ぜんじんこう》の約《やく》七割《わり》三分《ぶ》を占《し》めるのは農業人口《のうげふじんこう》で、その中《うち》の九割餘《わりよ》が中小農《ちうせうのう》である。そしてそれ等《ら》の中小農《ちうせうのう》は專《もつぱ》ら粟《あは》その他《た》の雜穀類《ざつこくるゐ》を主要常食《しゆえうじやうしよく》とし、自《みづか》ら生產《せいさん》した米《こめ》はこれを小作料《こさくれう》として、或《あるひ》は食糧《しよくりやう》その他《た》の必需品《ひつじゆひん》を購《あがな》ふために全部《ぜんぶ》を拂《はら》ひ出《だ》してしまひ、內地《ないち》の農業人口《のうげふじんこう》が米《こめ》の生《せい》產者《さんしや》であると同時《どうじ》にそのうちの約《やく》四〇%以上《いじやう》は米《こめ》の購買者《こうばいしや》、需《じゆ》要者《えうしや》であるのに反《はん》し朝鮮《てうせん》の農業《のうげふ》人口《じんこう》はその殆《ほとん》ど全部《ぜんぶ》が供給者《きようきふしや》だけの例《れい》に屬《ぞく》するのである。

從《したが》つて朝鮮《てうせん》に於《お》ける米作《べいさく》は、朝鮮《てうせん》の人口《じんこう》約《やく》二千三百餘《よ》萬人中《まんにんちう》の二割餘《わりよ》の食糧《しよくりやう》を賄《まかな》つた殘《のこ》り全《ぜん》部《ぶ》が商品《しやうひん》として內地《ないち》、滿洲《まんしう》、支《し》那方面《なはうめん》に賣出《うりだ》されるために營《いとな》まれてゐると見《み》てよい。

朝鮮讀本

そして内地《ないち》、滿《まん》、支方面《しはうめん》に輸《ゆ》移出《いしゆつ》された鮮米《せんまい》は一ケ年《ねん》約《やく》三億《おく》餘圓《よゑん》の金額《きんがく》になつて朝鮮《てうせん》の經濟《けいざい》界《かい》に還流《くわんりう》し、朝鮮經濟《てうせんけいざい》を賄《まかな》ふのであるから、鮮米《せんまい》の出來不出來《できふでき》或《あるひ》は米價《べいか》の高低《かうてい》が朝鮮《てうせん》の一般景《いつぱんけい》氣《き》に直接的《ちよくせつてき》に響《ひゞ》いてくることは勿論《もちろん》、その響《ひゞ》き方《かた》の程度《ていど》は内地《ないち》程度《ていど》でなく、場合《ばあひ》によつては生《せい》命的《めいてき》でさへある。

現在朝鮮《げんざいてうせん》における米《こめ》の生産高《せいさんだか》は昭和《せうわ》十三年《ねん》の收穫高《しうくわくだか》が水稻粳《すゐたうこう》二三、四八四、八六七石《こく》、糯米《もちごめ》三六七二六七石《こく》陸稻粳米《りくたうこうまい》二〇四八〇三石《こく》糯米《もちごめ》八一九三七石《こく》合計《がふけい》二四一三八八七四石《こく》となつてゐる。これを合併當時《がつぺいたうじ》の明治《めいぢ》四十三年《ねん》の收穫《しうくわく》一〇四〇五千石《こく》に比《ひ》較《かく》すると一千三百七十三萬《まん》三千石餘《こくよ》の增收即《ぞうしうすなは》ち合併當時《がつぺいたうじ》の約倍《やくばい》額《がく》の收穫《しうくわく》を見《み》るやうになつてゐる。これら鮮米《せんまい》の品質品種《ひんしつひんしゆ》は劣《れつ》惡《あく》な在來種《ざいらいしゆ》に更《か》へるに内地産優《ないちさんいう》良種《りやうしゆ》を以《も》つてし、之《これ》に改善《かいぜん》を試《こゝろ》みて全鮮《ぜんせん》に普及《ふきふ》せしめた結果《けつくわ》、今日《こんにち》では多肥《たひ》に堪《た》へ、集約的栽《しふやくてきさい》培《ばい》に適《てき》し、成熟期《せいじゆくき》の早《はや》い多收性《たしうせい》の銀坊主《ぎんばうず》、穀良都《こくりやうと》多摩錦《たまにしき》、雄町《をまち》等《など》が銘柄別大量取引《めいがらべつたいりやうとりひき》が行《おこな》はれる程《ほど》に質的好轉《しつてきかうてん》を見《み》せるに至《いた》つたし、更《さら》に最近《さいきん》はまた總督府農事《そうとくふのうじ》試驗場《しけんぢやう》に於《おい》て人工交配《じんこうかうはい》に依《よ》り中《ちう》鮮及《せんおよ》び南鮮地方《なんせんちはう》に適《てき》する榮光《えいくわう》、瑞光《ずゐくわう》、日進《につしん》、豐玉等形狀《ほうぎよくとうけいじやう》、色澤《しきたく》、食味《しよくみ》、キロ上《あが》りの諸點《しよてん》で遙《はる》かに他種《たしゆ》を淩駕《りようが》し、且《か》つ大農經營《だいのうけいえい》に於《おい》て銀坊主《ぎんばうず》以上《いじやう》の多收穫《たしうくわく》を示《しめ》すところの優良新種《いうりやうしんしゆ》の育成《いくせい》に成功《せいこう》し、漸次之等《ぜんじこれら》の全鮮的普及《ぜんせんてきふきふ》が試《こゝろ》みられつつある現狀《げんじやう》である。

從《したが》つて曾《か》つて鮮米《せんまい》は不味《まづ》いといつてその小賣値《こうりね》も内地米《ないちまい》に比《ひ》し幾分《いくぶん》かの格下《かくさ》げがなされてゐたが今日《こんにち》では既《すで》に一般家庭《いつぱんかてい》で常《じやう》用《よう》されてゐる優良米《いうりやうまい》の中《なか》に實《じつ》は大量《たいりやう》の鮮米《せんまい》が含《ふく》まれて居《を》り、食《しよく》通《つう》の間《あひだ》では尊らすい、い米《まい》として鮮《せん》米《まい》が歡迎《くわんげい》されてゐる狀態《じやうたい》であるから、今後《こんご》それ等《ら》の新種《しんしゆ》が普及《ふきふ》するにつれて收穫《しうくわく》も格段《かくだん》の增加《ぞうか》を見《み》るであらうし、格付《かくづけ》も最近《さいきん》大阪《おほさか》、神戸《かうべ》、和歌山《わかやま》等《など》の一帶《たい》の地域《ちゐき》で内地米同樣《ないちまいどうやう》に引上《ひきあ》げられた如《ごと》く、やがてこれも全國的《ぜんこくてき》一律《りつ》に格上《かくあ》げを見《み》ることにならうし、鮮米《せんまい》は今《いま》や半島經濟《はんたうけいざい》の重要《ぢゆうえう》部分《ぶぶん》を賄《まかな》ひつつ大陸經營《たいりくけいえい》の兵站《へいたん》基地《きち》としての立場《たちば》に於《おい》て日本《につぽん》の食糧政策《しよくりやうせいさく》に愈々最重要《いよいよさいぢゆうえう》なる地歩《ちほ》を占《し》むべく豫約《よやく》されてゐる。

金

いま朝鮮《てうせん》には『うつかり靴《くつ》の泥《どろ》を拭《ぬぐ》ふな』といふ諺《ことわざ》が行《おこな》はれてゐる。至《いた》るところ金山《きんざん》あり、朝鮮半島總面積《てうせんはんたうそうめんせき》二十二萬《まん》七百八十八方粁《はうキロ》が寸土《すんど》を剩《あま》すところなく採鑛出願《さいくわうしゆつぐわん》されてゐるといふのは少《すこ》し話《はなし》が大袈裟《おほげさ》すぎるが、兎《と》に角《かく》、露頭發見《ろとうはつけん》の有無《うむ》に拘《かゝ》はらず、堀《ほ》る意思《いし》の有無《うむ》に拘《かゝ》はらず、金《きん》の出《で》そうなところはベタ〳〵に出願《しゆつぐわん》されてをり、それらが稼行未稼行《かかうみかかう》を問《と》はず、聖《せい》戰下《せんか》金價格昂騰《きんかかくかうとう》の波《なみ》に乘《の》つて描《ゑが》き出《だ》すゴールドラッシュのもの凄《すご》さは、これ正《まさ》に今日《こんにち》の朝鮮《てうせん》の性格《せいかく》なのである。

朝鮮《てうせん》の金《きん》の歷史《れきし》は古《ふる》い。日本《にほん》書紀《しよき》に素盞鳴尊《すさのをのみこと》の神言《しんげん》として『韓郷の島《しま》は金銀《きんぎん》あり若使吾兒《もしわがこ》所御の國《くに》に浮寶《ふはう》あらずは佳らじ』とあつて『朝鮮《てうせん》には金銀《きんぎん》があ

朝鮮讀本

るから往來《わうらい》する船《ふね》がなくてはいかん』と見《み》えてゐる。その後《ご》神《じん》功皇后《ぐうくわうごう》の御代《みよ》はじめて金銀《きんぎん》を貢《こう》したことがやはり日本書紀《にほんしよき》に出《で》てゐるが、本朝《ほんてう》で金《きん》といふものを知《し》つたのはそれがはじめてゞあり、つまり金《きん》では朝鮮《てうせん》が内地《ないち》の兄貴分《あにきぶん》だつたのである。

爾來星霜《じらいせいさう》三千年《ねん》、興亞聖戰下《こうあせいせんか》金《きん》が血《ち》と魂《たましひ》とゝもに聖戰完遂《せいせんくわんすい》三要素《さんえうそ》の一となつてゐる今日《こんにち》、朝鮮《てうせん》は三千年《ねん》の面目《めんもく》を失《うしな》つてはゐない。昭和《せうわ》十一年《ねん》の產金額《さんきんがく》は金《きん》四千九百九十一萬圓《まんゑん》、砂金《しやきん》九百四十四萬圓《まんゑん》、金銀鑛《きんぎんくわう》九百三十七萬圓《まんゑん》、合計《がふけい》六千八百七十二萬《まん》圓《ゑん》となつてをり、昭和《せうわ》十二年《ねん》には大體《だいたい》五廻、約《やく》二千萬圓《まんゑん》を增產《ぞうさん》してゐる。明治《めいぢ》四十三年《ねん》の五百六萬圓《まんゑん》に比《くら》べるとまことに凄《すさま》じい躍進《やくしん》であるが、堀《ほ》ればまだいくらでも出《で》る產金半島《さんきんはんたう》であつて宇垣總督時代《うがきそうとくじだい》夢《ゆめ》みたいな合言葉《あひことば》といはれてゐた一億圓增產《おくゑんぞうさん》も目《め》の前《まへ》にあるのである。稼行鑛區《かかうくわうく》は砂金《しやきん》三一六、金鑛《きんくわう》三一七〇合《がふ》計《けい》三四八六、これが鑛夫延人員《くわうふのべじんゐん》は二千六百萬人《まんにん》にも上《のぼ》つてゐるが、この中《うち》主要《しゆえう》なものは、平安《へいあん》北道《ほくだう》の雲山金鑛《うんざんきんくわう》（昭和《せうわ》十四年《ねん》八月末《ぐわつすゑ》米國資本《べいこくしほん》のオリエンタル・コンソリデート・マイニング・カンパニーから日本鑛業株式會社經營《にほんくわうげふかぶしきぐわいしやけいえい》に移《うつ》る）の五百六十萬圓《まんゑん》、隣接《りんせつ》の大楡洞金山《だいゆどうきんざん》（日本鑛業株式會社經營《にほんくわうげふかぶしきぐわいしやけいえい》）の四百五十萬圓《まんゑん》を筆頭《ひつとう》に、甕津金山《ようしんきんざん》（黃海道《くわうかいだう》）成興《せいこう》金山《きんざん》（平安南道《へいあんなんだう》）金堤砂金《きんていしやきん》（全羅《ぜんら》北道《ほくだう》）順安砂金《じゆんあんしやきん》（平安南道《へいあんなんだう》）金井《かなゐ》鑛山《くわうざん》（慶尙北道《けいしやうほくだう》）遂安金鑛《すゐあんきんくわう》（黃海《くわうかい》道《だう》）光陽鑛山《くわうやうくわうざん》（全羅南道《ぜんらなんだう》）義州鑛《ぎしうくわう》山《ざん》（平安北道《へいあんほくだう》）新延鑛山《しんえんくわうざん》（平安北《へいあんほく》道《だう》）等《とう》いづれも年產百萬圓《ねんさんまんゑん》以上《いじやう》を出《だ》してゐる。總督府《そうとくふ》では昭和《せうわ》七年增產《ねんぞうさん》十ケ年計畫《ねんけいくわく》を樹《た》てたが現在《げんざい》はこの計劃《けいくわく》を更《さら》に擴充《くわくじう》して昭和《せうわ》十三年以降《ねんいかう》五ケ年計畫《ねんけいくわく》で〇〇廻〇億《おく》〇千〇百萬圓《まんゑん》の增產《ぞうさん》を企圖《きと》してゐる。初年度《しよねんど》昭和《せうわ》十三年《ねん》の實績《じつせき》は豫定《よてい》の半分《はんぶん》の〇廻增產《ぞうさん》であつたが、將來《しやうらい》は投下資《とうかし》本《ほん》による設備《せつび》がいよ〳〵ものを言《い》つて豫定《よてい》の年《ねん》〇廻增產《ぞうさん》は堅《かた》いだらう。

いわし

米《こめ》が朝鮮農業《てうせんのうげふ》の大宗《たいしう》であるやうに、鰯《いわし》は朝鮮漁業《てうせんぎよげふ》の大宗《たいしう》であり水產朝鮮《すゐさんてうせん》の花形《はながた》である。鰯《いわし》は毎年《まいねん》三月《ぐわつ》ごろ慶尙南道沿岸《けいしやうなんだうえんがん》に回《くわい》遊《いう》する暖流《だんりう》に乘《の》つて北上《ほくじやう》し、四五、六月《ぐわつ》ごろは慶尙北道《けいしやうほくだう》の沖合《おきあひ》に、六、七、八月《ぐわつ》ごろ江原道沖《かうげんだうおき》合《あひ》に、八、九月《ぐわつ》ごろは咸鏡南道《かんきやうなんだう》の沖合《おきあひ》に、九、十、十一月《ぐわつ》ごろ咸鏡北道《かんきやうほくだう》の沖合《おきあひ》に、十一、十二月《ぐわつ》ごろ更《さら》に江原道沖合《かうげんだうおきあひ》に下《くだ》る。鰯漁業《いわしぎよげふ》はこの回游《くわいいう》を追《お》ふて行《おこな》はれるものであるソ聯領海《れんりやうかい》に迷《まよ》ひこんで拿捕《だほ》された漁船《ぎよせん》の話《はなし》などこの鰯追跡最中《いわしついせきさいちう》に起《おこ》るのであるこの漁獲高《ぎよくわくだか》は大體《だいたい》七千五百萬圓《まんゑん》で水產總生產額《すゐさんそうせいさんがく》の約半額《やくはんがく》を占《し》めてゐるがこれらの鰯《いわし》は大部分《だいぶぶん》は鰯油《いわしゆ》になるのであるが、これは硬化油原料《かうくわゆげんれう》となり、グリセリン液《えき》、脂《し》肪液《ばうえき》となり、火藥《くわやく》となつて戰場《せんぢやう》に出《で》る。もちろん石鹼《せきけん》や人造《じんざう》バターにもなるが、いわしが火藥《くわやく》になつて聖戰《せいせん》に重大《ぢうだい》な役《やく》割《わり》をしてゐるところに朝鮮水產《てうせんすゐさん》も鼻《はな》が高《たか》いわけである。

いつたい朝鮮《てうせん》は海岸線《かいがんせん》が屈曲《くつきよく》に富《と》んで長《なが》いためと寒暖流《かんだんりう》に恵

朝鮮讀本

まれてゐるために水産天恵《すゐさんてんけい》は豐《ほう》富《ふ》である。海岸地《かいがんち》勢《せい》、海況《かいきやう》等の關係《くわんけい》で東西南海岸《とうざいなんかいがん》で水族分布《すゐぞくぶんぷ》は異《こと》るが、主《おも》なものは、

◇東海岸《とうかいがん》　まいわし、めんたい、にしん、たら、ぶり、さば、ふか、はたはた、さけ、ます、わかさぎ、あぶらめ、いか、かれい、ひらめ、くじら、ほたて貝《がひ》、ほつき貝《がひ》、だらばがに、けがに、わびなまこ、わかめ、てんぐさ、こんぶ、ずわいがに

◇西海岸《せいかいがん》　ぐち、えび、ひら、さわら、にべ、あじ、かながしら、えい、まて、あさり、なまこ、たちうを、しらうを、ひらめ、ばんじい、あみ、ぼら、

◇南海岸《なんかいがん》　かたくちいわし、まいわし、さば、あじ、さわら、たい、たら、たちうを、はも、あなご、あんこう、ぼら、あわび、さざえ、いがい、かき、のり、ふのり、かじめ

　この中《うち》鰮《いわし》につぐ花形《はながた》は海苔《のり》である。海苔《のり》は主《しゆ》として全羅南道《ぜんらなんだう》からで年産《ねんさん》四百五十萬圓《まんゑん》を突破《とつぱ》する盛況《せいきやう》である。淺草海苔《あさくさのり》を市《し》場《ぢやう》から驅逐《くちく》する將來《しやうらい》も考《かんが》へられぬことはあるまい。

内鮮一體

『内鮮一體《ないせんいつたい》』は朝鮮統治《てうせんとうぢ》の大眼《だいがん》目《もく》である。半島同胞《はんたうどうはう》をして一視《し》同仁《どうじん》の聖旨《せいし》に基《もと》き宏大無邊《くわうだいむへん》なる皇澤《くわうたく》に浴《よく》せしめて名實共《めいじつとも》に完全《くわんぜん》なる皇國臣民《くわうこくしんみん》たらしめ内鮮間寸《ないせんかんすん》毫《がう》の間隙《かんげき》なからしめ以《もつ》て帝國《ていこく》の大陸經營《たいりくけいえい》の兵站基地《へいたんきち》たるの使命《しめい》を全《まつた》ふするとゝもに進《すゝ》んで八紘《くわう》一宇《う》の肇國《てうこく》の大精神《だいせいしん》を顯現《けんげん》するは實《じつ》に朝鮮統治《てうせんとうぢ》の根本《こんぽん》であるのである。歴代總督《れきだいそうとく》はみなこゝに心《こゝろ》を致《いた》し施措方策《しそはうさく》を樹《た》てたが、殊《こと》に南總督《みなみそうとく》はこれが強化徹底《きやうくわてつてい》を畢生《ひつせい》の大業《だいげふ》とし、從《したが》つて物心兩《ぶつしんりやう》方面《はうめん》の施策《しさく》は悉《こと〴〵》くこれを本旨《ほんし》とし、こゝに出《で》てゐる。

　志願兵制度實施《しぐわんへいせいどじつし》、教育令改正《けういくれいかいせい》の如《ごと》き劃期的大業《くわくきてきたいげふ》はいふまでもなく、扶余神社創建《ふよじんじやさうけん》は大和朝《やまとてう》と百濟《くだら》との内鮮一體《ないせんいつたい》の史《し》的闡明《てきせんめい》であり血縁交流《けつえんかうりう》の認識《にんしき》の道場《だうぢやう》たらしめたものであり、護國神社創《ごこくじんじやさう》建《けん》は殉忠英靈《じゆんちうえいれい》を神《かみ》と祀《まつ》り國民思《こくみんし》想昂揚《さうかうやう》の大本《だいほん》たらしめたものである。また皇國臣民《くわうこくしんみん》の誓詞《せいし》は内《ない》鮮《せん》一體《たい》の大理想《だいりさう》に邁進《まいしん》する半島《はんたう》の皇國臣民《くわうこくしんみん》の合言葉《あひことば》として昭和《せうわ》十二年《ねん》十月制定《せいてい》されたものである。今《いま》や皇國半島《くわうこくはんたう》二千三百萬民《まんみん》衆《しう》でこの皇國臣民《くわうこくしんみん》の誓詞《せいし》を暗《そら》んじ誦《しよう》せないものは少《すくな》い。朝曉山《てうげうざん》村《そん》の森《もり》かげの小學校庭《せうがくかうてい》から

一　私共《わたくしども》ハ大日本帝國《だいにつぽんていこく》ノ臣民《しんみん》デアリマス

二　私共《わたくしども》ハ心《こゝろ》ヲ合《あは》セテ天皇陛下《てんのうへいか》ニ忠義《ちうぎ》ヲ盡《つく》シマス

三　私共《わたくしども》ハ忍苦鍛錬《にんくたんれん》シテ立派《りつぱ》ナ強《つよ》イ國民《こくみん》トナリマス

と逞《たく》ましく力強《ちからづよ》く朗々《らう〳〵》と響《ひゞ》ひて來《く》るその齊唱《せいしやう》を聞《き》くとき、そこに大理想《だいりさう》の着々《ちやく〳〵》たる實現《じつげん》を見《み》ることが出來《でき》る。また勤勞報國隊《きんらうはうこくたい》の作業開始前《さげふかいしぜん》、整列《せいれつ》して宮城遙《きうじやうえう》拜《はい》を行《おこな》つた青年《せいねん》たちの嚴肅《げんしゆく》な口《くち》を突《つ》いて唱《しやう》する皇國臣民《くわうこくしんみん》の誓詞《せいし》

一　我等《われら》ハ皇國臣民《くわうこくしんみん》ナリ忠誠《ちうせい》以《もつ》テ君國《くんこく》ニ報《はう》ゼン

二　我等《われら》皇國臣民《くわうこくしんみん》ハ互《たがひ》ニ信愛協《しんあいけふ》力《りよく》シ以《もつ》テ團結《だんけつ》ヲ固《かた》クセン

三　我等《われら》皇國臣民《くわうこくしんみん》ハ忍苦鍛錬力《にんくたんれんりよく》ヲ養《やしな》ヒ以《もつ》テ皇道《くわうだう》ヲ宣揚《せんやう》セン

と蒼空《あをぞら》を破《やぶ》る氣魄《きはく》を感《かん》ずるとき、こゝに大陸前進基地《たいりくぜんしんきち》としての響

石《せき》の頼もしさを見《み》ることが出來《でき》る。

昭和《せうわ》十四年《ねん》の新春《しんしゆん》、忠清北道《ちうせいほくだう》清州在《せいしうざい》の李元夏翁《りげんかおう》といふ七十二歳《さい》の老人《らうじん》は、死期《しき》せまると知《し》り家人《かじん》の熟睡《じゆくすゐ》をうかゞつて病床《びやうしやう》を抜《ぬ》け出《だ》し國旗掲揚塔《こくきけいやうたふ》の下《した》まで喘《あへ》ぎたどりついて、東方《とうはう》をふし拜《をが》み、安心大往生《あんしんだいわうじやう》をとげた。國旗《こくき》の下《もと》に我《われ》死《し》なんの氣魄《きはく》は、この老翁《らうおう》が身《み》を以《もつ》て見《み》せた如《ごと》く、けふの朝鮮《てうせん》に怒濤《どたう》のやうに生《うま》れ高《たか》まりつゝある。

志願兵

けふの愛國半島《あいこくはんたう》の至情《しじやう》の表象《へうしやう》は陸軍特別志願兵《りくぐんとくべつしぐわんへい》にある。陸軍《りくぐん》特別志願兵制度《とくべつしぐわんへいせいど》は昭和《せうわ》十三年《ねん》二月《ぐわつ》二十三日勅令《ちよくれい》を以《もつ》て『陸軍特《りくぐんとく》別志願兵令《べつしぐわんへいれい》』として公布《こうふ》、同《どう》四月《ぐわつ》三日神武天皇祭《じんむてんのうさい》の佳日《かじつ》に施行《しかう》せられ、朝鮮人《てうせんじん》も大君《おほきみ》のみたてとして光榮《くわうえい》ある國防《こくばう》の義務《ぎむ》を分擔《ぶんたん》し得《う》ることゝしたものである。同令第一條第一項《どうれいだいいちでうだいいちかう》には『戸《こ》籍法《せきはふ》の適用《てきよう》を受《う》けざる年齢《ねんれい》十七年以上《ねんいじやう》の帝國臣民《ていこくしんみん》たる男子《だんし》にして陸軍兵役《りくぐんへいえき》に服《ふく》するものは陸軍《りくぐん》大臣《だいじん》の定《さだ》むるところにより詮衡《せんかう》の上《うへ》これを現役又《げんえきまた》は第《だい》一補充兵《ほじゆうへい》に編入《へんにふ》することを得《う》』とある。『戸籍法《こせきはふ》の適用《てきよう》を受《う》けざる帝國《ていこく》臣民《しんみん》』とは朝鮮人《てうせんじん》のみならず臺《たい》灣本島人《わんほんたうじん》その他《た》をも含《ふく》むのであるが、愛國半島《あいこくはんたう》の實情《じつじやう》に鑑《かんが》み、朝鮮人《てうせんじん》にのみ適用《てきよう》することゝなつたものである。第一條第二項《だいいちでうだいにかう》には『前規定《ぜんきてい》により現役又《げんえきまた》は第《だい》一補充役《ほじゆうえき》に補充《ほじゆう》せられるものゝ兵役《へいえき》に關《くわん》しては陸軍大臣《りくぐんだいじん》の特《とく》に定《さだ》むるところにより現役兵又《げんえきへいまた》は第《だい》一補充兵《ほじゆうへい》として徴集《ちようしふ》せられたものゝ兵役《へいえき》に同《おな》じ』とあつて、本制度《ほんせいど》が完全《くわんぜん》な兵役法《へいえきはふ》の適用《てきよう》ではないとはいへ、志願《しぐわん》により一旦《たん》兵役《へいえき》の榮譽《えいよ》を擔《にな》つた後《のち》においては、その身分《みぶん》の取扱《とりあつかひ》及《およ》び服務《ふくむ》に關《くわん》しては一般徴兵《いつぱんちようへい》によるものと全然差別《ぜんぜんさべつ》なく下士官《かしくわん》或《あるひ》は將校《しやうかう》に進《すゝ》む道《みち》は拓《ひら》けてゐるのである。志願者《しぐわんしや》は本籍地所轄警察署長《ほんせきちしよかつけいさつしよちやう》の手《て》を經《へ》て本籍地所轄道知事《ほんせきちしよかつだうちじ》の行《おこな》ふ詮衡試驗《せんかうしけん》をうけて推薦《すゐせん》を得《え》、それから身體檢査《しんたいけんさ》、口頭試問《こうとうしもん》、學科試驗《がくくわしけん》小學校卒業程度《せうがくかうそつげふていど》を受《う》ける。合格者《がふかくしや》は京畿道揚州郡《けいきだうやうしうぐん》蘆海面孔德里《ろかいめんこうとくり》にある陸軍特別志願兵訓練所《りくぐんとくべつしぐわんへいくんれんじよ》に入所《にふしよ》、訓育《くんいく》、普通學科《ふつうがくくわ》、術科《じゆつくわ》の三項《かう》につき六ケ月《げつ》の訓練《くんれん》を受《う》ける。訓練所《くんれんじよ》は前期後期《ぜんきこうき》に分《わか》れ、前期《ぜんき》は毎年《まいねん》六月入所《ぐわつにふしよ》、後期《こうき》は十二月《ぐわつ》に入所《にふしよ》し前期《ぜんき》訓練修了者《くんれんしうれうしや》は歩兵隊《ほへいたい》に、後期訓《こうきくん》練修了者《れんしうれうしや》は特科隊《とくくわたい》にそれぞれ編入《へんにふ》されることになつてゐる。第《だい》一回入所生《かいにふしよせい》として朝鮮總督府《てうせんそうとくふ》では昭和《せうわ》十三年度入所生約《ねんどにふしよせいやく》四百名《めい》の募集《ぼしふ》を行《おこな》つたところその應募《おうぼ》者《しや》は實《じつ》に三千五百人《にん》の多《おほ》きに達《たつ》した。更《さら》に十四年度《ねんど》では驚《おどろ》く勿《なか》れ一萬《まん》二千餘人《よにん》と飛躍《ひやく》、この勢《いきほひ》は今後《こんご》さらに累増《るゐぞう》の勢《いきほひ》を示《しめ》してゐる。昭和《せうわ》六年《ねん》の滿洲事《まんしうじ》變勃發《へんぼつぱつ》の更《さら》に支那事變《しなじへん》の勃發《ぼつぱつ》を機《き》として飛躍的《ひやくてき》に高揚《かうやう》した朝鮮《てうせん》人《じん》の愛國心《あいこくしん》はこゝに凝《こ》つて具現《ぐげん》されるもので詮衡試驗應募《せんかうしけんおうぼ》や訓《くん》練所入所《れんじよにふしよ》に當《あた》つて、息子《むすこ》の天晴《あつぱれ》皇國軍人《くわうこくぐんじん》たらむことを祈《いの》つて祈《き》願水垢離《ぐわんみづごり》をとつた老母《らうぼ》の話《はなし》や、全部落民總出《ぜんぶらくみんそうで》で歡呼《くわんこ》の聲《こゑ》を以《もつ》て門出《かどで》を祝《いは》つたりした美談《びだん》は數限《かずかぎ》りなく生《うま》れたのであつた。既《すで》に志願兵中《しぐわんへいちう》には干戈《かんくわ》をとつて前線《ぜんせん》

朝鮮讀本

朝鮮讀本

に戰《たゝか》つてゐるものもあるが天晴《あつぱ》れ武勳《ぶくん》を樹《た》てゝ護國《ごこく》の華《はな》と散華《さんげ》した最初《さいしよ》の戰死者《せんししや》忠北沃川郡出身《ちうほくよくせんぐんしゆつしん》の李仁錫《りじんしやく》上等兵《じやうとうへい》に對《たい》しては、全鮮各道《ぜんせんかくだう》から慰靈弔魂《ゐれいてうこん》の赤心《せきしん》は嵐《あらし》の如《ごと》く起《おこ》つたことだつた。

教育

昔《むかし》の朝鮮《てうせん》の教育《けういく》は民衆《みんしう》の間《あひだ》には書堂《しよだう》といふものがあるだけで殆《ほとん》ど貴族《きぞく》の專有《せんいう》だつた。その上《うへ》教育《けういく》の主眼《しゆがん》は儒教《じゆけう》の教義《けうぎ》に基《もと》づく人格陶冶《じんかくたうや》で教養《けうやう》が出來《でき》れば出來《でき》るほど實生活《じつせいくわつ》から離《はな》れ勤勞《きんらう》を厭《いと》ふといふ風《ふう》であつた。これにはじめて近代教育《きんだいけういく》の光《ひかり》を注《そゝ》いだのは明治《めいぢ》二十八年韓國政府《ねんかんこくせいふ》の企《くはだ》てた近代學校教育制度輸入《きんだいがくかうけういくせいどゆにふ》である

しかしこれは當時《たうじ》の實情《じつじやう》に副《そ》はない上《うへ》に形式《けいしき》に墮《だ》した點《てん》が多《おほ》いため實效《じつかう》を擧《あ》げなかつた。近代的教育《きんだいてきけういく》に、眞《しん》に魂《たましひ》と形《かたち》を與《あた》へたのは明治《めいぢ》四十四年《ねん》の朝鮮教育令《てうせんけういくれい》であつた。魂《たましひ》とは教育《けういく》に關《くわん》する勅語《ちよくご》に基《もと》き忠良《ちうりやう》な皇國臣民《くわうこくしんみん》を育成《いくせい》することであり、形《かたち》とは普通教育《ふつうけういく》、實業教育《じつげふけういく》、專門教育《せんもんけういく》の組織《そしき》である。

大正《たいしやう》八年總督府《ねんそうとくふ》は時勢《じせい》の進運《しんうん》に即應《そくおう》して諸文化施設《しよぶんくわしせつ》を擴充《くわくじう》殊《こと》に教育《けういく》において更《さら》に一巨歩《いちきよほ》を進《すゝ》めて大正《たいしやう》十一年《ねん》教育令《けういくれい》を發布《はつぷ》した。これは韓國併合《かんこくへいがふ》の聖旨《せいし》を體《たい》現《げん》し一視同仁《いつしどうじん》の惠澤《けいたく》を更《さら》にあまねからしめんとする精神《せいしん》にしたがひ、朝鮮人教養《てうせんじんけうやう》の向上《かうじやう》をはかり、殊《こと》に内鮮人間《ないせんじんかん》における教育《けういく》の差別《さべつ》を徹廢《てつぱい》することを根本方針《こんぽんはうしん》とした。施設《しせつ》は初等教育《しよとうけういく》から大學教育《だいがくけういく》まで備《そな》はらざるところはなくなり、程度《ていど》は内地《ないち》と朝鮮《てうせん》と全《まつた》く同《どう》一の水準《すゐじゆん》になるまで引上《ひきあ》げられた。たゞ普通教育《ふつうけういく》において風俗習慣《ふうぞくしふくわん》の相違《さうゐ》や民度《みんど》の懸《けん》隔等《かくとう》のため、朝鮮人《てうせんじん》は主《しゆ》として普通學校《ふつうがくかう》、高等普通學校《かうとうふつうがくかう》、女子《ぢよし》高等普通學校《かうとうふつうがくかう》に學《まな》び、内地人《ないちじん》は主《しゆ》として小學校《せうがくかう》、中學校《ちうがくかう》、女學校《ぢよがくかう》に學《まな》ぶことゝなつてゐた。

しかし爾來《じらい》半島《はんたう》の文化的躍進《ぶんくわてきやくしん》は驚異的《きやういてき》であり、皇國臣民育成《くわうこくしんみんいくせい》に關《くわん》しても内鮮區別《ないせんくべつ》の徹底的排除《てつていてきはいじよ》が要求《えうきう》されるまでに至《いた》つてゐたので、教學《けうがく》の大刷新《だいさつしん》を行《おこな》ひ、國體明徴《こくたいめいちよう》、内鮮一體《ないせんいつたい》、忍苦鍛錬《にんくたんれん》の三大綱領《さんだいかうりやう》の下《もと》に眞《しん》に國家《こくか》を背《せ》負《お》ふて立《た》つに足《た》る皇國臣民育成《くわうこくしんみんいくせい》に邁進《まいしん》することになり昭和《せうわ》十三年《ねん》四月《ぐわつ》一日《にち》から改正朝鮮教育令《かいせいてうせんけういくれい》を實施《じつし》した。

現在《げんざい》全鮮小學校《ぜんせんせうがくかう》は官公立《くわんこうりつ》三一二〇校《かう》、私立《しりつ》一〇〇校《かう》ある。明治《めいぢ》四十五年《ねん》の小學校《せうがくかう》一八〇校《かう》、普通學校《ふつうがくかう》三六五校《かう》に比《くら》ぶればこれをこそ隔世《かくせい》の感《かん》といふべきだらう。この兒童數《じどうすう》は約《やく》百十五萬《まん》もしこれに簡易學校《かんいがくかう》を入《い》れれば二百萬《まん》にも垂《なん》んとする。簡易學校《かんいがくかう》とは農山漁村民《のうさんぎよそんみん》の實情《じつじやう》に應《おう》じ簡易《かんい》な初等教育《しよとうけういく》を授《さづ》くるために設《まう》けられたもので、その修業年限《しうげふねんげん》は二年《ねん》となつてゐる、現在學校數《げんざいがくかうすう》は一一四五校《かう》を算《さん》してゐる。中學校《ちうがくかう》、女學校《ぢよがくかう》、實業學校《じつげふがくかう》師範學校等《しはんがくかうとう》の制度《せいど》いづれも内地《ないち》と大差《たいさ》ない。大學《だいがく》は大正《たいしやう》十五年《ねん》京城《けいじやう》に設立《せつりつ》せられ法文學《はふぶんがく》及《およ》び醫學《いがく》の兩部《りやうぶ》を有《いう》する官立綜合大學《くわんりつそうがふだいがく》である。昭和《せうわ》十六年《ねん》からは更《さら》に理工學部《りこうがくぶ》が新設《しんせつ》せらるゝことになつてゐる。

妓生

東郷青児

數度《すうど》の朝鮮旅行《てうせんりよかう》で妓生《キーサン》の馴染《なじみ》も大分《だいぶ》出來《でき》たが、我々《われわれ》のやうな旅行者《りよかうしや》の前《まへ》に出《で》て來《く》る妓生《キーサン》は、美《うつく》しい一方《はう》の內地人《ないちじん》向《む》き賣《う》れつ子《こ》らしく、朝鮮《てうせん》の人《ひと》だけの席《せき》には、もつと朝鮮的《てうせんてき》な妓生《キーサン》がゐて、一種《しゆ》の見識《けんしき》を持《も》ち、如何《いか》にも名妓《めいぎ》らしい風格《ふうかく》を具《そな》えてゐるのを知《し》つた。私《わたし》の席《せき》に來《き》た都月仙《とげつせん》や薛明姬《へつめいき》や柳錦桃《りうきんたう》その他《た》は實《じつ》に華《はな》やかで、東京《とうきやう》あたりの遊《あそ》びと大差《たいさ》ない明朗《めいらう》さを釀《かも》し出《だ》すとに馴《な》れてゐるが、一度《ど》、廊下越《らうかこ》しの部屋《へや》に呼《よ》び込《こ》まれて、知合《しりあ》ひの朝鮮人《てうせんじん》だけの宴席《えんせき》に一座《ざ》したとがあつたが、その席《せき》に來《き》てゐた妓生《キーサン》は、普段私《ふだんわたし》が見馴《みな》れてゐる妓生《キーサン》とは全然別種《ぜんぜんべつしゆ》のもので、頰紅《ほゝべに》も眉墨《まゆずみ》もひかず、生肌《きはだ》のままの美《うつく》しさで水《みづ》のやうに冷《つめ》たく透《す》み切《き》つてゐた。私《わたし》はその妓生《キーサン》が伽耶琴《かやきん》を彈《ひ》き表情《へうじやう》をひきしめて唄《うた》ふ南道《なんだう》の唄《うた》にほんとの朝鮮《てうせん》を感《かん》じたように思《おも》ひ、頭《あたま》を下《さ》げて聽《き》き惚《ほ》れたのである。

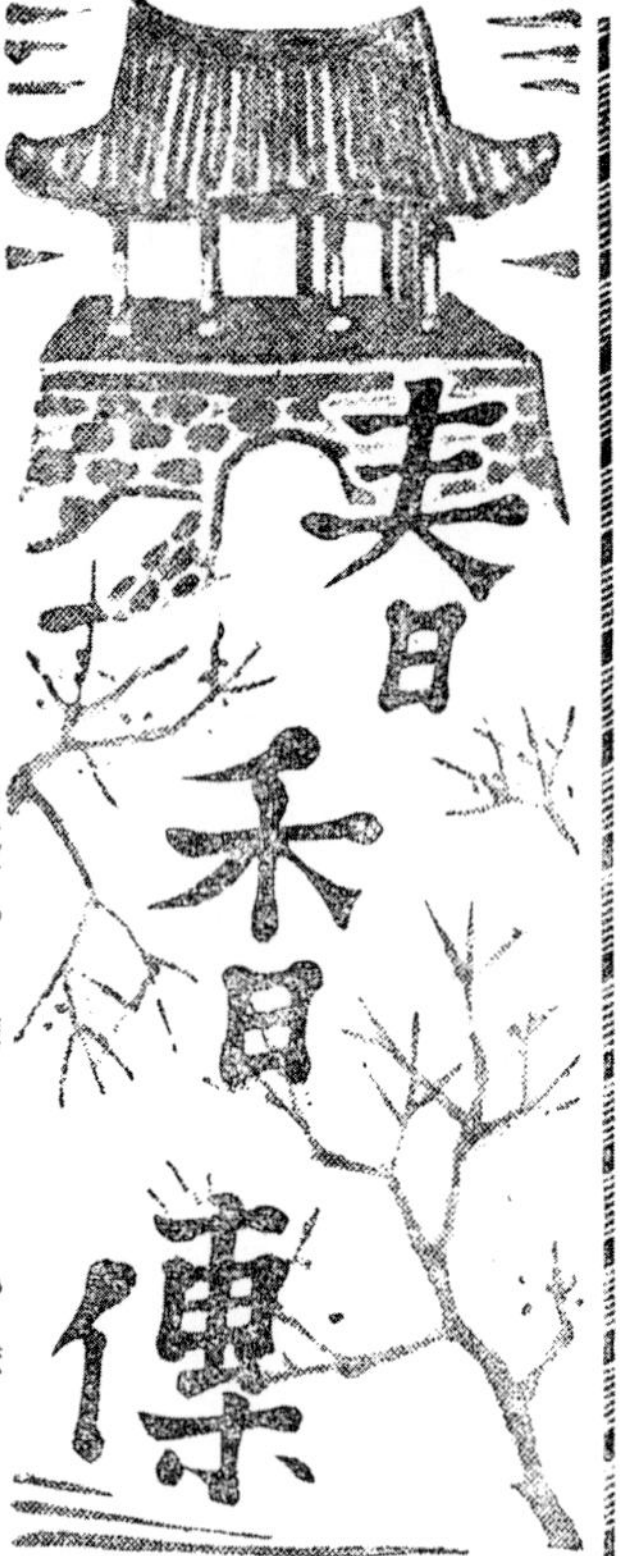

（一）廣寒樓《かうかんろう》の半日《はんにち》

京城《けいじやう》三清洞《せいどう》に李《り》翰林《かんりん》といふ名門《めいもん》が有《あ》つた。當時《たうじ》、南原郡《なんげんぐん》の府使《ふし》であつたが、その子《こ》夢龍《むりう》は、十六歳《さい》の若冠《じやくくわん》にも拘《かゝは》らず、諸藝《しよげい》に秀《ひい》でゝ殊《こと》に天性《てんせい》の美貌《びばう》は婦女子《ふぢよし》にも見《み》まほしき程《ほど》であつた。明《あ》け暮《く》れの勉學《べんがく》に疲《つか》れを覺《おぼ》えた夢龍《むりう》は近邊《きんぺん》の名所《めいしよ》絶景《ぜつけい》を訪《おとづ》れやうと、案內《あんない》の房子《はんちや》（郡廳使《ぐんちやうのつかひ》）を伴《ともな》ひ、絶景《ぜつけい》廣寒樓《くわんかんろう》に出掛《でか》けた。

房子《はんちや》を相手《あひて》に酒《さけ》を汲《く》み交《かは》す程《ほど》に青春《せいしゆん》の血《ち》は躍《をど》り、いよ〳〵上氣嫌《じやうきげん》になつた夢龍《むりう》が、不圖《ふと》見《み》やつた彼方《かなた》に、天女《てんによ》とも見《み》まがふ少女《せうぢよ》が、鞦韆《ふらんこ》に乘《の》つて戯《たはむ》れてゐるのが眼《め》に入《はい》つた。

たつた一眼《ひとめ》見《み》た丈《だけ》で、夢龍《むりう》の心《こゝろ》は有頂天《うちやうてん》になつて了《しま》ひ、房子《はんちや》にその少女《せうぢよ》を樓《ろう》まで連《つ》れて來《く》るようにと言《い》ひつけた。房子《はんちや》は、此《こ》の美少女《びせうぢよ》は妓生《きいさん》ではないから、從《したが》はないだらうとは思《おも》つたものゝ、その旨《むね》を傳《つた》へると、果《はた》してその申出《まをしいで》を拒《こば》み、更《さら》に

『雁《がん》は海《うみ》に隨《したが》ひ、蝶《てふ》は花《はな》を便《たよ》り、蟹《かに》は穴《あな》に隨《したが》ふとお傳《つた》へ下《くだ》さい。』

とつけ加《くは》へた。馬鹿《ばか》にされたとばかり信《しん》じ切《き》つた房子《はんちや》が、夢龍《むりう》に事《こと》の由《よし》を告《つ》げると、

『成《な》る程《ほど》、解《わか》つた。見上《みあ》げたものである。』

と、そのまゝ房子《はんちや》を伴《ともな》つて歸宅《きたく》した。

（二）美男佳人《びなんかじん》と契《ちぎ》る

歸宅《きたく》した夢龍《むりう》は、喜《よろこ》びに震《ふる》へる胸《むね》を鎮《しづ》めて机《つくゑ》に向《むか》つたが瞼《まぶた》に映《うつ》るのは彼《か》の美女《びぢよ》の幻《まぼろし》ばかり、父《ちゝ》にその擧動《きよどう》を怪《あや》しまれる程《ほど》だつた。

矢《や》も楯《たて》もたまらなくなつた夢龍《むりう》は、夕食《ゆふしよく》もそこ〳〵房子《はんちや》を伴《ともな》ひ、足《あし》は空飛《そらと》ぶ心地《こゝち》で美少女《びせうぢよ》の許《もと》を訪《おとづ》れた。美少女《びせうぢよ》の名《な》は春香《しゆんかう》と言《い》つた。母《はゝ》は月梅《げつばい》と言《い》ひ、元妓生《もときいさん》をしてゐた頃《ころ》、京城《けいじやう》の成參判《せいさんはん》（次官《じくわん》）と契《ちぎ》り、その間《あひだ》に春香《しゆんかう》を設《まう》けたのであつたが、夫《をつと》の死後《しご》父無《ちゝな》き春香《しゆんかう》を生命《いのち》とも希望《きばう》とも頼《たの》み、諸藝萬端《しよげいばんたん》を授《さづ》けて立派《りつぱ》な女《をんな》に敎育《けういく》し、十六歳《さい》になつた今《いま》は、よい婿《むこ》がねもがなと願《ねが》つてゐたところだつた。

『春香《しゆんかう》や、私《わたし》は今《いま》お前《まへ》が龍《りう》に取《と》り巻《ま》かれて大空《おほぞら》を行《ゆ》く夢《ゆめ》を見《み》たのだよ。きつと近《ちか》い中《うち》に良緣《りやうえん》が有《あ》る知《し》らせだと思《おも》ふね。』

と、娘《むすめ》の美《うつく》しい顏《かほ》を覗《のぞ》き込《こ》んだ時《とき》、門《もん》をホト〳〵と叩《たゝ》く者《もの》が有《あ》つた。それは夢龍《むりう》だつた。夢龍《むりう》は單刀直入《たんたうちよくにふ》に結婚《けつこん》を申《まを》し込《こ》んだ。月《げつ》

梅《はい》は愛《かな》しき娘《むすめ》が一時《じ》の慰《なぐさ》み者《もの》や妾《めかけ》になるのではと斷《ことわ》つたが、夢龍《むりう》が春香《しゆんかう》を正妻《せいさい》に迎《むか》へると知《し》り、此《こ》の降《ふ》つて湧《わ》いたやうな良緣《りやうえん》に即刻《そくこく》承諾《しようだく》を與《あた》へ、酒肴《しゆかう》を整《ととの》へてもてなした。

夢龍《むりう》は、婚書禮狀《こんしよれいじやう》の代《かは》りに、墨痕《ぼくこん》美《うるは》しく

「天長地久《てんちやうちきう》、水《みづ》は涸《か》れ石《いし》は磨《ま》するとも、二人《ふたり》の緣《えん》は切《き》るべからず。天地神明《てんちしんめい》よ、此《こ》の盟《めい》を證《しよう》せよ。」

と認《したゝ》め月梅《げつばい》に渡《わた》し、朝日《あさひ》に匂《にほ》ふ秋海棠《しうかいどう》か、露《つゆ》を含《ふく》んだ芙蓉《ふよう》の花《はな》の如《ごと》く恥《はぢ》らふ春香《しゆんかう》を伴《ともな》ひ二人《ふたり》の爲《ため》にしつらへられた寢室《しんしつ》へと入《はひ》つた。かくして世《よ》にも稀《まれ》なる美男《びなん》と佳人《かじん》は契《ちぎ》られた

（三）相思《さうし》の別《わか》れ

日毎《ひごと》に春香《しゆんかう》を訪《と》ひ、想《おも》ひ想《おも》はれる夢龍《むりう》は全《まつた》く幸福《かうふく》だつた。だが、好事魔《かうずま》多《おほ》しの例《れい》に洩《も》れず、夢龍《むりう》、春香《しゆんかう》の上《うへ》にも不幸《ふかう》の魔手《ましゆ》はさしのべられた。それは、他《ほか》でもない。夢龍《むりう》の父《ちゝ》翰《かん》林《りん》が治績良好《ちせきりやうかう》の爲《ため》、同副承旨《どうふくしようし》となり、京城《けいじやう》へ榮轉《えいてん》する事《こと》になつたのだつた。若冠《じやくくわん》の身《み》、殊《こと》に文科試驗《ぶんくわしけん》も未《ま》だ通《とほ》らぬ身《み》故《のゆゑ》、父母《ふぼ》に春香《しゆんかう》との事《こと》を話《はな》せば拒絶《きよぜつ》される許《ばか》りなので、暫《しば》しの間別《あひだわか》れて欲《ほ》しいと春香《しゆんかう》を說《と》き伏《ふ》せに行《ゆ》くと、

『では、私《わたし》を妻《つま》にと仰《おほ》せだつたのは嘘《うそ》でしたね。私《わたし》は今夜《こんや》の五更《かう》に必《かなら》ず死《し》にます。』

と、身《み》も世《よ》もなく泣《な》き伏《ふ》し、月梅《げつばい》は又《また》、

『人《ひと》の娘《むすめ》をおもちやにして。春香《しゆんかう》お前《まへ》は死《し》んでおしまひ。』

と怒《いか》り悲《かな》しんだ。夢龍《むりう》は、成人《せいじん》し任官《にんくわん》した曉《あかつき》には必《かなら》ず正妻《せいさい》として迎《むか》へる事《こと》を約束《やくそく》し、やつと氣《き》を鎭《しづ》めた春香母子《しゆんかうおやこ》に別《わか》れを告《つ》げた。

夢龍《むりう》は變《かは》らぬ男心《をとこごゝろ》の印《しるし》として鏡《かゞみ》を春香《しゆんかう》に手《て》渡《わた》し、春香《しゆんかう》は變《かは》らぬ貞操《ていさう》の印《しるし》として指輪《ゆびわ》を拔《ぬ》き取《と》り、夢龍《むりう》に手渡《てわた》し、盡《つ》きぬ名殘《なごり》を惜《を》しみつゝも、京城《けいじやう》へと出發《しゆつぱつ》した。

（四）新任府使《しんにんふし》の非望《ひばう》

夢龍《むりう》の父《ちゝ》は、春香《しゆんかう》と伜《せがれ》との仲《なか》を知《し》り、春香《しゆんかう》を呼《よ》び寄《よ》せてとは思《おも》つたが、伜《せがれ》の修業《しうげふ》の邪魔《じやま》になるのを恐《おそ》れて、文科及第《ぶんくわきふだい》まで此《こ》の計畫《けいくわく》を延《の》ばす事《こと》にし、秘《ひそ》かに白米《はくまい》、衣類《いるゐ》などを送《おく》つて春香母子《しゆんかうおやこ》を慰《なぐさ》めた。

夢龍《むりう》の父《ちゝ》の後任《こうにん》に、卞學道《がくだう》といふ新任《しんにん》の兩班《やんばん》がやつて來《き》た。なかなかの手腕家《しゆわんか》だつたが酒色《しゆしよく》の道《みち》にかけては、手《て》がつけられなかつた南原郡《なんげんぐん》に美人《びじん》が多《おほ》いと聞《き》いては垂涎萬丈《すゐえんばんぢやう》、妓生點呼《きんてんこ》に事寄《ことよ》せて、かねてから美人《びじん》の譽《ほま》れ高《たか》い春香《しゆんかう》を呼《よ》び出《だ》さうと計《はか》つた。だが、夢龍《むりう》と別《わか》れてからは、紅白粉《べにおしろい》を遠《とほ》ざけ、外出《ぐわいしゆつ》もしないで家《うち》に許《ばか》り引《ひ》き籠《こも》つてゐる春香《しゆんかう》だつた。

『私《わたし》は妓生《きいさん》ではありません。殊《こと》に只今《たゞいま》は病氣《びやうき》なのですから。』

と、一の使《つか》ひも、二の使《つか》ひも追《お》ひ返《かへ》してしまつた。三度目《どめ》に強制的《きやうせいてき》につかはされた使《つかひ》に引《ひ》きたてられ、化粧《けしやう》もせず、着換《きか》へもせず出頭《しゆつとう》したのだつた。聞《き》きしに勝《まさ》る美《うつく》しい春香《しゆんかう》を見《み》た卞學道《がくだう》は戀《こひ》の虜《とりこ》となり、

『夢龍《むりう》に先《さき》んじられたのは殘念《ざんねん》だが、今《いま》からでも遲《おそ》くはない。余《よ》の妾《めかけ》になれ。』と詰《なじ》つた。

『私《わたし》には約束《やくそく》を交《かは》した夫《をつと》夢龍《むりう》が居《ゐ》ます。二夫《ふ》に見《まみ》える心《こゝろ》は毛筋程《けすぢほど》も持《も》つて居《を》りません。』

春香《しゆんかう》は頑《ぐわん》として聞《き》かなかつた。

『ウヌ。さても強情《がうじやう》な女奴《をんなめ》。汝《なんぢ》の罪《つみ》は死《し》に價《あたひ》

ひするぞ！　笞《しもと》で打《う》て！』

と、無残《むざん》にも春香《しゆんかう》が氣絶《きぜつ》する迄《まで》笞打《むちう》たせ、投獄《とうごく》した。春香《しゆんかう》は泣《な》き悲《かな》しむ母《はゝ》を力《ちから》づけ、忠勤《ちうきん》の下女《げぢよ》香丹《かうたん》に母《はゝ》の世話《せわ》を頼《たの》み、總《す》べてを覺悟《かくご》して無體《むたい》な折檻《せつかん》に堪《た》へた。日毎《ひごと》に衰弱《すゐじやく》して行《ゆ》く春香《しゆんかう》に同情《どうじやう》した人達《ひとたち》の計《はか》ひで、或《あ》る日《ひ》春《しゆん》香《かう》は京城《けいじやう》に居《ゐ》る夢龍《むりう》に手紙《てがみ》を書《か》き、且《か》つては夢龍《むりう》と春香《しゆんかう》の間《あひだ》を結《むす》ぶよすがともなつた房子《はんちや》に托《たく》して京城《けいじやう》に發《た》たせた。

（五）夢龍《むりう》暗《あん》行《かう》御《ぎよ》史《し》となる

一方、夢龍《むりう》は文科試驗《ぶんくわしけん》に拔群《ばつぐん》の成績《せいせき》で及第《きふだい》し、直《たゞち》に副修撰《ふくしうせん》に任命《にんめい》された。

任官後《にんくわんご》二、三日《にち》すると、王《わう》に召《め》され、人民《じんみん》の疾苦《しつく》を一々洞察《どうさつ》させる爲《ため》に、各道《かくだう》に暗行御史《あんかうぎよし》をつかはす事《こと》になつたので、夢龍《むりう》は全羅道《ぜんらだう》へ暗行御史《あんかうぎよし》として出發《しゆつぱつ》するやうに命《めい》ぜられた此《こ》の輝《かゞやか》しき任命《にんめい》に胸躍かせながら、春香逢《しゆんかうあ》ひ度《た》さに、空飛《そらと》ぶ心地《こゝち》で發足《ほつそく》した。そこで夢《む》龍《りう》は見《み》すぼらしき乞食姿《こじきすがた》に身《み》をやつし、隱《かく》れたる善行《ぜんかう》、暴力《ばうりよく》を振《ふる》ふ官吏達《くわんりたち》を具《つぶ》さに調《しら》べつゝ道《みち》を急《いそ》いだ。

不圖《ふと》、行《ゆ》きづりに、見知《みし》り越《こ》しの房子《はんちや》が、急《いそ》いで京城《けいじやう》さして行《ゆ》くのに逢《あ》ひ、春香《しゆんかう》の手紙《てがみ》を見《み》て驚《おどろ》き、その貞節《ていせつ》の程《ほど》に愈《いよ》〻胸迫《むねせま》る想《おも》ひであつた。夢龍《むりう》は、房子《はんちや》に正體《しやうたい》を見破《みやぶ》られたので口止《くちど》めをする爲《ため》、房子《はんちや》を雲峰郡《うんぽうぐん》の府使《ふし》にあづけて、自分《じぶん》は夜《よ》を日《ひ》について旅《たび》をつゞけ春香《しゆんかう》の家《うち》まで辿《たど》りつくと、丁度《ちやうど》月梅《げつばい》が後園《こうゑん》に七星壇《せいだん》を設《まう》けて燒香《せうかう》し、夢龍《むりう》と春香《しゆんかう》の上《うへ》を一心《しん》に祈願《きぐわん》してゐるところだつた。

暗行御史《あんかうぎよし》たる事《こと》を隱《かく》してゐる、乞食姿《こじきすがた》の夢《む》龍《りう》を見《み》た月梅《げつばい》は嘆《なげ》き悲《かな》しんだが、夢龍《むりう》に頼《たの》まれて、春香《しゆんかう》の居《ゐ》る獄舍《ごくしや》へとつれて行《い》つた。息《いき》も絶《た》え〴〵の春香《しゆんかう》は翌日火刑《よくじつくわけい》にされるのを悲《かな》しみながらも、見《み》えぬ眼《め》で
『たとへ乞食《こじき》でも私《わたし》の夫《をつと》。死《し》ぬ前《まへ》一眼《ひとめ》お目《め》にかゝれて嬉《うれ》しい。』

と、夢龍《むりう》の手《て》を取《と》り、喜《よろこ》びに咽《むせ》んだ。

（六）奸人《かんじん》逐《お》はれ 貞女《ていぢよ》救《すく》はる

卞學道《がくだう》は、友達《ともだち》の誰彼《たれかれ》を招《まね》き、妓生《きいさん》を侍《はべ》らせ、春香《しゆんかう》死刑《しけい》を目前《もくぜん》に控《ひか》へて、酒宴《しゆえん》酣《たけなは》であつた。

さて、夢龍《むりう》は、づか〳〵と宴席《えんせき》に近《ちか》づき、酒《さけ》を飲《の》み、肴《さかな》を食《た》べ、わざと無禮《ぶれい》な振舞《ふるまひ》をして、卞學道《がくだう》を怒《おこ》らせる事《こと》に成功《せいこう》した。列席《れつせき》した面々《めん〳〵》は、此《こ》の無禮《ぶれい》の徒《と》に恥《はぢ》をかゝせて引込《ひつこ》ませようと詩《し》を作《つく》らせると夢龍《むりう》は墨痕《ぼくこん》鮮《あざや》かに

金樽美酒千人血　玉盤佳肴萬姓膏
燭淚落時民淚落　歌聲高處怨聲高

と、書《か》いて差《さ》し出《だ》したので、彼《かれ》が暗行御史《あんかうぎよし》なる事《こと》は忽《たちまち》にして知《し》れ、面々《めん〳〵》は上《うへ》を下《した》への大騷《おほさわ》ぎ、忽《たちま》ち離散《りさん》して了《しま》つた。

丁度《ちやうど》此《こ》の時《とき》、火刑《くわけい》に處《しよ》せられる筈《はず》の春香《しゆんかう》が引《ひ》き出《だ》された。夢龍《むりう》にせめて死骸《しがい》なりと片《かた》づけて貰《もら》ふのを力《ちから》に、刑場《けいぢやう》に引《ひ》き立《た》てられて行《ゆ》

くところだつた。

夢龍《りう》は、自分故《じぶんゆゑ》にかゝる苦難《くなん》に身《み》を苛《さいな》まれる春香《しゆんかう》を見《み》ては胸迫《むねせま》り卞學道《べんがくだう》への怒《いかり》は、愈《いよ》く燃《も》えるのだつた。だが、わざと作《つく》り聲《こゑ》で
『どうぢや、春香《しゆんかう》、此《こ》の御史《ぎよし》の妾《めかけ》にならぬか愛《め》でつかはすぞ！』

と言《い》へば、春香《しゆんかう》は視力《しりよく》も弱《よわ》り果《は》てゝ見《み》えぬ眼《まなこ》ながらキッと顔《かほ》を上《あ》げ、

『何《なに》をおつしやいます。私《わたし》は夢龍《むりう》の妻《つま》。妾《めかけ》などとは汚《けが》らはしい。早《はや》く御處刑《ごしよけい》願《ねが》ひます。』

と答《こた》へるのだつた。夢龍《むりう》も涙《なみだ》をハラ〳〵と落《おと》し、かつて春香《しゆんかう》が別《わか》れに望《のぞ》んで渡《わた》した指輪《ゆびわ》を握《にぎ》らせた。此《こ》の暗行御史《あんかうぎよし》が夢龍《むりう》と知《し》つて春《しゆん》香《かう》は只嬉《たゞうれ》しさに泣《な》く許《ばか》りだつた。

『私《わたし》は未《ま》だ暗行御史《あんかうぎよし》の務《つとめ》を果《はた》してない。そなたは家《うち》で養生《やうじやう》し、一日《にち》も早《はや》く京城《けいじやう》に行《い》つて、私《わたし》の歸《かへ》りを待《ま》つてゝお呉《く》れ。』

と、夢龍《むりう》は、優《やさ》しく言《い》ひ聞《き》かせた。折柄居《をりからゐ》合《あ》はせた、母《はゝ》の月梅《げつばい》、香丹《かうたん》、雲峰郡《うんぽうぐん》に拘禁《こうきん》されてゐた彼《か》の房子《ばんちやや》は、嬉《うれ》しさのあまり泣《な》き伏《ふ》すのであつた。

（畫・李　承　萬）

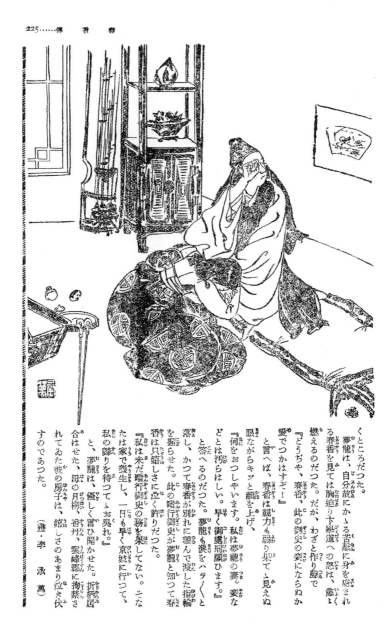

黄海道黄州郡桃花洞《くわうかいだうくわうしうぐんたうくわどう》といふ所《ところ》に沈鶴圭《ちんかくけい》といふ盲人《まうじん》があつた。鶴圭《かくけい》の先祖《せんぞ》は代々高官《だいだいかうくわん》に就《つ》き聞《きこ》えた名望家《めいばうか》であつたが、鶴圭《かくけい》の代《だい》となつて家運傾《かうんかたむ》き、彼《かれ》が二十歳《さい》の時盲《ときめくら》となつてからは、役《やく》からも離《はな》れ、生計《たつき》の苦《くる》しさが募《つの》るばかりであつた。その妻郭夫人《つまくわくふじん》は貞婦《ていふ》の譽高《ほまれたか》く、かうした不如意《ふにょい》な生活《せいくわつ》のやりくりも一人《ひとり》で切《き》り廻《まは》して不平一《ふへいひと》つ滾《こぼ》さなかつた。身《み》の廻《まは》りの世話《せわ》も行屆《ゆきとゞ》いてゐるし鶴圭《かくけい》は貧《まづ》しい中《なか》にも感謝《かんしや》の明暮《あけくれ》を送《おく》つてゐたが、唯一《たゞひと》つの望《のぞ》みは、四十を越《こ》した現在《げんざい》、子寶《こだから》に惠《めぐ》まれない事《こと》だつた。夫婦《ふうふ》は心《こゝろ》を協《あは》せて子《こ》を授《さづ》かるやう祈禱《きたう》を捧《さゝ》げた。その甲斐《かひ》あつてか、或晩《あるばん》の事《こと》、郭夫《くわくふ》人《じん》は夢《ゆめ》に西王母《せいわうぼ》の娘《むすめ》が懐《ふところ》に入《はひ》ると覺《おぼ》えて姙娠《にんしん》し、月滿《つきみ》ちて仙女《せんによ》の樣《やう》な女子《ぢよし》を產《う》み落《おと》した。夫婦《ふうふ》の喜《よろこ》びは譬《たと》へ樣《やう》もなく、娘《むすめ》の名《な》を淸《せい》と稱《しよう》し、掌中《しやうちう》の珠《たま》と慈《いつくし》み育《そだ》てた。所《ところ》がその喜《よろこ》びも束《つか》の間《ま》、郭夫人《くわくふじん》は產後《さんご》の肥立《ひだ》ち惡《わる》く、看護《かんご》の效《かう》も空《むな》しく、死《し》を待《ま》つのみとなつた。

郭夫人《くわくふじん》は今《いま》は生《い》き永《なが》らへぬ身《み》と諦《あきら》め夫《をつと》の手《て》をしかと握《にぎ》り、絕《た》え絕《だ》えの息《いき》の下《した》で、眼《め》の見《み》えない夫《をつと》の身《み》を案《あん》じ、細々《こまごま》と先々《さきざき》のことを夫《をつと》に言《い》ひ遺《のこ》し、遂《つひ》に還《かへ》らぬ人《ひと》となつた。鶴圭《かくけい》は見《み》えぬ眼《め》に妻《つま》の顏《かほ》をまさぐつてゐたが、餘《あま》りの悲《かな》しさにガバとばかりに死體《したい》の前《まへ》に崩《くづ》れ落《お》ちた。——春《はる》も晩春《ばんしゆん》の候《こう》の事《こと》である。

村《むら》の人《ひとたち》達は郭夫人《くわくふじん》の不幸《ふかう》に心《こゝろ》から同情《どうじやう》を寄《よ》せ、申《まを》し合《あは》せて葬儀萬端《さうぎばんたん》を引受《ひきう》け、種々《いろいろ》鶴圭《かくけい》を慰《なぐさ》めたのであつた。母《はゝ》を慕《した》ひ泣《な》く沈淸《ちんせい》を抱《かゝ》えて鶴圭《かくけい》は傷心《しやうしん》に消《き》え入《い》る程《ほど》で、共《とも》に一夜《や》を泣《な》き明《あか》し、思案《しあん》に暮《く》れるのであつた。やがて鶴圭《かくけい》が不自由《ふじいう》な體《からだ》で子供《こども》を抱《だ》き、乳呑兒《ちのみご》のある家《うち》の門口《かどぐち》に立《た》つて貰《もら》ひ乳《ぢゝ》をする、乞食同樣《こじきどうやう》の姿《すがた》が、人々《ひとびと》の淚《なみだ》を誘《さそ》つた。かうして薄幸《はくかう》の生《せい》を享《う》けた沈淸《ちんせい》ではあつたが、天地神明《てんちしんめい》の加護《かご》あつてか、何《なん》の障《さはり》もなく生《お》ひ立《た》つて、六七歳《さい》となつては父《ちゝ》の道案內《みちあんない》となり、十歳《さい》では早《はや》くも天成《てんせい》の美貌《びばう》に才德備《さいとくそな》はり、類《たぐ》ひ稀《まれ》な少女《せうぢよ》となつた。沈淸《ちんせい》は非常《ひじやう》に孝心《かうしん》の深《ふか》い乙女《をとめ》であつたので、今《いま》では父《ちゝ》に代《かは》つて乞食《こじき》に廻《まは》り、待《ま》ちあぐねた鶴圭《かくけい》が互《たがひ》に體《からだ》をすり寄《よ》せ手《て》を握《にぎ》り果敢《はか》ない親子《おやこ》の境遇《きやうぐう》に泣《な》く事《こと》もあつた。やがて村《むら》の人々《ひとびと》の好意《かうい》で沈淸《ちんせい》は賃仕事《ちんしごと》を見出《みいだ》し糊口《ここう》の料《かて》を得《う》ることが出來《でき》た。人々《ひとびと》は皆郭夫《みなくわくふ》人《じん》に優《まさ》るとも劣《おと》らぬと言《い》つて沈淸《ちんせい》を讃《ほ》めぬ者《もの》とてもなかつた。或《あ》る日《ひ》――隣村《りんそん》武陵村《ぶりようむら》に住《す》む張丞相夫人《ちやうじようさうふじん》が沈清《ちんせい》の評判《ひやうばん》を傳《つた》へ聞《き》き、沈清《ちんせい》を邸《やしき》へ招《まね》いた。逢《あ》つて見《み》ると、化粧《けしやう》など思《おも》ひもよらないが、沈清《ちんせい》の氣品《きひん》ある容姿《ようし》にいたく心打《こゝろう》たれ、仙女《せんによ》の生《うま》れ代《かは》りかと思《おも》はれた。そして夫人《ふじん》は沈清《ちんせい》を養女《やうぢよ》にして上《あ》げやうと申《まを》し出《で》たのである。沈清《ちんせい》は死《し》んだ母《はゝ》に逢《あ》ふやうな氣持《きもち》でやさしい夫人《ふじん》を見上《みあ》げたが、自分《じぶん》が養《やう》女《ぢよ》となれば哀《あは》れな父《ちゝ》はどうなるであらうと父《ちゝ》の恩《おん》を思《おも》ひ、涙《なみだ》ながらに斷《ことわ》つた。丞相夫人《じようさうふじん》は沈清《ちんせい》の孝心《かうしん》に感《かん》じ、名殘惜《なごりを》し氣《げ》に沈清《ちんせい》を歸《かへ》し

一方鶴圭《はうかくけい》は沈清《ちんせい》を武陵村《ぶりようむら》にやつたものゝ、暮《く》れやすい冬《ふゆ》の日《ひ》がはや薄《うす》れゆくのに歸《かへ》つて來《こ》ない娘《むすめ》を案《あん》じ、飛《と》ぶ鳥《とり》の影《かげ》にも、樹《き》の搖《ゆ》れるざわめきにもあれ娘《むすめ》よと腰《こし》を浮《う》かせてゐたが、たまり兼《か》ねて外《そと》へ出《で》た。しかし盲《めくら》の悲《かな》しさに氷《こほり》に足《あし》を辷《すべ》らせて深《ふか》い川《かは》へ落《お》ち込《こ》んだ。幸《さいは》ひ通《とほ》り掛《か》りの夢運寺《むうんじ》の住持《ぢゆうぢ》に救《すく》はれて家《うち》まで送《おく》られ、訊《たづ》ねられるまゝに、果敢《はか》ない境遇《きやうぐう》を語《かた》り明《あ》かした。僧《そう》は同情《どうじやう》の念《ねん》を禁《きん》じ得《え》ず、私《わたし》の寺《てら》の佛樣《ほとけさま》は靈驗《れいけん》あらたかな方《かた》で、祈禱《きたう》さへすれば必《かなら》ず願《ねが》ひが叶《かな》ひます。あなたの御目《おめ》も供養米《くやうまい》三百石《こく》を施行《せぎやう》して祈願《きぐわん》すれば必《かなら》ず開《かい》眼《がん》するだらうと語《かた》つた。鶴圭《かくけい》は藁《わら》にもすがる氣持《きもち》で、自分《じぶん》の資力《しりよく》なども忘《わす》れ供養米《くやうまい》三百石《こく》の施行《せぎやう》を約《やく》し勸善帳《くわんぜんちやう》へ載《の》せて下《くだ》さいと懇願《こんがん》した。僧《そう》は危《あや》ぶみつゝも勸善帳《くわんぜんちやう》をひろげ「米《こめ》三百石《こく》沈鶴圭《ちんかくけい》」と大書《たいしよ》し、期日《きじつ》を定《さだ》めて寺《てら》へ歸《かへ》つた。僧《そう》の歸《かへ》つた後《あと》で鶴圭《かくけい》は今更《いまさら》ながら、我《わが》身《み》にとつて大《だい》それた誓約《せいやく》をしたと、悲嘆《ひたん》の思《おも》ひに耽《ふけ》るのであつた。折《をり》から急《いそ》ぎ歸《かへ》つた沈清《ちんせい》は、唯《たゞ》ならぬ父《ちゝ》の樣子《やうす》に驚《おどろ》き、種々《いろ〳〵》きゝたゞした。鶴圭《かくけい》は今《いま》は涙《なみだ》と共《とも》に一切《いつさい》を娘《むすめ》に打明《うちあ》けとんでもない事《こと》をしたと娘《むすめ》に詫《わ》びたが沈清《ちんせい》は之《これ》を聞《き》いて大《おほ》いに喜《よろこ》び、お父樣《とうさま》、眞心《まごゝろ》の天《てん》に通《つう》じない事《こと》はありません。御心配《ごしんぱい》なさいますなと打《うち》しほれた父親《ちゝおや》を勵《はげ》ますのであつた。

その日《ひ》から沈清《ちんせい》は毎夜《まいよ》熱心《ねつしん》な祈禱《きたう》を續《つゞ》けた

その頃《ころ》此《こ》の村《むら》に奇妙《きめう》な人達《ひとたち》が現《あら》はれた――人買《ひとかひ》の一團《だん》である。彼等《かれら》は京師《けいし》の者《もの》で、商賈《しやうばい》の爲《ため》船《ふね》で各地《かくち》を廻《まは》る先《さき》に臨堂水《りんだうすゐ》といふ難所《なんしよ》があつて、よく難船《なんせん》するが十五歳《さい》になる娘《むすめ》をその水《みづ》の中《なか》へ投《な》げ込《こ》めば水神《すゐじん》の怒《いかり》が解《と》けると信《しん》じて娘《むすめ》を買《か》ひに來《き》たのである。恰度《ちやうど》十五歳《さい》の沈清《ちんせい》は、彼等《かれら》に逢《あ》つて、身《み》を賣《う》らうと固《かた》く決《けつ》心《しん》した。彼等《かれら》は直《たゞ》ちに供養米《くやうまい》三百石《こく》を夢運寺《むうんじ》へ搬《はこ》ばせた。既《すで》に出帆《しゆつぱん》の日《ひ》も決《き》められた。沈《ちん》清《せい》はその來月《らいげつ》十五日《にち》が來《く》るまで父《ちゝ》には知《し》らせないで置《お》かうと思《おも》つた。そして父鶴圭《ちゝかくけい》には、何時《いつ》かの張丞相夫人《ちやうじようさうふじん》のお力で供養米《くやうまい》三百石《こく》を夢運寺《むうんじ》へ屆《とゞ》けましたと告《つ》げた。その代《かは》り私《わたし》は夫人《ふじん》の養女《やうぢよ》になる事《こと》も承諾《しようだく》しましたと悲《かな》しい噓《うそ》をつくのであつた。父《ちゝ》は人買《ひとかひ》に買《か》はれゆくとも知《し》らず、喜《よろこ》んでゐた。あゝ私《わたし》も僅《わづか》十五歳《さい》で死《し》ぬ運命《うんめい》なのだらうか、お父樣《とうさま》の御世話《おせわ》は誰《たれ》がしやう、沈清《ちんせい》は父《ちゝ》の寢顏《ねがほ》を見《み》つめ涙を忍《しの》んで泣《な》いた。夜更《よふ》けに起《お》きて沈清《ちんせい》は着物《きもの》を縫《ぬ》つてゐた。一年間《ねんかん》の父《ちゝ》の着物《きもの》を作《つく》つて置《お》いてやりたかつた。やがて出帆《しゆつぱん》の前夜《ぜんや》が來《き》た。夜《よ》が明《あ》けたら私《わたし》はもうお父樣《とうさま》に逢《あ》へない。生《うま》れてすぐ母《はゝ》に別《わか》れ、今又《いままた》父《ちゝ》を殘《のこ》して死《し》んでゆく。別《わか》れを歌《うた》つた昔《むかし》の詩《し》などがいつか頭《あたま》に浮《うか》んでゐた。死《し》んだらお母樣《かあさま》に逢《あ》へるだらうか、

母《はゝ》の顔《かほ》さへ見《み》覚《おぼ》えぬ沈清《ちんせい》の哀《あは》れな夢《ゆめ》であつた。その時天《ときてん》は容赦《ようしや》なく白《しら》み、雞《にはとり》は誇《ほこ》らかに暁《あかつき》を告《つ》げた。沈清《ちんせい》は涙《なみだ》をかくし、父《ちゝ》の好《かう》物《ぶつ》の菜《さい》を並《なら》べ心《こゝろ》をこめて最後《さいご》の食事《しよくじ》を父《ちゝ》と共《とも》にするのであつた。ともすれば溢《あふ》れんとする涙《なみだ》を押《おさ》へ心《こゝろ》の裡《うち》で慟哭《どうこく》した。鶴圭《かくけい》もそれとは知《し》らぬが娘《むすめ》の様子《やうす》に不審《ふしん》を抱《いだ》き、どうしたのだ沈清《ちんせい》と娘《むすめ》の顔《かほ》を優《やさ》しく覗《のぞ》き込《こ》んだ、と沈清《ちんせい》の忍耐《にんたい》も今《いま》はみじめに崩《くづ》れ、お父様《とうさま》、私《わたし》は不《ふ》孝者《かうもの》です。お父様《とうさま》を欺《だま》してゐました。私《わたし》は臨《りん》堂水《だうすゐ》へ身《み》を沈《しづ》めるのです。あとは堰《せき》を切《き》つたやうな涙《なみだ》と共《とも》に倒《たふ》れ伏《ふ》した。

鶴圭《かくけい》は驚《おどろ》き呆《あき》れ、涙《なみだ》も出《で》なかつた。沈清《ちんせい》はも早《はや》諦《あきら》めてゐるので鶴圭《かくけい》をなだめ父《おや》子《こ》二人《ふたり》は抱《だ》き合《あ》ひ轉《まろ》びつゝ痛哭《つうこく》した。噂《うはさ》は忽《たちま》ち村中《むらぢう》に擴《ひろが》り、武陵村《ぶりようそん》の張丞相《ちやうじようさう》夫人《ふじん》の耳《みゝ》に迄《まで》達《たつ》した。夫人《ふじん》は早速《さつそく》沈清《ちんせい》を呼《よ》び、私《わたし》が供養米《くやうまい》は拂《はら》ふから思《おも》ひ止《とゞ》まつて與《く》れと頼《たの》んだが、沈《ちん》清《せい》は自《みづか》らの責任《せきにん》に感《かん》じ、御恩《ごおん》は黄泉《あのよ》でお返《かへ》ししませうと厳粛《げんしゆく》な態度《たいど》で斷《ことわ》つた。夫人《ふじん》は沈《ちん》清《せい》の決心《けつしん》の固《かた》いのを知《し》り、畫工《ぐわこう》を呼《よ》んで沈清《ちんせい》の面影《おもかげ》を描《ゑが》かせた。沈清《ちんせい》はその畫像《ぐわざう》に墨痕《ぼくこん》美《うつく》しく別離《べつり》の詩《し》を書《か》いたのである。

生《せい》も思《おも》へば夢《ゆめ》のごと何故《なぜ》に涙《なみだ》の流《なが》るゝや
いとゞ哀《かな》き世《よ》の定《さだ》め還《かへ》らぬ人《ひと》のあるものを

張丞相《ちやうじようさう》夫人《ふじん》も亦《また》沈清《ちんせい》に應《こた》えて

無情《むじやう》の風《かぜ》の吹《ふ》きぬれば、名花《めいくわ》も海《うみ》に散《ち》りし
とか天何《てんなに》ぞ感《かん》ぜざる、罪《つみ》なき父子《ふし》の別《わか》るゝに

沈清《ちんせい》は、村《むら》の人々《ひとぐ》に父《ちゝ》の世話《せわ》を頼《たの》んで、渡《と》船場《せんぢやう》へと向《むか》つた。出帆《しゆつぱん》の鼓《こ》の音《ね》も悲《かな》しげに船《ふね》は人々《ひとぐ》の涙《なみだ》の視野《しや》を離《はな》れたのである。それから二三日《にち》の航海《かうかい》の後《のち》船《ふね》は目指《めざ》す臨堂水《りんだうすゐ》へさし掛《かゝ》つた。沈清《ちんせい》は船《ふね》の先《さき》に立《た》ち合掌《がつしやう》して天《てん》に祈《いの》る。あはれ、父《ちゝ》の眼《め》を開《あ》けさせ給《たま》へ、言《い》ひもあへず水中《すゐちう》に身《み》を躍《をど》らせた。裳《もすそ》が飜《ひるがへ》ると見

えた、それが沈淸《ちんせい》の健氣《けなげ》な最後《さいご》であつた。

　此《こ》の時張丞相夫人《ちやうじやうしやうふじん》は沈淸《ちんせい》の畫像《ぐわざう》を眺《なが》めてゐたが、忽《たちま》ち畫像《ぐわざう》が黑《くろ》くなつて水《みづ》に流《なが》れた。ああ沈淸《ちんせい》も死《し》んだかと涙《なみだ》に咽《むせ》ぶ裡《うち》に、畫像《ぐわざう》は再《ふたゝ》び元《もと》の色《いろ》に歸《かへ》つた。沈淸《ちんせい》は救《すく》はれたのかも知《し》れぬ、夫人《ふじん》は沈淸《ちんせい》の爲《ため》に祭壇《さいだん》を設《まう》けて祈《いの》つた。沈淸《ちんせい》はフト我《われ》に還《かへ》つた。多《おほ》くの仙女達《せんによたち》が沈淸《ちんせい》を保護《ほご》し水晶宮《すゐしやうぐう》へ案内《あんない》してゐるのである。

　哀《あは》れな鶴圭《かくけい》は、沈淸《ちんせい》なきあとは村人《むらびと》の情《なさ》けで辛《かろ》じて餘命《よめい》を保《たも》つてゐたが、例《れい》の船人《ふなびと》から受取《うけと》つた金《かね》や穀物《こくもつ》を生計《せいけい》に當《あて》たので次第《しだい》に家《か》計《けい》が豐《ゆた》かになつた。所《ところ》が近所《きんじよ》にパントクの母《はゝ》と呼《よ》ばれる惡女《あくぢよ》が居《ゐ》て、慾心《よくしん》から鶴圭《かくけい》の妻《つま》となり、二人《ふたり》は故鄕《こきやう》を後《あと》に流浪《るらう》の旅《たび》へ立《た》たねばならなくなつたのである。

　話變《はなしかは》つて沈淸《ちんせい》は、相變《あひかは》らず水晶宮《すゐしやうぐう》に居《ゐ》たが或日《あるひ》玉眞夫人《ぎよくしんふじん》が見《み》えるといふので、誰《たれ》とも知《し》らず出迎《でむか》へた。これぞ沈淸《ちんせい》の生《う》みの母《はゝ》その人《ひと》であつた。玉眞夫人《ぎよくしんふじん》は嬉《うれ》し泣《な》きに泣《な》く沈淸《ちんせい》の背《せ》をさすりつゝ、沈淸《ちんせい》よ、お泣《な》きでない夫人《ふじん》はやさしくなだめ、そなたと又別《またわか》れるのは辛《つら》いけれど、玉皇上帝《ぎよくくわうじやうてい》の命令《めいれい》で私《わたし》は歸《かへ》らねばなりません。そなたは再《ふたゝ》びお父樣《とうさま》に逢《あ》ふであらうと告《つ》げた。やがて玉皇上帝《ぎよくくわうじやうてい》は「大孝《たいかう》の沈淸《ちんせい》を玉蓮花《ぎよくれんくわ》の中《なか》に入《い》れて、元《もと》の臨堂水《りんだうすゐ》に返《かへ》せよ」と命《めい》じた。沈淸《ちんせい》は出天《しゆつてん》の大孝《たいかう》を以《もつ》て再《ふたゝ》び人界《じんかい》へと出《で》られるのだ。かくして沈淸《ちんせい》は王姬《わうひ》となつて生《うま》れ返《かへ》つた。翌日天子《よくじつてんし》は詔勅《せうちよく》を以《もつ》て之《これ》を廟堂《べうだう》に告《つ》げ、三台《たい》六卿《けい》を集合《しふがふ》して王后《わうごう》とする議《ぎ》を一決《けつ》し、直《たゞ》ちに盛《さか》んな結婚式《けつこんしき》を擧げ沈淸《ちんせい》を王后《わうごう》に封《ふう》じ、皇極殿《くわうきよくでん》に居《を》らしめた。沈王后《ちんわうごう》は常《つね》に盲目《まうもく》の父《ちゝ》の事《こと》を氣《き》に病《や》み、或日《あるひ》天《てん》子《し》に打明《うちあ》けた。天子《てんし》も痛《いた》くその孝心《かうしん》に感《かん》じ早《さつ》速全國《そくぜんこく》に命《めい》を發《はつ》し盲人《まうじん》の宴《えん》を開《ひら》く事《こと》となつた。各道各郡《かくだうかくぐん》より集《あつま》つた盲人《まうじん》の數《かず》は何萬《なんまん》とも知《し》れず京師《けいし》は盲人《まうじん》で滿《み》された。沈王后《ちんわうごう》は父《ちゝ》の姿《すがた》を探《さが》し求《もと》め、遂《つひ》に一人《ひとり》の盲人《まうじん》に眼《め》をやつた。紛《まが》ふ方《かた》なき父《ちゝ》であつた。鶴圭《かくけい》は喜《よろこ》びの餘《あま》り血《ち》の涙《なみだ》を流《なが》し、沈淸顏《ちんせいかほ》をお見《み》せと叫《さけ》んだ。と明《あき》らかに沈淸《ちんせい》の顏《かほ》が現《あら》はれた。眼《め》が開《あ》いたのだ。沈淸《ちんせい》は天子《てんし》に之《これ》を報《はう》じ、父子共々樂《おやこともゞたの》しき餘生《よせい》を送《おく》つた。

（譯・李　承　萬）

北支戰線を巡りて

林芙美子

石家荘《せつかさう》の一夜《いちや》

夜《よる》の十一時半《じはん》になつてやつと燈《ひ》を消《け》すと、宮川《みやかは》〇〇から電話《でんわ》がかゝつて來《き》たと女中《ぢよちう》が知《し》らせる。我等《われら》は又服《またふく》を着《き》て驛《えき》に出《で》かけた。慰問品《ゐもんぴん》が着《つ》いたが今夜中《こんやぢう》に託送手續《たくそうてつゞき》を取《と》つておかんと明朝太原行列車《みやうてうたいげんゆきれつしや》に積《つ》み込《こ》めないと云《い》ふのであつた。午後《ごご》停車場《ていしやぢやう》〇〇に寄《よ》つて挨拶《あいさつ》を述《の》べ、どの宿《やど》に入《はい》つたものかと案《あん》じながら出《で》て來《く》る所《ところ》を、

『私《わたし》が旅館《りよくわん》を案内《あんない》しませう』

と人力車《じんりきしや》を呼《よ》んで、きれいな宿《やど》を取《と》つてくれて車代《くるまだい》まで拂《はら》ひ宿《やど》の宿泊料《しゆくはくれう》まで相談《さうだん》してくれた後《のち》、室《へや》に上《あが》つて長《なが》く話《はな》して行《い》つた人《ひと》である。自分《じぶん》は早稻田《わせだ》の法科《はふくわ》を出《で》たがこんな慰問《ゐもん》團《だん》に逢《あ》つたのが嬉《うれ》しくつて話《はな》したくなつたから躍《と》び出《だ》して來《き》たのだと云《い》つた。

その方《かた》がこんな夜中《よなか》に、命令系統《めいれいけいとう》が違《ちが》ふのでひよつとしたら明朝荷物《みやうてうにもつ》が輻湊《ふくそう》して慰問品《ゐもんひん》が我等《われら》と同《おな》じに汽車《きしや》で行《ゆ》けないかと心配《しんぱい》して自《みづか》ら北京《ペキン》から着《つ》いた許《ばかり》の荷物《にもつ》を取《と》つて北站《ほくたん》に移《うつ》し、その係員《かゝりゐん》に頼《たの》んでおいてくれると云《い》ふことであつた。

構内《こうない》で待《ま》つて居《ゐ》る氏《し》に感謝《かんしや》の意《い》を表《へう》すると氏《し》は荷札《にふだ》を受取《うけと》つて係員《かゝりゐん》に示《しめ》し苦力《クーリー》を促《うなが》して荷物《にもつ》を下《おろ》した。その間暫《かんしばら》くホームに立《た》つて居《ゐ》ると

「どーん！」

鋭《するど》い銃聲《じうせい》が響《ひゞ》いた。見廻《みまは》すと早《はや》、驛內外《えきないぐわい》はひつそりとして停車場《ていしやぢやう》〇〇の前《まへ》に一人《ひとり》の歩哨《ほせう》が白《しろ》いマスクをかけて銃劍《じうけん》を光《ひか》らせて立《た》つて居《ゐ》るのみ、薄暗《うすぐら》い燈《ひ》の下《した》には唯《たゞ》宮川《みやかは》〇〇と我等《われら》二人《ふたり》がぽつんと立《た》つて居《ゐ》た。又《また》「どーん！」——續《つゞ》いて悽慘《せいさん》な沈默《ちんもく》——周圍《しうゐ》はひつそりとして驛前廣場《えきまへひろば》の人力車《じんりきしや》とて一つ見當《みあた》らない。私《わたし》は強《し》ひて沈着《ちんちやく》な態度《たいど》で

『何《なん》ですか？』

『さあ、〇〇が來《き》たかね？』

と云《い》つて樣子《やうす》をさぐる。

私《わたし》は何時《いつ》の間《ま》にかその肩《かた》の蔭《かげ》に隱《かく》れて居《ゐ》る自身《じしん》を發見《はつけん》した。

暫《しばら》くして荷物《にもつ》を苦力《クーリー》に引《ひ》かせて三人《じん》は驛前《えきまへ》の廣場《ひろば》に出《で》て來《き》た。五六歩《ほ》を移《うつ》した時今度《ときこんど》は廣場《ひろば》の西《にし》の方《はう》で又《また》「どーん！」繼續《けいぞく》して三發《はつ》目《め》。

宮川氏《みやかはし》はギヨツとして立留《たちどま》り急《きふ》に緊張《きんちやう》した。既《すで》に我等《われら》は身《み》を託《たく》すべき何物《なにもの》もない廣場《ひろば》の眞《まん》中《なか》に居《ゐ》り銃聲《じうせい》は直《す》ぐ耳《みゝ》のそばで破裂《はれつ》するのではないか！　生《うま》れて初《はじ》めて味《あぢ》はふ感情《かんじやう》だ。然《しか》し、數歩《すうほ》の後《のち》には氏《し》は又躊《またかま》はずに闇夜《やみよ》の中《なか》を注意《ちうい》深《ぶか》く進《すゝ》んで行《い》つた。我等《われら》もその後《あと》を續《つゞ》いた。

手肢《てあし》が急《きふ》にドツと重《おも》くなつてしまつたが、四五歩《ほ》歩《ある》き出《だ》すと異常《いじやう》にも沈着《ちんちやく》な氣分《きぶん》に戻《もど》つた。靜《しづ》かだ。

やがて北站《ほくたん》に着《つ》くと歩哨《ほせう》と警備兵《けいびへい》が默々《もく〳〵》と鐵兜《てつかぶと》を拔《ぬ》いだ。我等《われら》を見《み》ても默《もく》として言葉《ことば》がない。我等《われら》も何《なに》も聞《き》かなかつた。

宮川《みやかは》〇〇の好意《かうい》によつて特別《とくべつ》にはからつて慰問品《ゐもんひん》を託《たく》した後車《のちぐるま》に乘《の》つて宿《やど》に歸《かへ》つた。私《わたし》はその時《とき》になつて始《はじ》めて今日《けふ》の晝《ひる》、我等《われら》が戰《せん》蹟視察《せきしさつ》に出《で》かけると云《い》つたら留《と》めた〇〇の言《こと》葉《ば》を思《おも》ひ出《だ》した。

娘《じやう》子《し》關《くわん》

軍人驛手《ぐんじんえきしゆ》がドカンドカンと銅鑼《どら》を鳴《な》らすと列車《れつしや》は又《また》のろりのろりと出《で》て行《ゆ》く。此處《ここ》からは站長《たんちやう》も列車長《れつしやちやう》もすべて軍人《ぐんじん》であつた。勿論《もちろん》夜間《やかん》には車《くるま》を運轉《うんてん》しない。乘客《じやうきやく》は大概《たいがい》が軍人《ぐんじん》軍屬《ぐんぞく》と第一線《だいせん》で旅館兼料理業《りよくわんけんれうりげふ》をやつて居《ゐ》る商《しやう》人達《にんたち》である。遙《はるか》に突兀《とつこつ》たる連山《れんざん》には未《ま》だ敗殘《はいざん》兵《へい》が殘《のこ》つて居《ゐ》て處々山上《ところ〴〵さんじやう》には眞黑《まつくろ》なたき火《び》の黑煙《こくえん》が濛々《もう〳〵》と立昇《たちのぼ》りトーチカの上《うへ》には黑《くろ》い旗《はた》がなびいて居《ゐ》る。

夜《よる》になると彼等《かれら》が逆襲《ぎやくしふ》をして來《く》る相《さう》だ。然《しか》し此處《ここ》ら邊《へん》の敗殘兵《はいざんへい》は槪《がい》して戰意《せんい》なく武器《ぶき》も滿足《まんぞく》に持《も》たず雨《あめ》が降《ふ》ると洋傘《カウモリ》をさして出《で》て來《く》るのだと。然《しか》し、

『追《お》つぱらつても又出《またで》て來《く》るし、追《お》つぱらつても又出《ふたで》て來《く》るし全《まつた》く仕樣《しやう》がないですよ』と云《い》ふ隣《となり》の兵隊《へいたい》さんの話《はなし》は彼等《かれら》の遊擊戰術《いうげきせんじゆつ》をそのまゝ說明《せつめい》したものであつた。

ああ、此《こ》の蟻《あり》の巢《す》の樣《やう》に穿《うが》たれた何十萬《なんまん》何百萬《まん》のトーチカ！

見上《みあ》ぐれば層岩《そうがん》、糸《いと》の端《はし》にそびえてかゝり千切《ちぎ》れた蒼穹《さうきう》。風《かぜ》が危《あや》く吹《ふ》き寄《よ》せて來《く》る處《ところ》を鷲《わし》が一羽《は》飛《と》び、その下《した》には眞蒼《まつさを》な河《かは》。行《い》つても行《い》つても絕壁《ぜつぺき》と絕壁《ぜつぺき》との間《あひだ》を溪流《けいりう》が續《つゞ》いては切《き》れ切《き》れては續《つゞ》く處《ところ》をレールが走《はし》つて居《ゐ》る。そしてその兩岸《りやうがん》の斷崖《だんがい》には實《じつ》に一木一草《もくさう》の根《ね》下《もと》にも皆穴《みなあな》が穿《う》たれ周圍《しうゐ》には鐵條網《てつでうまう》を巡《めぐ》らして居《ゐ》る。

山《さん》西《せい》省《しやう》

山西省《さんせいしやう》は山《やま》だらけであり山《やま》には木《き》が少《すくな》く水《みづ》は涸《か》れて居《ゐ》る。然《しか》し支那《しな》は歷史《れきし》が舊《ふる》く地質《ちしつ》も亦舊《またふる》い國《くに》だ。無限《むげん》の富《とみ》と無限《むげん》の廣《ひろ》さと無限《むげん》の太古《たいこ》ながらの神秘《しんぴ》を藏《ざう》して居《ゐ》る國《くに》だ。此《こ》の山《やま》だけの山西省《さんせいしやう》は一見地味貧弱《けんちみひんじやく》の樣《やう》だが實《じつ》は世《せ》界寶庫《かいほうこ》の一たるを失《うしな》はない。鹽稅《えんぜい》と阿片稅《あへんぜい》は閻錫山《えんしやくざん》の重要《ぢうえう》な收入《しうにふ》であつた。綿《わた》も出《で》る。葡萄《ぶだう》は山西省《さんせいしやう》の名物《めいぶつ》である「葡萄美酒夜光杯《ぶだうびしゆやくわうはい》」

をすすつて「古來征戰幾人囘《こらいせいせんいくひとかへる》」と詠《よ》んだ彼《か》の凉州詞《りやうしうし》も成程《なるほど》とうなづける。

勿論《もちろん》地下《ちか》には又《また》無盡藏《むじんざう》の富源《ふげん》が埋《うづ》もれて居《ゐ》る。沿線《えんせん》の處々《ところどころ》には眞黒《まつくろ》な油《あぶら》のてかてかと光《ひか》る石炭塊《せきたんくわい》が露出《ろしゆつ》して居《ゐ》る。此《こ》れを開發《かいはつ》すれば何《ど》れ程《ほど》多數《たすう》の民衆《みんしゆう》がその福利《ふくり》を享受《きやうじゆ》することが出來《でき》ようか？

然《しか》し見《み》よ、附近《ふきん》の住民《ぢうみん》は皆《みな》襤褸《ぼろ》を纏《まと》ひ飢餓《きが》に泣《な》き列車《れつしや》が小《ちい》さな驛《えき》に着《つ》く毎《ごと》に數多《かずおほ》い少年《せうねん》達《たち》が手《て》をひろげて「シンジヨウ、シンジヨウ」と叫《さけ》んで居《ゐ》るではないか！

前《ぜん》線《せん》の將《しやう》兵《へい》

列車《れつしや》が楡次《ゆじ》に着《つ》いた。我等《われら》は此處《ここ》で又泊《またとま》らなければならない。一週間前《しうかんまへ》にも爆撃機《ばくげきき》七機《き》が來襲《らいしふ》して爆彈《ばくだん》を投下《たうか》したと。同宿《どうしゆく》の商人《しやうにん》は此處《ここ》からが危險《きけん》な處《ところ》で二三日前《にさんまへ》にも列車《れつしや》が逆《ぎやく》襲《しふ》を受《う》けたと。

翌日《よくじつ》また我等《われら》は終日《しうじつ》を搖《ゆ》れながら谷《たに》また谷《たに》を廻《めぐ》り廻《めぐ》つて進《すゝ》んだ。一寸《ちよつと》した野《の》が展《ひら》けたと思《おも》へば早《はや》、峯《みね》が躍《と》び出《だ》したレールの兩側《りやうがは》には削《けづ》り立《た》てた樣《やう》な斷崖《だんがい》がそゝり立《た》つて、さながら山間《さんかん》の鐵路《てつろ》は長《なが》い天《てん》を覆《おほ》ふた鬱蒼《うつさう》たる森《もり》の中《なか》を一條《でう》の道《みち》が展《ひら》けて居《ゐ》る樣《やう》なものであつた。

――あのカーブからいや又《また》あのカーブから銃《じう》を射下《いおろ》すと此《こ》の窓《まど》を破《やぶ》つて彈《たま》が入《はい》つて來《く》るに違《ちが》ひない。さあ何處《どこ》に身《み》を託《たく》したものか――と此《こ》う云《い》ふ樣《やう》な事《こと》を思《おも》ふと實《じつ》に身《み》の毛《け》がぞつとする。見廻《みまは》せば朝《あさ》一杯《はい》に乘《の》つた兵隊《へいたい》や宣《せん》撫官達《ぶくわんたち》は何時《いつ》の間《ま》にか皆降《みなお》りてしまつて僅《わづか》に〇〇名《めい》の兵隊《へいたい》が殘《のこ》つて居《ゐ》るだけである。

私《わたし》と隣《となり》の兵隊《へいたい》さん達《たち》とは談話《だんわ》が始《はじ》まつた。聞《き》けば私《わたし》の直《す》ぐ隣《となり》の軍曹《ぐんさう》は〇〇警備隊《けいびたい》の〇〇兵《へい》だが郷里《きやうり》が四國《こく》で一昨年《さくねん》事變《じへん》が勃發《ぼつぱつ》すると直《す》ぐ天津《てんしん》に來《き》て〇〇戰線《せんせん》に居《ゐ》り南下《なんか》して上海《シヤンハイ》南京《ナンキン》の攻略戰《こうりやくせん》に參加《さんか》し北上《ほくじやう》して徐州會戰《じよしうくわいせん》、そこから更《さら》に娘子關《ぢやうしくわん》を越《こ》えて太原《たいげん》に到《いた》り張家口《ちやうかこう》に行《ゆ》き、今《いま》は又山西省《またさんせいしやう》に歸《かへ》つたと。實《じつ》に支那《しな》の殆《ほと》んど全土《ぜんど》を强行軍《きやうかうぐん》して大會戰《だいくわいせん》に遭遇《さうぐう》すること三囘《くわい》、小掃蕩戰《せうさうたうせん》に加《くは》はつた事《こと》は數《かぞ》へ切《き》れない程《ほど》だと云《い》ふ。

『此《こ》の劍《けん》で切《き》りましたよ。』

と劍《けん》を撫《ぶ》しながら朗《ほが》かに笑《わら》つた。

またその隣《となり》の三十五六に見《み》える、東京出身《とうきやうしゆつしん》の電信隊上等兵《でんしんたいじやうとうへい》もやはり一昨年來《さくねんき》て支那《しな》の殆《ほと》んど全土《ぜんど》を行軍《かうぐん》したが犧牲《ぎせい》になつた戰友《せんいう》も相《さう》當《たう》に多《おほ》く自分《じぶん》の小隊《せうたい》では僅《わづか》に〇〇殘《のこ》つたと云《い》ふ。感慨深《かんがいぶか》さうに國內《こくない》の事情《じじやう》を細々《こまごま》しく尋《たづ》ねた。家《いへ》には子供《こども》が二人《ふたり》も居《ゐ》るとか。

丁度午《ちやうどひる》になつたので菓子《くわし》を勸《すゝ》めたが取《と》らず京城《けいじやう》で持《も》つて行《い》つた夏蜜柑《なつみかん》を切《き》つたら、まる二年《ねん》ぶりだと云《い》つて喜《よろこ》びながら半分《はんぶん》だけを取《と》つた。輕《かる》いお食事《しよくじ》だと笑《わら》ひながら開《あ》ける飯盒《はんがふ》には味《あぢ》つけのしてない黑《くろ》パンが僅《わづか》に二片《きれ》づつ入《はい》つて居《ゐ》た。我等《われら》は沿線《えんせん》で何《なに》も買《か》へないので到頭晝食《たうとうちうじき》を取《と》らずに過《すご》した。

やがて太陽《ひ》も暮《く》れるだらうに、古《いにしへ》の壯士《さうし》も胡笛《こてき》に萬里家鄕《ばんりかきやう》を想《おも》うて悽然《せいぜん》とした此《こ》の山《さん》西《せい》、何《なん》の野露《のつゆ》の上《うへ》で彼等《かれら》はまた今夜《こんや》の短《みじか》い夢《ゆめ》を結《むす》ばうとするのだ！

列車《れつしや》が小《ちい》さな驛《えき》に着《つ》く毎《ごと》に彼等《かれら》は皆乘降臺《みなじやうかうだい》に出《で》て行《い》つて、そこに出《で》て居《ゐ》る戰友達《せんいうたち》を慰《なぐさ》め狀況《じやうきやう》を聞《き》くではないか？ あの野末《のずゑ》にボロボロに破《やぶ》れた軍服《ぐんぷく》のお臀《しり》を氣《き》にして撫《な》でながら部下數名《ぶかすうめい》を連《つ》れて遠《とほ》ざかる士官《しくわん》の後姿《うしろすがた》・・・

堯《ぎやう》舜《しゆん》の都《みやこ》

翌日《よくじつ》の行程《かうてい》は臨汾《サンフン》から運城《うんじやう》までであつたがそれこそ黄塵萬丈《くわうじんばんぢやう》の世界《せかい》でその上《うへ》の堯舜禹湯《ぎやうしゆんうたう》の都《みやこ》も既《すで》に荒廢甚《くわうはいはなは》だしく、處々《ところどころ》トーチカの上《うへ》に悄然《せうぜん》と立《た》つて居《ゐ》る歩哨《ほせう》の外《ほか》には山野《さんや》に人氣《ひとけ》なく〇〇だけが草《くさ》の下《した》に轉《ころ》がり、主人《しゆじん》の無《な》い野良犬《のらいぬ》どもが怪《あや》しいものをくはへて横行《わうかう》して居《ゐ》た。

南風之薰兮　觧吾民之慍也

と吟《ぎん》じた處《ところ》が今《いま》や烏落日《おすらくじつ》を吊《とむら》ひ戰雲天《せんうんてん》を覆《おほ》ふて兵馬闇《へいばやみ》に乘《じやう》じて馳驅《ちく》する戰場《せんぢやう》と化《くわ》すとは！

碑《ひ》も新《あらた》しい勇士《ゆうし》の墓前《ぼぜん》に、割《わ》れたサイダー瓶《びん》に桃《もゝ》の花一枝《はなひとえだ》をさして立《た》てたのを見《み》るにつけても此《こ》れは昨日《きのふ》まで苦勞《くらう》を共《とも》にした戰友《せんいう》のさゝげたものだらうと思《おも》はれて、此《こ》の花《はな》をさゝげる時《とき》の兵士《へいし》の心境《しんきやう》はどうだつたらうかと此《こ》の異域《いゐき》の野邊《のべ》の風景《ふうけい》がすべて感慨《かんがい》深《ふか》かつた。

運城《うんじやう》に着《つ》いて

北京《ペキン》から汽車《きしや》でまる四日目《かめ》に運城《うんじやう》に着《つ》いた塵埃膝《じんあいひざ》を埋《うづ》め明《あ》けても暮《く》れても車輪《しやりん》と車輪《しやりん》と馬《うま》の蹄《ひづめ》の音《おと》ばかり。東條山脈《とうでうさんみやく》、中條山脈《ちうでうさんみやく》には尚數萬《なほすうまん》の兵《へい》が包圍《はうゐ》して居《ゐ》て夜《よる》になると焰々《えんえん》と燃《も》えるノロシの火光《くわくわう》が城内《じやうない》を明《あか》るく照《てら》した。水《みづ》はしほつからく未《ま》だ四月《ぐわつ》と云《い》ふのに京城《けいじやう》の六月位《ぐわつぐらゐ》の暑《あつ》さだ。

我等《われら》は驛《えき》まで出迎《でむか》へて下《くだ》された奧貫〇〇と松本宣撫班長《まつもとせんぶはんちやう》の案内《あんない》で陣中《ぢんちう》に入《はい》り指定《してい》して下《くだ》された運城《うんじやう》ホテルに入《はい》つた。日暮《ひぐ》れ時《どき》であつた。宿舍《しゆくしや》は支那式《しなしき》の「カン」で四壁《へき》には一面《いちめん》に何寸《なんずん》もの赤《あか》いほこりが積《つも》つて指一本《ゆびいつぽん》觸《ふ》れることさへ出來《でき》ない。

三人《にん》は燭《しよく》をともして對座《たいざ》した。思《おも》へば萬里《ばんり》邊城《へんじやう》、日暮《ひぐ》れる胡地《こち》にぽつねんと來《き》て居《ゐ》るのであつた。燈《ともし》を消《け》したが明日《あす》から愈々《いよいよ》戰鬪部《せんとうぶ》隊《たい》に參加《さんか》するかと考《かんが》へると異樣《いやう》な興奮《こうふん》で寢《ね》つかれぬ。靜《しづ》かに戸《と》を開《あ》けて外《そと》に出《で》た。直《す》ぐ我《われ》等《ら》の宿舍《しゆくしや》の裏《うら》の塀《へい》が城壁《じやうへき》で、彼方此方《かなたこなた》頽《くづ》れて穴《あな》が穿《う》たれて居《ゐ》た。去年此《きよねんこ》の城《しろ》を初《はじ》めて占領《せんりやう》した當時此《たうじこ》の城《しろ》の狀況《じやうきやう》は如何《どう》だつたらうか、荒廢《くわうはい》した道端《みちばた》には如何許《どれほど》遺棄屍體《ゐきしたい》だつて轉《ころ》がつて居《ゐ》たらうか、などと暫《しば》し思《おも》ひにふけつて居《ゐ》ると、遠《とほ》く城外《じやうぐわい》で犬《いぬ》の吠《ほ》え聲《こゑ》が聞《きこ》え。かすかに靴《くつ》の響《ひゞき》も聞《きこ》える樣《やう》な氣《き》がする。顧《かへり》みれば中空《なかぞら》に月明《つきあか》く庭《には》には城壁《じやうへき》の長《なが》い影《かげ》が横《よこた》はり、しーんとした眞夜中《まよなか》であつた。

翌日《よくじつ》〇〇部隊本部《ぶたいほんぶ》を訪《おとづ》れたが丁度《ちやうど》北京《ペキン》から〇〇閣下《かくか》が來《き》て會議《くわいぎ》があると云《い》ふので慰問品《ゐもんひん》だけを傳達《でんたつ》し晝《ひる》は市内《しない》を見學《けんがく》して、夜《よる》は經理《けいり》部《ぶ》の奧深《おくふか》い一室《しつ》で我等《われら》の爲《ため》に準備《じゆんび》して下《くだ》さつた夕餐《ゆふさん》についた。〇〇高級副官《かうきふふくくわん》と李通譯《りつうやく》が來《き》て居《を》つた。〇〇高級副官《かうきふふくくわん》は出征前大邱《しゆつせいぜんたいきう》や平壤《へいじやう》にも長《なが》く居《を》つたと云《い》はれ特《とく》に我等《われら》を歡待《くわんたい》して下《くだ》された。李君《りくん》は二十三四の青年《せいねん》だが容貌端《ようぼうたん》正《せい》、支那語《しなご》も上手《じやうず》で部隊長以下《ぶたいちやういか》の信頼厚《しんらいあつ》く、各部落《かくぶらく》で部隊長《ぶたいちやう》の講演《かうえん》がある時《とき》には何時《いつ》も此《こ》の人《ひと》が通譯《つうやく》するのだと云《い》ふ。

宴《えん》がひけて宿舍《しゆくしや》に歸《かへ》り、去年通譯《きよねんつうやく》を勤《つと》め今《いま》は運城《うんじやう》で雜貨店《ざつくわてん》を營《いとな》んで居《ゐ》る人《ひと》より色々《いろいろ》と苦《く》戰談《せんだん》を聞《き》いて夜《よる》の更《ふ》けるのも知《し》らなかつた。明日《あす》からの安邑《あんいふ》、夏縣《かけん》、虞鄕、蒲州《ほしう》等のコースを案《あん》じながら――

（詩人、皇軍慰問朝鮮文壇ペン部隊の一人）

我が朝鮮交友録

崔承喜その他

石井漠

大正《たいしやう》六年《ねん》と云《い》へば今《いま》からもう二十三年前《ねんまへ》のことである。私達《わたしたち》の育《そだ》ての親《おや》であり、また私達《わたしたち》が杖《つえ》とも柱《はしら》とも頼《たの》んでゐた帝國劇《ていこくげき》場《ぢやう》が、經費《けいひ》の關係《くわんけい》から、突然《とつぜん》、歌劇部《かげきぶ》を解散《かいさん》する事《こと》になつた。當時《たうじ》の教師《けうし》であるローズイ氏《し》は清水金太郎《しみづきんたらう》夫妻《ふさい》、原信子《はらのぶこ》さん、それに、故高田雅夫《こたかだまさを》夫妻《ふさい》を筆頭《ひつとう》とした第《だい》二期生《きせい》の連中《れんちう》を糾合《きうがふ》して、赤阪《あかさか》のローヤル館《くわん》に旗上《はたあ》げをすることになつたが、二期生《きせい》をのぞいた第《だい》一期《き》、三期《き》、四期《き》の連中《れんちう》は全《まつた》く途方《とはう》にくれてしまつた。そこで私《わたし》は、ある人《ひと》と熟《じゆく》考《かう》の結果《けつくわ》、殘黨《ざんたう》を一丸《ぐわん》として、淺草《あさくさ》の日本館《につぽんくわん》に立《た》て籠《こも》ることになつた。

新《あたら》しい音樂《おんがく》と、新《あたら》しい舞踊《ぶよう》は先《ま》づ大衆《たいしう》より……といつたやうな標語《へうご》が效《かう》を奏《そう》して、これが謂《いは》ゆる淺草歌劇《あさくさかげき》なるものの導火線《だうくわせん》となつたわけだが、この頃《ころ》、應《おう》募《ぼ》した研究生《けんきうせい》の中《なか》に、姜弘植といふ朝鮮《てうせん》の一青年《せいねん》があつたのである。この青年《せいねん》は體《からだ》つきもよく中々《なか／＼》顏も綺麗《きれい》だつたが、結局《けつきよく》、舞踊《ぶよう》よりも歌《うた》の方《はう》に專心《せんしん》するやう指導《しだう》する事《こと》になつたが、僅《わづ》か二年足《ねんた》らずのうちに、私《わたし》の手《て》を飛《と》び出《だ》し、鈴木傳明君《すゞきでんめいくん》あたりと石井輝男《いしゐてるを》の名《な》で映畫俳優《えいぐわはいいう》になつたが、その後《ご》またいつの間《ま》にか京城《けいじやう》に歸《かへ》つて劇團《げきだん》を組織《そしき》してゐた事《こと》を知《し》つたのである。現在《げんざい》はコロンビアの歌手《かしゆ》になつてゐるといふ噂《うはさ》を耳《みゝ》にしてゐるが、私《わたし》が、はじめて交渉《かうせふ》を持《も》つた朝鮮《てうせん》の青年《せいねん》だけに印象《いんしやう》も深《ふか》い。勿論《もちろん》今《いま》は青年《せいねん》ではない譯《わけ》だが、何《ど》んな親父顏《おやぢがほ》をしてゐるのか、今《いま》でも會《あ》つて見《み》たいやうな氣《き》がするのである。

中央線《ちうあうせん》の武藏境《むさしさかひ》に居《きよ》を定《さだ》める事《こと》になつたのは大正《たいしやう》十四年《ねん》の初《しよ》夏《か》であつた。竹林《ちくりん》の中《なか》の友人《いうじん》の洋館《やうくわん》を借《か》り受《う》け、その空地《あきち》にさゝやかな稽古場《けいこぢやう》を作《つく》つたが、その建築費《けんちくひ》を得《う》るために地方公演《ちはうこうえん》をやる事《こと》になつて、京城《けいじやう》の公會《こうくわい》堂《だう》での公演《こうえん》は確《たし》かその翌年《よくねん》の四月《ぐわつ》だつたと記憶《きおく》する。その時《とき》に、當時《たうじ》、京城日報《けいじやうにつぽう》の學藝部長《がくげいぶちやう》をやつてゐた寺田壽夫《てらだひさを》氏《し》の紹介《せうかい》状《じやう》を持《も》つて、私《わたし》の樂屋《がくや》を訪《おとづ》れた二人《ふたり》の兄妹《きやうだい》があつた。兄承一君《あにしよういちくん》の話《はなし》によれば、自分《じぶん》の妹《いもうと》を何《ど》うしても舞踊家《ぶようか》に仕上《しあ》げたいのだといふ。何《ど》うか世話《せわ》をしてくれるやうにとの事《こと》であつた。その妹《いもうと》といふのは云《い》ふまでもなく今《いま》の崔承喜《さいしようき》ではあるが、その頃《ころ》の崔承喜《さいしようき》は、淑明女學校《しゆくめいぢよがくかう》を卒業《そつげふ》したとは云《い》ふものの、まだ十六歳《さい》の小柄《こがら》な少女《せうぢよ》に過《す》ぎなかつた。

寺田君《てらだくん》を中心《ちうしん》に承喜《しようき》の父《ちゝ》と、兄承一君《あにしよういちくん》それに朝鮮《てうせん》の女學生服《ぢよがくせいふく》をつけた承喜《しようき》と、色々折衝《いろ〳〵せつしよう》の上《うへ》結局弟子《けつきよくでし》にとる事《こと》になつて、京城出發《けいじやうしゆつぱつ》の時《とき》、驛《えき》の樓上《ろうじやう》で、關係者《くわんけいしや》一同《どう》と簡單《かんたん》に杯《さかづき》をかたむけたが、發車間際《はつしやまぎは》になつて、突然《とつぜん》改札口《かいさつぐち》の人込《ひとご》みから白衣《はくい》の婦人《ふじん》が、朝鮮語《てうせんご》で承喜《しようき》の名《な》を呼《よ》ばはりながら狂人《きやうじん》のやうに驅《か》け出《だ》して來《く》るのを見《み》て私《わたし》はびつくりした。そのうちに汽車《きしや》は動《うご》き出《だ》す。承喜《しようき》は窓《まど》から顏《かほ》を出《だ》して、オムニ、オムニと目《め》をふき〳〵金切《かなき》り聲《ごゑ》を出《だ》すのだから溜《たま》らない。

東京《とうきやう》に來《く》ることを、一切母《はゝ》にはないしよであつた事《こと》が後《あと》で分《わか》つた。

三年《ねん》の月日《つきひ》が經《た》つて、私達《わたしたち》が北海道《ほくかいだう》の公演《こうえん》をすまして東京《とうきやう》に歸《かへ》つて來《く》ると、崔承喜《さいしようき》は急《きふ》に歸國《きこく》を申出《まうしで》た。恰度《ちやうど》この頃《ころ》の半年《はんとし》程前《ほどまへ》に山陰道《さんいんだう》の旅行中《りよかうちう》私《わたし》は眼病《がんびやう》にかゝり、失明《しつめい》を傳《つた》へられて間《ま》もない頃《ころ》で、奧《おく》の室《しつ》で、來訪《らいはう》の醫師《いし》の手當《てあ》てを受《う》けて、繃帶《はうたい》をした眼《め》を、ソフアに横《よこ》はつてゐた時《とき》だつたので、極力《きよくりよく》それを引《ひ》き留《と》める勇氣《ゆうき》もなく、そのまゝ別《わか》れる事《こと》になつたわけだが、その後《ご》、崔承喜《さいしようき》は京城《けいじやう》に於《お》いて可成《かな》りの奮鬪《ふんとう》を續《つゞ》けてる噂《うはさ》を時々耳《ときどきみゝ》にしてゐたのである。そのうちに私《わたし》の眼《め》も奇蹟的《きせきてき》に快方《くわいはう》に向《むか》つて、それからまた度々《たび〳〵》京城《けいじやう》を訪《おとづ》れる機會《きくわい》に惠《めぐ》まれたわけだが、それから三年目頃《ねんめごろ》に京城《けいじやう》に行《い》つた時《とき》は、今《いま》の安君《あんくん》と結婚《けつこん》してゐたばかりか、太鼓《たいこ》のやうな腹《はら》を抱《かゝ》へて私《わたし》の宿《やど》を訪《たづ》ねて來《き》て、承喜夫妻《しようきふさい》は、熟々前非《つく〴〵ぜんぴ》を悔《く》い、再《ふたゝ》び東京《とうきやう》に行《い》つて指導《しだう》を受《う》けるやう懇願《こんぐわん》されたので、氣《き》の弱《よわ》い私達夫婦《わたしたちふうふ》は遂《つひ》はその談判《だんぱん》には負《ま》かされてしまつて、崔承喜夫婦《さいしようきふうふ》に生《うま》れたばかりの子供《こども》を抱《かゝ》へて、それに、若草敏子までを引率《いんそつ》して上京《じやうきやう》、一切《さい》のそれらの世話《せわ》をする事《こと》になつたのである。

それから三年《ねん》たつて、私《わたし》の勸《すゝ》めによつて、東京《とうきやう》で第一回《だいくわい》の發表會《はつぺうくわい》をやる事《こと》になつた。承喜《しようき》の舞踊《ぶよう》に特徴《とくちよう》を持《も》たせる意味《いみ》で、その時《とき》、ビクターの用件《ようけん》で上京《じやうきやう》中《ちう》の朝鮮舞踊《てうせんぶよう》の大家《たいか》、韓氏《かんし》の下《もと》にやつて、朝鮮舞踊《てうせんぶよう》の手法《しゆはふ》を速成的《そくせいてき》に稽古《けいこ》をさせ、本人《ほんにん》が嫌《いや》だといふのを、私《わたし》が無理矢理《むりやり》に纏《まと》めてやつて、題名《だいめい》も、エヘヤノアラと命名《めいめい》し、それを上演《じやうえん》した所《ところ》が、計《はか》らずも大評判《だいひやうばん》となつて

その後《ご》、自分《じぶん》でも、頻《しき》りに朝鮮風《てうせんふう》の舞踊《ぶよう》を上演《じやうえん》するやうになつたが、誠《まこと》に本人《ほんにん》にとつてもお目出度《めでた》い事《こと》だと私《わたし》は思《おも》つてゐる。そして、僅《わづ》か二三年《ねん》の間《あひだ》に、數萬《すうまん》の貯蓄《ちよちく》をしたといふ噂《うはさ》を聞《き》かされ、また、最初本人《さいしよほんにん》が嫌《いや》がつてゐた朝鮮舞踊《てうせんぶよう》のお蔭《かげ》で、アメリカと云《い》はず、ヨーロッパと云《い》はず、甚《はなは》だ好評《かうひやう》であることは、私《わたし》として甚《はなは》だ嬉《うれ》しい次第《しだい》である。

崔承喜《さいしようき》から、僅《わづ》か一年《ねん》ほど遲《おく》れて、私《わたし》の研究所《けんきうじよ》を訪《おとづ》れたものに、趙澤元がある。同君《どうくん》は、中學《ちうがく》を出《で》るなり京城《けいじやう》の商業銀行《しやうげふぎんかう》に勤《つと》めてゐたが、當時朝鮮《たうじてうせん》に於《お》ける庭球《ていきう》の選手《せんしゆ》として可成評判《かなりひやうばん》が高《たか》かつた。その朝鮮代表《てうせんだいへう》となつて東京《とうきやう》の仕合《しあひ》で優賞《いうしやう》を取《と》つたが、この青年《せいねん》、私共《わたしども》の舞踊《ぶよう》を見《み》て、舞踊家《ぶようか》になりたくなり、銀行《ぎんかう》も庭球《ていきう》も棄《す》てゝ、まつしぐら

に私《わたし》の研究所《けんきうじよ》を目當《めあ》てに上京《じやうきやう》したのである。

趙澤元《てうたくげん》は、崔承喜《さいしようき》が氣《き》が付《つ》く以前《いぜん》に、朝鮮舞踊《てうせんぶよう》の復活《ふくくわつ》を思《おも》ひ立《た》ち、京城《けいじやう》に於《おい》ても再三《さいさん》上演《じやうえん》してゐたが、それが、東京《とうきやう》でなかつただけにお鉢《はち》を崔承喜《さいしようき》にうばはれた形《かたち》になつてしまつたのである。勿論《もちろん》、一方は男《をとこ》であるだけに世間的《せけんてき》に崔承喜《さいしようき》を凌駕《りようが》することはなか〳〵困難《こんなん》なことであり、仕方《しかた》のないことではあるが然《しか》し、趙澤元《てうたくげん》の舞踊《ぶよう》の創造力《さうざうりよく》にはなか〳〵あなどり難《がた》いものがあるので、崔承喜《さいしようき》と云《い》へどもなか〳〵安心《あんしん》は出來《でき》ないのである。

とんど村山君《むらやまくん》脚色演出《きやくしよくえんしゆつ》による「春香傳《しゆんかうでん》」の映畫《えいぐわ》の主役《しゆやく》をやるといつてゐるが、趙澤元《てうたくげん》の世間《せけん》的《てき》に進出《しんしゆつ》するのもこれからだと思《おも》ふ。そして、君《きみ》の舞踊《ぶよう》も、君《きみ》の持論《ぢろん》による朝鮮舞踊《てうせんぶよう》の復活《ふくくわつ》も結構《けつこう》ではあるが、それだけで君《きみ》の舞踊《ぶよう》の仕事《しごと》がおしまひになつたと考《かんが》へて貰《もら》ひたくないと思《おも》ふ。

この外《ほか》朝鮮出身《てうせんしゆつしん》の舞踊家《ぶようか》で**邦正美**があるが、二年《ねん》ほど前《まへ》にドイツに渡《わた》つて、大《おほ》いに日本舞踊《にほんぶよう》の講義《かうぎ》をして廻《まは》つてゐるといふ返信《へんしん》を見《み》たが、この戰爭《せんさう》で、今《いま》は何《ど》うなつてゐるものか。最《さい》初《しよ》大學生當時《だいがくせいたうじ》、半年《はんとし》ほど私《わたし》の研究所《けんきうじよ》に來《き》た事《こと》があるが、異色《いしよく》ある朝鮮出身《てうせんしゆつしん》の舞踊家《ぶようか》の一人《ひとり》として名前《なまへ》だけを擧《あ》げて置《お》く事《こと》にする。

文壇方面《ぶんだんはうめん》では横綱《よこづな》の**李光洙氏**《し》を別看板《べつかんばん》としても、日本内地《にほんないち》での中堅作家《ちうけんさくか》としての**張赫宙**、樂壇方面《がくだんはうめん》では音樂《おんがく》の**永田絃次郎**、**李寅善**、提琴《ていきん》の天才《てんさい》、**桂貞植**、**安炳昭**その他《た》を擧《あ》げることが出《で》來《き》るが、これらに對《たい》する私《わたし》の感想《かんさう》はいつかの機會《きくわい》に讓《ゆづ》ることとして、特筆《とくひつ》すべき人物《じんぶつ》として、本誌《ほんし》の主幹《しゆかん》である**馬海松氏**《し》のあることを忘《わす》れることは出來《でき》ない。然《しか》し、馬氏《まし》の事《こと》に就《つ》いては書《か》く人《ひと》が澤山《たくさん》あると思《おも》ふので省《はぶ》く事《こと》にする。

朝鮮の友人達

村山知義

私《わたし》は朝鮮《てうせん》に多勢《おほぜい》のいい友達《ともだち》を持《も》つてゐるので、さて、その誰《だれ》をあげようか、と迷《まよ》つてしまふ。

柳致眞君《くん》は瘦《や》せてクネクネとせいが高《たか》いので、私《わたし》と話《はなし》をするときは上半身《じやうはんしん》をかがめなくてはならない。さういふふうに身體《からだ》をかがめて、柳君《りうくん》は「春香傳《しゆんかうでん》」の朝鮮公演《てうせんこうえん》の準備《じゆんび》のときも公演《こうえん》中《ちう》も、想像《さうざう》できぬほどの親切《しんせつ》をつくしてくれた。

酒《さけ》を呑《の》んでも決《けつ》して怒鳴《どな》つたり、怒《おこ》つたりせず、いつもより一層《そう》、眼《め》を細《ほそ》くしてニコニコしてゐる。私《わたし》はたうとう柳君《りうくん》の不《ふ》氣嫌《きげん》な顏《かほ》を一ぺんも見《み》なかつた。

宋錫夏氏《し》にも何《なん》とも云《い》へぬほど御厄介《ごやくかい》になつた。氏《し》は云《い》ふまでもなく一流《りう》の考古學者《かうこがくしや》である。「春香傳《しゆんかうでん》」の考證《かうしやう》は全部《ぜんぶ》、氏《し》の助力《じよりよく》に依《よ》るもの、慶苑を始め宮殿《きうでん》、古寺《こじ》等《など》の建築《けんちく》の見物《けんぶつ》は氏《し》の案内《あんない》と說明《せつめい》があつて始《はじ》めて興《きよう》味深《ぶか》く有益《いうえき》であつた。お願《ねが》ひすればどんなにややとしいことでもしらべて下《くだ》すつた。柳君《りうくん》と好《かう》一對《つゐ》の溫好篤實《をんかうとくじつ》な紳士《しんし》で、いつもニコニコしながら、困難《こんなん》な調《てう》査《さ》の結果《けつくわ》を惜《を》しげもなく傳《つた》へて下《くだ》さつた。

　李王職雅樂部《りわうしよくががくぶ》の李鐘泰氏《し》は前《ぜん》二者《しや》にくらべると、非常《ひじやう》にタイプの異《ちが》つた熱血漢《ねつけつかん》である。氏《し》は朝鮮《てうせん》の雅樂《ががく》に全情熱《ぜんじやうねつ》を叩《たゝ》き込《こ》んでゐる。氏《し》にとつては、朝鮮《てうせん》の雅樂《ががく》は世界《せかい》一のオーケストラである。

　雅樂部《ががくぶ》の樂器《がくき》がたくさん陳列《ちんれつ》してあるケースの前《まへ》で、氏《し》は顏《かほ》を紅潮《こうてう》させて、

「ここには西洋樂器《せいやうがくき》にあるものが全部《ぜんぶ》含《ふく》まれてゐます。ほら、これはヴァイオリンそつくりでせう。これはクラリオネットみたいです。これはオカリナです。そら、そつくり同《おな》じでせう！ それからこのへの字形《じがた》の石《いし》は二千年前《ねんまへ》の樂器《がくき》で、最近掘《さいきんほ》り出《だ》されたものです。磬《けい》と云《い》つて、十六箇《こ》掘《ほ》り出《だ》されたんですが、並《なら》べて釣《つ》つて叩《たゝ》いて見《み》るとこれがちやんと西洋音階《せいやうおんかい》に合致《がつち》するぢやないですか！」

　氏《し》は上野音樂學校作曲科卒業《うへのおんがくがくかうさくきよくくわそつげふ》。たゞちに雅樂《ががく》の保存《ほぞん》、恢復《くわいふく》發展《はつてん》に全身《ぜんしん》を投《な》げ込《こ》み、滿洲《まんしう》、支那《しな》の各地《かくち》に古《ふる》い樂器《がくき》をたづねる旅を重《かさ》ね、雅樂部《ががくぶ》の組織《そしき》、新人《しんじん》の養成等《やうせいなど》に力《ちから》をつくし、目下《もくか》、雅樂《ががく》を西洋音符《せいやうおんぷ》に取《と》る事業《じげふ》を起《おこ》してゐる。雅樂《ががく》の傳統《でんとう》を絶《た》やさないために、青少年《せいせうねん》を數十《すう》人集《にんあつ》めて教育《けういく》し、また西洋樂器《せいやうがくき》をも勉强《べんきやう》させてゐる。

　新協劇團《しんけふげきだん》の「春香傳《しゆんかうでん》」が京城《けいじやう》の府民館《ふみんくわん》で上演《じやうえん》されたとき、氏《し》は初日《しよにち》に見《み》に來《き》て、音樂《おんがく》が蓄音《ちくおん》機《き》なので、これは蓄音機《ちくおんき》ではいけない、是非本物《ぜひほんもの》を使《つか》はなくちや、と、翌日《よくじつ》は朝鮮《てうせん》の笙《しやう》と笛《ふえ》の樂師《がくし》をつれて來《き》て、舞臺横《ぶたいよこ》で演奏《えんそう》して下《くだ》すつた。そして、さうだ、これでいい、これでいい、と、われわれより先《さき》に、御自身《ごじしん》大滿悅《だいまんえつ》だつた。

　安英一君《くん》は私《わたし》の朝鮮人《てうせんじん》の友人《いうじん》のなかで一番古《ばんふる》い一人《ひとり》。嘗《かつ》ては朝鮮藝術座《てうせんげいじゆつざ》、學生藝術座《がくせいげいじゆつざ》、三一劇場等《げきぢやうなど》の名優《めいいう》。彼《かれ》が眞白《まつしろ》い髮《かみ》を生《は》やし、笠《かさ》をかぶり、長《なが》い煙管《きせる》で床《ゆか》を叩《たゝ》きながら物《もの》を云《い》ひ初《はじ》めると、何《なん》とも云《い》へぬ、かすかなユーモアが立《た》ちこめる。新協劇團《しんけふげきだん》の「どん底《ぞこ》」の韃靼人《だつたんじん》も素晴《すば》らしくユニークな演技《えんぎ》だつた。

　演出助手《えんしゆつじよしゆ》として「春香傳《しゆんかうでん》」で大活躍《だいくわつやく》をした。目下《もくか》朝鮮《てうせん》から滿洲《まんしう》へ芝居《しばゐ》の仕事《しごと》で行《い》つてゐる。

　朝鮮《てうせん》の人《ひと》が内地《ないち》の劇團《げきだん》で働《はたら》くことは、言葉《ことば》の關係《くわんけい》から、なかなか困難《こんなん》である、從《したが》つて、内地《ないち》の劇團《げきだん》で働《はたら》くことを希望《きばう》して、長《なが》い修業《しうげふ》をしながら、結局《けつきよく》、朝《てう》鮮《せん》に歸《かへ》つて新劇《しんげき》なり映畫《えいぐわ》なりで働《はたら》くといふことになる。これはその當人《たうにん》にとつては希望《きばう》に反《はん》することでも朝鮮《てうせん》に取《と》つてよろこばしいことだ。さういふやうに、内地《ないち》の劇團《げきだん》で働《はたら》くことは困難《こんなん》なのだが、安君《あんくん》はそのなかで立派《りつぱ》に活躍《くわつやく》してゐる。

　詩人《しじん》の林和君《くん》もまた舊《ふる》い知《し》り合《あ》ひだ。七八年前《ねんまへ》、東京《とうきやう》で、詩《し》人《じん》として、また雜誌《ざつし》の編輯者《へんしふしや》として活躍《くわつやく》してゐたところからのことだ。去年京城《きよねんけいじやう》で、久《ひさ》しぶりに面會《めんくわい》した。中野《なかの》重治を思《おも》はせる神經質《しんけいしつ》な顏《かほ》で、けがれやまじりものを受《う》けつけぬきびしさを持《も》ちつづけてゐるらしい。目下《もくか》、朝鮮文庫《てうせんぶんこ》の編纂《へんさん》といふいい仕事《しごと》を得《え》て、元氣《げんき》で働《はたら》き、勉强《べんきやう》してゐる。

　舞踊《ぶよう》の趙澤元も、彼《かれ》がフランスへ行《ゆ》く前《まへ》からの知《し》り合《あ》ひ。崔承喜も、まだあれほどに賣《う》り出《だ》さないところからの知《し》り合《あ》ひ。

　その他《た》、その他《た》、あげたい人《ひと》はいくらもあるが、もはや紙《かみ》が餘《あま》つてゐない。

妓生学校では何を教へるか

韓戴德

妓生學校《キーサンがくかう》では、何《なん》を教《をし》へるか？まさか、この御《ご》時世《じせい》に苟《いやしく》も學校《がくかう》といふ所《ところ》で——學校《がくかう》といふても、學務《がくむ》當局《たうきよく》の管轄下《かつか》にあるのではなく、保安警察《ほあんけいさつ》の監督《かんとく》の下《もと》にあるのだ——教壇《けうだん》の上《うへ》から、物心《ものごころ》つかない「女學生《ぢよがくせい》」達《たち》に、所謂《いはゆる》「秋波《しうは》」（色目《いろめ》）の使《つか》ひ方《かた》や、眞無《まとな》き戀《こひ》の手《て》ほどき、はては、物持氏《ものもちし》の財布《さいふ》の裏《うら》返《がへ》し方《かた》を教《をし》へるわけには行《ゆ》くまい。

校内《かうない》には、皇國臣民《くわうこくしんみん》の誓詞《せいし》が掲《かゝ》げてあり、彼女達《かのぢよたち》は、堂々《だうだう》たる國防婦人會員《こくばうふじんくわいゐん》であるのだ。

併《しか》し、では、將來酒席《しやうらいしゆせき》の花《はな》として、それに侍《はべ》り、彼氏達《かれしたち》が喜《よろこ》びそうなサービスで、彼氏達《かれしたち》を滿《まん》足《ぞく》させ、それでもつて生計《せいけい》を立《た》て乃至《ないし》は大成《たいせい》しやうとする此《こ》の娘達《むすめたち》に、一體《いったい》この學校《がくかう》では、何《なに》を教《をし》へるべきか？

學校當局《がくかうたうきよく》は、昂然《かうぜん》と主張《しゆちやう》する

「今《いま》や、妓生《キーサン》は、歴《れつき》とした職業《しよくげふ》婦人《ふじん》であるが故《ゆゑ》に、これに必要《ひつえう》なる職業教育《しよくげふけういく》を施《ほどこ》してゐるのだ」と、

この調子《てうし》でいへば、この學校《がくかう》の教《をし》へるものは、要《えう》するに「妓《ぎ》藝《げい》」であり「妓術《ぎじゆつ》」であり乃至《ないし》は「妓學《ぎがく》」であると云《い》ふ事《こと》が出《で》來《き》やう。

月	國語	書畫	歌曲	內地唄	雜歌	歌復習
火	國語	書畫	歌曲	內地唄	作法	音樂
水	作文	書畫	歌曲	〃唄	雜歌	歌復
木	會話	書畫	歌曲	〃唄	聲樂	作法
金	詞解	書畫	歌曲	〃唄	雜歌	歌復
土	詞解	書畫	歌曲	會話		

× × ×

これは、現在平壤妓生學校《げんざいへいじやうキーサンがくかう》在《ざい》學生《がくせい》二百十名《めい》の第三學年《だいがくねん》の授業《じゆげふ》時間割《じかんわり》である。こゝに現《あらは》れて居《ゐ》ない學課《がくくわ》では、一學年《がくねん》に、唱《しやう》歌《か》と舞《ぶ》踊《よう》、二學年《がくねん》に、詩調《してう》と樂典《がくてん》なるものがある、全《まつた》く「妓學《ぎがく》」といふ學《がく》があるかと思《おも》はれる程見《ほどみ》なれない科目《くわもく》がズラリと列《なら》んでゐるから一通《とほ》りの説明《せつめい》が必要《ひつえう》であらう。

矢張《やは》り一番主《ばんおも》なのは歌《うた》である。朝鮮歌《てうせんそり》だけでも、歌《か》曲《きよく》、歌《か》詞《し》、時調等《じてうなど》、昔《むかし》は上流《じやうりう》の所謂《いはゆる》、「士《し》」階級《かいきふ》のみが樂《たの》んだ割合高《わりあいかう》尚《しやう》なのから、各地各種《かくちかくしゆ》の大衆的《たいしうてき》な民謠類《みんえうるゐ》を網羅《まうら》した雜歌《ざつか》に至《いた》るまで四科目《くわもく》ある、あの兩班《りやんぱん》の悠《いう》々せまらず、威嚴犯《ゐげんをか》すべからずと云《い》ふ樣《やう》な調子《てうし》で歌《うた》はれる歌曲《かきよく》

詩吟類《しぎんるゐ》の時調《じてう》、心の底《そこ》から絞《しぼ》り出《だ》す様《やう》な悲壯《ひさう》な南道歌《なんだうそり》、または哀切腸《あいせつちやう》を打《う》つアリラン、西道愁心歌《せいだうしうしんか》、はてはロマンチックな「トラチ」打鈴《たれん》、エロチックな俗歌《ぞくか》迄《まで》選《えら》り好《この》みなく凡《すべ》てを習《なら》はなければならない。

（熱心に國語の教授を受けてゐる妓生女學生(上)と、朝鮮歌を習ふ妓生女學生(下)。）

これらを、かつて妓生《キーサン》時代唄《じだいうた》でその名《な》をなした先輩《せんぱい》、女先生《をんなせんせい》連《れん》が、各々《おのおの》特長《とくちやう》とする所《ところ》を分《わ》け持《も》つて、長鼓《ちやうこ》、伽倻琴等《など》をもつて、それに調子《てうし》を合《あ》はせながら轉授《てんじゆ》するのである、最初《さいしよ》は聲《こゑ》の出《だ》し方《かた》から始《はじ》まるが、これがまたとても難《むづか》しい事《こと》で、あの多《た》様《やう》な聲色《せいしよく》を一通《ひとほ》り出《だ》す爲《ため》に、昔《むかし》は、三月《つき》も四月《つき》も、飯《めし》を食《く》はさず鞭《むち》をもつて修練《しうれん》させたそうだ

それから掛《か》け聲《ごゑ》のかけ方《かた》や膝《ひざ》の打《う》ち方《かた》（朝《てう》鮮歌《せんそり》では歌《うた》の高潮《かうてう》された所々《ところどころ》では、感極《かんきは》まつたといふ風《ふう》に自分《じぶん》の膝《ひざ》を打《う》つて調子《てうし》を合《あ》はせる格式《かくしき》がある）等《など》を、一々《いちいち》手《て》ぶり、足《あし》ぶり模範《もはん》を示《しめ》しながら教《をし》へ、五六十名《めい》の女生徒《ぢよせいと》が、また之《これ》に倣《なら》つて、ゼスチユアよろしく肩《かた》をゆすぶりながら悠長《いうちやう》な歌《うた》を齊唱《せいしやう》する教室風景《けうしつふうけい》は、正《まさ》に天下《てんか》の奇觀《きくわん》と云《い》へやう。

併《しか》し、これだけ習《なら》へばよかつた昔《むかし》の妓生《キーサン》は樂《らく》であつた、時代《じだい》は開化《かいくわ》し、お客《きやく》さんはモダン化《くわ》されてゆく、この若《わか》い人《ひと》達《たち》を感興《かんきよう》あらしめる爲《ため》には

「窓《まど》を開《あ》ければ……」

「……今日《けふ》も雨《あめ》が降《ふ》る」等《など》と悩《なや》ましい聲《こゑ》を出《だ》して、レコード張《ば》りに歌《うた》はねばならないのだ。

この學校《がくかう》の舞踊《ぶよう》（劍舞《けんぶ》、僧舞《そうぶ》）は、相當有名《さうたういうめい》なものであつたが、お客《きやく》さんの間《あひだ》に古典的《こてんてき》な趣味《しゆみ》がうすれて行《ゆ》く傾向《けいかう》を反映《はんえい》して、今《いま》は中譯に教《をし》へてゐる。內地踊《ないちをど》りもあるが、それらより喜《よろこ》ばれるのは、レヴュー式踊《しきをど》りと社交《しやかう》ダンスである。前者《ぜんしや》は、何《なに》かの催《もよほ》しものに出《だ》すもの、社交《しやかう》ダンスは年《ねん》に數回《すうくわい》內地《ないち》からダンス教師《けうし》を招聘《せうへい》して、二三學年生《がくねんせい》を、お互《たがひ》に抱《だ》き合《あ》はせて、教室狹《けうしつせま》しと猛練習《まうれんしふ》をさせる科外科目《くわぐわいくわもく》であるが、卒業後《そつげふご》料亭《れうてい》で踊《をど》つてはならぬといふお布令《ふれ》があつた。

彼女《かのぢよ》妓生《キーサン》達《たち》として一番《いちばん》肝腎《かんじん》なサービスの仕方《しかた》、お客《きやく》——男《をとこ》の取扱《とりあつか》ひ方《かた》は、どこで習《なら》ふのか？「作法《さはふ》」と「會話《くわいわ》」の時間《じかん》だ！歩《ある》き方《かた》、座《すわ》り方《かた》から挨拶《あいさつ》の仕《し》方《かた》、酒《さけ》のつぎ方《かた》、表情《へうじやう》の持《も》ち方《かた》から、見送《みおく》りの仕方《しかた》

等《など》座敷《ざしき》における一擧手《きよしゆ》、一投足《とうそく》について、而《しか》も内鮮《ないせん》のお客《きやく》さんのもてなし方《かた》を分《わ》けて、委《くは》しく講義《かうぎ》するのだ。これは正《まさ》に「作《さ》法《はふ》」には違《ちが》ひないが、男《をとこ》の顔《かほ》によつて、その性格《せいかく》を察《さつ》し、身分《みぶん》によつてその心理《しんり》を區別《くべつ》して、かういふお客《きやく》にはかういふ風《ふう》に、あゝいふ男《をとこ》は、あゝいふ風《ふう》に對《たい》しろといふ事《こと》から、何《ど》ういふ時《とき》は何《ど》ういふ風《ふう》に笑《わら》へといふ事《こと》まで教《をし》へる樣《やう》な作法《さはふ》教授《けうじゆ》は、天下《てんか》廣《ひろ》しといへどもこの學校《がくかう》を除《のぞ》いてはないだらう。

併《しか》し、勿論《もちろん》、これ位《くらゐ》の技《わざ》だけで、妓生《キーサン》がつとまる筈《はず》はない。では、それ以上《いじやう》のことは何《ど》うして體得《たいとく》するのか？　まさか、彼《かの》女達《ぢよたち》は「性《せい》は、善《ぜん》なり」でなく、「性《せい》は妖《えう》なり」で生《うま》れつき艶《えん》なる素質《そしつ》があるから大丈夫《だいぢやうぶ》だといふ譯《わけ》にも行《ゆ》くまい。併《しか》し、慥《たし》かに、彼女達《かのぢよたち》は、男《をとこ》の心《こゝろ》を引《ひ》きつける技《わざ》に關《くわん》する限《かぎ》り「一を聞《き》けば十を知《し》る」天性《てんせい》をもつてゐることは慥《たし》かだ。それに、彼女《かのぢよ》の周圍《しうゐ》では、優《すぐ》れた先輩《せんぱい》の妓生《キーサン》選《せん》手達《しゆたち》が、常《つね》に模範《もはん》を示《しめ》してゐる學校《がくかう》は、劵番《けんばん》の事務所《じむしよ》と一つの屋根《やね》の下《した》で、彼女達《かのぢよたち》の控室《ひかへしつ》ではいつも姉《ねえ》さん達《たち》の惱《なや》ましいエロ話《ばなし》が咲《さ》き、家《うち》に歸《かへ》れば、それが妓生街《キーサンがい》であるだけに、彼女自《かのぢよじ》身《しん》の姉《ねえ》さんが妓生《キーサン》でなくても、隣《とな》り周圍《しうゐ》の部屋《へや》からもれてくる囁《さゝや》きを聞《き》かされ、樂屋《がくや》裏《うら》を見學《けんがく》させられるのだ。

斯《か》くして、彼女達《かのぢよたち》は、實《じつ》もあり虚《きよ》もあり表《おもて》もあり裏《うら》もある妓《キー》生《サン》らしい妓生《キーサン》へと生長《せいちやう》して行《ゆ》くのだ。

內地名士を語る座談會

出席者

王林韓安車洪金金李趙崔
成陽晶明成桃月中蓮福福仙明
淑春玉玉實花仙月姬花女珠

司會者　韓載德

司會者　皆《みな》さん、最近《さいきん》は、ものすごい景氣《けいき》で皆樣《みなさま》の樣《やう》な一流《りう》どころは朝《あさ》から招《よ》ばれるさうですが、犧《ぎ》牲的《せいてき》に金福姬《きんふくき》さんや、李《り》福花さんは「豫約《よやく》」まで取消《とりけ》して、來《き》て戴《いただ》きまして、心《こころ》から有難《ありがた》く思《おも》つてゐます。平壤《へいじやう》としても、チョツトこれだけ最高《さいかう》一流《りう》ばかりを勢揃《せいぞろ》ひさせたのは珍《めづら》しいだらうと思《おも》ひます。さて、話題《わだい》ですが、皆樣《みなさま》に、皆樣《みなさま》が宴席《えんせき》等《など》で逢《あ》つた、內地《ないち》の名士《めいし》について、その印象《いんしやう》なり、思《おも》ひ出話《でばなし》なり、不平《ふへい》なり、何《な》んでもいいから、ざつくばらんに、忌《き》憚《たん》なくお話《はな》して貰《もら》ひたいのです。

韓晶玉　でもお客《きやく》さんの惡《わる》口《くち》などを言《い》ふわけにはいかないでせう。

司會者　いいえ構《かま》ひませんよ、語《かた》られる方《かた》はまさかそんな事《こと》で怒《おこ》る樣《やう》な大人氣《おとなげ》ない人《ひと》は居《ゐ》ませんよ。ほほえましく思《おも》ふ位《くらゐ》でせう。どうぞ御《ご》遠慮《えんりよ》なく「完膚《くわんぷ》なき」までにやつて下《くだ》さい。

王成淑　でも、惡口《わるくち》より、本當《ほんたう》のところ懷《なつか》しい思《おも》ひ出《で》が多《おほ》いわ。

司會者　では、先《ま》づ、皆樣《みなさま》の最《もつと》も好《す》きな芝居《しばゐ》や映畫人《えいぐわじん》から「點檢《てんけん》」しませうね。この前《まへ》猿之助《えんのすけ》が來《き》ましたね、お牧《まき》の茶屋《ちやや》で宴會《えんくわい》があつたせう、誰《だれ》か……

趙仙女　私《わたし》も行《い》つたわ。

司會者　猿之助《えんのすけ》は、何《ど》んな人《ひと》でした？

趙仙女　私《わたし》、知《し》らないわ。高杉《たかすぎ》(早苗《さなへ》)さんにばかり氣《き》をとられて、その方《はう》ばかり注意《ちゆうい》して居《ゐ》たから(笑聲《せうせい》)

李福花　本當《ほんたう》に二人《ふたり》(段四郞と早苗)の仲《なか》にはさんざんあてられたわね。

金蓮月　猿之助《えんのすけ》さんは、氣難《きむづか》し屋《や》ね、默《だま》つて盃《さかづき》を受《う》けるばかりでろくろく物《もの》も言《い》はなかつたわ。

洪桃花　さうかしら、息《むす》子《こ》さんやお嫁《よめ》さんの手前《てまへ》仕方《しかた》もないぢやないの？

車成實　い

や、

儘にあ

の方《かた》ムッツリ屋《や》よ、早苗《さなへ》さんが居《ゐ》ても段四郞《だんしらう》さんの方《はう》が好《す》きだつたわ。

司會者　それから誰《だれ》が來《き》たかな？

安明玉　羽左衞門さんがいらしたわ。さうね、まだ李《り》花仙《くわせん》姉《ねえ》さんが生《い》きて居《ゐ》

平壤妓生

た時《とき》だから、もう三年位《ねんぐらゐ》になるか知《し》ら。その時《とき》にね、羽左衛門《うざゑもん》さんが、李《り》花仙姉《くわせんねえ》さんをとても好《す》いて、宴會《えんくわい》で始《はじ》めて逢《あ》つた、それこそ「あらその瞬間《しゆんかん》」から、好《す》きになつて、ズーツと離《はな》さなかつたのよ。それで、食《しよく》事《じ》が終《をは》つたら、野外劇場《やぐわいげきぢやう》へも一緒《しよ》に行《ゆ》かうと云《い》ふことになつて、お蔭様《かげさま》で私達《わたしたち》もついて行《い》つたわ。羽左《うざ》さんと一緒《しよ》に木戸《きど》を、堂々《だうだう》と通《とほ》る時《とき》、とても愉快《ゆくわい》だつた。それから、樂屋《がくや》まで入《はひ》つて、お化《け》粧《しやう》の時《とき》も、姉《ねえ》さんはそばに居《ゐ》たのよ。それから、まだみんなホテル迄《まで》一緒《しよ》に行《い》つて奥樣《おくさま》にあいさつをして歸《かへ》つたわ。そして、その翌日《よくじつ》は羽左《うざ》さんが、花仙姉《くわせんねえ》さんの家《うち》まで來《き》て相當長《さうたうなが》い間話《あひだはな》して、何《なに》しろ、なかなか歸《かへ》らうとしないのよ。花仙姉《くわせんねえ》さんと謀《はか》つて、家《うち》から連《つれ》出《だ》すのに、妾達《わたしたち》もかなり苦勞《くらう》をしたわ。

韓晶玉 その後《ご》、東京《とうきやう》から來《き》た消息《せうそく》に依《よ》れば羽左衛門《うざゑもん》さんは、自分《じぶん》が女《をんな》にふられたのは、生《うま》れて始《はじ》めてだと誰《だれ》かにお話《はな》しになつたさうよ。

(故 李花仙)

金福姫 さういへば、あの姉《ねえ》さんは、顔《かほ》の印象《いんしやう》が勝太郎《かつたらう》さんに似《に》て居《ゐ》たわ。

安明玉 それにね、面白《おもしろ》い事《こと》には、羽左《うざ》さんの耳《みみ》と姉《ねえ》さんの耳《みみ》がとても似《に》て居《ゐ》るのよ。羽左《うざ》さんそれを喜《よろこ》んでね、何度《なんど》もその話《はなし》をしたわ。大家《たいか》つて一面可愛《めんかあい》い所《ところ》があるのね。

司會者 へー、羽左衛門丈《うざゑもんぢやう》も、平壤妓生《へいじやうキーサン》にあつちやさんざんだな。吉右衛門さんも來《き》たでせう。

金蓮月 とてもいい方《かた》よ。それにその娘《むすめ》さんがとても美《うつく》しい方《かた》で、私達《わたしたち》にやさしくしてくれた事《こと》は、今《いま》でも忘《わす》れないわ。

司會者 新協劇團《しんけふげきだん》が春香傳《しゆんかうでん》をもつて來《き》た時《とき》、劇團《げきだん》の人《ひと》と逢《あ》はなかつたですか?

李桃花 東一館《とういつくわん》で歡迎會《くわんげいくわい》

(李蘭花)

あつた時《とき》、私《わたし》ほんのチヨツトばかりその部屋《へや》へ入《はい》つた事《こと》があるわ。何《な》んだか他《ほか》の芝居《しばゐ》の方達《かたたち》と違《ちが》つた印象《いんしやう》を受《う》けたわ、皆《みな》、みすぼらしいなりをして居《ゐ》たけれど、とても元氣《げんき》さうね。

金福姫　あの春香傳《しゆんかうでん》で房子《バンザヤ》の役《やく》をやつた人《ひと》(**三島雅夫**)、あれ、朝鮮《てうせん》の人《ひと》ぢやないの？　ソツクリね。

崔明珠　あの劇團《げきだん》に、白髪《しらが》のお爺《ぢい》さんが一緒《しよ》に來《き》たでせう、人《ひと》のよささうな方《かた》。

司會者　**秋田雨雀**さんでせう？

崔明珠　私《わたし》も聞《き》いた話《はなし》ですけど、あの方《かた》が、妓生《キイサン》の家庭《かてい》を見《み》ると云《い》ふので、平壤毎日新聞《へいじやうまいにちしんぶん》の朱樣《しゆさん》に案内《あんない》されて、李玉蘭《りぎよくらん》の家《いへ》へ來《き》たんですつて。そして、アベ・マリアの額縁《がくぶち》を部屋《へや》に飾《かざ》つて居《ゐ》るのを見《み》て非常《ひじやう》に不思議《ふしぎ》がり、その外《ほか》にも色々《いろいろ》詳《くは》しく聞《き》いて、研究《けんきう》して行《い》つたさうよ。あんな眞面目《まじめ》な方《かた》を妓生《キイサン》の家《いへ》に迎《むか》へたのは初《はじ》めてだと言《い》つて居《ゐ》たわ。

司會者　あの劇團《げきだん》の演出者《えんしゆつしや》の村山**知義**《ともよし》さんの事《こと》は、王《わう》さんが委《くは》しいはずですね。

王成淑　面白《おもしろ》い方《かた》よ、私《わたし》、最初《さいしよ》逢《あ》つた時《とき》は、何《な》んだか氣《き》の拔《ぬ》けた「モンデングリー」の樣《やう》な印象《いんしやう》を受《う》けて、一緒《しよ》の方《かた》に偉《えら》い人《ひと》だと紹介《せうかい》されても、嘘《うそ》の樣《やう》な氣《き》がしたわ。でも、つきあへばつきあふ程《ほど》、深《ふか》さがあつて、やはりだなと思《おも》つてゐるのよ。しかし、最初《さいしよ》の席《せき》で、色々《いろいろ》しんみり話《はな》しながら、お酒《さけ》を飲《の》んで居《ゐ》たが、私《わたし》をじつと見《み》て居《ゐ》たかと思《おも》ふと、突然《とつぜん》かぶりついて手《て》の甲《かふ》を力《ちから》一杯《いつぱい》嚙《か》んだのには、本當《ほんたう》にびつくりしたわ。私《わたし》それで、一週《しう》間《かん》も手《て》に繃帶《はうたい》をしたのよ。で、何《ど》うしてそんな事《こと》をするのかと聞《き》いたら、自分《じぶん》は、湧《わ》いてくる激情《げきじやう》のやり場《ば》がないから、かうするより、仕方《しかた》がないのですつて。面白《おもしろ》いぢやないの、それからその翌日《よくじつ》には、江西古墳《かうさいこふん》を見《み》に行《ゆ》くとかで、早《はや》くからホテルを出《で》て、私《わたし》の所《ところ》にいらして一日《にち》中《ぢう》遊《あそ》んだのよ。その晩《ばん》だつたか隨分《ずゐぶん》お醉《よ》ひになつて歸《かへ》つたから心配《しんぱい》になつて、一時《じ》頃《ごろ》ホテルに電話《でんわ》を掛《か》けたの。そしたら、あんなに正體《しやうたい》なしに醉《よ》つてゐた方《かた》の聲《こゑ》が、とても、しやんとしてゐるぢやないの。そして斯《か》ういふのよ「自分《じぶん》には責任《せきにん》がある、遊《あそ》び廻《まは》つてゐるのぢやないから、チヤンとその日《ひ》の仕事《しごと》はその日《ひ》にすまさなければならない。今《いま》も、中外商業《ちうぐわいしやうげふ》の連載小說《れんさいせうせつ》を書《か》いて居《ゐ》るのだ」とね。私《わたし》、全《まつた》く感心《かんしん》したわ。家《うち》に遊《あそ》びに來《き》て居《ゐ》る時《とき》でも、一家具《かぐ》やその他《た》の事《こと》をとても委《くは》しく調《しら》べるのよ。矢張《やは》り仕事《しごと》が主《しゆ》ね。私《わたし》なんか要《えう》するに、調《しら》べものの一《ひと》つの材料《ざいれう》になつたに過《す》ぎないかも知《し》らないわ。

(王成淑)

韓晶玉　でも、嚙《か》みついた程《ほど》だから、後日譚《ごじつものがたり》があるでせう。

安明玉　それとも、その連載小說《れんさいせうせつ》に嚙《か》みつく場面《ばめん》でもあつたのか知《し》ら……

王成淑　まさか……だつて、後《あと》でもう一度《ど》嚙《か》まれたもの。

安明玉　常習犯《じやうしふはん》ね。

金蓮月　罪《つみ》は姉《ねえ》さん(王《わう》)にあつたかも知《し》らないさ。

王成淑　それつきり手紙《てがみ》も何《なに》もな

いのよ。ある筈《はず》もないけど、實《じつ》にアッサリとしたものね。

司會者　村山《むらやま》さんは慥《たし》か春香《しゆんかう》になる映畫女優《えいぐわぢよいう》を搜《さが》しに來《き》たのでせう。

王成淑　さう、二度目《どめ》の時《とき》はね。で、私《わたし》、あの李福花《りふくくわ》を紹介《せうかい》して家《うち》まで連《つ》れて來《き》て見《み》せたわ。山田五十鈴《やまだいすゞ》に似《に》て居《ゐ》るが有望《いうばう》だと感心《かんしん》して居《ゐ》たわ。併《しか》し、一《ひと》かどの俳優《はいいう》に仕込《しこ》むのは大變《たいへん》だらうと自分《じぶん》でも、氣《き》になる樣《やう》だつたわ。でも、苦心《くしん》すれば三箇月目《かげつめ》からは立派《りつぱ》に使《つか》へるだらうつて自信《じしん》たつぷりだつたけど……

李福花　三箇月《かげつ》も嚙《か》まれるのは大《たい》變《へん》でせう。(笑聲《せうせい》)

司會者　映畫俳優《えいぐわはいいう》は、大《たい》した人《ひと》來《こ》なかつたですね。

金月中仙　本當《ほんたう》に、上原《うへはら》(謙《けん》)か佐《さ》分利《ぶり》(信《しん》)樣《さま》でも來《こ》ないか知《し》ら。

趙仙女　長谷川《はせがは》(一夫《を》)がいいわ。

王成淑　大嫌《だいきら》ひ、小杉《こすぎ》(勇《いさむ》)か大日《おほひ》方《なた》(傳《でん》)に來《き》て貰《もら》ひたいわ。

司會者　これは大變《たいへん》な事《こと》になつちやつた。オールスターキャストですね、その人達《ひとたち》は逢《あ》つてからにして……

車成實　私《わたし》、隨分前《ずゐぶんまへ》のことですけど、こういふ事《こと》があつたわ、船《ふな》遊《あそ》びによばれて行《い》つて見《み》たら、その席《せき》に、きれいな若《わか》い人《ひと》が默《だま》りがちに座《すわ》つてゐるのよ。「この方《かた》とても尾上菊太郎さんに似《に》てゐるのね」と、私《わたし》おだてたの、そしたら皆《みな》とても笑《わら》ふぢやないの。笑《わら》ふはずよ、本物《ほんもの》の菊太郎《きくたらう》さんだつたもの(笑聲《せうせい》)

(車　成　實)

司會者　車《しや》さんは、繪《ゑ》が有名《いうめい》だから、有名《いうめい》な畫家《ぐわか》に特《とく》に關心《くわんしん》を持《も》つて居《ゐ》るでせう。

車成實　ええ、特《とく》に今年《ことし》はいろいろな先生《せんせい》にお逢《あ》ひ出來《でき》て嬉《うれ》しいと思《おも》つて居《ゐ》るわ。でもそのうちで、今思《いまおも》ひ出《だ》しても癪《しやく》に障《さは》る人《ひと》が居《ゐ》るわ、名前《なまへ》はいひたくないけど。

司會者　誰《だれ》です？　構《かま》ひませんよ

車成實　堂本印象《だうもといんしやう》さん。この先生《せんせい》徒達《とたち》をつれて來《き》たでせう。矢張《やは》りお牧《まき》の茶屋《ちやや》で宴會《えんくわい》があつたのよ。で私《わたし》一筆《ふで》お願《ねが》ひしたの、是《ぜ》非《ひ》、點《てん》か線《せん》でもいいから、一筆《ふで》だけ何《なん》とかしてくれとせがんだのよ。大家《たいか》のものをさう簡單《かんたん》には戴《いただ》けない事《こと》はよく知《し》つて居《ゐ》ますけど、本當《ほんたう》に好《す》きなんだもの仕方《しかた》がないわ。何《なに》も賣物《うりもの》にしやうとするのぢやなし、醉興《すゐきやう》にでも一筆《ふで》いいぢやないの？大低《たいてい》の方《かた》は描《か》いて下《くだ》さるわ。ところが堂本《だうもと》さんは、何《ど》うしてもだめなのよ。

(趙　仙　女)

韓晶玉　さうかしら、私《わたし》は一枚貰《まいもら》つたわ、もつとも、その場《ば》で、××殿《どの》に取《と》られたけど……

車成實　そこへゆくと、皆《み》んなで一緒《しよ》に來《こ》られた、**池上秀畝**、**矢澤弦月**、**山川秀峯**、**川瀨巳水**先《せん》生方《せいがた》は、本當《ほんたう》に親切《しんせつ》だつたわ。繪《ゑ》も皆樣《みなさま》威張《ゐば》らず一枚《まい》づつ書《か》いて下《くだ》さつたし、金剛山《こんがうさん》にいらつしては、わざ／＼御鄭寧《ごていねい》な御手《おて》紙《がみ》を下《くだ》さつたのよ。私《わたし》、本當《ほんたう》に感激《かんげき》しちやつた！

趙仙女　皆樣《みなさま》とても平壤《へいじやう》の景色《けしき》に感心《かんしん》して畫舫《ぐわばう》で私達《わたしたち》をモデルに繪《ゑ》をおかきになつたけど、一度《ど》見《み》たいわ、その畫《ゑ》……

韓晶玉　私《わたし》は若《わか》い畫家《ぐわか》に會《あ》つたわ、**東郷青兒**さんよ。奧樣《おくさま》と一緒《しよ》に國一館に來《こ》られたけど、その奥様《おくさま》がね、とても素晴《すば》らしい美人《びじん》なのよ。私達《わたしたち》全《まつた》く顏《かほ》が上《あ》がらなかつたわ。あんな美《うつく》しい奥《おく》様《さま》をもつて居《ゐ》るから、あんな美《うつく》しい畫《ゑ》も描《か》けるのか知《し》ら。そして顏《かほ》は何《ど》んなにまづいんでもいいから、朝鮮唄《てうせんうた》のうまい妓生《キイサン》を招《よ》んでくれといふ注文《ちうもん》なのよ。

(金蓮月)

畫家《ぐわか》だから顏《かほ》とかスタイルとか見《み》る方《はう》によけい興味《きようみ》を持《も》ちさうなのに奥様《おくさま》の手前遠慮《てまへゑんりよ》したのか、盛《さか》んに「聞《き》くこと」にばかり氣《き》を入《い》れて、崔春紅姉《さいしゆんこうねえ》さんの南道歌《ソリ》なんかには、特《とく》に、感心《かんしん》して「その悲壯《ひさう》な調子《てうし》が力《ちから》があつていい。矢張《やは》り、朝鮮妓生《てうせんキイサン》は朝鮮唄《てうせんうた》に限《かぎ》る」と何度《なんど》も繰《く》返《かへ》して聽《き》いて居《ゐ》たわ。あゝいふ方達《かたたち》は、凡《すべ》て朝鮮的《てうせんてき》なものによけい興味《きようみ》を持つものね。

王成淑　私《わたし》は「キザツポイ藝術紳士《げいじゆつしんし》」といふ印象《いんしやう》を受《う》けたけど。

司會者　この間《あひだ》、加藤武雄さんに小島政二郎さんや濱本浩さんが來《き》ましたね。

趙仙女　あの方達《かたたち》には、私達殆《わたしたちほとん》ど皆《みな》お目《め》にかかつたわ。加藤《かとう》さんは、私達《わたしたち》その席《せき》でも「お父《とう》さん〱」と呼《よ》んでなづいたものよ。全《まつた》く親切《しんせつ》なおやぢと云《い》ふところね。でも、何《な》んだか最初《さいしよ》は氣《き》のぬけた田舍《ゐなか》のとうさんと云《い》ふ感《かん》じだつたわ。

金蓮月　藝術家《げいじゆつか》つて皆《みな》さうね、見《み》た最初《さいしよ》の印象《いんしやう》は、何《な》んだかとぼけてゐる見《み》たいよ。でも、つきあつてゆくほどに、どうしてなかなか……

王成淑　深《ふか》さがあるのね。

車成實　加藤《かとう》とうさん、ほんとうに親切《しんせつ》よ。

趙仙女　ふん、そうでせう？　貰《もら》つたりなんかしてね。

司會者　貰《もら》つた？何《なに》をです？

車成實　東京《とうきやう》へ歸《かへ》られてね、すぐ「春香《しゆんかう》」といふ先生《せんせい》の本《ほん》を送《おく》つて下《くだ》さつたわ、サインをしてね

司會者　ほう、大勢《おほぜい》の妓生《キイサン》が居《ゐ》たのに、何《ど》うして特《とく》に貴女《あなた》にだけ送《おく》つて來《き》たんでせうね。

車成實　私《わたし》、知《し》らないわ。

李福花　成實姉《せいじつねえ》さんは、内地《ないち》の方《かた》には、とても好《す》かれるのよ。

趙仙女　内地《ないち》の方《かた》にだけぢやないでせう。

李福花　特《とく》によ。

金月中仙　何《なに》しろ、プレゼントで棚《たな》が一杯《ぱい》といふ「繁昌振《はんじやうぶ》り」ですからね。

(金月中仙)

車成實　併《しか》し、加藤《かとう》先生《せんせい》は少《すこ》しでもそんな變《へん》な氣持《きもち》では決《けつ》してないのよ。

(李一枝花)

司會者　濱本《はまもと》さんは？

安明玉　あの方《かた》は斷然《だんぜん》、李《り》一枝花《しくわ》よ。

林陽春　そう〱、今日《けふ》一枝花《しくわ》の居《ゐ》らんのは殘念《ざんねん》ね、いろいろ話《はなし》があるのに。

司會者　さうですね、彼女田舍《かのぢよゐなか》に旅行中《りよかうちう》です。濱本《はまもと》さんと彼女《かのぢよ》の話《はなし》を一つ聞《き》かうぢやないですか？　慥《たし》か、濱本《はまもと》さんは二度來《どき》たですね。

林陽春　さうよ、最初《さいしよ》いらつした時《とき》から一枝花《しくわ》が好《す》きでね。二度《ど》目《め》に來《こ》られる時《とき》は、チヤンと一枝花《しくわ》に何時着《いつつ》くと電報《でんぽう》を打《う》つてきた程《ほど》なのよ。所《ところ》が、彼女相憎《かのぢよあひにく》家《うち》に居《を》らなかつたので、驛《えき》に迎《むか》

へにも行《ゆ》かれなかつたの。それで、濱本《はまもと》さん料亭《れうてい》でも、氣《き》が氣《き》ぢやないのよ。餘《あま》りヤキモキなさるので、特別手配《とくべつてはい》をして、外《ほか》の料理屋《れうりや》から一時間《じかん》ばかり一枝《し》花《くわ》を借《か》りて來《き》て「一とき」の會《くわい》見《けん》をしたのよ。

金蓮月　あの方達《かたたち》、講演會《かうえんくわい》があつたでせう。私《わたし》、會場《くわいぢやう》で濱本《はまもと》さんに會《あ》つたら、途端《とたん》に「李《り》一枝《し》花《くわ》さんを知《し》つてゐますか」つて。

趙仙女　その講演《かうえん》では、一枝《し》花《くわ》の話《はなし》をなさらなかつたの？（笑聲《せうせい》）

車成實　翌日《よくじつ》は、一緒《しよ》に連《つ》れだつて活動《くわつどう》や喫茶店《きつさてん》に……

王成淑　貴女達《あなたたち》が餘程《よほど》せびつたんでせう？

（林陽春）

司會者　併《しか》し、幾《いく》らせびつたにしても東京《とうきやう》からわざ〳〵平壌《へいじやう》まで視察《しさつ》に來《き》て、妓生相手《キイサンあひて》の田舍《ゐなか》活動小屋《くわつどうごや》廻《まは》りとは、面白《おもしろ》いですね。

林陽春　親切《しんせつ》なのね、要《えう》するに……

李福花　活動《くわつどう》と云《い》へば、小島《こじま》さんも一緒《しよ》に階樂館《かいらくくわん》に行《い》つたわ。

司會者　皆《み》んなでですか？

李福花　いいえ、成實姉《せいじつねえ》さんと私《わたし》と三人《にん》。最初《さいしよ》ね、私《わたし》にだけ行《ゆ》かうとおつしやつたけど、二人《ふたり》ぢやなんだか變《へん》だから、成實姉《せいじつねえ》さんも誘《さそ》つたわ。

王成淑　でも、あの三人《にん》の方《かた》を見《み》送《おく》つたのは私《わたし》だけよ。私《わたし》、實《じつ》は大阪朝日《おほさかあさひ》の野間《のま》さんをお見送《みおく》りに驛《えき》に行《い》つたのよ。そしたら、あの方達《かたたち》も發《た》つぢやないの、それで私《わたし》、あの方達《かたたち》を見送《みおく》りに來《き》た樣《やう》な顏《かほ》をしたのよ。

司會者　野間《のま》つて、何《ど》ういふ方《かた》です？

王成淑　さ、朝日《あさひ》の何《なに》か知《し》ら、でも、とても！素晴《すば》らしい方《かた》よ。牡丹臺《ぼたんだい》の裏《うら》で名物《めいぶつ》の燒肉會《やきにくくわい》があつて、皆《み》んな歩《ある》かうといふ事《こと》になつてね。あの方《かた》が先《さき》に立《た》つて行《ゆ》くのを後《あと》から見《み》たら體格《たいかく》がとても東洋人離《とうやうじんばな》れして、立派《りつぱ》なのよ。私《わたし》、つい自分《じぶん》でも知《し》らずに「野間《のま》さん」と呼《よ》んじまつたの。そしたら、ひよつと振《ふ》り向《む》いて微笑《ほゝゑ》むのが、また素晴《すば》らしいの、それで、私《わたし》「あなたの後姿《うしろすがた》が餘《あま》り素晴《すば》らしいから、呼《よ》んだつてほんとをいつてね。せめて歩《ある》くだけでも一緒《しよ》に歩《ある》かう」つて心臓《しんざう》の强《つよ》い事《こと》をいつたわ。そして先生《せんせい》も喜《よろこ》んで、どうぞと腕《うで》を出《だ》されたわ。それでから、洋《やう》式《しき》に腕《うで》を組《く》んで、牡《ぼ》丹臺《たんだい》を散策《さんさく》したのよ。色々《いろ〳〵》話《はな》されたけど私《わたし》が會《あ》つたうちでは一番垢拔《ばんあかぬ》けしたゼントルマンで入格者《にふかくしや》よ。

洪桃花　馬鹿《ばか》にほれたのね。

王成淑　それでね、その時今《じきん》（九）月中《ぐわつちゆう》に必《かなら》ずもう一度《ど》いらつしやるといつてらしたのよ。私待《わたしま》つてるわ。

司會者　貴女達《あなたたち》のうちには、レコード專屬歌手《せんぞくかしゆ》が六七名《めい》も居《ゐ》るけど、その方面《はうめん》の方《かた》とのつきあひは隨分《ずゐぶん》多《おほ》いでせうね。

金福姬　餘《あま》りないわ。

司會者　藤山一郎さんが何度《なんど》も來《き》ましたね。

安明玉　そして、來《く》る度《たび》に何《なに》かしくじるのね。

司會者　運轉手《うんてんしゆ》を毆《なぐ》つて、留置場《りうちぢやう》入《い》りをしたりして……

（安明玉）

韓晶玉　あの方《かた》、舞臺《ぶたい》ではそうでもないけど、座席等《ざせきなど》では、とても、落着《おちつき》がないのね。子供《こども》みたいよ、

(金綺姫)

こういつ
ち(や)思ふ、
けど。

金綺姫 東海林太郎さんの方が、人間的《にんげんてき》には、ズート堅實味《けんじつみ》があるのね。

韓晶玉 でも、あの方《かた》は、舞臺《ぶたい》でも、少《すこ》し堅過《かたす》ぎるんぢやないこと？　随分前《ずゐぶんまへ》だけど、私《わたし》、王壽福姉《わうじゆふくねえ》さんが紹介《せうかい》するといふんで一緒《いつしよ》に訪《たづ》ねて行《い》つてね。當《たう》の本物《ほんもの》の東海林《しやうじ》さんをボーイだと感違《かんちが》ひして、恥《はづ》かしい目《め》に會《あ》つた事《こと》があるわ。

金綺姫 何度《なんど》も御座敷《おざしき》で會《あ》つたわけぢやないけど、徳山璉さんね、あの方會社《かたくわいしや》の關係《くわんけい》で旅行等一諸《りよかうなどいつしよ》にしましたが、随分親切《ずゐぶんしんせつ》な方《かた》よそれに、朝鮮民謠《てうせんみんえう》に非常《ひじやう》に興味《きようみ》を持《も》つて、汽車《きしや》の中《なか》でも、一生懸命《いつしやうけんめい》に練習《れんしふ》をしてるのよ。あの方自分《かたじぶん》の顔《かほ》ソツクリのお人好《ひとよ》しだと私思《わたしおも》ふわ。

司會者 方向《はうかう》を急轉回《きふてんくわい》して、大河内さん——傳次郎《でんじらう》ぢやないですよ、理化學研究所《りくわがくけんきうじよ》の所長《しよちやう》さん：

金蓮月 子爵《ししやく》でせう、あの方《かた》には皆度々會《みなたびたびあ》つてゐるわ。矢張《やは》り學者《がくしや》のせいか知《し》らないけど、氣難《きむづ》かしやね。

趙仙女 うん、あの方《かた》はね、かうなのよ。私達《わたしたち》、例《れい》によつて、お料理《れうり》を、少《すこ》しつゞ箸《はし》でつまんで先生《せんせい》のお皿《さら》へもつていつたでせう、何《ど》うしてもお上《あが》りにならないのよ。随《つ》いて來《き》た人《ひと》の話《はなし》によれば人《ひと》がもつてくれたものは、絶對《ぜつたい》に、取《と》らないんですつて面白《おもしろ》い癖《くせ》ね。

王成淑 でもね、かういふことがあつたのよ。それは冬《ふゆ》だつたわ。大同江《だいどうかう》が氷《こほ》り付《つ》いて銀河《ぎんが》の様《やう》になつてゐる上《うへ》を、十五夜《や》の月《つき》が照《て》つていたい晩《ばん》だつたわ。朝鮮料理屋《てうせんれうりや》で、宴會《えんくわい》を終《をは》つて、自動車《じどうしや》の來《く》るのを待《ま》つ間《あひだ》、私《わたし》は博士《はかせ》と河岸《かはぎし》に出《で》て見《み》たのよ。博士《はかせ》は、寒《さむ》いだらうとおつしやつて、御自分《ごじぶん》のオーバの中《なか》に、私《わたし》を入《い》れて、肩《かた》を抱《だ》いた儘《まゝ》ヂーッと川《かは》を見《み》つめていらしたが、急《きふ》に、こんな事《こと》をおつしやるのよ「素晴《すば》らしいね、ほれてくれる好《す》きな女《をんな》が居《ゐ》たらこんな宵《よひ》にこそ、死《し》んでもいいな。君《きみ》と何《ど》うだらう」つて、そして、さつきと川《かは》べりへ出《で》られるから、何《ど》うなさるつもりだらうと心配《しんぱい》して居《ゐ》たら、グルツとむからを向《む》いて、小用《せうよう》をたすぢやないの（笑聲《せうせい》）

(洪桃花)

車成實 私《わたし》は、柴田眞一と云《い》ふお方《かた》から何《な》んとかいふ難《むづ》かしい著書《ちよしよ》を送《おく》つて貰《もら》つたけどちつとも解《わか》らないのよでも、嬉《うれ》しいわね、そのお氣持《きもち》が……机《つくえ》に飾《かざ》つてゐるわ。

(韓晶玉)

趙仙女 併《しか》し、一番金使《いちばんかねづか》ひのいいのは、日本工業《にほんこうげふ》の石川社長ね。この前《まへ》なんかも、京城《けいじやう》まででも一緒《いつしよ》に來《こ》いと言《い》はれて、私達成實《わたしたちせいじつ》と雪中月三人《せつちうげつさんにん》でお供《とも》して、半島《はんたう》ホテルに陣取《ぢんど》つて四五日大盡《にちだいじん》遊《あそ》びをして來《き》たわ。

車成實 石川《いしかは》さんは私達《わたしたち》を十人《にん》ばかり東京《とうきやう》へ招《よ》んで、そこで藝者《げいしや》をさせたらいいだらう、と何度《なんど》もおつしやつて、眞面目《まじめ》に、その方法《はうはふ》を考《かんが》へていらしたわ。

司會者 それは、面白《おもしろ》い計畫《けいくわく》ですな。で貴女達《あなたたち》は、行《ゆ》くつもりだつたですか？

趙仙女　それは行《ゆ》くわ。父母《ふぼ》さへ許《ゆる》せば……

洪桃花　食《く》へるかしら。

金福花　大丈夫《だいぢやうぶ》よ。

韓晶玉　もう終《をは》りさうなのね、私《わたし》是非《ぜひ》お話《はな》したい方《かた》が居《ゐ》るわ。あの將棋《しやうぎ》の**木村名人**先生《せんせい》と一緒《しよ》に來《こ》られた釣《つり》の**佐藤**さん……

（崔　明　珠）

司會者　あ、あの方《かた》。貴女達《あなたたち》のことを、中央公論《ちゆうあうこうろん》に面白《おもしろ》く書《か》いてましたね。貴女《あなた》達《たち》のサービスが隨分《ずゐぶん》よかつたと見《み》えて、何《なん》から何迄《なにまで》馬鹿《ばか》にほめちぎつて居《ゐ》るぢやないの。

崔明珠　私《わたし》が書畫《しよぐわ》を書《か》いたと讃《ほ》めて居《ゐ》ましたけど、あれは私《わたし》が書《か》いたんぢやなくて、晶玉《しやうぎよく》が書《か》いてゐるのよ。

韓晶玉　そんなことよりもね、私《わたし》最初《さいしよ》あの席《せき》へ、よばれた時《とき》ね「隨分《ずゐぶん》ものものしい歡迎《くわんげい》ぶりだけど、お客《きやく》さんは誰《だれ》か」つて聞《き》いたの。そしたら、將棋《しやうぎ》の選手《せんしゆ》だといふでせう。何《な》んだ將棋《しやうぎ》商賣《しやうばい》かと最初《さいしよ》は馬鹿《ばか》にしたわ。所《ところ》が木村《きむら》さんね、會《あ》つてみると、とても色男《いろをとこ》で、而《しか》もやさしいでせう。そしてね「人間《にんげん》は何《なん》でもいいから、一つの事《こと》にだけは上達《じやうたつ》する必要《ひつえう》があるし、また一つの事《こと》に上達《じやうたつ》すればいい」といつて、しきりに私達《わたしたち》を勵《はげ》まして呉《く》れたの、感激《かんげき》したわ。

崔明珠　一緒《しよ》に來《こ》られた佐藤《さとう》さんも、面白《おもしろ》い方《はう》ね、隨分《ずゐぶん》ユモアで

司會者　他《ほか》にも、いろ／＼な方面《はうめん》の有名《いうめい》な方《かた》が、來《き》たでせうが。

金鶯月　それはまだ／＼居《ゐ》るわ、でも、こういざ思《おも》ひ出《だ》さうとすると、誰《だれ》！　と浮《うか》んでこないものね。

趙仙女　浮《うか》んで來《こ》ない方《はう》が、その人《ひと》としては得《とく》よ、こんなにさん／＼に言《い》はれる様《やう》だつたら……

林陽春　ほんとに、こんなに何《なに》もかも言《い》つてしまつていいのか知《し》ら、何《な》んだか、お客《きやく》さんに、濟《す》まないわ。殊《こと》に平壤《へいじやう》妓生《キイサン》はお客《きやく》さんの事《こと》は絶對《ぜつたい》にしやべらないといふ事《こと》が、一つの鐵則《てつそく》となつてゐるのに。

司會者　氣《き》に掛《か》けなくてもいいですよ、どつちも、罪《つみ》のないことぢやないですか。

王成淑　併《しか》しほんとうに、皆樣《みなさま》懷《なつか》しいわ、もう一度《ど》會《あ》ひたいわ。

趙仙女　それは、最後《さいご》のサーヴィスですか、おまけですか。

王成淑　そんな商賣氣《しやうばいき》ぢやなく。

司會者　よく傳《つた》へておきませう。

（平壤《へいじやう》金千代《かねちよ》會館《くわいかん》にて）

朝鮮映畫を語る

筈見恒夫

朝鮮《ちやうせん》の映畫界《えいぐわかい》が、我々《われわれ》の前《まへ》にクローズ・アップされたのは、李圭煥《りけいくわん》、鈴木重吉《すゞきぢうきち》協同監督《けふどうかんとく》の、「旅路《たびぢ》」が最初《さいしよ》である。それにも拘《かゝは》らず、朝鮮映畫《ちやうせんえいぐわ》の歴史《れきし》は、永《なが》くサイレントの昔《むかし》から續《つゞ》いてゐる。断片的《だんぺんてき》な記憶《きおく》では、京都《きやうと》あたりの場末《ばすゑ》の常設館《じやうせつくわん》で朝鮮映《ちやうせんえい》畫《ぐわ》が上映《じやうえい》され、ウインドに朝鮮《ちやうせん》服《ふく》を着《き》た男女《だんぢよ》のスチルを發見《はつけん》したことは、一度《ど》二度《ど》に止《とゞ》まらぬサイレントの末期《まつき》になると、既《すで》に筆者《ひつしや》の手許《てもと》に二三のスチールがある。甘《あま》つたるい戀愛《れんあい》ものから、その頃《ころ》の内地映畫《ないちえいぐわ》の流行《りうかう》に遲《おく》れじと左翼《さよく》かぶれのしたスチールが見《み》られる。構圖《こうづ》と云《い》ひ、扮裝《ふんさう》と云《い》ひ、今見《いまみ》ると幼稚《えうち》きわまるものだが、その頃《ころ》の日本映《にっぽんえい》畫《ぐわ》のことを考《かんが》へると、餘《あま》り威張《ゐば》れた義理《ぎり》でないかも知《し》れない。

朝鮮映畫《ちやうせんえいぐわ》の歴史《れきし》は、しかし、一口《くち》に云《い》ふと、小《せう》プロダクション興亡《こうばう》の歴史《れきし》であつたらしいのだ。形式《けいしき》の上《うへ》では、その頃《ころ》から數多《かずおほ》く輸入《ゆにふ》されたアメリカ映畫《えいぐわ》に惹《ひ》かれ、内容《ないよう》の上《うへ》では内地映《ないちえい》畫《ぐわ》によつて、時《とき》に影響《えいきやう》され、時《とき》に反撥《はんぱつ》したであらうが、企業《きげふ》としての映畫製作《えいぐわせいさく》ではこの半島《はんたう》の映畫人《えいぐわじん》たちは獨自《どくじ》の道《みち》を歩《あゆ》んだに過《す》ぎない。一臺《だい》のキヤメラと一人《ひとり》の熱情的《ねつじやうてき》な映畫青年《えいぐわせいねん》があることは、直《たゞ》ちに一プロダクションの設立《せつりつ》を意味《いみ》し、一映畫《えいぐわ》の誕《たん》生《じやう》を意味《いみ》した。經濟的《けいざいてき》な見透《みとう》しなどはどうでもよかつたのだ。本當《ほんたう》を云《い》へば、決《けつ》して、どうでもよかつたのではないのだが、彼等《かれら》は一つの映畫《えいぐわ》を作《つく》ることだけで一ぱいだ。それから先《さ》き、その作《つく》られた作品《さくひん》が、興行《こうぎやう》として成《な》り立《た》つかどうか。そんな事《こと》にまで、拘《こだは》つてゐられるか。

斯《か》うした映畫製作《えいぐわせいさく》の原始的《げんしてき》な狀態《じやうたい》は、未《いま》だに朝鮮映畫《ちやうせんえいぐわ》の上《うへ》に續《つゞ》いてゐる。キヤメラがマイクを伴《ともな》ひ、完備《くわんび》した錄音装置《ろくおんさうち》を必《ひつ》要《えう》とする様《やう》になつただけに製作《せいさく》には多《おほ》くの困難《こんなん》が伴《ともな》ふようになつた。經濟的《けいざいてき》な見透《みとう》しも樹《た》てられなければならぬ。この事《こと》は、一時《じ》朝鮮映畫《ちやうせんえいぐわ》の量《りやう》を低下《ていか》させたが、この土地《とち》の映畫《えいぐわ》を全日本的《ぜんにつぽんてき》な視野《しや》に曝《さら》さなければならぬ動機《どうき》を作《つく》り、一つの客觀的《きやくくわんてき》な性《せい》格《かく》を與《あた》へるとしたなら、トーキーは必《かなら》ずしも朝鮮映畫《ちやうせんえいぐわ》に不幸《ふかう》を與《あた》へたわけではない。經濟的困《けいざいてきこん》難《なん》は、彼等《かれら》を獨《ひと》りよがりから解《かい》放《はう》したと云《い》ひ得《え》られる。

現《げん》に、「漢江《かんかう》」にしても「國境《こくきやう》」にしても、朝鮮映畫《ちやうせんえいぐわ》は、その狹《せま》い土地《とち》から解放《かいはう》され、容赦《ようしや》なき批判《ひはん》が下《くだ》されなければならない時《とき》になつたのである。映畫《えいぐわ》に於《お》ける朝鮮的《てうせんてき》な性格《せいかく》が色々《いろいろ》な角度《かくど》から取《と》り上《あ》げられなくてはならなくなつた。

朝鮮映畫《てうせんえいぐわ》が、その內地《ないち》に於《お》ける興行的成果《こうぎやうてきせいくわ》はとにかくとして、その大衆的《たいしうてき》な反響《はんきやう》はしばらく措《お》くとして、一部《ぶ》の映畫製作者《えいぐわせいさくしや》や、批評家《ひひやうか》に關心《くわんしん》を持《も》たれる樣《やう》になつたのは、この事變《じへん》に於《お》ける朝鮮《てうせん》の立場《たちば》といふものを、內《うち》からと外《そと》からの兩方面《りやうはうめん》から眺《なが》め直《なほ》して見《み》る必要《ひつえう》がある。

作品《さくひん》としては無慘《むざん》に失敗《しつぱい》したが、東寶《とうはう》が逸早《いちはや》く協同製作《けふどうせいさく》に乘《の》り出《だ》した「軍用列車《ぐんようれつしや》」徐光霽《じよくわうせい》、佐藤武協同監督《さとうたけしけふどうかんとく》の意義《いぎ》も成《な》り立《た》つ筈《はず》である。たとへば、朝鮮映畫《てうせんえいぐわ》の將來《しやうらい》に、二つの發展《はつてん》が考《かんが》へられる。その一は「軍用列車《ぐんようれつしや》」や、或《ある》ひは八木保太郎《やぎやすたらう》のシナリオによつて、崔寅奎《さいいんけい》の監督《かんとく》してゐる「授業料《じゆげふれう》」の樣《やう》に、內地人《ないちじん》との接觸《せつしよく》した生活面《せいくわつめん》、協力《けふりよく》した思想《しさう》による企劃《きくわく》である。

その二は飽《あ》くまでローカル映畫《えいぐわ》としての性格《せいかく》に始終《しじう》することである。「漢江《かんかう》」や「旅路《たびぢ》」「國境《こくきやう》」の行《ゆ》き方《かた》がそれだ。チェッコスロヴアキヤ映畫《えいぐわ》の「ながれ」を誰《たれ》かゞ朝鮮映畫《てうせんえいぐわ》の感《かん》じと結《むす》びつけたが、朝鮮《てうせん》の詠嘆的《えいたんてき》な弱々《よわよわ》しい地方色《ちはうしよく》は、成程《なるほど》チェッコ映畫《えいぐわ》に似通《にかよ》つた性格《せいかく》かも知《し》れない。

だが、もと〱この二つの分類《ぶんるゐ》は、究極《きうきよく》に於《おい》て一であつて二ではないのだ。日本映畫《にほんえいぐわ》が東洋《とうやう》に於《お》ける映畫的先進國《えいぐわてきせんしんこく》として、滿洲《まんしう》や、支那《しな》まで映畫的《えいぐわてき》の征覇《せいは》を成《な》し遂《と》げ、それを指導《しだう》しなければならないとしたらこんな二つの分類《ぶんるゐ》などは不要《ふえう》なことである。

內地人《ないちじん》たると、半島人《はんたうじん》たると共《とも》に日本人《にほんじん》であるのに變《かは》りがないのだから、適材適所《てきざいてきしよ》の作品《さくひん》を擁《よう》して、あらゆる角度《かくど》から取《と》り上《あ》げるべきである。最近《さいきん》になつて、漸《やうや》く朝鮮映畫株式會社《てうせんえいぐわかぶしきぐわいしや》の樣《やう》な纏《まと》つた組織《そしき》の會社《くわいしや》が成立《せいりつ》されて、村山知義《むらやまともよし》を迎《むか》へての「春香傳《しゆんかうでん》」の樣《やう》な大《おほ》きな企劃《きくわく》を發表《はつぺう》してゐるが、扨《さ》て、その實現性《じつげんせい》になると餘《あま》り大《おほ》きな期待《きたい》は持《も》てない。內地《ないち》の資本家《しほんか》や文化團體《ぶんくわだんたい》の心《こゝろ》からなる理解《りかい》を俟《ま》たなくては、朝鮮映畫《てうせんえいぐわ》の健全《けんぜん》な發展《はつてん》は望《のぞ》むことが出來《でき》ない。經濟的援助《けいざいてきゑんじよ》の他《ほか》に、必要《ひつえう》なことは、演出家《えんしゆつか》や、技術《ぎじゆつ》家《か》や、俳優《はいいう》の交換《かうくわん》もある。內地《ないち》の映畫會社《えいぐわくわいしや》が、或《あ》る映畫《えいぐわ》に朝鮮《てうせん》人《じん》の配役《はいやく》を必要《ひつえう》とする場合《ばあひ》に、この僅《わづ》かな距離《きより》にある半島《はんたう》から俳優《はいいう》を呼《よ》びよせ、これに映畫的《えいぐわてき》訓練《くんれん》を與《あた》へると云《い》ふこと位《くらゐ》は造作《ざうさ》もなく出來《でき》るわけである。斯《か》ういふ所《ところ》に內鮮融和《ないせんゆうわ》の實《じつ》は擧《あ》げられ、日本映畫《にほんえいぐわ》の大陸進出《たいりくしんしゆつ》の地盤は更に強固なものになるのではないか。

內地《ないち》にゐると朝鮮《てうせん》の事情《じじやう》にうとくなる。京城《けいじやう》といふ町《まち》が、どんな風俗《ふうぞく》と、どんな地形《ちけい》の上《うへ》に出來上《できあが》つてゐるか、巴里《パリー》や紐育《ニユーヨーク》や、ハリウツドの十分《ぶん》の・百分《ぶん》の一しか、京城《けいじやう》の風俗《ふうぞく》や、そこに住《す》んでゐる人々《ひとびと》の生活《せいくわつ》ぶりを知《し》らないといふ事《こと》は、日本映畫《にほんえいぐわ》の奇型的《きけいてき》な發達《はつたつ》を思《おも》はせる以外《いぐわい》の何物《なにもの》でもない。その爲《た》めには、地理《ちり》、風俗《ふうぞく》、物產等《ぶつさんとう》を紹介《せうかい》する朝鮮《てうせん》の文化映畫《ぶんくわえいぐわ》も、積極的《せききよくてき》に作《つく》られなくてはならぬが、それを裏付《うらづ》ける爲《た》めに、人情《にんじやう》や風習《ふうしふ》や生活《せいくわつ》を立體化《りつたいくわ》した劇映畫《げきえいぐわ》が作《つく》られ、內地《ないち》の大衆《たいしう》の前《まへ》に上映《じやうえい》される機會《きくわい》が作《つく》られなくてはならない。筆者《ひつしや》は朝鮮映畫《てうせんえいぐわ》の意義《いぎ》を斯《か》うした國策的《こくさくてき》な觀點《くわんてん》に於《おい》て強調《きやうてう》して置《お》きたいのだ。

朝鮮と私

ハガキ回答

水野錬太郎

私《わたし》は先年《せんねん》朝鮮《てうせん》に在住《ざいぢう》し朝鮮《てうせん》統治《とうち》に關係《くわんけい》して居《を》りましたから朝鮮《てうせん》には深《ふか》き關信《くわんしん》を持《も》つてゐます。

大正《たいしやう》八年《ねん》私《わたし》が朝鮮《てうせん》に參《まゐ》りましてから早《は》や其後《そのご》二十年《ねん》を經《へ》ました。

今日《こんにち》では物心《ぶつしん》兩方面《りやうはうめん》とも進歩《しんぽ》し人心《じんしん》平靜《へいせい》に歸《き》し、日支事變《にっしじへん》以來《いらい》は新附《しんぷ》の朝鮮同胞《てうせんどうはう》は忠誠《ちうせい》なる皇國臣民《くわうこくしんみん》となり内鮮《ないせん》一如《によ》渾然《こんぜん》一體《たい》となりました。

往年《わうねん》のことを追想《ついさう》すれば實《じつ》に今昔《こんじやく》の感《かん》に堪《た》へません。是《こ》れ全《まつた》く一視同仁《しどうじん》の聖旨《せいし》を奉《ほう》し誠心誠意《せいしんせいい》朝鮮《てうせん》の爲《た》めに盡《つく》された總督府當局者《そうとくふたうきよくしや》並《ならび》に民《みん》間有力者《かんいうりよくしや》の努力《どりよく》によるものと信《しん》じ感激《かんげき》して居《を》ります。

窪川稲子

朝鮮《てうせん》へは行《い》つたことはありませんが、朝鮮《てうせん》の人《ひと》とは交友《かういう》關係《くわんけい》もあり、親《した》しみを持《も》つてゐます。朝鮮《てうせん》の人《ひと》で日本《にっぽん》に來《き》て生活《せいくわつ》してゐる人《ひと》たちの感情《かんじやう》を作品《さくひん》に書《か》きたいといつから思《おも》つてゐて未《いま》だに書《か》けません。

短篇《たんぺん》の一袋《ふくろ》の駄菓子《だぐわし》といふものゝ中《なか》に、朝鮮子供《てうせんこども》を一人《ひとり》描《か》きました。チングワといふ名前《なまへ》ですが、これは、どんな字《じ》を書《か》くのか知《し》りません。耳《みゝ》で聞《き》いた名《な》です。作中人物《さくちうじんぶつ》ですがこの子供《こども》には大變愛着《たいへんあいちやく》を感《かん》じてゐます。顏《かほ》もはつきり思《おも》ひ出《だ》せます。

伊藤永之介

この間《あひだ》、七、八年消息不明《ねんせうそくふめい》だつた慶尙南道《けいしやうなんだう》の李君《りくん》から珍《めづ》らしく手紙《てがみ》がとゞいた、外交員《ぐわいかういん》などをしてゐたが飯《めし》が食《く》へなくてしばらく私《わたし》の家《うち》にゐたことのある同君《どうくん》は、今《いま》でも文學的情熱《ぶんがくてきじやうねつ》を失《うしな》はないでゐるらしいのは、ひどくなつかしかつた。

私《わたし》はまだ行《い》つたことがないが、朝鮮《てうせん》を二、三度《ど》書《か》いたことがある。そのため朝鮮《てうせん》には多少《たせう》自分《じぶん》の讀者《どくしや》がゐるらしいが、李君《りくん》もそのなかの一人《ひとり》なのである。

清水幾太郎

父《ちゝ》の兄《あに》が家《うち》へ來《き》て死《し》んだのはもう二十年《ねん》ほど前《まへ》のことである。この伯父《をぢ》は養子《やうし》に行《い》つたのであるが、一家離散《かりさん》の運命《うんめい》に遭《あ》つて實家《じつか》へ歸《かへ》つて來《き》たのである。伯父《をぢ》の遺品《ゐひん》に養家《やうけ》の系圖《けいづ》があつた。卷物《まきもの》を最後《さいご》まで繰《く》り擴《ひろ》げて見《み》ると、そこには百濟《くだら》の王樣《わうさま》の名前《なまへ》が記《しる》してあつた。養家《やうけ》は大昔《おほむかし》日本《にっぽん》へ歸化《きくわ》したのであらう。當時《たうじ》小學生《せうがくせい》であつた私《わたし》にはそれだけしか記憶《きおく》にない。よく讀《よ》める頃《ころ》には系圖《けいづ》はもうなかつた。大震災《だいしんさい》で燒《や》けてしまつたのである。併《しか》しこの小《ちひ》さな事實《じじつ》がその後《ご》私《わたし》の空想《くうさう》に依《よ》つて色々《いろいろ》と複雜《ふくざつ》に且《か》つ美《うつく》しく作《つく》り上《あ》げられて行《い》つた。中學《ちうがく》や高等學校《かうとうがくかう》で朝鮮《てうせん》から來《き》た友人《いうじん》と特《とく》に仲《なか》が良《よ》かつたのも或《あるひ》はそのためかも知《し》れないし、この伯父《をぢ》が多《おほ》くの親戚《しんせき》の中《うち》で一番《ばん》深《ふか》く心《こゝろ》に殘《のこ》つてゐるのもこれと關係《くわんけい》があるかも知《し》

れぬ。——併《しか》し一度《ど》は行《ゆ》きたいと考《かんが》へながら、朝鮮《てうせん》へはまだ足《あし》を踏《ふ》み入《い》れたことがないのである。

川上喜久子

私《わたし》は朝鮮《てうせん》には子供《こども》の頃《ころ》からずゐ分長《ぶんなが》い間住《あひだす》んでゐた。越《えち》後《ご》へ緣付《えんづ》く時《とき》、もうこれがお別《わか》れかと思《おも》つてゐたのに、夫《をつと》が東拓《とうたく》へ勤《つと》めることになつてまた〳〵渡鮮《とせん》し、京城《けいじやう》と木浦《もつぽ》に住《す》んだ。

親《おや》はずつと今《いま》でも京城《けいじやう》に居《ゐ》るし、弟妹《ていまい》も親類《しんるゐ》も友達《ともだち》も大勢《おほぜい》居《ゐ》るので、朝鮮《てうせん》へ旅行《りよかう》するのは全《まつた》く故鄕《こきやう》へ歸《かへ》るやうな氣《き》がする。

そんなわけで、小說《せうせつ》の題材《だいざい》も朝鮮《てうせん》から得《う》るのが私《わたし》にとつては一番自然《いちばんしぜん》なのである。

下村海南

明治《めいぢ》三十五年團匪事變《ねんだんぴじへん》の直《ちよく》後《ご》北支《ほくし》よりのかへり路《みち》に芝罘《チーフー》から仁川《じんせん》に第《だい》一歩《ぽ》を印《いん》してから、大正《たいしやう》に入《はい》り臺灣在職中《たいわんざいしよくちう》に次《つい》で朝日新聞社《あさひしんぶんしや》に入《はい》りてから、さらに一介《かい》の浪人《らうにん》となりて二回《くわい》、近《ちか》くは新潟《にひがた》より北鮮《ほくせん》をたづねるはづ。作品《さくひん》は落穗集《おちぼしふ》。

山本實彥

私《わたし》は朝鮮《てうせん》の方《はう》にずゐぶん知《ち》己《き》は多《おほ》いが、中《なか》に一人《ひとり》學問《がくもん》も人格《じんかく》も秀れた人《ひと》があります。その人《ひと》の消息《せうそく》をこのごろ杳《えう》として聞《き》かぬが、元氣《げんき》にしてをればよいと思《おも》つてをる。その人《ひと》と今夏《こんか》は金剛山《こんがうさん》でも步《ある》いて見《み》たく思《おも》つたが世事《せじ》思《おも》ふに任《まか》せず私《わたし》は意外《いぐわい》の地《ち》に旅《たび》せねばならぬことゝなつた。私《わたし》は私《わたし》が歸《かへ》つてくるまで金剛山《こんがうさん》もその人《ひと》も若《わか》くしてゐてくれることを祈《いの》つてをる。

サトウハチロー

いまキングレコードのピカ一歌手《かしゆ》である永田絃次郎《ながたげんじらう》君《くん》は朝鮮《てうせん》の人《ひと》です。金《きん》さんといふのが本名《ほんみやう》で戸山學校《とやまがくかう》の軍樂隊《ぐんがくたい》の出身《しゆつしん》です。一緒《しよ》にポリドールに居《を》りました時《とき》よく逢《あ》つては音樂《おんがく》の話《はなし》をしました。永《なが》田君《たくん》のためにボヘミアンガールを譯《やく》したりカバレリヤの歌《うた》をつくつたりしたのはたのしい思《おも》ひ出《で》です。

天野貞祐

朝鮮總督府《てうせんそうとくふ》の判事《はんじ》であつた私《わたし》の兄《あに》は生來人《せいらいひと》一倍强健《ばいきやうけん》で殊《こと》に船《ふね》には强《つよ》く海峽《かいけふ》が荒《あ》れて皆《みな》醉《よ》つても自分《じぶん》は平氣《へいき》で世話《せわ》をしてやつたなどゝ得意《とくい》で元氣《げんき》であつたが風邪《かぜ》を無理《むり》して肺《はい》炎《えん》になり一週間病《しうかんや》まずに死《し》んでしまつた。兄《あに》の死《し》の誘因《いういん》は風邪《かぜ》であつても原因《げんいん》は强健《きやうけん》と義務心《ぎむしん》とであつたと云《い》へる。朝鮮《てうせん》と聞《き》くごとに私《わたし》は兄《あに》のことを思《おも》はずには居《ゐ》られない。

赤松克麿

私《わたし》はもとから朝鮮人《てうせんじん》に對《たい》して深《ふか》い愛情《あいじやう》を抱《いだ》いてゐる一人《ひとり》です。從《した》つて多《おほ》くの朝鮮人《てうせんじん》の友人《いうじん》を持《も》つて居《ゐ》ます。私《わたし》の北《ほく》海道《かいだう》の選擧區《せんきよく》に於《お》ける朝鮮人《てうせんじん》も熱心《ねつしん》なる私《わたし》の支持者《しぢしや》です。朝鮮人《てうせんじん》一般《ぱん》に對《たい》して義務敎育《ぎむけういく》制《せい》と徵兵制《ちようへいせい》を施行《しかう》すると共《とも》に內地人《ないちじん》と一切平等《さいびやうどう》なる權利《けんり》を與《あた》へ、完全《くわんぜん》なる日本人《にっぽんじん》としての待遇《たいぐう》を與《あた》へること、これが私《わたし》の念願《ねんぐわん》です。

鶴見祐輔

朝鮮《てうせん》は美《うつく》しい國《くに》だといふ印象《いんしやう》を、私《わたし》は大學卒《だいがくそつ》

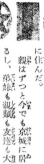

業《げふ》の翌年《よくねん》の初夏《しよか》はじめてこの地《ち》に旅《たび》して受《う》けました、この初印象《しよいんしやう》がいまだに忘《わす》れかねます。

伊藤　整

朝鮮《てうせん》には今年《ことし》はじめて行《い》つた。民族《みんぞく》の接觸《せつしよく》といふことに大《おほ》きな問題《もんだい》がいつもついてまはるものであり、それはなか〳〵づむかしいものだといふ印象《いんしやう》を受《う》けた。内鮮《ないせん》一體《たい》といふことについてなど、内地人《ないちじん》よりも朝鮮人《てうせんじん》の方《はう》が實踐的《じつせんてき》に熱心《ねつしん》なのは興味《きようみ》があつた。滿《まん》支《し》への通路《つうろ》として、また朝鮮《てうせん》は問題《もんだい》になるだらう。

今　日出海

僕《ぼく》は朝鮮《てうせん》の十月《ぐわつ》の空《そら》が好《す》きだ。あんなに澄《す》んでゐると、頭《あたま》の中《なか》まで蒼《あを》さが滲《し》みて、そくばくの思想《しさう》なんか表白《へうはく》されてしまふ。それから僕《ぼく》は朝鮮《てうせん》のコミックな味《あぢ》のある踊《をど》りが好《す》きだ。また童謠《どうえう》も好《い》いと思《おも》ふ。崔承喜《さいしようき》君《くん》や今《いま》は巴里《パリ》にゐる畫家《ぐわか》の裵《ハイ》君《くん》は僕《ぼく》は朝鮮《てうせん》でなければ生《うま》れぬ立派《りつぱ》な藝術家《げいじゆつか》だと思《おも》つてゐる。

阿部　知二

二度《ど》滿洲《まんしう》に行《い》つたが、いつも都合《つがふ》がわるくて、朝鮮《てうせん》に行《い》つたことがありません。しかし、朝鮮《てうせん》の人《ひと》は、こちらでもよく觸《ふ》れてゐます。私《わたし》の知《し》つてゐるあらゆる人々《ひと〴〵》の中《うち》で、もつとも誠實《せいじつ》な一人《ひとり》であるK君《くん》（いま平壤《へいじやう》にあり）、もつとも頭腦《あたま》のいゝ一人《ひとり》であるK氏《し》などがあります。大《おほ》きな、人間的發展《にんげんてきはつてん》の可能性《かのうせい》を、朝鮮《てうせん》の人全體《ひとぜんたい》に認《みと》めます。たゞ一言苦言《ごんくげん》をいへば、――小《ちひ》さなことにくよ〳〵しないやうにしてほしいとおもひます。

森谷　克巳

私《わたし》が朝鮮《てうせん》に渡《わた》つて來《き》たのは學校《がくかう》を出《で》た年《とし》、昭和《せうわ》二年《ねん》。その頃《ころ》、朝鮮《てうせん》に來《き》て十年《ねん》にもなる人《ひと》と聞《き》けば隨分長《ずゐぶんなが》いやうに思《おも》はれた。しかし自身《じしん》住《す》んでみると、既《すで》に十三年《ねん》になるが長《なが》いといふ感《かん》じは起《おこ》らない。いろ〳〵の事《こと》があつたが、總《そう》じて記憶《きおく》が拂拭《ふつしよく》されてゆくためであらう。

その間《あひだ》、田舍《ゐなか》を旅行《りよかう》することができたのは二度《ど》だが、田舍《ゐなか》は今《いま》も昔《むかし》も大《たい》した變《かは》りはないだらう。しかし、京城《けいじやう》はたしかに變《かは》つた。あるとき、新參《しんざん》の友人《いうじん》にカフェーの變《かは》り樣《やう》を話《はな》したら、京城《けいじやう》カフェー興亡史《こうばうし》を書《か》けと言《い》つたが、遺憾《ゐかん》ながらそれは、最近《さいきん》の情勢《じやうせい》を全《まつた》く知《し》らないので私《わたし》にはできないが、兎《と》にかくこゝにも隔世《かくせい》の感《かん》がある。その頃《ころ》一つもなかつた喫茶店《きつさてん》、バーの多《おほ》くなつたこと。最近《さいきん》何《なに》かの雜誌《ざつし》に、京城《けいじやう》では文學《ぶんがく》志望者《しばうしや》が喫茶店《きつさてん》に氾濫《はんらん》してゐるといふ觀察《くわんさつ》が載《の》つてゐたが、たしかにそれが繁昌《はんじやう》してゐることは著《いちじる》しい。

この十數年間《すうねんかん》に、次《つ》ぎ〳〵と新《あたら》しいビルヂングができたりして街《まち》の裝《よそほ》ひは大分《だいぶ》變《かは》つた。殊《こと》に最近《さいきん》では事變景氣《じへんけいき》の影響《えいきやう》であらう。瓦葺《かはらぶき》の新式朝《しんしきてう》鮮家屋《せんかをく》の著《いちじる》しい增《ふ》え方《かた》だ。郊外《かうぐわい》に近《ちか》く新《あたら》しく建《た》つてゐる住宅《ぢうたく》は大抵《たいてい》朝鮮家屋《てうせんかをく》だ。

私共《わたくしども》が來《き》た初《はじ》めの頃《ころ》、夏《なつ》になると必《かなら》ず毎晩《まいばん》京城《けいじやう》の都心《としん》鮮《せん》銀前廣場《ぎんまへひろば》に三人《にん》の男女《だんぢよ》が現《あら》は

れ、二人《ふたり》は大道藝術家《だいだうげいじゅつか》(?)でバイオリンに合《あは》せて「枯《か》れすゝき」や何《なに》やらを唄《うた》ひ、一人《ひとり》が歌《うた》の本《ほん》を賣《う》りつけてゐたが彼《かれ》らは何時《いつ》の頃《ころ》からか現《あら》はれなくなつて了《しま》つた。もう一つの風景《ふうけい》は、十一時《じ》、十二時《じ》になつて人通《ひとどほ》りが尠《すく》なると子供《こども》乞食《こじき》が大勢《おほぜい》集《あつ》まつて來《き》て戯《たはむ》れ遊《あそ》ぶことだつた。尤《もと》も、この方《はう》は今《いま》も餘《あま》り變《かは》りないかも知《し》れない。水旱災《すゐかんさい》でもあると、相當《さうたう》乞食《こじき》の増《ふ》えることが眼《め》につく。

朝鮮《てうせん》は、今日《こんにち》「内鮮一體《ないせんいったい》」の新段階《しんだんかい》を出發《しゅっぱつ》し、わが興亞《こうあ》國策遂行《こくさくすゐかう》の據點《きょてん》、且《か》つ「兵站《へいたん》基地《きち》」としての樞要《すうえう》な役割《やくわり》を負荷《ふか》してゐる。内地《ないち》、殊《こと》に東京《とうきやう》は、朝鮮《てうせん》のこの新《あたら》しい役割《やくわり》を洞察《どうさつ》し、半島《はんたう》を正《ただ》しく認識《にんしき》することを、私《わたし》は望《のぞ》んで止《や》まない。

安部磯雄

私《わたし》が早大《さうだい》の教師《けうし》を勤《つと》めて居《ゐ》た時《とき》張徳秀《ちやうとくしう》といふ朝鮮《てうせん》の留學《りうがく》生《せい》と懇意《こんい》になりました。餘《あま》り日本語《にっぽんご》が巧《うま》いので初《はじ》めは彼《かれ》が半島人《はんたうじん》であることに氣付《きづ》きませんでした。

後《のち》彼《かれ》は米國《べいこく》に學《まな》び歸國《きこく》後一時《じ》新聞《しんぶん》記者《きしゃ》となりましたが今《いま》は教育《けういく》界《かい》に居《ゐ》ることを聞《き》きました。其後《そのご》私《わたし》は朝鮮《てうせん》の青年《せいねん》に多《おほ》くの知人《ちじん》を有《いう》するようになりました。然《しか》し今《いま》でも張君《ちやうくん》を忘《わす》れることが出來《でき》ません。

小野賢一郎

私《わたし》が大陸《たいりく》に志《こころ》ざしたのは日《にち》露《ろ》戰爭直後《せんさうちょくご》であつた。仁川《じんせん》に上陸《じゃうりく》した時《とき》にはコレーツやワリヤークなど撃沈《げきちん》された露艦《ろかん》の殘骸《ざんがい》があつた。新聞記者《しんぶんきしゃ》になつたのが十八歳《さい》、まだ理事《りじ》官裁判《くわんさいばん》のあつた頃《ころ》で朝鮮《てうせん》の警《けい》察署《さつしょ》で死刑《しけい》の執行《しっかう》するのを見《み》た事《こと》もあつた。宋秉畯《そうへいしゅん》や趙重應《てうぢゅうおう》氏《し》等《など》が島流《しまなが》しにされてゐた島《しま》から小舟《こぶね》で仁川《じんせん》に上陸《じゃうりく》するのを見《み》たことがある。戰爭直後《せんさうちょくご》だつたのでまだ軍政《ぐんせい》を敷《し》いてゐた。朝鮮《てうせん》には文藝的《ぶんげいてき》な香《かほ》りは全然《ぜんぜん》なかつた。私達《わたしたち》が主催《しゅさい》で京城《けいじゃう》、仁川《じんせん》の俳句大會《はいくたいくわい》を開《ひら》いて三十名《めい》も集《あつ》まつたのが文藝的交驩《ぶんげいてきかうくわん》の最初《さいしょ》だつたかも知《し》れない。私《わたし》は新聞《しんぶん》に朝鮮語《てうせんご》を入《い》れて短篇《たんぺん》を書《か》いたことがある。この時《とき》は朝鮮語《てうせんご》を日本《にっぽん》語《ご》に融合《ゆうがふ》するのに骨折《ほねを》つたものである。思《おも》へば三十數年前《すうねんまへ》の話《はなし》だ。

秋田雨雀

一、私《わたし》は幼年期《えうねんき》十四五歳《さい》から朝鮮《てうせん》の人《ひと》たちに接《せっ》してゐますが、今《いま》でも朝鮮《てうせん》及《およ》び朝鮮《てうせん》の人々《ひとびと》を充分理解《じゅうぶんりかい》してゐるとは言《い》えません。しかしたゞ朝鮮《てうせん》の文化《ぶんくわ》及《およ》び朝鮮《てうせん》の人《ひと》々《びと》の變《かは》ることのない友情《いうじゃう》に感謝《かんしゃ》してゐます。

二、私《わたし》は去年《きょねん》「春香傳《しゅんかうでん》」の旅《たび》で受《う》けた朝鮮《てうせん》の人々《ひとびと》の好意《かうい》に對《たい》して、或《あるひ》は生涯《しゃうがい》報《むく》いる時《とき》があるか何《ど》うかを心配《しんぱい》してゐる位《くらゐ》です。藝術《げいじゅつ》の方面《はうめん》での朝鮮《てうせん》の人々《ひとびと》のタレントに對《たい》して、私《わたし》は可《か》なりな期待《きたい》をもつてゐます。文學《ぶんがく》の方面《はうめん》でも環境《かんきゃう》さえ好《よ》ければ世界的水準《せかいてきすゐじゅん》に達《たっ》し得《う》る時《とき》があるかも知《し》れません。

三、私《わたし》は人種《じんしゅ》、文化及《ぶんくわおよ》び言語《げんご》の交流《かうりう》の歴史《れきし》を幾《いく》らか學《まな》び初《はじ》めてから、この信念《しんねん》を一層強《そうつよ》くさせら

れてゐます。

藤森成吉

随分懇意《ずゐぶんこんい》にした朝鮮《てうせん》の知合《しりあひ》ひもあり、朝鮮《てうせん》に取材《しゆざい》した小説《せうせつ》や戯曲《ぎきよく》も三四書《か》いてゐます。然《しか》しまだ一度《ど》もその地《ち》を踏《ふ》んだことがなく、多年《たねん》、いつかその機會《きくわい》をとねがつてゐます。

飯島正

僕《ぼく》は朝鮮《てうせん》をよく知《し》つてはゐません。京城《けいじやう》に一晩泊《ひとばんとま》つたほかは、汽車《きしや》で素通《すどほ》りしただけです。しかし、朝鮮《てうせん》の歴史《れきし》や文化《ぶんくわ》にはふかい關心《くわんしん》をもつてゐます。朝鮮《てうせん》の農業《のうげふ》も、見《み》ゆるかぎりは見《み》てゐます。明大《めいだい》や日大《にちだい》の學生諸君《がくせいしよくん》には朝鮮《てうせん》のひとがおほいので、いろいろさういふひとたちからも、朝鮮《てう》のはなしをきいてゐます。また李泳根君《りえいこんくん》のやうなまじめに内地《ないち》と朝鮮《てうせん》のことを考《かんが》へてゐる青年《せいねん》から、をしへられるところもおほいのです。しかし、なんにせよ、朝鮮《てうせん》の文化《ぶんくわ》——特《とく》に文學《ぶんがく》——についてまとまつた紹介《せうかい》も飜譯《ほんやく》もないといふことは、まことに殘念《ざんねん》です。出來《でき》るだけ知《し》りたいとおもつても、朝鮮語《てうせんご》をいまから勉強出來《べんきやうでき》ない僕《ぼく》たちは、その手段《しゆだん》がないのです。朝鮮文化《てうせんぶんくわ》の紹介《せうかい》は、是非《ぜひ》朝鮮《てうせん》のひとたちによつてさかんにしてもらひたいとおもひます。

末川増

私《わたし》の生《うま》れた郷里《きやうり》の村《むら》——山《やま》口縣《ぐちけん》の東部《とうぶ》では、私共《わたしども》の子供《こども》の時分《じぶん》から朝鮮《てうせん》に出《で》かける人《ひと》がかなり澤山《たくさん》ありましたので朝鮮《てうせん》は距離《きより》の上《うへ》で近《ちか》いばかりでなく、したしみの上《うへ》でも近《ちか》いといふ氣《き》がしてゐました。私自身《わたしじしん》は昨年初《さくねんはじ》めて行《い》つたのですが、嘗《かつ》て私《わたし》の講義《かうぎ》をきいたといふ諸君《しよくん》が色々《いろいろ》の方面《はうめん》で活動《くわつどう》してをられるのを見《み》てまことにうれしく思《おも》ひました。殊《こと》に裁判所《さいばんしよ》に勤《つと》めてをられる諸君《しよくん》に種々《しゆじゆ》の話《はなし》をきいて啓發《けいはつ》するところが多《おほ》く、一層《そう》したしみを増《ま》しました。

打木村治

朝鮮人《てうせんじん》に對《たい》する内地人《ないちじん》の一般《ぱん》の感想《かんさう》は、最初交渉《さいしよかうせふ》のあつた時《とき》は、おとなしく、二度《ど》三度《ど》するうちに、ずうずうしさと小狡《こずる》さを發揮《はつき》する、といふ風《ふう》なものであるらしい。一應《おう》尤《もつと》もなやうだが、私《わたし》は滿洲《まんしう》や朝鮮《てうせん》で會《あ》つた人々《ひとびと》について、さうは思《おも》はなかつた。内地人《ないちじん》よりも却《かへ》つてのびやかなものを感《かん》じた。若《も》し内地《ないち》へ來《き》て朝鮮《てうせん》人《じん》がさういふ態度《たいど》をとるとすれば、それは内《ない》地人《ちじん》にも責任《せきにん》があるわけだ。今事變《こんじへん》を期《き》して朝鮮《てうせん》インテリの間《あひだ》には内鮮《ないせん》一致《ち》の思想《しさう》が涙《なみだ》ぐましいまでに熾烈《しれつ》に起《おこ》つてゐる。日本《にほん》の東亜《とうあ》に於《お》ける地《ち》位《ゐ》の認識《にんしき》と新大陸《しんたいりく》に發展《はつてん》しやうとするためには、今《いま》の秋《とき》を除《のぞ》いて他《た》に絶對《ぜつたい》に機會《きくわい》なしと思《おも》ふことに依《よ》るらしい。京城《けいじやう》にある或大《あるおほ》きな本屋《ほんや》の話《はなし》だが、そこの高級《かうきふ》な本《ほん》の大部分《だいぶぶん》は内地人《ないちじん》でなく、朝鮮人《てうせんじん》によつて買《か》はれてゐる。その勉強《べんきやう》ぶりは驚《おどろ》くばかりだと。爲政《いせい》者《しや》は朝鮮人《てうせんじん》の滿洲移民《まんしういみん》、滿洲《まんしう》人《じん》との摩擦《まさつ》のある點《てん》について充分考慮《じゆうぶんかうりよ》されたいと思《おも》つた。京城《けいじやう》では朝鮮人《てうせんじん》の經營《けいえい》する百

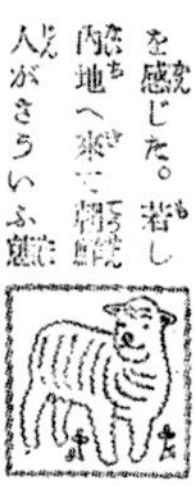

貨店《くわてん》に内地人《ないちじん》の客《きやく》は少《すく》ないが、内地人《ないちじん》のそれには朝鮮人《てうせんじん》の客《きやく》は多《おほ》く這入《はい》つてゐる。

三島雅夫

私達《わたしたち》は、去年《きよねん》、春香傳《しゆんかうでん》を上演《じやうえん》致《いた》しました。そしてそれを以《も》つて朝鮮《てうせん》にまゐりました。私《わたし》達《たち》は、今迄何度《いままでなんど》も飜譯劇《ほんやくげき》を上演《じやうえん》しました。そしてアメリカ人《じん》になつたり、獨逸人《ドイツじん》になつたりしました。同《おな》じ東洋人《とうやうじん》と言《い》ふ事《こと》はあるのでせうが、春香傳《しゆんかうでん》をやり、向《むか》ふへ行《い》つて色《いろ》く々と歡迎《くわんげい》されて歸《かへ》つて來《き》て、東京《とうきやう》、大阪《おほさか》の街《まち》を歩《ある》いて朝鮮《てうせん》の人達《ひとたち》に行《ゆ》きあふ時《とき》に、何《なに》か、今《いま》までとはちがつた想《おもひ》を抱《いだ》かせられます。何《なに》か、身内《みうち》に、ヒシ／＼とふれるものがあるのです。是《これ》は一寸言葉《ちよつとことば》では言《い》へません。獨逸《ドイツ》、アメリカの飜譯劇《ほんやくげき》をやつても、そして道《みち》で外人《ぐわいじん》にあつても、アメリカ大使館《たいしくわん》の前《まへ》を通《とほ》つても何《なに》か言葉《ことば》でもかけたいと云《い》ふやうな氣持《きもち》は決《けつ》しておこりません。街《まち》で、朝鮮《てうせん》の人達《ひとたち》に逢《あ》ふと、何《なに》かオイ、といひたい様《やう》な氣《き》がします。朝鮮《てうせん》の唱《うた》をうたひたくなつたりします。是《これ》は私《わたし》が役者《やくしや》だからでせうが

湯淺克衞

三ツの時《とき》に父親《ちちおや》と共《とも》に朝鮮《てうせん》の南海岸《なんかいがん》に行《ゆ》き、それから現在《げんざい》の朝鮮《てうせん》の中部《ちうぶ》の街《まち》に落着《おちつ》いて居《を》りますので、私《わたし》に取《と》つては朝鮮《てうせん》は第《だい》二の故郷《こきやう》と云《い》ふよりもかけがへのない故郷《こきやう》になつてゐるわけです。それで東京《とうきやう》に居《きよ》を構《かま》へて居《ゐ》ても、四圍の移《うつ》り變《かは》りと一緒《しよ》に、今頃《いまごろ》は朝鮮《てうせん》はといつも想《おも》ひ出《だ》して居《ゐ》るやうなわけです。従《したが》つて何《なん》とか用事《ようじ》をこさへては、毎年《まいねん》ほど朝鮮《てうせん》に歸《かへ》つてゐるやうな次第《しだい》です。

秦豐吉

昨年《さくねん》十月《ぐわつ》日劇《にちげき》で「春香傳《しゆんかうでん》」をレビユウにしてやつたのが私《わたし》が朝鮮《てうせん》に手《て》がけた最初《さいしよ》ですが、これでは満足《まんぞく》せず、本年《ほんねん》九月末演出《すゑえんしゆつ》、装置《さうち》各《かく》一名《めい》女子《ぢよし》踊《をど》り手《て》二名《めい》を京城《けいじやう》に派遣《はけん》し、ぜひ面白《おもしろ》い朝鮮《てうせん》レビユウを製《せい》作《さく》したいと準備中《じゆんびちう》です。御後《ごこう》援《ゑん》願《ねが》上《あ》げます。

青野季吉

私《わたし》はまだ朝鮮《てうせん》の土地《とち》を踏《ふ》んだことがありませぬ。朝鮮人《てうせんじん》は幾人《いくにん》か知《し》つてゐます。朝鮮《てうせん》の話《はなし》は大分聽《だいぶき》きました。朝鮮《てうせん》

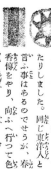

に關《くわん》する本《ほん》も少《すこ》しは讀《よ》みました。朝鮮料理《てうせんれうり》は二三度《ど》食《く》つた切《き》りです。——結局私《けつきよくわたし》は朝鮮《てうせん》を知《し》りませぬ。

中村武羅夫

新義州《しんぎしう》から訪《たづ》ねて來《き》たといふ十七歳《さい》の一青年《せいねん》が、大雨《おほあめ》の中《なか》を一晩中門前《ひとばんぢうもんぜん》に、濡《ぬ》れねずみになつて立《た》つてゐたのには驚《おどろ》いた。仕方《しかた》がないので家《うち》に置《お》いたが、温和《おとな》しい、寡默《くわもく》な、いい青年《せいねん》だつが、まる一年《ねん》すると、また、どこともなく行《ゆく》衛不明《ゑふめい》になつてしまつた。放《はう》浪癖《らうへき》のため、どうも長《なが》く同《おな》じところに落着《おちつ》いてゐられないらしい。

小林一三

金剛山《こんがうさん》の風光《ふうくわう》は世界無双《せかいむさう》の絶景《ぜつけい》だといふ話《はなし》をきいてゐるから、是非《ぜひ》、一度《ど》行《い》つて見《み》たいと考《かんが》へて居《を》りますが今《いま》だにその機會《きくわい》がないので、私《わたし》と朝《てう》鮮《せん》との縁《えん》は、これかぎり無《な》いのでないかと悲觀《ひくわん》して居《を》ります。

清澤冽

朝鮮人《てうせんじん》を隣人《りんじん》に持《も》ちましたが、これは滿足《まんぞく》ではありませんでした。私《わたし》の屋敷《やしき》の中《なか》に來《き》て、子供達《こどもたち》が勝手《かつて》に柿《かき》や栗《くり》をとる。石《いし》を投《な》げる。そして平《へい》氣《き》です。書齋《しよさい》から見《み》てゐると百姓《ひやくしやう》が一生懸命《いつしやうけんめい》で作《つく》つた作物《さくもつ》を勝手《かつて》に、朝鮮人《てうせんじん》のお神《かみ》さんがとつて行《ゆ》きました。私《わたし》はこれを朝鮮人《てうせんじん》に對《たい》する惡感《あくかん》からいつてゐるのではありません。私《わたし》は親鮮主義者《しんせんしゆぎしや》ですから反省《はんせい》を願《ねが》ひたいのです。

河崎なつ

私《わたし》の教《をし》へた多《おほ》くの生徒《せいと》の中《なか》で、朝鮮人《てうせんじん》は、皆《みな》よい印象《いんしやう》を殘《のこ》してゐる。ことにいまも、立派《りつぱ》な人達《ひとたち》であつたと顧《かへり》みられる、三人《にん》の青年男女《せいねんだんぢよ》は、それぐ＼きつと、朝鮮《てうせん》のために良《よ》き柱《はしら》となつて居《を》られるのではないかと思《おも》ふのです。

李漢暎《りかんえい》さんと金《きん》さんは、女《ぢよ》性《せい》として、母性《ぼせい》として、教育《けういく》者《しや》として、朝鮮《てうせん》の娘《むすめ》さん達《たち》のために働《はたら》きますと、いつて、歸《かへ》つてゆかれた、英才《えいさい》ある人《ひと》達《たち》でした。

全東林氏《ぜんとうりんし》は間島《かんたう》の人《ひと》、文學《ぶんがく》を專攻《せんこう》してゐますが、かへつて文化事業《ぶんくわじげふ》に捧《さゝ》げるのだと必《ひつ》死《し》に働《はたら》いてゐました。

皆《みな》、責任《せきにん》を重《おも》んじ、忠實《ちうじつ》で克《よ》く敢行《かんかう》し、かつ、聰明《そうめい》でした。世《よ》に出《で》る、出《で》ないは別《べつ》として、この人達《ひとたち》は朝鮮《てうせん》の「たから」だと、私《わたし》はいつも、その健在《けんざい》をいのつてゐます。

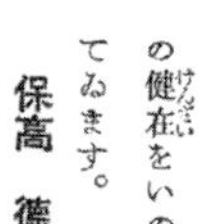

保高德藏

父《ちゝ》が朝鮮《てうせん》で事業《じげふ》をしてゐたので、明治《めいぢ》四十年《ねん》の三月《ぐわつ》、私《わたし》は朝鮮京城《てうせんけいじやう》に行《い》つた。その頃《ころ》朝鮮《てうせん》は合邦前《がつぱうぜん》で、總督府《そうとくふ》の代《かは》りに統監府《とうかんふ》があり、統監《とうかん》は伊《い》藤博文《とうはくぶん》で、葉卷《はまき》を燻《くゆ》らしながら、馬上豐《ばじやうゆたか》に街《まち》を行《ゆ》く統監《とうかん》の姿《すがた》を、子供心《こどもごゝろ》に眺《なが》めた記憶《きおく》がある。十九歳《さい》から滿《まん》三年間《ねんかん》、多《た》感《かん》な少年時代《せうねんじだい》を送《おく》つた京城《けいじやう》、龍山《りうざん》の山水《さんすゐ》には未《いま》だに忘《わす》れ難《がた》いものがある。第二《だい》の故郷《こきやう》といふ感《かん》じがする。そのせいか、朝鮮《てうせん》の人士《じんし》にも知己《ちき》が可成《かな》りある。作家《さくか》の張赫宙君《ちやうかくちうくん》や、金《きん》史良君《しりやうくん》などは今尚頻繁《いまなほひんぱん》な交渉《かうせふ》をもつてゐる。

桑木嚴翼

朝鮮《てうせん》は私《わたし》が初《はじ》めて見《み》た外國《ぐわいこく》

ですから其點《そのてん》で、印象《いんしやう》の深《ふか》い所《ところ》があります。日露戰役《にちろせんえき》の終《を》りの頃《ころ》、當時《たうじ》の參謀次長《さんぼうじちやう》たる長岡將軍《ながをかしやうぐん》に随行《ずゐかう》して中尉《ちうゐ》の資格《しかく》で渡韓《とかん》しました。其後《そのご》我國《わがくに》に併合《へいがふ》せられてから、數回《すうくわい》講習會《かうしふくわい》に聘《へい》せられ、(尤《もつと》も是《これ》は内地人《ないちじん》が主體《しゆたい》ですが)又西比利亞《シベリア》を經由《けいゆ》して歐洲《おうしう》から歸還《きくわん》する途中《とちう》などで度々《たびたび》通過《つうくわ》したので何《なん》となく親《した》しみを感《かん》じて居《ゐ》ます。學生《がくせい》などにも此地《このち》の出身者《しゆつしんしや》があつて相當《さうたう》に好成績《かうせいせき》を擧《あ》げて居《ゐ》るものもあります。但《たゞ》し或時《あるとき》、突然未知《とつぜんみち》の朝鮮人《てうせんじん》が來《き》て窮狀《きうじやう》を訴《うつた》へたので、極《きは》めて少《すこ》し金錢《きんせん》を贈與《ぞうよ》し、自ら竊に日鮮融合《にっせんゆうがふ》に一臂《ぴ》の力《ちから》を添《そ》えたつもりで居《ゐ》ましたが、其後同樣《そのごどうやう》な請願《せいぐわん》をするものが二三來《き》たので、是《これ》はしまつたと、以後斷然《いごだんぜん》ことわることにしました。

神近市子

朝鮮《てうせん》といふと、私《わたし》はローラ・イ、はどうしてゐるだらうと思《おも》ひます。長崎《ながさき》のミッションスクールで一緒《しよ》に聖書《せいしよ》や英語《えいご》を勉強《べんきやう》した人《ひと》で、美人《びじん》ともいへないがしかし

可憐《かれん》な、見《み》るほどの人《ひと》に愛情《あいじやう》を抱《いだ》かせずには置《お》かぬ小柄《こがら》な娘《むすめ》さんでした。朝鮮名《てうせんめい》は何《なん》といふのか、私共《わたしども》はローラ・イ、とよんでゐました。おそらく長崎《ながさき》の學校《がくかう》を出《で》るとそれからアメリカにでも行《い》つてから歸《かへ》つて朝鮮《てうせん》の女子《ぢよし》教育《けういく》にでも働《はたら》いたのでせう。今一人《いまひとり》ヘレン・李《り》とかいふ人《ひと》がゐましたが、この人《ひと》は丈夫《ぢやうぶ》でジャンジャン働《はたら》いてゐるだらうと思《おも》ふのに、ローラの方《はう》は若死《わかじに》したやうな氣《き》がしてなりません。その他《た》三四人《にん》の朝鮮人《てうせんじん》がゐました。

佐佐木茂索

朝鮮語《てうせんご》も少《すこ》しは知《し》つてゐる朝鮮人《てうせんじん》の友人《いうじん》もある。

こないだ來《き》た金君《きんくん》とは一日《にち》ゴルフを樂《たの》しんだ。

京城《けいじやう》、仁川程度《じんせんていど》のところなら少々《せう〳〵》知《し》つてゐる。朝鮮《てうせん》を舞《ぶ》臺《だい》にした小說《せうせつ》を書《か》いたこともある。

かういふ小生《せうせい》だから若《も》しそれ「私《わたし》と朝鮮《てうせん》」の題下《だいか》で書《か》くとなると、到底《たうてい》一葉《えふ》のはがきのよくするところでない。

福田清人

今年《ことし》、滿洲《まんしう》、北支《ほくし》の旅《たび》をする途中《とちう》、京城《けいじやう》、平壤《へいじやう》によつた。京城《けいじやう》では朝鮮《てうせん》の文化人《ぶんくわじん》に澤山《たくさん》あつて色々話《いろ〳〵はなし》する機會《きくわい》があつた。彼等《かれら》は内鮮《ないせん》一致《ち》の問題《もんだい》を主《しゆ》として論《ろん》じ大變《たいへん》熱心《ねつしん》であつた。

内地《ないち》と大陸《たいりく》をむすぶ橋梁《けうりやう》としての半島《はんたう》につき、もつと内地《ないち》は關心《くわんしん》を持《も》つべきであると思《おも》つたが、今日《こんにち》のやうに戰爭《せんさう》や開拓《かいたく》の大事業《だいじげふ》が、そのむかふで行《おこな》はれてゐる時《とき》、半島《はんたう》の人《ひと》が自分《じぶん》たちに内地《ないち》の關心《くわんしん》があまりむけられてゐないやうだといふのは、ある點《てん》仕方《しかた》のない事《こと》だとも考《かんが》へた。相互《さうご》に理解《りかい》するには、もつと文化人《ぶんくわじん》の交渉《かうせふ》が必要《ひつえう》である。とも思《おも》つた。

議論《ぎろん》のすべてが政治《せいぢ》につきあたる點《てん》、内地《ないち》で考《かんが》へてゐる以上《いじやう》である。

朝鮮の作家を語る

金史良

朝鮮《てうせん》に新文學《しんぶんがく》が始《はじ》まつたのが僅《わづ》か十三年《ねん》しかならないので、作家《さくか》といつても皆非常《みなひじやう》に若《わか》いことが目《め》に付《つ》く。若《わか》いだけにそれだけぴしぴしして張《は》り合《あ》ひがある。それに朝鮮《てうせん》に新文學《しんぶんがく》が始《はじ》まる頃《ころ》から既《すで》に丸裸《まるはだ》かで掛足飛《かけあしと》びに先進文學《せんしんぶんがく》を追《お》ひ掛《か》けてゐるから、皆《みな》せつかちである。いつか菊池寛《きくちくわん》は日本文學《にほんぶんがく》の中《なか》には、トルストイもドストイエフスキーもモウパッサンもバルザックも皆《みな》一緒《しよ》ぐたになつてはいつて來《き》たと書《か》いてゐたが、朝鮮文壇《てうせんぶんだん》もやはりさうである。だが日本文《にほんぶん》學《がく》は七十年間《ねんかん》に亙《わた》るが、朝鮮文《てうせんぶん》學者《がくしや》はそれを僅《わづ》か三十年《ねん》の間《あひだ》に成《な》し遂《と》げねばならなかつた。それで全《まつた》くいきせき切《き》つたものである。だが現在《げんざい》は朝鮮《てうせん》の作家《さくか》も自分達《じぶんたち》の呼吸器《こきふき》で呼吸《こきふ》をしてゐる。それに日本文學《にほんぶんがく》と少《すこ》しばかり違《ちが》ふ點《てん》は、朝鮮《てうせん》の文學《ぶんがく》が抑《そも》々北歐《ほくおう》の自然主義文學《しぜんしゆぎぶんがく》を壓倒的《あつたふてき》に受《う》けてゐることである。それはわれわれの土地《とち》が大陸《たいりく》の地續《ぢつゞき》であり、北方的《ほくはうてき》なものを内的人間《ないてきにんげん》の中《うち》に持《も》つてゐるからのやうである。一般《ぱん》に朝鮮《てうせん》の文學者《ぶんがくしや》が日《に》本文學《ほんぶんがく》の影響《えいきやう》をそれ程《ほど》受《う》けてゐない事實《じじつ》も注目《ちうもく》に値《あたひ》するであらう。

さて朝鮮文壇《てうせんぶんだん》の大御所《おほごしよ》とも云《い》へる李光洙は早稲田《わせだ》の英文科《えいぶんくわ》に學《まな》んだが、その實《じつ》、氏《し》の文學的《ぶんがくてき》な教養《けうやう》の中《なか》には北歐的《ほくおうてき》なものが優《いう》勢《せい》である。氏《し》は朝鮮《てうせん》のトルストイと云《い》はれてゐる。流《なが》れるやうな麗筆《れいひつ》と心《こゝろ》の中《なか》に奥深《おくふか》く抱《いだ》いてゐる静《しづ》かな火山《くわざん》は今《いま》まで多難《たなん》な三十年《ねん》の間《あひだ》溢《こぼ》るを知《し》らず又休《またやす》むことを知《し》らなかつた。氏《し》の處《しよ》女作《ぢよさく》の「無情《むじやう》」といふ長篇《ちやうへん》は今《いま》なほ版《はん》を重《かさ》ねてゐる。氏《し》の作品程《さくひんほど》朝鮮《てうせん》の一般《ぱん》の讀者《どくしや》に受《う》けるものはないであらう。「無情《むじやう》」から、最《さい》近《きん》の「愛《あい》」や「無明《むめい》」に至《いた》るまで貫《つらぬ》くものは高貴《かうき》な愛《あい》の精神《せいしん》である。そして現在《げんざい》は遂《つひ》に宗教的《しうけうてき》な高《たか》さにまで居《ゐ》ようと考《かんが》へてゐる。現在滿洲《げんざいまんしう》で新聞事業《しんぶんじげふ》に關係《くわんけい》してゐる廉尚燮は、ロシヤ文學《ぶんがく》と云《い》つてもドストイエフスキー張《は》りであるが小説家《せうせつか》といふ意味《いみ》では氏《し》こそ朝鮮《てうせん》の本格的《ほんかくてき》な作家《さくか》として尊重《そんちよう》されてゐる。主《おも》に長《ちやう》篇物《へんもの》を書《か》いてゐるが「萬歳前後《ばんざいぜんご》」「三代《だい》」等《とう》の力作《りきさく》があり最近《さいきん》は「二心《しん》」といふ長篇《ちやうへん》を出《だ》して好評《かうひやう》を博《はく》してゐる。現在大衆文學《げんざいたいしうぶんがく》へ轉身《てんしん》するやうになつた金東仁は、優秀《いうしう》な短篇作家《たんぺんさくか》の一人《ひとり》である。その「藷《いも》」や「ベタラギ」の好箇《かうこ》な短篇《たんぺん》は既《すで》に和譯《わやく》されてゐるが、大抵《たいてい》フイリップ好《この》みのもので、昔《むかし》の自然主義的《しぜんしゆぎてき》な作品《さくひん》の中《なか》には讀《よ》むに足《た》るものがある。氏《し》は相當《さうたう》女《をんな》を描《ゑが》く事《こと》が得意《とくい》のやうで殊《こと》に妓生《ぎそう》は片端《かたつぱし》から書《か》き上《あ》げてゐる。

去《さ》る四月朝鮮文壇《てうせんぶんだん》のペン部隊《ぶたい》の一人《ひとり》として北支《ほくし》を廻《まは》つて來《き》たが、戰爭《せんさう》といふ藥《くすり》がきき過《す》ぎたものか不眠症《ふみんしやう》がひどくなつて苦《くる》しんでゐられる。そして極《ご》く最《さい》近逅《きんがへ》り咲《ざ》いて「文章《ぶんしやう》」に「金研《きんけん》實傳《じつでん》」や「先驅女《せんくぢよ》」などを發表《はつぺう》して、いろいろと問題《もんだい》を起《おこ》してゐる。

現在朝鮮文壇《げんざいてうせんぶんだん》の一方《ぱう》の雄《ゆう》李箕永は「鼠火《そくわ》」といふ中篇《ちうへん》から出《で》た作家《さくか》であるが、その長《ちやう》篇《へん》「故鄕《こきやう》」の如《ごと》きは朝鮮《てうせん》の農民《のうみん》文學《ぶんがく》の記念碑的《きねんひてき》な作品《さくひん》とされてゐる。三四年前《ねんぜん》その一部《ぶ》が文學《ぶんがく》案內《あんない》に飜譯連載《ほんやくれんさい》されてゐた。最《さい》近氏《きんし》は朝鮮日報《てうせんにつぽう》の依囑《いしよく》に依《よ》つて、滿洲《まんしう》の朝鮮移民《てうせんいみん》の生活《せいくわつ》を執《しつ》筆《ぴつ》することになつたが、その成《せい》果《くわ》が大《おほ》いに期待《きたい》されてゐる。近《ちか》頃《ごろ》は作家《さくか》の自己批判《じこひはん》といふ問題《もんだい》を提《ひつさ》げて現《あら》はれた金南天の告發《こくはつ》

文學《ぶんがく》といふものがある。氏《し》はまだ若《わか》い作家《さくか》で今《いま》まで批評家《ひひやうか》として働《はたら》いてゐたが、今《いま》は專《もつぱ》ら創作《さうさく》に精進《しやうじん》してゐる。短篇小說集《たんぺんせうせつしふ》に「少年行《せうねんかう》」があり、最初《さいしよ》の長篇《ちやうへん》として或《あ》る家族史《かぞくし》を丹念《たんねん》に描《ゑが》いた「大河《たいが》」がある。お馴染《なじみ》の張赫宙は今《いま》まで朝鮮文壇《てうせんぶんだん》では餘《あま》りいい作品《さくひん》を出《だ》してゐないが、氏《し》の朝鮮語《てうせんご》の長篇《ちやうへん》「黎明期《れいめいき》」農村《のうそん》篇《へん》の如《ごと》きは力作《りきさく》で、最近《さいきん》これを改作《かいさく》東京文壇《とうきやうぶんだん》で發表《はつぺう》してゐる。だが兎角《とかく》東京《とうきやう》で云《い》はれてゐるやうに、朝鮮文壇《てうせんぶんだん》が張赫宙《ちやうかくちう》を嫉妬《しつと》してゐると一概《がい》に解《かい》するには、現在朝鮮《げんざいてうせん》の作家《さくか》は餘《あま》りに自分《じぶん》たちの仕事《しごと》に悅《よろこ》びを感《かん》じてゐるし、又《また》その慘苦《ざんく》と努力《どりよく》も餘《あま》りに眞劍《しんけん》すぎると云《い》へよう。

朝鮮《てうせん》の純藝術派《じゆんげいじゆつは》に屬《ぞく》する人々《ひとびと》を擧《あ》げれば、李泰俊、李孝石、朴泰遠、などであらう。彼等《かれら》は初期文學《しよきぶんがく》の「言葉《ことば》」の遺產《ゐさん》を受

け繼《つ》いで發展《はつてん》せしめてゐる。それに近來《きんらい》は朝鮮語《てうせんご》の發見《はつけん》といふことが一般作家の大《おほ》きな仕事《しごと》となつて現《あら》はれた。そして今《いま》はだんだん統《とう》一されるやうになつたが、その語彙《ごゐ》が豐富《ほうふ》でニユアンスが優《すぐ》れてゐるために、李泰俊や李孝石、朴泰遠、故金裕貞あたりの感覺的《かんかくてき》な作品《さくひん》になると殆《ほとん》ど飜譯不可能《ほんやくふかのう》なものを感《かん》ずる。

李孝石は現在大同工專《げんざいだいどうこうせん》の語學敎《ごがくけう》授《じゆ》であるが、藝術的《げいじゆつてき》な香《かを》り高《だか》い小說《せうせつ》を編《あ》む人《ひと》で、「聖畫《せいぐわ》」といふ短篇集《たんぺんしふ》を出《だ》してゐるし「蕎麥《そば》の花《はな》の頃《ころ》」「豚《ぶた》」など名品《めいひん》が多《おほ》い。

李泰俊は梨花女專《りくわぢよせん》の講師《かうし》で、かたはら「文章《ぶんしやう》」といふ優秀《いうしう》な文《ぶん》藝《げい》雜誌《ざつし》を編輯《へんしふ》して最近《さいきん》の文學《ぶんがく》の水《すゐ》準《じゆん》を引《ひ》き上《あ》げてゐる。氏《し》一流《りう》の美《うつく》しい綾《あや》のある文章《ぶんしやう》で東洋的《とうやうてき》な詩情《しじやう》を描《ゑが》いて、殊《こと》に女《をんな》の讀者《どくしや》の人氣《にんき》を一手《て》でさらつてゐる。長《ちやう》篇物《へんもの》も多《おほ》く「黃眞伊《くわうしんい》」や「第《だい》二の運命《うんめい》」などがある。朴泰遠はお河童《かつぱ》をして街《まち》を歩《ある》いてゐるが路地《ろぢ》や貧乏人《びんぼふにん》の世態情緒《せたいじやうちよ》が好《す》きのやうで、「川邊風景《かはべふうけい》」(長篇《ちやうへん》)のスケッチに夢中《むちう》になつたり、ゴーゴリ風《ふう》の達者《たつしや》な筆《ふで》で「路地《ろぢ》の中《なか》」をかき分《わ》けたりしてゐる。朝《てう》鮮文壇《せんぶんだん》では氏《し》を世態派《せたいは》の元祖《ぐわんそ》となしてゐる。先《さき》に死《し》んだばかりの金裕貞は非常《ひじやう》に不遇《ふぐう》な最後《さいご》を遂《と》げたさうだが、「春《はる》・春《はる》」など面白《おもしろ》い作品《さくひん》を出《だ》して實《じつ》に將來《しやうらい》を囑望《しよくばう》された多才《たさい》な作家《さくか》。同《おな》じく惜《を》しまれながら東京《とうきやう》で客死《かくし》した李箱《りかん》は特異《とくい》なる感覺《かんかく》でもつて愛《あい》されてゐた。此頃《このごろ》餘《あま》り仕事《しごと》をしてゐない作家《さくか》に、李無影や嚴興燮や安懷南がおり、劇作家《げきさくか》柳致眞がゐる。李無影は今《いま》まで東亞《とうあ》日報《につぽう》の文藝部《ぶんげいぶ》にゐた人《ひと》で最近退《さいきんたい》社《しや》したさうであるから、これから大《おほ》いに活躍《くわつやく》するであらうし、嚴興燮もぼつぼつ調子《てうし》が出《で》たも

のか、最近《さいきん》「黎明《れいめい》」などを發表《はつぺう》してゐる。咸大勳は朝鮮隨《てうせんずゐ》一の多《た》作家《さくか》で色々《いろ〳〵》な所《ところ》に短篇《たんぺん》や長篇《ちやうへん》を書《か》いてゐるが、現在《げんざい》「朝先《てうせん》」といふ雜誌《ざつし》の主任《しゆにん》である。蔡萬植は朝鮮《てうせん》の石川達三《いしかはたつざう》といつたあたりであるが、仕事《しごと》をするため田舍《ゐなか》に引《ひ》つ込《こ》んでゐるさうである。それに引《ひ》きかへて一寸派《ちよつとは》手《で》な小説《せうせつ》が好《す》きで、以前和文小説《いぜんわぶんせうせつ》なども試《こゝろ》みてゐた李石薰は、いよいよ京城《けいじやう》へ移《うつ》つて來《き》てこれから馬力《ばりき》を上《あ》げようとしてゐる知性作家《ちせいさくか》となるとや〻寥々《れう〳〵》たる感《かん》があるが、兪鎭午、韓雪野崔明翊などを擧《あ》げるべきであらうか。「金講師《きんかうし》とT教授《けうじゆ》」の作家《さくか》兪鎭午は、現在普成專門《げんざいふせいせんもん》の法科《はふくわ》教授《けうじゆ》の職《しよく》にゐながら傍《かたは》ら創作《さうさく》に努《つと》めてゐるが、今年《ことし》になつて殊《こと》にその活躍《くわつやく》が目覺《めざ》しかつた。前《ぜん》出《しゆつ》の李孝石《りかうせき》と同《おな》じく城大《じやうだい》の出身《しゆつしん》で、相等名門《さうとうめいもん》に生《うま》れ作品《さくひん》の上《うへ》にも一寸《ちよつと》さういふ所《ところ》が窺《うかゞ》はれぬでもない。最近發表《さいきんはつぺう》した「秋《あき》」などは朝鮮《てうせん》の現在《げんざい》のインテリの一面《めん》を書《か》いたものであり、「滄浪亭《さうらうてい》記《き》」や「蝶《てふ》」などは今《いま》までの行《ゆ》き方《かた》とは違《ちが》つてゐるが好評《かうひやう》であつた。韓雪野は中央《ちうあう》から遠《とほ》く離《はな》れてみつちりと創作《さうさく》に勵《はげ》んでゐる稀《まれ》にみる努力家《どりよくか》である。此頃《このごろ》矢繼早《やつぎばや》に「泥濘《でいねい》」や「報復《はうふく》」等《など》の力作《りきさく》を發表《はつぺう》して貴重《きちよう》な存在《そんざい》である。崔明翊は一昨年頃《さくねんごろ》から現《あら》はれ始《はじ》めた、朝鮮《てうせん》では珍《めづ》らしい壯年《さうねん》の新人《しんじん》であるが、その力《りき》量《りやう》は大《おほ》いに期待《きたい》されてゐる。最《さい》近《きん》の「心紋《しんもん》」といふ作品《さくひん》は堂々《だう〳〵》としたもので、氏《し》はその克明《こくめい》で練《ね》りのある筆力《ひつりよく》と構成《こうせい》で着々《ちやく〳〵》地《ち》歩《ほ》を固《かた》めてゐる。

ついでに朝鮮文壇《てうせんぶんだん》の新人《しんじん》を拾《ひろ》ふとすれば、實《じつ》に濟々《さい〳〵》多士《たし》で、將來《しやうらい》の朝鮮文學《てうせんぶんがく》の多幸《たかう》なるものを物語《ものがた》つてゐる。鄭人澤、玄德や鄭飛石、金沼葉、朴魯甲、金東里、朴榮濬、金永壽、桂溶默など數《かぞ》へるに遑《いとま》がない。劇作《げきさく》の新人《しんじん》としては李曙鄕、金承久などがゐる。しかもその精進《しやうじん》や志《し》向《かう》や情熱《じやうねつ》などからして、いづれも明日《あす》を負《お》ふべき作家《さくか》として大《おほ》いに祝福《しゆくふく》されてゐる。

最後《さいご》に女流作家《ぢよりうさくか》のことであるが、今《いま》まで活躍《くわつやく》して來《き》た人《ひと》に朴花城、姜敬愛のやうな有能《いうのう》な作《さく》家《か》がおり、朝鮮《てうせん》の吉屋信子《よしやのぶこ》では多才《たさい》な佳人《かじん》に最近惜《さいきんを》しくも散《ち》つた白信愛などゐるが、極《ご》く最近《さいきん》崔貞熙は「地脈《ちみやく》」といふ惻々《そく〳〵》として人《ひと》を打《う》つ力作《りきさく》を發《はつ》表《ぺう》して、女流文人《ぢよりうぶんじん》として大《おほ》いに貫祿《くわんろく》を示《しめ》してゐる。

事變《じへん》以後《いご》新《あたら》しい時局《じきよく》の認識《にんしき》から擡頭《たいとう》して來《き》た時局文學《じきよくぶんがく》もあるが、創作《さうさく》の上《うへ》に實踐《じつせん》を試《こゝろ》みてゐる人《ひと》は見當《みあた》らないが、詩人《しじん》に金龍濟や評論家《ひやうろんか》に朴英熙、金文輯等《ら》を擧《あ》げることが出來《でき》る。

要《えう》するに此頃《このごろ》は作家《さくか》が內的《ないてき》な世界《せかい》へより深《ふか》く浸透《しんとう》して行《い》くやうになつたことは悅《よろこ》ぶべきことに相違《さうゐ》ない。現在《げんざい》は朝鮮文壇《てうせんぶんだん》でも凡《あら》ゆる野邊《のべ》に花《はな》が咲《さ》き始《はじ》めたと云《い》はうか。そして作家《さくか》が各々《おの〳〵》一人《ひとり》彷徨《はうくわう》を始《はじ》めてゐるやうではあるが、だんだんと自己擴充《じこかくじゆう》や「脫皮《だつぴ》」をなし始《はじ》めてゐると云《い》へる。それ故《ゆゑ》に朝鮮《てうせん》の作家《さくか》も、以前《いぜん》より一層眞摯《そうしんし》且《か》つ冷徹《れいてつ》な態度《たいど》で文學《ぶんがく》に臨《のぞ》むやうになり、評論家《ひやうろんか》達《たち》も朝鮮文學《てうせんぶんがく》の本然《ほんぜん》の姿《すがた》を深《ふか》く再檢討《さいけんたう》し、如何《いか》にして現在《げんざい》の文《ぶん》學《がく》をより充實《じうじつ》、昻揚《かうやう》せしめ得《う》るものかと渾然《こんぜん》の努力《どりよく》を見《み》せつゝある。一時《じ》は作家側《さくかがは》から批評無《ひひやうむ》用《よう》の叫《さけ》びが高《たか》かつたが、今《いま》や作《さく》家《か》は烱眼《けいがん》をもつた有能《いうのう》な批評家《ひひやうか》と共《とも》に朝鮮文學《てうせんぶんがく》のルネッサンスを築《きづ》かねばならぬといふ自覺《じかく》に立至《たちいた》つた。

淋疾にテラポール
……豫防的効果も大に期待せらる
日本創始の新化學療法劑
急性症のみならず慢性症にも内服第二日に於て排膿、疼痛を自覺的に緩解し、繼續治療に由て全治に導くことは淋疾新化學療法劑の特質である。
類似粗悪品との鑑別が治療上重要な分岐點となる。
本劑は淋疾のみならず感冒中耳炎、扁桃腺炎、腫物化膿、面皰等體内細菌性疾患に良効がある。
二〇錠（二・〇〇） 一〇〇錠（七・〇〇）
THERAPOL 20 TABLETS
第一製藥株式會社
東京市日本橋區江戸橋
大阪市東區道修町

朝鮮の山々

足立源一郎

北漢山

四神相應《しんさうおう》の地《ち》として撰《えら》ばれた京城《けいじやう》は、比《たぐ》ひなき風光《ふうくわう》に惠《めぐ》まれた都市《とし》である。漢《かん》江《かう》の流《なが》れにはいさゝか離《はな》れてはゐるが、市内至《しないいた》るところより仰《あふ》ぎ見《み》る北漢山《ほくかんざん》の姿《すがた》は、王城守護《わうじやうしゆご》の鎭山《ちんざん》として京都《きやうと》における叡山《えいざん》に比較《ひかく》さるべきものである。殊《こと》に清《せい》凉里《りやうり》邊《あた》りの新市街《しんしがい》よりの山《さん》容《よう》が優《すぐ》れてゐるやうに思《おも》ふ。この山麓《さんろく》で佛法僧《ぶつぽふそう》の啼《な》く音《ね》を聞《き》きあかした、閑寂《かんじやく》な初夏《しよか》の夜《よる》は忘《わす》れ難《がた》い。

世尊峯

山多《やまおほ》い割合《わりあひ》に山《やま》らしい山《やま》に惠《めぐ》まれぬ朝鮮《てうせん》で、金剛山《こんがうざん》が至寶視《しはうし》されるのは當然《たうぜん》のことであらう。

然《しか》し現在《げんざい》開《ひら》かれてゐる主《しゆ》要《えう》コースは文字《もじ》通《どほ》りの公園《こうゑん》で、遊山《ゆさん》の杖《つゑ》をひくに適當《てきたう》なものである。本當《ほんたう》に山行《さんかう》を樂《たのし》まむとする者《もの》にとつて興趣《きやうしゆ》の深《ふか》いのは、白馬峯《はくばほう》より内霧在嶺越《ないむざいれいご》しに彩霞峯《さいかほう》への縦走《じうそう》や、動石洞谷《どうせきどうこく》を遡行《さくかう》して集仙峯《しふせんほう》や世《せ》尊《そん》峯への登《と》攀《はん》である。

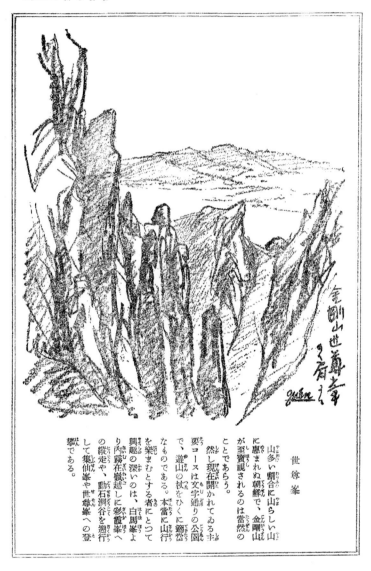

蕎《そ》麥《ば》の花《はな》の頃《ころ》

李 孝 石

夏場《なつば》の市《いち》はからきしだめで、申《な》ッ半《はん》ならまだ露店《みせ》の日覆《ひおほひ》の影《かげ》も長《なが》くは延《の》びてゐない頃《ころ》なのに、街《まち》の人影《ひとかげ》もまばらで、熱《あつ》い陽《ひ》あしがはすかひに背中《せなか》を焙《あぶ》るばかりだつた。村《むら》のものたちはあらかた歸《かへ》つた後《あと》で、賣《う》りはぐれの雜貨賣りの組《くみ》がはづれの路傍《ろばう》にうろうろしてゐるばかり、石油《せきゆ》の一瓶《ひとびん》か乾魚《ほしうを》の二三尾《び》も買《か》へばこと足《た》りるとの手合《てあひ》を目當《めあて》に、いつまでも頑張《ぐわんば》る手《て》はなかつた。しつとくたかつてくる蠅《はへ》の群《むれ》と餓鬼共《がきども》もうるさい。あばたで左ぎつちよの、太物《たんもの》賣りの許生《きよせい》員《ゐん》は、たうとう相棒《あひぼう》の趙先達《てうせんだつ》に聲《こゑ》をかけた。

——しまはうぢやねえかよ。

——その方《はう》が氣《き》が利《き》いてるだ。蓬坪の市《いち》で思《おも》ふやうにはけたことたあ一度《ど》だつてありやしねえ。明日《あす》は大和《たいわ》の市《いち》ぢやで、もりかへしてやるだよ。

——今夜《こんや》は夜通《よどほ》し道中《だうちう》ぢやで。

——月《つき》が出《で》るべえ。

錢《ぜに》をじやらじやら鳴《な》らし、賣上高《うりあげだか》の勘定《かんぢやう》を始《はじ》めるのを見《み》ると、許生員《きよせいゐん》は杙《くひ》から幅《はゞ》の廣《ひろ》い日覆《ひおひ》を外《はづ》し、陳列《なら》べてあつた品物《しなもの》を手繰《たぐ》り寄《よ》せた。木綿類《もめんるゐ》の疊物《たゝみもの》と綢類《きぬるゐ》の卷物《まきもの》で、ぎつしり二行李《ふたかうり》に詰《つ》つた。筵の上《うへ》には屑物《くづもの》が雜然《ざつぜん》と殘《のこ》つた。

市廻《いちまは》りの連中《れんぢう》は、おほかたみせをあげてゐた。逸早《いちはや》く出發《た》つて行《ゆ》くのもゐた。鹽魚《さかな》賣《う》りも、鑄掛屋《いかけや》も、飴屋《あめや》も、生薑《しやが》賣《う》りも、姿《すがた》は見《み》えない。明日《あす》は珍富《ちんぷ》と大和《たいわ》に市《いち》が立《た》つ。連中《れんぢう》はそのどちらかへ、夜《よ》を徹《てつ》し六七里《り》の夜道《よみち》をてくらなければならなかつた。市場《いちば》は祭《まつり》の跡《あと》のやうにとり散《ち》らかされ、酒屋《さかや》の前《まへ》では喧嘩《けんくわ》がおつ始《ぱじ》まつてゐたりした。醉痴《ゑひし》れてゐた男《をとこ》たちの罵聲《ばせい》にまじつて、女《をんな》の痰呵《たんか》が鋭《するど》く裂《さ》かれた。市日《いちび》の騷々《さうぐ》しさは、きまつて女《をんな》の痰呵《たんか》に終《をは》るのだつた。

——生員《せいゐん》。俺《おれ》に默《だま》つてるだが、氣持《きもち》あ解《わか》るだよ。……忠州屋《ちうしうや》さ。

女《をんな》の聲《こゑ》で、思《おも》ひ出《だ》したらしく、趙先達《てうせんたつ》は北叟笑《ほくそゑ》みをもらした。

——畫《ゑ》の中《なか》の餅《もち》さ。役場《やくば》の連中《れんぢう》を相手《あひて》ぢや、勝負《しようぶ》にならねえ。

——そうばかりもゆくめえ。連中《れんぢう》が血道《ちみち》を上《あ》げてるのも事實《じじつ》ぢやが、ほら仲間《なかま》のあの童伊《どうい》さ、うまくやつてるらしいで。

——なに、あの若僧《わかぞう》が。小間物《こまもの》でゞも釣《つ》つたゞべえ、頼母《たのも》しい奴《やつ》ぢやと思《おも》つてたゞに。

——その道《みち》ばかりあ判《わか》んねえ。……思案《しあん》しねえで、行《い》つて見《み》べえ。俺《おれ》がをごるだよ。

すゝまないのを、跟《つ》いて行《い》つた。許生員《きよせいゐん》は女《をんな》にはとんと自信《じしん》がなかつた。あばた面《づら》をづうづうしく、をしてゆく程《ほど》の勇氣《ゆうき》もなかつたが、女《をんな》の方《はう》からもてたためしもなくせはしいいぢけた半生《はんせい》だつた。忠州屋《ちうしうや》のことを、思《おも》つて見《み》たゞけで、いゝ年《とし》して、子供《こども》のやうにぼうつとなり、足《あし》もとが亂《みだ》れ、てもなくおびえ竦《すく》んでしまふ。忠州屋《ちうしうや》の門《もん》をくゞり酒《さけ》の座席《ざせき》で本當《ほんたう》に童伊《どうい》に出會《であ》はした時《とき》にはどうしたはずみでか、かつと逆上《のぼ》せてしまつた。卓袱臺《ちやぶだい》の上《うへ》に赭《あか》い童顏《どうがん》を載《の》せ、いつぱし女《をんな》といちやついてゐるところを見《み》せつけられたから、我《が》慢《まん》がならなかつた。しやらくせえ野郎《やらう》、そのだらしねえ樣《ざま》は何《なん》だ、小僧《こぞう》のくせに、宵《よひ》の口《くち》から酒喰《さけく》らひやがつて、女《をんな》とじやれるなあ、みつともねえ、市廻《いちまは》りの恥曝《はぢさら》しだ、それでゐておいらの仲間《なかま》だと言《い》へるかよ。いきなり若者《わかもの》の前《まへ》に立《た》ちふさがると、頭《あたま》ごなしに呶鳴《どな》りつけた。大《おほ》きにお世話《せわ》だと云《い》はぬばかりに、きよとんと見上《みあ》げる赤《あか》い眼《め》にぶつゝかると、どうしても頰打《ほゝうち》を喰《く》はしてやらずにはをれなかつた。童伊《どうい》はさすがにかつとなつて立《た》ち上《あが》つたが、許生員《きよせいゐん》は、構《かま》はず言《い》ひたいだけを言《い》つてのけた。――何處《どこ》の何者《なにもの》だかは知《し》んねえが、貴樣《きさま》にも父母《てゝはゝ》はゐべえ、そのはしたねえ恰好見《かつかうみ》せつけられたら何《なん》と思《おも》ふかよ、商賣《しやうばい》は堅氣《かたぎ》に限《かぎ》る、女《をんな》なんて以《も》つての外《ほか》だ、失《う》せやがれ、さつさと失《う》せやがれ。

しかし一言《こと》も齒向《はむ》かはず悄《すご》げて出《で》てゆくのをみると、いぢらしくなつて來《き》た。やつと顏《かほ》を覺《おぼ》えた位《くらゐ》の仲間《なかま》にすぎない、まめな若《わか》者《もの》だつたのに、とつぴどすぎたかなあ、と身《み》につまされて氣《き》にかゝつた。隨分身勝手《ずゐぶんみがつて》だわ、同《おな》じ客同志《きやくどうし》なのに若《わか》いからつて息子同《むすこどう》樣《やう》の相手《あひて》をとらへて意見《いけん》したり亂暴《らんばう》したりする法《はふ》つてないわよ。忠州屋《ちうしうや》は 脣《くちびる》を可愛《かはゆ》くひんまげ、酒《さけ》をつぐ手《て》つきも荒々《あらく》しかつたが、若《わけ》えものにあその方《はう》が藥《くすり》になるだよと、その場《ば》は鎗先逢《すうせんちう》がうまくとりつくろつてくれた。お前《まへ》、あいつに首《くび》つたけだな、若《わか》えのをしやぶるなあ罪《つみ》だぜ。ひとしきり敎圍《いきま》いた後《あと》とて度膽《どぎも》も坐《すわ》つてきた上《うへ》に、なぜかしらへゞれけに醉《よ》つてみたい氣持《きもち》もあつて、許《きよ》生員《せいゐん》は差《さ》される 盃《さかづき》は大抵拒《たいていこば》まなかつた。醉《よひ》が廻《まは》るにつれ、しかし女《をんな》のことよりは若者《わかもの》のことが一途《づ》に氣《き》になつてきた。この儂《わし》が女《をんな》を橫取《よこど》りしてどうなるといふのだ、愚《ぐ》にもつかないはしたなさを、はげしくきめつけるこゝろも一方《はう》にはあつた。だからどれ程《ほど》經《た》つたのか、童伊《どうい》が息《いき》をきらしながら慌《あわ》てゝ呼《よ》びに來《き》た時《とき》には、飮《の》みかけの 盃《さかづき》を拋《はう》り、われもなくよろめきながら、忠州屋《ちうしうや》をとび出《だ》したのだつた。

――生員《せいゐん》の驢馬《ろば》が、綱《つな》をきつてあばれ出《だ》しただ。

――餓鬼共《がきども》のいたづらに違《ちが》ひねえ。

驢馬《ろは》もさることながら、童伊《どうい》の心掛《こゝろが》けが胸《むね》にしみて來《き》た。すたこらすたこら衢《まち》をぬけて走《はし》つてゐると、とろんとした眼《め》が熱《あつ》くなりさうだつた。

――傳法《でんぱふ》な野郞共《やらうども》ときたら、全《まつた》くしまつにをへねえ。

――驢馬《ろば》を嬲《なぶ》る奴《やつ》あ、たゞではをかねえだぞ。

半生《はんせい》を共《とも》にしてきた驢馬《ろば》だつた。一つ宿《やど》に寢《ね》、同《おな》じ月《つき》を浴《あ》び、市《いち》から市《いち》をてくり廻《まは》つてゐるうち、二十年《ねん》の歲月《さいげつ》がめつきり老《おい》を齎《もた》らしてしまつた。すりきれたくしやくしやの 鬣《たてがみ》は、主《あるじ》のそゝけた髮《かみ》にも似《に》て來《き》、しよぼしよぼ濡《ぬ》れてゐる眼《め》は、主《あるじ》のそれと同《おな》じくいつも目脂《めやに》をたゝへてゐた。箒《はうき》みたいに短《みぢか》くなつた尻尾《しつぽ》は、蠅《はへ》をおつ拂《はら》ふため精一杯振《せいいつぱいふ》つてももう腿《もゝ》には屆《とゞ》かなかつた。次《つぎ》の道中《だうちう》にそなへるため、すり減《へ》つた蹄《ひづめ》を削《けづ》り削《けづ》り何度新《なんどあたら》しい鐵《てつ》を嵌《は》め換《か》へたか知《し》れない。もう蹄《ひづめ》は延《の》びなくなり、すり切《き》れた鐵《てつ》のすきまからは痛々《いたく》しく血《ち》がにじみ出《で》てゐた。匂《にほい》で主人《しゆじん》が判《わか》つた。いつも訴《うつた》へるやうな仰山《ぎやうさん》な嘶《いなな》き聲《こゑ》で迎《むか》へる。

よし、よし、と赤兒《あかご》でもあやすやうに頸筋《くびすぢ》を撫《な》でゝやると、驢馬《ろば》は鼻《はな》をびくつかせながら口《くち》をもつてきた。水洟《みづばな》が顏《かほ》に散《ち》つた。許生員《きよせいゐん》は馬煩惱《うまぼんなう》だつた。よつ程《ほど》惡戯《いたづら》がきいたと見《み》え、汗《あせ》ばんだ軀《からだ》がびくびく痙攣《けいれん》りなか〳〵昂奮《かうふん》がをさまらぬらしかつた。馬勒《はろく》がとれ、鞍《くら》もどとかへ落《お》ちてしまつてゐる。やい、しようちのならねえ餓鬼共《がきども》、と許生員《きよせいゐん》は我鳴《がな》り立《た》てゝもみたが、連中《れんちう》はおほかた散《ち》り失《う》せたあとで、數少《かずすくな》くとり殘《のこ》されたのが權幕《けんまく》に氣壓《けお》されあたりから遠《とほ》のいて行《い》くだけだつた。

——いたづらぢやねえ。雌《めす》を見《み》て、ひとりで暴《あば》れ出《だ》しただ。

潑《はつ》つ垂《たれ》の一人《ひとり》が、不服《ふふく》そうに遠《とほ》くから呶鳴《どな》り返《かへ》してきた。

——なにときやがる、默《だま》れ。

——ちがふ、ちがふだよ。あばたの許哥《きよか》め。金僉知の驢馬《ろば》が行《い》つちまふと、土《つち》を蹴《け》つたり、泡《あわ》をふいたり、氣違《きちが》ひみてえに狂《くる》ひ出《だ》しただ。おいら面白《おもしろ》がつて見《み》てゐたゞけだい。お腹《なか》の下《した》をのぞいて見《み》い。

小僧《こぞう》はませた口吻《くちぶり》で、躍起《やくき》となつてわめきながら、きやつきやつ笑《わら》ひ崩《くづ》れた。許生員《きよせいゐん》は我知《われし》らず、忸怩《ぢくぢ》と顏《かほ》を赧《あか》らめた。あけすけな無遠慮《ぶゑんりよ》な部分《ぶぶん》は、まだ踊《をど》り狂《くる》つてゐる。殘忍《ざんにん》な視線《しせん》からかばひ匿《かく》すやうに、許生員《きよせいゐん》はその前《まへ》に立《た》ちはだからねばならなかつた。

——おいぼれのくせに、いろ氣違《きちが》ひだよ。あのけだものめ。

許生員《きよせいゐん》は、はつとなつたが、たうとう我慢《がまん》がならず、みるみる眉《まゆ》をひきつらすと、鞭《むち》をふりあげ遮二無二《しやにむに》小僧《こぞう》をおつかけた。

——追《お》つかけて見《み》るがえゝだ。左《ひだり》ぎつちよが毆《なぐ》れるかよ。

韋駄天《ゐだてん》に走《はし》り去《さ》る小僧《こぞう》つ子《こ》には、おひつきようもなかつた。左《ひだり》ぎつちよは全《まつた》く子供《こども》にも叶《かな》はない。許世員《きよせいゐん》は破《やぶ》れかぶれに鞭《むち》を抛《はう》つてしまふより外《ほか》なかつた。醉《よひ》も手傳《てつだ》つてからだが無性《むしやう》に火照《ほて》り出《だ》した。

——えゝ加減《かげん》發《た》つたがましだよ。奴等《やつら》を相手《あいて》ぢやきりがねえ。市場《いちば》の餓鬼共《がきども》ときたら怖《おそ》ろしいやつらばかりで、大人《おとな》よりもませてやがるでな。

趙先達《てうせんたつ》と童伊《どうい》は、めい〳〵の驢馬《ろば》に鞍《くら》をかけ、荷物《にもつ》を載《の》せはじめてゐた。陽《ひ》も大分《だいぶ》傾《かたむ》いたやうだつた。

太物《たんもの》の行商《ぎやうしやう》を始《はじ》めてから二十年《ねん》にもなるが、許生員《きよせいゐん》は滅多《めつた》に逢《はう》坪《へう》の市《いち》を逸《そ》らしたことはなかつた。忠州《ちうしう》や堤川《ていせん》あたりの隣郡《りんぐん》をうろついたり、遠《とほ》く嶺南地方《れいなんちはう》に出懸《でか》けたりすることもあるにはあつたが、江陵《かうりよう》あたりへ仕入《しい》れに出掛《でか》ける外《ほか》は、終始《しうし》一貫郡内《くわんぐんない》を廻《まは》り歩《ある》いた。五日《か》毎《つごと》の市《いち》の日《ひ》には月《つき》よりも正確《せいかく》に面《めん》から面《めん》へ渡《わた》つて來《く》る。郷里《きやうり》が清州《せいしう》だと誇《ほこ》らしげに言《い》ひ言《い》ひしてはゐたが、そこへおちついたためしはない。面《めん》から面《めん》への美《うつく》しい山河《さんが》が、そのまゝ彼《かれ》にはなつとい郷里《きやうり》でもあつた。小半日《こはんにち》もてくつて市場《いちば》のある村《むら》にほゞ近《ちか》づき、ほつとした驢馬《ろば》が一と聲景氣《こゑけいき》よく嘶《いなな》く時《とき》には——殊《こと》にそれが晩方《ばんがた》で、村《むら》の灯《ひ》がうす闇《やみ》の中《なか》にちら／＼でもする頃合《ころあひ》だといつものことながら許世員《きよせいゐん》はきまつて胸《むね》を躍《をど》らせた。

若《わか》い時分《じぶん》には、あくせく稼《かせ》いで一と身代拵《しんだいこしら》へたこともあつたが邑内《いふない》に品評會《ひんぴやうくわい》のあつた年大盡遊《としだいじんあそ》びをしたり博打《ばくち》を打《う》つたりして、三日《か》三晩《ばん》ですつからかんになつてしまつた。驢馬《ろば》まで賣《う》りとばすところだつたが、なついて來《く》るいぢらしさにそれだけは齒《は》を喰《く》ひしばつて思《おも》ひ止《とま》つた。結局元《けつきよくもと》の木阿彌《もくあみ》のまゝ行商《ぎやうしやう》をやり直《なほ》す外《ほか》はなかつた。驢馬《ろば》をつれて邑内《いふない》を逃《に》げ出《だ》した時《とき》には、お前《まへ》を賣《う》りとばさんでよかつた、と道々男泣《みち／＼をとこな》きに泣《な》きながら、伴侶《はんりよ》の背中《せなか》を敲《たた》いたものだつた。借金《しやくきん》が出來《でき》たりすると、もう身代《しんだい》を拵《こしら》へようなんてことは思《おも》ひもよらず、いつも一杯《はい》々々《く》で、市《いち》から市《いち》へ追《お》ひやられるばかりだつた。

大盡遊《だいじんあそ》びとはいへ、女《をんな》一匹《ぴき》ものにしたためしはない。そつけないつれなさに、わが身《み》の情《なさけ》なさをしみじみ悟《さと》らされるばかりで、このからだぢや生涯縁《しやうがいえん》がないものと、觀念《くわんねん》しなければならなかつた。近《ちか》しい身内《みうち》のものとては、前《まへ》にも後《あと》にも一匹《ぴき》の驢馬《ろば》があるきりだ。

たつた一《ひと》つの想出《おもひで》があつた。あとにもさきにもない、一度《ど》きりの、奇《く》しき縁《えん》ではあつた。蓬坪《ほうへう》に通《かよ》ひ出《だ》して間《ま》もない、うら若《わか》い時分《じぶん》のことだつたが、それを思《おも》ひ出《だ》す時《とき》ばかりは、彼《かれ》も生甲斐《いきがひ》を感《かん》じる。

——月夜《つきよ》ぢやつたが、どうしてそれえなことになつたゞか、今《いま》考《かんが》へてもどだい解《わか》りやしねえ。

許生員《きよせいゐん》は今宵《こよひ》も亦《また》それをほぐし出《だ》さうとするのである。趙先達《てうせんたつ》は相棒《あひぼう》になつて以來《いらい》、耳《みゝ》にたこの出來《でき》る程聞《ほどき》かされてゐる。またか、とこぼすけれども、許生員《きよせいゐん》はてんでとりあはずに繰返《くりかへ》すだけは繰返《くりかへ》した。

——月《つき》の晩《ばん》にや、それえな話に限《かぎ》るだよ。

さすがに趙先達《てうせんたつ》の方《はう》を振《ふ》り返《かへ》つてはみたが、氣《き》の毒《どく》がつてではない、月《つき》のよさに、しみじみ感動《かんどう》してゞあつた。

271……頭の花の薔薇

斷《か》けてはゐたが、十五夜《や》を過《す》ぎたばかりの月《つき》は柔和《にうわ》な光《ひかり》をふんだんにふり濺《そゝ》いでゐた。大和《たいわ》までは七里《り》の道《みち》のりで、二《ふた》つの峠《たうげ》を越《こ》へ一《ひと》つの川《かは》を渉《わた》り、後《あと》は原《はら》つばや山路《やまぢ》を通《とほ》らなければならなかつたが、道《みち》は丁度《ちやうど》長《なが》いなだらかな山腹《さんぷく》にかゝつてゐた。眞夜中《まよなか》をすぎた頃《ころ》はひらしく、靜謐けさのさ中《なか》で生《い》きものゝやうな月《つき》の息《いき》づかひが手《て》にとるやうに聞《きこ》え、大豆《だいづ》や玉蜀黍《たうもろこし》の葉《は》つばが、ひときは靑《あを》く透《す》かされた。山腹《さんぷく》は一面《めん》蕎麥《そば》の畑《はたけ》で、咲《さ》きはじめたばかりの白《しろ》い花《はな》が、鹽《しほ》をふりかけたやうに月《つき》に噎《む》せた。赤《あか》い莖《くき》の層《そう》が初《うひ》く々しく匂《にほ》ひ、驢馬《ろば》の足《あし》どりも輕《かる》い。狹《せま》い路《みち》は一人《ひとり》しか通《とほ》れないので、三人《にん》は驢馬《ろば》に乘《の》り一列《れつ》に歩《ある》いた。鈴《すゞ》の音《ね》が颯爽《さつさう》と蕎麥畑《そばばたけ》の方《はう》へ流《なが》れてゆく。先頭《せんとう》の許生員《きよせいゐん》の話聲《はなしごゑ》は、殿《しんがり》の童伊《どうい》にははつきりと聞《き》きとれなかつたが、彼《かれ》は彼自身《かれじしん》で爽《さわ》やかな氣持《きもち》に浸《ひた》ることも出來《でき》た。

——市《いち》のあつた、丁度《ちやうど》こねえな晩《ばん》ぢやつたが、宿《やど》の土間《どま》はむさ苦《くる》しうてなかなか寢《ね》つかれも出來《でき》ねえ、たうとう夜中《よなか》に一人《ひとり》でぬけて川《かは》へ水《みづ》を浴《あ》びに行《い》つただ。蓬坪《ほうへう》は今《いま》もその時分《じぶん》も變《かは》りはねえがどこも一杯《ぱい》蕎麥《そば》の畑《はたけ》で、川《かは》べりは一面《めん》の白《しろ》い花《はな》さ。川原《かはら》の上《うへ》で結構宜《けつこうよ》かつたゞに、月《つき》が明《あか》るすぎるだで着物《きもの》を脫《ぬ》ぎに水車小屋《すゐしやごや》へ這入《はい》つたさ。ふしぎなこともあればあるものぢやが、そこで圖《はか》らずも成醬房《せいしよばう》の娘《むすめ》に出會《でくわ》したゞよ。村《むら》いつとうの縹緻《きりやう》よしで、評判《ひやうばん》の娘《むすめ》だつただ。

——運《うん》てやつだべ。

そうに違《ちが》ひねえ、と相槌《あひづち》に應《おう》じながら、話《はなし》の先《さき》を惜《を》しむかのやうに、しばらく煙管《きせる》を吸《す》ひ續《つゞ》けた。紫《むらさき》の煙《けむり》が香《かん》ばしく夜氣《やき》に溶《と》け込《こ》んだ。

——儂《わし》を待《ま》つてたわけぢやねえが、外《ほか》に待《ま》つ人《ひと》があつたわけでもねえ。娘《むすめ》は泣《な》いてるだよ。うす〳〵氣《き》はついてゐたゞが、成醬《せいしよ》房《ばう》はその時分《じぶん》くらしがえらうて程々《ほど〳〵》弱《よわ》つてるらしかつただ。一家《か》のことぢやで娘《むすめ》にだつて心配《しんぱい》のねえ筈《はず》はねえ。ええとこがあればお嫁《よめ》にもゆかすのぢやが、お嫁《よめ》はてんでいやだときてる。……だが泣《な》いてる女《をんな》ちうものは格別《かくべつ》きれいなものぢやで。はじめは驚《おどろ》きもした風《ふう》ぢやつたが、滅入《めい》つてる時《とき》にや氣持《きもち》もほぐれ易《やす》いもので、ぢき知合《しりあひ》のやうに話《はな》し合《あ》つただ。……愉《たの》しい怖《こは》え夜《よる》ぢやつた。

——堤川《ていせん》とかへずらかつたなあ、あくる日《ひ》だつたゞな。

——次《つぎ》の市日《いちび》に行《い》つた時《とき》にや、もう一家《か》はどろんを極《き》めてゐなくなつただよ。まちは大變《たいへん》な噂《うはさ》で、きつと酒屋《さかや》へ賣《う》られるにきまつてると、娘《むすめ》は皆《みな》から惜《を》しまれてただ。幾度《いくど》も堤川《ていせん》の市場《いちば》をうろついては見《み》たゞが、女《をんな》の姿《すがた》はさらに見當《みあた》らねえ。緣《えん》の結《むす》ばれた夜《よる》が、縁《えん》の切《き》れ目《め》、それからといふもの蓬坪《ほつへう》が好《す》きんなつて、半生《はんせい》の間通《あひかよ》ひ續《つゞ》けさ。一生忘《いつしやうわす》れつこはねえ。

——果報者《くわはうもの》だよ。そねえにうめえ話《はなし》つて、ざらにあるものぢやねえ。大抵《たいてい》つまらねえ女《をんな》と否應《いやおう》なし一緒《しよ》んなつて、餓鬼共《がきども》ふやして考《かんが》へたゞけでうんざりする。……だがいつまでも市廻《いちまは》りでくらすのも豪《えら》ふてな、俺《おれ》あこの秋《あき》までゞ一先《ひとま》づきりあげ、どこかへ落着《おちつ》かうかと思《おも》ふだよ。家《うち》のもの共《ども》も呼《よ》び寄《よ》せ、小《ちひ》さな店《みせ》をもつだ。旅廻《たびまは》りはもうこり／＼だでな。

——昔《むかし》の女《をんな》でも見付《みつ》け出《だ》せや、一緒《しよ》にもならうが。……儂《わし》あ、へたばるまで、この道《みち》てくつてこの月眺《つきなが》めるだよ。

山腹《さんぷく》を過《す》ぎ、道《みち》も展《ひら》けて來《き》たので、殿《しんがり》の童伊《どうい》も前《まへ》へ寄《よ》つて出《で》た。驢馬《ろは》は横《よこ》に一列《れつ》をつくつた。

——お前《まへ》も若《わか》えぢやで、うまくやりをるべえ。忠州屋《ちうしうや》ではついのぼせてあねえなしまつになつたゞが、悪《わる》う思《おも》はんとくれよ。

——ど、どうして。却《かへ》つて有《あ》りがてえと思《おも》つとる位《くらゐ》だよ。女《をんな》なんて柄《がら》にもねえ、おふくろのことで今《いま》一杯《はい》だ。

許生員《きよせいゐん》の物語《ものがたり》でつい考《かんが》へ込《こ》んでゐた矢先《やさき》だつたので、童伊《どうい》の口《く》調《てう》はいつになく沈《しづ》んでゐた。

——てゝはと云《い》はれて、胸《むね》を裂《さ》かれる思《おも》ひだつたが、俺《おれ》にはそのてゝおやがねえだよ。身内《みうち》のものとては、おふくろ一人《ひとり》つきりだ。

——亡《な》くなつたゞか。

——始《はじ》めからねえだ。

——そねえな莫迦《はか》な。

二人《ふたり》の聽手《きゝて》がからからと仰山《ぎやうさん》に笑《わら》ふと、童伊《どうい》はくそ眞面目《まじめ》に抗《かう》辯《べん》しなければならなかつた。

——恥《はづ》かしうて云《い》ふめえと思《おも》つたゞが、本當《ほんたう》だだ。堤川《ていせん》の田舍《ゐなか》で月足《つきた》らずのてゝなし兒《ご》を產《う》みおとすと、おふくろは家《うち》を追《お》ひ出《だ》されてしまつただ、妙《めう》な話《はなし》だが、だから今迄《いままで》てゝおやの顔《かほ》を見《み》たこともなければ、居處《ゐどころ》さへも知《し》らずにゐるだ。

峠《たうげ》の麓《ふもと》へさしかゝつたので、三人《にん》は驢馬《ろは》を下《お》りた。峠《たうげ》は嶮《けは》しく口《くち》を開《あ》くのも臆劫《おくくふ》で、話《はなし》も途切《とぎ》れた。驢馬《ろは》はすべりがちで、許生《きよせい》員《ゐん》は喘《あへ》ぎ喘《あへ》ぎ幾度《いくど》も脚《あし》を休《やす》めなければならなかつた。そこを越《こ》える毎《ごと》に、はつきりと老《おい》が感《かん》じられた。童伊《どうい》のやうな若者《わかもの》が無性《むしやう》に羨《うらやま》しかつた。汗《あせ》が背中《せなか》をべつとり濡《ぬ》らした。

峠《たうげ》を越《こ》すと川《かは》だつたが、夏《なつ》の大水《おほみづ》で流失《なが》された板橋《いたはし》の跡《あと》がまだそのまゝになつてゐるので、裸《はだか》で渉《わた》らなければならなかつた。下《こ》衣《ゐ》を脱《ぬ》ぐと帶《おび》で背中《せなか》に括《くゝ》りつけ、半裸《はんら》の妙《めう》な風體《ふうてい》で水《みづ》の中《なか》に跳《と》び込《こ》んだ。汗《あせ》を流《なが》したやさきではあつたが、夜《よる》の水《みづ》は骨《ほね》にまで冷《つめた》かつた。

——で一體《たい》、誰《だれ》に育《そだ》てゝ貰《もら》つただよ。

——おふくろは仕方《しかた》なく義父《ちゝ》のところへやられて、酒屋《さかや》を始《はじ》めただ。のんだくれで、えゝ義父《ちゝ》ではなかつた。ものごころがついてからといふもの、俺《おれ》は毆《なぐ》られ通《どほ》しだつた。おふくろも飛ばつちりを喰《く》つて、蹴《け》られたり、きられたり、半殺《はんごろ》しにされたり、さ。十八の時家《ときうち》をとび出《だ》してから、ずつとこの稼業《かげふ》の仲間入《なかまい》りだよ。

——道理《だうり》でしつかりしてるたあ思《おも》つたゞが、聞《き》いて見《み》りや氣《き》の毒《どく》な身《み》の上《うへ》ぢやな。

流《なが》れは深《ふか》く、腰《こし》の處《ところ》までつかつた。底流《そこながれ》は案外《あんぐわい》に強《つよ》く、足裏《あしうら》にふれる石《いし》ころは滑々《すべ/\》して、今《いま》にもさらはれそうだつた。驢馬《ろば》や趙先達《せんだつ》は早《はや》くも中流《ちうりう》を渡《わた》りきり岸《きし》に近《ちか》づいてゐたが、童伊《どうい》は危《あぶな》つかしい許生員《きよせいゐん》を劬はり勝《が》ちで、つい遲《おく》れなければならなかつた。

——おふくろの里《さと》は、もとから堤川《ていせん》だつたべえか。

——それが違《ちが》ふだよ。何《なに》もかもはつきり言《い》つてくれねえから判《わか》らねえが、蓬坪《ほうへう》とだけは聞《き》いてゐるだ。

——蓬坪《ほうへう》。で、その生《う》みのてゝおやは、何《なん》て云《い》ふ苗字《めうじ》だよ。

——不覺《ふかく》にも、聞《き》いてをらねえ。

そ、そうか、とそゝかしく呟《つぶや》きながら眼《め》をしよぼしよぼさせてゐるうち、許生員《きよせいゐん》は粗忽《そこつ》にも足《あし》を滑《すべ》らしてしまつた。前《まへ》につんのめつたと思《おも》ふ間《ま》に、體《からだ》ごとさらはれてしまつた。踠《もが》くだけ無駄《むだ》で童伊《どうい》がいけねえ、と近《ちか》よつてきた時《とき》には、早《はや》くも數間《すうけん》流《なが》されてゐた。着物《きもの》ごとぬれると、犬《いぬ》ころよりもみじめだつた。童伊《どうい》は水《みづ》の中《なか》で易々《やすやす》と大人《おとな》をおぶることが出來《でき》た。びしよ濡《ぬ》れとはいへ、瘦《や》せぎすの體《からだ》は背中《せなか》に輕《かる》かつた。

——こねえに迄《まで》して貰《もら》つて濟《すま》ねえ。儂《わし》今日《けふ》はどうかしてるだよ。

——なに、しつかりなせえ。大丈夫《だいぢやうぶ》だよ。

——で、おふくろと云《い》ふなあ、父《ちゝ》を探《さが》してはをらねえかよ。

——生涯《しやうがい》一度《ど》會《あ》ひたいとは云《い》つてるだが。

——いま何處《どこ》にゐるだ。

——義父《ちゝ》とももう別《わか》れて、堤川《ていせん》にゐるだが、秋迄《あきまで》に蓬坪《ほうへう》へ連《つ》れてきてやろうと思《おも》ふだよ。なに豆《まめ》に働《はたら》けば何《なん》とかやつてけるだで。

——殊勝《しゆしよう》な心掛《こゝろが》けだ。秋《あき》までにね。

童伊《どうい》のたのもしい背中《せなか》を、骨《ほね》にしみて溫《あたゝか》く感《かん》じた。川《かは》を渡《わた》りきつた時《とき》にはものさびしく、もつとおぶつて貰《もら》ひたい氣《き》もした。

——一んちどぢばかり踏《ふ》んで、どうしたゞよ、生員《せいゐん》。

道先達《ぞうせんだつ》はたうとう笑《わら》ひこけてしまつた。

——なに、驢馬《ろば》さ、あいつのことを考《かんが》へてるうち、うつかり足《あし》を汚《よご》らしちやつただ。話《はな》さなかつたゞが、あいつあれでも仔馬《こうま》達ませやがつてな。邑内《いふない》の江陵屋《かうりようや》んとこの雌馬《めすうま》にさ。いつも耳《みゝ》をきよとんと欹《そばだ》て、すたこら駈《か》け歩《ある》いて、可愛《かはい》い奴《やつ》ぢや。儂《わし》あそいつ見《み》たさに、わざわざ邑内《いふない》へ廻《まは》ることがあるだよ。

——成程《なるほど》大《たい》した仔馬《こうま》ぢや。人間《にんげん》を溺《おぼ》れさす程《ほど》の代物《しろもの》なら。

許生員《きよせいゐん》はいゝ加減《かげん》搾《しぼ》つて着《き》始《はじ》めた。歯《は》ががた〳〵鳴《な》り、胴《どう》が震《ふる》へ、無性《むしやう》に寒《さむ》かつたが、心《こゝろ》は何《なん》となく浮々《うきうき》と浮《うは》つき、軽《かる》かつた。

——宿《やど》のあるところまで急《いそ》ぐだ。庭《には》に焚火《たきび》して、一服《ぷく》しながらあたるだよ。驢馬《ろば》には熱《あつ》い秣《まぐさ》をたらふく喰《く》はしてやる。明日《あす》の大《たい》和《わ》の市《いち》がすんだら、堤川《ていせん》行《ゆ》きだでな。

——生員《せいゐん》も堤川《ていせん》へ。

——久方振《ひさかたぶ》りで行《ゆ》きたうなつたゞ。お伴《とも》すべえよ、童伊《どうい》。

驢馬《ろば》が歩《ある》き出《だ》すと、童伊《どうい》の鞭《むち》は左手《ひだりて》にあつた。長《なが》い間《あひだ》迂濶《うくわつ》であつた許生員《きよせいゐん》も、今度《こんど》ばかりは童伊《どうい》の左《ひだり》ぎつちよを見落《みおと》すわけにはゆかなかつた。

足《あし》なみも軽《かる》く、鈴《すゞ》がひとときは爽《さわや》かに鳴《な》り響《ひゞ》いた。

月《つき》が傾《かたむ》いてゐた。

鴉《からす》

李泰俊

「はアー」

買《か》つてきたばかりなので、ホヤからはまだ石油《せきゆ》の臭《にほひ》もしてなかつた。別《べつ》に掃《さう》除《ぢ》する程《ほど》でもないのであるが、いつもの癖《くせ》で、まづ息《いき》を吹《ふ》つかけて黄昏《たそがれ》る夕《ゆふ》空《ぞら》にすかして見《み》た。ホヤはたちまちぼんやり曇《くも》つてしまつた。

「大分《だいぶ》寒《さむ》くなつてきたな……」

彼《かれ》はホヤを磨《みが》きながらまだ見《み》馴《な》れない庭園《ていゑん》を見《み》廻《まは》した。苔《こけ》むした石段《いしだん》の下《した》には、足《あし》が埋《うも》れるほど落葉《おちば》が一杯《いつぱい》積《つも》つて、杉《すぎ》や櫨のやうな常緑樹《じやうりよくじゆ》を除《のぞ》いては、楓《かへで》までが既《も》う殆《ほと》ど散《ち》つてしまひ、中《なか》には一枚《まい》の葉《は》すら残《のこ》さずにうら淋《さび》しく立《た》つてゐた。「武装《ぶさう》を解除《かいぢよ》された捕虜《ほりよ》のやうに」など考《かんが》へながら、彼《かれ》はかうもうらさびしく彼《か》方《なた》此《こ》方《なた》の隅《すみ》つこにむつつり立《た》つてゐる木《き》の影《かげ》を、ホヤの掃除《さうぢ》をすましてからも、なほ暫《しばら》く見《み》やつてゐたが、やがて、自分《じぶん》の部屋《へや》にしてゐる外棟《そとむね》の舎廊《きやくま》に上《あが》つていつた。

とゝは彼《かれ》のある友人《いうじん》の別荘《べつさう》になつてゐた。いつも風變《ふうがは》りな文體《ぶんたい》をものして大《たい》して讀者《どくしや》を持《も》つてない彼《かれ》は、月《つき》二十圓餘《ゑんあま》りもあれば立派《りつぱ》にひと部屋《へや》借切《かりき》れる學生位《がくせいぐらゐ》の下宿生活《げしゆくせいくわつ》さへ自由《じいう》にならなかつた。窮餘《きうよ》の一策《さく》として、暫《しばら》くの間《あひだ》だけでも、冬中《ふゆぢう》、留守《るす》にしてゐる友人《いうじん》の別荘《べつさう》の一室《しつ》を借《か》りることにした。來年《らいねん》の七月《ぐわつ》までならどの部屋《へや》でも好《す》きなやうに使《つか》つていいと云《い》はれたので、別荘番《べつさうばん》が部屋《へや》を見《み》せるまゝに見《み》て歩《ある》いたのであるが、どの部屋《へや》も夏《なつ》にいいやうな北向《きたむき》で、餘《あま》りに陰鬱《いんうつ》であり、廣《ひろ》く、戸《と》が多過《おほす》ぎて、結局外棟《けつきよくそとむね》の床奴《げなん》が寢《ね》る部屋《へや》だと云《い》はれる小《ちひ》さい舍廊《きやくま》にきめたのであつた。床奴《げなん》の寢《ね》る部屋《へや》だと云《い》つても、それは勿論別荘全體《もちろんべつさうぜんたい》の體裁《ていさい》を損《そこ》ねるやうな部屋《へや》ではなかつた。東向《ひがしむき》で、夏《なつ》は朝寢《あさね》の出來《でき》ないのが缺點《けつてん》かも知《し》れないが、冬《ふゆ》はどの部屋《へや》よりも明《あか》るく暖《あたゝか》いし、障子《しやうじ》も、小窓《こまど》も、鎧戸《よろひど》まであつて、それに壁藏《おしいれ》の戸《と》と厚扉《あつど》には有名《いうめい》な畫《ゑ》かきかどうかは知《し》らないが、落款《らくかん》のある四君子《くんし》や、器皿折枝《きべいせつし》が貼《は》つてあつた。外側《そとがは》にも戸《と》の上《うへ》の方《はう》に「秋聲閣《しうせいかく》」と秋史椽《しうしえん》の額《がく》が懸《か》り、兩方《りやうはう》の軒先《のきさき》には靑《あを》くさびついた風鈴《ふうりん》が蒼然《さうぜん》と垂《た》れ下《さが》つてゐた。また障子《しやうじ》を開《あ》ければ、眼下《がんか》に展《ひろ》がる眺《なが》めも決《けつ》して大舍廊《おほきやくま》に劣《おと》らず、山《やま》の麓《ふもと》のこじんまりした水閣《すゐかく》や、その下《した》の、枯《か》れた蓮《はす》の葉《は》とか紅葉《もみぢ》で一ぱい被《おほ》はれた蓮池《はすいけ》と云《い》ひ、そして、その蓮池《はすいけ》の土手《どて》へ上《あが》る所《とこ》には、石山《いしやま》を築《きづ》き、芝生《しばふ》の中《なか》へ、みちをつけた眺《なが》めは、この部屋《へや》から見下《みおろ》すと、とりわけ秀《すぐ》れてゐるやうに思《おも》はれた。それにふと視線《しせん》を上《あ》げると、東《ひがし》の空《そら》が海原《うなばら》のやうに涯《はて》しなく展《ひろ》がり、その片方《かたはう》に大《おほ》きな樅《もみ》の木《き》が絶壁《ぜつぺき》のやうに立《た》ちふさがつてゐる。鹿《しか》の角《つの》のやうな恰好《かつかう》をした上枝《えだ》には白《しろ》く鳥《とり》の糞《ふん》が一ぱい溜《たま》つて、凝《じ》つと眺《なが》めてゐると太古《たいこ》を偲《しの》ばせるやうな鬱然《うつぜん》たる景色《けしき》であつた。

久振《ひさしぶ》りに燈《とも》してみるランプである。ぱつとマッチの火《ひ》が芯《しん》に移《うつ》つて、狹《せま》いホヤのなか一ぱいに煙《けむり》ともやがかすんで、それから段々《だんだん》明《あか》るくなつてきた。かうして段々《だんだん》明《あか》るくなるランプの周圍《しうゐ》にぐるりと取卷《とりま》いてゐた過《す》ぎし日《ひ》の家《いへ》の人達《ひとたち》の顏《かほ》が彷彿《はうふつ》するほど、それほどランプは追憶《つゐおく》に富《と》んだ灯《ひ》であつた。

彼《かれ》は寢轉《ねころ》んでこよない靜《しづ》けさに耳《みゝ》を傾《かたむ》けて、過《す》ぎし日《ひ》の顏《かほ》を一つ一つ思《おも》ひ浮《うか》べてゐたが、餘《あま》りにも近《ちか》くでかあーかあーと鴉《からす》が啼《な》き騷《さわ》ぎ初《はじ》めたので思《おも》はず立上《たちあが》つて戸《と》を開《あ》けてみた。外《そと》はまだすつかり暮《く》れてゐなかつた。かあーかあー啼《な》く聲《こゑ》に、仰《あふ》いでみると、それは飛《と》んでゆきながら啼《な》く聲《こゑ》ではなく、丁度《ちやうど》そこの樅《もみ》の木《き》の枯枝《かれえだ》に三羽《は》黒《くろ》くかたまつて啼《な》いてゐるのであつた。

「鴉《からす》！」

鵲《かささぎ》か鳩《はと》を見《み》るよりいい氣持《きもち》はしなかつた。だが、自然《しぜん》が賜《たまは》つた彼等《かれら》の黒《くろ》い體《からだ》や濁《にご》つた聲《こゑ》を、理由《りいう》もなしに厭《いや》がることはない。

丁度《ちやうど》そこへ別莊番《べつさうばん》が上《あが》つてきて、

「あの、御食事《おしよくじ》はどうなさいますか？」

ときくので、牛乳《ぎうにう》とパンで間《ま》に合《あ》はし、御飯《ごはん》が欲《ほ》しくなつたら村《むら》に下《お》りる積《つも》りだと答《こた》へ、それで自分《じぶん》は充分《じうぶん》だと言葉《ことば》を濁《にご》し、

「なんて澤山《たくさん》の鴉《からす》だらう……」

とつぶやいた。

「へえ、この村《むら》には隨分《ずゐぶん》ゐますよ、あの木《き》にはいつも寄《よ》つてきまさあ」

「さうですか、ぢや僕《ぼく》の友達《ともだち》にでもなつてくれるんだな……」

と云《い》つて彼《かれ》は笑《わら》つた。

「この下《した》で豚《ぶた》を飼《か》つてましてな、そこに殘飯《ざんぱん》が散《ち》らかつてゐるので、鴉《からす》どもが離《はな》れませんので」

と云《い》ひながら、別莊番《べつさうばん》は一歩《ほ》踏出《ふみだ》して石《いし》を拋《はふ》る眞似《まね》をしたところ、鴉《からす》は羽《はね》をふくらまして飛《と》び立《た》ちさうな恰好《かつかう》であつたが、下《した》を見下《みおろ》してそのまゝ止《と》まり、今度《こんど》はGAの下《した》にRの音《おと》を限《かぎ》りなく引《ひつ》張《ぱ》つた。

別莊番《べつさうばん》が下《お》りていつてから、彼《かれ》はまた戸《と》をそうつと閉《し》めて、先《せん》のやうに無雜作《むざふさ》に脚《あし》をなげ出《だ》して寢轉《ねころ》んでしまつた。

腹《はら》が空《へ》つてきた。彼《かれ》はまた或《あ》る學者《がくしや》の睡眠《すゐみん》習慣說《しふくわんせつ》を思《おも》ひ出《だ》した。人間《にんげん》が一晩中《ばんぢう》多《おほ》くの時間《じかん》を寢《ね》てしまふのは、灯《ひ》が發明《はつめい》されない以前《いぜん》、仕事《しごと》がなくて寢《ね》てばかりゐた習慣《しふくわん》が殘《のこ》つただけのことで、人間《にんげん》はさう幾時間《いくじかん》も休《やす》む必要《ひつえう》はないと云《い》ふのである。彼《かれ》はこの睡眠習慣說《すゐみんしふくわんせつ》に關聯《くわんれん》して、食慾《しよくよく》もまたさうしたものであらうと考《かんが》へてみたくなつた。人間《にんげん》は、日《ひ》に定《きま》つて三食《しよく》をとらねばならないかのやうに、忠實《ちうじつ》に食《く》つてゐるのであるが、これは何《なに》もさう幾回《いくくわい》も食《た》べねばならないからではなく、最初《さいしよ》は人數《にんず》も少《すく》ないし、それに廣々《ひろびろ》とした自然《しぜん》の中《なか》で容易《たやす》く食物《しよくもつ》が手《て》に入《はい》つたために、いつも食《く》つてばかりゐたことが習慣《しふくわん》になつたまでゝ、是非《ぜひ》とも三食《しよく》づゝ定《き》めて食《た》べねばならない理由《りいう》は少《すこ》しもないやいやうに思《おも》はれた。所《とこ》で、人間《にんげん》は睡眠《すゐみん》はさう大《たい》した負擔《ふたん》にならないが、食《く》ふためには、日《ひ》に三度《ど》づゝ食《く》ふその習慣《しふくわん》を守《まも》るために、どれだけ大《おほ》きな重《おも》い負擔《ふたん》を擔《にな》つてゐることか、それ故《ゆゑ》に生《い》きんがために食《く》ふのではなくて、食《く》はんがために生《い》きてゐると云《い》ふ言葉《ことば》さへ生《うま》れたのでは

ないかと考《かんが》へられた。

「食《く》はんがために生《い》きる！一生涯《しやうがい》を食《く》はんがためにのみ血眼《ちまなこ》になつて、ぢたばたして死《し》んでゆく？實《じつ》に人間《にんげん》のいゝ恥《はぢ》だ」

彼《かれ》は苦笑《くせう》しながら、いま自分《じぶん》のお腹《なか》が痛《いた》み、口《くち》が渇《かわ》いて、眼《め》にはしきりに油《あぶら》ぎつた食卓《しよくたく》が浮《うか》んでくるのを、たゞ價値《かち》なき習慣《しふくわん》の發作《ほつさ》として無視《むし》しようと努《つと》めた。

「何處《どこ》でをルナールは、藝術家《げいじゆつか》は一斤《きん》のパンよりは一枝《えだ》の花《はな》を手《た》折《を》る、だが腹《はら》が空《へ》つたら？　と自問《じもん》し、さうなれば彼《かれ》は苦《くる》しみ、盗《ぬす》み、或《あるひ》は人《ひと》を殺《ころ》すかも知《し》れない。だが、それでも彼《かれ》は書《か》くことだけはよさないであらうと云《い》つてゐる。俺《おれ》は、空腹《くうふく》を感《かん》ずるやうな、意地《いぢ》きたない習慣《しふくわん》からして忘《わす》れてしまはう。インキは新《あたら》しいのが一壺《つぼ》、朝《あさ》の井戸《ゐど》のやうに一ぱい入《はい》つてゐるし、原稿用紙《げんかうようし》も部《ぶ》厚《あつ》い奴《やつ》が十帖餘り重《かさ》ねてあるのだ！」

彼《かれ》はまづ部屋《へや》の前《まへ》をチヨコ〳〵行《い》つたり來《き》たりしながら「米《こめ》は騰《あが》る一方《はう》だし……石炭《せきたん》は買入《かひい》れなくちやならないし……」と、口《くち》癖《くせ》のやうに愚痴《ぐち》をこぼしてゐた下宿《げしゆく》のお内儀《かみ》から遠《とほ》く離《はな》れて、しめやかな風鈴《ふうりん》の音《ね》や暮闇《くらやみ》に包《つゝ》まれた、との靜《しづ》かな山莊《さんさう》の部屋《へや》で、むかしの戀人《こひびと》に會《あ》つたやうな、なつかしいランプの燈《あかり》を明《あか》るくして、只管《ひたすら》文學《ぶんがく》に專念《せんねん》出來《でき》る身《み》の上《うへ》が、急《きふ》に、絹《きぬ》にでも包《つゝ》まれたやうな、體《からだ》が肥《こ》えても來《き》さうな幸福《かうふく》なものに感《かん》じられた。

○

彼《かれ》は夕方《ゆふがた》になると新《あたら》しくランプに石油《せきゆ》をつぎ、ホヤをふいて、鴉《からす》の啼聲《なきごゑ》に耳《みゝ》を傾《かたむ》けながら陽《ひ》の暮《く》れるのを待《ま》つた。やがて部屋《へや》の隅々《すみずみ》から夜《よ》の神秘《しんぴ》がさゝやき流《なが》れるとき、彼《かれ》はそつと膝《ひざ》まづいて、貴賓《きひん》の冠《かんむり》でもさゝげるやうな恰好《かつかう》でランプのかさを上《あ》げて、灯《ひ》をともした。そしてゆらぐ焔《ほのほ》が靜《しづ》まるのを待《ま》つて、溫突《おんどる》の溫《あたゝか》い所《とこ》をさがして、思《おも》ひのまゝに、横《よこ》になるなり坐《すわ》るなり、獨《ひと》り夜《よ》の更《ふ》けるまで何《なに》かを讀《よ》み、何《なに》かを考《かんが》へ、何《なに》かを書《か》いた。それで彼《かれ》はいつも朝《あさ》が遲《おそ》かつた。時《とき》には大《おほ》きい舍廊《さやくま》の後《うし》ろの井戸《ゐど》で顏《かほ》を洗《あら》つてゐると、山越《やまご》しに正午《しやうご》のサイレンが聞《きこ》えてくることもあつた。さうかうしてゐるうちに、ある日《ひ》のこと、彼《かれ》は何《なに》か怖《こは》い夢《ゆめ》を見《み》て、その拍子《ひやうし》に目《め》を覺《さま》した。既《も》う夜《よる》ではなかつた。障子《しやうじ》には樅の木《き》の枝《えだ》が雉《きじ》の尾《を》のやうに影《かげ》をさし、陽《ひ》がまぶしくざあーつと音《おと》でも立《た》てさうに、威勢《ゐせい》よくさし込《こ》んでゐた。わづらはしい夢《ゆめ》から醒《さ》めた後《のち》のさつぱりした氣持《きもち》と、とゝへきてから初《はじ》めて早起《はやおき》した好《かう》奇心《きしん》とで、彼《かれ》は頭《あたま》を振《ふ》つてまづ障子《しやうじ》を一ぱい開《あ》け放《はな》つた。敷居《しきゐ》を越《こ》して流込《ながれこ》む外氣《ぐわいき》の肌《はだ》ざはりは冷《つめ》たい水《みづ》のやうであつた。痩《や》せた手《て》で眼《め》をこすつて、どんな美《うつく》しい朝《あさ》であらうと外《そと》を眺《なが》めてみた。

まぶしい逆光線《ぎやくくわうせん》を眼《め》に感《かん》じながら水閣《すゐかく》を見《み》やり、蓮池《はすいけ》を見《み》やり、芝生《しばふ》のとみちを見《み》つめてゐるうち、その細長《ほそなが》い蛇《へび》のやうな芝生《しばふ》のとみちに、彼《かれ》は不圖《ふと》ひとりの女《をんな》の姿《すがた》を見出《みいだ》した。

まだ夢《ゆめ》ではないかと目《め》をこすりなほしてみた。だが確《たし》かに女《をんな》であり、而《しか》も靜《しづ》かに立《た》つてゐるが、確《たし》かに生《い》きた女《をんな》である。彼《かれ》は餘《あま》り一ぱい開放《あけはな》つた障子《しやうじ》をあわたゞしく閉《し》めて、小《ちひ》さい隙間《すきま》からのぞき出《だ》した。

女《をんな》は薄《うす》ぼんやりとながい間《あひだ》、陽《ひ》にあたつてゐたが、何處《どこ》からか山鳥《やまどり》が一羽《は》飛《と》んできて、近《ちか》くの枝《えだ》に止《と》まるのを見《み》てから、やつと輕《かる》やかに足《あし》を運《はこ》んだ。髮《かみ》は結《ゆ》ひ上《あ》げ、上衣は黄味《きみ》がゝつた絹《きぬ》で、茶褐色《ちやかつしよく》のセーターを子供《こども》でも負《お》んぶするやうに、兩袖《りやうそで》は前《まへ》に垂《た》らして背中《せなか》にだけ引《ひつ》かけ、すんなりした腰《こし》の下《した》には、みどりのスカートがやはらかく波《なみ》のやうに襞《ひだ》を作《つく》つてゐた。紅《あか》いもみぢを一葉《ひとは》手《て》にしただけで、靜《しづ》かな朝《あさ》の散歩《さんぽ》の樣子《やうす》であつた。

「誰《だれ》だらう？」

彼《かれ》は裝幀《さうてい》の美《うつく》しい新刊書《しんかんしよ》に對《たい》するやうな好奇心《かうきしん》にかられた。間《ま》近《ぢ》かに築山《つきやま》の下《した》を通《とほ》つてゆく姿《すがた》は、新《あたら》しい西洋封筒《せいやうふうとう》のやうな綺麗《きれい》な額《ひたひ》に、眼《め》は寢《ね》せて書《か》いた英字《えいじ》のやうに整《ととの》つて、固《かた》く結《むす》んだ脣《くちびる》、そして、とがつた鼻柱《はなばしら》には少《すく》なからずプライドの感《かん》ぜられる顔《かほ》であつた。

「どうした女《をんな》だらう？」

翌朝《よくあさ》も割合《わりあひ》に早《はや》く目《め》が覺めた。そつと蓮池《はすいけ》の方《はう》をさぐつて見《み》たが、蓮池《はすいけ》の前《まへ》にも、芝生《しばふ》のとみちにも、何處《どこ》にも人影《ひとかげ》らしいものは見當《みあた》らなかつた。彼《かれ》は何故《なぜ》か捕《とら》へた小鳥《ことり》を逃《のが》したやうな淋《さび》しさを感《かん》じた。

その日《ひ》の午後《ごご》であつた。彼《かれ》は落葉《おちば》を搔集《かきあつ》めて火《ひ》をくべてゐた。築山《つきやま》の下《した》で人《ひと》の氣配《けはい》がした。髮《かみ》を搔《か》き上《あ》げながら見下《みおろ》すと、それは昨日《きのふ》の朝《あさ》のその女《をんな》であつた。昨日《きのふ》のまゝの服《ふく》、その顔《かほ》、そのしとやかな餘《あま》り心持《こゝろもち》赧《あか》んだ顔《かほ》を上《あ》げて、彼女《かのぢよ》は宛《あたか》も知人《ちじん》にでも出會《であ》つたやうに、顔《かほ》もそむけずに立《た》つてゐた。彼《かれ》は當惑《たうわく》して、また髮《かみ》を搔《か》き上《あ》げながら立上《たちあが》つた。

「×先生《せんせい》でございません？」

女《をんな》は殆《ほとん》ど自信《じしん》をもつて先《さ》きに口《くち》をきつた。

「はあ、×××です」

「……」

女《をんな》は自分《じぶん》から話《はな》しかけたが、それ以上《いじやう》云《い》ふ言葉《ことば》もなく、耳元《みゝもと》まで赧《あか》く染《そ》めて俯向《うつむ》いてしまつた。暫《しば》し竈《かまど》で焚《た》く柴《しば》の音《おと》のみ聞《きこ》えてきた。

(李承萬 畫)

と云《い》つてゐるところへ、かあーかあーと、鴉《からす》が丁度《ちやうど》そこの樅《もみ》の木《き》の枯枝《かれえだ》で啼《な》いてゐるらしく、いつもと少《すこ》しも變《かは》らない所《ところ》から聞《きこ》えてきた。

「此處《ここ》へきてからは鴉《からす》が友達《ともだち》です」

と云《い》つて、彼《かれ》は無理《むり》にその不吉《ふきつ》な啼聲《なきごゑ》を笑《わら》ひでまぎらさうとした。

「まあ、先生《せんせい》はお友達《ともだち》ですつて！あたしはこの村《むら》では何《なん》でも氣《き》に入《い》るんだけど、あれだけが厭《いや》ですわ。死《し》を忘《わす》れやうとしても、忘《わす》れちや駄目《だめ》だつて、しきりに思《おも》ひ出《だ》させてくれるやうですわ」

「それはつまらない考《かんが》へですよ。白《しろ》い鳥《とり》がゐるやうに黒《くろ》い鳥《とり》もゐますし、すんだ聲《こゑ》の鳥《とり》がゐるやうに濁《にご》つた聲《こゑ》の鳥《とり》もゐるだけで、趣味《しゆみ》によつては鴉《からす》も好《す》きになれる鳥《とり》と思《おも》ひますがね」

「それはまだ死《し》を身近《みぢか》に考《かんが》へない、健康《けんかう》な人達《ひとたち》の、頭蓋骨《づがいこつ》が好《す》きになれると同《おな》じいやうな惡趣味《あくしゆみ》ですわ。あたしには怖《こは》い鳥《とり》ですの。何《なに》か陰謀《いんぼう》を企《たくら》んでマスクをかけ、あたしを追廻《おひまは》す惡漢《あくかん》のやうでぞうつとしますわ。若《も》しあたしが死《し》んだらきつとあの鳥《とり》がひらりと飛《と》んできて、あたしの前《まへ》に立《た》ちふさがるやうな氣《き》がして……」

「……」

「死《し》が美《うつく》しいものとして考《かんが》へられるうちに死《し》ぬほど幸福《かうふく》なことはないやうに思《おも》はれますわ」

と云《い》つて、彼女《かのぢよ》はあまりしやべり過《す》ぎたやうにハンカチで口《くち》と鼻《はな》のところまで包《つゝ》んで、うつすら黄昏《たそが》れる障子《しやうじ》を凝視《みつ》めた。

○

この肺病《はいびやう》やみの娘《むすめ》がはじめて部屋《へや》に入《はい》り、少《すこ》しばかりの言葉《ことば》を體溫《たいをん》や病菌《びやうきん》と共《とも》に殘《のこ》していつた夜《よ》、彼《かれ》はひどく憂鬱《いううつ》であつた。

何《なに》を話《はな》してやつたら彼女《かのぢよ》の慰《なぐさ》めになるだらうか？

果《はた》して彼女《かのぢよ》の病氣《びやうき》は救《すく》はれないのだらうか？何《ど》うしたら彼女《かのぢよ》が再《ふたゝ》び死《し》を花園《はなぞの》として考《かんが》へるやうになるだらうか？

彼《かれ》はなかば壁《かべ》に凭《もた》れてこれらのことを考《かんが》へてゐたが、ふと頭《あたま》のとこで何《なに》かバサつく音《おと》を聞《き》いた。そつと顏《かほ》を壓《おさ》へてみると、それは壁藏《おしいれ》から聞《きこ》える音《おと》であつた。彼《かれ》はそこを開《あ》けて二三匹《びき》の鼠《ねずみ》を追《お》ひ散《ち》らし、棒切《ぼうきれ》のやうに固《かた》くなつたパンを一切《き》れ取《と》り出《だ》した。そして片方《かたはう》の手《て》で後《うしろ》の山《やま》から拾《ひろ》つてきた、丸藥《ぐわんやく》のやうに丸《まる》く、枯葉《かれは》のやうに輕《かる》い兎《うさぎ》の排泄物《はいせつぶつ》をつまんで見《み》ながら、この頃《ごろ》は自分《じぶん》の糞《ふん》もきつとこのやうに淡白《たんぱく》になつたであらうと考《かんが》へて微笑《びせう》した。「人間《にんげん》の體《からだ》からも草《くさ》の臭《にほひ》がなくてはならない」と云《い》つた、哲人《てつじん》トローの言葉《ことば》が思《おも》ひ出《だ》され、人間《にんげん》が生《い》きる日《ひ》まで、極《ご》く謙遜《けんそん》な昆蟲《こんちう》のやうに、淸《きよ》らかな露《つゆ》と香《か》ぐはしい草葉《くさは》だけでは滿足出來《まんぞくでき》ない、その運命《うんめい》が悲《かな》しく思《おも》はれた。

「何《なに》を話《はな》してやつたら彼女《かのぢよ》に新《あたら》しい希望《きばう》が湧《わ》いてくるだらうか？」

彼《かれ》はまたこんな思《おも》ひに耽《ふけ》つた。そして、不意《ふい》に
「彼女《かのぢよ》を愛《あい》することだ！」

と云《い》ふ情熱《じやうねつ》にかられた。

「確《たし》かに彼女《かのぢよ》は戀人《こひびと》を持《も》つてゐない、誰《だれ》が蝕《むしば》む彼女《かのぢよ》の胸《むね》に愛《あい》をさゝやいたであらうか！」

彼《かれ》は彼女《かのぢよ》の坐《すわ》つてゐた所《ところ》へ兩手《りやうて》をさしのべてみた。冷《つめ》たい油紙《あぶらかみ》(溫突にしいてゐる）の感觸《かんしよく》だけで、體溫《たいをん》は既《すで》にとつくに消《き》え去《さ》つてゐた。

「あはれなる乙女《をとめ》よ、僕《ぼく》を愛《あい》して死《し》んでくれ！ 戀《こひ》を知《し》らずに死《し》んでゆくことは、戀人《こひびと》を殘《のこ》して死《し》ぬよりもつと辛《つら》いことだ……ながい間《あひだ》、病魔《びやうま》と鬪《たゝか》つてきた御身《おんみ》は、きつとまだ戀《こひ》を知《し》らずにゐることだらう」

彼《かれ》は障子紙《しやうじがみ》の鳴《な》る音《おと》に雨戸《あまど》を閉《し》めて、ランプの灯《ひ》を小《ちひ》さくし、ポーの悲《かな》しい詩《し》「レイベン」を思《おも》ひ出《だ》しながら
「レノオ？レノオ？」

と云《い》つて、ポーが自分《じぶん》の愛人《あいじん》の亡靈《ばうれい》を呼《よ》んだやうに、彼《かれ》も悲《かな》しげな聲《こゑ》で呼《よ》んでみた。身《み》を被《おほ》ふべき何物《なにもの》もなく、たゞ戀人《こひびと》の古《ふる》びた外套《ぐわいたう》に包《つゝ》まれて、しかも、幸福《かうふく》さうに死《し》んでいつたレノオの可憐《かれん》な死體《したい》は、思《おも》へばポーの情熱《じやうねつ》にもまして、やさしく抱《いだ》きしめてみたい衝動《しようどう》にかられた。ポーが佗《わび》しい書齋《しよさい》にひとり坐《すわ》つて夜《よ》の更《ふ》けるまで昔《むかし》の書物《しよもつ》を繙《ひもと》いてゐるとき、嵐《あらし》は襲《おそ》ひ來《き》て戸《と》を開放《あけはな》ち、眞《まつ》暗《くら》い藪《やぶ》の中《なか》では姿《すがた》も見《み》せないで、鴉《からす》が、かあーかあー啼《な》いて、頭《あたま》をぼうぼうにした可憐《かれん》なレノオの亡靈《ばうれい》が、房《へや》の片隅《かたすみ》へすうーつと入《はい》つてきたのだ。

「おー僕《ぼく》のレノオ！確《たし》かに御身《おんみ》はまだ戀《こひ》を知《し》らないのだ。僕《ぼく》が御身《おんみ》を愛《あい》し、僕《ぼく》が御身《おんみ》の死《し》を守《まも》る憐《あはれ》な戀人《こひびと》になつてやらう！」

彼《かれ》は夜《よる》の餘《あま》りにながきを嘆《なげ》き、夜《よる》の早《はや》く明《あ》けるのを待《ま》ち佗《わ》びた。だが、夜《よ》が明《あ》けてみると、空《そら》があまりにも低《ひく》く壓《お》しかゝり、風《かぜ》が荒々《あらあら》しく隅々《すみずみ》から吹《ふ》きよせて來《き》て、雪《ゆき》さへちらほら降《ふ》つてきた。溫室《をんしつ》からそつとのぞいてゐる熱帶植物《ねつたいしよくぶつ》の花《はな》のやうな、そんな弱々《よわよわ》しい彼女《かのぢよ》の姿《すがた》が、到底現《たうていあら》はれる筈《はず》がなかつた。

「おー哀《あは》れな乙女《をとめ》よ！御身《おんみ》はこんな曇《くも》つた日《ひ》、暗《くら》い部屋《へや》に横《よこ》たはつて、戀人《こひびと》もなしに死《し》ぬことを悲《かな》しんでゐることだらう！ 僕《ぼく》の哀《あは》れなレノオ！」

三日《か》も雪《ゆき》が降《ふ》り、そしてまた、三日《か》吹雪《ふぶき》が續《つゞ》き、更《さら》に幾日《いくにち》か曇《くも》つてまた雪《ゆき》が降《ふ》り、やつと天氣《てんき》になり暖《あたゝか》くなつた。軒《のき》から雪解《ゆきど》け

の水《みづ》が雨《あめ》のやうに落《お》ちてゐた午後《ごご》のこと、あの哀《あは》れな乙女《をとめ》が現《あら》はれた。益々《ますます》蒼白《あをじろ》くなつてきた顔《かほ》に喪章《もしやう》のやうなマスクをかけて、部屋《へや》に入《はい》つてからは瞼《まぶた》が重《おも》たいやうに、ひつきりなしに眼《め》を閉《と》ぢてはまた開《ひら》いて

「あれから二度《ど》ほどひどく喀血《かくけつ》しましたの」

と云《い》つた。

「しかし……」

「醫者《いしや》は氣管《きくわん》が惡《わる》くなつて出《で》た血《ち》だと云《い》つてますけど、あたしは胸《むね》からの血《ち》であることをよく知《し》つてますわ」

「でも醫者《いしや》の方《はう》がもつとよく知《し》つてないでせうか？」

「醫者《いしや》があたしを瞞《だま》してますの。醫者《いしや》だけでなく皆《みな》があたしを瞞《だま》さうとばかりしてますの。陰《かげ》では、あからさまにあたしが死《し》ぬことを話《はな》しながら、前《まへ》ではしらをきりますの、もう、この世《よ》の人《ひと》でないやうにあたしを取扱《とりあつか》つてくれるのが悲《かな》しいのよ。死《し》ぬことが、それほど佗《わび》しいものであるかを、死《し》ぬまへから、こんなにも敎《をし》へてくれるんですもの」

女《をんな》の聲《こゑ》は震《ふる》へてゐた。

「然《しか》し、…若《も》しいまからでも若《も》し…心《しん》から愛《あい》する人《ひと》がゐるとしたら、その人《ひと》の云《い》ふことだけは眞《しん》に受《う》けられますか？」

「……」

眼《め》を靜《しづ》かに閉《と》ぢたまゝ開《あ》けなかつた。

「あなたの病氣《びやうき》を少《すこ》しも氣《き》にしないで、眞心《まごころ》から運命《うんめい》をともにしやうと云《い》ふ人《ひと》がゐるとしたら…？」

「さうだとすれば、それはきつと、どうかした人《ひと》なんですわ。あたしに戀人《こひびと》がゐることはゐますの…あたしを熱烈《ねつれつ》に愛《あい》してくれるし、この頃《ごろ》も、よくいらつしやいますの」

「……」

「あの人《ひと》は心《こゝろ》からあたしを愛《あい》してる證據《しようこ》に、あたしがこんな、皆《みんな》がいやがる病氣《びやうき》になつたことを、自分《じぶん》だけは決《けつ》していやがらない證據《しようこ》にある日《ひ》、あたしの胸《むね》から出《で》た血《ち》を　半分《はんぶん》も飲《の》みほした位《くらゐ》ですの。でも、それがあたしに慰《なぐさ》みになると思《おも》ひまして？」

「……」

彼《かれ》は憂鬱《いううつ》になるばかりであつた。

「あたしの血《ち》まですゝり、それほどあたしに親《した》しく接近《せつきん》しやうとしながらも、あの人《ひと》は矢張《やは》りあの人《ひと》で健康《けんかう》であり、自分《じぶん》として生《い》きて行《ゆ》く準備《じゆんび》をしてるんですもの。髮《かみ》がのびれば床屋《とこや》にゆき、履《はき》物《もの》が惡《わる》くなると新《あたら》しいのに變《か》へるし、毎日大學圖書館《まいにちだいがくとしよくわん》に行《い》つては學位《がくゐ》をとらうと頑張《ぐわんば》つてるでせう。だから、あたしの生活《せいくわつ》とは隨《ずゐ》

分懸《ぶんか》け離《はな》れてゐますわ。あたしの頭《あたま》の中《なか》には柩《ひつぎ》や、墓《はか》、かうした考《かんが》へしかないのに……」

「何故《なぜ》そんなふうにばかり考《かんが》へるのです？」

「人間同志《にんげんどうし》では同情《どうじやう》したくてもやはり駄目《だめ》らしいんですの」

「何故《なぜ》です？」

「病人《びやうにん》には同《おな》じく病人《びやうにん》になるのでなければ同情《どうじやう》にならないと思《おも》ひますわ。でも、どうしてさう勝手《かつて》に同《おな》じいやな病人《びやうにん》になり、同《おな》じい程度《ていど》に病氣《びやうき》をして丁度《ちやうど》同《おな》じ時刻《じこく》に死《し》ぬことが出來《でき》ませう？當《たう》然死《ぜんし》ぬべき人《ひと》に向《むか》つて、口先《くちさき》だけで何《な》んでもないなんて騙《だま》すことは、却《かへ》つてこちらをもつと早《はや》く悲《かな》しませることにならなくて」

「どんな柩《ひつぎ》をお考《かんが》へになります？」

彼《かれ》は思《おも》ひ切《き》つてこんなことを尋《き》いてみた。さうすることが彼女《かのぢよ》の世界《せかい》に少《すこ》しでも接近《せつきん》するやうに思《おも》はれたのだ。

「朝鮮《てうせん》の柩《ひつぎ》はのりたくないの。この頃《ころ》は金色《きんいろ》に塗《ぬ》りつめた自動車《じどうしや》も厭《いや》ですし、眞白《まつしろ》い馬《うま》が何頭《なんとう》も引張《ひつぱ》つてゆく眞白《まつしろ》い馬車《ばしや》があつたら……など空想《くうさう》してみますの。そして墓《はか》も朝鮮《てうせん》のはどうしても好《す》きになれませんの。西洋《せいやう》では墓地《ぼち》が公園《こうゑん》のやうに美《うつく》しいさうですけれど、朝鮮《てうせん》の墓《はか》は誰《だれ》かの永遠《えいゑん》の住居《すまゐ》だといふやうな感《かん》じがしないでせう。地《ぢ》べたにほつておけないから土《つち》で覆《おほ》ひ、そのまゝでは雨《あめ》に流《なが》されるから芝《しば》を植《う》えたまでゝ、花一《はなひと》つ植《う》えるやうな挿《さ》すやうな所《ところ》でもあつて？朝鮮人《てうせんじん》ほど死《し》ぬ人《ひと》の感情《かんじやう》を無視《むし》するやうな人《ひと》達《たち》は他《ほか》にないと思《おも》ひますわ。みつともない泣聲《なきごゑ》ばかり張《は》り上《あ》げ、鴉《からす》だけ集《あつ》まつて騷《さわ》ぐやうに餅《もち》など散《ち》らかすし……」

「……」

「先生《せんせい》はどうしてこんな侘《わび》しい生活《せいくわつ》をしてますの？」

「……」

彼《かれ》はなんとも答《こた》へなかつた。彼女《かのぢよ》に戀人《こひびと》がないだらうとばかりきめてゐた自分《じぶん》の愚《おろか》さを嘲笑《あざわら》ひ、あれほど絶望《ぜつばう》のどん底《そこ》に陷《お》ちて、この世《よ》の慾望《よくばう》をちつとも持《も》たない神々《かうがう》しい女《をんな》を戀人《こひびと》にした、あの若《わか》い學徒《がくと》が、この上《うへ》もなく羨《うらやま》しく思《おも》はれるだけであつた。

陽《ひ》は既《も》う黄昏《たそがれ》に近《ちか》づいてゐた。蓮池《はすいけ》の下《しも》の樅《もみ》の木《き》の頂《いただき》ではまだ、不氣味《ぶきみ》な聲《こゑ》で啼《な》いてはゐないが、その不様《ぶざま》な嘴《くちばし》で黒《くろ》い鳥《とり》が、枯枝《かれえだ》をことことつゝいてゐる音《おと》が響《ひゞ》いてきた。

「鴉《からす》がきたのかしら？」

「そんなにあれが厭《いや》ですか？」

「厭《いや》ですわ。あれの腹《はら》ん中《なか》には色《いろ》んなおばけみたいのが一杯詰つてゐるやうに怖《こは》いんですの、ある時夢《ときゆめ》でみたら、鴉《からす》の腹《はら》に呪符《まぢなひ》がはいつており、庖丁《はうちやう》や、青白《あをじろ》い灯《ひ》もはいつてるのを見《み》ましたの。

笑《わら》つちやいやですわ。あたしは既《も》うとつくに常識《じやうしき》から離《はな》れてゐんですの」

「はゝはゝ……」

だが、彼《かれ》は笑《わら》ひながらも、心《こゝろ》の中《なか》では今《いま》に鴉《からす》を一《ひと》つふんづかまへようと考《かんが》へた。その腹《はら》を割《さ》いて內臟《ないぞう》を引《ひつ》張《ぱ》り出《だ》し、他《ほか》の鳥《とり》と少《すこ》しも變《かは》らないことを見《み》せてやらう。さうして常識《じやうしき》をなくした彼女《かのぢよ》の鴉《からす》に對《たい》する恐怖《きようふ》心《しん》を打《う》ちこわし、さうして死《し》に對《たい》する恐怖《きようふ》心《しん》までも少《すこ》しはやはらげてやらうと決心《けつしん》した。

○

彼《かれ》はこの娘《むすめ》が歸《かへ》つたすぐその後《あと》から裏山《うらやま》に上《あが》り、とねりこの枝《えだ》を切《き》つてきて大《おほ》きな弓《ゆみ》を造《つく》つた。堅《かた》い萩《はぎ》で矢《や》をこしらへ、その先《さき》には大《おほ》きな釘《くぎ》を研《と》いで鏃《やじり》をつけ、幾度《いくど》か狙《ねら》ひを定《さだ》めてみて、鴉《からす》を窓際《まどぎは》に誘《さそ》ひよせた。雪《ゆき》の上《うへ》にあちこち豆《まめ》をばらまいてやると、鴉《からす》はそれを見《み》つけて、左右《さいう》に氣味《きみ》惡《わる》い目《め》を配《くば》りながらも下《お》りてきて豆《まめ》をつついた。彼等《かれら》は翼《つばさ》を立《た》てゝ、すぐ飛《と》びさうに見《み》せながらも段々《だんだん》戸《と》の近《ちか》くのものをつつきにやつてきた、部屋《へや》では息《いき》を殺《ころ》して、小《ちひ》さい穴《あな》に矢《や》を當《あ》て、一番《いちばん》近《ちか》くまでやつてきた奴《やつ》の横腹《よこはら》を狙《ねら》つて力《ちから》一杯《いつぱい》弓《ゆみ》を引《ひ》いた。

パタ〳〵みな一齊《せい》に飛《と》んでしまつたが、中《なか》の一羽《は》だけ羽《はね》に矢《や》をさゝれて、すぐその場《ば》に落《お》ち、殘《のこ》りの奴《やつ》らは、かあーかあー騷《さわ》ぎながら樅《もみ》の木《き》の頂《いたゞき》に上《あが》つていつた。彼《かれ》はあたふた靴《くつ》を引摺《ひきず》りながら落《お》ちた奴《やつ》を足《あし》で踏《ふ》みつけやうとした。だが鴉《からす》はいつの間《ま》にか、彼《かれ》の足元《あしもと》から逃《のが》れて、ひらりと體《たい》を起《おこ》して、鮮血《せんけつ》を雪《ゆき》の上《うへ》に振《ふ》り播《ま》きながら、兩《りやう》の脚《あし》と片方《かたはう》の翼《つばさ》で、なかば飛《と》び、なかば走《はし》りつゝ芝生《しばふ》の方《はう》へパタ〳〵逃《に》げていつた。彼《かれ》もまた息《いき》を切《き》らして、追駈《おひか》けた。見《み》るからに惡黨《あくたう》のやうな恰好《かつかう》をしてゐるが、だが、矢《や》張《は》りそれは鳥《とり》でしかなかつた。やがて袋小路《ふくろこうぢ》にゆきついてしまつた。矢《や》にさゝれたまゝ蓮池《はすいけ》に下《お》りる溝《みぞ》に逆《さか》さに頭《あたま》を突込《つきこ》み、息《いき》を切《き》らしながら、火達磨《ひだるま》とも血達磨《ちだるま》ともつかぬ眼《め》をして、鍬《くは》のやうな嘴《くちばし》を開《あ》けて、頭《あたま》を眞直《まつすぐ》に突《つ》き上《あ》げた。そして彼《かれ》の頭上《づじやう》では他《た》の鴉《からす》どもが樅《もみ》の木《き》から下《お》りて、自分達《じぶんたち》の家族《かぞく》を是非《ぜひ》救《すく》はうとするかのやうに飛《と》び廻《まは》りながら、かあーかあー。

彼《かれ》はやゝ薄氣味《うすきみ》惡《わる》くなつてきたが、砂利《じやり》をつかんで頭上《づじやう》の鴉《からす》をおどかし、溝《みぞ》からまた逃《に》げやうとする奴《やつ》の首玉《くびたま》を力《ちから》一杯《いつぱい》蹴飛《けと》ばした。矢《や》が落《お》ちて鴉《からす》だけが五六間《けん》先《さき》の方《はう》に落《お》ちてぎやーと悲鳴《ひめい》を上《あ》げてばたついた。それを、また追駈《おひか》けて足《あし》を上《あ》げたが、そのときは既《も》う鴉《からす》は目先《めさき》も曇《くも》り、のしかゝる死《し》と鬪《たゝか》ふばかりであつた。

彼《かれ》は胸《むね》をおどらせながら、この黑《くろ》い鳥《とり》の死《し》の苦悶《くもん》を見下《みおろ》し、あの娘《むすめ》の臨終《りんじう》を想像《さうざう》してみた。悲《かな》しかつた。彼《かれ》はすぐ自分《じぶん》の部屋《へや》へ入《はい》り、後《あと》で別莊番《べつさうばん》に云《い》ひつけて、死《し》んだ鴉《からす》の首《くび》をつつて何處《どこ》かの木《き》に引懸《ひつか》けるやうにした。そして早《はや》くあの娘《むすめ》がやつてきたら、早速《さつそく》立派《りつぱ》な外科醫《げくわい》のやうに、その黒《くろ》い死體《したい》を解剖《かいばう》して、鴉《からす》の腹《はら》にも他《ほか》の鳥《とり》と全《まつた》く同《おな》じく普通《ふつう》の鳥類《てうるゐ》の内臟《ないざう》しか持《も》つてないことを、決《けつ》してそんな呪符とか、庖丁《はうちやう》とか、青《あを》い灯《ひ》など入《はい》つてないことを證明《しようめい》してやらうと考《かんが》へた。

だが毎日《まいにち》寒《さむ》さがつのるばかりで、少《すこ》しも暖《あたゝか》い日《ひ》がなかつた。一月近《つきちか》くもその娘《むすめ》は現《あら》はれなかつた。やがて天候《てんこう》がまたもと通《どほ》りにやはらぎ、蓮池《はすいけ》の雪《ゆき》も解《と》け、楓《かへで》の枝《えだ》に引懸《ひつか》つてゐる鴉《からす》の死體《したい》も、解剖《かいばう》するには丁度《ちやうど》いい具合《ぐあひ》に解《と》けたが、その娘《むすめ》は現《あら》はれなかつた。

○

ある日《ひ》、また寒《さむ》くなつて、霰《あられ》が道端《みちばた》に落《お》ちて轉《ころが》つてゐる午後《ごご》であつた。彼《かれ》はある雜誌社《ざつししや》に創作《さうさく》一篇《ぺん》を賣《う》りつけて、少《すこ》しばかりの食料品《しよくれうひん》をかゝへて歸《かへ》つて來《く》る途中《とちう》、小川《をがは》を隔《へだ》てた廣場《ひろば》に、二臺《だい》の黒《くろ》い自動車《じどうしや》と並《なら》んで金色《きんしよく》の靈柩車《れいきうしや》が一臺目《だいめ》についた。

彼《かれ》は胸《むね》がどきんとするのを覺《おぼ》えた。別莊《べつさう》の方《はう》を見上《みあ》げると、樅《もみ》の木《き》の頂《いたゞき》には先《さ》つきから鴉《からす》が二三、との光景《くわうけい》を見下《みおろ》しながら跼《うづくま》つてゐた。

「彼女《かのぢよ》が死《し》んだのではないだらうか？」

靈柩車《れいきうしや》の中《なか》には既《も》う棺《くわん》が乘《の》せてあつた。取卷《とりま》いてゐる村人《むらびと》の中《なか》から別莊番《べつさうばん》が現《あら》はれて近《ちか》づいてきた。

「うちの庭園《ていゑん》によく來《き》てた娘《むすめ》が死《し》にましてな」

「・・・」

彼《かれ》は靜《しづ》かに靈柩車《れいきうしや》に向《むか》つて帽子《ばうし》をとつた。

「あの後《あと》の車《くるま》に乘《の》らうとしてゐる男《をとこ》が、あの娘《むすめ》の婚約者《こんやくしや》ださうで」

彼《かれ》は默然《もくぜん》と、大學圖書館《だいがくとしよくわん》で學位《がくゐ》論文《ろんぶん》の準備《じゆんび》をいそしんでゐたと云《い》ふ青年《せいねん》を眺《なが》めた。青年《せいねん》は車《くるま》の中《なか》に入《はい》るなり、すぐ白《しろ》いハンカチを取《と》り出《だ》して顏《かほ》に當《あ》てた。やがて自動車《じどうしや》は靈柩車《れいきうしや》を先頭《せんとう》に靜《しづ》かに滑《すべ》り出《だ》した。雪《ゆき》は牡丹雪《ぼたんゆき》に變《かは》り、ひら／＼降《ふ》つてきた。自動車《じどうしや》の滑《すべ》つたタイヤの跡《あと》もいつしか消《き》えてしまつた。

鴉《からす》はとの晩《ばん》も、別《べつ》に變《かは》つた聲《こゑ》もなく、唯《たゞ》、かあーかあー騷《さわ》いでは、ときたま、ＧＡの下《した》にＲのついた發音《はつおん》を限《かぎ》りなく引張《ひつぱ》つてゐた。

朴　元　俊　譯

無《む》明《めい》

李光洙

入監《にふかん》してから三日目《かめ》に、私《わたし》は病監《びやうかん》におくられる身《み》となつた。病監《びやうかん》といつても別《べつ》な建物《たてもの》になつてゐるのではなくて、監房《かんばう》の片側《かたがは》の隅《すみ》にある幾《いく》つかの房《ばう》を云《い》ふのであつた。私《わたし》の入《はひ》つた所《とこ》は一房《ばう》といつて西《にし》の方《はう》の端《はし》つこの房《ばう》であつた。私《わたし》を連《つ》れて來《き》た看守《かんしゆ》が扉《とびら》をしめて歸《かへ》つた後《のち》、顏《かほ》の白《しろ》い目《め》のぎらぎらした看病夫《かんびやうふ》が私《わたし》に、

「坐《すわ》つても横《よこ》になつても自由《じいう》です。靜《しづ》かに話《はな》しても構《かま》ひませんや。だが話《はな》し聲《ごゑ》が大《おほ》きいと看守《かんしゆ》に怒《おこ》られますよ」

と言《い》つて、私《わたし》の番號《ばんがう》に依《よ》つて坐席《ざせき》をきめてから行《い》つてしまつた。私《わたし》は看病夫《かんびやうふ》に頭《あたま》を下《さ》げて感謝《かんしや》の意《い》を表《へう》し、私《わたし》より先《さき》に入《はひ》つてゐる二人《ふたり》に向《むか》つても、頭《あたま》を下《さ》げて挨拶《あいさつ》をした。

その時《とき》、丁度《ちやうど》私《わたし》の傍《そば》の男《をとこ》が、昔《むかし》の朝鮮流《てうせんりう》に私《わたし》の手首《てくび》をとりながら、

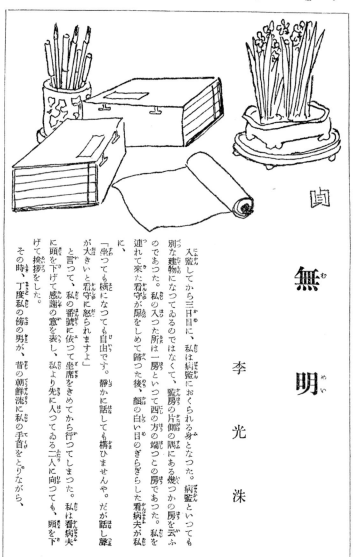

「アイゴ、金《きん》サン（和話《わこ》）ですか、わしは尹《いん》〇〇でやす」

と、隣《とな》りの房《ばう》にまで聞《きこ》えるやうな大《おほ》きな聲《こゑ》で叫《さけ》んだ。

私《わたし》も一目《め》で彼《かれ》が誰《だれ》であるかを知《し》つた。その男《をとこ》はC警察署《けいさつしよ》の留置場《りうちぢやう》で十日《か》餘《あま》りも私《わたし》と一緒《しよ》に留置《りうち》されてゐたが、私《わたし》より先《さき》に送局《そうきよく》されたのだつた。彼《かれ》はやせこけて聲《こゑ》だけ大《おほ》きく、言葉《ことば》尻《じり》毎《ごと》にきまつて『……くそ』といふ言葉《ことば》を使《つか》ふので、同《おな》じ房《ばう》の人人《ひとびと》から『……くそ』といふ別名《べつめい》で呼《よ》ばれ、なぶりものにされてゐた男《をとこ》である。私《わたし》はこういふ記憶《きおく》がよみがへつた時《とき》、吹《ふ》き出《だ》しさうな笑《わら》ひをどうすることも出來《でき》なかつた。尹《いん》は昔《むかし》の朝鮮《てうせん》の學者《がくしや》たちがするやうな姿勢《しせい》や態度《たいど》でたいへん勿體《もつたい》ぶつて、私《わたし》が入監《にふかん》したことを心配《しんぱい》し、又傍《またそば》にゐる閔《びん》といふ皮《かは》と骨《ほね》だけになつてゐる老人《らうじん》にいろいろと私《わたし》のことをほめながら紹介《せうかい》した。そして青《あを》い未決囚衣《みけつしうい》の前裾《まへすそ》をあけ、腹《はら》と脚《あし》をあらはにさらけ出《だ》して、指《ゆび》で足《あし》の甲《かふ》や脛《すね》をつついて見《み》たり、兩手《りやうて》で腹《はら》の皮《かは》を引《ひ》つ張《ぱ》つてみたりしながら
「これを見《み》なせえよ。こんなに體《からだ》ぢうがはれてゐやすよ。近頃《ちかごろ》少《すこ》しはよくなつたちうのがこんな工合《ぐあひ》でやす。一棟《そう》の八房《ばう》にゐた時《とき》はこれよりもひでえはれ方《かた》でやしたよ」

と、全羅道《ぜんらだう》のなまりで自分《じぶん》の病狀《びやうじやう》を長《なが》つたらしく說明《せつめい》した。いかにも自分《じぶん》が醫者《いしや》よりもよく自分《じぶん》の病狀《びやうじやう》について知《し》つてでもゐるかのやうに。それに醫者《いしや》は到底《たうてい》自分《じぶん》の病氣《びやうき》を知《し》らないから、自分《じぶん》は死《し》んで出《で》るよりしかたがないと慨《なげ》いた。尹自身《いんじしん》の一人《ひとり》ぎめの診斷《しんだん》と處方《しよはう》に依《よ》れば、體《からだ》がはれてゐるのは粥《かゆ》を食《た》べてゐるせいであり、熱《ねつ》が出《で》、咳《せき》が出《で》、腹《はら》を下《くだ》してゐるのは、寃罪《えんざい》を負《お》ふた無念《むねん》のために起《おこ》つたものだと斷言《だんげん》し、この病氣《びやうき》を治《なほ》すには、獄《ごく》から出《で》て肉《にく》と酒《さけ》をふんだんに食《た》べるよりほかに方法《はうはふ》がないと何度《なんど》も云《い》つてから、自《じ》分《ぶん》が死《し》ぬのは、彼《かれ》の共犯《きようはん》たちと醫者《いしや》のせいであると目《め》を睨《にら》み、聲《こゑ》を大《おほ》きく張《は》り上《あ》げた。

尹《いん》の罪《つみ》といふのは、玄某林某《げんばうりんばう》といふ者《もの》たちがぐるになつて金某《きんばう》の土地《とち》を知《し》らぬ間《ま》に或《あ》る金貸業者《かねかしげふしや》へ抵當《ていたう》に入《い》れて三萬餘圓《まんよゑん》を橫領《わうりやう》したが、その時《とき》彼《かれ》はその公文書《こうぶんしよ》や私文書《しぶんしよ》の僞造《ぎざう》に使《つか》ふ印章《いんしやう》を彫《ほ》つてやつたといふことである。彼《かれ》は、

「玄《げん》とやらはわしは知《し》らねえが、林《りん》の奴《やつ》ときたらわしと親《した》しい間柄《あひだがら》ぢやけに、わしは親友《しんいう》のためなら生死《せいし》も辭《じ》さない性質《たち》ぢやけに、ほんとうにわしは親友《しんいう》のためには身命《しんめい》をも惜《を》しまねえ性分《しやうぶん》ぢやけに、判《はん》こをほつてやつたんでやす。それだちうて金《きん》サンも知《し》つてや

す通《とほ》り、わしが鐚《びた》一文《もん》でも身《み》につけたでやせうか？　玄《げん》とやら林《りん》とやら自分達《じぶんたち》で數萬圓《すうまんゑん》の金《かね》をちよろまかしたのに、何《なん》でこの尹《いん》〇〇が罪《つみ》にされるちうんでやす？」

と、言《い》つて、威勢《ゐせい》を上《あ》げた。

だが尹《いん》のこの話《はなし》は私《わたし》に云《い》ふのではなく、實《じつ》は今《いま》まで同《おな》じ房《ばう》にゐた「閔《びん》」に聞《き》けよとばかり云《い》ふ話《はなし》であることを、私《わたし》は知《し》つた。何故《なぜ》といふに、警察署《けいさつしよ》の留置場《りうちぢやう》にゐた時分《じぶん》も、始《はじ》めの日《ひ》は今《いま》のやうに氣焔《きえん》を上《あ》げたまではよかつたが、刑事部屋《けいじべや》に呼《よ》ばれて二時間《じかん》ばかりそれ相當《さうたう》な目《め》に會《あ》つて兩肩《りやうかた》を落《おと》して出《で》て來《き》た日《ひ》の夕方《ゆふがた》には、ことがうまく運《はこ》べば六千圓《ゑん》の報酬《はうしう》をくれるやうな口約束《くちやくそく》までしておきながら、いざ成功《せいこう》してみると玄《げん》と林《りん》は彼《かれ》の彫《ほ》つた判《はん》こは出來工合《できぐあひ》がよくないので使《つか》へず、京城《けいじやう》で新《あたら》しいのを彫《ほ》らせて使用《しよう》したと云《い》つて、金《きん》三十圓《ゑん》をくれた上《うへ》一晩酒《はんさけ》を飲《の》まし娼妓《しやうぎ》の家《うち》に泊《とま》らせたといふことを、齒《は》ぎしりしながら告白《こくはく》したものである。思《おも》ふに病監《びやうかん》に一緒《しよ》にゐる閔氏《びんし》には自分《じぶん》が無罪《むざい》だといふことしか云《い》はなかつた所《ところ》へ、思《おも》ひもよらぬ私《わたし》がはいつて來《き》たのでそのとりつくろひとしてとういふことを豫防線《よばうせん》にはるやうで、私《わたし》は再《ふたゝ》び苦笑《くせう》しさうなのを我慢《がまん》した。

皮《かは》と骨《ほね》だけの閔氏《びんし》は、あー又《また》いつもの話《はなし》か、といふ風《ふう》に、尹《いん》が熱心《ねつしん》に並《なら》べたてる話《はなし》をわざと聞《き》かないふりをして、骸骨《がいこつ》のやうな自分《じぶん》の指先《ゆびさき》を覗《のぞ》き込《こ》んで坐《すわ》つてゐたが、うんと呻《うめ》き出《だ》して起《お》き上《あが》ると便器《べんき》の方《はう》へ跨《また》がつて行《い》つた。

「ちえつ、又糞《またくそ》かえ」

と、尹《いん》は鋭《するど》くどなつた。

「お前《まへ》さんだつて誰樣《だれさま》に負《ま》けはしめえ」

と言《い》つて、閔《びん》はうんうんと底力《そこぢから》を張《は》つた。

便器《べんき》は丁度《ちやうど》閔《びん》の手前《てまへ》の所《ところ》におかれてゐるが、見《み》る度毎《たびごと》に油《あぶら》を塗《ぬ》つてゐない棺桶《くわんをけ》が聯想《れんさう》された。その上《うへ》に骸骨《がいこつ》のやうになつた閔《びん》が跨《また》つてうんうん呻《うめ》いてゐるのはとても、悲慘《ひさん》なものにみえた。尹《いん》はその細《ほそ》く鋭《するど》い目《め》で閔《びん》のひよろつとした首筋《くびすぢ》を横目《よこめ》でにらみながら、

「金《きん》サンよ。何《なん》でもあいつが八十石《こく》ばかりの收獲《しうくわく》があるだとか大《おほ》きくなつた息子《むすこ》がゐるだとか、又《また》十九になる嬶《かゝあ》がゐるだとかちうんですよ。それだのに親爺《おやぢ》や亭主《ていしゆ》がひどい目《め》に遇《あ》つてゐても犬《いぬ》ころ一匹《ぴき》來てみやしませんからな。着物《きもの》一枚辨當《まいべんたう》一つ差入《さしいれ》するちうこともねえし。わしは家《うち》が遠《とほ》いから、さうもいかねえが、ぢやが今《いま》に見《み》なせえよ。わしが手紙《てがみ》を出《だ》したんでやすからわしの叔父《をぢ》さんは三十圓《ゑん》といふ金《かね》は必《かなら》ず送《おく》つてくれやすぜ。

これでもわしの叔父《をぢ》は面長《めんちやう》(村長《そんちやう》)さんですからな。所《とこ》があれはうちが始興《しこう》ちう近《ちか》い所《とこ》ぢやのに、嬶《かゝ》や息子《むすこ》がゐながらちつとも見《み》に來《こ》ねえで結構《けつこう》なことだかね？ へん、それでも苗字《みやうじ》が閔《びん》だちうて兩班《ヤンバン》(上流人《じやうりうじん》)のことを自慢《じまん》するだからな。閔《びん》ならみな兩《ヤン》班《バン》ちうのかえ、亭主《ていしゆ》も知《し》らねえ、おやぢも知《し》らねえでよくもそんな兩班《ヤンバン》があつたもんぢやね？」

尹《いん》がこんなに惡《あく》たれをついても閔《びん》は聞《き》かんでもなく聞《き》くでもない有樣《ありさま》。今《いま》はもううんうんと呻《うめ》くこともやめてただぼんやりと坐《すわ》つてゐる樣《さま》が、いかにも便器《べんき》から下《お》りて來《く》るのを忘《わす》れたやうである。

閔《びん》に何《なん》の反應《はんおう》もないのがよけい癪に障《さは》つたとみえ、尹《いん》はがばつと起《お》きて便器《べんき》の傍《そば》へ行《い》つて指先《ゆびさき》で閔《びん》の胴《どう》をつつきながら、

「それ見《み》な、わしが云《い》はんとつちやねえ。このまんまゐたら死《し》んぢまふしかねえだよ。食《た》べた物《もの》もねえのに糞《くそ》が出《で》る譯《わけ》がねえぢやろ。あんな米《こめ》のとぎ汁《じる》のやうな粥《かゆ》を一匙《さじ》貰《もら》ふて食《た》べたつて小便《せうべん》にもなりつとねえんだ。早《はや》くわしが云《い》ふ通《とほ》りにうちに知《し》らせて金《かね》を持《も》つて來《こ》させ牛乳《ぎうにう》も買《か》つて飲《の》み、鷄卵《けいらん》もとることだよ。お金《かね》はしまつておいて何《なに》にしようちうのけえ。へん、おやぢが今《いま》に死《し》なうとしても面會《めんくわい》ひとつ來《こ》ねえやうなどら息子《むすこ》に讓《ゆづ》つてやらうちうのかえ？ふふん、ふふん、成程《なるほど》十九になる嬶《かゝ》どんが男《をとこ》でもつくつて面白《おもしろ》ら暮《くら》せつてな？」

と云《い》つて、閔《びん》の心《こゝろ》をかきむしつた。

閔《びん》も、もう我慢《がまん》が出來《でき》ないと見《み》え、

「何《なん》でいらねえおせつかいをするんだ？わしはお前《まへ》さんの惡《あく》たれと毒々《どくどく》しい目付《めつき》だけでも見《み》ねえやうになりやどうにか助《たす》かるわ。惡口《わるくち》にことを缺《か》いて、人《ひと》の嬶《かゝ》を何《なん》で嘴《くちばし》にかけたりするんだよ？ だから田舍《ゐなか》の常奴《シャンノム》(下《か》流人《りうじん》のこと)ちうのは仕樣《しやう》がねえつちうんだ」

とう云《い》ひながらも閔《びん》はそれ程《ほど》怒《おこ》つたやうな樣子《やうす》も見《み》せなかつた。そのひつ窪《くぼ》んだ目《め》が毒氣《どくけ》を帶《お》びながらも又彼《またかれ》の沈着《ちんちやく》な性質《せいしつ》をみせてゐるのだつた。

その後《ご》も毎日何度《まいにちなんど》かは尹《いん》は同《おな》じことで閔《びん》の心《こゝろ》をかき立《た》てた。閔《びん》はそれが氣《き》に障《さは》れば目《め》を閉《と》ぢて眠《ねむ》つてゐるやうなふりをするか、でなければガラス窓《まど》から覗《のぞ》き見《み》られる夏《なつ》の空《そら》に雲《くも》の飛《と》んでゐる樣《さま》をいつまでもいつまでも眺《なが》めてゐた。このやうに閔《びん》が沈《ちん》着《ちやく》であればある程尹《ほどいん》は益々懸命《ますますけんめい》になつて毒舌《どくぜつ》を浴《あ》せかけた。そしてしまひには必《かなら》ず十九になる閔《びん》の妻《つま》を引合《ひきあ》ひに出《だ》すのだつた。これが閔《びん》の心《こゝろ》を逆立《さかだ》てやうとする最後《さいご》の手段《しゆだん》だつたが、閔《びん》

は、妻《つま》の話《はなし》さへ出《で》れば眉《まゆ》をしかめて、一言二言《ひとことふたこと》不快《ふくわい》な言葉《ことば》を投《な》げた。

尹《いん》がいくらいやがらせを云《い》つても閔《びん》の方《はう》で耳《みゝ》にとめない振《ふ》りをして、少《すこ》しも反抗《はんかう》を見《み》せない時《とき》は、今度《こんど》は尹《いん》は私《わたし》に向《むか》つて閔《びん》の惡口《わるくち》を云《い》ふことになつてゐた。ちつとも閔《びん》が醫者《いしや》の話《はなし》をきかないとか、飲《の》めといふ藥《くすり》も飲《の》まないとか、それはひどい下司野《げすや》郎《らう》だとか、閔《びん》の鼻先《はなさき》が赤《あか》いのは死《し》に際《ぎは》が近《ちか》くて腹《はら》の蟲《むし》が落着《おちつ》かない爲《ため》だとか、閔《びん》の妻《つま》にはもう誰《たれ》か若《わか》い野郎《やらう》がくつついたらうとかいふやうなことを限《かぎ》りなく並《なら》べ立《た》てた。その中《うち》に眠氣《ねむけ》がさして來《く》るか、御飯《ごはん》がはいつて來《く》るのでもなければ、決《けつ》して止《や》めやうとはしなかつた。恰《あたか》も尹《いん》は、食《た》べては閔《びん》をとき下《お》ろし、糞《くそ》を垂《た》れ、寢《ね》るといふとの四つだけのために生《い》きて行《ゆ》く人《ひと》のやうだつた。もう一《ひと》つあるとすればそれは自分《じぶん》の病氣《びやうき》に對《たい》する愚痴《ぐち》と共犯《きやうはん》に對《たい》する怨《うら》み言《ごと》であつた。とにかく尹《いん》の口《くち》はほんの少《すこ》しの間《あひだ》も默《だま》つてゐることはなくて、耳障《みゝざは》りのするその聲《こゑ》は時々《ときぐ》看《かん》守《しゆ》からも、とがめられたが、看守《かんしゆ》が踵《きびす》を返《かへ》した後《あと》は、直《たゞ》ちにそのきんきん聲《ごゑ》で看守《かんしゆ》にも又毒舌《またどくぜつ》を浴《あ》びせかけた。

私《わたし》は尹《いん》のためにどうしても氣《き》が樂《らく》になれなかつた。彼《かれ》の言葉《ことば》は一句《く》一句《く》人《ひと》の神經《しんけい》をいらだたせた。閔《びん》に云《い》ふ毒舌《どくぜつ》にしろ、飯《めし》が出《で》た時《とき》の刑務所《けいむしよ》に對《たい》する惡口《あくこう》、醫者《いしや》、看病夫《かんびやうふ》、看守《かんしゆ》、自分《じぶん》の共犯《きやうはん》、凡《およ》その時口《ときくち》にのぼる人《ひと》はみんな惡口《あくこう》されるが、その言《こと》葉《は》言葉《ことば》が及物《はもの》の尖《さき》のやうに、針《はり》のやうに私《わたし》のか弱《よわ》い神經《しんけい》をつき刺《さ》した。私《わたし》の最《もつと》も願《ねが》ふのはたゞ無念無想《むねんむさう》に靜《しづ》かに寢《ね》てゐることであつたが、尹《いん》は私《わたし》にさういふ機會《きくわい》を與《あた》へてくれなかつた。彼《かれ》のお喋《しやべ》りが終《をは》つて「やつと助《たす》かつた」と思《おも》つて目《め》を閉《と》ぢると今《こん》度《ど》は尹《いん》はいびきをかき始《はじ》めた。彼《かれ》は兩脚《りやうあし》を投《な》げ出《だ》して腹《はら》を出《だ》し枕《まくら》を首《くび》にかけて、目《め》を半《なか》ばに開《ひら》き、そしては鼻《はな》を鳴《な》らし口《くち》では吹《ふ》き、時々《ときぐ》ぷーぷー氣《き》がむせかへるやうな音《おと》を出《だ》した。でなければ百日咳《にちぜき》のやうな咳《せき》をしきりにするので、かへつてそのお喋《しやべ》りを聞《き》いてゐた方《はう》がましな位《くらゐ》だつた。さういふ時《とき》によく閔《びん》は、

「何《なん》ちう奴《やつ》だか、起《お》きても人《ひと》にひどいことをやらかすし、又寢《またね》ても、とうなんぢやからな」

と、ぶつぶつ云《い》ふのであるが、私《わたし》としても、ぷつと笑《わら》はずにはゐられなかつた。

「そら、腹《はら》をかくすんだ、十五號腹《がうはら》をかくすんだ。股倉《またぐら》をかくして！　何《なん》でそんなに晝寢《ひるね》をするんだ？　晝寢《ひるね》をそんなにするから、夜《よる》は便器《べんき》にばかりかぢりついて人《ひと》に迷惑《めいわく》をかけるんだ」

と、巡廻《じゆんくわい》してゐた看守《かんしゆ》が聲《こゑ》をかけると尹《いん》は、

「なにも寢《ね》てやしねえでやすよ。」

と、腹《はら》や股《また》を撫《な》でまわしながら、

「こんなに胸《むね》に火《ひ》がまわり、うだつて、暑《あつ》いからなんですよ」

そして囚衣《しうい》の裾《すそ》を一寸《ちよつと》ばかり合《あは》せてみせ、看守《かんしゆ》が行《い》つてしまへば尹《いん》は看守《かんしゆ》の立《た》つてゐた方《はう》を、その毒《どく》々しい目《め》で睨《にら》み付《つ》けながら、

「どうしてこのわしばかり、そんなに虐《いぢ》めようちうのだ？」

と、云《い》つて、又裾《またすそ》をおつぴろげた。

閔は義憤《ぎふん》を忍《しの》びないといふふうに

「看守《かんしゆ》の云《い》ふことがもつともぢやらうが。腹《はら》をつき出《だ》してふんぞり返《かへ》つて寢《ね》てゐるから、夜《よる》も晝《ひる》も、ひつきりなしに糞《くそ》ばかり垂《た》れるんだ。お前《まへ》さんにはどんな正《たゞ》しい話《はなし》もみな惡口《わるくち》にしか聞《きこ》えやしめえ。それに又《また》これあ何《なん》ちうことだよ、夜《よる》も晝《ひる》も股倉《またぐら》をさらけ出《だ》して寢《ね》くさりやがつて？」

それでも尹《いん》は私《わたし》に對《たい》しては非常《ひじやう》に親切《しんせつ》だつた。私《わたし》が體《からだ》を動《うご》かしてはならない病人《びやうにん》であることを知《し》つてゐるといふので、彼《かれ》は私《わたし》のするやうな仕事《しごと》は、多《おほ》くかはつてやつてくれた。

「何《なん》でも用事《ようじ》があればみなわしに言《い》ひ付《つ》けて下《くだ》せえ。どうして又起《またお》き上《あが》るんでやす？」

などと、私《わたし》が動《うご》く度毎《たびごと》に、私《わたし》を大事《だいじ》にするやうなことを云《い》つてくれた。私《わたし》の方《はう》へ私食差入《ししよくさしい》れがはいつてくる前《まへ》までは、尹《いん》は自分《じぶん》の食《た》べてゐる粥《かゆ》と、私《わたし》の飯《めし》とを、かへて食《た》べることを主張《しゆちやう》した。彼《かれ》は、

「何《なん》ちうても、粟半分豆半分《あははんぶんまめはんぶん》のこんなものを、金《きん》サンが食《た》べるちう話《はなし》があるもんでやすか？」

と、どうしても私《わたし》の飯《めし》を奪《うば》ひ取《と》り、自分《じぶん》の粥《かゆ》を私《わたし》の前《まへ》の方《はう》へつき出《だ》すのだつた。私《わたし》は彼《かれ》の好意《かうい》を有難《ありがた》いとは思《おも》つたが、先《ま》づは規則《きそく》に背《そむ》くことに氣《き》がひけるし、又《また》二には醫者《いしや》が粥《かゆ》を食《た》べるやうに命《めい》じた患者《くわんじや》に飯《めし》を食《た》べさせるのが、罪《つみ》なやうに思《おも》はれて最後《さいご》まで遠慮《ゑんりよ》をした。尹《いん》と私《わたし》がこのやうにもみ合《あ》ふのを見《み》て、閔《びん》は重湯《おもゆ》の皿《さら》を前《まへ》にしたまま何《なん》のくひけもなく、口《くち》にしようともしないで、

「お前《まへ》さんも分《わか》らん人《ひと》ぢやで。鼠《ねずみ》のふんのにほひまでするそんな白《しろ》つぽい粥《かゆ》が、何《なに》がええちうんで、そんなに金《きん》サンにすすめるんだよ？　金《きん》サン、早《はや》くその御飯《ごはん》をお上《あが》りなせえ。それでも豆《まめ》の飯《めし》がまだまだ粥《かゆ》よりはええですよ」

と云《い》へば、尹《いん》は閔《びん》を睨《にら》み付《つ》けながら、

「つべこべぬかさんで食《た》べろえ！それでも食《た》べねえとくたばつ

ちまふだよ」

と云《い》つて、無理矢理《むりやり》に私《わたし》の粟飯《あはめし》をひつたくつて食《た》べはじめた私《わたし》は規則《きそく》に背《そむ》くといふ良心《りやうしん》の苛責《かしやく》を受けながらも、尹《いん》の誠意《せいい》を、むげにしりぞける譯《わけ》にもゆかないので、粥《かゆ》の汁《しる》をひと啜《すゝ》りすゝるとおなかの工合《ぐあひ》が悪《わる》いと云《い》つて自分《じぶん》の席《せき》にかへつて横《よこ》になつた。

尹《いん》は私《わたし》の飯《めし》も自分《じぶん》の粥《かゆ》もみな食《た》べてしまふらしかつた。閔《びん》も重湯《おもゆ》を二匙位《ふたさじぐらゐ》のんでからは自分《じぶん》の席《せき》に横《よこ》になるが、尹《いん》は飯《めし》の塊《たま》りを手《て》にして窓《まど》のそばに立《た》つて、しきりに看守《かんしゆ》がやつて來《く》るかどうかをながめながら、口《くち》の音《おと》もにぎやかに飯《めし》と汁《しる》をかき込《こ》んでゐる。

閔《びん》は、べちやべちや舌《した》を鳴《な》らしながら、

「ただ、ええ高粱酒《かうりやんしゆ》（強《つよ》い支那酒《しなしゆ》）に肉《にく》の刺身《さしみ》を一皿《ひとさら》食《た》べりや助《たす》かりさうぢやがな」

と、云《い》つて暫《しばら》くしてからもう一度《ど》、

「ええ高粱酒《かうりやんしゆ》を一杯飲《ぱいの》めば、おなかの、とりが、ほぐれちやふだがな」

と、呟《つぶや》いた。

飯《めし》と粥《かゆ》を、みな平《たひら》げて水《みづ》をがぶがぶ飲《の》んでゐた尹《いん》は、

「よくも又肉《またにく》の刺身《さしみ》でやすな？　白《しろ》つぽい重湯《おもゆ》も食《た》べれねえくせに肉《にく》の刺身《さしみ》だとな？　へん、食《た》べちやその場《ば》でくたばりやすぜ。それでなくても鼻《はな》の先《さき》が赤《あか》いんでやすよ。もう腹《はら》の蟲《むし》がへばり出《だ》したとよ。それでも、くたばらねえちうことがありやすかね？」

と云《い》ひながら食器《しよくき》を洗《あら》つてゐる。洟汁《はなじる》が出《で》ると尹《いん》はそれを手《て》の甲《かふ》でもふかないで、三本《ぼん》の指《ゆび》をそろへて丁度《ちやうど》蟲《むし》でもとり落《おと》すやうに洟汁《はなじる》をつかんであたりかまはずにふりまいてから、その手《て》でやはり食器《しよくき》を洗《あら》つた。その中《うち》に咳《せき》が出《で》はぢめると顔《かほ》を反《そ》らさうともしないで水桶《みづをけ》や食器《しよくき》へよけいに顔《かほ》を近付《ちかづ》けて行《ゆ》きながら咳《せき》をした。それでも私《わたし》たち三人《にん》の中《うち》では自分《じぶん》が一番體《ばんからだ》の自由《じいう》がきくといふことで飯《めし》を受出《うけだ》すのだが、食器《しよくき》を洗《あら》ふことにしろ食事《しよくじ》のすんだあとをふくことまでも、みな彼《かれ》が受持《うけも》つてやつたが、それも自分《じぶん》はこういふことにはとても上手《じやうず》だといふふうに信《しん》じ込《こ》んでゐるやうだつた。殊《こと》に朝飯《あさめし》が濟《す》んで「便器準備《べんきじゆんび》」といふ命令《めいれい》が出《で》て便器《べんき》を運《はこ》び出《だ》す時《とき》などになれば、事實私《じじつわたし》たち三人《にん》の中《うち》では彼《かれ》しかその仕事《しごと》のやれるやうなものはゐなかつた。彼《かれ》はうんうんと呻《うめ》きながら便器《べんき》を運《はこ》び出《だ》す度毎《たびごと》に閔《びん》に怨《うら》みごとを並《なら》べた。閔《びん》が夜晝《よるひる》なしに糞《くそ》を垂《た》れるのでとんなに便器《べんき》が重《おも》い

といふ不平《ふへい》だつた。すると閔は、

「何《なに》を云《い》ふんだよ。日《ひ》に重湯《おもゆ》一杯《ぱい》も食《た》べきれねえとのわしが、小便《せうべん》や糞《くそ》をするちうても知《し》れてるぢやねえか？お前《まへ》さんこそ粥《かゆ》二杯《はい》に汁《しる》二杯《はい》、水《みづ》も一藥鑵位《ひとやくわんぐらゐ》は平げてよ、夜通《よどほ》し便器《べんき》にかぢりついて、人《ひと》もおちおちねむれんやうにするぢやろが」

と云《い》ふのだが、彼《かれ》の話《はなし》は私《わたし》にも、もつともなことに思《おも》はれた。殊《こと》に私《わたし》の方《はう》へ私食《しそく》の差入《さしい》れがはいるやうになつてからは、尹《いん》は毎度《まいど》のやうに私《わたし》の食《た》べ殘《のこ》りの飯《めし》とお菜《さい》をそつくり食《た》べてしまふので、彼《かれ》の消化不良《せうくわふりやう》は益益昂《ますますかう》じていつた。食《た》べ過《す》ぎのため咽喉《のど》が乾《かわ》いて、がぶがぶ水《みづ》を飲《の》んで、それから一日《にち》にひどい時《とき》は二十囘《くわい》も糞《くそ》を垂《た》れた。それでも自分《じぶん》では、

「糞《くそ》が出《で》てくれんのでな。棒切《ぼうぎ》れででもほぢくり出《だ》せば出《で》るかな？　もつとも食《た》べてるものがねえから、糞《くそ》も出《で》る筈《はず》がねえんでやす」

このやうに、一日《にち》に何囘《なんくわい》かづつ、閔《びん》や或《あるひ》は私《わたし》に向《むか》つて嘆《なげ》くのだつた。

尹《いん》の病氣《びやうき》はだんだん惡化《あくくわ》した。それは確《たし》かに食《た》べ過《す》ぎが一《ひと》つの原因《げんいん》をなしてゐるのが明《あきら》かだつた。私《わたし》は自分《じぶん》が私食差入《しそくさしい》れを食《た》べるために尹《イン》の病氣《びやうき》が重《おも》くなつてゆくのを少《すくな》からず心苦《こゝろぐる》しく思《おも》つたので、それからは私《わたし》は食《た》べ殘《のこ》りを尹《いん》に渡《わた》すまいと決心《けつしん》して、自分《じぶん》の分量《ぶんりやう》だけを食《た》べてしまふと、尹《いん》が手《て》を伸《の》ばさない前《まへ》に辨當《べんたう》を窓枠《まどわく》の上《うへ》に揚《あ》げておいた。そこで私《わたし》はおだやかな言葉《ことば》で尹《イン》に向《むか》つて、

「そんなに食《た》べては大變《たいへん》なことになりますよ。私《わたし》が昨日《きのふ》數《かぞ》へてみたが二十四囘《くわい》も腹《はら》を下《くだ》してゐました。それに又熱《またねつ》が出《で》るのも餘《あま》り食《た》べるからだと思《おも》ひますよ」

と、ねんごろにさとしてやつたが、彼《かれ》は耳《みゝ》にも、とめないで、窓枠《まどわく》の上《うへ》においてある辨當《べんたう》をとつて食《た》べた。

私《わたし》は大《おほ》きな決心《けつしん》をせねばならなかつた。それは私《わたし》が私食《しそく》を中止《ちうし》する事《こと》だつた。それで私《わたし》は夕食《ゆふしよく》だけ私食《しそく》をとり朝《あさ》と晝《ひる》は官食《シウベン》をとることにした。私《わたし》は出來《でき》るだけ榮養分《えいやうぶん》を攝取《せつしゆ》せねばならない病人《びやうにん》であるために、それは少《すくな》からぬ苦痛《くつう》であつたが、私《わたし》のために隣《となり》の人《ひと》が規則《きそく》にそむき、病氣《びやうき》もだんだん重《おも》くなつて行《い》くのを見《み》るのは、どうしても忍《しの》び得《え》ないことだつた。閔《びん》も私《わたし》が私《し》食《そく》を取《と》り止《や》めた理由《りいう》を知《し》つて、二三度《ど》尹《いん》のだらしなさを責《せ》めたが、尹《いん》はかへつて私《わたし》が私食《しそく》を中止《ちうし》したのは自分《じぶん》を憎《にく》んででもやつたことのやうに私《わたし》を逆怨《さかうら》みした。殊《こと》に息子《むすこ》から現金《げんきん》三圓《えん》の差《さし》入《い》れが來《き》て牛乳《ぎうにう》や私食《しそく》をとるやうになり、ちり紙《がみ》も買《か》つて使《つか》ふ

やうになつてからは、彼《かれ》の私《わたし》に對《たい》する態度《たいど》が非常《ひじやう》に冷《つめ》たいものになつた。以前《いぜん》には私《わたし》の忠告《ちうこく》することなら「先生《せんせい》のお話《はなし》がもつともでやす」とおとなしくきいてゐたのに、今《いま》は私《わたし》に向《むか》つてさへ、白《しろ》い目付《めつき》をするやうになつた。

　尹《いん》は、息子《むすこ》が送《おく》つて來《き》た三圓《えん》の中《なか》から、タオルと石鹼《せつけん》とちり紙《がみ》を買《か》つた。

「物品購求《ぶつぴんこうきう》」

　する日《ひ》は一週間《しうかん》に一度《ど》しかなく、又品物《またしなもの》を註文《ちうもん》してからそれが屆《とゞ》くまでは、一週乃至《しうないし》十日餘《かあま》りもかかつた。尹《いん》は自分《じぶん》の註文《ちうもん》した物品《ぶつぴん》の屆《とゞ》くのが遲《おそ》いといつて、毎日何回《まいにちなんくわい》も刑務所當局《けいむしよたうきよく》の怠《たい》慢《まん》を責《せ》めた。その中《うち》に物品《ぶつぴん》がはいつたが、尹《いん》はタオルと石鹼《せつけん》とちり紙《がみ》を受《う》け取《と》つて、あつちこつちを、いぢくり廻《まは》しながら、

「これをタオルちうて持《も》つて來《き》たのかね？　はつつけ野郎《やらう》ども。これぢや雜巾《ざふきん》にもならねえや。又《また》とんな石鹼《せつけん》があるけえ？香《にほひ》ひとつしやしねえ？」

　と、大《おほ》きな聲《こゑ》で不平《ふへい》を竝《なら》べた。

　閔《びん》は、しやらくさくて、とても見《み》ておれないといふ風《ふう》に、二三度《ど》舌打《したう》ちしてから、

「いい加減《かげん》によしなせえよ。お前《まへ》さんなんか、うちで何時《いつ》そんなタオルと石鹼《せつけん》を使《つか》つてみたちうんだよ？　その金《きん》三圓《えん》で飯《めし》でも買《か》つて食《た》べるならともかく、石鹼《せつけん》にタオルなど又何《またなん》で買《か》ふだよ？　お前《まへ》さんにしろわしにしろ、その面《つら》に石鹼《せつけん》を付《つ》けるどころけえ、とこで具《く》れるタオルで充分《じうぶん》でねえか、タオルは又新《またあたら》しく買《か》つて何《なん》にするちうのだよ？　お前《まへ》さんがそんなに、でたらめな暮《くら》しをするから、一生《しやう》、貧乏神《びんばふがみ》にとりつかれるちうもんだ」

　と、責《せ》めた。

　尹《いん》はその日《ひ》から顏《かほ》を洗《あら》ふ時《とき》だけは自分《じぶん》の石鹼《せつけん》を使《つか》つた。だがタオルをすゝぐ時《とき》にも足《あし》を洗《あら》ふ時《とき》にも、どうしたのか依然《いぜん》として私《わたし》の石鹼《せつけん》を使《つか》つてゐた。

　尹《いん》はタオルをかける紐《ひも》に自分《じぶん》のタオルがかかり、石鹼《せつけん》と齒刷《はぶら》子《し》と齒磨粉《はみがきこ》が揃《そろ》ひ、蒲團《ふとん》の下《した》にちり紙《がみ》があり、朝《あさ》と夕《ゆふ》に差入《さしい》れの飯《めし》と牛乳《ぎうにう》がはいつて來《き》てからは、とても御大盡《おだいじん》のやうだつた彼《かれ》は扇子《せんす》も一つ買《か》つた。その扇子《せんす》が私《わたし》のもののやうに合竹扇《がふちくせん》でないことを日《ひ》に何回《なんくわい》も殘念《ざんねん》がつたが、彼《かれ》は腰《こし》を伸《の》ばし頭《あたま》をそらして、扇子《せんす》を彈《はじ》いて、ぱちぱち音《おと》を立《た》てながら、しやんと坐《すわ》り込《こ》んで、彼《かれ》の好《す》きな兩班《ヤンバン》、常奴《シヤンノム》の取沙汰《とりさた》、共犯《きやうはん》への怨《うら》み言《ごと》に、刑務所攻擊《けいむしよこうげき》に、閔《びん》に對《たい》する責《せ》め言《こと》など、とういつた風《ふう》なことを、最も兩班風《ヤンバンかぜ》を吹《ふ》かして話《はな》した。

尹《いん》はこの三圓分《えんぶん》の差入《さしい》れのために自分《じぶん》の地位《ちゐ》が非常《ひじやう》に高《たか》くなつたと感《かん》ずるやうだつた。看守《かんしゆ》にも今《いま》はびくびくする必要《ひつえう》もなく
「わしも差入《さしい》れを取《と》るからな」と大《おほ》きな構《かま》へをした。

尹《いん》が差入《さしい》れを食《た》べるやうになつたので私《わたし》も十日《か》餘《あま》り止《や》めてゐた私食《しそく》差入《さしい》れを再《ふたゝ》び受《う》けるやうになつた。尹《いん》と私《わたし》だけはやはらかい白飯《しろめし》に魚《さかな》や肉《にく》を食《た》べるのに閔一人《びんひとり》だけが白《しろ》つぽい重湯《おもゆ》を啜《すゝ》つてゐる樣《さま》はどうしても見《み》てゐられなかつた。閔《びん》は重湯《おもゆ》の皿《さら》を前《まへ》にしてしきりに私《わたし》と私《わたし》の食器《しよくき》をながめてゐるやうであり、又《また》唾《つば》をごくごくのんでゐるやうだつた。やはらかい白飯《しろめし》。これがこの世《よ》の中《なか》で一番《ばん》貴《たふと》い有難《ありがた》いものであることは監獄《かんごく》にはいつてみたことのある人《ひと》で、はぢめて分《わか》るのである。飯《めし》の白《しろ》い色《いろ》、そのにほひ、箸《はし》で挾《はさ》んで口《くち》に入《い》れて嚙《か》んだ時《とき》の舌《した》ざはり、その味《あぢ》、これは地上《ちじやう》のあらゆるものの中《うち》で最《もつと》も貴《たふと》いものと感《かん》ぜずにはゐられない。白《しろ》い飯《めし》、こういふ言葉《ことば》までも、不思議《ふしぎ》に神聖《しんせい》な響《ひゞき》を、もつてゐるやうに思《おも》はれた。このやうに白飯《しろめし》の有難味《ありがたみ》を感《かん》じる時《とき》に誰《だれ》か合掌《がつしやう》し天《てん》を仰《あふ》いで、

「すべての衆生《しゆじやう》に、白飯《しろめし》の悦《よろこ》びをもれなく惠《めぐ》み給《たま》へ」

と、お祈《いの》り上《あ》げない人《ひと》があるであらうか？　その時《とき》に私《わたし》は刑《けい》務所《むしよ》の規則《きそく》も忘《わす》れ、閔《びん》の病氣《びやうき》のことも忘《わす》れて、ちり紙《がみ》に一匙程《ひとさじほど》の飯《めし》を分《わ》けて、

「よく嚙《か》んでお上《あが》りなさい」

と云《い》つて閔《ビン》に渡《わた》したのである。閔《びん》はそれを受《う》けて口《くち》に入《い》れた。彼《かれ》の體《からだ》には痙攣《けいれん》が起《お》きたやうであり、彼《かれ》の目《め》には涙《なみだ》がにぢみ出《で》てゐるやうに思《おも》はれたのは果《はた》して氣《き》のせいであらうか？　閔《びん》は紙《かみ》についた飯粒《めしつぶ》まで、一《ひと》つも殘《のこ》さないで、みな、つまみ食《た》べてから、

「全《まつた》く蜜《みつ》のやうにうまく頂《いたゞ》きましたよ。何《なん》ちううめえ味《あぢ》だか？　今死《いまし》んぢもうても、惜《を》しいこともねえ位《くらゐ》でがす」

と云《い》つたが、もつと欲《ほ》しさうな顔付《かほつき》だつた。私《わたし》はよけいにはやらないで、辨當《べんたう》に少《すこ》しばかり飯《めし》を殘《のこ》してそのまま出《だ》してやつた。尹《いん》は自分《じぶん》のを、みな平《たひら》げてしまふと、私《わたし》の殘《のこ》したものまで、かき込《こ》んだ。

尹《いん》の三圓分《えんぶん》の差入《さしい》れは一週間《しうかん》もしない中《うち》に止《と》まつてしまつた。叔父《をぢ》さんの面長《めんちやう》から來《く》るに違《ちが》ひないと斷言《だんげん》してゐた三十圓《えん》はたうとう來《こ》なかつた。尹《いん》の話《はなし》では、自分《じぶん》が獄《ごく》の中《なか》で死《し》ねば叔《を》父《ぢ》として來《こ》ない譯《わけ》にもゆかない、又《また》來《く》れば自分《じぶん》の葬式《さうしき》をやつてくれない譯《わけ》にもゆかないから、その時《とき》には少《すくな》くとも三十圓《えん》は要《えう》するものである、死《し》んでから三十圓《えん》を使《つか》ふよりは生《い》きてゐる中《うち》

に三十圓《ゑん》を送《おく》つてくれれば食《た》べたい物《もの》も食《た》べられて、自分《じぶん》が死《し》ぬ筈《はず》もない、さうなれば叔父《をぢ》は面長《めんちやう》の身分《みぶん》で刑務所《けいむしよ》まで來《く》る必《ひつ》要《えう》もないし又《また》たとへ自分《じぶん》が獄《ごく》で死《し》ぬにしてもあらかじめ葬式費《さうしきひ》として三十圓《ゑん》を受《う》け取《と》つた以上《いじやう》、親族《しんぞく》に手間《てま》をかけないで刑務《けいむ》所《しよ》で火葬《くわさう》をする筈《はず》であるから、此際《このさい》三十圓《ゑん》を請求《せいきう》するのは不當《ふたう》なことではないと、しかるべく面長《めんちやう》の叔父《をぢ》へ手紙《てがみ》を出《だ》したのだから必《かなら》ず三十圓《ゑん》が來《く》るに違《ちが》ひないといふことだつた。

私《わたし》も尹《いん》の叔父《をぢ》の面長《めんちやう》が尹《いん》の理論《りろん》をもつともとして、金《きん》三十圓《ゑん》を送《おく》つてくるやうにと衷心《ちうしん》から望《のぞ》んだ。殊《こと》に尹《いん》の私食差入《ししよくさしいれ》れがなくなつてからは、私《わたし》の食《た》べ殘《のこ》りを尹《いん》と閔《びん》が爭《あらそ》ふやうになつたからである。私《わたし》が閔《びん》に一匙《さじ》の飯《めし》をやつたのがきつかけとなつたものか、閔《びん》は食事《しよくじ》の時《とき》はいつも一匙《さじ》の飯《めし》を要求《えうきう》し、その度毎《たびごと》に尹《いん》は閔《びん》に毒舌《どくぜつ》を浴《あ》びせ、甚《はなはだ》しい時《とき》は食器《しよくき》をひつくりかへしさへした。一度《ど》は尹《いん》と閔《びん》の間《あひだ》に大《おほ》きな喧嘩《けんくわ》がはぢまつて到底口《たうていくち》にすることの出來《でき》ないやうな悪口《あくこう》を浴《あ》びせかはしたその時《とき》、丁度《ちやうど》看守《かんしゆ》が通《とほ》り合《あ》はせたので二人《ふたり》の喧嘩聲《けんくわごゑ》を聞《き》いて尹《いん》をとがめた。看守《かんしゆ》が行《い》つた後《あと》は、尹《いん》は自分《じぶん》が看守《かんしゆ》に叱《しか》られたのは閔《びん》のためだと云《い》つてよけいにひどく閔《びん》をいぢめた。その方法《はうはふ》といふのはいつものやうに、幾日《いくにち》もしない内《うち》に閔《びん》がまゐるだらうとか、十九になる閔《びん》の女房《にようばう》が、誰《だれ》か若《わか》い野郎《やらう》と、くつついたに違《ちが》ひないとか、閔《びん》の息子達《むすこたち》は犬《いぬ》や豚《ぶた》にも、おとるやうな奴等《やつら》だとか、さういふ毒舌《どくぜつ》であつた。

私《わたし》は再《ふたた》び私食《ししよく》を止《や》めてくれるやうに看守《かんしゆ》に頼《たの》んだ。だが私《わたし》が私食《ししよく》を中止《ちうし》することだけでは、二人《ふたり》の感情《かんじやう》を緩和《くわんわ》することは出《で》來《き》なかつた。別《べつ》に口數《くちかず》の多《おほ》くなかつた閔《びん》までも、私《わたし》が私食《ししよく》を中《ちう》止《し》してからは、尹《いん》に負《ま》けないほど悪口《あくこう》をついた。

「とのこそ泥《どろ》、とそ盗棒奴《どろぼうめ》。白晝《はくちう》に人《ひと》の地所《ぢしよ》をたぶらかさうちうんで、裁判所《さいばんしよ》の判《はん》とを僞造《ぎざう》したんぢやろ？　判《はん》とを彫《ほ》つたお前《まへ》の手首《てくび》が腐《くさ》つて落《お》つこちるとは思《おも》はねえのけえ」

こういふふうに、閔《びん》が、尹《いん》を攻撃《こうげき》すれば尹《いん》は、

「人《ひと》の家《うち》に火《ひ》をつける奴《やつ》はどうでやすね？　憎《にく》けれや、刀《かたな》を持《も》つて行《い》つてそいつだけを刺《さ》し殺《ころ》すまでぢやねえか。それをお前《まへ》、そいつの家族《かぞく》まで燒打《やきうち》ちにしてお前《まへ》さんだけそつくり逃《のが》れようちう目安《めやす》ぢやろ！　お前《まへ》のやうな奴《やつ》あ餓鬼《がき》まで生《い》かしてはおけねえのだ。お前《まへ》の餓鬼《がき》たちが生《い》き殘《のこ》れや、きつと又《また》、人《ひと》の家《うち》に火《ひ》をつけるぢやろが」

と、やり返《かへ》した。

或日《あるひ》、看守《かんしゆ》が、私達《わたしたち》の格子扉《かうしど》を開《あ》けて、

301……明　　無

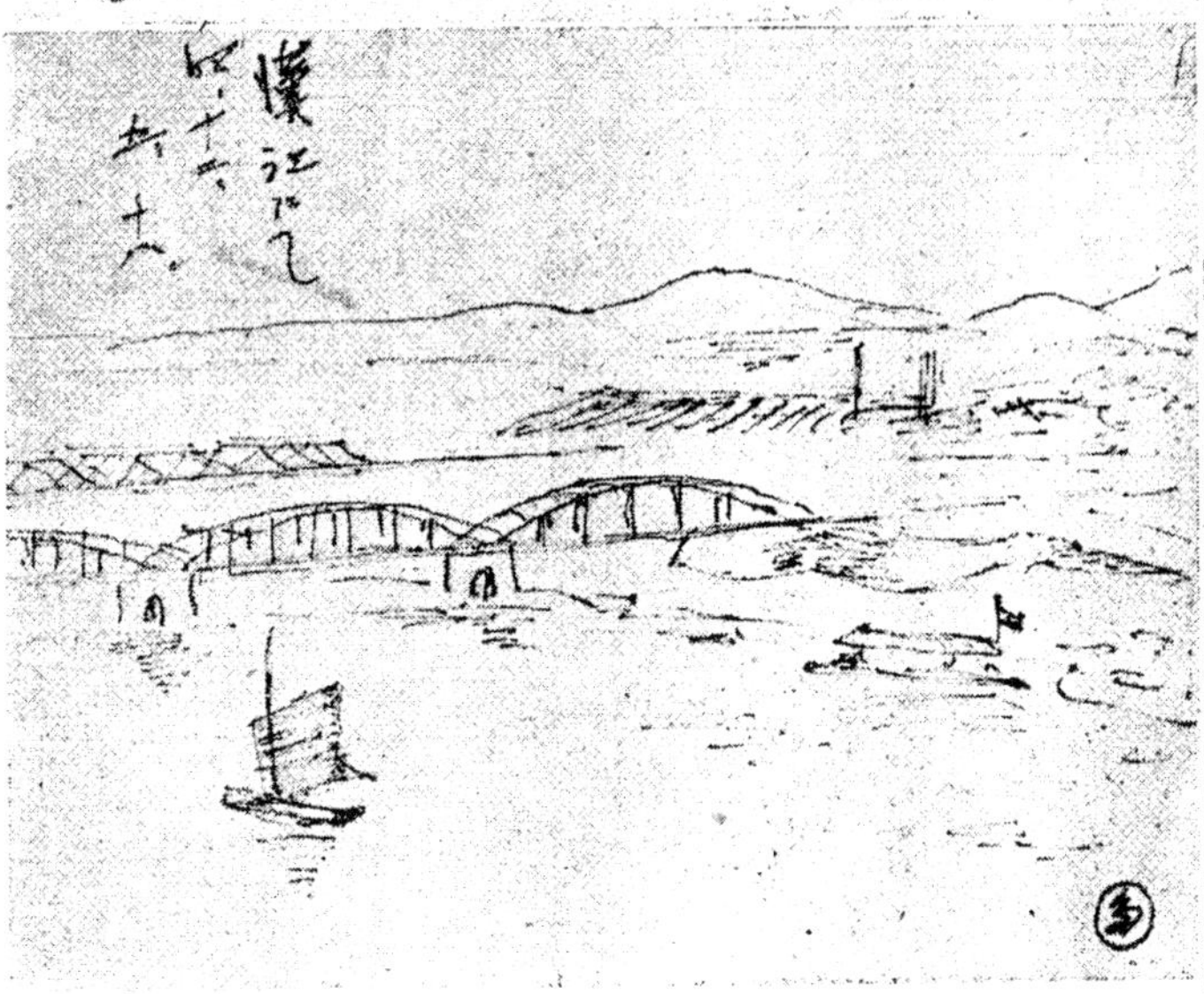

(大　木　卓　畫)

「九十九號《がう》！」

と呼《よ》んだ。

九十九號《がう》を十五號《がう》と聞《き》き違《ちが》へたのか尹《いん》ががばつと起《お》きながら

「は、わしに手紙《てがみ》が來《き》やしたらうか？」

と、云《い》つた。尹《いん》は叔父《をぢ》の面長《めんちやう》さんの手紙《てがみ》を待《ま》ちこがれてゐたために、九十九號《がう》を十五號《がう》と聞《き》き違《ちが》へたやうだつた。

「お前《まへ》が九十九號《がう》か？」

と、看守《かんしゆ》は尹《いん》を叱《しか》りつけた。

ほんものの九十九號《がう》の閔《びん》は自分《じぶん》を呼《よ》ぶ者《もの》がこの世《よ》の中《なか》でどこにあらうかといふふうに、そのひつ窪《くぼ》んだ目《め》で、八月《ぐわつ》の空《そら》に飛《と》ぶ白《しろ》い雲《くも》ばかり眺《なが》めながら寢《ね》てゐた。

「九十九號《がう》はつんぼか？」

「此奴《こいつ》は目《め》を開《あ》けて夢《ゆめ》を見《み》てゐるのかえ？　擔當《たんたう》サンが呼《よ》んでゐるのも聞《きこ》えんのかえ？」

と、尹《いん》が胴《どう》を突《つ》いたので、はぢめて、閔《びん》は寢《ね》たまま頭《あたま》を上《あ》げて、扉《ドア》を開《あ》けて立《た》つてゐる看守《かんしゆ》の方《はう》を見《み》た。

「九十九號《がう》、お前《まへ》の物《もの》はみな持《も》つて出《で》るんだ！」

それで、やつと閔《びん》は氣《き》が付《つ》いたやうに、起《お》き上《あが》りながら、

「わしを、かへしますのかえ？」

と、その骸骨《がいこつ》のやうな顏《かほ》に、隱《かく》すことの出來《でき》ない悅《よろこ》びの色《いろ》を、あらはした。

「すぐ出《で》ろと云《い》へば出《で》ろ。出《で》て見《み》たら分《わか》るんだ」

「はあ、わしの家《いへ》から面會《めんくわい》に來《き》たのでやすかえ？」と云《い》ふ閔《びん》の顏《かほ》には、もう悅《よろこ》びの色《いろ》が半分以上《はんぶんいじやう》も消《き》えかけてゐた。

看守《かんしゆ》の後《うしろ》にゐた背《せ》の高《たか》い看病夫《かんびやうふ》が、

「轉房《てんばう》ですよ、轉房《てんばう》。すぐその藥瓶《くすりびん》でも、そつくりもつて出《で》るんですよ」

と、いふ言葉《ことば》に、閔《びん》は藥瓶《くすりびん》とタオルと自分《じぶん》のかけてゐた枕《まくら》を持《も》つてよろめきながら戶《と》の方《はう》へ出《で》て行《い》つた。閔《びん》は轉房《てんばう》といふ意《い》味《み》が、はつきり分《わか》つたのであらうか。看病夫《かんびやうふ》が、

「枕《まくら》は、いいんですよ。すぐ上《うへ》の方《はう》の房《はう》に移《うつ》るんですよ」

といふ話《はなし》に、はぢめて閔《びん》は自分《じぶん》がどこへ連《つ》れられて行《い》くのかを知《し》つたと見《み》え、枕《まくら》をどさりと落《おと》して、暫《しば》し悅《よろこ》びに輝《かがや》いてゐた顏《かほ》を再《ふたた》び骸骨《がいこつ》のやうに曇《くも》らして出《で》て行《い》つた。次《つぎ》の二房《はう》で扉《ドア》の開《あ》く音《おと》がし、それから扉《ドア》が閉《し》まつてがちと鍵《かぎ》をかける音《おと》が聞《きこ》えた。

私《わたし》は閔《びん》が、はじめて見《み》る人々《ひとびと》の間《あひだ》で、どうしていいか分《わか》らずに茫然《ばうぜん》と立《た》つて、自分《じぶん》のはいる場所《ばしよ》を、さがしてゐる有樣《ありさま》を目《め》の前《まへ》に描《ゑが》いてみた。

「へん、奴《やつ》よく出《で》てくれやがつた。何《なに》しろきたなくてやりきれやせんわ。體《からだ》を洗《あら》ふちうこたあ一度《ど》もねえでやすからな。朝起《あさお》きて顔《かほ》を洗《あら》ふのも歯《は》を磨《みが》くのも見《み》たことねえんでやせうが？　何《なん》ちう野郎《やらう》か、新《あたら》しい着物《きもの》を着換《きか》へろと云《い》つてもいやだと云《い》ひやすわい」

と、云《い》ひながらも、やはり閔《びん》の捨《す》てて行《い》つた枕《まくら》を自分《じぶん》の枕《まくら》の下《した》に入《い》れながら、悪口《あくこう》を續《つゞ》けた——

「あの閔野郎《びんやらう》がどうして火《ひ》な付《つ》けたか金《きん》サン御存知《ごぞんち》でやすかえ？　苗字《めうじ》が閔《びん》だちう譯《わけ》か、京城閔《きやうじやうびん》〇〇大監《テーガム》(昔《むかし》の大官《だいくわん》)の農監《のうかん》を數《すう》十年《ねん》やつたんでやすよ。金《きん》サンも知《し》つてやす通《とほ》り奴《やつ》があんなに毒々《どく／＼》しい下司《げす》と來《き》てゐるから、下《した》の小作人《こさくにん》どもが並大抵《なみたいてい》ぢややつてゆけるもんぢやねえんだ。八十石《こく》も收穫《しうくわく》があるちうのはつまり小作《こさく》のうはまへを、はねたもんに違《ちが》ひねえんですよ。それで小作人《こさくにん》どもがそれを怨《うら》んで地主《ぢぬし》の所《ところ》へおしかけて行《い》つたさうでやす。ぢやから奴《やつ》が昨年《さくねん》馘《くび》にされたんでやす。今《いま》では金《きん》とやらが新《あたら》しく農監《のうかん》になりやしたが、あいつは自分《じぶん》が馘《くび》になつたのは金《きん》のおかげだちうて、今年《ことし》の陰暦《いんれき》のお正月《しやうぐわつ》にどこかでわたり合《あ》つたちう話《はなし》でやしたよ。悪態《あくたい》をついて大喧嘩《おほげんくわ》をしてからとの悪《あく》どい奴《やつ》が口惜《くや》しいちうんで、その夜中《よなか》に金《きん》とやらの家《うち》に火《ひ》をつけたんでやす。丁度《ちやうど》元旦《ぐわんたん》の夜《よる》だもんでやすから夜更《よふ》けまで遊《あそ》びに出歩《である》いてゐやした村《むら》の人々《ひと／″＼》が火事《くわじ》だ！　と騒《さわ》いですぐに消止《けしと》めたから、よかつたんでやすが、ひよつとすれや金《きん》とやらの家族《かぞく》はてんから燒殺《やきころ》しにされる所《ところ》でやしたよ。」

と、云《い》つて、放火罪《はうくわざい》がどんなに凶悪《きやうあく》な罪《つみ》であるかを一席辯《せきべん》じてゐる所《ところ》へ、看病夫《かんびやうふ》がやつて來《く》るのを見《み》たのでふと言葉《ことば》を切《き》つた。それは看病夫《かんびやうふ》もやはり放火犯《はうくわはん》だからである。

看病夫《かんびやうふ》が居《ゐ》なくなると尹《いん》は續《つゞ》けてその看病夫《かんびやうふ》たちの放火《はうくわ》した罪状《ざいじやう》も一席辯《せきべん》じてから、

「みんな阿漕《あこぎ》な奴等《やつら》でやすよ。人《ひと》の家《うち》に火《ひ》をつけるなんぞ！　さういふ奴等《やつら》は根《ね》つから絶《た》やさなけれやならねえんでやす。」

と、いかにも世《よ》を嘆《なげ》くやうに長《なが》く溜息《ためいき》をついた。

一房《はう》に尹《いん》と私《わたし》と二人《ふたり》がゐるやうになつてからは大《おほ》きな聲《こゑ》が出《で》る筈《はず》もなかつた。夜《よる》になれば私達《わたしたち》の房《はう》へ來《き》て寢《ね》る看病夫《かんびやうふ》が自分《じぶん》を尹書房《いんソパン》(兵衞《べゑ》といふ程《ほど》の意《い》)と呼《よ》ぶと云《い》つて、尹《いん》は非常《ひじやう》に不平《ふへい》ではあつたが、看病夫《かんびやうふ》の感情《かんじやう》をそこねては自分《じぶん》のためにならないといふことをよく知《し》つてゐるので、看病夫《かんびやうふ》と正面衝突《しやうめんしようとつ》をするやうなへまはあまりなく、ただ晝間《ひるま》私《わたし》と二人《ふたり》きりの時《とき》に、

「京城《けいじやう》の言葉《ことば》では何書房《なにソパン》といへば丁寧《ていねい》なことになりやすかね？

わしの全羅道《ぜんらだう》の方《はう》では年取《としと》つた人《ひと》を何書房《なにソバン》と云《い》へば從僕《セスん》か下男《ハイン》を呼《よ》ぶ言葉《ことば》でやすが」

と云《い》つて、さぐるやうな目付《めつき》で私《わたし》の方《はう》をながめた。私《わたし》は彼《かれ》の質ねよる下心《したごゝろ》を知《し》ることが出來《でき》たので、答《こた》へるのがどうもおかしくて少《すこ》しばかりためらつてから、

「さあ、書房《ソバン》様《ニム》といふよりはね」

と笑《わら》つた。尹《イン》はそこで自信《じしん》を得《え》たとみえ、

「そりや、わしの全羅道《ぜんらだう》でも書房《ソバン》様《ニム》と云《い》へば尊敬《そんけい》の言葉《ことば》でやすよ。だが金《きん》サンも御覽《ごらん》の通《とほ》りあの看病夫《かんびやうふ》の奴《やつ》は二言目《ことめ》にはわしを尹書房《インソバン》、尹書房《インソバン》ちうが、そいつはおやぢも叔父《をぢ》も何書房《なにソバン》、何《なに》書房《ソバン》ちうて呼《よ》ぶ積《つも》りでやすかね？　年《とし》からいつてもわしは奴《やつ》のおやぢ位《くれえ》はありやすよ、へん、くたばり奴《め》が」

と、自分《じぶん》の前《まへ》に叱《しか》られる相手《あひて》が立《た》つてでもゐるやうに氣勢《きせい》を上《あ》げた。

彼《かれ》は尹書房《いんソバン》といふ言葉《ことば》が何《な》んでも非常《ひじやう》に口惜《くや》しいとみえて夕方《ゆふがた》看病夫《かんびやうふ》がはいつて來《き》た時《とき》もぢつと睨《にら》み付《つ》けるだけで、御苦勞《ごくらう》様《さま》といふいつもの挨拶《あいさつ》もしない日《ひ》さへあつた。ところが或日《あるひ》の夕方《ゆふがた》、看病夫《かんびやうふ》が彼《かれ》を尹書房《いんソバン》と呼《よ》んだのをきつかけに、たうとう正面衝突《しやうめんしようとつ》を見るに至《いた》つた。尹《いん》が、

「あんたはわしを一體何《たいなん》と思《おも》ふて尹書房《いんソバン》と呼《よ》ぶんでやすかね？」

といふ正式抗議《せいしきかうぎ》に、看病夫《かんびやうふ》は意外《いぐわい》だといふふうに目《め》を大《おほ》きく瞪《みは》つてしばしの間《あひだ》尹《いん》をながめてゐたが、へへ、と蔑《さげす》みのわらひを浮《うか》べて、

「ぢやあんたを何《なん》だと呼《よ》べちうのですかい？　あんたの商賣《しやうばい》が判《はん》と屋《や》だから判《はん》と屋《や》と呼《よ》べちうのですかい？　罪名《ざいめい》が詐欺《さぎ》だから詐欺屋《さぎや》と呼《よ》べちうのですかい？　ひつきりなしに糞《くそ》を垂《た》れるから尹糞氏《いんくそし》と呼《よ》べちうのですかい？　成程《なるほど》、尹先生《いんせんせい》と呼《よ》びませうかい？　へん、この出來損《できそこ》ひ野郎《やらう》、ふざけるない！　尹書房《いんソバン》ちうのも有難《ありがた》えと思《おも》へ。年《とし》を餘計取《よけいと》つたちうてもたかが知《し》れてるぢやねえか。この野郎生意氣《やらうなまいき》を云《い》ふとこれから尹野郎《いんやらう》と呼《よ》んでやるぞ」

と云《い》つて拳《こぶし》をふりかざした。

尹《いん》は最初《さいしよ》の威勢《ゐせい》もくぢけて頭《あたま》が上《あが》らなかつた。看病夫《かんびやうふ》が閔老人《びんらうじん》のやうに弱腰《よわごし》でないからでもあつたが、看病夫《かんびやうふ》と第《だい》一喧嘩《けんくわ》をしては、結局《けつきよく》は藥《くすり》をもらつてのむのにも苦勞《くらう》するやうになるとを知《し》つてゐるからだつた。

尹《イン》は默《だま》つてゐるけれども看病夫《かんびやうふ》は横《よこ》になつて寢《ね》る時《とき》まで攻撃《こうげき》

を止《や》めなかつた。

　翌日《よくじつ》の朝診察《あさしんさつ》も濟《す》んでから、私《わたし》たちの房《はう》にゐる背《せ》の高《たか》い看病夫《かんびやうふ》は次《つぎ》の房《はう》にゐる看病夫《かんびやうふ》を連《つ》れて來《き》て、

「へん、あのおつさんはわしが尹書房《いんツパン》と呼《よ》んだちうて、大變《たいへん》な御立腹《ごりつぷく》でござるんだよ！」

　と、顎《あご》で尹《いん》を指《さ》すのをみて背《せ》の低《ひく》い看病夫《かんびやうふ》は、

「ほう、尹書房《いんツパン》、一寸《ちよつと》こつちに顏《かほ》をかしな。ぢや何《なん》だちうて呼《よ》びますかね？　尹同知《いんどうち》(舊文官名《きうぶんくわんめい》)と呼《よ》ばうかい？　尹先達《いんソンダル》(舊《きう》武官名《ぶくわんめい》)はどうでえ？　さあさあこれから投《な》げ賣《う》りでござる、その中《なか》で氣《き》に向《む》いた奴《やつ》を撰《えら》んで貰《もら》ひますぜ」

　と云《い》つてからかつた。

尹《いん》は目《め》だけぱちぱちして何《なに》も答《こた》へなかつた。

　もとから看病夫《かんびやうふ》にあまり好感《かうかん》を與《あた》へてゐなかつた尹《いん》は、尹書《いんソ》房《パン》事件《じけん》があつた後《あと》からは餘計《よけい》憎《にく》まれるやうになつた。退屈《たいくつ》な時《とき》は二人《ふたり》の看病夫《かんびやうふ》はやつて來《き》ていろんな別名《べつめい》を呼《よ》んでからかひ立《た》てた。看病夫《かんびやうふ》たちがかへつてからは尹《いん》は私《わたし》の方《はう》へ向《むか》つて、

「野郎共《やらうどもこて》獄の中《なか》でくたばりやがれ」

　と毒舌《どくぜつ》をついた。

　このやうに尹《いん》が不快《ふくわい》な日《ひ》を送《おく》つてゐる間《あひだ》にもつと不快《ふくわい》なことと
が一つ起《お》き上《あが》つた。それは鄭《てい》といふ、やはり詐欺犯《さぎはん》で一棟《むね》八房《はう》で尹《いん》と一緒《しよ》にゐた男《をとこ》が下痢《げり》で私《わたし》たちの病監《びやうかん》へはいつて來《き》たのである。私《わたし》は尹《いん》から鄭氏《ていし》の話《はなし》を何度《なんど》も聞《き》いてゐた。下痢《げり》をしながらも牛乳《ぎうにう》や卵《たまご》を無茶《むちや》にたらし込《こ》むんだとか、喋《しやべ》ることがどれもこれも嘘《うそ》ばかりだとか、自分《じぶん》がいくらさとして聞《き》かしても聞《き》き入《い》れない全《まる》く分《わか》らねえ奴《やつ》だとか、さういふ蔭口《かげぐち》を私《わたし》は何度《なんど》も聞《き》いてゐた。或日《あるひ》尹《いん》と私《わたし》が外《そと》へ運動《うんどう》に出《で》てかへつてみると、一人《ひとり》の背《せ》の高《たか》くて顏《かほ》の白《しろ》つぽい男《をとこ》が便器《べんき》に跨《また》つてにたにた笑《わら》つてゐた。尹《いん》はどうも面白《おもしろ》くないといふふうに私《わたし》を顧《かへり》みながら口《くち》をゆがめてみせ、自分《じぶん》の席《せき》に坐《すわ》つて扇子《せんす》でぱちぱち音《おと》を立《た》てながら、

「鄭《てい》サンはまだ下痢《げり》が止《や》まんのでやすな。人間《にんげん》ちうものは友達《ともだち》が忠告《ちうこく》したらためになるやうなことはきいた方《はう》がええでやすよ。一棟《むね》八房《はう》にゐる間《あひだ》わしがあんなにまで食《く》ひ物《もの》に氣《き》をつけなせえと云《い》ひやしたぢやらうが。それをわしが病監《びやうかん》に來《き》てもう三月《つき》にもなるちうのに、まだ下痢《げり》を續《つゞ》けてゐやすのかえ？」

　と云《い》つて、便器《べんき》の上《うへ》の人《ひと》を睨《にら》みつけた。私《わたし》は尹《いん》の話《はなし》を聞《き》いてこの男《をとこ》が尹《いん》のいつも云《い》つてゐた鄭《てい》であることを知《し》つた。

便器《べんき》から下《お》りて來《き》た鄭《てい》は尹《いん》の話《はなし》に別《べつ》に氣《き》を惡《わる》くもしないやう

な、わざとらしくつくろつたやうな態度《たいど》で、

「尹《いん》サン、これは暫《しばら》くでしたな、まだ豫審中《よしんちう》なんですかい？」

と、顔全體《かほぜんたい》に笑《わら》ひをたたへてにたにたしながら尹《いん》の手《て》を握《にぎ》つた。それから私《わたし》に坐《すわ》つたまま頭《あたま》を下《さ》げて、

「わたしあ鄭興泰《テイコウタイ》と申《まを》します。どんなにお苦《くる》しみのことでありませう」

と、なかなか口《くち》が達者《たつしや》だつた。私《わたし》は彼《かれ》の言葉《ことば》の發音《はつおん》からして彼《かれ》が平安道《へいあんだう》の出身《しゆつしん》で京城《けいじやう》の言葉《ことば》を習《なら》ひ覺《おぼ》えたに違《ちが》ひないと考《かんが》へた。だが夕方仁川《ゆふがたじんせん》に住《す》んでゐる看病夫《かんびやうふ》と挨拶《あいさつ》する時《とき》は自分《じぶん》も郷里《きやうり》が仁川《じんせん》だと云《い》ひ、次《つぎ》は江原道《かうげんだう》の鐵原《てつげん》に住《す》んでゐた看病夫《かんびやうふ》と挨拶《あいさつ》する時《とき》は自分《じぶん》の郷里《きやうり》が鐵原《てつげん》だと云《い》ひ、その次《つぎ》に平壤《へいじやう》に住《す》んでゐた囚人《しうじん》がはいつて來《き》て挨拶《あいさつ》するやうになつた時《とき》には、又自分《またじぶん》の郷里《きやうり》は平壤《へいじやう》だと云《い》つた。その時《とき》に傍《そば》にゐた尹《いん》が鄭《てい》を睨《にら》み付《つ》けながら、

「へー、海洲《かいしう》も又郷里《またきやうり》だちうたでせうが！　一體郷里《たいきやうり》が幾《いく》つ位《くらゐ》あるんでやす？」

と、かういふ風《ふう》にやりこめたものである。

鄭《てい》は私《わたし》たちの房《ばう》へはいつて來《く》るなり、

「とりや部屋《へや》がきたなくてやりきれませんわい」

と、シャツ一枚《まい》になつて床《ゆか》や食器《しよくき》などをふいてから茣蓙《ござ》の下《した》を覗《のぞ》いてみて、

「ほう、ちつとも掃除《さうぢ》はしてゐませんね？　とりやきたなくていけませんわい」

と、房《ばう》の中《なか》を掃除《さうぢ》するやうに主張《しゆちやう》した。

「餘《あま》りひとりきれいぶりやすなよ。そんなにふためき出《だ》してもらつちやこつちが目《め》が廻《まは》りやす。」

と、尹《いん》は茣蓙《ござ》をはたき出《だ》すことに反對《はんたい》した。このことから尹《いん》と鄭《てい》の意見衝突《いけんしようとつ》がはぢまつた。

夕飯《ゆふはん》の時間《じかん》が來《き》て鄭《てい》が起《お》き上《あが》つて水《みづ》を受《う》け取《と》つた所《ところ》まではよかつたが、飯《めし》と汁《しる》を受けようとした時《とき》には、尹《いん》がむつくと起《お》き上《あが》つて鄭《てい》を押《お》しのけてたうとう自分《じぶん》の手《て》で受《う》け取《と》つた。窓《まど》の傍《そば》で食《た》べ物《もの》を受《う》けて入《い》れるのは監房《かんぼう》の中《なか》では大《おほ》きな權利《けんり》となされてゐるのだつた。

鄭《てい》は尹《いん》に押《お》しやられて口惜《くや》しさうにのけぞりながら、

「そんなに人《ひと》を押《お》さなくたつてえゝでせうがね？だからどこへ行《い》つても惡《わる》く思《おも》はれるのですぜ。それもまあわたしのやうな者《もの》にはどんな事《こと》をしてもえゝでせう、だがほかの人《ひと》にはさうはゆきませんぜ。ひでえ目《め》にあひますよ、ひでえ目《め》に」

と云《い》つて、私《わたし》を顧《かへり》みながらにやりと笑《わら》つた。それはいかにも自分《じぶん》はそれ程《ほど》のことに憤慨《ふんがい》するやうな男《をとこ》ではないといふことを表《あら》はすためらしかつたが、彼《かれ》の目《め》にはやはり隱《かく》すことの出來《でき》ない憤《いきどほ》りの光《ひかり》が見《み》られた。

それでも食事《しよくじ》の間《あひだ》は暴風雨《ばうふうう》の前《まへ》のやうな沈默《ちんもく》が續《つゞ》いたが、食《しよく》事《じ》が濟《す》んで食器《しよくき》を洗《あら》ふ時《とき》になると又衝突《またしようとつ》が起《お》きた。股倉《またぐら》を出《だ》してゐることや、自分《じぶん》の食器《しよくき》を先《さき》に洗《あら》つてから私《わたし》のや鄭《てい》のを洗《あら》ふといふことや、水桶《みづをけ》に口《くち》をあてて咳《せき》をするといふことなどの理《り》由《いう》で、鄭《てい》は尹《いん》を責《せ》め尹《いん》が洗《あら》つておいた自分《じぶん》の食器《しよくき》を藥罐《やくわん》の水《みづ》でもう一度《ど》洗《あら》つてから、尹《いん》の食器《しよくき》にふれないやうに別《べつ》な所《ところ》へ重《かさ》ねておいた。尹《いん》は鄭《てい》に、

「あんたはあんた一人《ひとり》のことだけ考《かんが》へて人《ひと》のことは考《かんが》へねえんでやすかね？　藥罐《やくわん》の水《みづ》をひとりでみな使《つか》つちまつて、夜《よる》は何《なに》を飲《の》み朝《あさ》には又《また》四人《にん》が何《なん》で顔《かほ》を洗《あら》へちうのでやす？　人間《にんげん》ちうのあ先《ま》づ人《ひと》のことを考《かんが》へるもんでやすぞ」

と攻撃《こうげき》したが、鄭《てい》は聞《き》かないふりをして藥罐《やくわん》の水《みづ》を殆《ほと》んどみな傾《かたむ》けて、自分《じぶん》の食器《しよくき》や汁《しる》の椀《わん》や箸《はし》を心《こゝろ》ゆくまできれいに洗《あら》つてゐたのである。

このやうに尹《いん》と鄭《てい》との衝突《しようとつ》は止《や》むようすがもなかつた。だが鄭《てい》は看病夫《かんびやうふ》と私《わたし》に對《たい》しては追從《つゐしよう》にまで近《ちか》い程《ほど》に親切《しんせつ》だつた。殊《こと》に彼《かれ》は農業《のうげふ》にも、鑛業《くわうげふ》にも、漢方醫術《かんぱういじゆつ》にも新醫術《しんいじゆつ》にも又甚《またはなはだ》しくは法律《はふりつ》に至《いた》るまで通《つう》ぜぬものはないし、それになかなか口《くち》も達《たつ》者《しや》なので看病夫《かんびやうふ》たちは彼《かれ》を大《おほ》いに歡迎《くわんげい》した。

こんなにほんの暫《しばら》くの間《あひだ》に看病夫《かんびやうふ》たちの歡心《くわんしん》を買《か》つたためにはぢめは一杯《ぱい》づつ貰《もら》はねばならない粥《かゆ》や汁《しる》を三杯《ばい》づつも貰《もら》ひ、又消化劑《またせうくわざい》とか膏藥《かうやく》といつた藥《くすり》も餘分《よぶん》に貰《もら》ふことが出來《でき》た。鄭《てい》がにやにやしながらせびれば、看病夫《かんびやうふ》たちは大抵《たいてい》のことは拒《こば》まなかつた。そして時《とき》たま飯《めし》を一握《にぎ》りづつ餘分《よぶん》に貰《もら》ふと、うまさうなものは箸《はし》でつつき廻《まは》してつまみ取《と》り、その殘《のこ》りをこねて餅《もち》を作《つく》つては、こつちを一かぢりあつちを一かぢりといふふうにうまさうな所《ところ》はみなかぢり取《と》つて、それから食《く》ひ殘《のこ》りをしまつておいて、晩《ばん》に看病夫《かんびやうふ》が寢《ね》るためにはいつて來《く》るのを待《ま》つて大《おほ》いに氣前《きまへ》のいい所《ところ》を見《み》せた。一度《ど》は鄭《てい》が粟飯《あはめし》で餅《もち》をこねながら私《わたし》の方《はう》を顧《かへり》みて、

「看病夫《かんびやうふ》の奴等《やつら》はこんなに食《く》はさんといけませんよ。時々《ときどき》卵《たまご》を買《か》つてやつたり牛乳《ぎうにう》も買《か》つてやつたりしたら悅《よろこ》びますぜ。若《わか》い奴等《やつら》はいつも腹《はら》ぺこですからな。こんなにして奴等《やつら》を飼《か》つておけばもう此方《こつち》のもんですて。看病夫《かんびやうふ》と仲《なか》を惡《わる》くすりやいろいろ

な損《そん》をしましてな。奴等《やつら》に憎《に》くまれると看守《かんしゆ》たちに惡《わる》く告《つ》げ口《くち》をするんですよ」

　と云《い》ひながら、こね上《あ》げた餠《もち》をあつちこつちとかぢり取《と》つた。

「何《なん》ちうことでやす、それは看病夫《かんびやうふ》に面《めん》と向《むか》つては十年振《ねんぶ》りに會《あ》つた叔父《をぢ》さんにでもするやうに、自分《じぶん》の肉《にく》でも切《き》り取《と》つて食《た》べさせんばかりに機嫌《きげん》をとつておいてから、看病夫《かんびやうふ》が出《で》さへすれや口《くち》まかせにあいつこいつちうが、人間《にんげん》ちうのはそんなに裏《うら》表《おもて》があつてはいけやせんぜ。わしはさういふ人間《にんげん》とは譯《わけ》が違《ちが》ひますて。向《むか》ひ合《あ》つても云《い》ふべきことはちやんと云《い》ふし、云《い》ふてならんことなら決《けつ》して云《い》ひやせんよ。大丈夫《だいぢやうぶ》ちうのはそんなに賢《かしこ》く出來《でき》てゐちやもうおしまひでやす。それに大體《だいたい》、餠《もち》をつくつてやるちうなら箸《はし》をつけねえ飯《めし》でつくるのはええが、しよつちう口《くち》につけてゐた箸《はし》をかきまはしては、飯粒《めしつぶ》每《ごと》にきたないつばをぬりつけて、それから自分《じぶん》ではもう食《た》べ餘《あま》したちうので、ほかの人《ひと》に呉《く》れて氣前《きまへ》を飾《かざ》らうちうなんて。それではあまりにさもしいですわい。人《ひと》にやつても罰《ばち》があたりやすわい。どだいあんたのすることはみんなさういふえげつないことばかり。ほんとうに看病夫《かんびやうふ》にやりたければ、あんたの錢《ぜに》で卵《たまご》の一つ位《ぐらゐ》、買《か》つてやりなせえ。へん、ただで飯《めし》を貰《もら》つてべちや〳〵囓《かじ》つてみてからもう食《た》べたくねえのぢやから人《ひと》にくれて氣前《きまへ》を飾《かざ》る根性《こんじやう》なんて――ほう、これは又《また》どうしたちうんでにやにや笑《わら》ひくさりやす？　わしが間違《まちが》つたことでも云《い》つたちうんでやすかえ？　ためになることは少々《せう〳〵》聞《き》いとくんでやすぜ、當《あた》り前《まへ》の人間《にんげん》にならうちうなら……。わしあそのあんたのにやにや笑《わら》つてゐる面《つら》を見《み》ると、どうも氣持《きもち》が惡《わる》うなつて腹《はら》の臟《ざう》までが出《で》て來《き》さうでやすわい、一體《たい》どうしたちうて笑《わら》ふんでやす？　何《なに》がうれしくて笑《わら》ふんでやす？」

　こういふふうに尹《いん》は鄭《てい》をやりこめた。

　鄭《てい》はあきれたやうに默《だま》つて聞《き》いてばかりゐたが、

「こつちの云《い》ひたいことをあんたが云《い》ふんですね？あんた、その腹《はら》でも隱《かく》して坐《すわ》つたらどうです」

　その夕方《ゆふがた》であつた。看病夫《かんびやうふ》が一日《にち》の仕事《しごと》を終《を》へて裸《はだか》になつて飛《と》び込《こ》んで來《き》た。鄭《てい》は、

「全《まつた》くどうも御苦勞樣《ごくらうさま》ですね。それでも一日《にち》がたてばそれだけ出《で》る日《ひ》が近《ちか》くなつた譯《わけ》ですからな。さういふとでも慰《なぐさ》みにするんですな。三年《ねん》なんかすぐですよ。あゝさうだ、百號《がう》と何《なに》か口喧嘩《くちげんくわ》をしてゐたやうでしたね」

といふふうに、とても親切《しんせつ》さうにお慰《なぐさ》め言《こと》を並《なら》べたてた。百號《がう》といふのは、次《つぎ》の房《ばう》にゐる背《せ》の低《ひく》い看病夫《かんびやうふ》の番號《ばんがう》である。私《わたし》も一人《ひとり》が口《くち》きたなく喧嘩《けんくわ》してゐた聲《こゑ》を先程《さきほど》聞いてゐた。

看病夫《かんびやうふ》は柿色《かきいろ》の既決囚《きけつしう》のねまきを着《き》て自分《じぶん》の席《すき》に坐《すわ》りながら

「野郎《やらう》をよつぽど八つ裂《ざ》きにしようと思《おも》つたが止《や》めましたよ。全《まつた》くえげつない野郎《やらう》で。自分《じぶん》が一體何《たいなん》だちうんだ、自分《じぶん》も俺《おれ》も同《おな》じい囚人《しうじん》で又看病夫《またかんびやうふ》ぢやねえか。へん、野郎《やらう》が俺《おれ》より一體幾《たいいく》日位早《にちぐらゐはや》くはいつて來《き》たちうんで、俺樣《おれさま》に命令《めいれい》しようてんだ？ とそ泥野郎《どろやらう》が、年《とし》から云《い》つても俺《おれ》があいつの兄貴位《あにきぐらゐ》には當《あた》らうし、娑婆《しやば》にゐた時分《じぶん》の社會的地位から見《み》ても、俺《おれ》は面書記《めんしよき》(村役《むらやく》場《ば》の書記《しよき》)までした人間《にんげん》なんだ。野郎《やらう》みてえにえい、一尺でござい二尺でございと云《い》つてゐた奴《やつ》とは譯《わけ》が違《ちが》ふからな。野郎《やらう》、俺《おれ》は今日《けふ》は見逃《みのが》してやつたけれどもう一度《ど》そんなことをぬかしてみろ、口《くち》をひつ裂《さ》いて脚《あし》をへし折《を》つてやるからな。俺《おれ》はこれでも首根《くびね》つこに刀《かたな》がやつて來《き》ても云《い》ふことはちやんと云《い》つてやるし、やることはちやんとやつてのける性分《しやうぶん》だからな！」

と、隣《とな》りの房《ばう》にゐる「百號《がう》」といふ看病夫《かんびやうふ》に聞《きこ》えよがしに未《み》練《れん》がましくいきまいて見《み》せた。鄭《てい》は看病夫《かんびやうふ》にいかにも同情《どうじやう》するやうに舌《した》を何度《なんど》も卷《ま》きながら、

「ちちち、あ、よしなせい。申《しん》サンは體面《たいめん》もあるんだから、そんな青《あを》くさい奴《やつ》と何《なに》を口喧嘩《くちげんくわ》などなさるんです。全《まつた》く惡《わる》い奴《やつ》で！ あいつの目付《めつき》と口先《くちさき》が第一《だいい》賊《ぞく》々しく出來《でき》てますよ。又奴《またやつ》のかろがろしいつたらなんだ。あいつあ獄《ごく》を出《で》るときつとその日《ひ》の中《うち》に又誰《まただれ》かの家《いへ》に火《ひ》を付《つ》けますぜ。どうも、その、家《いへ》に火《ひ》を付《つ》けるちう奴《やつ》は！」

看病夫《かんびやうふ》は鄭《てい》の最後《さいご》の言葉《ことば》に目《め》を丸《まる》くして、

「うん、俺《おれ》も人《ひと》の家《いへ》に火《ひ》をつけたんだ。それで、どうしたちうんだ？ えゝお前《まへ》みてえに人《ひと》の金《かね》をちよろまかすのは何《なん》ともなくて人《ひと》の家《いへ》に火《ひ》を付《つ》ける奴《やつ》だけ惡《わる》いのかい？ 全《まつた》く有難《ありがた》え話《はなし》もあつたもんだね。お！ それで俺《おれ》が火《ひ》をつけたがどうしろと云《い》ふんだよ？ 何《な》んだつてにやにや笑《わら》つてゐるんだ？うん、百號《がう》も俺《おれ》も火《ひ》をつけたんだがそれが何《ど》うしたつちうんだい？ どうしろと云《い》ふのだよ？」

と、今度《こんど》は鄭《てい》に向《むか》つて差し迫《せま》つて行《い》つた。

鄭《てい》の顔《かほ》は赤《あか》くなつた。鄭《てい》が折角看病夫《せつかくかんびやうふ》の機嫌《きげん》をとらうとしたのがこぢれてしまつたのだつた。だが鄭《てい》は顔《かほ》に再《ふたた》び笑《わら》ひを浮《うか》べながら、

「いや別《べつ》にわたしの話《はなし》はそのつもりぢやねえですよ。申《しん》サンが誤《ご》解《かい》なさつてますよ」

と、辨明《べんめい》しようとするのを看病夫《かんびやうふ》は、

「誤解《ごかい》？　六解《かい》ではどうだい？」

「いや、さういふ意味《いみ》ぢやねえんですよ。申《しん》サンも火《ひ》をつけはしたが、申《しん》サンは酒《さけ》に醉拂《よつぱら》つた紛《まぎ》れにしたまででせうが。その酒《さけ》のせいぢやなけれや申《しん》サンがどうしてどうして火《ひ》なんかつけるもんですかね？　そりや申《しん》サンの氣性《きしやう》ぢやね。かつとなつて誰《だれ》かを叩《たゝ》き殺《ころ》したと云《い》ふんならともかく聞《きこ》えるが、生《うま》れつき大丈夫《だいぢやうぶ》でゐらつしやるんだもの、申《しん》サンがどうして詐欺《さぎ》とか放火《はうくわ》のやうなけちくせえ罪《つみ》なんか犯《をか》すもんだらうかちう話《はな》しなんですよ！　つまり不覺《ふかく》にも放火罪《はうくわざい》を負《お》ふてしまつたちう話《はなし》までですよ。わたしの話《はなし》はつまりそのことですよ。ところがですね、あの百號《がう》、あいつと來《き》たら前々《まへく》からちやんと企《たく》んで火《ひ》をつけたでせうが？　それがほんとうの放火罪《はうくわざい》ちうものですな。わたしの云《い》ふのはつまりそのことなんですよ。もうお分《わか》りになつたでせうか？」と、すかしたが、鄭《てい》は自分《じぶん》の話《はなし》に申看病夫《しんかんびやうふ》がもう怒《いか》りをおさめたと見《み》てとると、

「さあ、これでもお上《あが》りなせい」

と、食器《しよくき》の中《なか》に隱《かく》してあつた粟飯《あはめし》の餅《もち》を取《と》り出《だ》して、腕《うで》を長《なが》く差《さ》し伸《の》ばして看病夫《かんびやうふ》にやつた。

「毎日《まいにち》とれあ全《まつた》くすみませんな」

と、看病夫《かんびやうふ》はその餅を受け取つた。

看病夫《かんびやうふ》が一寸《ちよつと》立《た》ち上《あが》つて看守《かんしゆ》が來《く》るかどうかを見《み》てからその餅《もち》を一口《くちくわ》啞へた。先刻《さつき》から看病夫《かんびやうふ》と鄭《てい》の云《い》ひがかりを興味深《きようみぶか》い目《め》でちらりちらりと盜見《ぬすみ》してゐた尹《イン》は、

「おつとと、申《しん》サンそれを召《め》し上《あが》つちやいけねえんでやす」

と、言葉《ことば》だけではなほ足《た》りないとみえ手《て》までひらひら振《ふ》つてみせた。

看病夫《かんびやうふ》は氣味惡《きみわる》さうに餅《もち》を口《くち》に啞《くわ》へたまま

「どうしてだい？」

と云《い》ひながら、自分《じぶん》の席《せき》へ戻《もど》つて來《き》た。看病夫《かんびやうふ》の次《つぎ》に私《わたし》が寢《ね》、その次《つぎ》が鄭《てい》、その次《つぎ》が尹《いん》、私《わたし》たちの席《せき》の順《じゆん》はさういふふうになつてゐた。尹《いん》はいかにも勿體深《もつたいぶか》くしやんと坐《すわ》り込《こ》んで扇子《せんす》でばちばち音《おと》を立《た》てながら、

「わしの云《い》ふ通《とほ》りよしなせえ。わしがこれまで噓《うそ》を云《い》つたことでもありやすかえ？わしは首《くび》に刀《かたな》がやつて來《き》ても正《たゞ》しいとことだけをいつも云《い》ふ人間《にんげん》でやす。」

その中《うち》に看病夫《かんびやうふ》は口《くち》に入《い》れてゐた餅《もち》をごくりとのみ下《くだ》してしまつた。そしてその殘《のこ》りをちり紙《がみ》に包《つゝ》んで後《うしろ》の方《はう》へまはしてお

いて、

「それあ、又《また》どうしてですかい？」

「そんなに詮索《せんさく》なさいますなよ。食《た》べちや惡《わる》えと思《おも》ふのぢやけに食《た》べるなちうまででやす」

「いや、云《い》つて下《くだ》せえよ、俺《おれ》はどうもせつかちな性分《しやうぶん》で、そんなに氣《き》を持《も》たせてもらつちや胸《むね》の中《なか》がうづうづしてやりきれませんよ」

鄭《てい》はとても不快《ふくわい》な顔《かほ》をして、

「申《しん》サン、そんなたはどとに耳《みゝ》をかしなさんな。さあ早《はや》く召《め》し上《あが》りなせえ、わたしがまさか申《しん》サンに惡《わる》いものを上《あ》げるやうなことをするもんですか？」

と云《い》つたが、看病夫《かんびやうふ》は鄭《てい》の話《はなし》だけではなほ腑《ふ》に落《お》ちないと見《み》えて、

「尹書房《いんソバン》、早《はや》く話《はな》してくれ」

と、いささか怒氣《どき》を含《ふく》んだ聲《こゑ》であらたまつて問《と》ひ返《かへ》した。

「そんなに知《し》りたがることもねえでやすのに。ただきたねえもんぢやちうことだけ知《し》つてゐなせえや。わしは申《しん》サンに惡《わる》えやうなことを云《い》ふ男《をとこ》でねえぢやけに」

「畜生《ちくしやう》、へらず口《ぐち》をたたくなつてば」

と、鄭《てい》がたうとうしびれをきらしてがばつと立《た》ち上《あが》り尹《いん》を睨《にら》み付《つ》けた。

尹《いん》はびくりともしないで依然《いぜんかぜ》體を左右《さいう》にゆらゆらふりながら

「あんたの平安道《へいあんだう》ぢや人《ひと》の口《くち》をへらず口《ぐち》ちうのかは知《し》らねえがわしらの全羅道《ぜんらだう》ではそれ相當《さうたう》な人間《にんげん》はそんな口《くち》はききやしませんて。宗教家の商賣《しやうばい》を廿年《ねん》もやつたちう御仁《ごじん》が、それあ、又何《またなん》ちう口《くち》のきき方《かた》でやすかね？　あんたは宗教家《しうけうか》の商賣《しやうばい》を廿年《ねん》もやつたのぢやから、人《ひと》にやる食《た》べ物《もの》につばだけをつけて我慢《がまん》したちうものの、十年《ねん》だけやつてゐたんぢやさしづめ洟汁《はなじる》でもひつかける所《とこ》でやしたね？　それでなくてもわしが先刻《さつき》も氣《き》を付《つ》けなせえと言《い》つた筈《はず》でやす。人《ひと》に食《た》べ物《もの》を呉《く》れるなら箸《はし》のつけねえものを分《わ》けてやるもんぢやでな。つばのついた箸《はし》でかき廻《まは》しながらうまさうな黄色《きいろ》い粟《あは》はみんなえつて自分《じぶん》で食《た》べ、豆《まめ》もあれとれをつまんで、口《くち》に當《あ》ててみてはおき、黄色味《きいろみ》がかつたものは全部《ぜんぶ》えつて食《た》べるし、それから靑《あを》つぽい腐《くさ》つた粟《あは》や、豆《まめ》だけを殘《のこ》しといて、自分《じぶん》の食器《しよくき》や粥《かゆ》の皿《さら》や箸《はし》などを洗《あら》つた水桶《みづをけ》の中《なか》にふきんをぬらし、洟《はな》のついた手《て》でべちやべちや握《にぎ》り廻《まは》して、餅《もち》を作《つく》つたと言《い》つてやすぜ、それからもあつちとつちうまさうな所《とこ》はみんなかぢり取《と》つて、そのお餘《あま》りを殘《のこ》して置《お》いて人《ひと》に

食《た》べろと奥《く》れるんでやす。それでよくも雷《かみなり》がおつかなくねえもんでやすね？ そんなのは人《ひと》にやつても罸《ばち》があたるとわしがそれ程口《ほどくち》すつぱく云《い》つたんでやす。わしは人《ひと》の悪口《わるくち》を云《い》ふのは一體《たい》きらいな性分《しやうぶん》ぢやから、とういふいやな話《はなし》はしまいとしたんでやす。申《しん》サン、さうでやせう、始《はじ》めはわしも默《だま》つてゐやしたらうが？ あの金《きん》サンも證人《しやうにん》でやす。わしがそんなにまで正《たゞ》しく云《い》ひ聞《き》かせやしたし、それに又《また》とつちが知《し》らねえふりをしてやつたら頓馬《とんま》な平安道《へいあんだう》の下司奴《げすめ》、「有難《ありがた》うどぜえやす」とは云《い》へねえとしても、默《だま》つてでもゐさうなもんぢやねえか。人間《にんげん》ちうのあそんなに恥知《はぢし》らずぢやいけませんて」

尹《いん》があばいてしまふので鄭《てい》はどうしていいか分《わか》らないとみえ顔《かほ》だけ青《あを》、黑《くろ》させてゐたが再《ふたゝ》び呆《あき》れてものも云《い》へんといふやうなとぼけた表情《へうじやう》を急《きふ》ごしらへして、

「全《まつた》く呆《あき》れてしまふな。どうすればそんなにありもしねえ嘘《うそ》が云《い》へますかい？砂《すな》や、鼠《ねずみ》の糞《くそ》や、腐《くさ》つた豆《まめ》、藁屑《わらくづ》を、えり分《わ》けるために飯《めし》をかきまはしただけですわい。それだのにとのわたしが自分《じぶん》の食《た》べ殘《のこ》しを申《しん》サンに食《た》べさせるやうな惡《わる》い奴《やつ》にどうして見《み》えるちうのかい？ 嘘《うそ》もええ加減《かげん》にしなせえ、ええ加減《かげん》に。そんなに嘘《うそ》を作《つく》り立《た》てちや舌《した》がちよん切《ぎ》られますつて、申《しん》サン、決《けつ》してあんなたわごとなんぞ聞《き》かないで召《め》し上《あが》つて下《くだ》さい。わしの云《い》ふことが嘘《うそ》なら眞《ま》ッ晝間《ぴるま》に雷《かみなり》に喰《く》はれて見《み》せますぜ！」

と云《い》つて、もうとれ以上《いじやう》云ふことはないといふふうに横《よこ》になつた。鄭《てい》が誓《ちか》つて云《い》ふことを聞《き》いて私《わたし》は背筋《せすぢ》がぞつとするのを覺《おぼ》えた。どうすればそれ程《ほど》までにあつかましく、傍《そば》に證人《しやうにん》を二人《ふたり》もおきながら雷《かみなり》に喰《く》はれるなどといふ誓《ちか》ひまで立《た》てることが出來《でき》るのであらうか？ 人間《にんげん》の心《こゝろ》といふのは測《はか》り知《し》れない程《ほど》怖《おそ》ろしいものだとつくづく感《かん》ぜられた。との私《わたし》がまさか證人《しやうにん》に立《た》ちはしないだらう。鄭《てい》はとんな風《ふう》に私《わたし》の性格《せいかく》を呑《の》み込《こ》んですつかり氣《き》をおいてそのやうにつくろつたのである。「尹《いん》さんの話《はなし》が正《たゞ》しくて鄭《てい》さんの話《はなし》は嘘《うそ》だ」ととう云《い》ふ勇氣《ゆうき》は私《わたし》にはなかつた。私《わたし》にとういふ勇氣《ゆうき》のないことを鄭《てい》はちやんと見《み》てとつてゐたのである。尹《いん》も鄭《てい》のべらぼうな嘘《うそ》にはほとほと呆《あき》れたとみえ、何《なに》も云《い》へずにわきの方《はう》ばかりながめてゐた。看病夫《かんびやうふ》は、ほんとうのことを私《わたし》からでも知《し》らうといふ風《ふう》に、默《だま》つて寢《ね》てゐる私《わたし》の顔《かほ》をながめるのだつた。だが私《わたし》に直接口《ちよくせつくち》にしては訊《き》きにくいやうだつた。私《わたし》が何《なに》も云《い》はないのを見《み》て、看病夫《かんびやうふ》はそうつと餠《もち》を取《と》り出《だ》して鄭《てい》の手前《てまへ》に押《お》しやりながら、

「まあ、鄭《てい》サンでも食《た》べなせえ。もう俺《おれ》は二人《ふたり》をこれ以《い》上《じやう》喧嘩《けんくわ》させたくもありませんや」

と云《い》つてちちと舌《した》を打《う》つた。私《わたし》は内心《ないしん》「全《まつた》くそれでいいんだ」と看病夫《かんびやうふ》の悧口《りこう》なやり方《かた》に感心《かんしん》した。

だが、この事件《じけん》は鄭《てい》に尹《いん》への深《ふか》い怨《うら》みを抱《いだ》かせる原因《げんいん》となつた。尹《いん》が咳《せき》をすればあちらの方《はう》へ顔《かほ》を向《む》けろとか、口《くち》を噤《つぐ》んでやれとか、こんこんする音《おと》を小《ちひ》さくしろとか、心《こゝろ》がいぢけてゐるから咳《せき》も性《しやう》の悪《わる》い奴《やつ》にひつかかつたものだとか、又尹《またいん》が晝寢《ひるね》をしながら鼾《いびき》をかくと肘《ひぢ》で尹《いん》の胴《どう》を小突《こづ》いて、心《こゝろ》の中《なか》がひねくれ曲《まが》つてゐるから寢《ね》てゐる時《とき》までこんなに人《ひと》をさいなむんだとか、扇子《せんす》を指《ゆび》で彈《はじ》いて音《おと》を立《た》てるな、ちらちら横目《よこめ》を使《つか》ふのが氣《き》に喰《く》はないとか、こういふ風《ふう》に、一々尹《いん》に突《つ》つかゝつて行《い》つた。尹《いん》も負《ま》けないで鄭《てい》に刄向《はむか》つたが口喧嘩《くちげんくわ》は到底鄭《たうていてい》の敵手《てきしゆ》となり得《え》ぬばかりか、せつかちな性分《しやうぶん》だけに毎度自分《まいどじぶん》が先《さき》に根氣負《こんきま》けをしてしまふやうだつた。鼾《いびき》をかく點《てん》では鄭《てい》も尹《いん》にはひけをとらなかつた。殊《こと》に鄭《てい》は齒《は》が出《で》つぱつて脣《くちびる》が歪《ゆが》み上《あが》つて鼾《いびき》をかくにはもつてこいだが、それでも鄭《てい》は自分《じぶん》は鼾《いびき》をかきはしないと言明《げんめい》した。元來寢坊《ぐわんらいねばう》の尹《いん》は鄭《てい》が鼾《いびき》をかくことを知《し》らないやうであつた。看病夫《かんびやうふ》も木枕《きまくら》に頭《あたま》をつけさへすれば眠《ねむ》つてしまふものだから、鄭《てい》と尹《いん》が鼾《いびき》をかくために犧牲《ぎせい》になるのは自然寢付《しぜんねつ》かれない私《わたし》だけだつた。尹《いん》がソプラノで鄭《てい》がパリトンで鼻《はな》を鳴《な》らせば、私《わたし》はいつまでも目《め》を開《あ》けたまま、窓《まど》を透《とほ》して見《み》える夜空《よぞら》に星《ほし》のきらめくのを眺《なが》めてばかりゐた。殊《こと》に鄭《てい》は尹《いん》の息吹《いぶき》が嫌《きら》ひだと云《い》つて必《かなら》ず私《わたし》の方《はう》に頭《あたま》を向《む》けて寢《ね》るし、私《わたし》は仰向《あふむ》きにしか寢《ね》ておれない病人《びやうにん》であるために、鄭《てい》は私《わたし》の左《ひだり》の耳《みゝ》へ鼾《いびき》の音《おと》を吹《ふ》き込《こ》んだ。胃擴張《ゐかくちやう》のために胃《ゐ》の中《なか》で食物《しよくもつ》の腐《くさ》る鄭《てい》の息吹《いぶき》は實《じつ》に我慢《がまん》の出來《でき》ない程臭《ほどくさ》かつた。それをふうふう一晩中《ひとばんぢう》私の左《ひだり》の頬《ほゝ》に吹《ふ》き付《つ》けた。私《わたし》は内心鄭《ないしんてい》が眞直《まつす》ぐに寢《ね》てくれればいいと考《かんが》へたけれどどうしてもさう切《き》り出《だ》せなかつた。私《わたし》はこれをかくはしいにほひとでも思《おも》はうと努《つと》めてみた。もしそれが美《うつく》しい若《わか》い女《をんな》の息吹《いぶき》であつたなら恐《おそ》らく私《わたし》は不快《ふくわい》がりはしないであらう。美《うつく》しい若《わか》い女《をんな》の腹《はら》の中《なか》にだつて糞《くそ》はあらうし、腐《くさ》つた食《た》べ物《もの》はあらう。凡《すべ》ての人《ひと》が同《おな》じいことぢやないか？　こういふ風《ふう》に考《かんが》へて鼾《いびき》の音《おと》と臭《くさ》い息吹《いぶき》を忘《わす》れてしまはうと努《つと》めてもみたがとても一朝一夕《いつてういつせき》では駄目《だめ》だつた。鄭《てい》にあちらを向《む》いて寢《ね》てくれと何度云《なんどい》はうとしたか知《し》れなかつた。裏《うら》の寺《てら》の方《はう》から木魚《もくぎよ》の音《おと》が聞《きこ》えて來《く》るまで寢付《ねつ》くことの出來《でき》ない日《ひ》が多《おほ》かつた。曉《あかつき》の木魚《もくぎよ》の音《おと》が聞《きこ》えればそれはもう朝《あさ》の三時《じ》半《はん》である。ぼくぼくばくといふ曉《あかつき》の木魚《もくぎよ》の音《おと》はとても人《ひと》の心《こゝろ》を淸《きよ》く澄《す》んだものにしてくれる力《ちから》があつた。

「願《ねが》はくばこの鐘聲《しようせい》、法界《はふかい》に遍《あまね》かれ」

とか、

「一切衆生正覺を成ぜよ」

とかいふ曉《あかつき》の鐘頌《しようしよう》の句節《くせつ》がいつも思《おも》ひ起《おこ》された。人生《じんせい》は苦《く》海《かい》、燃《も》える家《うち》とすれば監獄《かんごく》はその中《なか》でも最《もつと》も苦《くる》しみに滿《み》ちた所《ところ》である。それに獄《ごく》の中《なか》で病《やまひ》まで得《え》て病監《びやうかん》の中《なか》にいつまでも横《よこ》になつてゐるのは三重の苦《くる》しみと云《い》へよう。この苦界《くかい》の衆生《しゆじやう》たちがお互《たが》ひに苦《くる》しんでゐるのを見《み》る時《とき》に、「衆生《しゆじやう》の業報《ごふはう》は思議《しぎ》し難《がた》し」と云《い》はれた御言葉《おことば》を再《ふたゝ》び思《おも》ひ出《だ》さずにはゐられなかつた。

曉《あかつき》の木魚《もくぎよ》の音《おと》を聞《き》いてやつとこれから寢《ね》つかれさうになると、尹《ゐん》と鄭《てい》はかはるがはる便器《べんき》の方《はう》へ上《あが》りはぢめ、殊《こと》に自分《じぶん》のことしか考《かんが》へない鄭《てい》は、自分《じぶん》がしたたかに寢足《ねた》りたことばかり考《かんが》へて聲《こゑ》を出《だ》して書物《しよもつ》を讀《よ》むか、又《また》は他《ほか》の人《ひと》たちが起《お》きる前《まへ》は心《こゝろ》ゆくまで水《みづ》を使《つか》ふつもりで、顏《かほ》を洗《あら》ひ、全身《ぜんしん》を冷水《れいすゐ》で摩擦《まさつ》し、運動《うんどう》のためだと云《い》つて拭《ふ》き掃除《さうぢ》をし、このやうにあはてふためくので私《わたし》は全然《ぜんぜん》眠《ねむ》ることが出來《でき》なかつた。鄭《てい》は起床時間《きしやうじかん》前《まへ》にこういふ所《ところ》を見付《みつ》かつて何度《なんど》も看守《かんしゆ》にとがめられたけれども、しかしちつとも改《あらた》めようとはしなかつた。

餅《もち》の事件《じけん》が起《お》きた翌日《よくじつ》、背《せ》の低《ひく》い看病夫《かんびやうふ》は私《わたし》たちの房《へや》にやつて來《き》て、誰《たれ》に云《い》ふともなしに背《せ》の高《たか》い、看病夫《かんびやうふ》の惡口《わるぐち》をはぢめた。それは昨日《きのふ》の喧嘩《けんくわ》に關《くわん》した話《はなし》であつた——

「のつぽ野郎《やらう》が昨日《きのふ》何《なん》と云《い》つてましたつけ？　とてもくやしがつてゐたでせう？　全《まつた》く莫迦《ばか》な野郎《やらう》が。俺《おれ》に刄向《はむか》つても何一《なにひと》つええことがありやしねえのさ。飯《めし》でも餘計《よけい》に貰《もら》つて賞標《しやうへう》でも貰《もら》はうちうなら俺《おれ》のめがねにはづれちやおしめえだぜ。看守《かんしゆ》や部長《ぶちやう》は俺《おれ》の話《はなし》を信《しん》じるさ、あいつの話《はなし》なんか信用《しんよう》するもんかい。それも知《し》らねえで野郎何《やらうなに》かにつけて刄向《はむか》つて來《く》るからな。小癪《こしやく》な野郎《やらう》さ。そんな野郎《やらう》がいくらのさばつて來《こ》ようがこつちが眼《め》の玉一《たまひと》つ動《うご》かすやうな仁《じん》かね？へん、こつちはほつといておくのさ。時々《ときどき》むかむかと氣《き》を荒立《あらだ》たせておいて、あいつの樣《さま》を見《み》てやるんだ。すると野郎《やらう》、肛門《こうもん》を突《つ》きさされた牛《うし》みてえにひとりでに喚《わめ》き立《た》てるんだ。咽喉《のど》がかれるまで野郎《やらう》ひとりでぎあぎあ云《い》つてから少《すこ》ししづまつたとみると、俺《おれ》が又《また》いやなことを云《い》つて疳癪玉《かんしやくだま》を突《つ》つついてやるんだな。すると野郎又《やらうまた》でんぐり返《かへ》りさうになつてひどくいきり立《た》つんだ。こつちは默《だま》つてやるの

(崔根培畫)

さ。といつても野郎《やらう》に何《なに》が出來《でき》るもんかね？野郎《やらう》が何《なん》だと云《い》つたつて手出《てだ》しは出來《でき》ねえからな。その中看守《うちかんしゆ》や部長《ぶちやう》に見付《みつ》かれやお目玉《めだま》を喰《く》ふのは野郎一人《やらうひとり》といふ譯《わけ》さ」

と、いかにも痛快《つうくわい》さうに笑《わら》つた。背《せ》の高《たか》い看病夫《かんびやうふ》は本監《ほんかん》に使《つか》ひに行《い》つてゐないやうだつた。

「さうですな、九號《がう》(背《せ》の高《たか》い看病夫《かんびやうふ》)は全《まつた》く阿呆《あはう》だな。百號《がう》サンと喧嘩《けんくわ》するつて手《て》あないですよ。百號《がう》サンは主任《しゆにん》だから主任《しゆにん》の命令《めいれい》には服從《ふくじう》するもんさね」

とれは鄭《てい》のお追從《ついしやう》である。

「全《まつた》く牛《うし》みてえな野郎《やらう》でやしてな。物事《ものごと》の筋合《すぢあひ》らうものをいくら敎《をし》へてもとればつちも飲《の》み込《こ》めねえんでやす。何《なに》かと言《い》へば面書記時代《めんしよきじだい》のことばかり楯《たて》に取《と》るんでやす。百號《がう》サンも大變氣《たいへんけ》の腐《くさ》ることでやすわい？」

と尹《いん》も云《い》つた。

「それに何《なん》の腕前《うでまへ》もねえんだよ。何《なに》を知《し》つてゐるものかね。おまけに間《ま》が拔《ぬ》けて怠《なま》け者《もの》で眼先《めさき》はきかねえし……」

とれは背《せ》の低《ひく》い看病夫《かんびやうふ》の話《はなし》。

「さうでやすとも。わしもちやんと知《し》つとることでやす。仕事《しごと》は、百號《がう》サンがみんなやるんでやせう。九號《がう》サンは何《なに》も出來《でき》るもんですかい。そのくせいばりちらすつたらありやせんわい」

又《また》しても尹《いん》が云《い》ふ。

「そんな奴《やつ》は看守《かんしゆ》に話《はな》してお拂箱《はらひばこ》にさせるんですな。わたしも下《した》に澤山《たくさん》の人《ひと》を使《つか》つて見《み》たけれど手並《てなみ》の揃《そろ》はねえ奴《やつ》はどうしても使《つか》へませんや？わたしなら三日《か》もしない中《うち》にたたき出《だ》しますよ」

と鄭《てい》も負《ま》けてはゐない。

「人情《にんじやう》としてさうもゆかんので俺《おれ》だけ我慢《がまん》しておれやいいんだと今《いま》までこらへて來《き》たんだ。だが野郎《やらう》、もう一度《ど》そんな眞似《まね》をしてみるがいい、今度《こんど》こそ俺《おれ》は承知《しようち》しねえからな」

背《せ》の低《ひく》い看病夫《かんびやうふ》はから云《い》つた。

との時背《ときせ》の高《たか》い看病夫《かんびやうふ》が藥《くすり》の瓶《びん》と藥《くすり》の包《つゝみ》をもつて來《き》た。

背《せ》の低《ひく》い看病夫《かんびやうふ》は、

「多分今日《たぶんけふ》轉房《てんばう》するやうになりますぜ」

と云《い》つて、私《わたし》たちの房《ばう》へはチブス患者《くわんじや》が一人《ひとり》やつて來《く》るために、私《わたし》たちは次《つぎ》の房《ばう》へ移《うつ》るやうになるから準備《じゆんび》をしておけと云《い》つて、何《なに》か急《きふ》な用事《ようじ》でも思《おも》ひ出《だ》したやうに行《い》つてしまつた。

背《せ》の高《たか》い看病夫《かんびやうふ》は「尹參奉《いんさんぽう》」「鄭主事」といふ風《ふう》にからかひ半分《はんぶん》に名前《なまへ》を呼《よ》び捨《す》てながら、瓶《びん》の水藥《みづぐすり》や包《つゝみ》の粉藥《こなぐすり》を格子窓《かうしまど》の合間《あひま》から入《い》れてくれた。

尹《いん》は藥《くすり》を受《う》ける度毎《たびごと》にいつも云《い》ふ言葉《ことば》で、

「とんなつまらねえ藥《くすり》をいくら飲《の》んでも治《なほ》るもんかえ。ええ漢《かん》方藥《はうやく》を三、四包《つつみ》も飲《の》めばすぐに熱《ねつ》も下《さが》り咳《せき》も出《で》ないではれ症《しやう》もなほるんでやすがな…」

と云《い》ひながら、藥《くすり》を取《と》つて自分《じぶん》の所《ところ》へかへつて來《き》て坐《すわ》つた。

次《つぎ》には鄭《てい》が立《た》つて行《い》つて格子窓《かうしまど》の傍《そば》へぴつたり寄《よ》りついて水藥《みづぐすり》と粉藥《こなぐすり》を貰《もら》つて自分《じぶん》の席《せき》へかへらうとしたが、その時《とき》背《せ》の高《たか》い看病夫《かんびやうふ》が藥包《くすりつつみ》をもう一《ひと》つやりながら、

「とれあおれが飲《の》むと云《い》つてさんざんな眞似《まね》をしてもらつて來《き》たのですぜ。大事《だいじ》にしてのみなせいよ。澤山《たくさん》飲《の》みさへすれやいいもんだと、ほかの人達《ひとたち》なら三日分《かぶん》の藥《くすり》を、一日《じつ》にみんな飲《の》んでしまふのだからやりきれませんよ。誰《たれ》がそんなにむちやな藥《くすり》をいつもつづけて與《く》れてやれるもんですかい？」

「だから有難《ありがて》えと云《い》ふんですよ。九號《がう》サン、一寸《ちよつと》そのう、アルコール漬《つ》けの綿《わた》を貰《もら》つて下《くだ》さいよ。今度《こんど》は少《すこ》し澤山《たくさん》下《くだ》さいよ。アルコールそのまんまはもらへねえかな？　アルコールをコツプに一《ひと》つもらつて下《くだ》さいな。娑婆《しやば》に出《で》れやわたしはあなたの御《ご》恩《おん》を忘《わす》れるやうな人間《にんげん》ぢやねえですよ」

「冗談《じようだん》ちやねえ、俺《おれ》をひでえ目《め》にあはさうと思《おも》つてそんなことを云《い》ふのかい？」

「あさうだ、あの百號《がう》はひよとひよとやつて來《く》るのを見《み》ただけでも身《み》の毛《け》がよだつ位《くらゐ》ですよ。自分《じぶん》が何《なん》だちうて兄貴分《あにきぶん》の九號《がう》サンをそんなにやつつけようとするのかね？　わたしならそのまんまにはおきやしませんぜ」

「へん、とつちが一寸手《ちよつとて》を動《うご》かせばあんなとそ泥野郎《どろやらう》はすつ飛《と》んでしまふがね」

鄭《てい》がこのやうに背《せ》の高《たか》い看病夫《かんびやうふ》におべつかを使《つか》つてゐるのを見《み》てゐた尹《いん》が、

「九號《がう》サンは全《まつた》く偉《えら》う我慢《がまん》しやすねえ。その惡口《わるくち》ちうたらわしまでがそばで聞《き》いてゐても齒《は》ぎしりする位《くらゐ》でやす——偉《えら》えがまんでやす——そんなに氣性《きしやう》のはげしいお方《かた》がよくも偉《えら》う我慢《がまん》出《で》來《き》やすな——」

と、深《ふか》く感服《かんぷく》したやうに舌《した》を卷《ま》いてみせた。

暫《しばら》くの後《のち》に背《せ》の高《たか》い看病夫《かんびやうふ》はアルコール綿《めん》を一握《ひとにぎ》りもつて來《き》て、

「三人《にん》で分《わ》けて下《くだ》さい」

と入《い》れてくれた。鄭《てい》は火《ひ》のやうに飛《と》んで行《い》つて、

「アリカトウ、コザイマス」

と(和語《わご》で)云《い》つて、その綿《わた》を受《う》けとり先《ま》づ鼻《はな》にあてて、アルコールの一番《ばん》よけいに漬《つ》かつてゐさうな所《とこ》を三分《ぶん》の二位《ぐらゐ》取つて自分《じぶん》のものにし、そとで殘《のこ》りの三分《ぶん》の一を二人《ふたり》に分《わ》けて尹《いん》と私《わたし》にくれるかと思《おも》ふと、それを又《また》三つに分《わ》けてその一《ひと》つは尹《いん》にやり、殘《のこ》りの一《ひと》つを又二《またふた》つに分《わ》けてその半分《はんぶん》は先《さき》の大《おほ》きな綿《わた》の方《はう》へ付《つ》けて油紙《あぶらがみ》でとちとち包《つゝ》んでしまひ、最後《さいご》の殘《のこ》りの半分《はんぶん》で顏《かほ》をふき手《て》をふき頭《あたま》をふき足《あし》の裏《うら》までふいて捨《す》てた。彼《かれ》はアルコール綿《めん》をとのやうに澤山《たくさん》もらつて油紙《あぶらがみ》に包《つゝ》んでから日《ひ》に何囘《なんくわい》も顏《かほ》や手《て》や首《くび》をふくが、それは肌《はだ》をきれいにやはらかにするためだといふのであつた。夕飯《ゆふめし》が終《をは》つてから轉房《てんばう》するだらうと思《おも》つたが、夕方近《ゆふがたちか》くなつて肥《ふと》つた看守《かんしゆ》がやつて來《き》てかちりと扉《とびら》を開《あ》けながら、

「テンボウ、テンボウ!」

と叫《さけ》んだ。その後《あと》から背《せ》の低《ひく》い看病夫《かんびやうふ》が來《き》て、

「轉房《てんばう》ですよ、轉房《てんばう》」

と通譯《つうやく》をした。鄭《てい》が自分《じぶん》の枕《まくら》とアルミニウムの食器《しよくき》を包《つゝ》んで持《も》つて行《い》かうとするのを「いかん、いかん!」と、大《おほ》きな聲《こゑ》でとがめられたので殘念《ざんねん》さうにそれをもどしておいて、ようやくアルコール綿《めん》だけを看守《かんしゆ》の目《め》をかすめてしまひとみ、私《わたし》たちはぞろぞろと手廻《てまは》りのものを下《さ》げて房《ばう》から出《で》て次《つぎ》の房《ばう》へはいつて行《い》つた。がちやりと再《ふたゝ》び扉《とびら》がしまつた。下手《しもて》の方《はう》では閔《びん》が私《わたし》たちのはいつて來《く》るのを見《み》て子供《こども》のやうにとにと笑《わら》ひながら坐《すわ》つてゐた。お互《たが》ひ別《わか》れて二十日《か》餘《あま》りの間《あひだ》に閔《びん》は怖《おそ》ろしい程《ほど》痩《や》せてゐた。顏《かほ》にはそのひつ窪《くぼ》んだ目《め》だけが一杯《ぱい》のやうで、その目《め》も自由《じいう》には動《うご》かないやうだつた。膝《ひざ》の上《うへ》に下《お》ろした腕《うで》と手《て》には靜《じやう》脈《みやく》だけがあらはに見《み》えてゐて脚《あし》の方《はう》よりも足首《あしくび》の方《はう》が餘計《よけい》に太《ふと》かつた。あのやうな恰好《かつかう》でどうして命《いのち》をつないでゐるのだらうかと不審《ふしん》さうに私《わたし》はとの骸骨《がいこつ》のやうな閔《びん》を眺《なが》めながら

「との頃《ころ》は何《なに》を食《た》べてゐますか?」

と、大《おほ》きな聲《こゑ》で訊《き》いた。彼《かれ》の耳《みゝ》は大抵《たいてい》の聲《こゑ》では聞《き》えさうにもないと思《おも》はれたからである。

閔《びん》は手《て》の所《とこ》においてある三分《ぶん》の一位《ぐらゐ》しか飲《の》んでない牛乳瓶《ぎうにうびん》を指《ゆび》さしながら、

「京城《けいじやう》にゐる義兄《あに》が五圓《えん》を入《い》れてくれましたので毎日牛乳《まいにちぎうにう》を一瓶《びん》づつ飲《の》みますよ。それも一飲《の》みすると咽喉《のど》が通《とほ》らねえんですよ。味《あぢ》はええのに咽喉《のど》が通《とほ》りませんわい。わしの義兄《あに》は金持《かねもち》でしてなあ。七百石位《こくぐらゐ》でええ暮《くら》しですよ。とこさへ出《で》れや義兄《あに》の

家《いへ》に行《ゆ》くんぢやが、客間《サラン》も廣《ひろ》くてええですよ。姉《あね》がゐるし、それに義兄《あに》も人《ひと》がええですよ。肉《にく》の刺身《さしみ》も食《た》べ高粱酒《かうりやんしゆ》も一杯《はい》づつあつためて飲《の》んだりすればまだ助《たす》かりさうな氣《き》がしましてな」

と、かういふことを云《い》つてゐた。彼《かれ》は兄《あに》が金持《かねもち》だといふことを自慢《じまん》するために、こんなことをわざわざ云《い》つてゐるやうだつた。

又閔《またびん》のすぐ傍《そば》に席《せき》をとるやうになつた尹《いん》は扇子《せんす》でばちばち音《おと》を立《た》てながら、

「それでも義兄《あに》はまあ人間《にんげん》が出來《でき》とるやうでやすね、うちからは、まだ何《なん》のたよりもねえんですかね？わしの云《い》ふ通《とほ》りしなせえよ。先《ま》づ看守長《かんしゆちやう》に面會《めんくわい》をお願《ねが》ひしてうちにある家財道具《かざいだうぐ》をみんなたき賣《う》つて、食《た》べてえものは買《か》つて食《た》べるし辯護士《べんごし》を頼《たの》んで保釋願《ほしやくねがひ》もしなせえよ。死人同樣《しにんどうやう》になつたものを保釋《ほしやく》させねえ譯《わけ》もねえもんでやす。今《いま》はもう頰骨まで赤《あか》うなつてゐるぢやねえか。そんなにまでなれば一月《つき》ももてねえんでやすぞ。それに亭主《ていしゆ》が今《いま》に死《し》ぬちうのに、そ知《し》らぬふりをしてゐる十九になる嬶《かゝあ》なんぞに、千兩《りやう》も殘《のこ》してやれるもんかえ？　又《また》その倅奴《せがれめ》はどうでやす？　わしだつたら首《くび》ねつこをひん曲《ま》げて拔《ぬ》き取《と》つちまいやすぜ。さうれしいしい喘《あへ》いでやすね、息《いき》が咽喉《のど》にひつかかつたんでやすね。もうお陀佛《だぶつ》だ、お陀佛《だぶつ》だ」

と云《い》つてあふり立《た》てた。

「お前《まへ》さんも久《ひさ》し振《ぶ》りで會《あ》ふたなら體《からだ》はどうですか位《くらゐ》は云《い》ひさうなもんだ。會《あ》ふたと思《おも》へやすぐに惡口《わるくち》と出《で》て來《く》るのけえ？　お前《まへ》さんの惡口《わるくち》を幾日《いくにち》か聞《き》かんで氣《き》も樂《らく》だつたのに、又《また》やつて來《き》たのけえ？　お前《まへ》さんもその手足《てあし》のひどくはれたのを見《み》りやさう長《なが》くはなからうぜ。わしもお願《ねが》ひするよ、もう惡口《わるくち》はよしてくれ」

閔《びん》はかう云《い》つて溜息《ためいき》をついてから横《よこ》になつた。

この房《はう》には閔《びん》の外《ほか》に康《かう》といふ背《せ》が高《たか》く强壯《きやうさう》な青年《せいねん》が一人《ひとり》下腹《したはら》に繃帶《はうたい》を卷《ま》き壁《かべ》にもたれて坐《すわ》つてゐた。後《あと》で聞《き》いた所《ところ》に依《よ》れば彼《かれ》は或《あ》る新聞《しんぶん》の支局記者《しきよくきしや》であつたが、寡婦《ヤモメ》になつた子婦《ヨメ》と醜關係《しうくわんけい》のあるといふ或《あ》る金持《かねもち》を恐喝《きやうかつ》して、一千六百圓《ゑん》を卷《ま》き上《あ》げた罪《つみ》で擧《あ》げられた者《もの》で、非常《ひじやう》に多血質《たけつしつ》でそれに自分《じぶん》の氣《き》に喰《く》はないやうな事《こと》は默《だま》つてをれない性分《しやうぶん》なので尹《いん》と鄭《てい》をよくやりとめてゐた。尹《いん》が閔《びん》をいぢめる場合《はあひ》には必《かなら》ず尹《いん》を責《せ》め、鄭《てい》が尹《いん》をいぢめる場合《はあひ》には又鄭《またてい》をやつつけた。鄭《てい》と尹《いん》は康《かう》に向《むか》つて齒《は》ぎしりをしたけれども、康《かう》は二人《ふたり》をひどい下司野郎《げすやらう》といつて蔑視《べつし》した。尹《いん》の次《つぎ》に鄭《てい》が寢《ね》て、鄭《てい》の傍《そば》に康《かう》が寢《ね》、康《かう》の次《つぎ》に私《わたし》が寢《ね》るやうになつてゐる關係上《くわんけいじやう》、康《かう》と鄭《てい》の衝突《しようとつ》する機會《きくわい》は自然《しぜん》多《おほ》くなつた。康《かう》は專門學校《せんもんがくかう》まで卒業《そつげふ》した男《をとこ》であるために知識《ちしき》も相當《さうたう》で、鄭《てい》が知《し》つたかぶりをする度《たび》に容赦《ようしや》なしにやりとめた。

「一《ひと》と二《ふた》と拾《ひろ》ひ聞《ぎ》きしたことをどこでまことしやかに喋《しやべ》り立《た》てようとするんだ？　田舍《ゐなか》で無知《むち》な百姓《しやう》たちをたぶらかしてゐた眞似《まね》をここでもしようといふ譯《わけ》だね？　にたにたしてゐるお前《まへ》の面《つら》にちやんと俺《おれ》は騙《かた》り師《し》だと書《か》いてあるんだ。もう年《とし》も四十五なら相等《さうとう》いい年《とし》だ。死《し》ぬ前《まへ》にでも少《すこ》し位《ぐらゐ》はあたり前《まへ》な人間《にんげん》の眞似《まね》をしてみるがいい。それに又何《またなに》を知《し》つてゐると云《い》ふのでいつも人《ひと》に藥《くすり》の處方《しよはう》までしてやるんだ？　他《た》の詐欺《さぎ》なら何《なん》でもええとしても知《し》りもしない醫者《いしや》の眞似《まね》だけはよしてくれ。鍼《はり》もござれ、漢方醫術《かんぱういじゆつ》もござれ、新醫術《しんいじゆつ》もござれ、といふそんない、い、べらぼうな醫者《いしや》があるもんか？　お前《まへ》がそんなに人《ひと》をだまして來《き》たから腹《はら》の中《なか》が平氣《へいき》でゐられる譯《わけ》がないんだ。人《ひと》一倍慾《ばいよく》は多《おほ》くて、一時《じ》に二人分《にんぶん》三人分《にんぶん》の飯《めし》はかき込《こ》むし、藥《くすり》も無茶《むちや》に飲《の》み水《みづ》もがぶがぶ、それからは屁《へ》、糞《くそ》、げつぷう、それに又《また》しよつちう吐《は》き出《だ》すのだから、くさい臭《にほ》ひにはたの人《ひと》がやりきれんぢやないか。そんなにかき込《こ》むのに胃袋《ゐぶくろ》が何《なん》ともない譯《わけ》がないぢやないか？　それに喋《しやべ》ると云《い》つたら又《また》いつも噓《うそ》つぱちと來《き》てゐるんだ――おう、どうしてにやにや笑《わら》ふんだよ？　誰《だれ》もお前《まへ》の面《つら》をほめてゐやせんぜ。アルコール綿《めん》でふきさへすれや面《かほ》がきれいになるとでも思《おも》つてるんだな？そのアルコール綿《めん》だつて國家《こくか》のもんだぜ。お前《まへ》のうちでいつそんなアルコールを一瓶《びん》でも自分《じぶん》の金《かね》で買《か》つてみたことがあるんだ？　もともとどう見《み》ても人間《にんげん》の眞似《まね》も出來《でき》さうにない奴《やつ》だが、どうか俺《おれ》の見《み》てゐる前《まへ》だけでもそのへらず口《ぐち》をたたかんでくれ」

康《かう》は自分《じぶん》より二十歳位《さいぐらゐ》も、年《とし》の多《おほ》い鄭《てい》をこのやうにやつつけた。

一度《ど》は晝食《ちうしよく》の時《とき》に鰯《いわし》の鹽漬《しほづけ》が一皿《さら》はいつて來《き》た。これは房《はう》の中《なか》の全部《ぜんぶ》の人々《ひとびと》がぬかりなく分《わ》けて食《た》べるやうにといふものである。鰯《いわし》と云《い》つてもきれいなのは一つもなく、尾《を》や頭《あたま》の切《き》れてゐるものばかりで、それに藁屑《わらくづ》や木《き》の端切《はしき》れとかいろんなものがまぢつてゐるが、それでも監獄《かんごく》では一週《しう》に一度《ど》か二週《しう》に一度《ど》しか出《で》ない珍《めづ》らしい逸物《いつぶつ》なので、このやうな御馳走《ごちそう》のある日《ひ》にはみながお節句《せつく》でも迎《むか》へたやうに悅《よろこ》ぶのだつた。鄭《てい》はいつものやうに飯《めし》を受《う》け取《と》る役目《やくめ》をしてゐたので、この鰯《いわし》の皿《さら》を受《う》け取《と》ると箸《はし》でつつき廻《まは》して中身《なかみ》の多《おほ》いのは擇《えら》んで自分《じぶん》の皿《さら》へ先《さき》にうつしておき、頭《あたま》や尾《を》だけを他《ほか》の四人《にん》に向《むか》つて差出《さしだ》した。私《わたし》の見《み》た所《とこ》でも鄭《てい》の取《と》つたのは半分《はんぶん》とは云《い》へないが三分《ぶん》の一よりははるかに多《おほ》かつた。だが鄭《てい》の目《め》にはそれが鰯全體《いわしぜんたい》の五分《ぶん》の一にしか見《み》えないやうだつた。

　私《わたし》は康《かう》の口《くち》から必《かなら》ず物凄《ものすご》い雷《かみなり》が落《お》ちて來《く》るものと豫期《よき》したのでそれを緩和《くわんわ》する積《つも》りで鄭《てい》に、

「どうも鰯《いわし》が公平《こうへい》に分配《ぶんぱい》されなかつたやうですからもう一度分《どぶん》配《ぱい》しなさいよ」

　と云《い》つたが、鄭《てい》は自分《じぶん》の皿《さら》に入《い》れておいた鰯《いわし》の中《なか》から一番《ばん》まずさうなのを三つ位《くらゐ》えらんでこつちの皿《さら》に分《わ》けただけである。それからとてもうまさうに自分《じぶん》の皿《さら》の鰯《いわし》を取《と》つて食《た》べた、中《なか》でも一番《ばん》うまさうなものを先《さき》にえらんで食《た》べてゐた。

閔《びん》は何《なに》もほしくないやうに米《こめ》のとぎ汁《じる》のやうな重湯《おもゆ》を一啜《すゝ》りしては止《や》め、又《また》一啜《すゝ》りしては止《や》めて置《お》くだけで鰯《いわし》に對《たい》しては何《なん》の關心《くわんしん》もないやうだつたが、尹《いん》はどうもいい氣持《きもち》がしてゐないとみえぢろぢろ鄭《てい》を横目《よこめ》で睨《にら》みながら、それでも鰯《いわし》をよつて食《た》べてゐた。康《かう》だけは鰯《いわし》には箸《はし》もつけてみないで粟飯《あはめし》の一塊《かたまり》をみな食《た》べてしまふと、鰯《いわし》の皿《さら》を取《と》つて鄭《てい》の皿《さら》へみなふりかけてやつた。鄭《てい》はぐつと頭《あたま》を上《あ》げて康《かう》を眺《なが》めながら、

「鰯《いわし》が好《す》きぢやないんですね？」

「俺《おれ》は好《す》かないんだ。後《あと》で夕飯《ゆふめし》の時《とき》にでも食《た》べなよ」

　と云《い》ふと、康《かう》は默《だま》つて水《みづ》を飲《の》んでから自分《じぶん》の席《せき》へもどつて横《よこ》になつた。私《わたし》は康《かう》がどういふ積《つも》りでそんなことをするのかおかしくもあり又知《またし》りたくもあつた。

　鄭《てい》はやはり康《かう》のやり方《かた》が小々不氣味《せうくぶきみ》のやうだつたけれども、五人分《にんぶん》の鰯《いわし》を、それも鹽《しほ》が半分《はんぶん》とも云《い》へる鰯《いわし》を殆《ほと》んどみな食《た》べ終《をは》ると少《すこ》し殘《のこ》つたものは夕飯《ゆふめし》に食《た》べると云《い》つてラヂエータの下《した》に隱《かく》しておいた。

　鄭《てい》は非常《ひじやう》に滿足《まんぞく》したやうににたにた笑《わら》ひながら自分《じぶん》の席《せき》へもどつて寢《ね》ころんだ。ところがすぐに鼾《いびき》をかきはぢめた。食《く》ひ疲《つか》れが出《で》たのだと私《わたし》は考《かんが》へた。いくら胃腸《ゐちやう》の強《つよ》い働《はたら》き盛《ざか》りの壯丁《さうてい》でも鰯《いわし》の鹽漬《しほづけ》を一皿《さら》も食《た》べては無事《ぶじ》に消化《せうくわ》が出來《でき》る譯《わけ》はないのである。康《かう》もそんなことを小氣味《こきみ》よく思《おも》つたものか腹《はら》の繃帶《ほうたい》をほどいて扇子《せんす》を使《つか》つて手術《しゆじゆつ》したあとへ風《かぜ》を送《おく》りながらひんひんとわらつてゐた、いきなり起《お》き上《あが》つて藥罐《やくわん》のある所《ところ》へやつて來《き》てそれを搖《ゆ》り動《うご》かしてみてそれから蓋《ふた》をあけてのぞき込《こ》んだ。康《かう》は私《わたし》と尹《いん》に水《みづ》を一杯《ぱい》づつ分《わ》けてすすめそれから自分《じぶん》が二杯《はい》も飲《の》んで、その殘《のこ》りではタオルを洗《あら》つて自分《じぶん》の腹《はら》をふき、もう一滴《てき》もなくなつた藥罐《やくわん》を床《ゆか》の上《うへ》にかなぐり捨《す》てるやうにおいて自《じ》

分《ぶん》の席《せき》へもどつて來《き》た。

　康《かう》の仕草《しぐさ》を見守《みまも》つてゐた尹《いん》は、

「康先生《かうせんせい》、ええことをしやした。へん、今《いま》に目《め》がさめさへすれや喉《のど》に火《ひ》が出《で》て來《き》やすよ」

　と云《い》つて、藥罐《やくわん》の蓋《ふた》を開《あ》けてみて水《みづ》が一滴《てき》もないのを見屆《みとど》けてから自分《じぶん》の席《せき》へかへつて來《き》た。

　鄭《てい》は息《いき》もつまりさうに鼻《はな》を鳴《な》らしてゐたが、一時間位《じかんくらゐ》して目《め》をぎゆつとあけて起《お》き上《あが》るなり藥罐《やくわん》の前《まへ》へ飛《と》んで行《い》つた。だが藥罐《やくわん》に水《みづ》が一滴《てき》もないのを見《み》てかつとなり、それをふり捨《す》てて尹《いん》を睨《にら》み付《つ》けながら、

「おー一滴《てき》も殘《のこ》らず飲《の》んでしまふちうことがあるかい？　わたしがさつきちやんと水《みづ》があるのを見《み》て寢《ね》たのに、そんなに人《ひと》のことは考《かんが》へないで我慾《がよく》ばかり張《は》るから毎日《まいにち》ひつきりなしに糞《くそ》を垂《た》らしてるんだ」

　と、いきまいた。

「それあどちらの云《い》ひ分《ぶん》かえ？　それを藪蛇《やぶへび》ちうんだよ」

　と、尹《いん》は勿體《もつたい》ぶつた。

「水《みづ》は俺《おれ》がみんな飲《の》んだよ。」

　と、康《かう》が坐《すわ》り直《なほ》つた。

「鰯《いわし》はお前《まへ》がみな食《た》べたから俺《おれ》たちは水《みづ》ででも腹《はら》をつくらなければならないぢやないか。鰯《いわし》もひとりでそつくり食《た》べ、水《みづ》も又《また》ひとりで全部《ぜんぶ》飲《の》めたらさぞいゝ氣持《きもち》だつたらうな。」

　鄭《てい》は何《なに》も云《い》はなかつた。だが咽喉《のど》がかはいてどうしようもないらしかつた。彼《かれ》は寢《ね》たり坐《すわ》つたりして、全《まつた》く落着《おちつ》きがなかつた。彼《かれ》がしきりに起《お》きて格子窓《かうしまど》から廊下《らうか》を眺《なが》めるのは看病夫《かんびやうふ》に水《みづ》を頼《たの》まうという積《つも》りらしかつた。だが看病夫《かんびやうふ》はどこへ行《い》つたのか姿《すがた》を現《あら》はさないし、その間《あひだ》に看守《かんしゆ》と部長《ぶちやう》は二度位《どくらゐ》通《とほ》つて行《い》つたけれど、どうにも水《みづ》をくれといふ言葉《ことば》は出《で》て來《こ》ないやうだつた。その間《あひだ》がとても長《なが》い時間《じかん》のやうに思《おも》はれた。その時《とき》に背《せ》の低《ひく》い看病夫《かんびやうふ》がやつて來《き》た。鄭《てい》は藥罐《やくわん》をもつて起《た》ち上《あが》り窓《まど》の方《はう》へ迎《むか》へに行《い》つて、

「百號《がう》サン、ここへ水《みづ》を少《すこ》し分《わ》けて下《くだ》さいよ？　どうも何《なに》一つ食《た》べられねえからひもぢくて咽喉《のど》が乾《かわ》くし、水《みづ》が一滴《てき》もねえのですよ」

　とへつらひ氣《ぎ》たつぷりに顏全體《かほぜんたい》に笑《わら》ひを浮《うか》べた。

「ここをどこだと思《おも》つてるんだ？　監獄《かんごく》に一年《ねん》もゐてまだ監獄《かんごく》の規則《きそく》が分《わか》らねえのか？　夕方《ゆふがた》にならなくちや水《みづ》なんかあるもんかい」

百號《がう》はとう云《い》つて笑《わら》ひ去《さ》る。鄭《てい》は薬罐《やくわん》を高《たか》く上《あ》げて搖《ゆ》りながら、

「だからお願《ねが》ひですよ。咽喉《のど》の乾《かわ》いた人《ひと》に水《みづ》をやるのも給水功徳《きふすゐくどく》ちう話《はなし》がありますぜ。一杯《はい》だけ下《くだ》さいよ。水道《すゐだう》からすぐ汲《く》んで來《く》ればええぢやありませんか？」

「さうだ、腹《はら》もへつてみ、咽喉《のど》も乾《かわ》いてみなくちや薬《くすり》にならんぜ。人《ひと》の金《かね》をただでちよろまかさうとして引張《ひつぱ》られたなら、その位《くらゐ》の苦《くる》しみは我慢《がまん》するもんさ」

と云《い》つたが、看守《かんしゆ》が來《く》るのに氣付《きづ》いたとみえ看病夫《かんびやうふ》は行《い》つてしまつた。鄭《てい》は拍子抜《ひやうしぬ》けがして薬罐《やくわん》を床《ゆか》の上《うへ》に置《お》いて自分《じぶん》の席《せき》へもどつて來《き》た。隣《とな》りの房《はう》のチブス患者《くわんじや》の看護《かんご》をしてゐる背《せ》の高《たか》い看病夫《かんびやうふ》が、通行禁止《つうかうきんし》の紐《ひも》の向《むか》ふ側《がは》で首《くび》を出《だ》して私《わたし》たちのゐる房《はう》を覗《のぞ》き込《こ》みながら、

「鄭主事《ていドン》、水《みづ》をやらうか？氷水《こほりみづ》をやらうか？」

と患者《くわんじや》の頭《あたま》を冷《ひ》やす氷袋《こほりぶくろ》に入《い》れてあつた氷《こほり》つぶを一握《ひとにぎ》り上《あ》げてみせた。鄭《てい》はがばつと起《お》き上《あが》つて窓《まど》の傍《そば》へ行《ゆ》きながら、

「九號《がう》サン、それを一つだけ投《な》げて下《くだ》さい」

と云《い》つて手《て》を出《だ》した。

「何《なに》を云《い》つてやがるんだ？チブスがとはくねえのか？　おれの手《て》にチブス菌《きん》がうずうずしてゐるんだぞ」

「でも消毒水《せうどくすゐ》で一寸洗《ちよつとあら》つて、一つだけ投《な》げて下《くだ》さいよ。全《まつた》く咽《の》喉《ど》が燒《や》けるやうですよ。ぢやとの薬罐《やくわん》に水《みづ》を一杯《はい》だけ入《い》れて下《くだ》さいよ。全《まつた》く胸《むね》から火《ひ》が出《で》るやうですよ」

「先刻《さつき》聞《き》けば鰯《いわし》をひとりで食《た》べてゐたやうだつたな。それをそのまま消化《せうくわ》しねえで、水《みづ》を飲《の》めば全部《ぜんぶ》小便《せうべん》で出《で》てしまふでねえか？　それをそのまま消化《せうくわ》しねえと顔《かほ》がなめらかになりやしませんて」

そして背《せ》の高《たか》い看病夫《かんびやうふ》は小指位《こゆびぐらゐ》の氷《こほり》を一つぶ鄭《てい》に向《むか》つて投《な》げたが、それが又相憎鐵格子《またあひにくてつかうし》にあたつて廊下《らうか》にはね落《お》ちた。背《せ》の高《たか》い看病夫《かんびやうふ》は氷《こほり》の袋《ふくろ》を持《も》つて房《はう》の中《なか》へは入《い》つてしまつた。

鄭《てい》は自分《じぶん》の席《せき》へかへると頭《あたま》をうな垂《だ》れて坐《すわ》つた。

「鹽《しほ》をなめろよ。食《く》ひ物《もの》にあたつた時《とき》は鹽《しほ》を食《た》べるもんだよ。」

これは康《かう》の處方《しよはう》であつた。鄭《てい》は怨《うら》めしさうに康《かう》を一度《ど》横目《よこめ》に睨《にら》んでから、仕方《しかた》がなささうに舌打《したうち》をした。

「あのたん壺《つぼ》には少《すこ》し位《くらゐ》ねえのかね？　うがひ水《みづ》は人《ひと》の三倍《ばい》もお前《まへ》は使《つか》ふぢやらう？　それがあのたん壺《つぼ》にあるぢやねえか？　それでも飲《の》みやすかね」

と尹《いん》が揶揄《からか》つた。

「鹽辛《しほから》いのをあまり食《た》べ過《す》ぎると思《おも》つてゐましたよ。おなかもよくねえ人《ひと》がそんなに食《た》べて無事《ぶじ》に收《をさ》まる譯《わけ》がねえのにな」

　と云《い》ひながら、閔《びん》が自分《じぶん》の手前《てまへ》の所《ところ》においてあつた牛乳瓶《ぎうにうびん》を鄭《てい》にやつた。

「これでも飲《の》んでみなせえ」

「有難《ありが》てえ。あなたの病氣《びやうき》が一日《じつ》も早《はや》く治《なほ》つて無罪《むざい》となり出《で》て行《ゆ》きますやうに」

　と鄭《てい》はほんとに合掌《がつしやう》してお禮《れい》をしてから牛乳《ぎうにう》を一息《いき》で飲《の》み干《は》した。

「人間《にんげん》ちうのは何《なに》より心《こゝろ》が正《たゞ》しくなくてはいけませんぞ。人《ひと》のために盡《つく》すことを知《し》らねえといかんのですぞ。人《ひと》を苦《くる》しめたり笑《わら》つたりすれば天罰《てんばつ》を受《う》けるのですぞ。神樣《かみさま》がちやんと御覽《ごらん》になつておりますからなあ」

　鄭《てい》はこのやうに一場《ぢやう》の說敎《せつけう》を試《こゝろ》みたが、もうそれ以《い》上水《じやうみづ》を貰《もら》はうとする勇氣《ゆうき》もなくてそのまま横《よこ》になつてしまつた。

「お前《まへ》が大體《だいたい》いけないんだ。食《く》ひ過《す》ぎて咽喉《のど》が乾《かわ》いてるのに又《また》牛乳《ぎうにう》を飲《の》んでどうする積《つも》りなんだ？　へん、腹《はら》の中《なか》が今《いま》にでんぐり返《かへ》るぞ。貪慾《どんよく》なために今《いま》に罰《ばち》があたるんだ。自分《じぶん》の腹相應《はらさうおう》に食《た》べるんだつたら腹《はら》なんかこはすもんか？　だがこれあただ何《なん》でもいらつしやいだからな、そんな無茶《むちや》なことをするから胃《ゐ》腸《ちやう》が持《も》たなくなるんだ。今《いま》に見《み》ろ、しまひには重湯《おもゆ》も飲《の》めねえやうになるから。この物識《ものし》りさん、何《なん》でも知《し》つてゐるくせに自《じ》分《ぶん》の體《からだ》を大事《だいじ》にすることだけは知《し》らなかつたんだな。そのくせ人《ひと》には天罰《てんばつ》を受《う》けるんだと罵《のゝし》りやがるんだ？　今《いま》に俺《おれ》が夜中《よなか》になつたら、お前《まへ》こそ天罰《てんばつ》を受《う》けてゐる有樣《ありさま》を見《み》てゐてやるからな」

　康《かう》はこういふふうに皮肉《ひにく》つた。

　さうする中《うち》に又夕飯《またゆふめし》の時間《じかん》になつた。鄭《てい》は夕飯《ゆふめし》の時《とき》だけ私食《しそく》を取《と》つてゐるが何《なん》と云《い》つてもその日位《ひぐらゐ》は夕飯《ゆふめし》を遠慮《えんりよ》した方《はう》が當《あた》り前《まへ》なのに、やはり受《う》け取《と》つてみると白飯《しろめし》と肉團子《にくだんご》と鹽漬《しほづ》けの鮭《さけ》と牛《うし》の尾《を》のおつゆをそのまんま食《た》べずに返《かへ》すといふ方法《はうはふ》はないと思《おも》ふらしかつた。

「夕飯《ゆふめし》はあまり食《た》べないやうにしなさいよ」

　といふ私《わたし》の言葉《ことば》に鄭《てい》は、

「わたしが晝《ひる》に何《なに》を食《た》べたちうんですかね？　どうしてみなこのわたしを無茶《むちや》な子供《こども》とばかりきめてかゝるんですかね？」

　と腹《はら》を立《た》てた。

　鄭《てい》は夕飯《ゆふめし》の差入《さしい》れもみんな平《たひら》げ晝飯《ひるめし》の時《とき》に殘《のこ》しておいた鰯《いわし》も

(鄭玄雄 畵)

そつくり食《た》べてから、それ程《ほど》ほしがつてゐた水《みづ》も三杯《ばい》ばかりごくごくと飲《の》んだ。

「シユウシン（就寢《しうしん》）」といふ聲《こゑ》に私《わたし》たちはみな横《よこ》になつてこれから寢《ね》ようとした。

　鄭《てい》はとてもおなかの調子《てうし》が惡《わる》いとみえて二度《ど》も起《お》き上《あが》つて鹽《しほ》を食《た》べ水《みづ》を飲《の》んだ。それからも私《わたし》の包《つゝ》みの中《なか》に殘《のこ》つてゐた消化《せうくわ》藥《やく》を三服《ぷく》ほども飲《の》んだ。

　隣《とな》りの房《ばう》に移《うつ》つて來《き》たチブス患者《くわんじや》は絶《た》えず呻《うめ》き聲《こゑ》と譫言《うはごと》を云《い》つてゐた。家《いへ》に歸《かへ》らしてくれと叫《さけ》びながら、「ねえサン、ねえサン」と聲《こゑ》を限《かぎ》りに泣《な》いてゐた。この若《わか》いチブス患者《くわんじや》の呻《うめ》き聲《こゑ》に邪魔《じやま》されて私《わたし》は容易《ようい》に寢付《ねつ》くことが出來《でき》なかつた。私《わたし》の傍《そば》に寢《ね》てゐる看病夫《かんびやうふ》はその患者《くわんじや》について、私《わたし》の耳《みゝ》へ次《つぎ》のやうに説明《せつめい》した。

「あの人《ひと》は〇專出身《せんしゆつしん》ちうが今年《ことし》廿七ださうですよ。黄金町《こがねまち》に店《みせ》を出《だ》して商賣《しやうばい》をしてゐたが損《そん》をしたので、火災保險《くわさいほけん》の金《かね》を貰《もら》ふ積《つも》りで店《みせ》へ火《ひ》をつけたちうんですな。それで檢事《けんじ》に十年《ねん》を求刑《きうけい》されたさうです。十年《ねん》を求刑《きうけい》された時《とき》は法廷《はふてい》で卒倒《そつたう》したちう話《はなし》です。醫者《いしや》の話《はなし》ではもう助《たす》からねえらしいのです。うちには父《ちゝ》も母《はゝ》もゐねえし、今《いま》まで兄嫂《あによめ》の手《て》で育《そだ》つたさうですよ。それであんなにねえサンばかり呼《よ》んでゐるんですね。人間《にんげん》はいいのにどうしてこのおれみたいに火《ひ》をつけるやうな大《だい》それた了見《れうけん》を起《おこ》したのか」

　チブス患者《くわんじや》はまだねえサンを呼《よ》んでゐた。

　鄭《てい》は晩《ばん》に三度《ど》も起《お》きて吐《は》いた。房《ばう》の中《なか》には鰯臭《いわしくさ》いえがらつぽい臭《にほ》ひが一杯《ぱい》になつた。尹《いん》と康《かう》はこれはとてもやりきれないと鄭《てい》に不平《ふへい》を云《い》つたが、鄭《てい》は答《こた》へる氣力《きりよく》もないとみえて吐《は》き止《や》んでからは、船《ふね》に醉《よ》つ拂《はら》つた人《ひと》のやうによろよろと自分《じぶん》の席《せき》へかへつて來《き》て崩折《くづを》れた。これがきつかけとなつて鄭《てい》は二日《か》か三日《か》目《め》に一度《ど》は必《かなら》ずもどす癖《くせ》がついたが、それでも鄭《てい》は相變《あひかは》らず食《しよく》事《じ》の時《とき》は二人分《にんぶん》を食《た》べるし、又《また》もどしてゐる所《ところ》を看守《かんしゆ》に見付《みつ》かれば、何《なに》も食《た》べてはゐないのにひとりでに腹《はら》の中《なか》に水《みづ》がたまつて吐《は》き出《だ》すのだと云《い》ひ譯《わけ》をした。そして私《わたし》たちに向《むか》つても、

「なあ、おかしいこともあるもんだよ。何《なに》も食《た》べねえのに水《みづ》が唾壺《つばつぼ》に一つ位《ぐらゐ》も腹《はら》の中《なか》にたまるでな。二週間《しうかん》ばかり出《だ》して貰《もら》へりやすぐでも治《なほ》してみせるんぢやが」

　このやうに誰《だれ》も信用《しんよう》しないやうなことをしやべるのだつた。

　閔《びん》の様子《やうす》は目《め》に見《み》えるやうに時間《じかん》毎《ごと》に惡《わる》くなつてゆく樣《やう》だつた。この幾日《いくにち》かは尹《いん》がいくら毒舌《どくぜつ》を吐《は》いても彼《かれ》は一言《こと》も答《こた》へな

いし、便器《べんき》から下《お》りて來《く》る時《とき》に、轉《ころ》んだことも二度《ど》ばかりあつた。彼《かれ》は目玉《めだま》も動《うご》かすことが出來《でき》ないし又口《またくち》を閉《と》ずる氣力《きりよく》もないやうだつた。私《わたし》たちは夜寢《よるね》てゐながらも時々額《ときどきかほ》を上《あ》げてまだ息《いき》が續《つゞ》いてゐるかどうかを覗《のぞ》き込《こ》まねばならなくなつた。それでも或時《あるとき》は白飯《しろめし》が欲《ほ》しいと云《い》ふので一匙《さじ》やると口《くち》に入《い》れてもぐもぐしてゐたがすぐにもどして、

「もう飯《めし》の味《あぢ》も分《わか》らんようになりをつた。高粱酒《かうりやんしゆ》でも一杯飲《ぱいの》めばどうぢやらうかな？」

と云《い》つて、非常《ひじやう》に悲《かな》しさうな顔《かほ》をした。閔《びん》は日《ひ》に重湯《おもゆ》を二匙《さじ》位《ぐらゐ》と水《みづ》を二口位《くちぐらゐ》で生《い》き伸《の》びてゐた。或日《あるひ》は醫務課長《いむくわちやう》がやつて來《き》て診察《しんさつ》をし腹膜《ふくまく》から膿《のう》を出《だ》してみたが、その二三日《にち》の後《のち》に就寢《しうしん》時間《じかん》も過《す》ぎてから彼《かれ》は保釋《ほしやく》になつて出《で》ることになつた。それでもうちに歸《かへ》るといふのがうれしくて彼《かれ》はにこにこして包《つゝ》みをもつてよろめきながら出《で》て行《い》つた。

「へん、奴《やつ》あ出《で》るなりくたばつちまひやすぜ」

と尹《いん》が鼻《はな》で笑《わら》つた。その後暫《ごしばら》くして閔《びん》を支《さゝ》へて出《で》て行《い》つた看《かん》病夫《びやうふ》がかへつて來《き》て、

「實《じつ》によくも歩《ある》けるもんだ。よくも歩《ある》いて出《で》て行《い》つたよ。飛《と》びはねる位《くらゐ》だよ」

と云《い》つて笑《わら》つた。

「わたしも保釋《ほしやく》になつて出《で》られりや助《たす》かるがな——」

と鄭《てい》はひどくはれた顔《かほ》に、にやにやと笑《わら》ひを浮《うか》べながら羨《うらやま》しさうに舌打《したうち》をした。

「全《まつた》く云《い》はんこつちやねえでやす。鼻《はな》の尖《さき》がもうあんなに赤《あか》くては助《たす》からんて。それに根性《こんじやう》がひん曲《まが》つてゐるからそんな病氣《びやうき》にとつつかれるんだ。醫者《いしや》の言《い》ひ附《つ》けはどだい聞《き》かうともしねえし藥《くすり》を飲《の》めと云《い》つても飲《の》まねえし、とれあ全《まつた》く馬《うま》の耳《みゝ》に念佛《ねんぶつ》でやす」

尹《いん》はそんなことを云《い》つた。

「へん、糞《くそ》をつけた犬《いぬ》が糠《ぬか》のついた犬《いぬ》をけなしましたつてね。あんたは誰《だれ》のことをけなしてるかね？　しよつちう便器《べんき》にかぢりついてゐるくせに、食《く》へるだけはまだやたらに詰《つ》め込《こ》みやがるのさ」

今度《こんど》は鄭《てい》が尹《いん》をやり返《かへ》した。

「はは、はは。全《まつた》く口《くち》は重寶《ちようはう》なもんだ。自分《じぶん》の云《い》はれさうなことを自分《じぶん》が人《ひと》に云《い》つてるぢやねえか。あー全《まつた》く」

と康《かう》が鄭《てい》に云《い》つた。

閔《びん》が保釋《ほしやく》で出《で》て行《い》つた晩《ばん》のこと、私《わたし》は何《なに》かの聲《こゑ》に驚《おどろ》いて目《め》を

醒《さ》ましたが、その時《とき》私《わたし》は隣《とな》りの房《ばう》のチブス患者《くわんじや》が臨終際《りんじうぎは》であることを知《し》つた。うんうん呻《うめ》く聲《こゑ》とともに咽喉《のど》に痰《たん》のごろごろする音《おと》が靜《しづ》かな曉《あかつき》の空氣《くうき》を響《ひゞ》かせて來《く》るのだつた。その房《ばう》にゐる看病夫《かんびやうふ》も寢《ね》ついてゐるとみえ、病人《びやうにん》のはあはあ息《いき》のきれさうな音《おと》だけで、少《すこ》しも人《ひと》の氣配《けはい》はしなかつた。私《わたし》は私《わたし》の傍《そば》で寢《ね》てゐる看病夫《かんびやうふ》を起《おこ》してそのことを知《し》らせた。看病夫《かんびやうふ》は看守《かんしゆ》を呼《よ》び看守《かんしゆ》は非常警報《ひじやうけいはう》のベルを鳴《な》らしたので、看守部長《かんしゆぶちやう》や看守長《かんしゆちやう》が驅《か》け付《つ》けて來《く》る、暫《しばら》くすると醫師《いし》もやつて來《き》た。だが醫者《いしや》が注射《ちうしや》をして行《い》つてから半時間《はんじかん》もしない中《うち》にチブス患者《くわんじや》はたうとう死《し》んでしまつた。

翌日《よくじつ》の朝《あさ》死《し》んだ青年《せいねん》の屍體《したい》がその房《ばう》から出《で》て行《ゆ》くのを私《わたし》たちは覗《のぞ》いて見《み》た。繃帶《はうたい》で包《つゝ》んだ顔《かほ》は見《み》えないが長《なが》い黒髪《くろかみ》がつき出《で》て見《み》えるのが哀《あは》れ深《ぶか》かつた。彼《かれ》は髪《かみ》を非常《ひじやう》に惜《を》しんだとみえて監獄《かんごく》にはいつて來《き》てもう何《なん》ケ月《げつ》もなるのに髪《かみ》をそのまゝに殘《のこ》してゐた。まだ嫁《よめ》ももらつてゐない若者《わかもの》だから、頭《あたま》には香《かをり》のいいポマードをつけてしやんと分《わ》け、剃刀《かみそり》をきれいにあてた顔《かほ》にパウダーをつけて出歩《である》いたこともあり得《え》たらうに。彼《かれ》は人生《じんせい》の享《きやう》樂《らく》の糧《かて》を得《う》るがために商賣《しやうばい》を始《はじ》めたのが失敗《しつぱい》した。失敗《しつぱい》すると金《かね》の欲《ほ》しさに遂《つひ》には自分《じぶん》の家《いへ》に火《ひ》をつけて火災保險金《くわさいほけんきん》を詐取《さしゆ》しようといふ了見《れうけん》まで起《おこ》したのであり、貪慾《どんよく》に原因《げんいん》するとの大《おほ》きな罪惡《ざいあく》から來《く》る當然《たうぜん》の結果《けつくわ》として、警察署《けいさつしよ》の留置場《りうちぢやう》を經《へ》て監獄《かんごく》の暮《くら》しをしてゐる中《うち》に、たうとうこういふはかない人生《じんせい》を終《を》へたのだつた。私《わたし》は彼《かれ》が或日《あるひ》の晩《ばん》に家《いへ》に火《ひ》つけようと決心《けつしん》をしてゐた樣《さま》を想像《さうざう》してみて、既《すで》に死《し》んだ氣《き》の毒《どく》な青年《せいねん》の靈《れい》に對《たい》して濟《す》まないやうな氣持《きもち》になり、裏門《うらもん》から出《で》て行《ゆ》く彼《かれ》の屍體《したい》へ向《むか》つて合掌《がつしやう》し頭《あたま》を下《さ》げた。その屍體《したい》の後《あと》には彼《かれ》が譫言《うはごと》でまで呼《よ》んでゐた兄嫂《あによめ》がその夫《をつと》とともに涙《なみだ》をぬぐひながら默《だま》つてついて行《ゆ》くのが見《み》えた。彼《かれ》を看護《かんご》してゐた背《せ》の高《たか》い看病夫《かんびやうふ》の話《はなし》では、彼《かれ》は死《し》ぬ前《まへ》の二三日《にち》の間《あひだ》は意識《いしき》がありさへすればキリスト教式《けうしき》にお祈《いの》りを上《あ》げ、又寢言《またねごと》みたいに「神樣《かみさま》、神樣《かみさま》」と叫《さけ》んでイエスの十字架《じふじか》の御蔭《みかげ》にこの罪多《つみおほ》き人《ひと》を赦《ゆる》し給《たま》へと呟《つぶや》いてゐたとのことだつた。彼《かれ》はもとキリスト教《けう》の家庭《かてい》で育《そだ》つて中學校《ちうがくかう》も專門學校《せんもんがくかう》もみな教會《けうくわい》の學校《がくかう》で卒《を》へたさうである。惟《おも》ふに財寶《ざいはう》の豐《ゆた》かなるが故《ゆゑ》に人《ひと》は生《い》きるに非《あら》ずと云《い》ふイエスの言葉《ことば》がよく信《しん》ぜられなくて、金錢《きんせん》の中《なか》に新《あたら》しい榮華《えいぐわ》を求《もと》めようとするマモンの誘惑《いうわく》にかかつてから、殆《ほと》んど死《し》ぬ間際《まぎは》になつて漸《やうや》く本心《ほんしん》にかへつたやうだつた。

その日《ひ》は非常《ひじやう》に暑《あつ》くて太陽《たいやう》もよく照《て》り付《つ》けるので、死《し》んだ人《ひと》の房《ばう》にあつた茣蓙《ござ》やマトレスや蒲團《ふとん》や枕等《まくらとう》を私達《わたしたち》が日光浴《につくわうよく》する場所《ばしよ》へ並《なら》べてゐた。その枕《まくら》がしたたか濡《ぬ》れてゐるのは死《し》んだ人《ひと》の流《なが》した最後《さいご》の汗《あせ》のためであらうか。口《くち》にガーゼマスクを付《つ》けて死者《ししや》の房《ばう》を片附《かたづ》け消毒《せうどく》してゐた背《せ》の高《たか》い看病夫《かんびやうふ》はクレゾール水《すゐ》で手《て》と腕《うで》をごしごしふきながら、

「つまらねえな、十五日間《にちかん》も寢《ね》ねえで苦勞《くらう》した報《むく》ゐが何《なん》にもなりやしねえ。めぐり合《あ》はせが惡《わる》いもんだから自分《じぶん》のお袋《ふくろ》の死目《しにめ》にも會《あ》へないでさ、赤《あか》の他人《たにん》の臨終《りんじう》を見守《みまも》るちう因果《いんぐわ》なことさへへへ」

と笑《わら》つた。

その青年《せいねん》が死《し》んで出《で》てから幾日《いくにち》かは尹《いん》も鄭《てい》も私《わたし》も非常《ひじやう》に憂鬱《いううつ》だつた。

尹《いん》の咳《せき》はだんだんひどくなり、熱《ねつ》も午後《ごご》には三十八度《ど》七分《ぶ》位《くらゐ》まで上《のぼ》つた。彼《かれ》は咳《せき》をしてはちり紙《がみ》に痰《たん》を吐《は》いて手邊《てあた》り次《し》第《だい》に捨《す》て、熱《ねつ》が昂《かう》じて來《く》れば意識《いしき》がとろけ込《こ》み目《め》が醒《さ》めさへすれば水《みづ》をがぶがぶ飮《の》んだ。痰《たん》を邊《あた》りかまはずに吐《は》かないで唾壺《つばつぼ》へ吐《は》くやうに鄭《てい》も話《はな》し私《わたし》も云《い》つたけれど、彼《かれ》はどうしても聞《き》き入《い》れないで、私《わたし》の敷物《しきもの》の下《した》においてあるちり紙《がみ》を自分勝手《じぶんかつて》に取《と》り出《だ》して一日《にち》に四五十枚《まい》づつも痰《たん》を吐《は》いて捨《す》てた。そして咳《せき》が出《で》る度《たび》に鷄のやうに頭《あたま》をふり廻《まは》しながらとんとん咳《せき》をすると、傍《そば》に寢《ね》てゐた鄭《てい》は彼《かれ》に顏《かほ》をあちらの方《はう》に向《む》けてやれと云《い》ひ附《つ》けるが尹《いん》はわざとますます鄭《てい》の顏《かほ》へ近《ちか》づけて咳《せき》をするのだつた。

「わしが肺病《はいびやう》やみと思《おも》つてゐやすかね？　わしの咳《せき》は肺病《はいびやう》の咳《せき》でねえんでやす。わしの咳《せき》は立派《りつぱ》なもんでやす。そつちの方《はう》でげえげえ吐《は》く癖《くせ》でも止《や》めた方《はう》が身《み》のためでやす――」

と、尹《いん》は却《かへ》つて鄭《てい》をやりこめた。

鄭《てい》はたうとう看病夫《かんびやうふ》に尹《いん》の咳《せき》が並々《なみなみ》ならぬことを告《つ》げ、やたらに痰《たん》を吐《は》き捨《す》てるからその痰《たん》の中《なか》に黴菌《ばいきん》があるかどうかを檢査《けんさ》せねばならないと主張《しゆちやう》した。

「檢査《けんさ》しな、檢査《けんさ》しなよ。わしを肺病《はいびやう》やみと思《おも》ふのかえ？　わしはこう見《み》えても強骨《きやうこつ》でやす。これはただの咳《せき》で肺病咳《はいびやうせき》ではねえんでやす」

と尹《いん》は鄭《てい》を睨《にら》み附《つ》けた。その日《ひ》はこの問題《もんだい》で一日中《にちぢう》尹《いん》と鄭《てい》は言《い》ひ爭《あらそ》つてゐたが、その翌日《よくじつ》の朝《あさ》の診察時間《しんさつじかん》に、鄭《てい》は醫者《いしや》と看《かん》病夫《びやうふ》のゐる前《まへ》で尹《いん》の咳《せき》がひどくて痰《たん》もたいへんだし、又《また》やたらに痰《たん》を吐《は》き捨《す》てるといふことを云《い》つたので、醫者《いしや》の注意《ちうい》は引《ひ》くし尹《いん》には恥《はぢ》をかかせたのである。房《ばう》にかへつてくる途中《とちう》で尹《いん》は鄭《てい》に向《むか》つて、

「わしに何《なん》の怨《うらみ》がありやす？　飯食《めしく》ふ時《とき》にはいつも飯《めし》はごまかすし、枕《まくら》は三つも使《つか》ふし、夜《よる》ときたら毎晩《まいばん》吐《は》き出《だ》してゐるくせに、それをわしが看守《かんしゆ》に告白《こくはく》でもしたらひどい目《め》にあふちうことあ知《し》らねえのかえ？　そんな不屈《ふくつ》の根性《こんじやう》ぢやから食《た》べるのは榮養《えいやう》にやあならねえんでやすぞ。おなかでむんむんに腐《くさ》つて糞《くそ》になる筈《はず》のものが口《くち》から出《で》るだけのことでやす。あんたの面《つら》を鏡《かがみ》に映《うつ》して見《み》るがええ。そんなに黄色《きいろ》くふやけて死《し》なねちうとたあねえよ。誰《だれ》が先《さき》にここを死《し》んで出《で》るか賭《か》けて見《み》てえもんでやす・・・」

とぶちまけた。

痰《たん》を検査《けんさ》した結果《けつくわ》はその日《ひ》から三日《か》後《あと》に知《し》らされた。背《せ》の低《ひく》い看病夫《かんびやうふ》の話《はなし》ではプラスプラスプラスプラスの十の字《じ》が三つも書《か》いてあつたといふことだつた。尹《いん》は何《なに》やら分《わか》らないので看病夫《かんびやうふ》と私《わたし》の方《はう》をかはるがはる眺《なが》めながら、

「プラスプラスは何《なに》でやす、十の字《じ》三つは何《なん》でやす？」

と心配《しんぱい》さうに質《たづ》ねた。

「肺病《はいびやう》の菌《むし》がうぢうぢしてゐるちうことだよ」

と鄭《てい》が引取《ひきと》つて答《こた》へた。

「あんたに訊《き》くのぢやねえよ」

と鄭《てい》をきめつけてから、尹《いん》は、

「わしの痰《たん》に何《なに》もねえでせう？　十字《じ》の三つちうのは何《なん》でやす？」

と看病夫《かんびやうふ》を見上《みあ》げた。

看病夫《かんびやうふ》はにやつと笑《わら》つて、

「ええんだよ。痰《たん》に何《なに》があるかは醫者《いしや》でねえ俺《おれ》が知《し》るもんかい？」

と云《い》ふと行《い》つてしまつた。

鄭《てい》は自分《じぶん》の敷物《しきもの》を尹《いん》の坐席《ざせき》から五寸位《すんくらゐ》私《わたし》の方《はう》へ近寄《ちかよ》せながら

「あの壁《かべ》の方《はう》へぴつたり寄《よ》つて寢《ね》な。咳《せき》をする時《とき》は壁《かべ》に向《むか》つて痰《たん》は唾壷《たんつぼ》に吐《は》くんだよ。人《ひと》の話《はなし》は、ちよつぴりもきかねえからな。あんたの痰《たん》にさ、肺結核《はいけつかく》の菌《きん》がね、肺病《はいびやう》の菌《きん》だよそれがうんと多《おほ》いちうんだよ。十の字《じ》が一つなら一寸《ちよつと》、二つなら澤山《たくさん》、三つならうんと多《おほ》いちうことなんだ、これで分《わか》つたかい？　それぢやから、人《ひと》のことも少《すこ》し考《かんが》へて痰《たん》を邊《あた》りかまはずに吐《は》かないでほしいちうんだ」

といふのを聞《き》いて、尹《いん》は顔《かほ》を蒼《あを》くしながら、

「金《きん》サンそれあほんとうでやすか？」

と質《たづ》ねる言葉《ことば》はふるへた。私《わたし》は、

「明日《あす》醫者《いしや》が何《なん》とか云《い》はれるでせう」

と答《こた》へただけでそれ以上《いじやう》何《なん》も言《い》ふ言葉《ことば》がなかつた。

もう夕方《ゆふがた》近《ちか》くなつて背《せ》の低《ひく》い看病夫《かんびやうふ》が來《き》て、

「尹書房《インソバン》、轉房《てんばう》ですよ、轉房《てんばう》。ええぢやろな、廣《ひろ》い房《ばう》にさ、ひとりきりで、鄭書房《ていショバン》と喧嘩《けんくわ》もしねえし。それでええんだ。早《はや》く荷物《にもつ》でも準備《じゆんび》しなさいよ」

といふ話《はなし》に、尹《いん》はがばと起《お》き上《あが》つて看病夫《かんびやうふ》を睨《にら》み付《つ》けながら

「一體《たい》わたしに何《なん》の怨《うら》みがあるんだよ？　どうしてわしの痰《たん》をわざわざ持《も》つて行《い》つて檢査《けんさ》までさせ、わしを人《ひと》の死《し》んだ房《ばう》にひとりでゐさせようとするんだよ？　死《し》んぢまふがええと云《い》ふんでやすか？　わしはそんな所《とこ》には行《ゆ》かねえでやす。へん、どいつがわしをそんな所《とこ》に連《つ》れて行《ゆ》けるちうんだ？　わしはそいつと命《いのち》のやりとりをしてみせやす。こいつのやうに口《くち》から糞《くそ》を吐《は》くやうなきたねえ病人《びやうにん》はそのままほつといて、わしのやうな何《なん》でもねえ者《もの》を人《ひと》の死《し》んだ房《ばう》にひとりで行《ゆ》けちうのでやすか？　百號《がう》サン、えゝわしを人《ひと》の死《し》んだ房《ばう》に送《おく》つてそれでもあんたは何《なん》ともねえと思《おも》つてゐるんでやすか？」

と惡態《あくたい》をついた。

「どうして俺《おれ》に楯突《たてつ》くんだよ。この俺《おれ》がお前《まへ》さんを自分勝手《じぶんかつて》にどこへでも送《おく》つたりすることの出來《でき》るやうな身分《みぶん》かね？　それに自分《じぶん》に傳染病《でんせんびやう》があつたら行《ゆ》けと云《い》はぬまでも人《ひと》のゐない所《とこ》に行《ゆ》くのが當《あた》り前《まへ》さ、ほかの人《ひと》にまで病氣《びやうき》を背負《せお》はせようちう積《つも》りだらう？　さういふ心掛《こゝろがけ》ぢや駄目《だめ》だよ。死《し》ぬ日《ひ》が近《ちか》けれや少《すこ》しは心掛《こゝろがけ》もなほさなくちやいかん。一體《たい》どうしたちうんで俺《おれ》に當《あた》り散《ち》らすんだ？」

看病夫《かんびやうふ》は鼻《はな》で笑《わら》ひながら行《い》つてしまつた。

看病夫《かんびやうふ》が行《い》つてからは尹《いん》は鄭《てい》に怨《うら》み言《ごと》を竝《なら》べ立《た》てた。自分《じぶん》の痰《たん》の檢査《けんさ》を鄭《てい》が主張《しゆちやう》したからだといふのだつた。彼《かれ》は鄭《てい》が死《し》んで出《で》るのを、誓《ちか》つて自分《じぶん》の目《め》で見屆《みとゞ》けると揚言《やうげん》し、又萬《またまん》一不幸《ふかう》にも自分《じぶん》が先《さき》に死《し》んだならば亡魂《ばうこん》となつてでも鄭《てい》に怨《うらみ》をはらすことを宣言《せんげん》した。鄭《てい》は何《なに》も言《い》はないで小氣味《こぎみ》よささうにただにやにや笑《わら》つてばかりゐたが、

「へん、よしなせえよ。そんな惡心《あくしん》を持《も》つてるからそんな惡《わる》い病氣《びやうき》にかかるんでさ。あんたこそ閔老人《びんらうじん》をそんなにいぢめたから閔老人《びんらうじん》の死《し》んだ亡靈《ばうれい》が今《いま》やつて來《き》て怨《うら》みをはらさうとしてゐるんだよ。へん、この俺《おれ》は死《し》にやしねえよ。俺《おれ》は立派《りつぱ》に生《い》きて出《で》るからな。俺《おれ》はもう暫くで公判《こうはん》なんだ。公判《こうはん》が來《き》さへすりや無罪《むざい》さ。ふざけるなよ？」

と云《い》つて、横《よこ》になり、聲《こゑ》を出《だ》して經典《きやうてん》を讀《よ》みはぢめた。

　鄭《てい》が敎誨師《けうくわいし》に會《あ》つて無量壽經《むりやうじゆきやう》をもらつて來《き》て讀《よ》みはぢめたのがもはや二週間《しうかん》にもなつてゐた。彼《かれ》は純漢字《じゆんかんじ》の經文《きやうもん》の意味《いみ》を理《り》解《かい》するだけの漢文《かんぶん》の力《ちから》がないやうだつたが、いろいろな風《ふう》に送《おく》り假名《かな》をつけてみたりしながらそれでも熱心《ねつしん》に讀《よ》んだし、時《とき》たまには自分《じぶん》が解《わか》つたと思《おも》ふ句節《くせつ》を偉《えら》さうに說明《せつめい》さへした。彼《かれ》は隣《とな》りの房《はう》からも聞《きこ》えるやうな大《おほ》きな聲《こゑ》で書堂《しよだう》で子供《こども》たちが讀《よ》むやうに朗讀《らうどく》をし、就寢時間《しうしんじかん》の後《あと》であらうが起床時間前《きしやうじかんまへ》であらうが、傍《そば》の人《ひと》が寢《ね》てゐようが起《お》きてゐようが、自分《じぶん》の氣持《きもち》だけ向《む》けばそれを讀《よ》み出《だ》した。一度《ど》は通《とほ》りがかりの看守《かんしゆ》がそんな大《おほ》きな聲《こゑ》を出《だ》すなとどがめたが彼《かれ》はその時意《とくい》氣《き》揚々《やうやう》として「自分《じぶん》が讀《よ》んでゐるのは佛經《ぶつきやう》だ」と答《こた》へた。彼《かれ》が時々說明《ときどきせつめい》するのを聞《き》けば無量壽經《むりやうじゆきやう》の中《なか》にある意味《いみ》を大體《だいたい》は知《し》つてゐるやうだつたが、彼《かれ》はそれを實行《じつかう》に移《うつ》さうとする考《かんが》へは毛頭《もうとう》もないとみえ、佛經《ぶつきやう》を讀《よ》みはぢめて二週間《しうかん》もすぎたのにまだ人《ひと》のために盡《つく》さうといふやうな考《かんが》へは少《すこ》しも起《おこ》さぬやうだつた。一度《ど》は尹《いん》が、

「へん、それでも死《し》んでは淨土《じやうど》に行《ゆ》きたくて、お經《きやう》ばかり讀《よ》みさへすりやええと思《おも》ふのかえ。行《おこな》ひから改《あらた》めないと駄目《だめ》でやすぞ」

と皮肉《ひにく》つたが、傍《そば》で康《かう》は、

「まあほつときなよ。あの大將《たいしやう》は生涯始《しやうがいはじ》めてのいいことをしてゐるんだ。口《くち》で讀《よ》むだけでも來生《らいしやう》、來來生《らいらいしやう》あたりでは佛樣《ほとけさま》の力《ちから》で少《すこ》しはよくなる」

　と云《い》つてやつた。

「およしなせい。傍《そば》で佛經《ぶつきやう》を讀《よ》む人《ひと》を惡《わる》く云《い》ふと地獄《ぢごく》に行《ゆ》きますよ」

　とんなに威嚴《ゐげん》を張《は》つておいて、鄭《てい》はワヽンワヽン聲《こゑ》を出《だ》して讀《よ》んだ。人《ひと》の死《し》んだ房《はう》へ移《うつ》つて行《ゆ》くといふとから極《ご》く心穩《こころおだや》かでない尹《いん》は、鄭《てい》のお經《きやう》を讀《よ》む聲《こゑ》にますます氣《き》が立《た》つたとみえ何度《なんど》か口《くち》をぴくぴくさせてから、

「うるせいよ！　人《ひと》のことも少《すこ》しは考《かんが》へて聲《こゑ》を出《だ》さねえやうにしてくんせえ」

　といふのを、鄭《てい》はわざと聞《き》かぬふりをしていよいよ聲《こゑ》を大《おほ》きく張《は》り上《あ》げて何行《なんぎやう》かを讀《よ》んでから書物《しよもつ》をとぢた。

尹《いん》は寢《ね》たまま首《くび》を廻《まは》して私《わたし》の方《はう》を眺《なが》めながら、

「金《きん》サンよ。人《ひと》の死《し》んだ部屋《へや》に最初《さいしよ》はいつて寢《ね》た人《ひと》は死《し》ぬんぢやねえですかえ？」

　と云《い》つて私《わたし》の意見《いけん》を聞《き》いた。

「人《ひと》の死《し》んでない部屋《へや》といふのがありませうか？　病院《びやうゐん》では死《し》んで下《お》ろしたばかりの寢臺《しんだい》へ次《つぎ》の新《あたら》しい患者《くわんじや》が横《よこ》になるんですよ。人間《にんげん》といふのはみな自分《じぶん》の壽命《じゆみやう》があるもんです。死《し》なうとして死《し》ねるものでもなく、よけいに生《い》きながらへようとしても生《い》きられるものではないのです。そんなにとはがらずに心《こゝろ》を靜《しづ》かにもつて念佛《ねんぶつ》でも唱《とな》へながら寢《ね》ていらつしやいよ」

　私《わたし》はこれが彼《かれ》に對《たい》して云《い》ふことの出來《でき》る最後《さいご》の機會《きくわい》だと思《おも》つて、殊更《ことさら》起《お》き上《あが》つて坐《すわ》り直《なほ》し、こう云《い》つて聞《き》かせた。だが私《わたし》の云《い》つたことが尹《いん》の心《こゝろ》にどういふ反響《はんきやう》を起《おこ》したかを知《し》る前《まへ》に監房《かんばう》の扉《ドア》がぎいつと開《ひら》いて、

「十五ゴウ、テンボウ」

　と看守《かんしゆ》の命令《めいれい》が下《お》りた。看守《かんしゆ》の傍《そば》には背《せ》の低《ひく》い看病夫《かんびやうふ》がにやにや笑《わら》ひながら、

「早《はや》く出《で》なせいよ。荷物《にもつ》もみなもつて出《で》なせいよ」

　と叫《さけ》んだ。尹《いん》は敷物《しきもの》の上《うへ》にがばつと起《お》き上《あが》つて、

「擔當《たんたう》サン。わしの病氣《びやうき》は肺病《はいびやう》ぢやねえんでやす。わしは咳《せき》をするがその咳《せき》あきれいな咳《せき》でやす――」

　と通《とほ》る筈《はず》もない辨明《べんめい》をしようとしたが、遂《つひ》に早《はや》く出《で》て來《こ》いといふ一喝《かつ》にあつてかーつとのぼせたままぶるぶるふるへながら一房《ばう》へ移《うつ》てしまつた。尹《いん》がひとりで看守《かんしゆ》と看病夫《かんびやうふ》を罵《のゝし》つてゐる聲《こゑ》と息《いき》もつかへさうについて出《で》る咳《せき》の音《おと》が聞《きこ》えて來《き》た。

　鄭《てい》は、

「畜生《ちくしやう》、あいつよく行《ゆ》きやがつた。何《なん》ちう奴《やつ》か手《て》に負《お》へないんだ！　全《まつた》く毒蛇《どくじや》だよ、毒蛇《どくじや》。それに人《ひと》のことと云《い》つたらちつとも考《かんが》へねえんだ。所《ところ》かまはずに咳《せき》はするし痰《たん》は吐《は》き捨《す》てるし。こりや大消毒《だいせうどく》をしなくちや居《を》れないわい？」

　と呟《つぶや》きながらも、尹《いん》のかけてゐた蒲團《ふとん》が自分《じぶん》のよりも色《いろ》が少《すこ》し位《ぐらゐ》新しいと見《み》るや素早《すばや》く自分《じぶん》のととりかへて被《かぶ》つた。そして尹《いん》が使《つか》つてゐたアルミニウムの食器《しよくき》も自分《じぶん》の食器《しよくき》と重《かさ》ねておいて、ほかの人《ひと》が自分《じぶん》より先《さき》にとつてしまふことをおそれるやうな氣配《けはい》だつた。康《かう》はしげしげとその樣《さま》を見《み》てゐたが、

「房《ばう》の中《なか》まで消毒《せうどく》すると云《い》つてゐた野郎《やらう》が病人《びやうにん》の蒲團《ふとん》と食器《しよくき》を使《つか》つてどうする積《つも》りなんだ？お前《まへ》は實《じつ》に人《ひと》の惡《わる》い所《ところ》はよく見《み》てゐるが、尹《いん》サンに云《い》つてゐたことをもう一度《ど》自分《じぶん》に云《い》つてみたらどうだい」

　となじつた。

　鄭《てい》はいささか恥《はづ》かしさうな色《いろ》を見《み》せながら、

「蒲團《ふとん》は明日陽にあてるし食器《しよくき》はアルコール綿《めん》でよく磨《みが》いて消《せう》

毒《どく》すればええんですよ」

と云《い》つて、又頭《またあたま》を振《ふ》りながら、聲《こゑ》を出《だ》してお經《きやう》を讀《よ》みはぢめた。

鄭《てい》は多分佛經《たぶんぶつきやう》を讀《よ》むことに依《よ》つて、死後《しご》に極樂世界《ごくらくせかい》へ行《ゆ》くといふことよりも、裁判《さいばん》に無罪《むざい》となることを、期待《きたい》するやうだつた。だから彼《かれ》が懲役《ちやうえき》一年半《ねんはん》の宣告《せんこく》を受《う》けて歸《かへ》つて來《き》てからは佛經《ぶつきやう》を讀《よ》むことがずつと忠實《ちうじつ》でなくなつた。それでも全然《ぜんぜん》お經讀《きやうよ》みを止《や》めないのは控訴公判《こうそこうはん》のためらしかつた。それ程無罪《ほどむざい》だと揚言《やうげん》し檢事《けんじ》や共犯《きやうはん》までも自分《じぶん》には同情《どうじやう》をもつてゐると幾度《いくど》となく云《い》つてゐたのに、有罪《いうざい》の判決《はんけつ》を受《う》けて來《き》てからは裁判長《さいばんちやう》が、「ヤマシタ」ではなく「ナカムラ」とかいふ碌《ろく》でもない人《ひと》だつたためであると斷言《だんげん》し、控訴《こうそ》では必《かなら》ず自分《じぶん》の無罪《むざい》が判明《はんめい》するであらうと、控訴《こうそ》の不利《ふり》をさとしてくれる看守《かんしゆ》に向《むか》つて重《かさ》ね重《がさ》ね說明《せつめい》をした。彼《かれ》は何邊《なんべん》となく口惜《くや》しいと云《い》ひ、一年半《ねんはん》の懲役《ちやうえき》といふことを怖《おそ》れるのではないけれど、自分《じぶん》の一生《しやう》の名譽《めいよ》のために最後《さいご》まで法廷《はふてい》で鬪《たゝか》はなければならないと悲壯《ひさう》な語調《ごてう》で語《かた》り、彼自身《かれじしん》も又自分《またじぶん》の言葉《ことば》に感激《かんげき》するやうだつた。

幾日《いくにち》かして康《かう》も懲役《ちやうえき》二年《ねん》の判決《はんけつ》を受《う》けた。鄭《てい》が康《かう》に半《なか》ばへつらひ氣味《きみ》で控訴《こうそ》するやうに勸《すゝ》めたが、康《かう》は、

「おれは控訴《こうそ》しないよ。高等敎育《かうとうけういく》まで受《う》けた奴《やつ》が恐喝取財《きようかつしゆざい》をしたんだから二年《ねん》の懲役《ちやうえき》も甘《あま》いもんだ」

と云《い》ひ、その晩看守《ばんかんしゆ》が控訴《こうそ》するかどうかを訊《たづ》ねた時《とき》に、

「服罪《ふくざい》シマス、服罪《ふくざい》シマス」

と云《い》つて上訴權《じやうそけん》を拋棄《はうき》した。そして翌朝彼《よくあさかれ》は七十を過《す》ぎた父《ちゝ》や母《はゝ》のことを心配《しんぱい》しながら、服罪中《ふくざいちう》に誓《ちか》つて眞人間《まにんげん》になると云《い》つてから本監《ほんかん》の方《はう》へ行《い》つてしまつた。

「野郎《やらう》の水《みづ》くさいつたら」

といふのが鄭《てい》が康《かう》を送《おく》つてからの批評《ひひやう》だつた。康《かう》が自分《じぶん》の云《い》ふことにいつも横槍《よこやり》を入《い》れてゐたことが深《ふか》く心《こゝろ》に刻《きざ》み込《こ》まれてゐたやうだつた。

康《かう》が上訴權《じやうそけん》を拋棄《はうき》して快《こゝろ》よく服罪《ふくざい》してしまつたことが對照《たいせう》となつて、自分《じぶん》の詐欺取財《さぎしゆざい》した事實《じじつ》が歷然《れきぜん》と判明《はんめい》してゐるのにもかかわらず無罪《むざい》を主張《しゆちやう》してゐる鄭《てい》の樣子《やうす》がよけいに見苦《みぐる》しいものになつた。それで看守《かんしゆ》たちや看病夫《かんびやうふ》たちも鄭《てい》に向《むか》つては、明《あきら》かに蔑視《べつし》するやうな態度《たいど》でのぞんでゐた。その上鄭《うへてい》が保釋請願書《ほしやくせいぐわんしよ》を出《だ》すといつて手紙《てがみ》を書《か》く部屋《へや》へ行《い》つたのを見《み》ては、小《ちひ》さな看病夫《かんびやうふ》が私たちの房《はう》の外《そと》へやつて來《き》て、

「人《ひと》のものをちよろまかす野郎《やらう》たちのづうづうしいつたらない

んですよ。地所《ぢしよ》もねえのをあるとだまして契約金《けいやくきん》を五千圓《ゑん》も受《う》け取《と》つて、自分《じぶん》が千圓《ゑん》も分前《わけまへ》を貰《もら》つたくせに、一年半《ねんはん》の懲役《ちやうえき》が口惜《くや》しいと云《い》つてやがるからな。へん、それに又保釋《またほしやく》を願《ねが》ひ出《で》るんだとさ――？あんな野郎《やらう》は檢事《けんじ》も憎《にく》んでやがるし刑務所《けいむしよ》でも憎《にく》んで殆《ほと》んど助《たす》からねえ所《ところ》まで行《ゆ》かねえと保釋《ほしやく》にしてやらねえですよ」

さういふことを云《い》つた。その話《はな》しつ振《ぶ》りとへつらひがうまいことと看病夫《かんびやうふ》たちの歡心《くわんしん》を買《か》つてゐたことまでなくしてしまひ健康《けんかう》は日《ひ》増《ま》しに衰《おとろ》へて行《ゆ》くなど鄭《てい》の有様《ありさま》は非常《ひじやう》に孤獨《こどく》で可哀《かはい》さうに思《おも》はれた。

尹《いん》が轉房《てんばう》してからほぼ二十日《か》も過《す》ぎてもうダリヤの時節《じせつ》も殆《ほと》んど過《す》ぎ去《ざ》り菊《きく》の花《はな》が咲《さ》きかけようとした或日《あるひ》のこと、私《わたし》は鄭《てい》と一緒《しよ》に監獄《かんごく》の庭《には》へ運動《うんどう》に出《で》て行《い》つた。鄭《てい》は猿又《さるまた》一つで跣足《はだし》をしてゐたけれど、體《からだ》を動《うご》かすことの出來《でき》ない私《わたし》は砂《すな》の上《うへ》に腹這《はらば》ひになつて、殆《ほと》んどもうしなび込《こ》んでゐる松葉《まつば》ぼたんの花《はな》に見《み》入《い》りながら日光浴《につくわうよく》をしてゐた。朝夕《あさゆふ》はひえびえとして、殊《こと》にその日《ひ》の朝《あさ》はおそ目《め》に咲《さ》いたコスモスさへ霜《しも》に降《ふ》られてしほれてゐたけれど、午過《ひるす》ぎの太陽《たいやう》は熱《あつ》い程《ほど》だつた。その時《とき》に「金《きん》サン！」といふ聲《こゑ》が聞《きこ》えた。頭《あたま》を上《あ》げて振《ふ》り向《む》いてみれば一房《ばう》の窓《まど》から尹《いん》の頭《あたま》がによきつと出《で》てゐた。その顏《かほ》は黄色《きいろ》つぽくはれ上《あが》つてもともと細《ほそ》い目《め》がよけいに細《ほそ》くなつて見《み》える。私《わたし》は少《すこ》しばかり背《そむ》いて、挨拶《あいさつ》をしたけれど、これも勿論規則《もちろんきそく》に背《そむ》くことだつた。見張《みは》りをしてゐる看守《かんしゆ》に見付《みつ》かればとがめられるのは云《い》ふまでもなかつた。

「金《きん》サン！　わしはきつと死《し》ぬ日《ひ》が近《ちけ》えからこんなに顏《かほ》までぶくぶくふくれたんでやすよ。昨夜夢《ゆふべゆめ》にわしが黄色《きいろ》い麻《あさ》でつくつた祭服《さいふく》を着《き》て網笠《あみがさ》をかぶつて鐘路《しようろ》を廻《まは》つて歩《ある》いてゐやしたよ。これあ死《し》ぬちう前兆《ぜんてう》ぢやねえですかね？」といふその聲《こゑ》は涙《なみだ》を催《もよほ》すほどやさしかつた。

その翌日《よくじつ》のやうに思《おも》ふ。又私《またわたし》と鄭《てい》が運動《うんどう》をするために出《で》てゐると前《まへ》の日《ひ》のやうに尹《いん》は窓《まど》から覗《のぞ》き出《だ》しながら、

「叔父《をぢ》さんから金《かね》が來《き》やしたが、卵《たまご》をとつた方《はう》がええでやすかね？　牛乳《ぎうにう》を取《と》つた方《はう》がええでやすかね？　何《なに》を食《た》べてもちつとも咽喉《のど》へ通《とほ》りやしねえですよ」

とんなことを云《い》つた。

又幾日《またいくにち》かの後《のち》には、

「今日《けふ》醫師《いし》がわしの家《うち》に腫《は》れて死《し》んだ人《ひと》がゐねえかときいてやしたよ。わしの父《ちゝ》が丁度《ちやうど》わしのやうに腫《は》れて死《し》んぢまつたでや

すが？」

　そんなことを云《い》つて全《まつた》く絶望《ぜつばう》したやうに溜息《ためいき》をつくのが見《み》えた。それから鄭《てい》には聞《き》き取《と》れぬやうにと思《おも》つて、鄭《てい》があちらの端《はし》の方《はう》へ行《ゆ》く時《とき》を見計《みはか》ひ、

「念佛《ねんぶつ》をするには、南無阿彌陀佛《なむあみだぶつ》とだけ云《い》へばええのですかえ？」

　と訊《き》いた。私《わたし》はむつくと起《お》き上《あが》つて端坐《たんざ》すると、少《すこ》しばかり顎《あご》を引《ひ》いて南無阿彌陀佛《なむあみだぶつ》と一度《ど》唱《とな》へて見《み》せた。

　尹《いん》は私《わたし》のやるやうに合掌《がつしやう》をしかけたが、鄭《てい》が前《まへ》の方《はう》へやつて來《く》るのを見《み》て素早《すはや》く兩手《りやうて》を下《お》ろしてしまつた。そこで再《ふたゝ》び鄭《てい》が遠《とほ》い方《はう》へ行《い》つたのを見《み》て、

「金《きん》サン！　南無阿彌陀佛《なむあみだぶつ》を唱《とな》へれば死《し》んで間違《まちが》ひなしに地獄《ぢごく》へ行《ゆ》かないで極樂世界《ごくらくせかい》へ行《ゆ》けるんでやすかね？」

　と、その細《ほそ》い目《め》を精一杯《せいいつぱい》大《おほ》きく見開《みひら》いて私《わたし》をみつめた。私《わたし》は生《うま》れて以來《いらい》これ程重大《ほどぢうだい》な、且責任《かつせきにん》の重《おも》い質問《しつもん》を受《う》けたことがなかつた。その實私自身《じつわたしじしん》もこの問題《もんだい》に對《たい》してははつきりと答《こた》へられる自信《じしん》がなかつたけれど、この場合《ばあひ》には私《わたし》はたとへ嘘《うそ》となるにしても、又私自身《またわたしじしん》が地獄《ぢごく》へ行《ゆ》くやうな罪業《ざいごふ》を作《つく》るにしても躊躇《ちうちよ》することは出來《でき》なかつた。私《わたし》は力《ちから》をこめて頭《あたま》を三四度《ど》とつくりしてみせてから、

「眞心《まごころ》をもつて念佛《ねんぶつ》をしなさい。佛樣《ほとけさま》のお言葉《ことば》が嘘《うそ》になる筈《はず》がありませうか？」

　と自分《じぶん》の耳《みゝ》にも調子外《てうしはづ》れの大《おほ》きな聲《こゑ》で、全《まつた》く突拍子《とつぴやうし》もなく決定的《けつていてき》に答《こた》へた。

　尹《いん》は何度《なんど》も何度《なんど》も點頭《こつくり》してから私《わたし》に向《むか》つて大《おほ》きく一度《ど》腰《こし》を曲《ま》げてお禮《れい》をすると、窓《まど》から消《き》えてしまつた。

　このことがあつてから、尹《いん》が牛乳《ぎうにう》と卵《たまご》を註文《ちうもん》する聲《こゑ》が聞《きこ》え、又幾日《またいくにち》かの後《のち》には牛乳《ぎうにう》も咽喉《のど》を通《とほ》らないから止《と》めてくれといふ聲《こゑ》が聞《きこ》え、このやうに、彼《かれ》がだんだん衰《おとろ》へて行《ゆ》く樣《さま》を物語《ものがた》る弱《よわ》く々しい片言《かたこと》の話《はな》し聲《ごゑ》が聞《きこ》えただけで、私《わたし》たちが運動《うんどう》に出《で》て行《い》つても彼《かれ》が窓《まど》から私《わたし》たちを覗《のぞ》き出《だ》して見《み》るやうなことはなくなつた。看病夫《かんびやうふ》の話《はなし》を聞《き》けば彼《かれ》の病狀《びやうじやう》はだんだん惡化《あくくわ》する一方《ぱう》で、最近《さいきん》では熱《ねつ》が三十九度《ど》をこえることもあり、醫者《いしや》も今《いま》は絶望《ぜつばう》だと云《い》つてゐるから多分近《たぶんちか》い中《うち》に保釋《ほしやく》になつて出《で》るだらうと云《い》ふことだつた。

　或日《あるひ》の晩就寢時間《ばんしうしんじかん》が過《す》ぎた後《あと》に、づしんづしんと廊下《らうか》を人《ひと》の歩《ある》いて來《く》る音《おと》が聞《きこ》えたので窓《まど》の方《はう》を眺《なが》めてゐたら、肥《ふと》つた部長《ぶちやう》と顏《かほ》の黒《くろ》い看守《かんしゆ》が、灰色《はいいろ》の周衣《ツルマギ》を着《き》た人《ひと》と一緒《しよ》に尹《いん》のゐる一房《ぼう》

の扉《とびら》の前《まへ》に立《た》つて居《を》り、暫《しばら》くすると秋物《あきもの》の白《しろ》い袴《バヂ》と上衣《チヨゴリ》を着更《きか》へた尹《いん》が背《せ》の高《たか》い看病夫《かんびやうふ》に、支《さゝ》へられながら出《で》て行《ゆ》くのが見《み》えた。背《せ》の低《ひく》い看病夫《かんびやうふ》は窓《まど》に寄《よ》つて見《み》てゐたがもとの所《ところ》へかへつて横《よこ》になりながら、

「たうとう保釋《ほしやく》で出《で》て行《ゆ》きますよ。出《で》ても一月《つき》がむづかしいちうことですよ」

と云《い》つた。その灰色《はいいろ》の周衣《ツルマギ》を着《き》た人《ひと》が尹《いん》の叔父《をぢ》さんであるとは云《い》ふまでもない。

「わしも保釋《ほしやく》で出《で》れたらなあ！」

と鄭《てい》は深《ふか》く溜息《ためいき》をついた。

私《わたし》が出獄《しゆつごく》してから三ケ月《げつ》も過《す》ぎて、假出獄《かりしゆつごく》で出《で》て來《き》た背《せ》の低《ひく》い看病夫《かんびやうふ》に會《あ》つて聞《き》いた所《ところ》に依《よ》れば、尹《いん》も死《し》に、閔《びん》も死《し》に、康《かう》は大工《だいく》の仕事《しごと》をやつており、鄭《てい》は消化不良《せうくわふりやう》がもつとひどくなつてゐる所《ところ》へ腎臓炎《じんざうえん》と肋膜炎《ろくまくえん》を併發《へいはつ》して重病患者《ぢうびやうくわんじや》として本監《ほんかん》の病《びやう》監《かん》に行《い》つてゐるが、到底公判廷《たうていこうはんてい》に出《で》られる見込《みこみ》はないといふとだつた。

金 安 東 譯

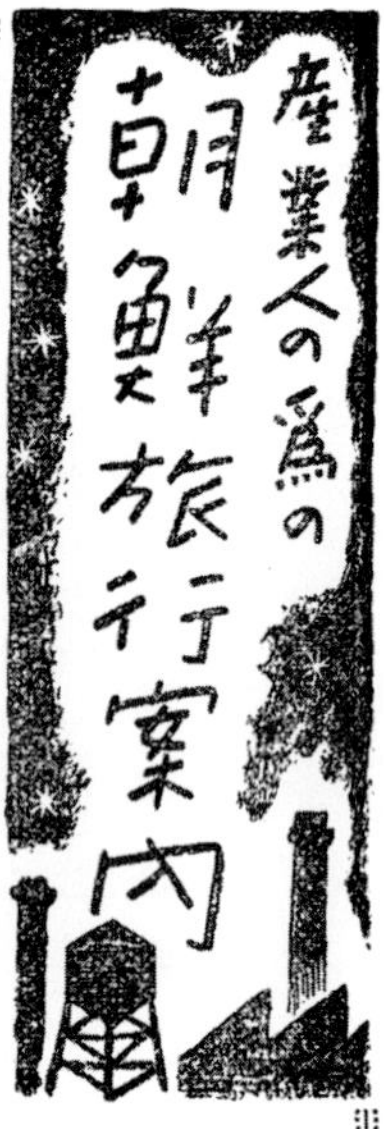

釜山

先づ、物産陳列館、慶尙南道産業奬勵館に於て地方の産業を概括的に知ることが出來る。釜山府富平市場、釜山中央卸賣市場で生々しい活氣を見るのも良い。朝鮮農會釜山肥料配給所では、朝鮮の農業方面の資料が得られる。朝鮮紡績會社は代表的紡績會社である。此の會社を視察希望の方は豫め申込をして許可を得て置く方が便宜であらう

釜山より京釜線にて京城に行く途中、大邱附近の果樹園を眺めることが出來る。又水原には農事試驗場が在る。釜山より急行で約八時間で京城に着く。

京城

此處で絶對に見逃すことの出來ないのは朝鮮總督府商工奬勵館である。朝鮮に對する正しい認識を得る爲に、産業人ならずとも是非一度は歩を運ぶべきである。東光、鐘紡、片倉各製糸工場。朝鮮、昭和各麥酒會社。朝鮮製粉工場。東洋、京城各紡績工場等何れも視察には官廳の證明を必要とする。

仁川

京城より京仁線で約一時間。

仁川築港の規模は非常に參考になる。但し、閘門は一般人の視察を許さない。日本製粉工場東洋紡績會社、朝鮮精米會社各仁川工場。朝鮮製鋼所がある。なほ水産方面では、京畿道水産試驗場、京畿道漁業組合聯合會がある。

海州

京義線を土城で黃海線に乘換朝鮮セメント會社工場、朝鮮火藥製造會社工場、海州鐵工所がある。

平壤

京城より京義線にて約五時間。東洋製絲工場、大日本製糖會社朝鮮工場がある。日本穀產工業會社工場、鐘紡會社平壤工場は前以つて照會して置く方がよい

鎭南浦

平壤より一時間十五分。日本鑛業會社鎭南浦製錬所は朝鮮でも代表的なもの。尙、此の附近には果樹園があり林檎の栽培が見られる。

順安

京義線で平壤より二つ目の驛。此所に在る順安砂金鑛は有名なものである。

新義州

平壤より急行で四時間。新義州營林署製材工場は今日是非共見るべき所である。但し此所へは新義州驛より約四十里自動車便に依らねばならぬ。大楡洞鑛山、雲山金鑛も夫々自動車で二十里餘あるが、やはり見落せぬ個所である。

清津

京城より急行で約十六時間。東海岸方面の重要な漁港。從つてその築港、都市計畫は見る可く尙、清津漁業組合及咸北輸出鹽魚水產組合共同施設がある。

城津

清津より南下し急行で約四時間日本高周波重工業會社は新しい會社として各方面より注目されてゐる。城津築港も一見に價する。

元山

城津より南へ約七時間。朝鮮石油會社元山工場がある。

（附記）視察せんとする會社、組合には豫め申込、照會をし、尙出來れば、道又は府廳の紹介證明を貰つて置く方が良い。

半島新聞界の權威

每日新報

報道の迅速
記事の正確
廣告效果百%

本社 京城府太平通一丁目
代表電話②一一八一番

隔日刊 寫眞時報

東京支局 東京市京橋區銀座八ノ二（出雲ビル）
電話銀座(57)六六五八番

週刊（國文） 國民新報

大阪支局 大阪市北區高垣町一六
電話豐崎一〇四六番

朝鮮藝

朝鮮藝術振興のため此度菊池寛氏より毎年賞金呈出の申出がありましたので、本社では菊池寛氏の意を體し、別項規定の如き

「朝鮮藝術賞」を設定いたしました。

大方の御協賛を冀ふ次第であります。

昭和十四年十月

モダン日本社

主旨 本賞ハ我國文化ノタメニ朝鮮内ニ於テ爲サレタル各方面ノ藝術活動ヲ表彰スルコトヲ以テソノ目的トス。

略規

術賞設定

一、授賞撰定ノ範圍ハ、朝鮮內ニ於テ發表サレタル、文學、演劇、映畫、舞踊、音樂、繪畫等ノ分野トス。

一、授賞ハ、一年一回一部門ニ限リ、一人或ハ一團體ニ、**賞牌及金五百圓也**贈呈スルモノトス。

一、授賞詮衡ノタメ朝鮮京城並ニ東京ニ朝鮮藝術賞委員會ヲ設置ス。但シ文學作品ノ場合ハ芥川賞委員會ニ委囑ス。

一、委員會ハ、各藝術分野ヨリ、最モ優秀ナル藝術作品或ハ藝術活動ヲ詮衡シ、更ニソノ中ヨリ、本賞ノ主旨ニ添ヒタル唯一ヲ、決定スルモノトス。

一、朝鮮藝術賞ハ、ソノ作品又ハ活動ノ制作者或ハ制作團體ニ授與ス。

一、授賞ハ前年一月ヨリ十二月マデヲ一期間ト定メ、ソノ期間中ノモノニ對シ詮衡ノ上、翌年三月決定發表スルモノトス。

（第一回ノ期間ハ昭和十四年一月ヨリ十二月マデトス）

朝鮮藝術賞 第一回授賞は

來年三月モダン日本四月號に發表

朝鮮版 特別大懸賞

懸賞問題

十月二十日午前三時二十五分に京城驛を汽車で出發すれば、東京驛に着くのは何日何時になるでせうか。(最短時間を計算すること)

巻末に時刻表あり

應募規定

○締切期日 昭和十四年十一月十七日
○用紙 官製ハガキ一人一枚
○宛名 東京市麴町區内幸町大阪ビル モダン日本社「朝鮮版」懸賞係
○發表 本誌新年號(十二月五日發賣)

賞品

○一等 支那事變貯蓄債券 割増金附 十五圓券 一枚 一名
○二等 支那事變貯蓄債券 割増金附 七圓五拾錢券 一枚宛 五名
○三等 美麗アルバム 一冊宛 一〇〇名
○四等 特製繪葉書 一組宛 二、〇〇〇名

朝鮮百人物大懸賞

當選發表

さきに、本社十周年記念臨時增刊「朝鮮版」刊行の發表と同時に、本誌のために朝鮮の各新聞を通じて、現代の朝鮮各界百人物選出を懸賞募集したところ、俄然、人氣沸騰し、應募するもの無慮數萬、本社創つて以來の大盛況をみせ、とゝに目出度くての嚴選、旬日に及ぶ、左のごとく發表することが出來た。選出された百人物は最も公平なる現代朝鮮文化を代表する人傑と確信する。

★賞金は十一月一日發送いたします。
★住所變更の場合、不當の場合は御一報下さい。

一等　賞金壹百圓也（壹名）

京城府新堂町三六七ノ八　李起哲

二等　賞金貳拾圓也（五名）

京城府勸農町一〇八　朴正圭
新義州府老松町六（光成紙物商會內）　李考直
開城府池町二一　金亨鍾
東京市淀橋區戸塚町一丁目（第一早高文科二年）　金長碩
京城府內需町一八　金起八

三等　賞金五圓也（二十名）

京城府阿峴町八五ノ一四六　朴承億
京城府三清町三五ノ一二五　崔炳準
元山市外堂中里　康成九
黃海道延安邑館泉里三三ノ二　成東暾
開城府北本町七二二　李福哲
大邱府南山町七一七　朱七在
黃海道海州府西榮町一三一　鄭仁植
大邱府新町二六五（大一商會內）　吳鍾錫
京城府體府町一二五ノ一　金再旋
京城府壽松町、中東學校　朴炳華
京城府齊洞町五七（齊洞旅館內）　金鎬均
平南中和郡海鴨面三街里三五八　李道英
慶尙北道金泉郡邑內南山町一〇ノ一　朴炳模
京城府桂洞一番地中央中學校　桂鎔國
黃海道殷栗郡南部面萬和里　金龍國
忠南道瑞山郡謂琴公立小學校　朴廣敎
全南潭陽郡昌平面長華里　李明秀
京城府阿峴町三八七ノ一四　崔丙鉌
開城府北本町五一五　金炳洙
東京市淀橋區戸塚町一ノ四六一須摩方　李雰

四等　モダン日本特選繪葉書一組宛　壹千名略

朝鮮百人物

以下の百人物は、懸賞募集の結果詮衡せるもので、配列はイロハ順による。各人に就ての說明は、地位、學歷、經歷、出生地、年齡等の略記である。

呂運亨

前朝鮮中央日報社長南京金陵大學卒海外に居ること久しく波瀾重疊の半生を送る當代隨一の雄辯家楊平生五十五

朴綠珠

妓生當代南道唱壇の巨匠朴基洪に私淑す次いで宋萬甲丁貞烈に唱法を鍊磨し今日の圓熟境に達す善山生三十五

尹日善

病理學者醫學博士京大醫學部卒セブランス醫專教授にして氏の指導に依り醫博になりたるもの多し京城生四十四

盧益亨

出版王博文書館主創業三十五年朝鮮書籍の過半數が彼の出版するところなるべし現京城書籍組合長京城生五十六

朴漢永

佛教學者十七の時得度永年經典を研究全朝鮮を巡錫し說法すること四十年斯界の長老なり現佛專校長全州生六十

尹致昊

朝鮮基督教青年會長上海中西學院を經米國に留學バンデルビルト大學卒教育界キリスト教界の元老牙山生七十五

白麟濟

醫學博士京城醫專卒現同校教授歐米に留學す外科專門の大家にして識見手腕共に朝鮮刀圭界の權威定州生四十二

朴興植

實業家朝鮮の百貨店王和信鮮一紙物等の社長を始め十餘社の重役を兼ね朝鮮實業界の傑物なり龍岡生三十七

尹泰彬

官吏漢城日語學校卒前外語學校教官後官界に入り三十年質實溫厚にして地方行政の敏腕家現江原知事京城生五十四

方應謨

朝鮮日報社長漢學を修め教員青年會長等歷任剛直にして敏腕社運著しく擧がる秀俊才の育英に努む定州生五十八

朴錫胤

外交官東大政經科卒英京に留學しケンブリッヂ大學にて國際法を修む滿洲國初代の波蘭總領事なり昌平生四十二

朴春琴

朝鮮出身最初の只一人の代議士として有名當選二回謀一貫內地に渡り三十年今日をなす相愛會理事密陽生四十九

趙鎭滿

司法官法專卒高等司法官合格海州地方法院判事平壤地方法院判事等歷任大邱覆審法院兼地方法院判事長仁川生三十七

李東伯

名唱十三にして金鍾根の父に南道唱劇調を學び精進六十年唱界の大柱石にして比肩し得る者なし舒川生七十二

朴承稷

實業家舊韓國城津監理署主事京城商工會長商工聯合會會長等歷任現朝鮮織物社長朝鮮實業界の長老京城生七十六

沈浩燮

醫學博士總督府附屬醫卒現セブランス醫專教授溫良篤實な學者で內科醫學界の第一人者として屈指京城生四十八

李應俊

陸軍中佐陸士卒支那事變起るや勇躍北支に出征山西戰線に活躍す殊に醫方面にも出動武名を謳かした德川生四十九

朴勝彬

教育家中大法科卒朝鮮辯護士界の先驅者にして普專校長を歷任し現普專講師朝鮮語研究家として知名鐵原生六十

李允宰

言語學者北京大學卒生涯を朝鮮語の研究に捧げ綴字法及標準語の統一に功獻する所多し前延專講師金海生五十二

李花中仙

妓生幼時より天才的歌才あり南道唱劇調を學び忽にしてその天分を認めらるゝに至る金正文に師事釜山生四十二

張德秀

東亞日報創始時代の副社長主筆早大政經科卒英米に留學經濟學を專攻す普專教授たりしことあり載寧生四十六

李範益

官吏外語學校卒母校教官陸軍通譯農商工部書記官等を經て江原忠南兩知事を歷任現滿洲國間島省長丹陽生五十七

李泰圭

理學博士廣島高師理科を經て京大理學部を出で米國に渡りプリンストン大學にて研鑽中京大助教授禮山生四十九

趙東植

教育家同德高女校長の任にあること久しく孤軍奮鬪今日の隆盛に到らしむ教育界に功獻する所甚大京城生五十二

李秉岐

詩人現徽文中學教員朝鮮時調道の最高峯淳朴敬虔な詩風を以て著聞朝鮮古文學にも造詣深し益山生四十九

李相協

每日新報副社長普成中學卒弱冠にして新聞記者となり東亞朝鮮中外を一巡現職に就く新聞界の巨星京城生四十八

李能和

學者法語校卒朝鮮史編纂委員學務局編修官等歷任頗る博學「朝鮮佛教通史」「朝鮮女俗考」等の著書あり槐山生六十四

李基世

朝鮮演劇運動の先驅者にして終始朝鮮演劇の發展指導に當り朝鮮演藝界の進運に寄與する所甚大なり開城生五十二

李鍾萬

實業家大同鑛業大同農村大同出版社等の社長を兼ね大同工專を設立し悲運の貞信女校を引繼經營す蔚山生五十四

李圭完

韓末志士學歷なし甲申政變の時裝士派として活躍す江原咸南知事を歷任朝鮮物產獎勵運動の大先輩廣州生七十八

李明稙

宗教家東京聖書學院卒朝鮮聖潔教會の第一人者にして三十年間傳道に專心す現東洋宣教會聖書學院長京城生五十

李聖根

官吏全州育英學校卒全南道產業部長咸北內務部長等を歷任官界稀に見る勤儉力行の實踐者現忠南知事全州生五十三

李源喆

教育家米國ミシガン大學卒天文學に造詣深く在米當時「源喆星」の發見あり前延禧專門教授京城生四十四

李升雨

辯護士中大法科卒朝鮮法曹界の第一人者にして中樞院參議朝鮮辯護士協會長思想報國聯盟京城支部長鎭川生五十一

柳一韓

實業家ミシガン大學商科卒パクデイビス製藥會社に勤め歸朝後製藥會社柳韓洋行を起し海外に雄飛す平壤生四十六

李光洙

小說家早大哲學科修前朝鮮日報社副社長朝鮮文壇の大御所にして氏の處女作「無情」は新文章の嚆矢定州生四十八

李升基

朝鮮最初の工學博士京大工學部卒「纖維素誘導體溶液の透電的研究」に依りて學位を得現京大助教授潭陽生三十五

梁柱東

朝鮮古語學研究家早大文學部卒前崇專教授鄕歌及高麗歌謠研究中又著名の文藝評論家にして論鋒痛烈長湍生三十七

李克魯

獨逸經濟學博士上海同濟大學を經て伯林大學に學ぶ朝鮮語學會の代表幹事朝鮮語辭典編纂に沒頭す宜寧生四十四

李象範

東洋畫家安心田に私淑す南畫の大家にして鮮展最高參の一人なり特選すること十回推薦三回現參與公州生四十二

梁柱三

宗教家米國エイル大學神學部卒前基督教朝鮮監理會第一代總理師滿洲宣教事業に從事米國神學博士龍岡生五十一

韓龍雲

宗教家朝鮮詩壇の大先輩にして佛門に入り性風雅にして世事に拘らず氏の詩は今猶ほ愛誦者絶えず洪城生六十一

宋鎭禹

前東亜日報社長明大法科卒社長の任にあること久しく且つその經營に盡力す朝鮮新聞界に功績著し潭陽生五十一

權悳奎

學者所謂朝鮮學の大家にして歴史語學方面の權威者博覽強記の考證學者にして現に朝鮮語辭典相談員金浦生四十九

韓相龍

實業家漢銀專務東拓理事等を歴任す現に朝鮮信託朝鮮生命等の社長を兼ね財界の世話役として令名あり水原生六十

孫永穆

官吏舊韓國時代から官途に就き併合後郡守を振出しに慶南道參與官江原道知事等を歴任現全北知事密陽生五十二

權相老

宗教家明進學校卒大乘寺住持朝鮮佛教總報社長佛教社長等を歴任現中央佛專教授朝鮮佛教界の巨星聞慶生五十一

韓成俊

舞踊家鼓手朝鮮音樂の長短と舞踊の大家にして專攻すること五十餘年養成推挽せる秀才少なからず洪城生六十六

孫基禎

マラソン王明大在學中ベルリンオリンピクに於て二時間廿九分十九秒の世界新記錄を作り歴勝す新義州生二十八

玄相允

教育家早大史學科卒中央中學校に教鞭を執り推されて校長となる教育界に功勞多し現中央中學校長定州生四十六

廉尚燮

小說家慶大文科修時代中外滿鮮等各新聞社を經て現滿洲國官吏朝鮮長篇小說界の雄にして著作多し京城生四十三

南壽逸

運動選手兩臂押擧の世界公認記錄保持者昨年全日本重量擧選手權大會にて九七延五の世界記錄作成京城生二十八

玄俊鎬

實業家東京に遊學湖南銀行を創立その頭取に就任し頗る業績を舉ぐ人格高潔湖南實業界の重鎭なり木浦生五十一

曺晩植

宗教家早大修明大法科卒五山學校長平壤基督青年會總務朝鮮日報社長等を歴任平壤社會の長老なり平壤生五十七

權東鎭

韓國時代の郡守陸軍少佐日韓合併後中樞院副參議・警務總監部囑托等を歴任す天道教の代表長老なり槐山生七十八

文藝峯

女優幼にして研劇舍に初舞臺を踏み早くも藝名譽る銀幕に入り「春香傳」「旅路」等に主演好評を博す成興生二十五

黄義敦

史學者徽文普成等教員たることあり古風本鑑定の權威者にして史話に長ず「朝鮮歷史」等著作あり保寧生五十四

鄭寅普

漢學者支那に遊學す支那哲學特に陽明學に造詣深く自他共に許す朝鮮學界の權威者なり現延專教授京城生四十七

崔楠

實業家朝鮮商界の先驅者七顛八起東亞婦人商會東順德等を經營商街を風靡す現大同商業專務水原生四十五

洪命熹

學者滿洲支那南洋に遊ぶ時代日報社長新幹會副會長五山學校長歷任博學並ぶ者なし稗史小說に長ず京城生五十二

鄭芝溶

詩人同志社大學英文科卒現徽文中學教員朝鮮詩壇の第一人者にして又隨筆をよくし珠玉の名篇多し沃川生三十七

崔南善

史學者早大修前時代日報社長朝鮮新文化運動の先驅者なり朝鮮史編修會委員現滿洲建國大學教授京城生五十

洪思翊

陸軍大佐陸大卒前陸軍士官學校幹事現在興亞院第二經濟科長なり新東亞建設の第一線に立ちて活躍す龍仁生五十二

鄭仁果

宗教家プリンストン大學にて神學を修め歸朝後第一線に立つて活動功献する所少からず長老教の元老順川生五十二

崔奎東

教育家數學家中東學校を創設早くより教育事業に身を投じ青少年訓育に專心す篤默實行の士現校長慶州生五十六

吳兢善

醫育家セントル大學卒現セブランス醫專校長朝鮮醫學界の耆宿にして門下に多くの人材を出す公州生六十三

安柄玿

音樂家ベルリン國立大學出のバイオリニスト幼にして神童の稱あり才氣煥發稀に見る奇才なり京城生二十九

崔景烈

技師京大工學部卒朝鮮總督府內務局勤務架橋設計に造詣深く新漢江鐵橋設計はその代表的なるもの寧邊生三十六

吳世昌

書道家韓國時代の農商工部參書官を歷任す書道の大家にして特に篆書隷書をよくし又漢學にも長ず京城生七十六

崔麟

毎日新報社長明大經濟科卒歐米各國を巡遊後中樞院參議となり現職に就く天道教新派の首領たり咸興生六十二

崔鉉培

言語學者廣島高師を經て京大哲學科卒著名の朝鮮語學者にして朝鮮語學に關し著書多し前延專教授蔚山生四十六

崔承喜

舞踊家淑明高女卒十五の時石井漠に師事す一昨年の冬歐米舞踊行脚の途に上り聲價世界に振ふ京城生二十九

金億

詩人慶大文科修教員新聞記者等を經て現京城中央放送局に勤む朝鮮詩壇の開拓者にして譯詩集多し定州生四十五

金源權

陸上選手普專在學中三段跳の世界的選手先年華兵國際競技大會に於て一五米六三の大記錄を出した安岳生二十二

許憲

實業家辯護士明大法學部卒曾て新幹會の闘士として第一線に活躍す實業界に入り現大同鑛業監査役明川生五十五

金活蘭

教育家梨花大學卒米國遊學P・H・D女子教育界の第一人者にして又キリスト敎の重鎭なり現梨專校長仁川生三十七

金復鎭

彫刻家東京美術學校卒中學校員新聞記者等を歷任す帝展文展に數回入選鮮展に四度特選す文才あり淸州生三十九

姜弼成

官吏獨學郡守を經て德城學校長中樞院參議等を歷任す再び官界に出で現黃海知事躍進黃海の開拓者德源生五十五

金用茂

辯護士中大法學部卒前普專校長朝鮮法曹界の重鎭にして又育英事業に盡すところ多し現普專理事務安生五十

金鴻亮

實業家明治專門卒現安樂水利組合長道評議員金氏一門巨金を投じ安岳中學を設立信望識と共に高し安岳生五十五

金殷鎬

日本畫家安心田趙小琳結城素明に師し李太王李王殿下歷代帝王の尊影を謹寫す畫壇の重鎭鮮展參與仁川生四十八

金台錫

篆刻家曾て閑院宮殿下御印造納の光榮に浴す朝鮮及淸朝宮中印寶千餘を刻す書道篆刻の深奧を極む京城生六十八

金秊洙

實業家京大政經科京城紡織中央商工三養社等の社長を兼ぬ朝鮮代表的財閥なり滿洲國名譽總領事長城生四十五

金東仁

小說家東京川端畫學校卒後文筆に專心小說家として筆名高し「馬鈴薯」「金姸實傳」等をその代表作とす平壤生四十

金炯元

新聞記者普成中學卒二十の時東亞日報記者となり中外朝鮮兩社を經て現每日新報編輯局長詩をよくす江原生四十

金錫源

陸軍中佐陸士卒事變勃發と共に山西に活躍赫々の勳功を樹てた豪放磊落な一面部下思ひの人情隊長京城生四十七

金性洙

教育家早大政經卒中央中學校長東亞日報社長等を歷任す歐米巡遊育英事業に盡瘁す現普專校長長城生

四十九

申鼎言

野談家法專卒教員新聞記者等を歷任す野談界の最高峯ラヂオロ演に新紀元を劃す著作あり京城生

五十二

徐椿

經濟學者京大經濟學部卒東亞日報を經て朝鮮日報に入り主筆として多年論陣を張る朝鮮の高橋龜吉定州生

四十七

兪鎭泰

韓末先覺者の一人國民教育協會を興し終始一貫新しき文化の移入に盡力す前朝鮮教育協會理事たり鎭川生

六十八

秦學文

前時代日報編輯局長早大に學ぶ曾て大每報知等の新聞記者を勤む新聞界の大先輩なり現滿洲國官吏京城生

四十六

徐相天

體育家體力增進研究所を創設偉鑑堂々力技界興隆の殊勳者なり朝鮮體協より體育功勞章を授與さる大邱生

三十七

兪億兼

教育家東大法學部前延專副教長京都汎太平洋會議印度國際基督青年大會等に朝鮮代表として出席京城生

四十四

朱耀翰

詩人一高理科を中退上海に留學滬江大學で自然科學を專攻朝鮮詩壇の先驅者なり今は實業界で活躍す平壤生

四十[illegible]

閔衡植

書道家舊韓國時代の平安道慶南觀察使及法部の學部協判を經て中樞院參議特に草書をよくし滿學者京城生

六十五

兪萬兼

官吏東大經濟學部卒慶北産業部長內務局社會課長等歷任法令改廢に資する所極めて多し現忠北知事京城生

五十一

愼鏞頊

飛行士小栗飛行學校卒朝鮮飛行學校を創立滿鮮探見飛行等を營み航空界の麒麟兒現愼航空事業社長高敞生

三十九

薛義植

新聞記者中學卒東亞日報社に入り社會部長編輯局長に累進し久しく令名ありしが後辭任短評に長ず定平生

三十九

申興雨

宗教家北米南加州大學文科卒培材中學校長朝鮮基督教青年會聯合會總務等を歷任す監理教の元老清州生

五十七

車美理士

女子教育界の元老支那及び米國に學び德成女學校を經營す高齡今猶ほ矍鑠として意氣壯者をしのぐ京城生

六十一

朴泳孝、安一英、は死亡のため、安在鴻、白南雲、は事情により、遠慮し、馬海松は本誌關係者につき除外す。

內鮮滿支聯絡時間表

つばめ		かもめ	さくら	ふじ					ふじ	さくら					かもめ	つばめ
食	食·寢	食	食·寢	食·寢	食·寢	食·寢	食·寢		食·寢	食·寢	食·寢	食·寢	食·寢	食·寢	食	
11	9	1031	3	1	5	19	7		2	4	10	14	8	6	1032	12
9.00	10.30	1.00	1.30	3.00	9.00	10.00	11.00	發 東京 著	3.25	4.40	7.45	6.40	7.10	9.30	5.20	3.00
2.22	5.00	6.34	7.05	8.32	4.12	5.25	6.47	發 名古屋 發	9.56	11.07	1.16	10.45	11.45	2.48	11.55	3.45
4.26	7.54	8.45	9.24	10.49	7.12	8.39	9.55	發 京都 發	7.32	8.41	10.20	7.45	8.45	11.45	9.37	1.36
5.03	8.45	9.23	10.07	11.27	8.00	9.22	10.45	發 大阪 發	6.50	8.00	9.31	7.01	8.01	11.00	9.00	1.00
5.37	9.24	9.53	10.44	0.05	8.40	10.02	11.23	發 神戸 發	6.11	7.20	8.50	6.19	7.19	10.20	8.28	0.20
…	11.43	…	1.13	2.30	11.01	0.33	1.49	發 岡山 發	3.30	4.50	6.18	9.45	4.55	7.52	…	…
…	3.04	…	4.22	5.45	2.06	3.55	5.17	發 廣島 發	0.02	1.34	2.56	0.30	1.22	4.33	…	…
…	7.00	…	8.00	9.25	6.00	7.30	9.00	著 下關 發	8.30	10.00	11.00	8.50	9.25	0.50	…	…

寢	食·寢			食	食	食			食	寢			食	食		
108	8	18		4	102	14	16		7	107		13	3	101	121	
…	10.30	8.40	…	0.55	…	8.10	1.11	發 鹿兒島 著	7.10	…	…	7.40	4.55	…	…	…
11.00	‖	‖	…	‖	2.45	‖	‖	發 長崎 發	‖	7.25	…	‖	‖	3.05	6.28	…
5.45	6.30	6.38	…	7.39	6.14	5.07	10.15	發 博多 發	11.45	1.35	…	10.30	10.22	11.47	1.46	…
7.50	8.05	8.45	…	9.05	7.40	7.10	0.20	著 門司 發	10.05	11.00	…	8.05	8.50	10.15	11.40	…
8.20	8.57	…	…	9.30	8.00	7.20	0.35	發 門司 著	9.55	10.35	…	7.55	8.30	10.00	11.25	…
8.35	9.12	…	…	9.45	8.15	7.35	0.50	著 下關 發	9.40	10.20	…	7.40	8.15	9.45	11.10	…

ひかり		あかつき	のぞみ			ひかり		のぞみ	あかつき
1		7				2		8	
10.30		10.30		發 下關 著		7.30		7.15	
6.00		6.00		著 釜山 發		11.45		11.30	

食·寢	寢	食·寢	食	食·寢	食·寢	食·寢	寢		食·寢	寢	食·寢	寢	食·寢	食·寢	食·寢	食
1	103	3	17	7	9	105 5-	47		4	104	2	48	6 106	10	8	18
6.55	8.00	9.15	6.50	7.30	8.15	9.00	11.40	發 釜山 著	8.55	10.15	11.05	7.35	9.30	10.10	10.40	11.00
7.43	9.22	10.45	↓	8.20	9.03	10.20	0.52	發 三浪津 發	7.35	9.04	10.17	6.16	8.17	9.19	｜	｜
9.07	11.11	0.32	8.47	9.41	10.28	0.13	2.43	發 大邱 發	5.55	7.06	8.46	4.23	6.25	7.49	8.28	9.10
10.12	0.43	1.58	↓	↓	11.38	1.53	4.20	發 金泉 發	4.28	5.32	7.40	2.46	4.48	6.40	｜	｜
11.44	3.12	4.20	11.08	0.19	1.17	4.20	6.43	發 大田 發	2.15	3.25	6.10	0.22	2.34	5.05	5.47	8.47
0.53	5.00	5.51	↓	↓	2.30	6.23	8.25	發 天安 發	0.10	1.29	4.58	10.27	0.34	3.49	｜	｜
↓	6.19	7.04	↓	↓	3.29	7.46	9.42	發 水原 發	10.54	0.05	｜	9.06	11.10	2.56	｜	｜
2.25	7.30	8.00	1.35	3.10	4.15	8.55	10.45	著 京城 發	9.45	10.55	3.25	7.55	10.00	2.10	3.00	4.15
2.35	…	8.15	…	3.20	4.25	9.15	11.10	發 京城 著	9.30	(木浦行連結)	3.15	7.20	8.30	2.00	2.50	…
3.56	…	10.02	…	↓	5.40	10.31	1.05	發 開城 發	7.44		1.58	5.24	7.15	0.48	｜	…
↓	…	2.07	…	↓	8.32	1.29	5.03	發 黃海黃州 發	3.30		｜	0.18	3.59	9.54	｜	…
7.28	…	3.22	…	8.06	9.20	2.16	6.12	發 平壤 發	2.30		10.31	11.10	3.15	9.12	10.07	…
↓	…	5.05	…	9.19	10.37	3.26	7.49	發 新安州 發	0.37		9.18	7.58	1.44	7.50	｜	…
9.25	…	6.14	…	10.07	11.25	4.14	9.35	發 定州 發	11.37		8.34	8.58	1.00	7.05	8.07	…
11.15	…	9.10	…	12.00	1.20	6.25	0.45	著 安東 發	8.40		6.40	4.10	10.30	5.10	6.10	…
11.45	…	10.05	…	0.30	1.50	7.00	1.35	發 安東 著	7.50	…	6.10	3.10	10.00	4.40	5.40	…
4.39	…	5.40	…	6.42	7.28	0.40	8.33	發 蘇家屯 發	0.17	…	1.05	8.13	9.50	11.20	11.52	…
5.10	…	6.00	…	7.15	8.00	1.00	8.55	發 奉天 發	11.50	…	0.46	7.50	3.30	11.00	11.30	…
9.35	…	…	…	11.42	↓	…	…	著 新京 發	…	…	8.10	…	…	｜	6.50	…
…	…	…	…	…	9.17	…	…	發 天津 發	…	…	…	…	…	9.28	…	…
…	…	…	…	…	11.35	…	…	著 北京 發	…	…	…	…	…	7.00	…	…

	食·寢	食·寢	寢	寢	食·寢	食·寢		寢	食·寢	寢	食·寢		食·寢	食·寢
303	317	307	305	309	101	204		306	318	310	308	304	203	202
8.20	3.10	4.25	10.00	11.05	…	…	發 京城 著	7.50	9.40	7.22	1.55	10.05	…	…
10.48	5.03	6.25	0.26	1.52	…	…	發 鐵原 發	5.30	7.39	4.50	0.04	7.46	…	…
2.02	↓	↓	3.36	5.45	…	…	發 安邊 發	2.08	｜	0.35	｜	4.25	…	…
2.32	7.53	9.18	4.08	6.15	…	…	發 元山 發	1.45	4.30	11.50	9.02	4.01	…	…
5.25	10.12	11.29	7.30	9.18	…	…	發 咸興 發	10.30	2.05	8.10	6.47	1.06	…	…
1.17	2.59	3.54	2.05		…	…	發 城津 發	3.55	9.30	…	2.03	7.15	…	…
…	3.56	4.45	3.17	…	…	…	發 吉州 發	2.45	8.39	…	1.08	…	…	…
…	6.12	6.55	6.30	…	…	…	發 朱乙 發	11.32	6.24	…	10.56	…	…	…
…	7.06	7.44	7.36	…	…	…	發 輸城 發	10.30	5.36	…	10.10	…	…	…
…	7.20	‖	7.50	…	8.20	2.50	發 清津 發	10.10	5.10	…	‖	…	2.48	11.02
…		9.49		…	10.56	5.20	發 會寧 發	…	…	…	8.17	…	0.42	8.52
…	…	10.26	…	…	11.55	6.06	發 上三峰 發	…	…	…	7.39	…	11.53	8.00
…	…	11.15	…	…	0.45	6.53	發 南陽 發	…	…	…	6.58	…	11.15	7.15
…	…	0.02	…	…	↓	↓	發 訓戎 發	…	…	…	5.57	…	↑	↑
…	…	2.30	…	…	↓	↓	著 羅津 發	…	…	…	3.20	…	↑	↑
…	…	…	…	…	↓	↓	發 南陽 著	…	…	…	…	…	↑	↑
…	…	…	…	…	↓	5.17	發 吉林 發	…	…	…	…	…	0.57	↑
…	…	…	…	…	↓	8.00	著 新京 發	…	…	…	…	…	10.05	↑
…	…	…	…	…	8.00	…	著 佳木斯 發	…	…	…	…	…	…	9.45

特別大懸賞あり

御旅行には是非モダン日本をお忘れなく！

モダン日本代理部商品案内

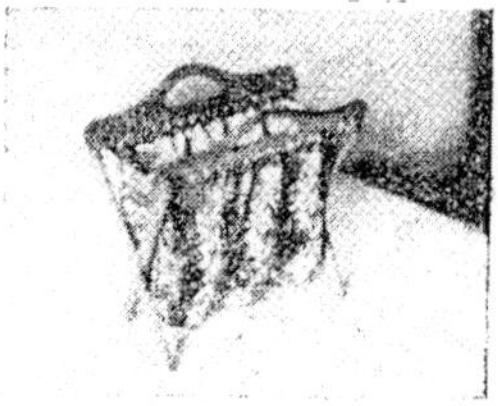
(特製型)

本社特選品
手提《ショツピング》バッグ

更紗模様、花鳥模様その他手提バックの豪華版、山に、野に、街への御買物に、又は御旅行用に、お羅紗携帯用に、特製型は脚付になつて、どこへでもバッグを開いたまゝ立てゝ置いて、編物など出來る。秋の野に秋の山に携帶して至便。

小型 金壹圓五十錢 送料
大型 金貳圓 内地 二六錢
特製型 金參圓 外地 四五錢

モダン日本特選
萬能香水 ローション

香り豐かなローションの御愛用は日々の生活を樂しく致します。朝、洗顔の水にまづ一滴、蒸しタオルに、入浴前浴槽に數滴を落せば恍惚として一日の疲れ、を忘れ床に撒けば樂しい夢を結べます。

¥ 壹圓
送料 内地 一五 外地 四五

モダン日本特選
信濃特産 專賣特許一一一五一三番
絹の紙

古來、生絲等の動物纖維だけでは、紙に抄く事が不可能とされてゐましたが、此度び生絲、絹絲を原料として生絲特有の溫雅な光澤と色調を持ち觸感頗る心地よく絕對に褪色せぬ絹の紙です。

巻紙 薄色三種一本 金四拾錢
封筒 拾枚 金廿五錢
巻紙セット 化粧箱入巻紙一本 封筒十枚 金八拾錢
詩箋セット 詩箋一帖 封筒十枚 金八拾五錢

ニコチン除去と酸素吸入
ワッサー・パイプ (獨逸製)

獨逸式マドロスパイプ型、兩切も口付も喫える。パイプを手に持つて安樂椅子に倚る快感とオゾン吸入とニコチン除去の三重奏!

ニコチンの害毒は眞に恐るべく、精力性慾の減退、胃腸、心臟を害し、高血壓を來たします。毒と知りつゝ喫煙の習慣は止められません。然し本器さへあればニコチンを八十パーセント除去します。本器は更に煙草の味を非常に美味にします。

上製 金壹圓七拾錢 特製 金貳圓參拾錢
送料 内地拾五錢 鮮・滿・朝 四拾貳錢

日本人の硬い鬚に最も適する
ゼム安全剃刀 特價提供

獨特の特許に依る外科用特殊鋼を以て作られたるゼム替刄が日本人の如き硬い鬚に最も適し、研がざるも永く使用出來るものです。Gem Dupple life blap の名ある所以です。

スマートな函入り 特價 一圓五十錢
刄一枚・革砥 自働砥器付 送料 市内 十六錢 内地 二六錢

定評ある
ウエル萬年筆

普及型 インキ止裝置 エボナイト軸 一、五〇
A型 インキ止裝置 自動吸入式 エボナイト軸 二、〇〇
B型 ピスクロイド軸 二、五〇
高級品 吸入式 三、五〇
送料 内地 一二錢 他 四五錢

ペン先は新合金製耐酸、耐蝕、書き心地は金ペンと變りなし。遙かに金ペンを凌ぐ。

寫眞引伸の御用は

叮寧、迅速、低廉

引伸 (新聞紙一頁大)
全紙 金參圓八拾錢
半切 金貳圓八拾錢
四切 金壹圓八拾錢
八切 金壹圓

どんな小さな寫眞からでも大きく引伸しが出來ます。原版か寫眞だけでもよく、消す部分か、汚れをとるところがあれば別にエヤーブラツシ料最低金壹圓を要します。燒增は二枚目から五拾錢引。原版は書留にて御送り願ひます。

モダン日本 朝鮮版 1939

初版・2007年 3月22日

発行者・大倉玉圭
編 集・鄭知寧
発行所・オークラ情報サービス株式会社
〒135-0021 東京都江東区白河2-2-9馬場ビル1F
電話 03-3643-8738 Fax 03-3643-8739
郵便振替 10570-71367301

ISBN 978-4-903824-65-9 定価 ￥5,250(税込)